Stephan Quensel

Das Elend der Suchtprävention

Stephan Quensel

Das Elend der Suchtprävention

Analyse – Kritik – Alternative

2. Auflage

VS VERLAG

Bibliografische Information der Deutschen Nationalbibliothek
Die Deutsche Nationalbibliothek verzeichnet diese Publikation in der Deutschen Nationalbibliografie; detaillierte bibliografische Daten sind im Internet über <http://dnb.d-nb.de> abrufbar.

1. Auflage 2004
2. Auflage 2010

Lektorat: Frank Engelhardt

VS Verlag für Sozialwissenschaften ist eine Marke von Springer Fachmedien.
Springer Fachmedien ist Teil der Fachverlagsgruppe Springer Science+Business Media.
www.vs-verlag.de

Umschlaggestaltung: KünkelLopka Medienentwicklung, Heidelberg
Gedruckt auf säurefreiem und chlorfrei gebleichtem Papier

ISBN 978-3-531-17386-3

Gewidmet

meinen Söhnen
Lucas (1963), Moritz (1964),
David (1986) und Jonas (1991),
die mich lehrten,
mehr oder weniger geduldig
darauf zu warten,
dass sie etwas erwachsener werden

Inhaltsverzeichnis

Vorwort zur zweiten Auflage 13

Vorwort: Jugendhilfe oder Drogenarbeit? 29

Vorbemerkung zur Schwierigkeit eines kritischen Diskurses 37

These 1
Die gegenwärtigen Präventionsprogramme sind weitgehend gescheitert; ihre Ziele sind unklar, ihre Evaluation versagt. 41

These 1.1 Das Scheitern der Prävention 44

1. Horror, Information, Kompetenz 44
2. Drei Beispiele: >Lions-Quest< >Hutchinson< >Healthy for Life< 48
3. Probleme des >Kompetenz-<-Ansatzes 52
4. Trotz zunehmender Prävention steigt der Drogenkonsum 57
5. Ist harm-reduction eine Alternative 60

These 1.2 Das Scheitern der Evaluation 64

1. Das Problem der Follow-up-Zeiträume 66
2. Das Problem der Zwischenvariablen, insbesondere das ‚Wissen‘ 67
3. Der Blick auf den Erfolg übersieht die unerwünschten Folgen 69
4. Methodische Probleme 71
5. Das Interesse der evaluation-industy 74

These 1.3 Ein Beispiel: >Be Smart – Don't Start< 75

1. Das Projekt und seine Ergebnisse 75
2. Die methodischen Probleme 77
3. Ein vorläufiges Fazit 81

These 1.4 Das Aufschieben des Konsum-Beginns als Ziel 82

1. Die Gateway-These 84
2. Legitimierende Begründungen 90
3. Theorie: von der >Transition proneness< zum >problem behavior< 94
4. Die fünf wichtigsten Problempunkte 98

These 1.5 Vier abschließende Anmerkungen 100

1. Wie gewinnt man einen Überblick? 100
2. Wer forscht? 102
3. Was wäre zu übernehmen? 103
4. Produziert die Prävention das Übel? 104

These 2
Die Sucht-Prävention begreift Drogen, Drogenkonsum und Drogen-Konsument vom negativen Ende her. 106

1. „Heilen statt strafen" und „Vorbeugen ist besser als Heilen" 109
2. Zur historischen Wurzel dieses Denkens 111
3. Die medizinisch-strafrechtliche Perspektive 115
4. Diese Perspektive färbt selbst noch die alternativen Ansätze 116
5. Die Struktur der Defizit-Perspektive 118

These 2.1 Die Gefahren der Droge; die Droge als Gefahr 120

1. Die ambivalente Doppelbedeutung der Droge 120
2. Die Negativ-Perspektive der legalen Drogen 122
3. Der Sucht-Charakter des Nikotins 125
4. Gibt es eine alternative Sichtweise? 126
5. Ein erstes Fazit 127

These 2.2 Rausch und Sucht: Modelle des Drogenkonsums? 129

1. Rausch und Sucht als Gegenbild des rationalen Handelns 130
2. Probleme und Risiken des Sucht-Konzepts 140
3. Sucht? Vier kritische Analysen 149
4. Das Sucht-Dispositiv 157

These 2.3 Der schlechte Konsument ... 164

1. Der ätiologische Blick ... 167
2. Der riskierte Jugendliche in der ‚Theorie' ... 175
3. Jugendliche als Opfer, Täter und Risiko-Faktor ... 181
4. Das Leitbild des >Risikos< ... 184

These 3
Die Sucht-Prävention gründet in und beteiligt sich an einem kulturell ausgetragenen Konflikt zwischen den Generationen. ... 195

These 3.1 Was soll man hier unter >Kultur< verstehen? ... 200

1 .Zum Konzept der >Kultur< ... 200
2 .Was heißt >Jugendkultur< ... 203
3. Kultur und Droge ... 206
4. Kultur und Drogen-Diskurs: Theorien ... 209

These 3.2 Die Suchtprävention im Generationen-Konflikt ... 211

1. Im Drogen-Dispositiv verankert ... 213
2. Drogen-Politik als Kampfmittel ... 215
3. Macht, Interessen, Normalisierung ... 217
4. Zum >irrationalen< Hintergrund ... 220

These 4
Die Sucht-Prävention kann die Realität der Peergruppe nicht adäquat erfassen. ... 225

1. Die Peergruppe ... 227
2. Wie finden wir Risiko-Gruppen ... 237
3. „Unsere Jugend heute": Befunde der Jugendsoziologie ... 246
4. Drei unerwünschte Konsequenzen ... 253
5. Ein anderes Fazit ... 261

These 5
Die Suchtprävention gefährdet die jugendliche Identitäts-Arbeit zwischen Ablösung und Peergruppen-Beziehung. 263

1. Das ‚dynamische Dreieck': Ablösung und Peergruppen-Beziehungen 266
2. Was heißt >Identität< 276
3. Die identitätsstiftende Rolle der Droge 281
4. Identität heute 289
5. Die Rolle der Sucht-Prävention 293
6. Die Denkblockade der Wissenschaft 297

These 6
Die Sucht-Prävention verdeckt die realen Probleme, die an sich Aufgabe einer strukturellen Prävention sein müssten. 300

1. Drogen-Probleme: Entwicklung und kulturell vorgeformte Karriere 302
2. Wenn die soziokulturellen und ökonomischen Ressourcen fehlen 308
3. Ansatzpunkte für eine strukturelle Prävention 310
4. AIDS-Hilfe und Empowerment-Ansatz liefern ein Modell 316

These 7
Drogen-Erziehung setzt Vertrauen zwischen den Beteiligten voraus. Vertrauen erwächst aus richtiger Information. 321

1. Was heißt Vertrauen 323
2. Dies gilt auch für die Sekundär-Prävention 326
3. Wie werden Drogen-Informationen vermittelt 328
4. Das Problem der ‚angemessenen Sprache' 332
5. Zur Rolle des Drogenwissens 334
6. Zur Aufklärung der Erwachsenen 336

These 8
Das Nah-Ziel einer Drogenerziehung besteht darin, die >Drogenmündigkeit< der Jugendlichen zu fördern. 338

1. Voraussetzungen einer Erziehung zur Drogenmündigkeit 339
2. Ansätze zu einer Erziehung zur Drogenmündigkeit 346

3. Drogenspezifische Information und Drogen-Regeln ... 351
4. Ehemalige und Peer-support ... 354
5. Harm-reduction oder Angst vor Abhängigkeit ... 357

These 9
Als Fernziel fördert Drogenerziehung gegenseitiges Verständnis, Toleranz und Solidarität. ... 361

1. Die Perspektive des ‚Anderen', Toleranz und Solidarität ... 365
2. Den Umgang mit anderen kulturellen Bedeutungen lernen ... 368
3. Die Drogen-Erziehung löst das Problem der ‚einen Schul-Klasse' ... 369

These 10
Einzelheiten einer Drogenerziehung sind in der Schule von allen Beteiligten gemeinsam zu erarbeiten. ... 371

1. Das Umfeld der Schule als wichtigste Komponente ... 372
2. ‚System-wide change' Programme als Ansatzpunkt? ... 376
3. Was wäre bei einer Umsetzung zu beachten? ... 379
4. Fünf wichtige drogenspezifische Inhalte einer Drogenerziehung ... 383

Nachwort. Zum Funktionieren des Präventions-Dispositivs ... 386

1. Die Praxis ... 387
2. Die Wissenschaft ... 389
3. Das Dispositiv ... 392
4. Die Moral von der Geschicht' ... 395

Literatur ... 401
Anmerkungen ... 430
Index: Namen und Personen ... 463

Vorwort zur zweiten Auflage

„Sucht ist eine Krankheit, die nicht von heute auf morgen überwunden werden kann."

(Sabine Bätzing, 2009)

„Dann entschied er, dass Askese letztlich doch die unsympathischste Spielart menschlicher Süchte war."

(Christian Gude 2009 S.7)

Das „Elend der Suchtprävention" erschien wohl gerade zur richtigen Zeit, als die allgemeine Präventions-Euphorie – zumindest in der einschlägig theoretischen Diskussion – abzuebben begann, wenn auch die Sucht-Präventions-Industrie noch immer und zunehmend floriert. In diesem Sinne stellte jüngst sogar die bekannte Beratungsfirma ‚Prognos' (2008; 18) in ihrem Gutachten über das Projekt >HaLT-Hart am LimiT< fest: „Ansätze der universellen[1] Prävention werden aktuell mit Blick auf die Kosteneffizienz zunehmend hinterfragt, da nur ein kleiner Teil der erreichten Jugendlichen Risikofaktoren aufweist und somit hohe Streuverluste entstehen und die Wirksamkeit von Maßnahmen oft unklar bleibt".

Das Buch formuliert ein verbreitetes Unbehagen über die Erfolglosigkeit der bisherigen Bemühungen auf dem Gebiet der schulischen Sucht-Prävention und bietet einen jugendsoziologisch fundierten Unterbau für einen alternativen Ansatz. Es argumentiert gegen ein dominierend etabliertes Drogen-Denken und verwertet hierfür die einschlägige kritische internationale Literatur. Das bewährt sich in den bisherigen *Rezensionen*. Während es die Einen als ‚Standardwerk' bezeichnen (Schötz/Ullrich 2005), moniert ein Anonymus aus München es – erwünscht erbost – als „Dünnbrettbohrerei" (in Amazon.de).

Mit einem gewissen Recht bemängelt man, dass das Buch nicht ganz einfach zu lesen sei – zu viele Anmerkungen und englische Zitate – und dass man sich die praktischen Alternativen ausführlicher gewünscht hätte. Doch eben dies wird notwendig, wenn man versucht, mit einer alternativen Perspektive in das fest ummauerte

[1] ‚universell': Strategien, die sich an eine Gemeinschaft (z. B. Schule) wenden; ‚selektiv': Strategien, die sich an Gruppen mit erhöhtem Risiko wenden; ‚indiziert': wendet sich an Individuen (Drogen- und Suchtrat: 2009; 5)

Gedankengefängnis gegenwärtiger Sucht-Prävention einzudringen. Während sich der leider noch immer herrschende Konsens bequem auf etablierte Sucht-Päpste, kaum jemals kritisch gelesene Literatur – insbesondere bei sogenannten Meta-Analysen – und allgemeinen Commonsense berufen kann, muss die Gegenposition ihre Ansicht sorgfältig und möglichst auch im Detail objektiv belegbar begründen, um damit, auch sich selber gegenüber, einen sicheren Standpunkt zu gewinnen. Für den dadurch gestressten Leser bleibt dann nur, von den in zahlreichen Vorträgen ausgearbeiteten *Thesen*, die jedem Kapitel vorangestellt sind, auszugehen, sich auf die Zusammenfassungen am Anfang und Ende der Kapitel zu konzentrieren und in einem ersten Anlauf das wissenschaftliche ‚Brimborium' zu überlesen. An denjenigen Stellen, die dabei jeweils wirklich interessant erscheinen, lohnt es sich dann – u. a. mit Hilfe der Anmerkungen – tiefer in die Materie einzusteigen.

Und eben diese *ungleichgewichtige* Ausgangssituation – solche gesellschaftlich relevante Streitfragen sind ja stets auch Macht- und Interessen-gelenkte Auseinandersetzungen – bedingt auch das *‚praktische'* Ungleichgewicht zwischen einer etablierten Präventions-Industrie und möglichen, aber noch seltenen Alternativ-Ansätzen. Auch hier können sich die einen auf ein „Das-haben-wir-immer-schon-so-gemacht" beziehen, um allenfalls ein „More-of-the-same" zu verlangen, also „früher einzusetzen, zu wiederholen, interdisziplinär und multifokal": „Es gilt bestehende Programme weiterzuentwickeln, damit Prävention die Kinder und Jugendlichen früher erreicht und Effekte nachhaltiger sind" meint die Drogenbeauftragte in ihrem Vorwort zu Hanewinkel/Röhrle (2009; 7). Die Alternative braucht dagegen, um in diese denkfaule Weiterwurstelei einzudringen, einen einsichtigen und theoretisch begründeten Standpunkt. Eine Hintergrund-Folie, um über das bloße ‚Nein', die schiere Abwehr oder Resignation hinaus jeweils neue Ansätze zu entwickeln. Und zwar *‚gemeinsam'*, das heißt zusammen mit denjenigen, die als Partner einer zureichenden Drogenaufklärung ernst genommen werden, und an Hand derjenigen verstreuten, selbstentwickelten Ansätze, die uns auf einem solchen Hintergrund einleuchten. ‚Gemeinsam' heißt aber auch, dass man sich auf seine eigene Jugendzeit mit ihren Jugendsünden und ihrem ambivalent positiv-negativen Bezug zu den Erwachsenen besinnt, und dass man an Stelle des üblichen Commonsense den eigenen gesunden Menschenverstand einsetzt, um berechtigte Sorgen, objektive Informationen und pädagogischen Eros wirksam miteinander zu vereinen.

Am *Inhalt* des Buches habe ich – vom beigefügten Namen-Register abgesehen – nichts geändert, da vor allem der Bereich der noch immer dominierenden, mit entsprechenden ‚Informationen' arbeitenden schulischen Suchtprävention in den letzten Jahren weithin gleich geblieben ist und sich daran wohl angesichts der fortdauernden repressiv bestrafenden Drogen-Politik offiziell kaum etwas ändern kann und wird. So berichten der ‚halboffizielle'[2] Reitox-Bericht (2009; 48 ff) und der Drogen und Suchtbericht (2009; 100), dass im Jahr 2007 in der von der Bundeszentrale für gesundheitliche Aufklärung geführten ‚Dokumentation suchtpräventiver Maßnahmen' (Dot.sys) unter den dort aufgeführten 31.441 Maßnahmen, die von 76 % der hauptamtlich tätigen Fachkräfte gemeldet wurden, 38 % im Setting der Schule stattfanden, von denen „in den meisten Fällen die Vermittlung von Informationen bzw. kritischen Einstellungen" vorgesehen wurde. Ein typisches Beispiel hierfür findet man in der „Stiftung Sehnsucht", die mit viel gutem Willen „Kinder, und Jugendliche vor Sucht schützen will". Doch gibt es auch, erfreulicher Weise, in etwa jeder vierten Maßnahme eine ‚strukturelle Komponente', „wie die Gestaltung der Schule, Förderung eines guten Schulklimas und der Pausen- und Pausenhofgestaltung" (S.50). Freilich halten Bühler/Kröger (2006; 49, 104) in ihrer internationalen Übersicht noch für die letzten Jahre fest: „In schulbasierten Maßnahmen wird selten das Schulumfeld, sondern meist werden individuelle Faktoren angegangen, das heißt das Handlungsfeld Schule wird als Setting benutzt; angesetzt wird am Individuum"; „das System Schule (Klasse, Lehrerinnen und Lehrer, Didaktik, Schulstruktur etc.) ist selten Gegenstand der evaluierten Programme".

Zwar hat sich die Aufregung über die Verbreitung illegaler Drogen in den letzten Jahren etwas gelegt, seit die über 70.000 Methadon-Klienten und die inzwischen legalisierte medizinische Diamorphin-(=Heroin)Vergabe diesen ‚harten' Drogen den Glamour genommen hat, Kokain und Crack bei den Jugendlichen keine Rolle spielen und Cannabis wie auch – in sehr viel geringerem Maße – die anderen Party-Drogen sich weithin zu gut handhabbaren ‚Alltags-Drogen' entwickelt haben. Heute nehmen im einschlägig politisch-professionell-medialen Interessenverband das Nikotin und der Alkohol deren Stelle ein, und zwar wiederum vornehmlich in bleibender Sorge um ‚unsere' Jugendlichen: „Drogen- und suchtpolitischer Schwerpunkt des Jahres 2008 und des ersten Halbjahrs 2009 waren die nationalen Aktionsprogramme zur Tabak- und zur Alkoholprävention." (Drogen- und Suchtbericht 2009; 10). Das gilt vor allem für den übermäßigen Alkohol-Konsum, das sog. ‚Koma-Saufen' bzw. ‚Binge-drinking', das zur Zeit in gleicher Weise in der Partyszene wie in den neueren Ansätzen der Suchtprävention die älteren illegalisierten Party-Drogen zu verdrängen beginnt.

[2] Der Reitox-Bericht wird als offizieller ‚Deutscher Beitrag' (DBDD) exklusiv (d. h. unter Ausschluss anderer Informationsquellen, wie z. B. dem Dokumentationszentrum www.archido.de) gemeinsam von der Bundeszentrale für gesundheitliche Aufklärung (BZgA), der deutschen Hauptstelle für Suchtfragen (DHS) und dem Münchener Institut für Therapie-Forschung (IFT München) für das European Monitoring Centre for Drugs and Drug Addiction (EMCDDA bzw. EBDD) in Lissabon erstellt

Diese beiden neuen Schwerpunkte der Suchtprävention zeigen sich auch auf dem Feld *,universeller Prävention',* die ungezielt an ‚alle' gerichtet ist, etwa in der Ausweitung des Tabak-bezogenen „Be Smart-Don't Start" Projektes, in dem sich „seit 2002/2003 der Anteil der wiederholt teilnehmenden Klassen und Lehrkräfte verdreifachte auf 32 % der Klassen und 52 % der Lehrkräfte" (Drogen- und Suchtbericht 2009; 27 f), oder im Alkoholbereich in dem polizeilichen Projekt „Don't-drink-to-much-Stay-Gold" das unter der Schirmherrschaft der Drogenbeauftragten u. a. durch ‚drastische Text- und Bildansprache' Jugendliche ansprechen will.

Im Bereich der neuerdings sogenannten *,indizierten'* Prävention, mit der man möglichst frühzeitig gefährdete (Erst)-Konsumenten ansprechen will, dominieren zwei Bundesmodellprogramme, und zwar im Alkoholbereich „HaLT-Hart am Limit" und im Cannabis-Bereich „Die Frühintervention bei erstauffälligen Drogenkonsumenten FreD", die beide über den Schulebene hinausgreifen und die beide erhebliche Kontaktprobleme mit dem schulischen Bereich beklagen. Eine Problematik, auf die Stephan Sting (2007) in seiner kritischen Analyse näher eingeht.

Beide Konzepte konzentrieren sich – zumindest in ihrer ursprünglichen Form – auf jüngere und ältere ‚Jugendliche', die in der überwiegenden Zahl sich nicht nennenswert von ‚normalen' Jugendlichen unterscheiden und die im Allgemeinen ein eher geringes Problembewusstsein besitzen, weswegen die meisten dieser Projekte auf eine gewisse äußere *Druck*-Situation angewiesen sind. Bei HaLT sind es die Notfallambulanzen der Kliniken, und FreD baut im Kern auf polizeilichen, justiziellen und sonstigen Auflagen auf. Inhaltlich bieten sie zumeist nach einem anfänglichen ‚Intake'-Gespräch vier bis fünfmalige Gruppenkurse an, in denen neben einer „Auseinandersetzung mit Einstellungen und Haltungen zum Substanzkonsum" einschlägige ‚Informationen zu Recht, Gesundheit, Drogen und soziales Umfeld' geboten werden (vgl. FOGS 2007; 22). Der HaLT-Ansatz ergänzt diese ‚reaktive' Ausrichtung durch eine ‚proaktive' Arbeit, die eher generalpräventiv gemeindenahe Aktivitäten umfasst (vgl. Prognos 2008; 17). Wenn diese sich ausbreitenden Ansätze insgesamt auch deutlicher Jugend- und Akzeptanz-orientiert sind – die einschlägigen Einrichtungen berichten, dass diese „neuen Aufgabenfelder" auch Einfluss auf ihr Selbstverständnis gehabt hätten (vgl. Görgen/Hartmann 2006; 35) – so bleibt es doch auch hier schwierig, aus dem gewohnten Drogen- und Suchtverständnis auszusteigen. Dies zeigt sich beispielsweise im Themenbereich ‚Recht' in dem zwar ausführlich auf die Strafvorschriften etc. eingegangen wird (Görgen/Hartmann 2006; 45), die ‚bürgerlichen Abwehrrechte' dagegen ausgespart bleiben (vgl. dagegen allgemein die ww.gruene-hilfe.de oder beispielhaft und sehr konkret den „MPU-Ratgeber" der DROBS Lörrach (Bischoff 2009)).

Näher an unserer speziellen Frage nach neuen Formen schulischer Suchprävention liegen die in den letzten Jahren ausgebauten *Internet*-Angebote, die Jugendlichen heute sehr liegen. Erwähnt seien das *Drugcom*-Angebot der Bundeszentrale für gesundheitliche Aufklärung mit 762.408 ‚visits', d. h. ernsthaften Besuchern im Jahr 2008 und das von einer NGO betriebene Leipziger *Drugscouts*-Angebot, das im Jahr 2007 fast 2 Millionen ‚visits' von Besuchern zumeist jüngeren Alters verzeichnen konnte. In durchaus kennzeichnender Weise für die einäugige Art der Drogen-Information unserer Bundesregierung (vgl. Quensel 2007) fand Drugscouts freilich zumindest in deren letzten drei ‚Drogen- und Suchtberichten' keinerlei Erwähnung – im Gegensatz etwa zum etwas ferner liegenden ‚South Caucasus Anti-Drug Programme (SCAD)' (Drogen- und Suchtbericht 2009; 149). Ein Vergleich dieser beiden Angebote bestätigt recht gut den in diesem Buch immer wieder angesprochenen Unterschied zwischen den beiden Ansätzen einer traditionellen Sucht-orientierten und einer alternativen Zugangsweise. Während etwa Drugcom neben einem auf Reduzierung des Cannabiskonsums ausgerichteten „Quit-the-shit"- Programm in einer richtungsmäßig subtilen Weise in seinem ‚Wissen testen Cannabis' beim Vergleich der Schädlichkeit von Zigarette und Joint – richtiger Weise – den Joint als schädlicher benennt, doch die unterschiedliche Häufigkeit, in der man raucht, außer Ansatz lässt, und in Frage 5 – richtig, jedoch in diesem Kontext tatsächlich irrelevant, doch zielführend – von einer (eher schwachen) körperlichen Abhängigkeit mit entsprechenden Entzugserscheinungen spricht, findet man bei Drugscouts neben einer Beratung etwa durch ein ‚Drogentelefon' und neben einem so notwendigen Angebot zur Ausbildung für eine „Erste Hilfe im (Drogen)Notfall" und aktuellen „Pillenwarnungen" ausführliche, jugendnahe Informationen und brauchbar weiterführende links.

Insgesamt gilt für den gegenwärtigen Stand der Prävention nach wie vor die europaweit gültige Feststellung des letzten Berichtes der Europäischen Beobachtungsstelle für Drogen und Drogensucht (EBDD 2008; 12): „Drogenprävention: trotz wachsender Evidenzbasis schleppende Veränderung in der Praxis"; „jüngste Daten zeigen jedoch, dass in vielen Ländern nach wie vor in erster Linie Konzepte herangezogen werden, für die es keine tragfähige Evidenzbasis gibt und die in einigen Fällen Maßnahmen umfassen, die sich sogar als kontraproduktiv erweisen könnten".

Dies zeigt sich auch im Problem der unzureichenden *Evaluierung*, das in diesem Buch ausführlich behandelt wird, und das sich leider, trotz zahlreicher Bemühungen, kaum gewandelt hat.

So bezieht sich die gründliche *Expertise* zur Prävention des Substanzmissbrauchs von Bühler/Kröger (2006) fast ausschließlich auf US-amerikanische Studien, „deren Relevanz für den europäischen Kontext fraglich sein könnte" (EBDD 2008; 12), während einschlägig brauchbare deutsche Untersuchungen kaum benannt werden können. Insgesamt gilt auch nach dieser Expertise: „Es werden in den meisten Fällen kurzfristige, statistisch überzufällige, aber nicht praktisch relevante Veränderungen bei theoretisch nicht eindeutig hergeleiteten Konsumvariablen berichtet, um die Effektivität einer Maßnahme zu begründen" (S. 207).

Beispielhaft sei auf zwei jüngere *Fremd-Evaluationen* aus Deutschland hingewiesen: Sylvia Steinbach (2006) hat in ihrer Dissertation in einem Kontrollgruppenvergleich das an Schulen in Deutschland am häufigsten angewandte Lions-Quest-Programm „Erwachsen werden" untersucht, wobei sich zunächst herausstellte, das die in das Programm eingebaute Familien-Arbeit auf große Schwierigkeiten stieß. Die durch das Programm angestrebten Erfolge konnten nicht erreicht werden: So erbrachte ihre End-Evaluation keinerlei Wirkung bei den drei Drogen Alkohol, Tabak und illegale Drogen (175 f). Auch das ‚zentrale Anliegen der Stärkung des Selbstvertrauens' fiel eher zu Gunsten der Kontrollgruppe aus (139): „Im Großen und Ganzen können weder in den untersuchten Persönlichkeitsmerkmalen noch bzgl. der psychischen Symptombelastung Unterschiede festgestellt werden" (176). Ullrich Bauer (2005; 119 ff) kann dieses Ergebnis in einer methodisch sauberen Weise auch unter dem Aspekt sozialer Schicht-Abhängigkeit überzeugend bestätigen.

Rainer Greca und Mitarbeiter (2009) evaluierten in den Jahren 2002–2005 mit einer Nachuntersuchung im Jahre 2008 in einem mehrjährigen, methodisch an der Aktionsforschung orientiertem Feldprojekt zur ‚Implementation und Evaluation' eine kommunale Alkohol/Drogen-Prävention in 19 kleineren Gemeinden des Trentino in Südtirol. Empirisch wie theoretisch gut ausbalanciert belegen sie überzeugend die Chancen und Probleme einer „politischen", d. h. kulturell wie interessen-gebundenen kommunalen Drogen-Prävention, wobei sich neben örtlich-wirtschaftlichen Interessen auch der Widerstand des ‚hauptamtlichen Personals der mit Präventionsarbeit beschäftigten Stellen' als hinderlich erwies, zumal es „bei öffentlichen Veranstaltungen und Diskussionen die üblichen suchtorientierten Lehrbuchmeinungen gebetsmühlenartig wiederholte" (194).

Aus dem Bereich der zumeist eingesetzten ‚internen' *Eigen-Evaluationen*, die nach ‚innen' zur Programm-Verbesserung bedeutsam sind, jedoch fast immer stattdessen nach außen hin ‚propagiert' werden, sei als Beispiel die jüngste, vom BZgA finanzierte Evaluation des auch in diesem Buch ausführlicher analysierten Projektes „Be Smart-Don't Start' genannt. Nur mit Hilfe eines auf den ersten Blick nicht ersichtlichen, unsauberen Zahlen-Tricks – mit dem diejenigen, die nach Projektabschluss *neu* zu rauchen begannen, weithin ausgeschlossen wurden – gelangt sie zu einer positiven Bewertung des wiederholten Einsatzes in zwei aufeinander folgenden Jahren, obwohl bei einer vollständigen Analyse kein bzw. sogar ein negatives Ergebnis zu erwarten war – was, wie oben erwähnt, der weiteren Ausbreitung dieses Projektes keineswegs hinderlich war (Quensel 2007).

Aus der Fülle der sonstigen Evaluierungen seien positiv die oben schon erwähnten, vom Bundesministerium für Gesundheit finanzierten/geförderten Fremdevaluationen des HaLT-Programmes und des FreD-Projektes genannt, die, wie bei den Firmen Prognos und FOGS zu erwarten, methodisch sauber im Wesentlichen Implementation, Organisation und Durchführung dieser Projekte betreffen: „Eine Beurteilung des HaLT-Angebots aus psychologischer und suchttherapeutischer Perspektive fand im Rahmen der Begleitforschung nicht statt“ (Prognos 2008;51). Eine notwendige, jedoch keine hinreichende Evaluation, etwa vergleichbar dem Nachweis, dass der Aufbau eines Auto-Crash Tests ingenieurtechnisch in Ordnung war, ohne damit jedoch das Ergebnis dieses Tests voraussagen zu können.

Berücksichtigt man insgesamt die Entwicklung des *Präventionsmarktes* der letzten Jahre, wie sie etwa im Drogen- und Suchtbericht der Bundesregierung (2009), im Reitox-Bericht (2009) und der Bühler/Kröger-Expertise für das BZgA (2006) sowie europaweit im EBDD-Bericht (2008) überblicksmäßig – jeweils aus einer Regierungs-nahen Sicht[3] – zusammengefasst wird, bestätigt sich eine Tendenz zur zunehmenden *Professionalisierung* auch dieses Drogen-Politik-Feldes: Sammlung der Projekte (Dot.sys) und Vernetzung im PrevNet mit 350 Materialien, 100 Studien und 390 Projekten oder hinsichtlich der Cannabis-Prävention in der von der DHS betriebenen ‚Toolbox‘ Averca und in der europäischen Ausweitung des FreD-Progammes im ‚FreD goes net‘ mit Institutionen aus 17 europäischen Ländern belegen dies ebenso wie das Best practice portal [Portal für vorbildliche Verfahren] der EBDD oder die Bemühungen um Qualitätssicherung (Qip), Schulung und Zertifizierung in den großen Projekten. Hilfreich ist dann auch, wenn Hoeflmayr (2006) auf der Basis der zuvor schon in diesem Buch kritisierten >Be Smart-Don't Start<-Evaluation den angeblichen kostenmäßigen Nutzen solcher Präventionsbemühungen errechnet oder wenn HaLT in seltener Offenheit in seinem >Standard 5< darauf hinweist: „Da Beispiele von alkoholvergifteten Kindern und Jugendlichen alarmieren, ist HaLT öffentlichkeitswirksam. HaLT reaktiv und proaktiv bieten den Kooperationspartner/innen Imagegewinn“. So erwünscht eine solche Professionalisierung ist, so tendiert sie doch dazu, die bisherigen konservativen Ansätze mit einem ‚more of the same‘ möglichst multifokal ‚miteinander zu vernetzen‘, den Kontakt zur Welt der Adressaten zu verlieren, kreative alternative Ansätze auszublenden und deren Vertreter von den lockenden Finanztöpfen fernzuhalten (Quensel 2010).

Diese Tendenz zeigt sich schließlich auch auf *theoretischer* Ebene – deren Notwendigkeit und Vielfalt Bühler/Kröger(2006) in ihrer Expertise ebenso verwirrend wie beeindruckend festhalten. Positiv erwähnen kann man hier etwa den etwas

[3] Man vergleiche – vom Niveau wie vom Ansatz her – diese drogen-politisch ausgerichteten Berichte mit dem gehaltvollen, theoretisch wie praktisch jugend-soziologisch orientierten „13. Kinder- und Jugendbericht“ (2009, www.bmfsfg.de), der mir leider zu spät in die Hände fiel. Dieser Bericht bietet einen guten Einstieg in die in meinem Buch aufgeworfenen Fragen.

allzu sehr an der ‚System-Theorie' orientierten Versuch von Martin Hafen (2005), die sozialkritische Analyse von Ullrich Bauer (2005) der zu Recht auf die ‚Mittel-Schicht'-Orientierung der neusten Präventionsprogramme hinweist, und insbesondere das ‚Lehrbuch' von Gundula Barsch (2008), in dem sie ihren Ansatz der ‚Drogenmündigkeit' näher ausarbeitet, sowie die schöne auf einem akzeptierenden Ansatz beruhende Magisterarbeit von Annegret Beck (2004).

Doch dominiert auch hier auf dem Büchermarkt die traditionelle Sicht. Dies gilt in gleicher Weise für die umfangreichen Sammelwerke von Schmidt u. a. (2006) und Thomasius u. a. (2009) mit ihrer suchtmedizinischen bzw. jugendpsychiatrischen Perspektive, wie für die eher suchttherapeutisch ausgerichteten Ansätze etwa einer ‚integrativen Suchtarbeit' (Petzold u.a 2006) oder die Sammelwerke von Hanewinkel/Röhrle (2009) und Tossmann/Weber (2008), die „über die aktuellen Entwicklungen und Tendenzen der Drogenprävention" informieren wollen. Zwar gehen Hanewinkel/Röhrle auch auf ‚verhältnispräventive Interventionen' („ökonomische Aspekte", Reklame, Medien, Familien- und Gemeindeorientierte Programme) ein, doch fehlen in beiden Präventions-Bänden Ansätze zu einer ernsthaft auf das schulische Umfeld bezogenen ‚strukturellen' Prävention. Ein Manko, das in einer für die gegenwärtige schulbezogene Prävention kennzeichnenden Weise besonders bei Tossmann/Weber ins Auge fällt, geht es doch bei ihnen um die „Alkoholprävention in Erziehung und Unterricht".

Anstatt nun noch tiefer in diesen Präventions-Markt einzudringen, gründlicher die Unzahl der propagierten positiven Eigen- oder auch bezahlten Fremd-Evaluationen zu überprüfen, was in jedem Einzelfall eigentlich notwendig wäre, doch mühsam mangels Zugangs zu den Originalzahlen (die man eigentlich für eine solche Nachprüfung ins Internet stellen sollte), und anstatt nach den wirklich brauchbaren praktischen Alternativen zu suchen, was besonders vordringlich wäre, und wofür man – etwa auch im Party-Bereich (vgl. www.partypack.de) – fündig werden würde, habe ich in den letzten Jahren versucht, mit Hilfe meiner zuvor angesammelten Daten die Alternativ-Thesen dieses Buches gleichsam in einem *Folgeband* „Wer raucht, der stiehlt…" (Quensel 2009) empirisch besser abzusichern, Theorie mit Empirie zu verbinden und die qualitativ-kritische Analyse dieses Buches durch eine quantitative Basis, in der die Jugendlichen selber zu Wort kommen, sinnvoll zu ergänzen.

Ich verwendete hierfür eine von der EU finanzierte Erhebung bei ca. 4.000 Schülerinnen und Schülern aus 5 europäischen Städten sowie eine von der DFG finanzierte repräsentative Erhebung bei Bremer Bürgerinnen und Bürger.

Die folgenden zehn wesentlichen *Ergebnisse* dieser Analyse führen zu Folgerungen, die insgesamt noch einmal ein Grundgerüst für eine andere Art der Drogenaufklärung abgeben könnten (vgl. Quensel 2009; 241–244).

1) Grundsätzlich gilt es festzuhalten, dass der Konsum von legalen wie illegalen Drogen im Rahmen einer allgemeinen Jugendkultur ein *normales jugendliches* Durchgangsstadium ist, das bis zu einem gewissen Grad auch Extrem-Varianten umfasst – die dann umgekehrt in geläufig medizinisch-psychiatrischer Sicht ihrerseits dem Sucht-Modell i. w. S. als Ausgangspunkt dienen, um von hieraus wiederum das ‚normale' Verhalten als dessen Vorstufe wahrzunehmen.

Dieses ‚quantitativ' erhaltene Ergebnis entspricht den in neuerer Zeit ‚qualitativ' durch Interviews und Beobachtung gewonnenen Befunden. Dies gilt etwa für den exzessiven Alkohol-Konsum, wie Irmgard Eisenbach-Stangl (2008) für Wien und eine ländliche Gegend in Österreich und Martinic/Measham (2008) im internationalen Vergleich aufzeigen können, und ebenso für den Cannabis-Konsum, den Bernd Werse (2008) methodisch sehr sorgfältig für den Frankfurter Raum eruierte.

2) Im Rahmen dieser Jugendkultur sind alle diese Drogen – zusammen mit delinquenten Verhaltensweisen bei den Jungen und mit Medikamenten-Konsum bei den Mädchen – in einen übergreifenden *Jugendstil* eingebunden, innerhalb dessen sie sich weitgehend gegenseitig vertreten können und ähnliche Funktionen erfüllen (‚Syndrom'). Dieser Jugendstil wird inhaltlich deutlich auch von der Kontaktaufnahme zum jeweils anderen Geschlecht (‚Liebe', ‚miteinander schlafen') geprägt. Er ist, natürlich ‚peer-bezogen', weithin auf ein ‚outdoor-Verhalten' im entsprechenden Disco- und Party-Milieu ausgerichtet, während der so gerne als Alternative angepriesene Vereinssport immer mehr in den Hintergrund gerät. Eingebettet in einen umfassenden Jugendstil, verbinden sich diese Verhaltensweisen mit spezifischen Musik-Vorlieben, einer eigenen ‚Sprache', Kleidungsstil und Körperkultur (Piercing, Kosmetik, Haarstil), aus dem sie nicht ohne weiteres selektiv herausgelöst werden können.

3) Diese Jugendkultur setzt insgesamt heute mit einer noch immer deutlichen Tendenz *früher* ein als in den vergangenen Jahren. Dies gilt sowohl für das beklagte ‚Jünger-Werden' im Falle des Drogen-Konsums, wie auch generell für einen zunehmend nach vorne verlagerten Musikgeschmack und Kosmetik-Konsum bei Mädchen wie auch bei Jungen (‚Lolita-Syndrom').

4) Zwar findet man dieses wachsende Gewicht einer Jugendkultur ganz generell in der westlichen Welt, doch *kombiniert* sie inhaltlich jeweils unterschiedliche Einflüsse, je nach nationalen Vorlieben – etwa in den untersuchten fünf europäischen Städten – nach Geschlecht, sozialem Stand (Hauptschulen gegenüber Gymnasien) und nach der städtischen und ländlichen Umgebung. Ein komplex zusammengesetzter Jugendstil, der zudem relativ rasch wechselnden *Moden* folgt, die überwiegend durch Mundpropaganda und verstärkt über das handy und das Internet verbreitet werden. Werbung und Medien können nur dann wirken, wenn sie – mit Hilfe von

Trendsetter-Analysen – funktional in diesen Jugendstil hineinpassen. Einwirkungen, die in gleicher Weise auch für die analogen Präventions-Strategien und ein damit verbundenes Monitoring zutreffen. Weshalb der abschreckend erhobene Zeigefinger einer ‚Sucht'-Propaganda ebenso wenig wirkt, wie umgekehrt der Wandel der Konsum-Sitten kaum dem Erfolg einer noch immer repressiv orientierten Präventions-Politik gutzuschreiben ist.

5) In dieser Jugendkultur ist der übliche Konsum legaler wie illegaler Drogen bei den Konsumenten nahezu ausschließlich *positiv* besetzt – wie es auch in der FOGS-Analyse des FreD-Projektes deutlich wurde (Görgen/Hartmann 2006; 34). Er dient dazu, Spaß zu haben, zu feiern, Kontakt aufzunehmen; und selbst das ‚Abschalten' gilt weitaus eher als verdienter und notwendiger Wochenend-Ausgleich, denn als ‚Flucht'.

6) Dabei kann dieselbe Droge in unterschiedlichem Kontext ganz unterschiedliche *Funktionen* übernehmen. So kombinieren Mädchen ihr ‚Syndrom' mit einem Medikamenten-Konsum eher im Sinne einer Lifestyle-Droge, während Jungen, die ihren Drogenkonsum deutlicher mit delinquenten Verhaltensweisen verbinden, damit eher miteinander bzw. voreinander konkurrieren wollen. Auch altersspezifisch werden von Jugendlichen, Erwachsenen und Senioren nicht nur unterschiedliche Drogen bevorzugt, sondern dieselben Drogen Alkohol und Cannabis dienen bei den Jüngeren eher der Stimmung und dem Spaß, während man im gesetzten Alter ab den 20-ern eher deren Entspannungs-Funktion schätzt.

Eine unterschiedliche Erwartung und Drogen-Perspektive, die aus einer professionell-erwachsenen Sicht offensichtlich nicht immer voll verstanden wird, vor allem dann, wenn sie vom Defizit-Modell einer drohenden Abhängigkeit oder Sucht ausgeht.

7) Je weiter Jugendliche in diese Jugendkultur hineinwachsen, desto ungefährlicher und positiver bewerten sie ihre Drogen, was verständlicher Weise ebenso auch für erwachsene RaucherInnen und Alkohol-Trinkende gilt. Zugleich jedoch wünschen sie zusätzliche *Drogen-Informationen*, und zwar auch durch die Schule – wobei sie sicherlich nicht nur die üblichen Drogen-Warnungen im Sinne haben. Umgekehrt gilt aber auch, dass Jugendliche, die *drogen-abstinent* leben, einen sehr viel geringeren Bedarf an einschlägigen Informationen haben, da sie ja schon ‚wissen', dass Drogen gefährlich sind und ‚abhängig' machen. Eine Korrelation, die ebenfalls auch für Erwachsene gilt: Je weniger konkrete Informationen, desto höher die Abhängigkeitssorge und die damit verbundene Punitivität bzw. Bereitschaft mit Strafen zu reagieren, weshalb es naheläge, eine zureichende Drogenaufklärung vor allem bei besorgten Erwachsenen, also insbesondere bei Eltern und Lehrern anzustreben.

8) Unter diesen Jugendlichen lassen sich – auch unter Präventions-Gesichtspunkten – *vier Gruppierungen* unterscheiden, zwei größere Gruppen, die relativ unproblematisch sind und zwei relativ kleine Gruppierungen, die uns tatsächlich Sorge bereiten sollten. Unproblematisch sind zunächst die *‚braven' Abstinenten*, die, sozial gut in Familie und Freundeskreis integriert, ohne wesentliche Schulprobleme heranwachsen; eine Gruppe, die schon in der von uns untersuchten 8. Schulklasse im Alter von ca. 15 Jahren mit wachsendem Alter zunehmend zur nächsten Gruppierung hin tendierte.

Diese zweite Gruppe der *‚normalen Drogenkonsumierenden'* unterscheidet sich hinsichtlich sozialer Integration und Schulleistung nicht von den ‚Abstinenten', konsumiert aber annähernd gleichviel legale und illegale Drogen, wie die darauf folgende Drogen-Problemgruppe. Mit Recht formulieren daher die beiden Psychologen Petermann/Roth als Ergebnis ihrer Leipziger Erhebung: „Jugendlichen, die im Kontext der entwicklungsbedingten Verlaufsform illegale Drogen konsumieren, mangelt es nicht an Lebenskompetenzen, kommunikativen Fähigkeiten, sie weisen auch keine Persönlichkeitsdefizite auf. Im Gegenteil: Wir müssen sogar annehmen, dass es sich um sozial besonders kompetente und bezüglich ihrer Persönlichkeit stabile junge Menschen handelt" (2006; 136).

Aus dieser Gruppe der ‚normalen Drogenkonsumenten' stammen übrigens die meisten der in den Projekten >HaLT< und >FreD< (Görgen 2003; 30) angesprochenen Jugendlichen: „Die Auswertungen nach dem sozioökonomischen Status der Eltern der Jugendlichen zeigen deutlich, dass komatöse Alkoholvergiftungen bei Kindern und Jugendlichen keineswegs ein auf sozial schwache Schichten beschränktes Problem darstellen. Auch Fragen zum Verhältnis zur Familie, zur allgemeinen Zufriedenheit und zum Ausbildungserfolg legen keineswegs spezielle Problemlagen der Jugendlichen offen" (Prognos 2008; 81). Und für die Cannabis-Projekte gilt: „So dürften unter jüngeren KlientInnen (bis zum 18. Lebensjahr), die im Elternhaus, der Schule oder polizeilich auffällig geworden sind (z. B. FreD), deutlich mehr GelegenheitskonsumentInnen vorkommen als unter älteren KonsumentInnen (bis zum 27. Lebensjahr)" (Görgen/Hartmann 2006; 29).

Hierunter dürfte schließlich auch ein Teil derjenigen Cannabis-Konsumenten fallen, die im familientherapeutischen Incant-Projekt, fünf mal (oder mehr) im vergangenen Jahr' Cannabis genommen haben (Incant, Manual).

9) Die dritte und kleinste Gruppe repräsentiert die typische Problemgruppe, in der sich ein ‚exzessiver Jugendstil' mit *Schulproblemen* unheilvoll vermischt und wechselseitig vorantreibt. Eine Gefährdung, die dann noch erheblich gravierender ausfällt, wenn man berücksichtigt, dass in unserer Untersuchung nur diejenigen erfasst wurden, die am Tage der Befragung in der Schulklasse anwesend waren, nicht dagegen diejenigen, die dauerhaft die Schule schwänzen bzw. den Schulbesuch verweigern. Hier müsste eine gezielte Prävention ansetzen, die weniger (wenn auch)

die Drogen-Problematik aufgreift, sondern die vor allem die damit verbundenen Schulprobleme in Angriff nimmt. Angesichts der erwähnten geringen schulbezogenen ‚strukturellen' Präventionsprogramme (die sich zudem meist nur auf das Rauchverbot an der Schule beschränken) gälte es, hier nach – auch vorhandenen – positiven Alternativen zu fahnden, die einer ‚idealen Schule' (vgl. GEO-Wissen Nr. 44) näher kämen. Gute Beispiele findet man etwa bei Popp/Tischler (2007). Warum, möchte man fragen, gibt es eigentlich keine „Stiftung ideale Schule", die allen Kindern und Jugendlichen die gleichen schulischen Start-Chancen vermittelt? Ansätze hierfür spreche ich in meiner 10. These an.

10) Die vierte, etwa gleich große Gruppe, die über alle untersuchten Variablen hinweg (insbesondere Geschlecht und die 5 europäischen Städte) gleichermaßen auftrat, ist die bisher völlig übersehene Gruppierung derjenigen *Abstinenten, die sich sozial isoliert* fühlen und die in zweifacher Weise ein hohes Risiko aufweisen: Einerseits finden wir hier wohl diejenigen, die krampfhaft – und damit unbeholfen und von den Peers wenig unterstützt (vgl. Hayner 2001) – versuchen, den Anschluss zu finden. Und zum anderen vor allem diejenigen, die – häufig gemobbt – mit deutlichen und dauerhaften *depressiven* Zügen sich längerfristig auch gesundheitlich mehr schädigen als durch die üblichen jugendlichen Drogen-Exzesse. Ein Risiko, das sich dann auch in den psychiatrisch relevanten ‚komorbiden' Störungen wiederfinden lässt, in dem sich ‚Suchtstörungen' mit Depression und Angststörungen unheilvoll kombinieren (vgl. Esau/Conradt 2009).

Fasst man also – arg verkürzt und ungerecht gegenüber den verstreuten Alternativen, die sich im Internet etwa bei www.drogscouts o.ä. zusammenschließen sollten – das *Ergebnis* zusammen, könnte man sagen: Die gegenwärtige schulisch orientierte Suchtprävention zielt ‚universell' auf die dahin schmelzenden ‚braven Abstinenten', überlässt die ‚normalen Drogen-Konsumierenden' der ‚indizierten' HalT- und FreD-Prävention, hat den schulisch Gefährdeten nichts anzubieten und gefährdet durch ihre ‚just-say-no'-Kompetenz-Kurse die ‚sozial isolierten Abstinenten'. Nimmt man hinzu, dass Familien-orientierte Ansätze zumeist die eigentlichen ‚Problem'-Familien nicht erreichen, und dass ‚Community-Projekte' dem ‚Greca'-Verdikt unterliegen, sofern sie denn überhaupt jemals – über die üblichen ‚Vernetzungen' hinaus – ernsthaft realisiert werden, dann läge es nahe, nach einer wirklichen, jugendspezifischen Alternative zu suchen, um sowohl diesen Jugendlichen entgegen zu kommen wie aber auch sich selber als Profession zu erhalten.

Von meinem ersten ‚Außenseiter'-Buch „Drogenelend" dauerte es eine Generation (25 Jahre) bis der oben erwähnte halbwegs vernünftige Umgang mit der sogenannten ‚harten' Droge Heroin realisiert werden konnte. Müssen wir noch einmal eine ganze Generation warten, bis wir auch bei den ‚weicheren' Drogen dieses Ziel erreichen?

ps: Man muss es leider noch einmal sagen: Es geht mir, wie im 6. Kapitel näher dargelegt, nicht darum, Probleme zu verharmlosen, sondern darum die ‚wahren' Probleme, die nicht zuletzt von der herrschenden Sucht-Präventions-Ideologie mit verdeckt und verursacht werden, einer Lösung näher zu bringen.

Karaoğlanoğlu Dezember 2009

Literatur zum 2. Vorwort*

Averca:Aufbau einer effektiven Versorgungsstruktur zur Früherkennung und Frühintervention jugendlichen Cannabismissbrauchs (www.averca.de)

Bätzing, Sabine (2009): Bundes-Drogenbeauftragte im Vorwort zum Drogen-und Suchtbericht 2009

Barsch, Gundula (2008)*: Lehrbuch Suchtprävention. Von der Drogennaivität zur Drogenmündigkeit. Neuland-Verlag

Bauer, Ullrich (2005): Das Präventionsdilemma. Potentiale schulischer Kompetenzförderung im Spiegel sozialer Polarisierung. VS-Verlag. Vgl. auch seine Power-Point-Präsentation unter (www.uni-bielefeld.de/gesundhw/health-inequalities/downloads/puls.pdf)

Beck, Annegret (2004): Prävention und Akzeptanz – zwei unvereinbare Ansätze der Drogenarbeit? Magisterarbeit Universität Leipzig (www.drugscouts.de)

Best practice portal der EBDD (www.emc-dda.europa.eu/themes/best-practice)

Bischoff, Robert (2009): Führerschein (fast) weg?. MPU-Ratgeber: Drogen. Drogen- und Jugendberatungsstelle Lörrach

Bühler, Annegret; Kröger, Christoph (2006): Expertise zur Prävention des Substanzmissbrauchs. BZgA (www.archido.de)

Die ideale Schule. Was Jungen und Mädchen optimal fördert (2009): GEO-Wissen Nr. 44

Dot.sys (2008): Dokumentation suchtpräventiver Maßnahmen in Deutschland 2007 (www.bzga.de)

Drogen- und Suchtbericht (2009) (www.drogenbeauftragte.de)

Drogen- und Suchtrat (2009): Arbeitsbericht des Drogen- und Suchtrates von 2006–2008 (www.drogenbeauftragte.de)

Drugcom BZgA (2009): Jahres- und Evaluationsbericht 2008 (www.drugcom.de)

Drugscouts Leipzig (2008): Jahresbericht 2007 (www.drugscouts.de)

EBDD (2008): Jahresbericht 2008 der Europäischen Beobachtungsstelle für Drogen und Drogensucht: Stand der Drogenproblematik in Europa (www.dhs.de/jahresbericht_2008_de.pdf)

* Die mit einem * versehenen Bücher wurden unter www.socnet.de/Rezensionen bzw. unter www.archido.de/Rezensionen besprochen. Sämtliche Internetangaben: 25.12.2009

Eisenbach-Stangl, Irmgard u.a (2008)*.: Jugendliche Alkoholszenen, Konsumkontexte, Trinkmotive, Prävention Europäisches Zentrum für Wohlfahrtspolitik und Sozialforschung, Wien

Esau, Cecilia; Conradt, Judith (2009): Komorbidität. In: Thomasius u. a. 2009:69–74)

FOGS (2007): Nachbefragung des Bundesmodellprojekts „Frühintervention bei erstauffälligen Drogenkonsumenten FreD. (www.lwl.org/FRED-Nachbefragung_lang.pdf)

FreD goes net: Internationaler Transfer des FreD-Programms (www.lwl.org/Projekte.de)

Görgen, Wilfrid u. a. (2003): Abschlussbericht: Nachbefragung des Bundesmodellprojektes „Frühintervention bei erstauffälligen Drogenkonsumenten FreD (www.fogs-gmbh.de/pdf/FreD.pdf)

Görgen, Wilfried; Hartmann, Rüdiger (2006): Abschlussbericht: Expertise zu jungen Cannabiskonsumenten. FOGS (www.fogs-gmbh.de/pdf/cannabisexpertise%20.pdf)

Greca, Rainer u. a. (2009)*: Gefährdung Jugendlicher durch Alkohol und Drogen? Eine Fallstudie zur Wirksamkeit von Präventionsmaßnahmen. VS-Verlag

Grüne Hilfe: (www.gruene-hilfe.de)

Gude, Christian (2009): „Binärcode". Zeitverlag

Hafen, Martin (2005)*: Systemische Prävention. Grundlagen für eine Theorie präventiver Maßnahmen. Carl Auer Verlag, Heidelberg.

HaLT Hart am Limit (www.halt-projekt.de)

Hanewinkel, Reiner; Röhrle, Bernd (Hrsg.)* (2009): Prävention und Gesundheitsförderung Bd. IV. Prävention von Sucht und Substanzmissbrauch. DGVT-Verlag, Tübingen

Hayner, Ekkehard*. (2001): Akzeptanzorientierte Suchtprävention. Eine qualitative Studie über die Kommunikation Ostberliner Jugendlicher zu illegalisierten Drogen. Berlin

Hoeflmayr, David (2006)*: Kosten und Nutzen schulischer Tabakprävention. Eine Evaluation am Beispiel. Nomos Verlagsgesellschaft, Baden-Baden

Incant: International Cannabis Need of Treatment (www.incant.eu)

Martinic, Marjana; Measham, Fiona (Eds) (2008)*: Swimming with Crocodiles: The Culture of Extreme Drinking. Routledge

Partypack: Drogenhilfe Köln (www.partypack.de)

Petermann, Harald; Roth, Marcus (2006)*: Suchtprävention im Jugendalter. Interventionstheoretische Grundlagen und entwicklungspsychologische Perspektiven. Juventa, Weinheim

Petzold, Hilarion; Schay,Peter; Scheiblich, Wolfgang (Hrsg)* (2006): Integrative Suchtarbeit: Innovative Modelle, Praxis-Strategien und Evaluation. VS Verlag, Wiesbaden

Popp, Ullrike; Tischler, Kornelia (Hrsg.) (2007)*: Fördern und Fordern an Schulen. Profil Verlag, München

PrevNet Fachportal der Suchtvorbeugung (www.prevnet.de)

Prognos (2008): Wissenschaftliches Begleitung des Bundesmodellprogramms „HaLT- Hart am LimiT" (www.halt-projekt.de/images/stories/pdf/halt-projekt_endbericht.pdf)

Quensel, Stephan (1982): Drogenelend. Cannabis, Heroin, Methadon. Für eine neue Drogenpolitik. Campus

Quensel, Stephan (2007): Staatsforschung: Wie „Be smart – Don't Start" sich selber evaluiert. In: Kriminologisches Journal 39,1:68–79

Quensel, Stephan (2009): Wer raucht, der stiehlt… VS-Verlag

Quensel, Stephan (2010): Prohibitionspolitik und Common-sense: Best interests and good intentions. In: Helmut Pollähne; Heino Stöver (Hg.) Komplemente. Lit Verlag, Berlin 2010:119–134

Qip: Qualität in der Prävention (www.uke.de/extern/qip)

Reitox (2009): Bericht 2008 des nationalen REITOX.Knotenpunkts für die EBDD Deutschland. Neue Entwicklungen, Trends und Hintergrundinformationen zu den Schwerpunktthemen. Drogensituation 2007/2009 (www.bmg.de)

Schmidt, Lutz; Gaspar, Markus; Falkai, Peter; Gaebel, Wolfgang (Hrsg) (2006)*: Evidenzbasierte Suchtmedizin. Behandlungsleitlinie Substanzbezogene Störungen. Deutscher Ärzte-Verlag, Köln

Schötz, R.; Ullrich, F. (2005): Rezension von „Das Elend der Suchtprävention" (www.socialnet.de/Rezensionen.)

Stay-Gold. Don't drink to much (www.staygold.eu)

Steinbach, Sylvia(2006)*: Sucht und Schule. Perspektiven der Suchtprävention bei Jugendlichen mit dem Lions-Quest-Programm „Erwachsen werden". Logos Verlag, Berlin

Sting, Stephan (2007): Schulische Suchtprävention mit Jugendlichen. Perspektiven für die Sekundarstufe II. In: Ulrike Popp, Kornelia Tischler (Hrsg.) 2007:191–211

Stiftung Sehnsucht: www.Stiftung-Sehnsucht.de

Thomasius, Rainer; Schulte-Markwort, Michael; Küstner, Udo; Riedesser, Peter (Hrsg) (2009)*: Suchtstörungen im Kindes- und Jugendalter. Schattauer, Stuttgart

Werse, Bernd (2007)*: Cannabis in Jugendkulturen. Kulturhistorische und empirische Betrachtungen zum Symbolcharakter eines Rauschmittels. Archiv der Jugendkulturen, Berlin

Werse Bernd (Hg.) (2008)*: Drogenmärkte. Strukturen und Szenen des Kleinhandels. Campus, Frankfurt

Vorwort: Jugendhilfe oder Drogenarbeit?

„Die wollen ja alle nur unser Bestes, aber das bekommen sie nicht!“

(>50 Jahre Shell Jugendstudie< 2002; 63)

Drogen-Prävention bzw. ‚Sucht‘-Prävention war von Anfang an ein Geschäft der Drogenarbeiter und Sucht-Therapeuten – sieht man einmal ab von ihren drogenpolizeilichen Vorläufern und Begleitern. Die ursprünglich mit der Junkie-Szene befasste ‚Drogen‘-Beratung widmet sich heute der Aufklärung in Schulen, die Bundeszentrale für gesundheitliche Aufklärung (BZgA) des Gesundheitsministeriums produziert die große Masse der offiziellen Aufklärungs-Materialien, Präventions-Expertisen werden von einem ‚Institut für Therapieforschung‘ (München) übernommen und die bedeutsamste deutsche Evaluation eines Präventions-Programms oblag dessen Organisatoren aus einem ‚Institut für Therapie- und Gesundheitsforschung‘ (IFT-Nord). Das ist diesen Einrichtungen nicht vorzuwerfen, sitzen hier doch die ‚Sucht‘-Experten, die mit guten Gründen die Sucht bereits im Vorfeld ‚präventiv‘ zu erledigen suchen.

Ein Vorfeld, das, verglichen mit dem an sich sehr kleinen Feld eigentlicher ‚Sucht‘ (wie immer man dies auch fassen will), unendlich groß ist, weil es von der ansonsten ‚normalen‘ Gesellschaft gestellt wird; und seien dies auch nur die zumeist von solcher Prävention erfassten Jugendlichen und ihr jeweiliges soziales Umfeld. Ein Missverhältnis mit enormen ‚Kolonisierungs‘-Chancen (Herriger 2001;100), das der arbeitslos werdenden Drogen-Arbeit leicht zu erobernde und schwer zu kontrollierende neue Tätigkeitsfelder eröffnet. Ein Faktum, auf das die IFT-Expertise (u. a. 1993;1,102 f.) gleich doppelt hinweist: Einführend durch die Bemerkung, dass das verstärkte Interesse an der Prävention darin liegen könne, „dass die Phase des Aufbaus therapeutischer Einrichtung im ambulanten und stationären Bereich weitgehend abgeschlossen ist“ und weiterführend dadurch, dass der Blick auf >protektive Faktoren< – warum also jemand nicht ‚süchtig‘ wird – einen „methodischen Vorteil hat, da, wegen der sehr viel größeren Zahl von Personen, die kein Missbrauchverhalten beginnen, wissenschaftliche Untersuchungen wesentlich leichter durchgeführt und Zusammenhänge besser erkannt werden können“, was dann die weiteren Tätigkeitsfelder eröffnen soll.

Diesem ‚Drang nach Westen‘ – im übertragenen wie tatsächlichen Sinne der US-Bezogenheit gegenwärtiger Drogenprävention – hatte und hat weder die an sich ‚einheimische‘ Profession der Jugendarbeit oder Schulpädagogik noch die am 'sozialen Problem' ansetzende Jugendhilfe etwas entgegen zu setzen. Die einen, weil sie freizeit-orientiert oder schmalspur-pädagogisch das auffällige Verhalten der Jugendlichen den Spezialisten in Jugendamt und Jugendstrafanstalt überließen, den üblichen Drogenkonsum ihrer Schützlinge vor allem im 'legalen' Bereich dagegen als normales jugendliches Durchgangs-Verhalten werteten, sofern sie sich nicht wie die Bielefelder Schule selber an die Spitze der Sucht-Präventions-Bewegung setzten. Die anderen, die eigentliche Sozialarbeit, erstickten dagegen, unterbezahlt und mit stets schmaler werdenden Ressourcen, im Kampf gegen die Folgen einer zunehmenden Verelendung und Ausgrenzung marginalisierter Jugendlicher, Familien und Bevölkerungsgruppen, ohne differenziert zwischen den damit verbundenen sozialen Folgeproblemen – Arbeitslosigkeit, Bildungsdefizit, Gewalt, Kriminalität, Alkoholkonsum, Obdachlosigkeit etc. – unterscheiden zu wollen und zu können.

Erst relativ spät erwachte die *Jugendarbeit* und bemerkte, wer da ideell mit seiner Terminologie, mit seinen Konzepten und praktischen Folgerungen sowie materiell mit den für solch eine Drogen/Sucht-Prävention bereit gestellten Mitteln das eigene Terrain schon besetzt hatte. Die *Schulpädagogik* dagegen, abgesichert durch ihre originäre Bildungsaufgabe und Beamtenstatus, öffnete dieser Prävention kleine wirkungslose Enklaven und ließ sie dort gelassen gewähren, so lange ihr nicht einige harmlose Cannabis-Konsumenten die Ruhe verdarben[1].

Ein Aufwachen, das dann freilich – angesichts der verlockenden Präventions-Prämien verständlich – allzu leicht Jugendarbeit mit Prävention verwechselte, um die der Jugendarbeit immer schon zu Grunde liegende 'Spannung zwischen Emanzipation und Kontrolle' einseitig akzentuierend aufzulösen (Hornstein 2001). Eine 'Präventionsfalle', in der wir das 'Förderungsparadigma zu Gunsten des Störungsparadigmas aufgeben', wie uns insbesondere das Beispiel der Kriminalprävention mit ihrer polizeilichen Dominanz lehrt (Frehsee 2001;58).

In eben diesem Sinne formulierte jüngst der gemeinsam herausgegebene diakonische >Leitfaden für die Kooperation beider Hilfesysteme<[2] unter dem geläuterten Motto „Die Jugendhilfe ist das führende Hilfesystem" freilich noch immer im Rahmen der Sucht-Perspektive:

> „Erziehungshilfe hat sich für Drogen konsumierende und abhängige Jugendliche lange Zeit nicht zuständig gefühlt. Diese wurden erst gar nicht in die Hilfen aufgenommen bzw. an Spezialeinrichtungen der Drogenhilfe weitergegeben. Diese Nichtzuständigkeit der Jugendhilfe bedeutete für viele Jugendliche eine frühe Diagnose als 'besonders schwierig aufgrund von Drogenkonsum' und ein häufiges Verschieben in spezialisierte Angebote, Beziehungsabbrüche und Lebensortwechsel. Seit zirka zehn Jahren wird die Abschiebepraxis der Erziehungshilfe in immer spezialisiertere Einrichtungen indes kritisch gesehen – nicht nur in bezug auf Drogen konsumierende Jugendliche".

Bezeichnend für diese unsere Wahrnehmungs-Brille war die Reaktion der Teilnehmer auf einer anschließenden gemeinsamen Tagung in Eisenach am 26.11.2003[3] auf mein dazu gehaltenes ‚Hauptreferat'. Nachdem zunächst ein Teilnehmer höchst skeptisch seine eigene Nikotin-Karriere einbrachte, die er erst nach zwei erfolglosen Versuchen abbrechen konnte, weil er zuvor ‚in leicht alkoholisiertem Zustand' doch wieder zur Zigarette gegriffen hatte, bestimmten zwei Suchttherapeuten mit heftigem emotionalen Aufwand unter Hinweis auf das elendige Schicksal ihrer vom ‚neurobiologisch nachweisbaren Suchtgedächtnis' geprägten Klienten die gesamte weitere Diskussion.

So bedeutsam solche ‚eigenen Erfahrungen' für die existentielle Plausibilität unserer Überzeugungen sind, so sehr können sie uns doch in die Irre führen. Der eine konnte im Glauben an diese Süchtigkeit nach der ersten ‚Sünden-Zigarette' zunächst entlastet weiterrauchen, ohne zu bemerken, dass er ja am nächsten – nicht-alkoholisierten – Morgen ebenso hätte aufhören können, wie später im Anschluss an den zweiten Fehlversuch. Die Therapeuten dagegen verallgemeinerten ihre ‚praktische' Erfahrung – von hinten her – auf alle anderen Formen des Drogenkonsums, die sie nur noch als Vorform künftiger Sucht begreifen konnten.

Demgegenüber sollten wir – ganz pragmatisch zunächst – für unsere Frage ‚schulischer Drogenprävention' vier Ausgangspunkte festhalten:

1. Es gibt einen ganz *normalen Drogen-Konsum*, den man in seiner qualitativen (!) Eigenart deutlich von solchen Spätformen, die viele als >Sucht< interpretieren, unterscheiden und werten sollte, ohne gleich das jeweils andere Fachgebiet okkupieren bzw. den Usus mit dem Abusus gleichsetzen zu wollen[4].
2. Die *realen Gefahren* des Drogen-Konsums liegen weniger in der ‚Sucht', sondern vor allem und zunächst in den körperlichen Risiken für den Konsumenten[5] wie für seine Umwelt – wofür die alkoholisierte Heimfahrt nach dem Disco-Abend als Leitbild dienen mag.
3. Unsere üblichen *Drogen/Sucht-Reaktionen* bergen größere Gefahren als der Drogenkonsum selber; individuell als Stigmatisierung, gesellschaftlich als kontrollierende Bedrohung unserer Autonomie.
4. Wir sollten mit der viel beklagten *Normalität des Drogen-Konsums* der Jugendlichen als *Realität* umgehen, anstatt die Kräfte im verzweifelten ‚präventiven Abwehrkampf' zu verzetteln; ganz abgesehen davon, dass die gegenwärtigen Präventionsbemühungen eher schaden als Erfolge aufweisen.

In dieser Situation, der ich 1992 auf dem Hamburger Jugendhilfetag zum ersten Mal begegnete (Quensel 1992), versuchte 1996 ein von der Internationalen Gesellschaft für erzieherische Hilfen (IGFgfH) ausgerichteter „1. Europäischer Kongress: In Kontakt bleiben" erstmals in größerem Maßstab Mitarbeiter aus beiden Bereichen – der Drogenarbeit und der Sozialarbeit – miteinander ins

Gespräch zu bringen[6] (Quensel 1998). Auf dem Buchdeckel der Dokumentation dieses Kongresses heißt es:

> „Die Auseinandersetzung mit Drogen gehört zu den jugendspezifischen Verhaltensweisen: Fast alle Jugendlichen machen Erfahrungen mit Drogen, einige auch mit illegalen. Dennoch: Drogen und Drogenpolitik sind kaum ein Thema in der Jugendhilfe – Jugendliche kein Thema in der Drogenhilfe! Dies nahm der 1. Europäische Drogenkongress zum Anlass, PädagogInnen zu ermuntern, zu allererst den Kontakt zu Kindern und Jugendlichen zu halten oder zu suchen, die Interesse an Drogen haben, die Angst vor Drogen haben, die mit Drogen experimentieren oder an Drogen leiden". (Wegehaupt/Wieland 1998).

Auf dem 3. Folgekongress im März 2003 in Luzern[7], der (vielleicht in bezeichnender Weise) dieses Mal vom Schweizerischen Gesundheitsministerium ausgerichtet wurde, hielt ich einen heftig diskutierten Vortrag (Quensel 2003), dessen nachfolgende ‚Begründung' dann zu diesem Buch führte. Ich verfolgte dabei in 10 Thesen die Frage, warum die gegenwärtige Drogen-Prävention scheitern musste, um sodann, nach einem caveat (wo liegen Probleme?), vorläufige Grundlinien einer anderen Art der Prävention, einer Drogenerziehung zur Drogenmündigkeit, zu skizzieren. Diese 10 Thesen liegen auch diesem Buch zu Grunde.

Als Folge dieser und vielfach weiterer Diskussionen, die mir immer wieder halfen, meine Position zu überdenken, neu zu fassen und auch zu revidieren, geriet ich als Schreibtischtäter immer tiefer in einen Diskurs-Raum, in dem dessen Teilnehmer – von unterschiedlichen Positionen aus – unter Verwendung einer scheinbar einheitlich übereinstimmenden Sprache, häufig auch guten Willens, auf einer zumeist recht oberflächlichen Ebene aneinander vorbei redeten, was dann den einen nützte, den anderen aber unvermerkt schaden konnte.

Dies gilt sowohl für die bisher angesprochenen Professionen und deren Publikum – Medien, Eltern, Politiker – wie für die daran beteiligten Wissenschaften, den Juristen und dessen psychologisch-medizinisch-pharmakologischen Partnern einerseits und für die Vertreter der Pädagogik/Sozialpädagogik sowie die Kulturwissenschaftler und Soziologen andererseits. Hier haben die einen das Feld der Drogen gepachtet, ohne doch bisher daraus eine eigene Wissenschaft zu kreieren, während die anderen zumeist nur in schönen Bildern aus der pädagogisch-kulturellen Provinz schwelgen.

So droht auch hier die Gefahr, die schon vor längerer Zeit das benachbarte Feld des >abweichenden Verhaltens< Jugendlicher in zwei unverbunden nebeneinander arbeitende, eigenständige Wissenschaftszweige aufspalten konnte. In diejenige der Jugendpsychiatrie und Jugendkriminologie, die den Bereich der ‚Abweichung' bearbeiten, und in dasjenige der Pädagogik und Jugendsoziologie, die dieses Feld – ebenso wie die Drogen – aus ihrer Sicht weithin ausgeblendet haben. Obwohl es doch als Phänomen zunächst einmal *jugendliches* Verhalten ist, und erst unter diesem Spezialisten-Blick seine jeweilige Färbung als *abweichend* oder als ‚eigentlich doch ganz normal', (eben als >Delinquenz< und nicht als >Kriminalität<) erhält.

Und genau an diesem Punkt trafen sich meine beiden Interessen, die mich dann fast wider Willen dieses Buch schreiben ließen. Nämlich zunächst die eher wissenssoziologisch geprägte Frage danach, wie in unserer Gesellschaft ‚Wissen' produziert wird, wie also bestimmte Ideen, Erkenntnisse, Theorien, Wahrheiten, Mythen und Handlungsanleitungen sich ideell und praktisch in der Gesellschaft durchsetzen, sich zur >hegemonialen<, d. h. eigentlich nicht mehr hinterfragbaren Legitimation mausern können. Und auf der anderen Seite die ‚politisch-strategische' Frage, wie man im Interesse derjenigen, die diesem Wissen unterworfen werden, in dieses Wissens-Macht-Gefüge eindringen kann.

Zwei Seiten ein und derselben Medaille eines ganz allgemeinen Foucault'schen Wissens-Macht-Komplexes, auf die wir bei allen *sozialen Problem-Diskursen* treffen, die im vielschichtigen Drogen-Problem-Diskurs besonders deutlich werden, und die im Verdrängungswettbewerb zwischen Drogen-Prävention und Jugend-Arbeit ihr jüngstes allgemein gültiges *Paradigma* bereitstellen.

Bei meinen Überlegungen konnte ich auf uns alle überraschende Erfahrungen aus unserem Bremer Institut BISDRO zurückgreifen, das 1997 zusammen mit Kollegen aus Newcastle, Groningen, Rom und Dublin in fünf europäischen Städten etwa 4.000 Schüler und Schülerinnen im Alter von 14/15 Jahren zu ihrem Freizeit-, Gesundheits- und Drogenverhalten befragt hatte[8].

Um nun diese ‚Begründung' nicht allzu sehr ausufern zu lassen, stand ich zunächst vor zwei Problemen. Auf der einen Seite erzwingt dieses Thema eigentlich eine sehr viel grundsätzlichere *theoretische* Auseinandersetzung, die jedoch Ziel und Umfang dieses Buches in ein nicht mehr vertretbares Ungleichgewicht gebracht hätte, weshalb ich mir nur gelegentlich am Ende der Thesen kurze Ausflüge in dieses allgemeinere Theoriefeld gestattet habe. Dies betrifft etwa die Rolle und Funktion von Professionen oder die Bedeutung von Diskursen und Dispositiven, also das gewichtige Ineinander von ideeller Perspektive und apparativer Macht. Dies betrifft aber auch die das präventive Feld leitmotivisch gestaltende >Sucht<-Vorstellung, unsere >Risiko<-Konzeption, Kenntnisse der Befunde einer Jugend-Soziologie oder das Stereotyp einer ‚Identität', die von den Jugendlichen erst zu erwerben sei.

Auf der anderen Seite muss ich auch die meisten direkt *praktischen* Fragen eher kursorisch abhandeln; seien dies Fragen, die ja zumeist und zu Recht in den aktuellen Diskussionen gestellt werden, oder seien dies die sehr konkreten Probleme einzelner realisierter Präventions-Vorhaben. Hier müsste man tiefer in die Welt der kleinen Projekte, Prospekte und Faltblätter einsteigen, sowie stets im Einzelfall das Für und Wider gegeneinander abwägen, die personellen, wissensmäßigen und materiellen Ressourcen bedenken, methodisch genau Design und Durchführung durchleuchten und vor allem mit den beteiligten Jugendlichen und Professionellen die Einzelheiten durchdiskutieren.

Die hier vorgelegte ‚Begründung' kann für solche Fragen nur – zum Teil auch bewusst thesenartig provokant formulierte – Hinweise zum eigenen Nachdenken liefern, einzelne hervorragende Präventions-Projekte etwas genauer unter die Lupe nehmen, und vorsichtig an einigen Beispielen aus den Diskussionen und aus der praktischen Präventionsliteratur sowohl die Techniken der Immunisierung wie Ansätze einer Lösung aufzeigen.

Dies führt mich zu den letzten beiden der hier anzusprechenden allgemeineren Probleme meiner ‚Begründung': Ich beschäftige mich in diesem Buch nahezu ausschließlich mit dem sehr engen Feld der *schul-bezogenen* Drogen-Prävention, um an diesem konkreten Beispiel – vielleicht gelegentlich etwas zu ausführlich – den Mechanismen, Taktiken und Strategien in diesem professionellen ‚Macht-Spiel' nach zu spüren, die wir sonst zumeist lieber pauschalierend ableiten und denunzieren. Ich begreife dabei dieses sehr spezielle Feld als Teil eines übergreifenden Präventions-Archipels, der insgesamt denselben Spielregeln gehorcht.[9].

Auch streife ich nur gelegentlich Ansätze einer das soziale Umfeld mitgestaltenden ‚strukturellen' Prävention[10], obwohl ich als ‚geborener Kriminologe' glaube, dass gerade hier die eigentlichen Ansätze einer zureichenden präventiven Hilfestellung lägen, die zwar weder drogen-bezogen noch gar devianz-präventiv zu rechtfertigen wären, sondern die – möglicherweise auch mit solchen speziellen positiven Nebeneffekten – selbstverständliche Grundlage des gesellschaftlich solidarischen Miteinanders bilden.

Wenn ich mich also gleichwohl auf die schulbezogene Prävention beschränke, dann auch deshalb, weil sie heute noch immer als preiswerter Königsweg[11] gilt, und vor allem auch deshalb, weil sich heutzutage hier in der Schule – im positiven wie im negativen Sinne – mehr denn je das künftige Schicksal dieser Jugendlichen entscheidet, und zwar sowohl bildungsmäßig als je verfügbares >kulturelles Kapital< wie aber auch sozialisatorisch als allgemeine Lebens-Kompetenz, um – marginalisiert oder solidarisch oder als Unternehmer seiner selbst – in dieser künftigen Gesellschaft überleben zu können.

Das andere Problem ergibt sich, last but not least, daraus, dass man mir immer wieder vorhält, ich ‚verherrliche' den Drogen-Konsum und verniedliche die Sucht-Problematik. Tatsächlich glaube ich, dass auch Jugendliche neben vielen anderen Verhaltensweisen auch Drogen ausprobieren, genießen und lernen sollten, mit diesen umzugehen bzw. von ihnen einsichtig zu lassen. Dies gilt für die legalen Drogen ebenso wie für die derzeit illegalisierten Party-Drogen Cannabis, Ecstasy und smart drugs. Und ebenso gestehe ich, dass mich lärmender Alkoholkonsum, wochenendliche Koma-Besäufnisse und verrauchte Party-Keller stören, während mir das ständige Rauchen, unnötiger Medikamenten-Konsum und, unter derzeitigen Verhältnissen, auch der Konsum der als härter angesehenen Drogen erhebliche Sorgen bereitet. Solange jedoch die gegenwärtige Sucht-Prävention diesen Phänomenen hilflos gegenüber steht, sie vielfach sogar zu verschärfen droht, bleibt uns nichts anderes, als wirkliche Alternativen zu suchen, wofür wir zunächst einmal aus dem Gedankengefängnis unserer eigenen Köpfe ausbrechen müssen.

Womit ich dieses Vorwort mit einem Zitat aus dem Vorwort von Stanton Peele's Kritik der amerikanischen Drogenpolitik in seinem Buch ‚Diseasing of America' (1989;IX) schließen möchte:

> „It is not that I welcome frequent or habitual intoxication by many young people and others; I detest it. Rather, I am convinced that people are best able to avoid or outgrow destructive habits through being provided with honest information as best we can discern it, through respect for variations in how individuals and cultural groups prefer to conduct their lives, through recognition of people's capacity to choose, to adapt, and to grow, and through the creation of a society that offers those prone to unhealthy involvements reasonable alternatives for accomplishment and self-respect".[12]

Mein besonderer Dank gilt Birgitta Kolte und Henning Schmidt-Semisch für die kritische Durchsicht des Manuskripts sowie Heino Stöver für seine Buchtitel-Idee. Als Vertreter der reinen Lehre begleiteten Gundula Barsch, Lorenz Böllinger, Manfred Kappeler und Sebastian Scheerer im Geiste mein Schreiben. Herr Freier half bei der Literatur-Recherche. Die Drogenbibliotheken des Trimbos-Instituts (Utrecht) und des Archido an der Universität Bremen unterstützten meine Literatur-Suche.

Girne, den 14.5.2004

Vorbemerkung zur Schwierigkeit eines kritischen Diskurses

Wir alle, Schreibtischtäter, Praktiker, Publikum und Politiker, leben in einer Symbol-durchsetzten Welt, in der Konstruktionen, Interessen, Realitäten und Probleme ein unauflösbares Netz bilden, dessen ‚Wirklichkeit' uns als ‚natürlich' und selbstverständlich gilt.

Versuchen wir kritisch in dieses Netz einzudringen, um einer *anderen* Art schulischer Drogenprävention Gehör zu verschaffen, stoßen wir zunächst auf eine doppelte Schwierigkeit. Die eine liegt in unseren Köpfen, unseren *Gedankengefängnissen*, die alternative Ansätze gar nicht mehr denken können. Die andere Schwierigkeit ergibt sich aus den im Präventions-Apparat etablierten *Interessen und Machtstrukturen*, die sich durch eine andere Sicht in ihrer Existenz bedroht wähnen. Insofern lässt sich das Fazit von Noack/Weber (2001;39) zum Scheitern einer zureichenden Alkohol-Prävention problemlos auf die gesamte >Drogenprävention< übertragen:

> „Angesichts dieser Zusammenhänge mag es verständlich erscheinen, dass die Politik, die den gesetzlichen Rahmen für eine erfolgversprechende Alkoholprävention schaffen müsste, an einer spürbaren Reduzierung des Alkoholkonsums wenig interessiert sein dürfte. Andere Gründe für diese Zurückhaltung des Gesetzgebers sind im Einfluss mächtiger Interessenverbände zu suchen, aber auch in der Tatsache, dass Politiker, die sich in permanentem Wahlkampf befinden, notgedrungen und gewissermaßen berufsbedingt zum Alkohol und seinem Konsum eine besonders tolerante Einstellung haben. Man stelle sich nur vor, dass (...) der Münchener Oberbürgermeister den Beginn des Oktoberfestes mit einem Glas Mineralwasser in der Hand markieren würde. Der Spott der Nation wäre ihm sicher".

Gleichwohl und mit nie versagender Hoffnung werde ich deshalb zunächst auf einige Gründe für das weitgehende Versagen unserer gegenwärtigen Präventionsbemühungen eingehen, um sodann in einem zweiten Teil Ansätze für eine alternative Art der Drogenerziehung anzusprechen.

In beiden Fällen interessiert mich die dabei jeweils führende *Wahrnehmungsperspektive*, die man zunächst schlagwortartig arg verkürzt als die der *Sucht-Prävention* einerseits und die einer *Genuss-Orientierung* andererseits kennzeichnen könnte. Ein Gegenüber der Perspektiven, die aus professioneller Sicht den *mündigen Jugendlichen* dem *künftigen Patienten* gegenüberstellen. Oder die aus besorgter Eltern-Sicht[13] nur das *Risiko* und nicht das notwendig Zukunftsoffene *Experimentieren* wahrnehmen kann, um damit zugleich, gesellschaftlich gesehen, statt wechselseitiger *Toleranz* wachsende *Intoleranz* nach sich zu ziehen.

Kurz gefasst geht es also darum, ob man sich auf den *verführbaren Jugendlichen* konzentriert, der künftig einmal süchtig werden könnte, oder ob man mit einem Jugendlichen zusammen arbeiten will, der – wie wir Erwachsenen auch – unter vielen anderen Dingen *auch Drogen konsumieren* möchte.

Der Einfachheit halber spreche ich also im Folgenden zunächst weiterhin von *Prävention*, um im zweiten Teil auf den Begriff der *Drogenerziehung* überzugehen. Ich meine damit jeweils ganz allgemein die >Drogenarbeit< sowohl mit Jugendlichen, die abstinent leben oder Drogen konsumieren möchten, wie auch mit denen, die bereits in unterschiedlicher Weise Drogen konsumiert haben, weswegen ich auf die entsprechende, etwas künstliche Unterscheidung zwischen einer primären und einer sekundären Prävention verzichten möchte[14]. Eine solche Differenzierung erscheint nur im Rahmen gegenwärtiger Präventionsbemühungen als sinnvoll[15], sofern man hier die noch Abstinenten nicht mit den für Konsumenten gedachten Informationen belasten will oder aber annimmt, dass „Jugendliche mit einem beginnenden Missbrauchverhalten kaum noch erreicht werden bzw. präventive Maßnahmen sogar zur Verschlimmerung beitragen können“ (Bühringer im Vorwort zu Denis u. a. 1994; III); Sorgen, auf die ich weiter unten näher eingehen werde.

Dieser verbale Wechsel von der Prävention zur Drogenerziehung verweist auf ein weiteres *grundlegendes Problem* unserer Rede über die Prävention: Der Versuch, sich in eine andere Art der Prävention hineinzudenken, stößt nicht nur auf emotionale und interessengebundene Widerstände, sondern erweist sich auch mental als riskantes Unternehmen. Wir begeben uns damit auf eine Gratwanderung, die stets eine doppelte Gefahr im Auge behalten sollte:

Nämlich zunächst den *vieldeutigen Gehalt* unserer gemeinsam verwendeten Begrifflichkeiten, die jedoch nach je gewählter grundlegender Drogen-Perspektive fast immer *eindeutig* aufgelöst, also – in scheinbarer Einigkeit – höchst unterschiedlich verstanden werden: Was heißt *Sucht*, was bedeutet *Akzeptanz* und was sind *life-skills* oder *resilience*, was verstehen wir unter *Elternarbeit*, was unter *Verhältnis-Prävention*, was heißt *Risiko* und wo sehen wir *Risiko-Gruppen*; das sind nur einige dieser Wegmarken, die uns jeweils in die Irre führen.

Auch der Versuch, im allgemeinen Begriffswirrwarr zu *eindeutigeren Definitionen* zu gelangen, wie dies etwa im Glossar der „Guidelines for the evaluation of drug prevention“ (1998) oder in der „Leitbildentwicklung der Österreichischen Fachstellen Suchtprävention“ (Uhl/Springer 2002; 14 ff.) unternommen wurde und wie man es in den beiden psychiatrischen Diagnoseschlüsseln DSM-IV und ICD-10[16] festlegen möchte, bestätigt dieses Dilemma, ohne jedoch aus ihm herauszuführen.

Solche Festlegungen, die in diesem wertbesetzten Feld, nolens volens, immer auch *wertend* ausfallen werden, können stets nur aus einer bestimmten Richtung heraus getroffen werden, womit sie, in scheinbarer Eindeutigkeit, deren immanente perspektivische Vieldeutigkeit unterlaufen wollen und müssen. Und zwar selbst und gerade dann, wenn man, wie die sehr interessante COST A6-Studie, mit Hilfe der Delphi-Methode bei 21 Experten aus 15 verschiedenen Ländern ‚Definitionen, Konzepte und Probleme der Evaluation im Bereich der Primärprävention' festlegen will, wobei dann etwa der ‚Genussaspekt' völlig herausfällt und allenfalls Uneinigkeit darüber bestand, ob der ‚experimental and recreational use' Bestandteil primärer oder sekundärer Prävention sein solle (Uhl 1998;152 f.). Man fixiert damit – ähnlich übrigens wie in der juristischen Dogmatik – die **h**errschende **M**einung bzw. **h**errschende **L**ehre (hM; hL.) und schließt so abweichende, alternative Sichtweisen ganz unvermerkt und weitreichend aus dem Diskurs aus.[17]

Als gegenüberliegender und weitaus gefährlicherer Abgrund lockt sodann die *einseitige Auflösung* der unseren Diskurs dominierenden *Ambivalenzen*, die uns nahezu zwanghaft jeweils ins gegnerische Lager treibt. Und zwar in zweifacher Weise so, dass wir zunächst – sozialpsychologisch-interaktionistisch wie machttheoretisch gut verständlich – umso überzogener die *Gegenposition* vertreten, je stärker die jeweils andere Position auftritt oder auftreten könnte. Dies gilt in gleicher Weise sowohl für die unten näher analysierten jugendlichen Cliquen der ‚Guten' und ‚Bösen', wie aber auch für uns, die wir über den rechten Ansatz streiten.

Riskant wird dieses Spiel jedoch immer dann, wenn solche polar entgegengesetzten Positionen eine grundlegend *gemeinsame Dimension* fixieren und damit mögliche alternative Denkrichtungen, die quer zu dieser Dimension laufen, verbauen: Die Diskussion um die ‚reale Existenz' einer >Sucht< verdeckt dann etwa recht erfolgreich eben diejenigen Probleme, um die wir uns eigentlich kümmern müssten, ebenso wie die Frage, ob Cannabis schädlich sei oder nicht, sowohl davon ablenkt, dass man es genießen kann, wie zugleich auch die negativen Folgen unserer Reaktionen übersieht.

Welcher Weg führt uns aus diesem Dschungel heraus und wie kann man andere überzeugen, diesen Weg weiter auszubauen?

Uns bleibt fast nichts anderes als das kritische Gespräch, die Diskussion vor allem auch mit der einschlägigen Literatur, die immer wieder neue Anstöße gibt, Kopfschütteln, Aha-Erlebnisse oder ein „das habe ich ja immer schon gewusst, gedacht, angenommen". Hier dienen ‚Thesen' als Brechstange, nicht passende Puzzle-Stückchen verlangen nach weiterer Suche, Vergleiche ‚erweitern das Bewusstsein' und Autoritäten verleihen Sicherheit. Natürlich greift man auf solche Autoritäten zurück. Das ist vor allem bei Soziologen mangels zureichender empirischer Daten so üblich.

Auch hilft der Blick von außen, von anderen soziologischen Feldern auf unser ‚Drogen-Problem', sei dies die Wissens-Soziologie, die Geschichtswissenschaft oder die Kulturwissenschaft, sei dies die benachbarte Kriminologie, in der viele der Drogen-Diskurs-Themen schon sehr viel früher ausdiskutiert wurden, oder eben die Jugend-Soziologie, die so lange kein ‚Drogen-Problem' kannte.

Wichtiger noch ist es, den Partner/Gegner ernst zu nehmen, sich auf dessen Argumentation einzulassen, ihn oder sie an ihren eigenen Zielen zu messen und – im Judo-Stil – ihn mit seiner eigenen Methode (z. B. Statistik) zu überzeugen.

Vor allem aber sollte man die qualitative Technik der >grounded theory< einsetzen, nämlich möglichst unterschiedliche Standpunkte einbeziehen und ‚beide Seiten', also die Experten wie aber auch die ‚betroffenen' Jugendlichen als gleichberechtigte Interaktionspartner hören, und zwar auch auf der Folie ihrer jeweiligen mehr oder weniger offensichtlichen Interessen und Ambitionen. Spielerische Gedanken-Experimente, die sich in die Person des Anderen hineinversetzen, oder einfach die übliche Korrelations-Logik einmal von der anderen Seite her auf zu rollen, erleichtern das Geschäft.

Insgesamt geht es, last but not least, wohl darum, die Ambivalenz, nicht auflösbare Mehrdeutigkeiten, ein non-liquet auszuhalten, die Vorläufigkeit auch des eigenen Standpunktes zu akzeptieren, also >Ambiguitäts-Toleranz< im Sinne von Habermas zu praktizieren, und die eigenen – immer wieder neuen und neu interpretierten – Erfahrungen als ‚ehemaliger Jugendlicher', der jetzt auf der ‚anderen Seite' steht, möglichst ehrlich als Korrektiv einzubringen

These 1

Die gegenwärtigen Präventionsprogramme sind weitgehend gescheitert; ihre Ziele sind unklar, ihre Evaluation versagt.

Dieses Scheitern gilt in gleicher Weise für die heute noch allgemein übliche alltägliche Praxis des einmaligen ‚Präventions-Tages' wie auch für die wachsende Zahl kommerzieller Präventions-Programme. Während die einen sich mit selbstgestrickten Fragebögen ihren Erfolg bescheinigen[18], bestätigen sich die anderen mit ständig wachsendem wissenschaftlichem Aufwand ihre inkrementalen Fortschritte in die richtige Richtung.

Ein typisches Beispiel hierfür bietet etwa die vom Bundesministerium für Bildung und Forschung finanzierte ‚längsschnittliche vierjährige Interventionsstudie' des Lebenskompetenzprogramms ALF:

> Als Ergebnis von insgesamt 24 90-minütigen Unterrichtseinheiten, bei 436 bayerischen Haupt-SchülerInnen von der 5. bis zu 7. Schulklasse berichten Kröger/Reese (2000;209) in ihrem Abstrakt: „Nach der 5. Klasse war der Anteil aktueller Raucher, nach der 6. Klasse der Anteil Trunkenheitserfahrener in den ALF-Klassen signifikant niedriger als in den Kontrollklassen. *Schlussfolgerungen* (...) ALF verzögert bei Fünftklässlern den Einstieg in den Substanzmissbrauch".
>
> Im Text wird dann deutlich, dass die Anzahl der abstinenten Schüler bei Alkohol wie Nikotin über die drei Jahre sowohl bei der Kontrollgruppe wie bei der Experimental-Gruppe übereinstimmend gleichmäßig abnahm und dass die Schüler bereits in der 6. Klasse trotz weiterlaufendem Programm beim Rauchen („Hast Du in den letzten 30 Tagen geraucht?") fast mit den Kontrollgruppen gleichzogen, während die SchülerInnen der ALF-Gruppe im ebenfalls noch laufendem Projekt bei der Frage „Warst Du in Deinem Leben bereits einmal richtig betrunken?" in der siebten Schulklasse anfingen ihren anfänglichen ‚Rückstand' aufzuholen[19].

Tatsächlich zweifelt heute kaum ein Experte daran, dass der gegenwärtige Stand der Prävention einiges zu wünschen übrig lasse[20], was dann zumeist dafür sprechen soll, die jeweilige Art der ‚Prävention' – bei gleichbleibenden Anliegen und Zielvorstellungen – zu verbessern und zu verändern, sie auszuweiten und besser finanziell auszustatten: More of the same.

So fassten schon White/Pitts (1998;1475,1484 eÜ.) in ihrer methodisch interessanten Meta-Analyse der Evaluationen von 62 vornehmlich schulbezogenen Präventionsprojekten, die – neben Alkohol und Tabak – vor allem Marijuana-Konsum verhindern wollten, ihr Ergebnis lapidar wie folgt zusammen: „Meta-Analysen zeigen, dass der Einfluss evaluierter Interventionen schmal ausfiel und dass die Progamm-Gewinne sich in der Folgezeit verloren“.[21].

Ein niederschmetterndes Ergebnis, das Cuijpers (2003;12,15) aus dem renommierten niederländischen Trimbos Institut auch in seiner jüngsten Gesamtübersicht bestätigen muss:

> „The conclusion must be, that there is no convincing evidence that selective and indicated school-based prevention programmes can reduce drug use or abuse“, um sich sogleich hoffnungsvoll den ‚community-prevention interventions‘ zuzuwenden: „There is (...) increasing evidence that combined sets of interventions in a specified community may be more effective than each of the interventions alone“, eine Aussage, die freilich angesichts der mageren Ergebnisse des von ihm evaluierten holländischen Programms >Healthy School and Drugs< (Cuijpers et al. 2000) nicht ganz nachzuvollziehen ist.[22]

Vielleicht braucht es auch hier noch sehr viel mehr „creative, dedicated, and rigorous social research“ wie Susser (1995;155,157) im Editorial des American Journal of Public Health – ganz allgemein – angesichts des weitgehenden Scheiterns der dort analysierten Community-Health-Programme meint:

> „In recent years, we have seen a number of well-conducted, large-scale trials involving entire communities and enormous effort. These trials have tested the capacity of public health interventions to change various forms of behavior, most often to ward off risks of cardiovascular disease. Although a few had a degree of success, several have ended in disappointment. Generally, the size of effects has been meager in relation to the effort expended“.

Oder sollen wir uns doch auf die Aussagen aus dem IFT München verlassen, die jüngst die Ergebnisse rezenter Präventions-Bemühungn wie folgt zusammenfassten:

> „Lebenskompetenzprogramme haben sich als die bisher erfolgreichste Strategie der Suchtprävention herausgestellt (Künzel-Böhmer/Bühringer/Janik-Konecny 1993; Tobler/Stratton 1997). US-amerikanische Ergebnisse belegen einen langfristigen starken Effekt auf legalen und illegalen Substanzkonsum (Botvin 1996)[23]. Der Anteil an Tabak-, Alkohol- und Marihuanakonsumenten unter anfangs Siebtklässlern, die drei Jahre Intervention durchliefen, war nur halb so groß wie in den ansonsten vergleichbaren Kontrollklassen. Nach sechs Jahren unterschieden sich die Gruppen noch immer signifikant hinsichtlich der Anzahl der Raucher, schweren Trinker und Marihuanakonsumenten (ebd). Solche starken Effekte konnten bisher nicht von den seit Beginn der 90er Jahre evaluierten deutschen Lebenskompetenzprogrammen berichtet werden (vgl. Maiwald/Reese 2000). Dennoch zeigen diese Evaluationen, dass Wissen über psychoaktive Substanzen, die Distanz ihnen gegenüber und die Intention, nicht

> zu konsumieren, beeinflusst werden konnte. Insbesondere frühzeitige Programme (Primarstufe, Sekundarstufe 1) haben positive Effekte gegen den Substanzkonsum (...) Die Lebenskompetenzprogramme sind insbesondere angesichts der Misserfolge anderer Ansätze ermutigend und rechtfertigen ihre weitere Optimierung (Maiwald/ Reese 2000)" zitieren die Autoren sich selbst (Silbereisen/Reese 2001;147 f.).

Es gibt verschiedene Strategien, das Versagen der Prävention zu *kaschieren*. Die einen verweisen im Vergleich verschiedener Präventions-Ansätze auf minimale statistische Verbesserungen, die vielleicht theoretisch interessant, praktisch jedoch bedeutungslos bleiben[24]. Andere begnügen sich mit Erfolgen bei sogenannten Zwischen-Variablen, die indirekt das Endergebnis beeinflussen sollen, also etwa dem Wissens-Zuwachs oder die ablehnende Einstellung gegenüber dem Drogen-Konsum und deren Konsumenten. Vor allem aber gilt ganz allgemein als Erfolg, wenn es gelang den Konsum-Beginn um ein oder zwei Jahre hinaus zu schieben. So meint etwa der Geschäftsführer der Deutschen Hauptstelle (DHS) gegen die Suchtgefahren, Hüllinghorst (2000;280):

> Für die „moderne Suchtprävention" gibt es „nur zwei schlichte und einfache Regeln (...) Den Konsumbeginn junger Menschen mit allen Suchtmitteln *so weit wie möglich hinauszuschieben* (...) Das Problem sind nicht die illegalen, sondern die legalen Suchtmittel". Was Bühringer (2001:25) dahingehend ergänzt: „Prävention ist dann wirksam, wenn sie fachgerecht erfolgt. Allerdings dürfen keine ‚Wunder' erwartet werden, derzeit sind vor allem die Ergebnisse zur Reduktion des Rauchens bedeutsam (? S.Q.), darüber hinaus gelingt es den Konsumbeginn bei vielen Substanzen zu *verzögern*" (kursiv jeweils S.Q.).

Man möchte mit Adrian King (2002;17) antworten: „It could sound to the ultra-cynical like being prepared to admit that the match will be lost, but that it feels better if all the goals are scored in the second half".

Was ist also dran an solchen Präventionsbemühungen, wie stellt man deren Erfolge dar und warum verfällt man immer wieder solchen Sirenenklängen?

Im Folgenden werde ich zunächst in zwei Schritten einige grundlegende Schwierigkeiten der gegenwärtigen Präventions-Ansätze ansprechen, die alle zusammen das Ansteigen des jugendlichen Drogenkonsums bisher nicht verhindern konnten, um im Anschluss daran etwas ausführlicher auf Stand, Schwierigkeiten und Versagen der gegenwärtigen Evaluation einzugehen. Am Beispiel des in Deutschland bisher am besten evaluierten Programms >Be Smart-Don't Start< werde ich einige typische Evaluations-Probleme etwas näher untersuchen, um in einem vierten Schritt zu überlegen, ob das >Aufschieben des Konsum-Beginns< wirklich ein sinnvolles Präventions-Ziel abgeben kann.

These 1.1
Das Scheitern der Prävention

1. Horror, Information, Kompetenz

Es ist nicht einfach die nun mehr als 100 Jahre andauernden (Beck 1998) Bemühungen um eine zureichende Präventions-Strategie überzeugend zu ordnen. Ich werde deshalb im Folgenden an Hand der zumeist zitierten Meta-Analysen der Gruppe um Tobler vorgehen[25] und drei rezente Programme etwas näher darstellen, um einen Eindruck von der Komplexität dieser Ansätze zu vermitteln. Die immanenten Schwierigkeiten des gegenwärtig dominierenden >Kompetenz<-Paradigmas bieten uns einen ersten Hinweis für das Scheitern auch dieser vorletzten Programm-Generation. Dessen tiefere Gründe werden dann in den folgenden vier Thesen näher analysiert. Einen plausiblen Beleg für dieses Scheitern liefert das allgemeine Ansteigen des jugendlichen Drogenkonsums *trotz* eines noch immer ständig wachsenden Präventions-Aufwandes. Ein Scheitern, das auch der jüngste Versuch, bei der Gestaltung der Prävention auf das Schaden mindernde >harm-reduction<-Prinzip zurück zu greifen, aus sich heraus allein nicht verhindern kann.

1.1 Heute herrscht Übereinstimmung darüber, dass die anfängliche >*Horror-Prävention*< (Raucherbein, verelendeter Junkie) kaum abschrecken kann, da dies für die Jugendlichen entweder kaum glaubhaft war (etwa beim Cannabis) oder für sie kaum Aktualität besaß (Lungenkrebs in höherem Alter).

Dies galt schon für die von Mary Cohen im Rahmen der Woman's Christian Temperance Union) seit den späten 80er Jahren des 19. Jahrhunderts bis zur amerikanischen Alkoholprohibition vorangetriebene (ältere) „Just Say No"-Prävention, die in den USA bereits 1901 mehr als 22 Millionen Schüler mit einer „compulsory instruction on the evils of alcohol, tobacco, and other narcotics" erfasst haben soll, und die von Beck (1998;19,37 eÜ.) mit der Warnung „wir sehen hier die Gefahren eines moralistischen Absolutismus, der nur all zu oft Erziehung durch Indoktrination ersetzte, um Jugendliche davon abzuschrecken bestimmte verbotene Drogen zu konsumieren" näher untersucht wird. So hieß es damals:

> „Instruction must be given in all grades of school and in all classes during the entire schoolcourse, in manners and morals, and upon the nature of alcohol and narcotics and their effects upon the human system". California Education Code von 1887 (Beck 1998;18),

und die Temperance Helps for Primary Teachers dichteten 1901:

„Say No! to tobacco, that poisonous weed.
Say No! to all evils, they only lead
To shame and to sorrow; Oh, shun them, my boy
For wisdom's fair pathway of peace and joy"
(Beck 1998;21)[26].

Für die gegenwärtigen Verhältnisse kritisiert die „Expertise zur Primärprävention" (Künzel-Böhmer u. a. 1993;52 f.) diese ‚Horror-Propaganda wie ganz allgemein die „warnend-abschreckende" und „tatsachenbezogene Strategie" sowie die „Personenbezogenen Methode" in der „vor allem die drogenkonsumierenden Menschen, ihre konkreten Situationen und Motive dargestellt und diskutiert" werden:

> „Keines der drei Aufklärungsprogramme war imstande, eine Konsumreduzierung oder -einstellung zu bewirken. Hinsichtlich der Neuanfänge beim Konsum von Marihuana und Haschisch zeigten die erste und zweite Vorgehensweise sogar eine negative Wirkung, denn die Anzahl der Onsets war hier höher als in der Kontrollgruppe, die keinen Drogenunterricht hatte (Bumerang-Effekt)".

Mit dieser scheinbar so überzeugenden Aussage übersieht man jedoch dreierlei. Zunächst vergisst man die noch immer dominierende Alltagspraxis, die weithin von ihren Drogenmythen lebt – Einstiegsdroge, Gehirnschäden, Schulhofdealer und Peergruppen-Verführung. Sodann verwendet auch das heute prägende Sucht- und Abhängigkeits-Modell gleichwohl und sehr bewusst anstelle solcher offensichtlichen ‚Raucherbeine' die unheimlichere, da weniger greifbare Vorstellung eines ‚Verfallen-Seins an die Droge' – weswegen uns etwa eine 15-jährige Schülerin „Todesangst" als Grund für ihre Abstinenz in den Fragebogen hinein schrieb.

Vor allem aber übersieht man dann leicht, dass solche offenen oder verdeckten ‚Horror'-Meldungen nicht nur die gesamte Botschaft konterkarieren, sondern auch die ‚real drohenden' Risiken außer Ansatz bringen; weshalb ja solche Botschaften nicht nur nicht wirksam sind, sondern die Jugendlichen selber zusätzlich gefährden.

Glaubwürdiger wäre es dagegen, *realistisch* solche naheliegenden Risiken (Alkoholbedingtes Fahren, ungeplanten und ungeschützten Sex, Horrortrips, Kater, ‚Zurauchen') alltagsnahe und nachvollziehbar, d. h. selber erlebt oder aus dem näheren Umkreis bekannt, in eine ‚Drogenerziehung' ein zu bauen. Sofern man von den angenehmeren Seiten der Drogen ausgeht *und* zugleich auch praktikable ‚harm-reduction'-Techniken liefert, wie man solchen Risiken begegnen kann, („Sauf nicht alles durcheinander"; ‚Herunterreden'; wie hilft man und wo findet man Hilfe), dann kann man auch ferner liegende Gefahren – etwa aus der Bekanntschaft und Verwandtschaft (Alkohol-Probleme; Medikamenten-Missbrauch, Verkehrsunfälle, Lungenkrebs) als emotional hoch besetztes ‚kulturelles' Wissen, nicht jedoch als angeblich wirksames Abschreckungsmittel, glaubwürdig in eine solche Drogenerziehung einbetten.

In ihrer BZgA-Expertise zum ,Stand der Furchtappell-Forschung' unterstreichen die Autoren Barth/Bengel (1998;68 f.,77) unter Bezug auf Leventahl und Rogers eben diesen Zusammenhang:

> „Die Effekte von Furcht sind nur kurzfristig. (...) Um eine Umsetzung von Ratschlägen in Handlungen zu ermöglichen, ist es neben der Furchtinduktion notwendig, Handlungsanweisungen (welche auch zu einer Furchtreduktion führen) zu geben. Ziel ist es, der jeweiligen Person Handlungskompetenzen dahin gehend zu vermitteln, in welchen konkreten Situationen des normalen Tagesablaufs sie ihr Verhalten ändern können"; Handlungsstrategien, die man freilich dem Alltag der Jugendlichen ,angemessen' und nicht zu hoch ansetzen sollte – was bei den ,just-say-no'-Verzicht-Programmen sicher nicht immer der Fall sein dürfte.

1.2 Die darauf folgende und eng damit verwandte, vorwiegend ebenfalls auf Gefahren und Risiken fixierte *>Informations-Phase<*[27] („Christiane F." bzw. der Drogenkoffer des >Rauschgift<-Dezernats) weckte Neugier, wie seinerzeit schon der für seine repressive Cannabispolitik bekannte Anslinger[28] warnend hervorhob (Beck 1998;26):

> „The proposed introduction of narcotic education into public schools, like sex education, raises some questions which it is not easy to answer. One of the most serious of these is the reputed danger of stimulating the curiousity and adventure interest of the child through emphasizing either negatively or positively the unusual effects of drugs upon both mind and body" (Payne 1931 nach Beck 1998;26).

Nancy Tobler et al. (2000;286 f.) unterteilen diese Präventionsgruppe in ihrer Meta-Analyse von 207 ,universal school-based' Programmen in >knowledge-only<-, >affective-only< und >knowledge + affective<-Programme.

> Während die knowledge-only-Programme „educate the students about the long-term pharmacological and physiological effects of drugs (i. e., morbidity and mortality)", würden die affektiven Programme, Drogen-unspezifisch, „focus on helping the individual develop insight into personal feelings and behaviors". Sie zählen zu dieser Gruppierung auch DARE-type-Programme (auf die wir unten noch näher eingehen) sowie >Decisions/values/attitudes<-Programme, die neben einer Wissensfunktion „build on belief systems, and focus on the individual's problem-solving skills regarding personal drug use. (...) They require that program youth make a moral commitment not to use drugs or to weigh the benefits and/or costs of doing drugs before making a decision one way or the other". Programme, die ihrem Inhalt nach etwa dem deutschen >Be Smart-Don't Start<-Programm entsprechen.

Alle diese Programm-Typen, die sie als >Non-interactive<, also im Wesentlichen durch Lehrer und andere Erwachsene angeleitet, zusammenfassen, ergaben im Vergleich zu nicht ‚behandelten' Kontrollgruppen praktisch keine signifikanten Unterschiede bei der späteren Follow-up-Frage nach einem >Drogen-Konsum während der letzten 30 Tage<. Die gleichwohl vorhandene Bedeutung solcher Informationen im Rahmen einer ‚Drogenerziehung' werden wir in These 7 ausführlich besprechen.

1.3 Die jüngste, bei uns etwa Mitte der 90er Jahre einsetzende >*Kompetenz-Welle*<[29] (‚Kinder stark machen'[30]) wird von Tobler et al. (2000;286 f.) für die USA unter dem gemeinsamen Titel >Interaktive Programme< – mit sehr deutlicher ‚just-say-no'-Komponente – zusammengefasst[31]:

> „Interactive programs provide contact and communication opportunities for the exchange of ideas among participants and encourage learning drug refusal skills. Receiving feedback and constructive criticism in a non-threatening atmosphere enables students to practice newly-acquired refusals skills".

In diesem Rahmen unterscheiden Tobler und Mitautoren *drei Untergruppen*, und zwar S*ocial influence*-Programme, *Comprehensive life skills-Programme* und *system-wide-Programme.*

Die 92 untersuchten *Social-influence Programme*, die ich gleich am Beispiel des Hutchinson-Projektes erläutern werde, bauen auf Banduras ‚Social-learning-Theorie' auf und wollen vor allem zwischenmenschliche Fähigkeiten fördern:

> „They focus primarily on interpersonal skills development. These programs include a knowledge component, with emphasis on short-term social and behavioral effects (e. g., bad breath, DWI[32]); emphasize refusal skills training; and may have a limited affective component. Students learn about media influences on an individual's choice to use or not use drugs, as well as normative expectations[33]. Emphasis is on resisting prodrug social influences"[34].

Weitere 47 *Comprehensive life skills*-Programme, wie sie insbesondere von Botvin (2000) entwickelt wurden, sind ähnlich aufgebaut, wobei sie diese social influence-Inhalte mit einem zielgerichteten allgemeineren Kompetenz-Training kombinieren.

> Sie haben „a strong refusal skills component, add comprehensive life skills training (i. e., communication, assertiveness, coping, social/dating, goal-setting) and may have an affective component". Sie umfassen typischer Weise „decision-making and problem-solving skills, cognitive skills for resisting interpersonal and media influences, skills for increasing personal control and enhancing self-esteem (goal setting and

> self-directed behavior change techniques), adaptive coping strategies for managing stress and anxiety, assertive skills, and general social skills" und sind primär auf 7-Klässler ausgerichtet (Botvin 2000a;892).

Solche ‚comprehensive'-Programme versuchen also – ganz im Sinne des unten (These 2.3) zu besprechenden Faktoren-Mix – ‚umfassend' mit der Schrotschuss-Methode unter der Maxime ‚irgendetwas wird schon helfen' Prävention zu betreiben, weshalb Rosenbaum et al. (1994;25) in der Kritik des ähnlich aufgebauten, ineffektiven D.A.R.E-Programms feststellen können:

> „Although researchers and policymakers have encouraged this approach with the argument that it will maximize the chances of program impact (…). DARE may be an example of how this approach can undermine itself. Almost by definition, a comprehensive curriculum focuses on breadth of coverage rather than depth. By giving limited attention to any one theoretical perspective, this curriculum may have lowered the chances that any one component will be strong enough to change students' attitudes or behavior (…). The fundamental assumption of the comprehensive model is that the different approaches somehow work together, in a synergistic manner, to strengthen program impact. This assumption is certainly challenged by the present findings", auf die wir unten gleich noch eingehen.

Schließlich zählen Tobler et al. (2000) hierzu noch neun *System-wide*-Programme, die – im Faktorenmix noch weiter gehend – das ganze Sozialsystem Schule, Familie und Gemeinde einbeziehen[35], worauf ich in der letzten These zurückkommen werde.

Die drei zuletzt genannten Gruppen erwiesen sich – im Vergleich zu den >Non-Interactive< Programmen – als etwas effektiver, wenn auch insgesamt der (auf der Ebene der Meta-Analyse kompliziert statistisch berechnete) Erfolg „im Aufschieben, Reduzieren oder Vorbeugen bei Tabak, Alkohol, Marijuana und anderen Drogen bei den ‚normativ' eingestellten Jugendlichen, nicht dagegen bei den ‚addicted' Jugendlichen" relativ gering blieb (Tobler 2000;262 eÜ.): „Eine Wirkung, die mehr als ein oder zwei Jahre anhält, muss noch dokumentiert werden, aber selbst ein Aufschieben des Rauch-Beginns um ein oder zwei Jahre reduziert die Chancen des Jugendlichen, ein regelmäßiger Raucher zu werden" resümiert Nancy Tobler (2000;272 eÜ.) in ihrer dritten letzten Meta-Analyse der bisher auffindbaren Präventionsprogramme; eine recht häufig geäußerte Hoffnung, die ich sogleich näher untersuchen werde.

2. Drei Beispiele: >Lions Quest< >Hutchinson< >Healthy for Life<

Drei bekannte Beipiele[36] für diese neueren Life Skills Programme aus den USA sollen dieses Scheitern der Prävention auch in jüngster Zeit belegen. Dafür möchte ich zunächst das kommerzielle >Lions-Quest „**S**kills **f**or **A**dolescence“ drug education program< (SFA) ansprechen, das in den USA seit 1992 etwa 50.000 Lehrer und anderes Schulpersonal trainiert hat, und das von 1997 bis 1999 in je 17 Schulen mit insgesamt 7.426 11/12-jährigen SchülerInnen in einem methodisch gut angelegten Kontroll-Gruppen-Vergleich mit anderen Präventionsprogrammen (etwa vom D.A.R.E.-Typ) evaluiert wurde (Eisen et al. 2002, 2003). Im Anschluss sollen zwei weitere Beispiele einer Evaluation des Hutchinson-Programmes und des amerikanischen Healthy-for-Life-Projektes zeigen, wie die immer wieder gepriesenen Erfolge schwinden, wenn man eine solche Evaluation nur sorgfältig genug durchführt.

2.1 Im *Lions-Quest-Programm*, das der >Aktionsplan< der Bundesdrogenbeauftragten jüngst noch als förderungswürdig hinstellt (2003;30) und das in den USA je Schule etwa 10.000 Dollar kostete, werden dort von besonders trainierten Lehrern u. ä. in 40 (ggf. auch in 103) Sitzungen à 35–45 Minuten angeboten:

> „Three sessions on the challenges involved in entering the teen years, four on building self-confidence and communication skills, five on managing emotions in positive ways, eight on improving peer relationships (including resisting peer pressure), and 20 on living healthy and drug-free“. Besonders hervorgehoben werden dabei „developing communication skills, developing specific drug resistance skills, and increasing the perception of harm in using specific substances. (…) However, by design, the SFA curriculum promotes a >zero-tolerance< approach to all substance use. In practice, this means that the curriculum does not provide discussion of substance use social norms and does not include an intervention component intended to modify students’ beliefs regarding the actual prevalence of peer or adult substance use“ (Eisen et al. 2003;887).

Am Ende der *einjährigen* Laufzeit des Programms (Eisen et al. 2002) zeigten sich bei der Gruppe der anfänglichen ‚non-user‘ bei 9 überprüften Konsumarten und -formen (Alkohol, Zigaretten, Marihuana und andere illegale Drogen) lediglich bei den Fragen nach dem Zigaretten-Konsum der letzten 30 Tage[37] und der Frage nach dem ‚life-time‘ Marihuana Konsum („Hast du jemals …“) leicht signifikant verbesserte Ergebnisse auf dem 5 % Signifikanz-Niveau, während die ‚baseline users‘, die also schon zu Beginn eine Konsum-Erfahrung hatten, keinerlei signifikante Veränderungen in den Häufigkeits- oder life-time Raten aufweisen konnten. Doch fanden sich – im Sinne einer >gateway-Einstiegs-These< – bei drei von 6 (im Text angegebenen) überprüften Zusammenhängen wiederum leicht signifikante Ergebnisse, die freilich in sich nicht ganz konsistent ausfielen[38].

Im darauf folgenden *einjährigen Follow up* nach Ende des Programms (Eisen et al. 2003) ergaben sich wiederum unter 9 untersuchten Konsumarten und -formen lediglich beim Marijuana ‚lifetime' und ‚30-Tage' leicht signifikante ($p<.05$ und $<.03$) Ergebnisse, während Alkohol, Zigaretten und illegale Drogen in beiden Gruppen fast völlig übereinstimmten. Auch bei den Fragen nach den >mediator< Variablen (s. u. These 1.2: „Absicht demnächst zu konsumieren, perceived harm, perceived peer use, close friends") gab die Experimentalgruppe unter 17 überprüften Zusammenhängen lediglich beim Alkohol und Cannabis – leicht signifikant verbessert – an, solche Angebote nunmehr in unterschiedlichen Situationen besser zurückweisen zu können (refusal self-efficacy[39]).

Obwohl – angesichts der großen Teilnehmerzahl und der Vielfalt der überprüften Zusammenhänge (dazu mehr unter These 1.2) – solche Ergebnisse insbesondere im Verhältnis zum Aufwand eher *zufällig und marginal* wirken, loben die Autoren, wie es heute bei solchen ‚Evaluationen' fast üblich ist, dieses kommerzielle Programm:

> „These findings constitute the first empirical evidence that a widely used, commercially available drug prevention curriculum produces salutary primary or secondary prevention effects on student's substance use behaviors. (…) More fundamentally, these encouraging initial results support the general thrust of universal-level, life skills-based prevention programs" (2002;629) und, im Ton ein wenig vorsichtiger, doch dieses Mal im Abstrakt: „These 2-year (1-year post-intervention) outcomes offer some additional support for SFA effectiveness and the general thrust of school-based life skills-based prevention programs. The promising sixth- through eighth-grade findings for SFA, a commercially available program, provide a further step in bridging a major gap in the ‚research to practice' literature" (2003;883 f.).

2.2 Ein zweites Beispiel, das viel Aufsehen erregt hat, liefern die minimalen Erfolge des auf Banduras social cognitive learning-Vorstellungen aufbauenden *Hutchinson Smoking Projects*: Hier wurden 4.177 SchülerInnen – durchlaufend, also nicht nur mit sog. Booster[40]-Sitzungen, und mit high implementation fidelity[41] – vom 3. bis zum 10. Schuljahr in einem ausgefeilten Curriculum mit insgesamt 46,75 Schulstunden angesprochen[42]. Das Projekt wurde im Vergleich mit einer gleich großen Kontrollgruppe, die lediglich die üblichen Präventions-Maßnahmen durchlief, sowohl 2 Jahre nach Abschluss im 12. Schuljahr wie nochmals nach zwei weiteren Jahren (also insgesamt 4 Jahre nach Abschluss) bei einer erstaunlich hohen follow-up-Quote von jeweils über 93 % hinsichtlich mehrerer Raucher-Kriterien (lifetime mit Anzahl, Anzahl pro Tag, letzte 7 Tage, wie oft gegenwärtig) evaluiert (Peterson et al. 2000).

Diese Evaluation, die von Clayton et al. (2000;1964) in Anlage und Durchführung zu recht als „a new gold standard in prevention science" gelobt wird, erbrachte „effect sizes close to zero", zeigte also, dass auch dieser ‚social influence' Ansatz mit seinem „>cold< cognition-approach to decision making, in which decisions are assumed to be rational, completely ignoring the influence of affect (i. e. >hot< cognitive decions making)“ beim jugendlichen Rauchen und anderen ‚health-compromising‘ Verhaltensweisen versagen:

> „Our results indicate that there was no substantial difference in smoking prevalence for students in the control and experimental conditions, as assessed at grade 12 and at 2 years after high school, either for girls or for boys. Indeed, at grade 12 and at Plus 2, there was a remarkable similarity between the control and experimental conditions, both for girls and for boys, for all smoking endpoints covering a range of smoking behaviors and for all of the a priori subgroups[43]. The observed effect sizes were very small. For daily smoking, girls and boys together, the difference was 25,7 % - 25,4 % at grade 12 and 29,07 % - 28,42 % at 2 years after high school“ (Peterson et al. 2000:1987), weshalb die Autoren (S. 1988) schließen „given this major failure of the social influences approach despite the extensive nature of the intervention, the remedy should not be more of the same (e. g., starting earlier, lasting longer, or combining unproven components with other approaches)“.

2.3 Zu demselben Ergebnis gelangte schließlich auch die entsprechend sorgfältige Evaluation des ***Healthy for Life Projects*** (HFL) in Wisconsin/USA durch Piper et. al. (2000;47 ff. eÜ.), das auf der Basis des social-influence-models („Die Gesundheits-Entscheidungen von teens gründen primär in der sozialen Bedeutung, die dieses spezielle Verhalten in bestimmten social settings besitzen“) im Rahmen eines umfassenderen Präventions-Ansatzes nicht nur die drei Standard-Drogen Tabak, Alkohol und Marijuana anzielte, sondern auch Ess-Störungen und frühzeitige Schwangerschaft reduzieren wollte. Ein 54 Lektionen umfassendes Curriculum erfüllte weithin die ‚Standard-Bedingungen‘ für eine solche Prävention; ein Drittel des Curriculum erfolgte durch von der Schulklasse gewählte peer-leader; eine family and eine community Komponente ergänzten das Projekt. Zwei Versionen – eine Intensiv-Variante für die 7. Klasse und eine über drei Schuljahre gestreckte Variante für die 6. bis 8. Schulklasse – wurden mit einer Kontrollgruppe, die den üblichen Präventions-Ansätzen[44] folgte, nach einem und nach zwei Jahren evaluiert.

Als Ergebnis fanden sie einerseits, dass bei Alkohol und Tabak und einer komplex zusammengesetzten allgemeinen Drogen-Skala (overall substance use scale) sowohl der zuvor gemessene Durchschnittswert der jeweiligen Schule wie auch der gruppenspezifische Ausgangswert (zum Zeitpunkt T1 *vor* Programm-Beginn) das Ergebnis recht gut voraussagte, dass aber sonst das Projekt „minimale Wirkungen bei den teilnehmenden Schülern im Verhältnis zu den Kontrollschülern hatte“. Unter 32 möglichen Ergebnissen fanden sie 6 positive und 8 negative, d. h. unerwünscht entgegengesetzte Befunde auf dem 5 %-Niveau (S. 64):

> „Unfortunately, there was a negative result for alcohol both 9th and 10th grade and no impact on rates of intercourse or our scale of overall substance use“ (65), so dass gilt „We cannot demonstrate that HFL was better than those programs in achieving the desired results“ (68), wobei auch diese anderen, zumeist weniger elaborierten Programme üblicherweise keine Erfolge zeigen. Die Tatsache, dass die jeweilige, zuvor gemessene ‚drogenspezifische‘ Schul-Kultur – derived from school cohorts in the same middle schools one to three years older than those participating in the study – die besten Voraussage-Ergebnisse brachte „suggests that extraordinary efforts may be needed to alter the behaviors in question“ (69).

Diese Befunde legen es wahrlich nahe, den bisher eingeschlagenen Weg zu Gunsten einer Alternative, auf die wir unten eingehen, endlich zu verlassen.

3. Probleme des >Kompetenz-<-Ansatzes

So positiv ein solches ‚*Kompetenz-Training*‘ an sich in unseren Ohren klingt, so sollten wir doch dreierlei beachten: die Reichweite dieses Kompetenz-Konstrukts, dessen Erfahrungs-Basis und dessen unerwarteten Ergebnisse.

3.1 Kompetenz bedeutet einerseits eine eher *allgemeine* Fähigkeit – wie etwa eine allgemeine Durchsetzungs-Fähigkeit, Sensibilität, Selbstvertrauen und vor allem Optimismus, es trotz möglicher Widrigkeiten schon zu schaffen. Andererseits ist diese Kompetenz *spezifisch* auf bestimmte Qualitäten hin ausgerichtet – etwa als soziale Kompetenz, als technische, sportliche, musische, manipulative Kompetenz, ohne dass sich diese speziellen Fähigkeiten leicht verallgemeinern, auf andere Bereiche transferieren ließen, weswegen wir ja auch unterschiedliche Schulnoten für verschiedene Schulfächer verteilen. Dies gilt auch für die üblichen ‚just-say-no‘-Trainings – „denn selbstbewusste und lebenskompetente Kinder und Jugendliche, die auch ‚nein‘ sagen können, sind am besten vor Suchtgefahren geschützt“ (Aktionsplan 2003;27) – bei denen ungewiss ist, welche der von uns angestrebten allgemeineren Fähigkeiten nun für das Nein-Sagen eingesetzt werden und inwiefern sich diese spezielle Fähigkeit auf die an sich erwünschte Ausbildung einer allgemeineren Kompetenz auswirken wird.

Hinzu kommt, dass solche Kompetenzen primär auf eigenen (Erfolgs bzw. Misserfolgs)-*Erfahrungen* aufbauen: „Mastery-Erfahrungen, d. h. Erfahrungen einer erfolgreichen Bewältigung einer bestimmten Situation, sind wirkungsvoller als rein symbolische Erfahrungen (z. B. durch Unterricht)“ (Barth/Bengel 1998;38), weswegen das im Rollenspiel erlernte ‚Nein-Sagen‘ in der nächsten Schulpause rasch zu nichte gemacht werden kann.

3.2 Schließlich kann sich ein solches Kompetenz-Training *erwartungswidrig* in einer höchst unterschiedlichen Weise auswirken. Auf der einen Seite kann eine zu enge, ‚Abstinenz-Sucht'-orientierte Ausrichtung den für eine jede Kompetenz-Erwartung notwendigen *‚funktionalen' Optimismus*, es mit eigenen Bordmitteln schon zu schaffen, dämpfen, und zwar insbesondere dann, wenn man diesen Optimismus als ‚unrealistisch' abqualifiziert (vgl. Barth/Bengel 1998;29). Das beliebte „Du unterschätzt Dich und die Kraft der Droge" wird vor allem dann problematisch, wenn erste Konsumversuche (>Usus<) oder sogar erste ‚Abhängigkeits-Befürchtungen („ich komme einfach davon nicht los") bei Jugendlichen (!) nicht als ‚kleine Ausrutscher' oder als naheliegendes, doch zu bewältigendes Durchgangsstadium gewertet werden, sondern als Bestätigung eines von selbst ablaufenden, nicht mehr kompetent zu bewältigenden ‚süchtigen' Handelns begriffen wird („Jetzt kann dir nur noch ein Therapeut helfen"):

> „Einen wichtigen Einfluss auf die Kompetenzerwartungen haben vor allem Versagensängste, die zu einer Unterschätzung der Kompetenz beitragen", was umso problematischer ist, weil im Vergleich zur Furcht- und Risiko-Wahrnehmung „das Konstrukt der Kompetenzerwartung die höchste Vorhersagekraft in bezug auf das Gesundheits- und Vorsorgeverhalten" aufweist (Barth/Bengel 1998;39 f.).

Auf der anderen Seite führt diese dritte Welle – zumindest hinsichtlich der angezielten Drogenabstinenz – ganz unerwartet dazu, dass solche Programme zwar möglicherweise das Selbstbewusstsein und gewisse soziale Fertigkeiten fördern, doch damit zugleich auch die *Unabhängigkeit der Jugendlichen* gegenüber den Warnungen der Erwachsenen (Protest oder aber Bestätigung der eigenen Identität) verstärken und so zumindest kurzfristig sogar den Drogenkonsum erhöhen können: „Möglicherweise führen gerade Kompetenzprogramme dazu, dass verstärkt experimentiert wird", was einerseits positiv erreichen könnte, dass man solchen Konsum später eher selbstkritisch reflektiert (Riemann 2001; 54), was andererseits aber auch erklären könnte, warum solche Jugendliche den gelegentlichen Cannabis-Konsum für weniger schädlich halten als das ständige Rauchen[45].

3.3 Einen schönen Beleg für diese unsere *generelle* These liefert Cuijpers Meta-Analyse von 7 methodisch sorgfältig angelegten Untersuchungen, die speziell den Einfluss von ‚Zwischenvariablen' auf die Reduzierung des Konsums verfolgten:

> „A mediator that is an important component of many interventions, but which was found *not be a significant* mediator is resistance skills training. Other mediators that are sometimes used in interventions, but which were found not to be significant mediators, include social skills training, improvement of self-esteem, and psycholo-

gical well being. For some mediators, *contradictory* results are found: knowledge of negative consequences and *self-efficacy*" (2002b;1017, kursiv S.Q.).

Eine Bestätigung hinsichtlich des Cannabis findet man in der Methoden-gerechten Kontroll-Gruppen-Evaluation des an holländischen Schulen sehr weit verbreiteten Präventions-Projekts >Healthy School and Drugs<, das in den follow-up-Perioden nach 1, 2 und 3 Jahren zwar einige signifikante Reduzierungen beim Alkohol und etwas geringere beim Rauchen erbrachte, doch – neben geringen Ergebnissen auf der Ebene der Einstellungen (attitude) gegenüber den Drogen und der drogenspezifischen self-efficacy – „unexpectedly, the intervention seemed to result in a somewhat more frequent use of marijuana among those who use it" (Cuijpers et al. 2002;71).

Palinkas et. al. (1996;698 eÜ.), die dasselbe Ergebnis bei ‚high-risk'-Mädchen von 14–19 Jahren[46] in einem Vergleich zwischen einfachen ‚Facts of life curriculum' und einem damit kombinierten 16-wöchigen Kompetenz-Training (PALS Skills Training) erhielten („Das Auftreten von Alkohol und anderem Drogen-Konsum wuchs signifikant über die drei beobachteten Perioden in der PALS-Gruppe, aber nicht in der Kontrollgruppe") erklären diesen unerwarteten Befund wie folgt:

> „One possible explanation for this outcome is that enhancement of social skills in high-risk teens may have actually led to improved social relations with drug using peers, thereby increasing exposure to peer pressure to use drugs in general and marijuana in particular. Although there was no evidence to suggest that anything inappropriate was taught in the social skills training classes, a post hoc analysis of the proportion of social network members who were categorized as a ‚negative influence' (…) increased significantly (P <0.05) (…) in the skills group but not in the control group".

Auf diesen letzten, ‚paradoxen' Befund stieß auch die Forschungsgruppe des Kriminologischen Forschungsinstituts Niedersachsens (KFN) in ihrer sehr umfangreichen Befragung 15-jähriger SchülerInnen im Jahr 2000 (Wilmers u. a. 2002; 142 f.), in der sie die – in ‚präventiver' Hinsicht recht verwandten – Probleme jugendlicher Gewalt untersuchten.

> Hier zeigte sich nämlich, „dass Personen mit erhöhtem Selbstwert häufiger berichten, (…) Delikte begangen zu haben. Dies gilt in erster Linie für Gewaltdelinquenz (…), gefolgt von qualifiziertem Diebstahl (…) und Sachbeschädigung. Auch in dieser Studie findet sich somit der von verschiedenen Autoren berichtete Befund, dass ein *erhöhtes Ausmaß von Selbstwert* mit einem erhöhten Risiko delinquenten Verhaltens, insbesondere von Gewaltdelinquenz, einhergeht (lit[47])" (249); ein Ergebnis, das selbst bei ‚multivariabler Kontrolle' stabil blieb und das die Autoren mit der besorgten Frage begleiten: „Sind also Programme, die das Selbstwertempfinden steigern oder stabilisieren sollen, womöglich kontraproduktiv?" (335, kursiv S.Q.).

In ihrer umfangreichen Übersicht über die Zusammenhänge zwischen einem hohen Selbstwertgefühl und Gewaltausübung warnen deshalb Baumeister et al. (1996;29):

> „As compared with other cultures and other historical eras, modern America has been unusually fond of the notion that elevating the self-esteem of each individual will be best for society (...) The hope that raising everyone's self-esteem will prove to be a panacea for both individual and societal problems continues unabated today (lit), and indeed the allusions in the mass media to the desirability of self-esteem suggest that it may even be gaining in force. In this context, the notion that low self-esteem causes violence may have been widely appealing as one more reason to raise self-esteem.
>
> Our review has indicated, however, tat it is threatened egotism rather than low self-esteem that leads to violence. Moreover, certain forms of high self-esteem seem to increase one's proneness to violence. An uncritical endorsement of the cultural value of high self-esteem may therefore be counterproductive and even dangerous".

Wir können es an dieser Stelle dahingestellt sein lassen, inwieweit man solche Befunde mit den Autoren eventuell als „zu hohes" oder besonders verletzliches bzw. wenig integriertes Selbstgefühl hinweginterpretieren könnte (335)[48], da und solange unser präventives Vorgehen für alle Befragten (mit ‚integriertem' und ‚wenig integriertem' Selbstgefühl) die gleiche >Rosenberg-Skala< zur Messung des Selbstwertgefühls (367) mit Fragen wie „Ich fürchte, es gibt nicht viel, worauf ich stolz sein kann" bzw. „Alles in allem bin ich mit mir selbst zufrieden" und „Ich besitze eine Reihe guter Eigenschaften" verwendet.

3.4 Entscheidend ist vielmehr, dass das ‚Paradox' derzeit aller kompetenzsteigernder Bemühungen auf einer dreifachen *Fehleinschätzung* solch ‚devianter' Verhaltensweisen beruht: Wenn nämlich zumindest ein Teil dieser ‚devianten' Jugendlichen, die auch einmal ‚zuschlagen' (solche ‚Gewaltmessungen' bei Schülern beginnen beim ‚Hänseln' und ‚hässliche Dinge sagen') oder ‚Drogen konsumieren', ein relativ gutes Selbstgefühl besitzt, weil sie in der Schulklasse oder Peergruppe anerkannt sind und ggf. auch gute Schulnoten aufweisen (wir kommen unten in These 4 auf eine solche Gruppe zurück), dann wird jede zusätzliche ‚allgemeine', also nicht auf das konkrete Störpotential (für andere oder für die eigene Gesundheit) ausgerichtete Kompetenz-Förderung, die von einem ‚Defizit'-Modell ausgeht, eben damit auch diese ‚devianten' Verhaltensweisen fördern. Ebenso wie dann auch die bisher ‚braven Abstinenten' vielleicht eher den Mut finden, dieses ‚just say no' gegenüber ihren mahnenden Erwachsenen einzusetzen, um mit dieser anderen Gruppe mitsamt deren ‚devianten' Status-Symbolen gleichzuziehen. Und schließlich, last but not least, könnte eine dritte Gruppierung, die solchen Selbstwert-Anforderungen nicht entsprechen kann, die also weder gegenüber den Erwachsenen noch gegenüber den

‚verführenden' Peergruppen ‚no' sagen können, die also ‚schlechten Gewissens' ihren ‚süchtigen' Trieben oder sonstigen ‚Charakterschwächen' nachgeben, eben deswegen als ‚Versager' ganz besonders gefährdet sein, sofern sie denn – zusammen mit ihren ‚Verführern' – solche ‚Kompetenz-Bemühungen' ernst nehmen.

Wir stoßen hier auf ein fast notwendiges *Paradox*, das uns beispielhaft das besondere Risiko der üblichen Präventions-Perspektive zeigen kann, und zwar gleich in zweifacher Hinsicht. Zunächst sind solche Ergebnisse immer dann zu erwarten, wenn man als *Erwachsener* schon leichte Formen jugendlicher Devianz eben als ‚Devianz', d. h. als negativ, als ‚kompensierend', als Ausweichverhalten – „Sucht ist Flucht" – bewertet, anstatt deren eigenständige, höchst ambivalent zwischen Genuss und Risiko schwankende Qualität wahrzunehmen. Denn an sich stimmen wir ja – jenseits solcher Devianz-Fixierung – darin überein, dass jede ‚sachadäquate' Steigerung des Selbstwert-Empfindens dieser Jugendlichen, in der sie „eine positive Einstellung zu sich selbst finden" (Rosenberg-Item), für alle Jugendlichen und insbesondere für diejenigen, die – aus welchen Gründen auch immer – sich ‚kontaktscheu' verhalten oder die sich wenig zutrauen, höchst wünschenswert wäre.

Und zum anderen werden uns diese Kompetenz-Paradoxa immer dann begegnen, wenn wir die auf ‚normale', also auf nicht-‚süchtige' SchülerInnen ausgerichtete Drogenprävention aus einer *sucht-therapeutischen* Sichtweise heraus gestalten, sofern diese bei ihren ‚süchtigen' Klienten stets notwendigerweise einen vorausgegangenen ‚Konsum' findet und jetzt vor jedem ‚zusätzlichen Tropfen Alkohol' warnt. Doch können bei einer darauf aufbauenden *Prävention* solche ‚paradoxen' Folgen einer Zunahme des jugendlichen Drogen-Konsums eigentlich nur denjenigen überraschen, der den – häufig auch nur gelegentlichen oder freizeitorientierten – Konsum Jugendlicher (der dessen soziale Kompetenz bestätigt) mit dem ‚suchtartigen' Konsum solch erwachsener Patienten verwechselt. Es ist eben ein ‚Usus' der Jugendlichen weder dasselbe wie der ‚Abusus' erwachsener Klienten noch notwendigerweise dessen zukunftsweisender Vorläufer.

Eine Diskrepanz, die Brown/D'Emidio (1995;476 f.) in ihren qualitativen Interviews mit den für die Prävention zuständigen kalifornischen Experten auf der einen Seite und deren jugendlichen Abnehmern auf der anderen Seite fast mustergültig herausarbeiten. Während die einen übereinstimmend Abusus und Usus gleichsetzten, differenzierten schon die GrundschülerInnen aus ihren alltäglichen, familiären Erfahrungen heraus sehr eindeutig zwischen diesen beiden Formen:

> „Because students consistently distinguish between substance use and abuse and because service deliverers teach that use equals abuse, this finding suggests that, at best, the influence of service deliverers is limited", was Schüler einer (Fokus)-Diskussions-Gruppe wie folgt kommentierten:
>
> „R: I think it's nothing! It's exaggeration !

R: They lie to you so you won't do it!
R: Oh, they lie to you so that you won't do the drugs! They think you're dumb!
I: Do you think that works?
R: No. (laughs)".

„R: Get drunk at a party is fine! Mothers Day, get drunk! I'm not saying for me … I'm just saying these are parents, right? If my mom gets drunk, I don't care! On Mothers Day she totally had a good time, but she didn't drive home. She felt sick in the morning, but she had a good time and that's fine. If I knew she was an alcoholic, I'd get her help! But yeah, she gets drunk, but not every day! Not once a week!
I: Is that what they teach you in the classes?
R: No. (in unison)
R: They teach us that everything is bad!"

4. Trotz zunehmender Prävention steigt der Drogenkonsum

Die Erfolglosigkeit aller dieser Bemühungen offenbart sich im *allgemeinen Ansteigen* des jugendlichen Drogenkonsums – insbesondere von Tabak und Cannabis, aber auch bei Ecstasy und anderen Party-Drogen. Ein Anstieg, der üblicherweise freilich nicht als Misserfolg der Prävention gewertet, sondern als Anlass zu intensivierteren Bemühungen auf dem einmal eingeschlagenen Holzweg angeführt wird.

4.1 So ergab die repräsentative Erhebung zur „Drogenaffinität Jugendlicher in der Bundesrepublik Deutschland" (Bundeszentrale 2001) bei 2000 westdeutschen und 1000 ostdeutschen Jugendlichen zwischen 12 und 25 Jahren:

> Während der Alkoholkonsum zwischen 1973 und 2001 (mit Ausnahme der riskanteren Rauschhäufigkeit) deutlich fiel, bleibt er bei den 12–17-Jährigen weithin konstant[49]; Das Rauchen, allgemein weithin stabil, doch weniger intensiv, stieg bei den 12–17-Jährigen von 1993 = 20 % auf 28 % im Jahr 2001[50], weswegen die Drogenbeauftragte der Bundesregierung in ihrem jüngsten Drogen- und Suchtbericht (2003;12) in den nächsten Jahren diese Rate von derzeit 28 % wieder auf 20 % senken möchte.

Schließlich soll auch der in der Prävention am meisten bedachte Konsum illegaler Drogen in ganz besonderem Maße zunehmen, so dass etwa bei der dominierenden Droge Cannabis sich die Lebenszeit- und 12-Monatsprävalenz[51] auf ein jünger werdendes Einstiegsalter (1993: 17,5 J.; 2001: 16,5 J.) verlagert haben soll. Vor allem aber nahm hier bei einer seit 15 Jahren ständig zurückgehenden Ablehnungsbereitschaft bei den 14–17-Jährigen – also bei den Hauptadressaten der Prävention – die Probierbereitschaft sowohl bei den Drogen-Erfahrenen wie aber auch bei denjenigen, die noch keine Drogen-Erfahrung hatten, entsprechend zu: Während 1989 nur 18 % dieser Altersgruppe bereit war, einmal Cannabis zu probieren, waren es im Jahr 2001 45 %! Ganz entsprechend stellt dann auch die Repräsentativerhebung zum Gebrauch psychoaktiver Substanzen bei Erwachsenen für die nachfolgende Kohorte der *18 – 24-Jährigen* in Westdeutschland fest:

> „Ausgehend von 14 % Anfang der 80er Jahre ist die Lebenszeitprävalenz von Cannabis bis 1997 auf etwa 25 % und in den Folgejahren bis 2000 weiter auf 38 % gestiegen", während umgekehrt bei derselben Altersgruppe der Jungerwachsenen der in diesen Jahren – und insbesondere in den davor liegenden Schuljahren – in der Prävention kaum angesprochene Nikotin- und Alkohol-Konsum eher stagnierte bzw. sogar zurückging. (Kraus/Augustin 2001; 61, 65 ff.).

4.2 Wir können dieses *Ansteigen* in nahezu allen *westlichen* Ländern beobachten[52]. So finden Rigter und van Laar in ihrer vergleichenden Übersicht (2002;40) für Cannabis, dass zwar in England[53], Irland und den Niederlanden die Prävalenzraten und die des letztjährigen Gebrauchs bei SchülerInnen nicht länger zunehmen, dass jedoch

> „in various other EU member states the prevalence rate of use in this group is still on the increase. Apparently, the number of cannabis users among school students is stabilishing or dropping in countries with relatively high occurrence rates in the early 1990s, and going up in countries that formerly had low rates".

Für die Schweiz hält Meili (2001;4) fest: „Bei den 15-Jährigen waren 1986 14 Prozent RaucherInnen, verglichen mit gut 26 Prozent im Jahr 1998. Cannabiskonsum: 1986 hatten 8 Prozent der 15-Jährigen Cannabiserfahrung, 1998 waren es bereits 31 Prozent" und Steinmann (2001,33) berichtet in demselben Heft des SuchtMagazins, dass (lt. Berner Gesundheitsbericht 2000) unter Frauen von 15 bis 19 Jahren 1992/93 nur 18,3 % rauchten, während es 2000 38,5 % waren (bei den Männern 28,7 % zu 41,6 %).

Befunde, die in gleicher Weise für die USA gelten: So zitieren Jamieson/Romer (in: Slovic 2001;47) als Ergebnis zweier 1999 durchgeführter Befragungen:

> „The 14- to 22 year olds in our surveys reported rapidly increasing use of cigarettes within this age period, a trend that is comparable to findings from other national surveys". In diesem Sinne leiten auch Eisen et al. (2003;884, kursiv S.Q.) ihre Lions-Quest-Evaluation – wie üblich – mit den Sätzen ein: „Teenage drug usage remains a serious problem in the US *despite* efforts by policymakers, health officials, educators, and prevention scientists to reduce it. Against the backdrop of a generalized decline in cigarette smoking, alcohol consumption, and substance usage in the US population

> since the 1960s and 1970s, older (e. g., 12th graders) adolescents substance use appears to have stabilized at relatively high rates, while younger teen (e. g., eight graders) usage rates have been rising (Lit)"[54].

Dieser Anstieg erfolgte, obwohl (?) in der gleichen Zeit die Präventions-Bemühungen theoretisch wie praktisch, institutionell und finanziell immer mehr ausgeweitet wurden[55]. So sollen in den USA schulbezogene Programme, die „intended to prevent or delay substance abuse" etwa 90 % der middle und high school Schüler erreichen, wie Eisen et al (2002;620) unter Berufung auf eine NIDA-Nachricht aus dem Jahr 1998 berichten. Und so sollen etwa bei uns im Schuljahr 2001/2002 115.000 SchülerInnen an dem Präventionsprogramm >Klasse 2000< und im Schuljahr 2002/2003 ca. 218.000 SchülerInnen an >Be Smart-Don't Start< teilgenommen haben[56]. Auch die >Kampagne ‚Kinder stark machen'< der Bundeszentrale für gesundheitliche Aufklärung (BZgA) erreichte

> „im Jahr 2002 ca 1600 Multiplikatoren aus der Kinder- und Jugendarbeit von Sportvereinen. Seit 1995 haben mittlerweile über 9000 Multiplikatoren an dem Fortbildungsangebot teilgenommen (...) Parallel hierzu wurden 2002 rund 25 Veranstaltungen (Familientage, Festivals des Sports, Deutsches Turnfest, Weltkindertage, Familiensporttage etc.) gemeinsam mit Kooperationspartnern ausgerichtet. Die damit verbundene Presseberichterstattung erreichte eine Gesamtauflage von ca. 24 Millionen. Aus zahlreichen Arbeitskontakten der BZgA mit dem DFB ist die Idee entstanden, die Fußballweltmeisterschaft 2006 mit einer Sozialkampagne zu begleiten. Mit dem Motto ‚Kinder stark machen – weltweit' soll an die bisherige erfolgreiche Zusammenarbeit angeknüpft werden" lobt der Drogen- und Suchtbericht der Bundesregierung (2003;27)[57].

Imposante Zahlen, die freilich angesichts US-amerikanischer Ausgaben die Klagen unserer Präventions-Industrie verständlich machen: Zwei Milliarden Dollar sollen es im Jahr 2000 an öffentlichen Mitteln gewesen sein, von denen allein 700 Millionen durch das U.S. Department of Education ausschließlich für solche Programme gezahlt wurden, die Jugendliche belehrten „that ‚illegal alcohol and other drug use' is ‚wrong' and ‚harmful'" (Brown 2001; 85).

Doch im *Endergebnis* können wir selbst angesichts solcher Zahlenberge heute für die gegenwärtige Art der Prävention – ähnlich, wie früher bei der Resozialisierung von Gefangenen oder bei der Langzeit-Drogen-Therapie – eigentlich nur konstatieren: „Nothing works"; eine Feststellung, die Volkmann (2002;14) in seiner Forderung nach theoretischer Begründung und empirischer Überprüfung für die sehr ähnlich gelagerte Situation der Kriminalprävention[58] wie folgt ergänzt: „Es besteht die Gefahr, dass die früher verbreitete Auffassung ‚nothing works' durch die Gegenthese ‚everything works' ersetzt wird und das Etikett ‚kriminalpräventiv' als Legitimation für ein Präventionsprojekt ausreicht".[59]

5. *Ist harm-reduction eine Alternative?*

Angesichts dieser desolaten Situation – Versagen sämtlicher schulischer Präventions-Bemühungen bei gleichzeitigem Anstieg des Konsums von Drogen aller Art – beginnt man in letzter Zeit, pragmatisch geworden, unter dem Etikett einer *harm-reduction* bzw. *Risiko-Kompetenz* auf einer etwas höher gelagerten Spiral-Ebene zur anfänglichen Informations-Strategie zurückzukehren, indem man wieder stärker die Gefahren, die Risiken des Drogen-Konsums betont, doch zugleich realistische Techniken vermitteln will, mit denen man solchen Gefahren begegnen oder sie doch zumindest minimieren kann.

5.1 Einen solchen Ansatz verfolgt etwa die interessante Interpretation der Ergebnisse des amerikanischen Future Surveys von 1994 durch Resnicow et al. (1999;252). Hier zeigte sich, dass gelegentliche Raucher und Cannabis-Konsumenten einerseits das Risiko, das mit deren regelmäßigem Konsum verbunden ist, höher einschätzten als diejenigen, die selber regelmäßig konsumierten; und dass sie andererseits auch erheblich weniger andere ‚riskante' Verhaltensweisen – hohen Alkoholkonsum, riskantes Autofahren, illegalen Drogenkonsum – aufwiesen. Während man dies üblicherweise – im umgekehrten Blick auf die heavy user – etwa als deren ‚Realitätsverleugnung' bzw. als Ausdruck einer risk-personality (o. ä.) interpretiert, fragen die Autoren in ungewohnter Richtung:

„One issue of interest is the extent to which occasional cigarette users and marijuana users intentionally moderate their intake to reduce deleterious physical and social effects. Understanding why teens moderate their level of substance use can inform public health policy as well as the design of prevention and cessation programs", um im Abstrakt festzuhalten: „they may be practicing harm reduction".

In einer ergänzenden quantitativen und qualitativen Befragung 12–15-jähriger SchülerInnen in Australien konnten dieselben Autoren Hamilton et al. (2000;431 ff.), diese Unterschiede in der Wahrnehmung und Einstellung zu den positiven und negativen Seiten des Rauchens bestätigen: „Occasional smokers differed from regular smokers in their perception of harm resulting from smoking and attitudes and beliefs about smoking". Gleichwohl galt für alle Raucher-Gruppen gemeinsam, dass sie positiver auf eine ‚harm-reduction message' („it's best if you don't smoke, but if you do, smoke less") denn auf die traditionelle „don't smoke" Botschaft reagierten.

Pragmatische Ankerpunkte dieser Entwicklung finden sich zunächst in den positiven Erfahrungen der HIV/Aids-Prophylaxe wie überhaupt in der Drogen-Szene-Arbeit (Stöver 1999). Stärker auf ‚normale' Jugendliche bezogen agierten die Präventions-Vorhaben im Party-Setting, die etwa das drug-checking befürworten (Schroers/ Schneider 1998). Im Cannabis-Bereich verweist man auf das holländische Coffee-shop-Modell. Doch auch beim Alkohol greift man zur eher begrenzten Forderung nach ‚Punktnüchternheit' für bestimmte risikante Tätigkeiten und Situationen, experimentiert mit Disco-spezifischen Vorbeuge-Maßnahmen (Disco-Taxi) und spricht gezielter noch von einer ‚drinking-safety-education' etwa im highschool Campus (Marlatt/Witkiewitz 2002), um die Risiken des Binge-Trinkens (‚Besäufnis') zu verringern, und selbst für das Rauchen diskutiert man die Vor- und Nachteile etwa von Nikotin-Ersatzstoffen, anderen Rauchgewohnheiten und verringerter Tages-Dosis (Hughes 1995).

Diese Beispiele zeigen zunächst zweierlei: Einerseits greifen sie auf ‚reale' und zeitlich naheliegende Risiken zurück, während die – den derzeitigen, psychologisierenden Kompetenz-Strategien naheliegenden – psychischen Spätfolgen einer ‚Sucht' bzw. ‚Abhängigkeit' keine nennenswerte Rolle spielen. Man gerät damit dann jedoch leicht in ein Gebiet, in dem man sich eher auf ältere Jugendliche mit ‚Drogen-Erfahrung' beschränkt, die von der üblichen Prävention als ‚sekundär' übersehen oder ausgegrenzt werden.

5.2 Doch beginnt man auch hier zu differenzieren. So konzentrieren sich etwa die eben genannten Autoren Hamilton et al. (2000) auf die Mittelgruppe der Gelegenheits-Raucher, ohne dabei die regulären Raucher einerseits und die noch Abstinenten andererseits zu vergessen. Und so ordnet Franzkowiak (2002;501 f.) seine Vorschläge zur >Risk-Taking-Competence< in ein Schema ein, das auf der einen Seite der primären Prävention Ansätze eines >sensible risk taking< und auf der anderen Seite der sekundär/tertiären Prävention Techniken des >safer use< zu misst.

Gleichwohl bleiben alle diese Überlegungen noch immer allein der dominierenden *Negativ-Perspektive*, dem >harm<, dem >Risiko< verhaftet. Erst dann, wenn auch die Gruppe der ‚integriert' Drogen Konsumierenden in den Blick gerät, wenn man also auch die ‚positiven' Funktionen des Drogen-Konsums – Entspannung, Kommunikation, Genuss – in eine solche Perspektive einbezieht (wie dies ja gelegentlich der Prävention im Party-setting gelingt), lässt sich – zusammen mit dem positiven Kern eines Kompetenz-Trainings – auch dieser ‚harm-reduction'-Ansatz sinnvoll in eine echte Präventions-Alternative einbauen. Auf dem Wege dorthin formuliert Wiessing (2001;424)[60] in seinem Kommentar zu den Befunden von Williams und Parker, dass es in England eine integrierte postadoleszente Drogen-Szene gäbe (auf die wir unten noch eingehen), ganz pragmatisch:

> „As is the case in other parts of the drugs field, this may emphasise the importance of policies of ‚harm reduction'. If drug consumption is a relatively autonomous and difficult to influence social process, it will be more cost-effective to concentrate on

> minimising the possible adverse effects of drug use (…) National policies might be more effective if they target specific subgroups with messages that are appropriate to the levels and types of drugs they use, informing them about risks and corresponding preventive measures, rather than attempting to eliminate all use“.

Doch sollten wir angesichts der Dominanz der gegenwärtigen Präventions-Logik deren Risiken nicht übersehen: Allzu rasch geraten nämlich solche >Harm-reduction<- Ansätze in diesem engeren (primär/sekundären) Präventions-Bereich in eine *moralische Zwickmühle.* Auf der einen Seite müssen sie sich dagegen wehren, die ‚Braven‘ durch eine solche ‚Verniedlichung der Gefahr‘ zu verführen und die Konsumierenden sowohl in ihrem Tun zu bestätigen – das ist der Vorwurf gegen das drug-checking – wie auch in ihrer Sucht zu fixieren – das ist der Vorwurf gegen alle Versuche, ein kontrolliertes Trinken/Rauchen zu propagieren. Und auf der anderen Seite bleiben sie dem traditionellen ‚Negativ-Stereotyp‘ der Droge verhaftet, die vornehmlich deren Gefahren wahrnehmen kann. Eine Zwickmühle, die in gleicher Weise ganz allgemein für die diesem Ansatz zu Grunde liegende Idee der *>Akzeptanz<* gilt, sofern diese zumeist nur – großzügig, aber vorläufig – ‚akzeptiert‘, dass ‚Süchtigen eben doch nicht mehr zu helfen sei“[61], was den Vertretern gegenwärtiger Sucht-Prävention einmal mehr das gute Gefühl vermittelt, mit einem more of the same solch einer defätistischen Resignation entschieden entgegen treten zu müssen.

Der bisherige Teil vermittelte inhaltlich einen ersten Eindruck von der Vielfalt der Präventions-Ansätze und der Art ihres Scheiterns. Dabei zeigte sich, dass unser erwachsen besorgter Hans-Guck-in-die-Luft auf dem scheinbar geraden Entwicklungspfad vom Horror zur Kompetenz immer wieder ins Stolpern gerät, weil er über sein Ideal suchtfreier Abstinenz die Wirklichkeit jugendlichen Drogen-Konsums aus den Augen verlor. An Stelle des realen Horrors von Raucherlunge und Toiletten-Junkie setzte man auf den irreal ungreifbaren Sucht-Horror, vergaß aber die realen Gefahren eines falschen Drogengebrauchs. Anstatt über dessen guten und schlechten Seiten sachgerecht zu informieren, begann man sich ‚interaktiv‘ einzubringen und seine minderjährigen Adressaten kommerziell verpackt zu manipulieren. Im Bestreben, das >just-say-no< auf diesem Wege doch noch durchzusetzen, förderte man ungewollt den Drogen-Konsum und verschenkte die Chancen eines so dringend notwendigen Kompetenz-Trainings. Und selbst auf der vorläufig letzten Meile dieses Tugendpfades übersieht der auf den Schaden fixierte Blick die lockenden Stufen eines genussvollen Drogen-Konsums.

Im folgenden Evaluations-Teil werde ich – nunmehr stärker wissenssoziologisch orientiert – auf die methodischen Klippen eingehen, die sich dem Bemühen um die Ausbesserung des einmal eingeschlagenen Holzweges entgegenstellen. Um damit aufzuzeigen, auf welche Art und Weise man in einer solchen Situation argumentiert und wie man sich den Zugang zu einer erfolgreicheren Alternative selber verbauen kann.

These 1.2
Das Scheitern der Evaluation

Das Scheitern der Prävention wird ergänzt durch das Scheitern ihrer Evaluation.

Eine Evaluation kann zweierlei Ziele verfolgen. *Wissenschaftlich* dient sie als empirisches Experiment, das theoretisches Wissen über die Zusammenhänge zwischen input und output liefern soll, indem man den Zusammenhang zwischen manipulierendem Eingriff und dem erwarteten Ergebnis im Verhalten der Untersuchungs-Objekte unter dem Aspekt von ‚Ursache und Wirkung' überprüft. In der *Praxis* dagegen möchte man die Brauchbarkeit eines Instruments bewerten, mit dem man möglichst kostengünstig und dauerhaft wirksam, effektiv und effizient, ein bestimmtes Ergebnis – hier das künftig suchtfreie Verhalten – erreichen kann.

Der Wissenschaftler freut sich, wenn er auf signifikante, also nicht-zufällige Zusammenhänge stößt, die möglichst seine anfängliche Erwartung widerlegen, seine Hypothese falsifizieren. Er kann dann nach deren inneren Zusammenhang suchen und dessen ursächlichem Funktionieren in weiteren Experimenten nachgehen. Der Praktiker braucht hingegen sichtbare Erfolge, die seine Kunden und Finanzgeber dazu motivieren, auf sein Produkt zurück zu greifen. Signifikanzen und ursächliche Zusammenhänge interessieren ihn allenfalls am Rande, als Legitimation vielleicht und als Anregung, wie er sein Produkt in Konkurrenz zu anderen ähnlichen Produkten noch ein wenig verbessern könnte.

Leider kreuzen sich diese beiden Ausgangspunkte im Evaluations-Alltag zumeist derart, dass man jede auch noch so geringe Signifikanz als Ausweis für die Richtigkeit der eigenen Praxis verwendet, ohne auf das zumeist damit verbundene geringe Ausmaß tatsächlicher Veränderung zu achten oder deren unerwartet falsifizierende Ergebnisse zu verwerten.

Diese Art der Evaluation wurde weithin in den USA entwickelt[62], während „kaum jemals eine europäische Studie international publiziert wurde" (Cuijpers 2001;91 eÜ.); eine Aussage, die durch Springer's (1998;38) Übersicht über die europäischen Evaluations-Projekte eindrucksvoll bestätigt wird:

> „The evaluation of programme efficacy concerning drug taking behaviour continues to be an unsolved problem. Such efforts took place in a very limited number of programmes. Impact evaluation seems to be missing totally", um dann ganz im obigen Sinne fortzufahren: „As it seems research is nowhere done on the relationship between the boom in prevention efforts and the development of drug use and the changing patterns of consumption in the communities during the 90ies".

Dies trifft dann übrigens auch auf *ökonomisch* orientierte Kosten/Nutzen Analysen zu, die für schulische Präventionsprogramme bisher in Deutschland vollständig fehlen.

Doch gilt auch für die an sich gut dotierte, einschlägige US-amerikanische Evaluations-Forschung, dass deren Durchführung vielfach Wünsche offen lässt und deren Resultate allzu ‚praxis-nah' ausfallen. So fassen etwa Brown/Kreft (1998) in ihrer Einführung in die Spezialnummer der Evaluation Review ihre Kritik in fünf Punkten wie folgt zusammen:

> „(1) Myopic evaluation approaches; (2) selective reporting of findings instead of other ones; (3) questionable results being given unwarranted status in the popular media; (4) masking detrimental program effects; (5) performing upside-down science; assuming effectiveness rather than testing for it".

Auch Gorman's (1998) sehr sorgfältige Analyse der US-amerikanischen Präventionsprogramme für die Zeit von 1986 bis 1996[63] betonte zunächst, dass trotz steigender Ausgaben der Konsum sich ausweite, während die Forschung einseitig berichte, um dann fortzufahren:

> „Evaluations continue to show that the effectiveness of social influence programs is very much in the eye of the beholder. Evidence is cited selectively to support the use of certain programs, and there is virtually no systematic testing of interventions developed in line with competing theoretical models of adolescent drug use" (139).

Bei meiner nun folgenden eigenen Kritik bin ich mir der Schwierigkeiten einer zureichenden Evaluation wohl bewusst. Dies gilt umso mehr für das Feld der Praxis, für die heute jedweder Evaluations-Versuch bereits ein richtiger Schritt in die erwünschte Richtung bedeuten kann – so lange die führende Perspektive stimmt. Angesichts meiner grundlegenden Kritik an dieser Perspektive, stimmen mich allerdings die dort üblicherweise gefundenen Erfolge skeptisch. Es liegt daher nahe, zu fragen, inwieweit solche ‚Erfolge' empirisch begründet verkündet werden können.

Ich werde deshalb zunächst auf die beiden Hauptprobleme dieser Evaluations-Praxis eingehen, nämlich auf die zu kurzen Überprüfungszeiträume (follow-up) und auf die Wahl eines geeigneten Erfolgskriteriums. Als besonders gravierend erweist sich dabei die einseitige Suche nach solchen ‚Erfolgen', bei der die naheliegenden Risiken einer Prävention gar nicht erst in den Blick geraten können, wie dies insbesondere für die Medienkampagnen zutrifft. Solange solche Evaluationsergebnisse auf einer theoretisch unzureichenden Basis vornehmlich legitimatorischen Funktionen dienen, helfen auch methodisch orientierte Verbesserungsvorschläge wenig.

1. Das Problem der Follow-up-Zeiträume

Das Hauptproblem einer auf künftige Sucht-Vermeidung ausgerichteten Sucht-Prävention besteht in den langen Zeiträumen zwischen der Programm-Durchführung und diesem künftigen Ereignis, das – schon aus forschungspraktischen Gründen – von einer solchen Evaluation nicht mehr erfasst werden kann. Dies zeigt sich in besonderem Maße in den zumeist nur sehr kurz ausfallenden *Follow-up- bzw. Katamnese-Zeiträumen* (Barth 2000). So ergab zum Beispiel eine Sekundäranalyse von anfänglich 139 Studien zu den Wirkungen der Alkoholprävention (Foxcroft u. a. 1997):

> „Während kurzfristig die Effektivität suchtpräventiver Interventionen gut nachgewiesen werden kann, ergeben sich weniger eindeutige Befunde für die mittelfristige bis langfristige Perspektive“, doch sei ja eben „das Hauptziel von Präventionsprogrammen (...) eine langfristige Wirkung auf das Gesundheitsverhalten und gesundheitsbezogene Kognitionen. Kurz- bzw. mittelfristige Effekte haben daher keinen derart hohen Stellenwert“(S. 81 f.)[64].

Solche kurz- und mittelfristigen Effekte mögen sinnvoll sein, „um die Mechanismen zu erklären, die zwischen dem Eingriff und den erwünschten Folgen vermitteln, doch ist die Existenz dieser Effekte keineswegs ausreichend, um das Programm selber als erfolgreich zu bezeichnen“ meint Uhl in seiner COST A6 Studie (1998;203 eÜ.). Solche Effekte können auch als *‚Surrogat-Variablen‘* dienen, sofern sie auf einem nachgewiesenen kausalen Zusammenhang mit dem eigentlich angestrebten Ziel beruhen,

> „but they are definitly no substitution for essential long-term effects“. Weswegen Uhl – auf der Basis seiner Delphi-Umfrage – sehr eindeutig fordert: „Prevention programmes that produce impressive short-term and medium-term effects only and have no lasting impact on the ultimate problem dimension, are not really worth-while“.

Auf der anderen Seite kämpfen jedoch die wünschenswerten längeren follow-up-Zeiträume mit ganz erheblichen *‚Verlust-Raten‘ (attrition)*, die das ursprüngliche Kontroll-Design und dort insbesondere die angestrebte Zufallsverteilung (*randomized trial*) völlig durcheinander bringen, wenn etwa mehr als 25 %[65] auf diesem Weg verloren gehen. Bei solchen ‚Verlusten‘ treten fast immer die entscheidenden Untersuchungs-Variablen – Risikofaktoren wie Drogen-Raten – gehäuft auf, selbst wenn die Standard-Variablen – Geschlecht, Alter, Einkommen u. ä. – gleichverteilt bleiben. Diese Probleme wachsen, wenn, wie wir dies insbesondere aus der Therapie-Forschung wissen, nur diejenigen erfasst werden, die das gesamte Programm *erfolgreich* durchlaufen haben. Eine solche selektive Datenanalyse

„fundamentally undermines the randomization process considered so integral to the methodological rigor of the study", wie Gorman (2002;23) höchst eindrucksvoll in seiner Kritik an den angeblich so positiven – und deshalb auch immer wieder zitierten – 6-Jahres Erfolgen des **L**ife **S**kills **T**raining (LST) Programms von Botvin et al. (1995, 2000a) zeigen kann[66]; zumal wir annehmen können, dass ein erfolgreiches Abschließen u. a. von der gesamten Schulatmosphäre, von der Mitarbeit der Eltern, vom sozioökonomischen Milieu der SchülerInnen abhängt, Einflüsse, die man anfänglich gerade durch die Zufalls-Verteilung ausschließen wollte[67].

2. Das Problem der Zwischenvariablen, insbesondere das ‚Wissen'

Diese Vorbehalte gelten sodann insbesondere für das Hauptfeld solcher Evaluationen, die nicht die angestrebte Reduzierung des Drogenkonsums selbst überprüfen, sondern die sich darauf beschränken, lediglich den Einfluss auf die *mediating variables* zu testen[68]; seien dies die life skills – vom ‚creative thinking über self-awareness bis hin zur value clarification', um nur drei dieser Zwischenziele aus Uhls 17-Punkte Liste (1998;169) zu nennen, seien dies Einstellungs-Änderungen oder sei dies, wie zumeist, da einfach abfragbar, schließlich der jeweilige *Wissens-Zuwachs*, die allesamt jeweils als ‚bridging variables' zum erwünschten Enderfolg hinführen sollen. Solche Zwischen-Variablen können dann als ‚Surrogat-Variablen' eingesetzt werden, wenn das Endziel – aus Zeitgründen etwa – schwierig zu testen ist, jedoch nur dann, „wenn die kausalen Beziehungen zwischen den Zwischenvariablen und der Zielvariable durch experimentelle oder quasi-experimentelle empirische Forschung gut begründet sind" (Uhl 1998;202 eÜ.). Und genau diese Voraussetzung fehlt heute für die üblicherweise bei Evaluationen verwendeten Zwischen-Variablen.

Ein primär auf solche ‚Zwischenvariablen' ausgerichtetes Programm ist etwa das seit Jahren in den USA intensiv geförderte[69] D.A.R.E.-Programm,

> in dem besonders ausgebildete Polizisten in 17 Lektionen einmal wöchentlich für 45 bis 60 Minuten ein ‚Kern-Curriculum mit lectures, group discussions, question-and-answer sessions, audiovisual material, workbook, exercises, and role-playing" anbieten mit dem Focus „on teaching pupils the skills needed to recognize and resist social pressures to use drugs. In addition, lessons focus on providing information about drugs, teaching decision-making skills, building self-esteem, and choosing healthy alternatives to drug use" (Ennett u. a. 1994;1394 f.)[70].

Die von der Gruppe um Ennet durchgeführte Meta-Analyse von 8 mit Kontrollgruppen arbeitenden Projekten, die das Ergebnis der Lektionen unmittelbar nach Abschluss evaluierten, ergab zwar einen entsprechenden Wissenszuwachs (über die Risiken solcher Drogen), wie auch eine gewisse Verbesserung der social skills und der Einstellung gegenüber der Polizei sowie allgemein der Einstellungen gegenüber Drogen, doch – trotz großer Schülerzahlen – keinerlei signifikante Effekte hinsichtlich des Drogenkonsums (1397).

Auch Rosenbaum et al. (1994;23 f.) erhielten bei ihren 1.584 SchülerInnen der 5. und 6. Stufe, die 1991 kurz vor Beginn des D.A.R.E.-Programms und dann nach einem Jahr erneut getestet wurden, keinerlei signifikante Unterschiede zur sorgfältig ausgewählten Kontrollgruppe: „Contrary to popular belief and theory-based prediction, the D.A.R.E. program had no statistically significant overall impacts on student's use of alcohol or cigarettes by the spring of the following year (i. e., approximately 1 year after the completition). Furthermore, only 1 of the 13 intervening attitudinal/ cognitive variables showed a significant program effect".

Schließlich berichten auch Clayton et al. (1996;317) denselben Befund aus einer insgesamt 5-jährigen Langzeit-Studie aus Lexington, in der 23 Grundschulen mit D.A.R.E-Programm mit 8 Schulen, die nur das übliche Gesundheits-curriculum erhielten, verglichen wurden. Die im Jahresabstand befragten SchülerInnen zeigten zwar anfänglich einige Unterschiede bei den ‚Zwischenvariablen', doch ergab die „evaluation of results at the midpoint and over the full interval of the study indicated no significant influences of intervention exposure on substance use behavior (…) Over the full-5-year interval the pattern of change between the intervention and the comparison samples was essentially equivalent for the outcomes under evaluation".[71]

Gleichwohl wird dieses durch ‚well-designed studies' als ineffektiv erwiesene Programm von den Eltern so betreuter SchülerInnen sehr positiv eingeschätzt (Donnermeyer 2000) und, wie Cuijpers (2003;15 eÜ.) resignierend festhält, „in verschiedenen westlichen Ländern einschließlich England und den Niederlanden in großem Maßstab" eingeführt. „Ein klares Beispiel dafür, dass eine erfolgreiche Verbreitung selbst dann möglich ist, wenn das Programm keinerlei Wirkung auf den Drogenkonsum besitzt".

Hinsichtlich des so gerne als Erfolg benannten Zuwachses an *Drogen-Wissen*, das stets ganz überwiegend negativ ausgerichtet ist, bestätigt derselbe Autor (Cuijpers 2002;100) in seiner auf Tobler (2000) gestützten Übersicht:

„The most recent and comprehensive meta-analysis found that drug prevention programs have large and significant effects on students' knowledge about drugs. Several of these programs are aimed at illegal drugs, including cannabis, and it is well established that prevention programs lead to increased knowledge about cannabis use".

Das ist allerdings nur ein höchst kurzfristig wirksamer *Wissens*-Erfolg, dessen Einfluss auf das tatsächliche Handeln zudem erheblich zweifelhaft ist, zumindest solange dieses Wissen von der Defizit-These beherrscht wird. Das jedenfalls ist das eindeutige Ergebnis von Toblers statistisch sehr sorgfältig aufbereiteten

Meta-Analyse von 120 US-amerikanischen und kanadischen Schul-Präventions-Programmen für die 5. bis 12. Schulklasse, die sowohl Kontrollgruppen wie auch self-reported drug use measures nach einem follow-up-Zeitraum verwendet haben (Tobler/Stratton 1997):

> Soweit solche Programme allein auf Wissensvermittlung (knowledge only) oder auf Einstellungen, persönliche Einsichten und Selbstwert (affective) entsprechend dem eben genannten D.A.R.E.-Programm ausgerichtet sind, also davon ausgehen, „that given sufficient knowledge, the adolescent would develop negative drug attitudes which, in turn, would lead to healthy personal choices“ bzw. „encouraged the adolescents to make a personal decision to abstain from using drugs based on ethical or moral considerations“ (110), blieben sie, selbst nach Kontrolle diverser intervenierender Variablen, durchweg wirkungslos, insbesondere wenn sie im üblichen Unterrichts-Stil vermittelt wurden.

Obwohl dieses Fazit – „Ansätze der Drogen-Prävention, die allein Informationen vermitteln, sind bestenfalls neutral in ihrer Wirkung auf den Drogen-Konsum und haben wahrscheinlich eher entgegengesetzte (counterproductive) Effekte, vor allem wenn sie ‚elements of miseducation‘ mit sich führen“ (Morgan 1998a;128 eÜ.) – heute eigentlich (für die derzeitige Art der ‚Drogen-Prävention) kaum mehr umstritten ist, gilt die Feststellung, die Jugendlichen hätten durch das Programm ihr Wissen verbessert, noch immer als einfach abfragbarer, beliebter Erfolgsnachweis[72].

3. Der Blick auf den Erfolg übersieht die unerwünschten Folgen

Ein weiterer entscheidender Punkt bei einer solchen Evaluation ist die einäugige Sicht auf den *Erfolg*, d.h. die ausschließliche Suche nach *positiven Ergebnissen*, die außer Acht lässt, dass eine solche Prävention ja auch ganz *unerwünschte, negative Folgen* haben kann[73]. Als Beispiel diene der rezente Überblick über die „Effektivität verhaltenspräventiver Interventionen zur Suchtvorbeugung“ von Hanewinkel/Wiborg (2003a;183) in dem stets nur die auch noch so schmalen ‚positiven Effekte‘ aufgezählt werden, unerwünschte Folgen dagegen unerwähnt bleiben, um festzuhalten:

> „Verhaltenspräventive Interventionen der Suchtprävention können wirksam sein. Eine Herausforderung an das Gesundheitswesen ist es, diese auf qualitativ hohem Niveau auszuweiten und in ein Gesamtkonzept der Suchtprävention einzubinden“.

Demgegenüber fordert Jürgen Rehm (2003;8,10) zu Recht, auch hier „die üblichen Standards der ‚evidence-based medicine‘ (...) anzuwenden und präventive Aktivitäten im Suchtbereich hinsichtlich Effektivität und Kosteneffektivität zu evaluieren“, zumal „selbstverständlich auch Fälle denkbar sind, wo Prävention negative Ergebnisse verursacht, d. h. Ergebnisse, die in entgegengesetzte Richtung wie intendiert gehen“. Auch Uhl (1998;189) unterstreicht als ein Ergebnis seiner Delphi-Studie: „Monitoring of unexpected adverse side effects is a central aspect in every phase of evaluation“.

Eine solche Art ausgewogener Präventionsfolgen-Abschätzung wird heute zwar für die vergangene >Horror-Pävention< und manche Spielarten der ihr verwandten >Wissen-Neugier-Prävention< eingeräumt. Noch einiger werden sich Vertreter einer Sucht-Prophylaxe auch darin sein, dass etwa repressive Maßnahmen des Kriminaljustiz-Systems eher stigmatisierenden Schaden, denn erfolgreiche Nachfrage-Reduktion erbringen[74].

Und ganz in diesem Sinne wird im Feld gegenwärtiger Sucht-Prävention fast immer völlig außer Acht gelassen, dass die Sucht-versus-Abstinenz-Perspektive notwendiger Weise wesentliche (doch fehlgeleitete) Unterschiede zwischen jugendlichen Abstinenten und Probierern setzt und damit unterschiedliche jugendliche Gruppierungen schafft, die wir im Folgenden vereinfacht etwa als die *Bösen* und die *Braven* bezeichnen. Bedeutsamer noch ist, dass sie ganz allgemein das *Sucht-Thema* mitsamt der dazu gehörigen *Sucht-Angst* als agenda, als Leitmotiv für die Art, wie wir die ‚Droge‘ wahrnehmen, in den Köpfen aller Beteiligten, der Erwachsenen und der Jugendlichen, der Experten und des Publikums verankert und vertieft. Ich komme auch hierauf in der These 5 zurück.

Dieses fehlende Bewusstsein dafür, dass präventive Maßnahmen nicht nur fehlschlagen, sondern ganz unerwünschte negative Folgen mit sich führen können, wird besonders deutlich bei der Bewertung von einschlägigen *Massen-Medien-Kampagnen.* Bezeichnend dafür ist etwa Cuijpers (2002;102) Einschätzung dieser – seiner Ansicht nach – an sich wenig effektiven und bisher kaum zureichend evaluierten Kampagnen nach Art der >Keine Macht den Drogen<-Propaganda:

> „There is a broad consensus within the field of health education that mass media campaigns are not capable of changing risky behaviour in general. This is also supposed to be true of mass media campaigns on substance use. However, there are indications that mass media campaigns can increase knowledge and may strengthen the effects of local or community interventions“, was dann gleichsam in sich selbst als – wenn auch geringer – positiver Trost zu werten wäre, zumal „such campaigns can, however, promote public awareness and support for financing prevention activities“, wie Bühringer/Künzel (1998;27) aus eigener Erfahrung wissen.

Doch äußert Jürgen Rehm auch hier zumindest für die ‚public awareness‘ berechtigte Zweifel, da ja, von der Kosteneffizienz einmal abgesehen, auch hier zweistufig nachzuweisen wäre, dass „die Kampagne entsprechende Meinungen, Überzeugungen und Attitüden in der Allgemeinbevölkerung nachhaltig verändert.

Dann sollte nachgewiesen werden, dass die Effektivität von empirisch erfolgreichen Maßnahmen mit den entsprechenden Meinungen, Überzeugungen oder Attitüden kovariiert. Allerdings ist klar, dass beide Stufen erfolgreich sein müssen, um den Gesamterfolg zu belegen" (2003;10). Die darüber hinausgehenden, eher wahrscheinlichen *negativen Auswirkungen* dieser >negativen Propaganda< (Schneider 2000;17) auf das ohnehin schon von Mythen und Sorgen besetzte ‚öffentliche' Wissen werden dagegen wiederum nicht wahrgenommen: Die Evaluationen der Medienkampagnen „zeigen, dass eher Nicht-Risikopersonen von den Kampagnen profitieren bzw. schon bestehende Einstellungen und Verhaltensweisen bestärkt werden" (Denis u. a. 1994;VIII). Ein Thema, das uns in den folgenden Thesen immer wieder beschäftigen wird.

4. Methodische Probleme

Dieser Kritik gegenwärtiger Evaluationsforschung kann man schließlich auch nur höchst unzureichend dadurch entgehen, dass man – in Kenntnis weit verbreiteter *methodischer* Schwächen – möglichst verbindliche methodische Standards erstellt, wie etwa die „Guidelines for the evaluation of drug prevention" der Europäischen Beobachtungsstelle (EMCDDA 1998), oder dass man solche Evaluationsbemühungen in höchst unterschiedliche Arten und Stadien klassifiziert (Kröger 1998) bzw. gleich in den Stand einer Wissenschaft erhebt: „In the United States, research into preventing drug abuse has evolved, slowly and painfully into a science" (Sloboda 1998;31). Solange man sich dabei jedoch *inhaltlich* auf der überkommenen Wahrnehmungsschiene bewegt, führen diese an sich höchst notwendigen methodischen Überlegungen methodisch sauber in die Irre.

Gleichwohl sei kurz auf drei typische Fehler-Dimensionen hingewiesen, auf die wir immer wieder selbst bei methodisch gut geplanten empirischen Vorhaben stießen. Wenn man will, dann lässt sich diese Liste auch als ‚Tipps und Tricks' zur Immunisierung der angestrebten Ergebnisse lesen.

Zunächst bereitet das Evaluations-Ziel, nämlich die Frage, ob der *Drogenkonsum* zurückgegangen sei, erhebliche – wiederum auch ideologisch eingefärbte – *Mess-Probleme*. Denn tatsächlich dürfte es kaum ausreichen, hierfür die übliche ‚life-time'- oder 30-Tage-Frage („Hast Du jemals bin den letzten 30 Tagen, 4 Wochen, letztem Jahr geraucht") zu verwenden, so sehr dies auch dem an absoluter Abstinenz ausgerichtetem >use=abuse-Denken< entsprechen mag:

> „It is debatable whether lifetime prevalence is an adequate indicator in the case of younger cohorts, such as in school surveys. Lifetime prevalence is, first of all, an indicator of experimental behaviour"(Korf 2002;862), was für die legalen Drogen in frühen Jugendjahren und für Cannabis ganz allgemein zutrifft.

Stattdessen sollte man stets ein ‚gestuftes' Mess-Kriterium verwenden, das auf der einen Seite als ‚prognostische Vorform' sowohl die Absicht, diese Droge zu probieren bzw. weiter zu konsumieren wie auf der anderen Seite auch riskantere Formen, wie etwa den ständigen Gebrauch erfasst:

> „However by utilising the more detailed measures of self nominated drugs status, future intentions and number of occasions each main illicit drug is used each year, we can provide a far more precise picture" meinen Egginton/Parker (2002;106 f.), die damit etwa zwischen „Triers/experimenters; light users; moderate users und regular/heavy users" mit recht unterschiedlicher Charakteristik unterscheiden können: „Once we introduce this level of precision for the sample's drugs involvement we can see that the past month measures should not be taken as a veracious proxy measure of regular drug use".

Eine scheinbar nur *messtechnische Problematik*, die – auf einer nächsten Spiralrunde – sich verstärkt auswirkt, wenn man etwa mit einer Drogen-Konsum-Skala das simple Häufigkeits-Denken zugunsten höherer statistischer Analysen (mit denen man auf dieser quantitativen Ebene überhaupt erst sinnvolle Ergebnisse erhält) überwinden will[75].

Auf der üblicherweise dominierenden *statistischen Ebene* verstößt man immer wieder gegen zwei methodisch-quantitativ eigentlich unabdingbaren Forderungen. Dies gilt zunächst für die zum Abschluss durchzuhaltende *‚randomization',* also einer Zufallsverteilung, um repräsentative Aussagen zu erhalten, die, wie soeben oben gezeigt, in der ‚speziellen' Analyse einiger erfolgreicher Subgruppen rasch aufgegeben wird. Und dies betrifft immer wieder die Bewertung der gefundenen *signifikanten*, also nicht zufälligen Ergebnisse.

Fünf typische Fehler dienen hier dazu, erwünschte Resultate zu erhalten:

1. Die Konzentration auf signifikante Ergebnisse, die ebenso interessante nicht-signifikante Ergebnisse nicht als mitteilenswert ansieht[76]
2. Die große Zahl der jeweils miteinander verglichenen Befunde, die dann schon per Zufall auch ein signifikantes Ergebnis erwarten lassen, weswegen hier der Rückgriff auf Korrektur-Methoden à la Bonferroni zwingend wäre (Uhl 1998)[77];
3. die wachsende Wahrscheinlichkeit ein signifikantes Ergebnis zu erhalten, je größer das N, also die Anzahl der untersuchten Personen ist, wie dies vor allem für die US-amerikanischen Bevölkerungs-Umfragen zutrifft, die fast immer ‚signifikante Ergebnisse' erzielen müssten, während man umgekehrt nicht-signifikante Befunde bei kleineren Zahlen gerne mit dem Hinweis aufwertet, die (in solchen Fällen meist geringen) Unterschiede benötigten eben größere Gruppenzahlen, um Signifikanz zu erreichen[78];

4. auch die weithin übliche Technik, Signifikanzen auf individueller und nicht auf der Schulklassen-Ebene zu berechnen, erhöht die Wahrscheinlichkeit, einen solchen nicht zufälligen Befund zu erhalten: 20 Schüler einer Schulklasse repräsentieren nicht 20 unabhängige Tests eines Programms, das von einem einzigen Lehrer in der Klasse durchgeführt wird (Paglia/Room 1999;39)[79];
5. schließlich das Missverhältnis zwischen einer hohen statistischen und einer geringen ‚praktischen Signifikanz', die sich vor allem dann ergibt, wenn – insbesondere bei großen Zahlen – kleine Differenzen oder Korrelations-Werte zwar (mehr oder weniger) hoch signifikant ausfallen, doch gegenüber der Masse der sonstigen Zusammenhänge (bzw. den davon betroffenen SchülerInnen) kaum zusätzliche Erkenntnis oder praktischen Gewinn bringen (Gorman 1996;205).

Man kann sich schließlich auch nicht dadurch retten, dass man möglichst auf *quantitative* Methoden und Fragebögen zurückgreift, während *qualitative* Interviews, in denen die beforschten Jugendlichen selber zu Wort kommen, als ‚unwissenschaftlich' abgelehnt werden[80]. Immer wieder zeigt sich auch in der quantitativen Risikofaktoren-Forschung, wie sich auch hier ganz unvermittelt der Defizit-Standpunkt des erwachsenen Experten durchsetzt. Solange man nur nach ‚Problemen' fragt, die der Drogen-Konsum verursacht hat, und dessen ‚Freuden' außer Acht lässt, solange man Depressions-Skalen einsetzt, ohne zugleich auch nach dem Wohlbefinden zu fragen, solange man nach den Freunden, die ebenfalls Drogen nehmen, fahndet, doch nicht danach, mit wem man über seine Probleme sprechen kann und wenn man schließlich den Jugendlichen mit 113 Items einer >Achenbach-Skala< zu Leibe rückt, um deren psychopathologischen Auffälligkeiten zu fixieren, wird man stets nur diese düstere Seite – mehr oder weniger ausgeprägt – auffinden, das positive Gegenstück (das man sich gar nicht vorstellen kann) dagegen ganz unbemerkt aus den Augen verlieren. Ganz in diesem Sinne betonte denn auch der von Alfred Springer geleitete Workshop zu den Guidelines des EMDDA:

> „Furthermore, it was emphasised that the aim of prevention was to help young people. An important, hitherto neglected strategy for doing so was to ask young people what they needed in order to cope with risks. In this way, a basis for both prevention and evaluation could be created" (EMCDDA 1998;120).

Doch solche Überlegungen erweisen sich rasch als hinderlich für das Geschäft, will man doch mit solch scheinbar wissenschaftlich objektiver Methodik Politiker und Finanzgeber (bzw. deren Gutachter) überzeugen, was freilich zumeist nur gelingt, wenn die Evaluation positive Ergebnisse erbringt:

> „In examining the many studies of prevention programmes that have been carried out, the relatively small impact evaluation has had on practice is striking. There is little

evidence that programmes that have produced negative results have been discarded in favour of more promising programmes, or even that the lessons from negative results have been learned" (Morgan 1998;86).

5. Das Interesse der evaluation-industry

Vielleicht erklärt dieser Hinweis, warum die ‚evaluation-industry'[81] (Kuipers 1998;73) so großzügig formulieren kann:

> „Neben der positiven Botschaft, dass Prävention wirksam ist", ist dieses Fehlen präventiver Interventionsforschung in Deutschland „ein negatives Ergebnis unserer Auswertung der wissenschaftlichen Literatur (...) Deutschland wird Jahre brauchen, diesen Rückstand aufzuholen"; eine Aussage, die im Vorwort zur ‚Fortschreibung der Expertise zur Primärprävention' zunächst behauptet: „Bestätigt wurden auch zahlreiche Einzelergebnisse, die sich in der Aussage zusammenfassen lassen, dass Prävention (1.) frühzeitig begonnen, (2.) langfristig angesetzt und (3.) umfassend durchgeführt werden muss" (Bühringer in Denis u. a. 1994;III), obwohl sich in der Studie selber fast nur (die von den Autoren ebenfalls kritisch gesehenen) ‚Wissens'-Zuwächse finden ließen, allenfalls kurzfristige Erfolge vermeldet werden und die Art der angeblich gefundenen ‚langfristigen Erfolge nach 1 bis 3 Jahren in fünf der vorliegenden Evaluationen von Schulprogrammen' mangels Literaturhinweis nicht näher aufzuschlüsseln ist (56).

Um dann die Katze aus dem Sack zu lassen: „Es geht darum, sehr viel menschliches Leid bei Drogenabhängigen und ihren Familien zu verhindern. Diese Verhinderung wird gleichzeitig erhebliche finanzielle Mittel einsparen, die den Aufwand für die Prävention rechtfertigen" (Künzel-Böhmer u. a. 1994;13). Eine Aussage, die zwar einträglich Moral mit Geld verbindet, die aber angesichts der Diskrepanz zwischen ‚präventivem' Aufwand und erreichtem Erfolg auf reichlich tönernen Füßen steht, ganz abgesehen davon, dass wir bis heute kaum auf zureichende ökonomische Effizienz-Evaluationen zurückgreifen können, und dass auch in Zukunft

> „in areas where many measurement problems concerning central dimensions are unsolved and where it is hard to prove that any effects can be attributed to a programme under scrutiny, it is too early to engage in serious cost-benefit or cost-effectiveness analysis" (Uhl 1998;196).

These 1.3
Ein Beispiel: >Be Smart – Don't Start<

Als *Beispiel* für die Schwierigkeiten und den Stand wissenschaftlich begleiteter Präventionvorhaben in der Schule möchte ich im Folgenden auf das mit Mitteln der Europäischen Kommission geförderte und vom IFT-Nord betreute Projekt >Be Smart-Don't Start< eingehen, das im Jahr 2003 mit dem Wilhelm-Feuerlein-Preis[82] als bestes Evaluations-Projekt ausgezeichnet wurde. Dies mag zugleich als Beleg für die im Vorwort benannte Notwendigkeit dienen, dass man eigentlich bei konkreten Projekten stets ausführlicher und tiefer in die Thematik einzusteigen müsste.

1. Das Projekt und seine Ergebnisse.

1.1 Das Projekt erreichte seit 1997/98 in der Bundesrepublik zuletzt in 8.402 Schulklassen ca. 220.000 SchülerInnen zwischen 11 und 14 Jahren in den Klassenstufen 6 bis 8 (II)[83]. Es soll europaweit in 15 Ländern etwa 800.000 SchülerInnen ansprechen (IV;242). In den Jahren 1998/99 wurde es sowohl mit einer Prozess- (I) wie mit einer Ergebnis-Evaluation (III–V) durch das IFT-Nord, das auch die Durchführung organisiert, überprüft.

In diesem auf Klassenebene durchgeführten Projekt können sich Schulklassen in einem Schüler- und Klassenvertrag dazu verpflichten, ein halbes Jahr nicht zu rauchen:

> „Die Schüler beobachten ihr Rauchverhalten eigenständig und geben regelmäßig an, ob sie geraucht haben oder nicht. Dabei bleibt es den Lehrkräften überlassen, ob diese wöchentliche Raucherstatuserhebung offen im Klassenverband besprochen wird oder ob die Schüler anonym angeben ob sie geraucht haben oder nicht" (I;27).

Diejenigen Klassen, die ein halbes Jahr rauchfrei bleiben – wobei 10% Raucher toleriert werden – und die dies regelmäßig monatlich an das IFT-Nord zurückgemeldet haben, können am Ende des Wettbewerbs eine Reihe attraktiver Preise gewinnen. Während der 6-monatigen Laufzeit des Projektes, das von knapp zwei Dritteln der Klassen (60–64%) vorzeitig abgebrochen wird (II;251), werden etwa in weiteren 2/3 der Fälle begleitete Rahmenaktivitäten – wie Rollenspiele, Malen von Plakaten, Komponieren eines Nichtrauchersongs etc. – angeboten (I;29), die in den neueren Versionen des Programms u.a. auch auf einer begleitenden CD dem Lehrer vorgeschlagen[84] und auf einer entsprechenden ‚Olympiade' gesondert prämiert werden (Drogen- und Suchtbericht 2003; 22); der Zeitaufwand beträgt etwa 1 Wochenstunde, somit während der Laufzeit von sechs Monaten insgesamt ca. 3 volle Schultage à 5 Stunden:

> „Der Ansatz dieses Programms unterscheidet sich insofern von klassischen Interventionskonzepten, als dass nicht allein die Vermittlung negativer Folgen des Rauchens im Mittelpunkt der Intervention steht. Vielmehr wird darauf abgezielt, die Attraktivität des Nichtrauchens hervorzuheben und dieses als Normverhalten bei den Jugendlichen zu etablieren", wobei primär angestrebt wird. „Schüler, die noch keine (oder nur wenige) Erfahrungen mit dem Rauchen gesammelt haben, sollen motiviert werden, weiterhin Nichtraucher zu bleiben" (V;431)

1.2 Das Projekt, das nach Aussage der Bundesdrogenbeauftragten ‚kontinuierlich evaluiert' wird (Drogen- und Suchtbericht 2003;22), wurde 1998/99 vom IFT-Nord in einer Kontrollgruppenstudie (bei durchschnittlich 12,9 Jahre alten SchülerInnen) mit Messwiederholung *evaluiert.*

> 1.495 SchülerInnen verschiedener Schularten aus Berlin und Hamburg, die sich für das Projekt gemeldet hatten, wurden als ‚Experimentalgruppe' und 647 SchülerInnen aus zufällig ausgewählten Schulklassen aus Hannover als ‚Kontrollgruppe' drei mal befragt: (1) zu Beginn des Projektes (*Prä*-Befragung), (2) nach 6 Monaten zur Beendigung des Projekts (*Post*-Befragung) sowie (3) nach weiteren 6 Monaten nach Abschluss des Projekts (*Katamnese*-Befragung). Gefragt wurde, ob sie (a) in den letzten 4 Wochen mal geraucht haben (*4-Wochen*-Prävalenz) und ob sie (b) in den letzten 7 Tagen täglich geraucht haben (*tägliche* Prävalenz) (IV;244).

Das *Ergebnis* dieser nach eigenen Angaben ‚äußerst erfolgreichen Intervention' (III;497) beschreiben die Autoren zunächst wie folgt:

„Mehr Nichtraucher der Kontrollgruppe (22,4 %) fingen im Untersuchungszeitraum (von *Prä* zu *Katamnese*) mit dem Rauchen an, verglichen mit der Experimentalgruppe, in der ‚lediglich' 17,5 % der Nichtraucher mit dem Rauchen begannen" was auf dem 5 %-Niveau signifikant war (III;495). Dabei wird als ‚Rauchen' die *4-Wochen*-Prävalenz gewertet, die die relativ geringen Zahlen der *täglichen* Raucher[85] mitumfasst.

Imposanter wirken dieselben (!) Zahlen wenn man sie wie folgt liest: „Kurz vor der Intervention waren 15,2 % der Schüler der Experimentalgruppe zu den Rauchern zu zählen, in der Katamnese sind dies 25,5 %. Von den Schülern der Kontrollgruppe rauchten zum ersten Messzeitpunkt 18,5 %, zur Katamnese aber schon knapp ein Drittel (32,9 %)" (III;495); ein Unterschied, der jedoch fast allein[86] auf der zuvor erwähnten knapp signifikant grösseren Zunahme solcher ‚Raucher' in der Kontrollgruppe beruht.

In ihrem englischsprachigen Beitrag unterscheiden die Autoren genauer sowohl zwischen den drei Messzeitpunkten wie auch zwischen denjenigen Klassen, die das Programm voll absolvierten, und denjenigen (üblicherweise knapp 2/3), die – aus höchst unterschiedlichen organisatorischen Gründen wie aber auch wegen Nicht-Einhalten des 10 %-Limits – *vorzeitig das Projekt abbrachen*. Hier zeigt sich, dass während des Programms (von *Prä* zu *Post*) diejenigen, die das Programm erfolgreich abschließen konnten, deutlich weniger angaben, in den letzten vier Wochen geraucht zu haben, doch nach Abschluss des Projekts (zwischen *Post* und *Katamnese*) gab es – bei einem allgemeinen Anstieg des Rauchens – keinerlei signifikante Ergebnisse mehr „indicating that after the intervention was finished, smoking increased to the same extent in the comparison as well as the intervention group" (IV;246)[87].

Nimmt man nur diejenigen, die zu Beginn (*Prä*) niemals oder zumindest in den letzten 4 Wochen nicht geraucht haben, als *‚Nichtraucher'* zum Ausgangspunkt, dann zeigt sich auch hier *während* des Projekts ein signifikanter Einfluss auf die *4-Wochen*-Prävalenz, doch schmilzt dieser am Ende des Überprüfungszeitraums (*Katamnese*) auf den knapp signifikanten Unterschied (5 %-Niveau) zwischen 17 % für die Experimentalgruppe (16,8 % für die erfolgreich Abschließenden) und 21.3 % bei der Kontrollgruppe, während sie sich beim *‚täglichen* Rauchen in den letzten 7 Tagen' mit 3,3 % und 5,2 % nicht mehr signifikant voneinander trennen ließen.

2. *Die methodischen Probleme*

2.1 Die bei dem ganzen Evaluations-Vorhaben bestehende *doppelte statistische Schwierigkeit*, die ja auch in der Delphi-Studie von Uhl (1998) immer wieder betont wird, nämlich einmal, dass große Zahlen (große Gruppen), auch bei nur geringen realen Unterschieden, recht rasch ‚signifikante' Ergebnisse erbringen, während eine Vielzahl überprüfter Zusammenhänge notwendigerweise auch ‚zufällige' Signifikanzen erwarten lassen, weshalb sie etwa mit der Bonferroni-Methode zu korrigieren sind, zeigt sich schließlich in der dritten Teilstudie, die diese eben erwähnten ‚Nichtraucher' in vier verschiedenen Schularten – Haupt-, Gesamt-, Realschule und Gymnasium – überprüfte[88]. In ihrem Abstrakt, das ja meist allein gelesen und zitiert wird, halten die Autoren als Ergebnis fest:

> „Nach Beendigung der Maßnahme gaben in der Kontrollgruppe 13,1 % der Schüler an, innerhalb der vergangenen 4 Wochen geraucht zu haben, im Vergleich zu der Experimentalgruppe mit 7 % ($p < 0{,}001$). Auch in der Katamnese zeigt sich ein Unterschied zwischen der Kontrollgruppe mit 20,9 % rauchender Schüler und der Experimentalgruppe mit 16,4 % ($p < 0{,}05$). In Bezug auf die verschiedenen Schularten

> zeigte sich der stärkste Effekt sowohl hinsichtlich gelegentlichen als auch täglichen Rauchens an Gesamtschulen“ (V;430).

Sie gehen in diesem Abstrakt weder auf die ebenfalls erhobenen, doch höchst unzureichenden Ergebnisse für das ‚tägliche Rauchen‘ noch auf die ebenso unzureichenden Befunde bei den drei anderen Schularten ein. Tatsächlich zeigt sich jedoch, dass die Unterschiede bei diesen drei anderen Schularten allenfalls auf dem 5 %-Niveau signifikant ausfielen, wobei die Gymnasiasten am Ende mit 16,6 % zu 15,8 % schlechter abschnitten als ihre Kontrollgruppe (V;433).

Bedeutsamer ist jedoch, dass die Autoren bei den einzelnen Schularten unter 16 überprüften Unterschieden nur eine Signifikanz auf dem 0,1 %-Niveau und fünf Unterschiede auf dem knappen 5 %-Niveau fanden, während die Mehrheit der verbleibenden zehn Fälle überhaupt keinen signifikanten Unterschied aufwies. Oder, enger gefasst, erreichten sechs Monate nach Abschluss des Projekts für die Gesamtzeit zwischen der Erstbefragung (*Prä*) und der *Katamnese* unter 8 überprüften Fällen nur drei Fälle das nicht zufällige 5 %-Niveau, so dass das an sich angestrebte Ziel, das *tägliche* Rauchen zu verhindern nach 6 Monaten in drei der vier überprüften Schularten nicht erreicht wurde und lediglich bei den – recht gering vertretenen – Hauptschülern das 5 %-Niveau eingehalten werden konnte. Hätte man hier, wie erforderlich, eine Korrektur etwa mit der Bonferroni-Regel eingesetzt – und hätte man zudem bei der Signifikanz-Berechnung die Schulklassen-Ebene berücksichtigt, anstatt sich allein auf die sehr viel umfangreicheren SchülerInnen-Zahlen zu verlassen – dürfte kaum noch ein signifikantes Ergebnis übrigbleiben, bzw. der zuvor bei größeren Zahlen erreichte Signifikanz-Gewinn eine entsprechend geringe tatsächliche Effizienz erbringen – was ja auch die geringen Prozent-Unterschiede vermuten lassen.

2.2 Dieser höchst kritische Befund ergibt sich schon unbeschadet der zusätzlichen – auch von den Autoren deutlich erwähnten – *typischen Probleme* bei solchen Evaluationen: Fragen der Gewinnung der *Kontroll-Gruppe* (die einen melden sich freiwillig zu diesem Wettbewerb, was sich ja möglicherweise in deren – wenn auch nicht signifikant – geringerem Raucherstatus auswirken könnte IV;245); Probleme der hohen *Ausfallquote* (auch hier lag die Raucherquote bei den ‚nicht-erfolgreich-Abschließenden‘ etwas höher IV;245); Probleme der *Zuverlässigkeit der Selbstaussagen* bei der Experimentalgruppe, die sich – zumindest während der Laufzeit (*Prä* zu *Post*) noch Hoffnung auf die Preise machen durfte: 33,4 % der Schüler meinten, „dass ihre Mitschüler ehrlich antworteten, während fast 90 % von sich selbst angaben, ehrlich gewesen zu sein“ und „20,5 % der Lehrkräfte“ bewertete „die Selbstbeobachtung skeptisch (‚teils-teils‘)“ (I;29 f.); drei Probleme, die sich summieren und dann auch die gefundenen Prozent-Unterschiede weiter dahinschmelzen lassen könnten.

2.3 Dieses doch eher dürftige Gesamtergebnis wird nun in vierfacher Richtung noch einmal zusätzlich zu relativieren sein[89]: Zunächst liegt natürlich der 6-monatige *Katamnese-Zeitraum* sicher am untersten Ende einer auf Dauer angelegten Wirkung:[90], die sich, wie man den Abbildungen 1 und 2 (in IV;245) und den fehlenden Signifikanzen für die *Post-Katamnese*-Zeit entnehmen kann, relativ rasch verflüchtigt, worauf die Autoren in ihrer inhaltlichen Kritik des Hutchinson-Projekts mit seinen wesentlich längeren follow-up-Zeiträumen immer wieder hinweisen (V;431) und weshalb sie denn auch die Notwendigkeit einer ‚dauerhaften' Wiederholung betonen, ungeachtet der mit zunehmendem Alter wachsenden Schwierigkeiten solcher ‚Wettbewerbe' unter Nichtrauchern.

Auf der anderen Seite könnte das zu *enge Kriterium* des „in den letzten vier Wochen geraucht" sich für den eigentlichen Zweck solcher Präventionen als eher kontraproduktiv erweisen, da es ja eigentlich darum geht, einen künftigen ‚süchtigen' Konsum zu verhindern, wofür ein gegenwärtig ‚gelegentlicher Konsum' insbesondere dann kein zureichendes Indiz ist, wenn hier eine ‚andere Art' der Aufklärung einsetzen würde, auf die wir im zweiten Teil der Thesen näher eingehen. Diese Schwierigkeit, die vor allem ‚Kompetenz-verstärkende' Ansätze trifft – weil es zu solchen ‚Kompetenzen' auch gehören mag, ‚selbstverantwortlich' mal mit einer Zigarette umgehen zu können – könnte hier bei einem Projekt, das die völlige Abstinenz propagiert (Don't Start), zu Lasten der ‚Erfolgs-Quote', fast notwendigerweise die beklagenswert schlechten Evaluations-Ergebnisse mit bedingen – und zwar sowohl bei den teilnehmenden Schulen für die ‚Versager' wie aber auch für die wegen Überlast (mehr als 10 % auch nur gelegentliche RaucherInnen) ausgeschlossenen oder sich selber ausschließenden Schulklassen. Dies wirkt sich sowohl ‚formal' aus, weil auch nur ein gelegentlicher Konsum als Misserfolg gewertet wird. Es führt aber auch ‚inhaltlich' zu unerwünschten Konsequenzen, weil auf diese Weise bereits die an sich noch relativ gut erreichbaren Gelegenheits- und Experimentier-Raucher dadurch, dass sie mit den regelmäßigen Rauchern in einem Topf landen, marginalisiert werden können[91].

In diesem Sinne folgern Hamilton et al. (2000;433, kursiv S.Q.) aus ihrer quantitativ und qualitativ angelegten australischen Untersuchung bei 12 bis 15-Jährigen: „The possibility of alienating this group should be considered in creating educational messages. Some previous educational and policy interventions may have led to groups such as *occasional smokers* feeling marginalised and progressing to other drug use (lit).

Auf diese Problematik der ‚falschen Kriterien-Wahl' machte schon früh Goodstadt (1980;94) in seiner Meta-Analyse der seinerzeitigen Evaluationsstudien aufmerksam:

> „The most common failing (...) was the statement of objectives as being to reduce or prevent ‚drug abuse', while program impact was frequently measured in terms of changes in reported drug use and attitudes towards drugs – without a clear conceptual link being made between drug use measures and reduction in drug abuse. It is usually not clear from the results of these studies, or from the associated discussion, why an increase in drug use or more liberal attitudes toward drug use is necessarily a negative or undesirable outcome. Common sense might suggest that movements in these directions would be counterproductive, with the end state worse than the initial state. There are however reasons which could be proposed for believing that such changes are not entirely negative", wie z. B. ‚removal of unjustified anxiety' oder Betonung der individuellen Verantwortlichkeit bzw. die besondere Gewichtung eines „inappropriate drug use and associate attitudes (e. g. drinking and driving, drinking to reduce tension)"[92].

Sodann bewegt sich auch dieses Projekt auf der *Negativ-Ebene* – auch wenn es „nicht allein die Vermittlung negativer Folgen des Rauchens im Mittelpunkt der Intervention" sieht (V;430), so möchte es doch „eine Normverschiebung bzw. -festigung (...), bei der die Schüler lernen, Nichtrauchen als normal und als bessere Alternative zu empfinden und dieses Gefühl zu stärken" (I;27); eine Ausrichtung, die sich auch aus einem Teil der Begleitmaterialien auf der CD zum Wettbewerb Nichtrauchen 2002/2003[93] und insbesondere aus der keineswegs seltenen Kombination mit anderen Präventionsansätzen ergibt. In diesem Sinne entgegneten die Autoren auch der Kritik an ihrem 10-Prozent-Kriterium, die vorwiegend von Lehrern der ausgeschiedenen Klassen vorgebracht wurde (I;31), „dass Klassen, in denen bereits ein Prozentsatz von 20–25 % der Schüler raucht, (...) Hilfestellungen und Angebote im Rahmen von *Raucherentwöhnungsmaßnahmen* erhalten" sollten; doch bieten sie in letzter Zeit auf ihrer Begleit-CD eine Reihe sinnvoller Hilfen zur Selbstkontrolle für Raucher an.

Das alles können an sich sinnvolle Ziele und Vorhaben sein, doch neigen sie in einem solchen Wettbewerb dazu, auch noch dann ‚nach hinten los zu gehen', wenn etwa der Wettbewerb abgebrochen werden muss oder die 10 % ‚trotziger Raucher' (2 bis 3 SchülerInnen unter 20 bis 30 KlassenkameradInnen) einen – gleich ob positiven oder negativen – Sonder-Status erhalten: So „kam Gruppendruck von nichtrauchenden auf rauchende Schüler nach Angaben von fast 30 % der Lehrkräfte ab und zu vor. Es stellte sich hier heraus, dass negativer Gruppendruck dieser Art eher in Klassen vorkommt, in denen das Klassenklima schon im Vorwege eher negativ war" (I;31), was die Sache ja an sich verschlimmert. Ganz generell wäre es sicher weiterführend gewesen, allgemeiner zu erfahren, „have non-intended effects been realized, and are they good or bad?" (Handbook Prevention 1998;151), wie sich also etwa bei diesen SchülerInnen aufgrund ihrer sechsmonatigen gruppendynamischen Erfahrungen das ‚Sucht‘-Wissen und eventuelle Einstellungen verändert haben; so wenig diese selber den gegenwärtigen oder naheliegenden Konsum beeinflussen, so sehr könnten hier jedoch – als negativer Erfolg solcher Projekte – Sucht- und Abhängigkeitsbilder für das eigene Selbstbild wie vor allem aber auch als Fremd-Stereotyp entstehen.

3. *Ein vorläufiges Fazit*

Fassen wir insoweit zusammen: Eines der am weitesten verbreiteten Präventions-Projekte, das zudem auf einer sinnvoll gruppendynamisch ausgerichteten Basis beruht, erweist sich in einer (an sich viel zu selten realisierten)[94] Binnen-Evaluation[95], die methodisch akzeptabel angelegt ist, die sich großzügig der wissenschaftlichen Kritik stellt und die von einem Kuratorium bekannter Suchtwissenschaftler als preiswürdig angesehen wurde, als wenig effektiv – zumal nicht einmal ‚suchtferne‘ Sekundär-Ergebnisse, wie sie bei analogen ‚Kompetenz-Bemühungen‘ auftreten könnten, angestrebt werden.

Man möchte, nimmt man die Preisrichter ernst, von hier aus auf den generellen Stand (nicht nur) deutscher Präventionsbemühungen ebenso schließen, wie umgekehrt, nimmt man den Befund ernst, auf den Zustand der von diesen Preisrichtern vertretenen (Präventions)-Sucht-Wissenschaft. Anstatt diesen Befund zur Einstellung des Programms zu verwenden, wird das Projekt von den Veranstaltern als „äußerst erfolgreich“ dargestellt und in der Politik formal als „kontinuierliche Evaluation“ für dessen weitere Fortschreibung verwertet[96].

Eine solche ‚sanitization‘ der Ergebnisse liegt nicht nur dann nahe, wenn man die eigenen Präventions-Bemühungen ‚verkaufen‘ muss und die Produktion erwünschter Evaluations-Ergebnisse die künftige Finanzierung der Forschungsmitarbeiter erleichtert:

> „Evaluations are often conducted to prove that a program merits funding or to market the program on a broader scale (…). Thus, the financial interests of the investigators and their institutions may be directly affected by the outcomes of the research, increasing the likelihood of bias in reporting methods and results. Obtaining positive results may also be useful for justifying additional research on the program“; sie gründet häufig auch in der wachsenden wissenschaftlichen publish-or-perish Ethik, in der allein die Zahl, kaum jedoch jemals der Inhalt solcher Publikationen interessiert (Moskowitz 1993;7,6).

Das ist verständlich; unverzeihlich, weil letztendlich schädlich und volksverdummend, wird es dann, wenn gestandene Wissenschaftler unkritisch urteilen und vor allem dann, wenn Politiker damit auf Stimmenfang gehen.

These 1.4
Das Aufschieben des Konsum-Beginns als Ziel?

Die praxisorientierte Evaluation soll Erfolge vermelden. Sie steht damit vor einem Dilemma. Auf der einen Seite liegt der eigentlich angestrebte Erfolg der Sucht-Prävention, die Vermeidung der Sucht, in evaluations-praktisch unerreichbarer Ferne; und zwar umso weiter, je früher die Prävention ansetzen soll[97]. Und auf der anderen Seite kann sie zwar die Einwirkung auf Zwischenvariable nachweisen – etwa auf das Wissen um die Schädlichkeit der Drogen oder auf das Vorhaben, Drogen zu meiden – doch wird deren Bedeutung im Hinblick auf das Endziel wegen eines doppelten Handicaps immer seltener anerkannt. Zum einen gilt, dass Wissen und Einstellungen nur bedingt das aktuelle Handeln bedingen bzw. voraussagen können; und zum anderen fällt der Zusammenhang zwischen diesem Handeln, dem jugendlichen Drogen-Konsum, mit dem zu vermeidenden Endziel, der Sucht, eher spärlich aus.

Es lag daher nahe, auf dieses Endziel realiter zu verzichten, so sehr man es auch idealiter als Mittel zum Zweck der ‚heimlichen Abschreckung' beibehielt. Stattdessen propagierte man das Ziel des *Aufschiebens des Drogen-Konsums*, da man hier zumindest bei den ‚Braven', die noch keinerlei Drogen probiert hatten, gewisse Erfolge während der Laufzeit des Programms wie gelegentlich auch für entsprechend lange nachfolgende ‚Follow-up'-Zeiten ausweisen konnte.

Dies war auch die erklärte Philosophie des als Beispiel besprochenen >Be Smart-Don't Start<-Programms, das sich sowohl auf die Aussage des Geschäftsführers der DHS wie auch auf das europäisch-internationale Handbook Prevention (1998;88) berufen könnte, sofern dieses, gestützt auf den epidemiologischen Befund, dass der gelegentlich Nikotin-Konsum sämtlichen ‚problematischeren' Konsumformen vorangehe (ohne weitere Nachweise), möglichst früh die Kombination eines ‚Kompetenz'-Trainings mit der Vermittlung negativer Information verbinden möchte:

> „Based on the finding that the prevention of smoking is significant in *preventing other forms* of addiction or substance abuse young people's first experimentations with cigarette smoking must be *postponed* for as long as possible. Prevention programmes directed at this must focus on reaching young people from the onset of puberty at the *latest*. Components of such a programme include focusing on instilling social skills, withstanding social pressure, enhancing personal effectiveness and transferring knowledge concerning the negative *consequences of smoking*. Experience shows that young people who start smoking at a later age generally stop smoking earlier and more easily. And this group also postpones experimentation with *drugs* to a later stage or avoids it altogether". (kursiv S.Q.)

Um die Bedeutung solcher Erfolgskriterien richtig einschätzen zu können, sei zunächst auf das – konstruierte – Beispiel einer Verkehrserziehung zurückgegriffen:

Angesichts all dieser Unsicherheiten könnte man – sicher hypothetisch – für eine *Verkehrserziehung* auch das folgende Vorgehen überlegen: Manche Jugendliche zumeist etwas höheren Alters fallen durch ihre gehäufte und nicht ungefährliche Verkehrs-Raserei auf, die als >*joy-riding*< zeitweilig auch besondere öffentliche Aufmerksamkeit auf sich ziehen konnte. Da, logischer Weise, normales, angepasstes Moped, Motorrad- und Autofahren, insbesondere dann, wenn es schon früh einsetzt, dem joy-riding vorangeht, läge es vergleichsweise nahe, Präventionsprogramme zu entwickeln, die dieses normale Verkehrs-Verhalten zeitlich hinausschieben.

Da wir jedoch davon ausgehen müssen, dass dies nur recht unvollständig gelingen dürfte (etwa auf dem 5 %-Signifikanz-Niveau), weil Jugendliche zu gerne Moped fahren und das spätere unerlaubte ‚Fahren ohne Führerschein' noch immer weiter verbreitet ist als etwa der Cannabis-Konsum, entwickelte man hier vom Fahrrad-Kursus im Vorschul- und Grundschulalter über go-cart-Rennen bis hin zum >graduated licensing system< bzw. zum >begleiteten Führerschein< ab 17 Jahren positiv akzeptierend-begleitende ‚Präventions'-Methoden, die theoretisch wie praktisch auf jeden Fall die Verkehrssicherheit für diese Jugendlichen wie für die Allgemeinheit erhöhten – und zwar, worauf Paglia/Room (1999;32) hinweisen, auch für das drinking-and-driving Verhalten Jugendlicher, selbst wenn sie – was wir nicht so genau wissen – das Ausmaß jugendlichen joy-ridings nicht beeinflussen sollten.

Im Drogenbereich sollte es also genügen, wenn die Prävention bei ihren pubertierenden Adressaten deren Erstkonsum von Zigaretten oder Alkohol um ein bis zwei Jahre verzögerte. Um diese in den Augen möglicher Abnehmer eher dürftigen Ergebnisse aufzuwerten, bedurfte es einer legitimierenden ‚Theorie', die diesen Aufschub mit dem ursprünglichen Endziel, der Sucht-Vermeidung, zusammenschloss.

Vier in unserem Alltags-Denken gut verankerte Vorstellungen halfen dabei: Die volkstümliche Wahrheit des „Du sollst den Anfängen wehren", die sich sodann eng mit der Erfahrung verbinden lässt, dass üblicherweise größere Gefahren „nicht vom Himmel fallen", sondern sich mehr oder weniger langsam aus solchen kleinen Anfängen heraus entwickeln, weswegen man immer wieder feststellen konnte, dass die meisten der klassischen Junkies einmal mit Cannabis angefangen haben[98].

Solche ‚Entwicklungen' verlaufen häufig in einer relativ geordneten Folge entsprechend vorgegebenen Mustern – etwa als ‚typische' Drogen-Karriere[99] oder im Rahmen der sattsam bekannten Stufenleiter der Einstiegsalter unterschiedlich riskant bewerteter Drogen (Alkohol/Zigaretten → Cannabis → Ecstasy → Kokain u. ä.). Ein Grund, weshalb wir im Rahmen einer umgekehrten Domino-Theorie hoffen, mit der Verhinderung des ersten Sündenfalls die gesamte Stufenleiter auszuschalten.

Da die gegenwärtigen Präventions-Versuche diesen Eintritt als solchen nicht verhindern, sondern nur ‚aufschieben' können, benötigte man als vierten Schritt die Vorstellung zeitlich möglichst stabiler, nacheinander ablaufender ‚Phasen', wie sie etwa „in der psychologischen Tradition (...) durch Persönlichkeitstheorien, Lerntheorien und Entwicklungstheorien" systematisch entwickelt wurden (Hurrelmann 2002;8). Auf diese Weise versprach man, mit Hilfe des Paternoster-Prinzips durch den Aufschub der ersten Stufe die gesamte Phasen-Kette so zu verschieben, dass am Ende die abschließende Sucht ‚hinten herunterfiele'.

Dieses Modell firmiert unter dem Etikett der *Gateway-These* die heute[100] entsprechend der altbekannten *‚Einstiegs'- bzw. stepping-stone*-Hypothese, die ursprünglich dem Cannabis als *gateway* für die härteren Drogen zugeschrieben wurde, dieselben Zusammenhänge für einen vorangehenden Nikotin- oder Alkohol-Konsum postuliert.

Ich werde im Folgenden auf einige typische US-amerikanische Forschungsbeiträge aus der Tabak- und Alkohol-Forschung eingehen, um sodann an Hand der >Be Smart – Don't Start<-Beiträge aufzuzeigen, wie dieses Aufschieben *legitimiert* wird. Abschließend fasse ich noch einmal die fünf wichtigsten Problempunkte zusammen und zeige am Beispiel einer oft in diesem Zusammenhang diskutierten ‚Theorie', wie man diese Phänomene auch in anderer Weise wahrnehmen könnte.

1. Die Gateway-These

1.1 Sieht man ab von den Gefährdungen, die sich aus dem Tabak-Konsum selber ergeben – Dauergebrauch sowie körperliche Risiken – dann gründet dessen Gefährlichkeit in seiner Rolle als Einstiegspforte in die künftige Drogen-Karriere.

Ein rezentes Beispiel für diese neu aufgelegte *Zigaretten-gateway-These* findet man in der 11.239 kalifornische SchülerInnen unterschiedlicher Ethnizität (9. und 12. Klasse = 14.3 bzw. 17.3 Jahre alt) erfassenden Studie von Chen u. a. (2002;799 eÜ.), die in ihrem Abstrakt festhält: „Es gibt eine Verbindung (association) zwischen dem vorangegangenen Raucher-Beginn und dem gegenwärtigen Alkohol-Konsum unter Jugendlichen (...) was die Verallgemeinerung der These des gateway drug effect of cigarette smoking on alcohol use unterstützt".

Nachdem sie einleitend die insgesamt kontroversen Studien – offensichtlich existieren die unterschiedlichsten Drogen-Folgen – dargestellt haben: „there are no consistent and fixed patterns for multiple drug users progressing from one specific drug to another" (802) und nachdem sie unter Berufung auf andere Autoren feststellen konnten, dass selbst „the presence of an ordered scale plus evidence of sequential use of multiple drugs does not prove a *causal* progression“ (802, kursiv S.Q.) gehen sie davon aus, dass ihre Zigaretten-These ‚logisch‘ sei, „because more recent studies indicated that age of smoking initiation was usually younger than that of the initiation of alcohol drinking, although there was some overlap in the age of initiation between cigarette smoking and alcohol drinking“ (803).

In ihrer empirischen Untersuchung (response rate = 58 % !) verwenden sie dann die Predictor-Frage „Have you *ever* used cigarettes“ um den Schüler als ‚smoking initiator‘ zu bezeichnen und die Frage „Have you ever used alcohol beverages *in the past 30 days*“ als abhängige Variable: „a significant association between the prior smoking initiation and this current alcohol use will provide relevant evidence that cigarette smoking increases the risk of alcohol use“ (806).

In dieser ‚nicht-longitudinalen‘ Studie wird weder nach dem Beginn des Rauchens noch nach dem Beginn des Alkohol-Konsums gefragt[101]; weder das Ausmaß des Rauchens noch der aktuelle Raucherstatus werden erhoben. In der Diskussion der gefundenen positiven Korrelationen wird gleichwohl gefolgert:

„No matter what the level of cigarette smoking is, as long as a person tried cigarettes previously, his or her risk for current alcohol use increased greatly. Therefore, it is equally important across grade and gender to prevent adolescents from initiating cigarette smoking in order to reduce alcohol use among adolescents from various ethnic backgrounds“ (812).

Ein schönes Beispiel für die gerichtete Einäugigkeit solcher Untersuchungen:

Die Autoren sehen zwar in ihren ‚limitations‘, die Möglichkeit, dass die SchülerInnen mit den Zigaretten erst nach dem ‚Alkohol in den letzten 30 Tagen‘ angefangen haben (wahrlich eine „probability rather small“ 813). Doch wollen sie – zu Gunsten ihrer präventionsnotwendigen gateway-These – weder die Möglichkeit wahrnehmen, dass solcher Alkoholkonsum noch vor dem Rauchen oder doch zumindest gemeinsam mit diesem begonnen hat, noch gar prüfen, inwiefern beide sich gemeinsam – etwa im Rahmen eines allgemeinen ‚Devianz-Syndroms‘ à la Jessor[102] – entfaltet haben[103].

Ganz abgesehen davon, dass ihre präventionsrelevante Folgerung die zuvor zu Recht in Frage gestellte *Kausalität* zwischen dem vorangehenden Rauchen und dem späteren Alkoholkonsum voraussetzen würde, denn weshalb sollte sonst beim Fortfall des Rauchens der ‚spätere‘ Alkoholkonsum dasselbe Schicksal erleiden?

Botvin und Mitautoren (2000;773) erweitern diese gateway-These („Individuals who use illicit drugs typically do so after first using one or more gateway substances“), um damit einmal mehr die methodisch höchst problematischen (s. o. Gorman 2002) Langzeit-Erfolge ihres LST-Programms zu unterstreichen:

> „These results suggest that targeting the use of gateway drugs such as tobacco and alcohol can prevent illicit drug use (...). Lifetime rates of illicit drug use (other than marijuana) that were 25 % lower than for controls (22.5 vs. 30.1 %) (...) rates of narcotic use were 56 % lower (3.4 vs. 7.7 %); eine Argumentation die an die beliebte 100 %-Steigerung erinnert, die man bei einem Zuwachs von 1 % auf 2 % erreicht.

Eine empirisch interessante *Kritik* dieser ‚zentralen gateway- These der amerikanischen Drogenpolitik' findet man in Golub/Johnson's (2002;15) vergleichender Analyse der Befunde ‚normaler Bevölkerungs-Umfragen', die selten die wirklich gefährdet ‚harten' Drogen-Gebraucher erfassen, mit zwei Untersuchungen, die in weniger gut situierten Stadtteilen und bei Arrestierten durchgeführt wurden, um zweierlei – eigentlich ganz selbstverständliche Voraussetzungen – nachzuweisen. Einerseits hängt die Art der gateway-Droge, insbesondere von Cannabis, davon ab, wie weit verbreitet diese Droge ist, weswegen jüngere Generationen zunehmend direkt mit Marihuana einsteigen: „Persons born more recently have been increasingly likely to be marijuana starters and less likely to be marijuana skippers" (die direkt von den legalen Drogen zu harten Drogen umsteigen). Und andererseits leben die ‚Normalos', die üblicherweise in den Bevölkerungsumfragen erfasst werden, von Anfang an in ganz anderen Lebensumständen, die sowohl den hard-drug-Konsum höchst selten zulassen, wie auch für diese seltenen Fälle bessere Bewältigungs-Ressourcen bereitstellen, während die – sonst zumeist gar nicht erfassten – Befragten der beiden Sonderuntersuchungen

> „grew up under severely distressed conditions in inner-city households where poverty, drug abuse, crime and interpersonal violence are commonplace and routinely transmitted across the generations". „This finding strongly suggests that it is not the use of alcohol, tobacco and then marijuana that causes inner-city youths to get in trouble with both drugs and the law".
>
> Man muss das offensichtlich immer wieder sagen: „The analysis also raises *doubts* about whether youths from more *fortunate* circumstances who experiment with drugs at each stage of the gateway sequence really face much risk of becoming one of the daily hard-drug-using criminal offenders that routinely pass through the nation's criminal justice system" (16 f., kursiv S.Q.).
>
> Weswegen einerseits die übliche ‚zero-tolerance policies' wenig sinnvoll seien – „Any youthful substance use is not the same as abuse or even daily use of hard drugs" (!) – und andererseits die Drogenpolitik primär die unterschiedlichen sozio-strukturellen Kontexte, in denen heute die Jugend aufwachse, berücksichtigen solle: „A cornerstone of this policy should involve amelioration of the conditions in the inner cities that place youths at high risk (Lit)" (17).

Einen anderen Kritikpunkt – „that one disorder precedes the other, that disorders are linked; and preventing the first will prevent the second" – erwähnt Murray

Levine (2000;165) in seinem Besprechungsaufsatz, in dem er drei Präventions-Bände („Primary prevention works...") unter dem Aspekt einer 100-jährigen, medizinisch orientierten Präventions-Geschichte bespricht. Unter Hinweis auf die sehr hohe *Co-morbidität*[104] bei den in der DSM-IV gefassten Diagnosen vor allem bei Jugendlichen meint er zunächst, dass diese Diagnosen eben wegen dieser Co-morbidität selten ‚rein' – und damit entsprechend als aufeinander folgende Stufen voneinander abgrenzbar – gefasst werden könnten. Und sodann gälte vor allem, dass im Rahmen einer solchen medizinischen Orientierung die möglichen *gemeinsam dahinter liegenden sozialen Bedingungen* – wie sie die entgegengesetzte, auf die ‚strukturellen' Bedingungen von Gesundheit ausgerichtete >wellness<-Perspektive anziele – völlig aus den Augen gerieten:

> „This position ignores the limitations of DSM diagnoses implied by co-morbidity, and ignores the possibility that diagnoses are linked because of their occurrence in a common socioeconomic or cultural context."

1.2 Lassen wir alle diese höchst berechtigten methodischen Einwände einmal bei Seite, dann liegt das entscheidende Problem dieser – scheinbar so plausibel den frühen präventiven Eingriff begründenden – gateway-These darin, dass bisher eigentlich keinerlei sinnvoll *kausal* erklärende Bezüge zu allen später auftretenden ‚Problemen' (von der ‚Sucht' bis hin in die ‚Asozialität') hergestellt werden können – sieht man einmal davon ab, dass wir alle dazu tendieren, ein einmal als signifikant, als sinnvoll oder wichtig erlebtes Verhalten weiter fortzusetzen. Weswegen wir ja auch umgekehrt, im Rückblick auf mögliche ‚Ursachen' dieses Konsums, nicht von Ursachen-Faktoren sondern nur von ‚Risiko-Faktoren' sprechen, auf deren ungeklärten theoretischen Status wir unten in These 2.3 zurückkommen.

Diese gateway-These, die den aktuellen Drogen-Konsum als Einstieg in künftig weiteren Drogen-Konsum versteht, und die deswegen gegen eben diesen Konsum (präventiv) vorgehen möchte, verführt uns – auf der gateway-Zeitachse – dazu, nicht nur solche Jugendliche für deren Zukunft schon frühzeitig zu stigmatisieren, sondern – im Blick zurück – einen möglichen >*marker*< für ein mögliches >Syndrom< riskanter Bedingungen zu beseitigen, statt diese Bedingungen selber anzugehen (gleich, ob wir sie im Individuum, in der Familie, in der sozialen Umgebung, in der Schule oder in bestimmten gesellschaftlichen Verhältnissen suchen), ebenso, wie man auch sonst so gerne die Überbringer schlechter Nachrichten hinzurichten pflegt.

Begreift man diesen ‚marker' – das frühe Experimentieren mit Zigaretten oder Alkohol – als Moment eines >*Syndroms*<, also eines ganzen Bündels solcher ‚unerwünschter und riskanter' Verhaltensweisen, das neben dem legalen und illegalen Drogenkonsum auch noch Schulprobleme wie Schulschwänzen oder Unlust

Hausaufgaben zu machen, jugendliche Delinquenz (Schwarzfahren, Ladendiebstahl, Schulhof-Prügelei) und frühe sexuelle Erfahrungen umfasst, dann liegt zusätzlich ein weiteres doppeltes Risiko nahe. Da in solchen Syndromen einzelne Verhaltensweisen sich fast beliebig – oder besser je nach regionaler, nationaler und ‚subkultureller' Verfügbarkeit und Bedeutung – gegenseitig ersetzen können, ist es nicht ganz unwahrscheinlich, dass beim Wegfall einer dieser Handlungsmöglichkeiten andere an deren Stelle treten, wie etwa der Cannabis-Konsum an die Stelle des Nikotins. Wenn wir zudem dieses Syndrom weniger als ‚asozial gestörtes' Syndrom begreifen, sondern in seiner symbolisch-kulturellen Funktion eher als typisch jugendkulturelles >*Freizeit-Syndrom*<, dann könnte der Verlust oder das Aufschieben solcher Handlungsmöglichkeiten zugleich ein unerwünschtes ‚Retardieren' in der jugendlichen Entwicklung anzeigen oder mitbedingen. Wir kommen auf diese zentrale Schwierigkeit gegenwärtiger Präventions-Logik in unserer These 4 zurück.

Auf diese ‚marker-Funktion verweisen die Autoren Hanna et al. (2001) in ihrer Reanalyse des US-amerikanischen Gesundheitsdaten-Surveys von 1988–1994 (NHANESIII).

> Sie gehen bei den untersuchten 12–16-Jährigen von der unten (These 2.3) näher zu besprechenden Donovan/Jessor-These eines allgemeinen ‚asozialen Syndroms' aus, um zwei Sachverhalte festzuhalten: Zunächst gilt für sie, „that early onset of any substance use" und zwar insbesondere der beiden legalen Drogen Nikotin oder Alkohol „is simply a *marker* of a constellation of behavior problems that already exist contemporaneously during adolescence" (267, kursiv S.Q.).

In unserem Zusammenhang noch wichtiger, ist der Befund, dass die *retrospektiv* aus der Erwachsenen-Sicht gewonnenen Zusammenhänge sich nicht wiederholen lassen, wenn man die *Daten im Jugendalter* erhebt:

> „However, contrary to (...) findings from retrospective reports by adults, very early-onset smoking (i. e., at age 13 or younger) among adolescents, as determined from data collected during the same time period, did not have an independent effect on current drinking or other drug use. Neither it is associated with depression, school problems, or sexual activity. (...) This suggests that age of onset may be more important in adult research where it serves as a retrospective marker of earlier vulnerability for a problem that has already occurred and appears to imply causality. Among children, on the other hand, age of onset for regular smoking serves only to define groups of current smokers as they actually exist in time" (278 f.).

Deutlicher kann man es nicht sagen, und solche Befunde müßten die Befürworter der gateway-These erst einmal wiederlegen, wenn sie ihre Praxis damit begründen wollen.

1.3 Auch im Bereich der Alkohol-Prävention[105] befürworten etwa Komro/Toomey jüngst in ihrer Übersicht über Strategien ‚to prevent underage drinking' (2002;5 ff. eÜ.) diese scheinbar so plausible These „dass es eindeutig ein wichtiges public health Ziel ist, den Beginn des Alkohol-Konsums junger Jugendlicher um ihrer gegenwärtigen wie langfristigen Gesundheit willen aufzuschieben", um dann zunächst auf ‚verschiedene erfolgreiche Präventions-Curricula' zu verweisen, die sich freilich auf der nächsten Seite angesichts des „größeren Widerstands gegenüber einer Änderung des Alkohol-Konsums" allesamt in diesem Bereich als wenig erfolgreich, wenn nicht sogar als kontraproduktiv erweisen (S. 7).

Wir stehen hier vor eben denselben methodischen und theoretischen Problemen, die wir bisher für die Tabak-Prävention angesprochen haben, wenn auch bei uns – im Gegensatz etwa zu den prohibitionistischer eingestellten USA – die inhaltliche Gratwanderung zwischen einem kulturell tief verankerten genussvollem Trinken einerseits und der besonders riskanten alkoholisierten Teilnahme am Straßenverkehr andererseits, mitsamt dem offenbar um sich greifenden Binge-, Kampf- und Koma-Trinken und den seit langem bekannten Spätfolgen übermäßigen Alkoholkonsums das aufschiebende Präventions-Anliegen noch weniger eindeutig vertreten lässt.

Ein typisches Beispiel für die spezifisch US-amerikanische Diskussion findet man bei Chou/Pickering (1992; 1203 eÜ.), die bei einem USA-weiten Sample von 29.950 Personen, die älter als 18 Jahre waren, nachweisen wollen, dass ein früher Trink-Beginn zu einer höheren Rate für mit Hilfe der DSM-III-R gemessener ‚lifetime alcohol-related problems' führe, weshalb sie als ‚minimum legal drinking age' anregen „ein Aufschieben des Trinkens bis zum 20./21. Lebensjahr reduziert signifikant das Risiko, alkoholbedingte Probleme zu entwickeln".

Gegenüber dieser recht einfach gestrickten epidemiologischen Auswertung arbeiteten Hawkins u. a. (1997;287 f.) bei einer Gruppe von 808 SchülerInnen, die mit 10/11 Jahren sowie mit 11/12 Jahren und sodann mit einem follow-up von 6 Jahren mit 17/18 Jahren noch einmal befragt wurden, mit einer statistisch ausgefeilten Technik vor allem für Jungen die folgenden Zusammenhänge heraus.

Das *Vorbild der Eltern*, deren Trinkverhalten und der ‚wahrgenommene Alkohol-Schaden' (perceived alcohol harm), wie auch ihr Verhältnis zur Schule (school bonding) und der Alkoholkonsum der Freunde beeinflusste zunächst die Einschätzung des Alkoholschadens im Folgejahr der ersten Befragung, dann das Alter des Trinkbeginns und über dieses auch den in dreifacher Weise gemessenen Alcohol-Misuse: „parent's drinking, proactive parenting, peer influences and perceptions of the harm of drinking, all measured in late childhood, affect the age of alcohol initiation, which, in turn, affects alcohol misuse in late adolescence". Sie schlagen deshalb für ein präventives Vorgehen vor: „increasing the perceived harmfulness of alcohol use among children

> at ages 11–12 should delay the initiation of alcohol use, which, in turn, should reduce alcohol misuse at age 17–18".

Auch Grant/Dawson (1997;108 f.) fanden bei einem anderen USA-weitem sample mit 66 % (27.616) ehemaliger oder gegenwärtiger ‚Trinker' (gemessen mit einem an DSM-IV angelehnten Interview-Instrument: AUDADIS), die älter als 18 Jahren waren – rückblickend (s. o. Hanna u. a. 200a) – entsprechende Befunde für die lifetime Prävalenz einer Alkohol-Abhängigkeit oder eines alcohol-Abusus:

> Die statistisch gut überlegte Studie „identified preadolescence and early adolescence (ages 16 and younger) as a particularly vulnerable period for initiation of drinking, one that is strongly associated with an elevated risk of developing an alcohol use disorder".

Doch warnen sie davor, voreilig daraus den Schluss zu ziehen, präventiv den Alkohol-Konsum *bis zum Alter von 18/19 Jahren* aufzuschieben:

> „The strength of such a preventive strategy lies in its focus on the prevention of alcohol abuse and dependence rather than alcohol use, a strategy that recognizes that the use of alcohol is commonplace among American adolescents and youth. However, the weakness of such a preventive strategy is the lack of a complete understanding as to why the onset of alcohol use is related to the development of alcohol abuse and dependence"; weitere Forschung müsse klären „if it is the delay in alcohol use or, more likely, other associated factors that account for the inverse relationship between age at first drink and the risk of lifetime alcohol use disorders (…) It will also be possible to determine whether delaying onset of alcohol use has any adverse or unintended effects, for example, increasing the prevalence of other drug use and experimentation among adolescents".

2. Legitimierende Begründungen

Wissenschaft, Theorien wie Forschungsergebnisse, dienen in unserem Zusammenhang zumeist der Legitimation des eigenen Praxis-Vorhabens. Ihr Einsatz folgt gewissen Spielregeln (Zitierweise, Nachprüfen übernommener Zitate), gehorcht einem Standard-Aufbau (Überblick über den Forschungsstand, eigene Befunde, Diskussion), verfolgt als Strategie, die eigene Aussage plausibler zu machen, und steht vor der Schwierigkeit, in zumeist zu kurz bemessener Zeit aus der unübersehbaren Materialfülle die geeigneten Beleg-Publikationen herauszufischen. Dafür greift man gerne auf den eingespielten Zitat-Kanon, auf zusammenfassende Übersichten und Abstrakts zurück, die gemeinsam das sichernde Netz der communis opinio gewährleisten. Womit man zugleich auch den dispositiven Rahmen und

Boden einer in die selbe Richtung marschierenden >Normal-Wissenschaft< á la Kuhn garantiert.

Als Beleg für diese legitimierende Funktion greife ich noch einmal auf das >Be Smart-Don't Start< Programm zurück, das eben dieses Aufschub-Ziel ins Zentrum seiner Bemühungen (Ein halbes Jahr rauchfrei) stellt.

In vier der fünf oben angeführten Artikel begründen die Autoren des IFT-Nord ihr Anliegen mit folgendem Drei-Schritt: Nach – begründeten – epidemiologischen Hinweisen auf das hohe Ausmaß des Rauchens im frühen Jugendalter wird in einem zweiten Schritt der frühe Eintritt in das Rauchen als „bester Einzelprädiktor für das Beibehalten des Rauchens" (I;26) und insbesondere für das ‚schwerere Rauchen' festgehalten. Als Folge eines intensiveren längeren Rauchens werden dann einerseits – heute unbestreitbar – eine Fülle späterer Gesundheitsgefahren nebst den dadurch verursachten Kosten (III;493) benannt, und andererseits die Schwere der Abhängigkeit bzw. die Probleme beim Aufhören sowie das Risiko eines späteren riskanten Drogenkonsums aufgeführt:

> So sollen die Ergebnisse der Studie von Lewinsohn et al. (1999) aufzeigen, „dass sich für ältere Jugendliche, die täglich rauchten, die Wahrscheinlichkeit, in späteren Jahren auch Alkohol, Cannabis und sogar harte Drogen zu nehmen bzw. polytoxikomanische Störungsbilder auszubilden, signifikant erhöhte. Bei den täglichen Rauchern zeigt sich darüber hinaus, dass ein frühes Einstiegsalter in das Rauchen mit einem erhöhten Risiko für spätere Störungen des Substanzmissbrauches einherging" (I;26).

Tatsächlich findet man jedoch zunächst in der als Quelle (III;493, IV;241) genannten Übersicht von Conrad et al. (1992;1722,1712 eÜ.) über 27 Längschnitt-Studien zum Rauchbeginn zwar eine Reihe interessanter Risiko-Faktoren für diesen *Beginn* – „die nicht notwendigerweise den Übergang zu einem experimentellen oder regelmäßigen Rauchen voraussagen" – jedoch *keinerlei* Hinweis darauf, wie sich dieser Beginn bzw. gar dessen Aufschub für die Folgezeit auswirkt; vielleicht abgesehen von der berechtigten allgemeinen Warnung, auf die wir zurückkommen:

> „Because even the longitudinal method does not provide proof of causation, we refer to variables measured at one time that relate to smoking behavior at a subsequent time as predictors, rather than causes"

Auch die zweite als Beleg zitierte (I;26) prospektive Längsschnitt-Untersuchung von Stanton u. a. (1996), die in Neu-Seeland Kinder von Geburt an bis zum Alter von 18 Jahren begleitete, spricht in ihrem Abstrakt eher davon, dass es die Älteren sind, deren Rauchbeginn Sorge bereiten könnte:

„There was a dramatic increase in number of daily smokers (15 % at age 15 years to 31 % at age 18 years), and in a climate of expected decreases in smoking, a history of never smoking to age 15 years was *not as protective* against future smoking as anticipated“ (1705), wenn auch „among those who had never smoked to age 15, two-thirds remained non-smokers but more than anticipated (27 %) had tried smoking for the first time by age 18 and 7 % had become daily smokers (an average initiation rate of 11 % per year)“ (1712, kursiv S.Q.).

Schließlich konnte auch Janson's (1999) schwedische Longitudinal-Studie, die 122 Jungen und 90 Mädchen seit 1955 bis zu ihrem 36. Lebensjahr begleitete, die einschlägigen früheren Befunde Chassins (1990) nur teilweise bestätigen:

Die Beziehung zwischen „reported age at initiation and later smoking (...) was not as clear-cut in the present study as, for example, in the results presented in Chassin et al. (1990). In adolescence, no differences in mean reported initiation age were found between current daily smokers and participants who had tried tobacco but did not smoke daily. The most salient differences in adult smoking development in the present cohort were between participants who had initiated smoking before age 15 versus after age 15. In contrast, differences in initiation age before age 12 did not seem important for adult smoking in the present data“ (248).

Ihr erklärender Hinweis, dass wohl das sehr frühe Rauchen von den childhood peers im Gegensatz zum späteren jugendlichen Rauchen nicht verstärkt werde, führt sie überzeugend zur abschließenden Bemerkung: „age of initiation to tobacco is not so important in itself as is the context in which early smoking takes place“ (249).

Hinsichtlich der dadurch verursachten *Folgen* zitieren die Autoren (III;493) für die Frage, inwieweit ein früher Rauchbeginn das spätere Aufhören erschwert, die Untersuchung von Breslau/Peterson (1996), die 979 26- bis 30-Jährige in einem Follow-up-Interview nach dem Zusammenhängen zwischen ihrem ersten Zigarettenkonsum (mit Beginn in 3 Altersstufen: bis 13 Jahre; 14–16 Jahre; 17 Jahre und älter) und einem mindestens einjährigem Aufhören befragten, um herauszufinden, dass die erste Altersgruppe damit größere Schwierigkeiten gehabt hatte, als die beiden anderen.

Zwei Probleme ergaben sich dabei: Zunächst die große Zeitspanne zwischen Rauchbeginn und Interview, die nach Stanton u. a. (1996;1712 eÜ.) – in gut überprüfter Weise – keine sehr brauchbaren Ergebnisse bringt, weil „das Erinnerungsvermögen Jugendlicher jenseits einer 1-Jahres Periode ungenügend ist, weshalb es bei der Erforschung jugendlichen Rauchens vermieden werden sollte“.

Und sodann die im Verhältnis zum Einfluss des früh beginnenden Rauchens besonders hohe Auswirkung der College-Erziehung: „Der beste Voraussage-Faktor für ein Aufhören des Rauchens war das Bildungs-Niveau, so dass Raucher, die das College beendet hatten, 2,5 mal wahrscheinlicher mit dem Rauchen aufhörten als diejenigen ohne College-Erziehung" (Breslau/Peterson 1996;217 eÜ.); ein Einfluss, der sich sicher auch beim Rauchbeginn auswirkte, der jedoch in dieser Hinsicht nicht näher kontrolliert wurde.

Weswegen die Autoren wohl zu recht betonen: „this observational study does not permit a causal interpretation of the association. Early smoking initiation might be a *marker* of factors that influence the potential for smoking cessation" (218, kursiv S.Q.).

Der oben zitierte Hinweis auf die bei frühem Rauchbeginn zu erwartenden *„polytoxikomanischen Störungsbilder"* beruft sich schließlich auf die Follow-up-Untersuchung von Lewinsohn et al. (1999), die 684 14- bis 18-Jährige (darunter 421 Personen mit einer ‚history of psychopathology') ein Jahr später ein zweites Mal (T2) und dann nach 6 Jahren im Alter von 24 Jahren ein drittes Mal (T3) befragten.

Sie fanden zunächst Zusammenhänge zwischen dem Raucherverhalten zum Zeitpunkt T2 mit späteren Substanzstörungen im Alkohol-, Cannabis- und hard-drug-Bereich (gemessen nach DSM-IV) im T3-Zeitpunkt. Sodann konnten sie – wichtiger für unsere Frage des Aufschiebens – nachweisen, dass diejenigen Raucher, die zu irgendeinem Zeitpunkt täglich geraucht hatten, bei früherem Tabak-Konsum eher eine Alkohol- oder hard-drug-Störung entwickelten, während die ebenfalls festgestellten Cannabis-Störungen nicht signifikant häufiger ausfielen[106].

Doch relativieren die Autoren dieses Ergebnis in zweifacher Hinsicht, indem sie zunächst auf den möglichen Einfluss der Dauer des Rauchens verweisen: „This conclusion needs to be tempered, however, by the fact that smoking onset age in an adolescent sample such as ours is highly correlated with total duration of smoking. Therefore, it may be that *longer duration* of smoking, rather than early onset, constitutes the risk factor" (919, kursiv S.Q.).

Und zum anderen wurde wohl bei dieser Frage (im Gegensatz zur primär interessierenden Frage nach der generellen Drogenfolge im Sinne der ‚Einstiegs-These) nicht berücksichtigt, dass hier diejenigen Personen „who had a previous diagnosis of psychiatric disorder, including psychoactive substance abuse and dependence, at T2 were overrepresented in the T3 interviews. Therefore, the rates of substance use disorders between T2 and T3 are expected to be elevated" (919). Weswegen sie wohl zu recht darauf verweisen, „we cannot say that smoking prevention and cessation in adolescence will prevent substance abuse/dependence during young adulthood" (920).

Schließlich konnte auch das – vor allem statistisch interessant ausgewertete – Langzeitprojekt von Newcomb et al. (1993), das 487 SchülerInnen aus Los Angeles in vier follow-up-Schritten 12 Jahre lang (1976 bis1980) bis zum 25. Lebensjahr begleitete, keine nennenswerten Zusammenhänge zwischen einem – skalar gemessenen – ‚polydrug-use' („reflecting a high level of drug involvement akin to drug abuse" 233) und späteren *psychiatrisch relevanten Störungen* feststellen; Zusammenhänge, die dagegen sehr wohl für einen frühen ‚emotional distress' (self-derogation/Selbst-Herabsetzen; self-acceptance und depression 221) wie auch für eine zwischenzeitlich eingetretene *Steigerung* des poly-drug-Konsums festzustellen waren:

> „At least in terms of Polydrug Use (...) substance use as a teenager had few long-term detrimental effects on mental health functioning. This is in contrast to the more numerous mental health adversities associated with *increased* drug involvement from adolescence into adulthood“ (233; kursiv S.Q.). Während sie (für die damalige Kohorte) für die einzelnen Drogen dieser ‚poly-drug-Skala‘ beim Alkohol eher positive und beim dauerhaften Cannabiskonsum eher schlechtere Ergebnisse erhielten, waren die nicht-drogen-bezogenen Variablen deutlich aussagekräftiger. Dies gilt für den „dysphoric affect and poor self-regard (Emotional Distress in adolescent) can have a generalized disruptive influence on many aspects of adult mental health (emotions, attitudes, and perceptions) and social (impaired relations) functions“ wie auch für die „good relations with parents during adolescence increased adult Psychoticism (...) as many family theorists indicate (Lit) overinvolvement with parents may lead to psychotic conditions“ (235).

Ohne Zweifel ein mageres Ergebnis, das die Frage aufwirft, wie sich auf solch dürftigem Grund ein europäisches Präventions-Gebäude errichten ließ.

Sehen wir davon ab, dass das Fehlschlagen ‚realer Evaluationsergebnisse‘ – Reduzierung der ‚Sucht‘ oder zumindest des intensiveren Konsums – den Zugriff auf solche (weithin irrelevante) Ersatzziele nahe legt, wie wir dies auch bei der ebenso irrelevanten ‚Wissens‘-Vermittlung erlebten, dann liegt die Wirkung solcher Botschaften beim *Empfänger*, also bei denen, die solche Projekte realisieren und finanzieren sollen.

Und hier trifft sie auf einen ebenso *emotional wie assoziativ alltagstheoretisch* gut vorbereiteten Boden: „Kinder“, die „rauchen“, „Krankheit“, „Abhängigkeit“, „Einstieg in die Polytoxikomanie“ als emotionaler Hintergrund, sowie „je früher sie auf die schiefe Bahn geraten, desto schlimmer“, weshalb gilt „je früher wir eingreifen, desto besser“, denn „früh krümmt sich, was ein Häkchen werden will“ und „was Hänschen nicht lernt, lernt Hans nimmermehr“ als pädagogische Allerweltsformeln.

Ein brisantes Gemisch, das uns rasch zur Schrotschuss-Methode greifen lässt, denn „weniger ist besser als gar nichts“, zumal solche Methoden bereits ‚hundertfach erprobt und wissenschaftlich erwiesen‘ wurden.

3. Theorie: von der >Transition proneness< zum >problem behavior<

Dieses Denkmodell des >gateway< liefert uns ein eindrucksvolles Beispiel dafür, wie wir immer wieder dazu tendieren, einen an sich – entwicklungspsychologisch – plausiblen Vorgang, nämlich das Voranschreiten jugendlicher *Entwicklung* überzeugend, doch höchst einseitig, wenn nicht gar fehlerhaft, so zu interpretieren, dass wir lediglich vereinzelte, als negativ/schädlich bewertete Bruchstücke dieser Entwicklung ggf. sogar als Indikator für die gesamte Persönlichkeit und deren Zukunft ins Auge fassen, indem wir etwa den Beginn des Rauchens oder Trinkens psychopathologisierend als Auslöser einer Drogen- oder gar Sucht-Karriere begreifen.

Die Vorstellung, man könne Drogensucht und andere Drogenprobleme dadurch verhindern, dass man den Beginn des Rauchens um ein bis zwei Jahre verschiebt, ruhte auf zwei Standbeinen. Sie verwendet die Idee einer Entwicklung, die in festen Phasen verläuft und deutet sie aus einer Perspektive, die allein deren problematische, gefährliche Seiten wahrnehmen kann.

Als Überleitung zur folgenden These, in der ich diese >Defizit-Perspektive< ausführlich erörtern werde, möchte ich abschließend am Beispiel einer einschlägigen und viel zitierten *Theorie* auf drei diskurs-typische Phänomene aufmerksam machen: Die Bedeutung dieser Perspektive, die nicht nur einzelne Konzepte, sondern ganze Theoriegebäude einfärben kann, deren Einbettung in einen sich wandelnden gesellschaftlichen Kontext und den Verlust nicht-signifikanter Forschungsergebnisse.

Richard und Shirley Jessor (1977) entwickelten in den 70er Jahren im Gefolge der sogenannten Studenten-Revolution einen theoretischen >transition proneness<[107]-Ansatz, der ‚alternativ' (also anstatt einer ‚problem-behavior'-Interpretation) eine ganze Reihe von Verhaltensweisen unter *entwicklungspsychologischem* Aspekt als ‚normales jugendliches Verhalten' interpretierte, das damals wie heute lediglich ‚von außen' als ‚problematisch' eingeschätzt wurde.

Die heute wieder dominierende, spezifisch erwachsene Perspektive prägt nicht nur das jeweils führende Urteil über dieses jugendliche Verhalten, sondern erfasste im weiteren Verlauf auch diese ‚Theorie' selber, insofern sie nicht nur den ‚normalen' Entwicklungs-Aspekt in Vergessenheit geraten ließ, sondern zusätzlich auch die ‚zugeschriebene Problemhaftigkeit' zum ‚realen Problem-Verhalten' mutieren ließ.

> Die Autoren untersuchten zwischen 1969 und 1972 in einer komplex angelegten vierjährigen Follow-up-Studie bei 13–19-jährigen High-School-Schülern und 19–22-jährigen College-Studenten Zusammenhänge zwischen einer Reihe von sozialpsychologischen Ausgangsvariablen – Streben nach Unabhängigkeit, angestrebter Schulerfolg, gesellschaftskritische Einstellung, wahrgenommene Einstellung von Eltern und Freunden etc. – und einigen als problematisch angesehenen Verhaltensweisen – Trinken, Cannabis-Konsum, Delinquenz, politischer Aktivismus (70er Jahre) und ‚verfrühte' sexuelle Entwicklung (kein vorehelicher Sexualverkehr), die damals allgemein als ‚Protest-Verhalten' begriffen wurden. Als konservativ konformes Pendant fragten sie zusätzlich nach Art und Häufigkeit des Kirchenbesuchs und des Schulerfolgs.

Die damals als selbstverständlich angesehene Kombination dieser hoch miteinander korrelierenden, also gemeinsam auftretenden (bzw. fehlenden) Verhaltensweisen, die man in eben dieser Weise auch heute nachweisen kann[108], erreichte zweierlei. Auf der einen Seite verband sie wertfrei neutral solche Verhaltensweisen, die von den befragten Jugendlichen einerseits und von der erwachsenen Gesellschaft andererseits jeweils höchst unterschiedlich bewertet wurden.

Und auf der anderen Seite belegte insbesondere das Beispiel des stufenweise ‚reifenden' Sexualverhaltens (erste Liebe, Kuss, petting, Geschlechtsverkehr) wie beide Lager – wenn auch mit unterschiedlich verschobener Zeitperspektive – diese Stufenfolge als ‚normale' jugendliche Entwicklung erwarteten und entsprechend derart realisierten, dass die Spätentwickler am Ende der Untersuchungsphase mit den Frühentwicklern gleichziehen konnten. Das ‚verfrühte' Eintreten wurde zwischen den Generationen unterschiedlich beurteilt; deren Verzögerung oder Ausbleiben dagegen galt übereinstimmend als ‚Problem'.

Die spätere Verwandlung dieser Theorie in eine eindeutige Theorie des *Problem-Verhaltens*, die von den Autoren selber nachvollzogen wurde, erlaubte es, sie als führende Legitimation insbesondere der letzten Stadien gegenwärtiger Sucht-Prävention einzusetzen, in denen man weniger gezielt auf einen spezifischen Drogen-Konsum achtet, sondern allgemein die Lebens-Kompetenz der SchülerInnen als Schutzschild gegenüber diesem umfassenderen Problem-Syndrom aufbauen will.

Der Verzicht auf die in der ursprünglichen Untersuchung als nicht-signifikant herausgearbeiteten und in den späteren Verbesserungen der Theorie nicht mehr erfragten Befunde bei den Kontrollvariablen >self esteem< und >alienation<[109], (die zwar erwähnt, doch kaum interpretiert wurden, obwohl sie gut in die Ausgangsperspektive gepasst hätten), erlaubt es heute, die Programme auf die Steigerung dieses Selbstwert-Gefühls und die Verminderung einer solchen Entfremdung auszurichten

In einer fast mustergültig entwickelten empirischen Analyse ihrer Befunde erarbeiten sie die folgenden fünf aufeinander aufbauenden Aussagen:

1. Die untersuchten Verhaltensweisen korrelieren sehr hoch miteinander, so dass sich daraus ein eigener ‚**m**ultiple **p**roblem **b**ehavior **i**ndex' bilden lässt: „The MPBI is an equally weighted, summative index comprised of 5 dichotomous, component items (…) problem drinking, marijuana use, nonvirginity, activism, and high general deviance" (87). Ein Index, der im Verlauf der späteren Forschung von anderen Forschern erheblich ausgeweitet wurde, etwa für das Schulschwänzen oder für das betrunkene Fahren etc.
2. Diese Verhaltensweisen „can all serve similar social-psychological functions – for example, repudiation of conventional norms or independence from parental control" – und sind „mutually substitutable, even simultaneiously learned, alternative social behaviors" (33 f.), also untereinander äquifunktional austauschbar.

3. Sie folgen jugendspezifisch ‚regulierenden Normen', die etwa das Trinken oder die sexuelle Beziehung altersspezifisch eingrenzen. „The theory has been organized to account for proneness to engage in behavior that departs from regulatory norms; insofar as the regulatory norms are age norms, and insofar as problem behaviors can serve to mark transitions in age-graded status, the theory yields an account of *transition proneness*. It is by mapping the concept of transition proneness on the familiar concept of problem-behavior proneness that the developmental implications of the framework become apparent" (41), weshalb man den gesamten Prozess auch als „integral aspect of adolescent development as a whole" (185), als >maturity proneness< beschreiben könnte: „Many of the examined changes are in the direction that is socially defined as more mature or more ‚grown up'. This is even true of the increase in problem behavior itself, since these behaviors for the most part are culturally age graded and, while proscribed for young persons, are permitted for those who are older and serve to characterize the occupancy of an older status" (162 f.).
4. Diese ‚transition proneness' charakterisiert eher „a readiness to change *status* rather than to engage in a particular behavior" (246), der dann, wenn dieses Verhalten altersentsprechend als normal angesehen wird, von selber zur Ruhe kommt, wie insbesondere die Befunde der jeweils ältesten Kohorte bzw. der College-Studenten belegen können (199 ff.).
5. Ein Prozess, der am Ende alle Gruppen mehr oder weniger auf das gleiche Niveau bringt, wie die eindruckvollen Zeit-Analysen zeigen: Since groups that make the transition tend to converge at the same place by the end of the study, it suggests that there may be different *rates* of change for different times of transition" (205). Auf der einen Seite werden also diejenigen, die ‚zu früh' einsetzen, später wieder mit den anderen gleichziehen: „a group that has been precocious in its departure from normative standards may move back toward conventionality in its subsequent development" (201), während auf der anderen Seite, diejenigen, die später anfangen, den transitions-Prozess rascher aufholen: „a ‚catch-up' by those who are initially slower (…) If transitions occurs in the future, it may well be associated with a rather rapid catch-up in social-psychological transformation" (205).

Vergleicht man ihr abschließendes Fazit mit der gegenwärtigen Situation, dann ist dieser Weg heute eher noch länger geworden:

> „Nach unserer Sicht ist ein günstiges und reguliertes Ergebnis wahrscheinlicher, wenn die Gesellschaft sich bemüht, die Prozesse zu verstehen, die diesem Verhalten zu Grunde liegen. Eine repressive Politik hat sich als kontraproduktiv erwiesen und die Interpretation als Fehlanpassung lenkt die Gesellschaft von ihrem Anteil an der

Verantwortung ab. Für die Prävention wie Kontrolle wäre es ein wichtiger Schritt vorwärts, wenn man das jugendliche Problemverhalten als Teil einer Dialektik des Erwachsenwerdens ansehen könnte".

4. *Die fünf wichtigsten Problempunkte*

Als Ergebnis dieser Analyse seien noch einmal die *fünf wichtigsten Problempunkte* der gegenwärtigen Aufschiebe-Praxis zusammengefasst:

1. Die Aufschiebe-Praxis zieht aus der – möglicherweise richtigen – Einsicht, dass ein relativ später Einstieg in den Drogen-Konsum daraus folgende Drogen-Risiken i. w. S. mindern könnte, den falschen Schluss, dass auch nur eine *kurzzeitige* und/oder frühzeitige Verschiebung (etwa vom 12. auf das 13. Jahr oder vom 13. auf das 14. Jahr) solche positiven Folgen nach sich zöge.
2. Diese Zielsetzung will den *marker* beeinflussen, ohne doch dessen Ursachen bzw. Risiko- und Protektiv-Faktoren zu erreichen, die dann auch nach dem ‚Aufschub' (noch vor dem 15. Lebensjahr !) in gleicher Weise weiter wirken. Dies gilt sowohl dann, wenn, wie im >Be Smart-Don't Start<Projekt bewusst auf eine weitere Zielsetzung verzichtet wird, wie aber auch dann, wenn, wie etwa im >ALF< Projekt zwar (die als ursächlich angesehene, unzureichende?) ‚Lebenskompetenz' gesteigert werden soll, deren Erfolg jedoch nicht unabhängig, sondern lediglich an diesem ‚marker' gemessen wird.
3. Völlig offen bleibt, wie die Vermittlungs-Funktion des frühen Rauchbeginns (bzw. für dessen Hinausschieben) zwischen dem epidemiologischen Befund und den schlimmen Folgen *theoretisch zu erklären* wäre: Ist es die längere Dauer des Konsums oder einfach eine Konsequenz dessen, dass wir ein einmal als erfolgreich erlerntes Verhalten so gerne beibehalten („Im Allgemeinen ist das vorangegangene Verhalten eines der besten Prädiktoren für das entsprechend künftige Verhalten" Conrad et al 1992;1719 eÜ.); ist es die größere Unerfahrenheit im Umgang mit Risiken (die dann bei den 15-Jährigen so rasch umschlüge?), Ergebnis einer sich hierin offenbarenden besonderen Gefährdung oder nur Folge ‚culture-bedingter' Einflüsse (z. B. bei den Angehörigen niedriger Bildungsschicht, bei Mädchen oder Mitgliedern der white/black race); lauter ungelöste Fragen, die jedoch für Art und Inhalt einer Prävention entscheidend sind.
4. Ungeklärt ist zudem, inwieweit ein solches Aufschieben *tatsächlich* auch die problematischeren Konsumfälle reduzieren kann:

> „Some studies have examined the effects of prevention programmes on the delay of the first use, but few studies have examined whether it is possible to reduce the number of

new cases of problematic drug use. Accordingly, it is not known whether the number of subjects with serious drug problems (according to the diagnostic criteria of the DSM-IV) is significantly reduced by drug prevention programmes while this is in fact one of the most important issues from a public health perspective" (Cuijpers 2003;17).

5. Und schließlich zielt dieser Ansatz möglichst auf das *Grundschulalter* und die an sich *,braven' Nicht-Konsumenten* – und zwar ganz bewusst, was verständlich ist, weil man diese leichter ,überzeugen' und manipulieren kann, als die widerständig Älteren, die vielleicht schon einmal eine Droge probiert haben – was freilich die Sache nicht besser macht. Man fühlt sich dann berechtigt, aus Sorge Neugier zu wecken, auf sämtliche ,Just Say Know'-Ansätze[110] zu verzichten, wird also weder über die Drogen zureichend informieren noch gar über harm-reduction oder Genuss sprechen können. Man fühlt sich berechtigt, die in solchen Stadien erreichbaren ,individuellen' und ,in der Familie' liegenden Risiko-Faktoren zu bekämpfen (während die permanenter wirkenden ,strukturellen' Faktoren angesichts von Eile und knappen Mitteln „jetzt noch nicht" anzugehen sind). Man beschränkt sich auf die unteren Schul-Klassenstufen, ohne die angestrebte Permanenz erreichen zu können, schließt die (für die ,reale' Zielsetzung) so relevanten Übergänge vom experimentellen zum ständigen Rauchen aus seiner Perspektive aus[111] und behindert schon früh alle ,solidarischen' Ausstiegs-Hilfen auf der Klassen-Ebene.

Kurz und gut: Das allgemein so gepriesene Ziel, den Einstieg in den Drogen-Konsum zu verzögern, erinnert fatal an den Versuch, die Gläubiger auf Kosten der dadurch wachsenden Schuldenlast um ein weiteres Jahr zu vertrösten. Doch gilt auch hier der Spruch „Aufgeschoben ist nicht aufgehoben".

These 1.5
Vier abschließende Anmerkungen

1. Wie gewinnt man einen Überblick?

Angesichts so vieler wenig ergiebiger, widersprüchlicher und methodisch problematischer Einzelergebnisse versucht man immer wieder, diese Einzelstudien in einem *Überblick* zusammenzufassen, um von hier aus wenigstens die *Richtung* zu erkennen, die ein Präventionsprojekt einschlagen sollte.

Drei Wege bieten sich hierfür an. Zunächst die *Expertise*, die die Literatur durchforstet, um nach erfolgreichen Beispielen zu suchen, wie dies etwa Komro/Toomey (2002) für den Alkohol und das Handbook Prevention (1998) oder Künzel-Böhmer u. a. (1993) ganz allgemein für die Suchtprävention unternommen haben. Dieser Ansatz bleibt weithin dem Einzelbeispiel verhaftet, verlässt sich auf dessen Aussagen bzw. auf ähnliche Vorgänger-Expertisen, die bei wachsender Anzahl ausgewerteter Artikel sich immer mehr auf deren Abstrakts beschränken, deren Inhalt selten kritisch über die je eigenen Befunde berichten.

> Ein sehr typisches Beispiel dafür findet man bei Botvin (2000a;894 f.), der in seiner Übersicht über ‚Social and competence enhancement approaches' – unter Anführung von 19 weiteren Botvin-Artikeln – resümiert, dass zwar diejenigen Programme, die vornehmlich Information über die negativen Konsequenzen des drug abuse lieferten, gescheitert seien, doch „advances in prevention research over the past 2 decades demonstrate the efficacy of prevention approaches that focus on psychosocial factors associated with the onset and early stage of drug use.(…) additional research is needed".

Einen statistisch ausgefeilteren Zugang versuchen die oben mehrfach zitierten *Meta-Analysen*, die die Datenmengen bzw. Ergebnisse mehrerer Einzeluntersuchungen vereinen, um bei vergrößerter Datenmenge bzw. einander stützenden Korrelationen solche Zusammenhänge herauszuarbeiten, die aus statistischen Gründen im Material der Einzeluntersuchungen verborgen blieben. Diese Art der Analyse hängt entscheidend von der Güte der Ausgangsuntersuchungen ab – z. B. Kontrollgruppe, Berücksichtigung typischer Bias, übereinstimmende Evaluations-Kriterien etc. (vgl. Überla 1997). Neu gefundene bzw. bestätigte *positive*, d. h. signifikante Befunde können theoretisch für weitere Forschungsanstrengungen interessant sein, doch liefern sie keine ‚praktisch' signifikanten Ergebnisse, solange sie allein auf der größeren Anzahl (N) des zusammengefassten samples beruhen, da dadurch zwar die statistische Wahrscheinlichkeit eines signifikanten Ergebnisses erhöht wird, die Größe des Zusammenhanges (der erklärten Varianz) und damit der ‚Effektivität' jedoch nicht verändert wird. Interessant sind deshalb bei dieser Art der

Analyse vor allem die *negativen* Ergebnisse, die belegen, dass selbst bei (durch das größere N) erleichterten Signifikanz-Bedingungen ein Zusammenhang *nicht* festgestellt werden kann.

Einen dritten Zugang bietet schließlich die *Expertenbefragung*, der wir bereits oben bei der Frage nach den relevanten Evaluations-Kriterien begegnet waren (Uhl 1998).

Ein prominentes Beispiel hierfür ist die australische Zusammenstellung von *Prinzipien*, die einer effektiven schulischen Drogenprävention zu Grunde liegen sollten (Midford et al. 2002):

> Die Autoren gehen davon aus, dass „Research over the last decade indicates that certain school-based drug education programs can be effective in changing drug use and drug harm behavior (lit). This is a major breakthrough for a prevention strategy that has consistently been criticized in the past for not being able to demonstrate relevant behavioral change" (383).
>
> Sie kombinieren in ihrer Übersicht (1) eine eigene *Literaturanalyse* („findings from a number of well-evaluated studies with demonstrated effectiveness were compared so as to identify the recurring component elements (lit)" sowie „recent meta-analyses of drug education programs (...) as a way of gauging the relative effectiveness of particular program approaches and component elements") und (2) *Befunde* aus zwei vorausgegangenen ähnlichen Zusammenstellungen relevanter Prinzipien mit (3) einer *Fragebogen-Aktion* bei "210 drug education teachers and others involved in developing, supporting, or delivering drug education in schools", von denen 151 beantwortet wurden, sowie (4) mit 22 strukturierten *Telephon-Interviews* „with key informants involved in drug education policy, program development, and research. Selection of the key informants was based on their ability to influence drug education policy and practice nationally or at a jurisdictional level" (366 f.).
>
> Aus den Ergebnissen destillieren sie 16 Prinzipien, die mit dem Prinzip „Drug education needs to be based on sound theory, research, and evaluation as to effective practice" (1) beginnen, um dann u. a. zu fordern „Drug education is a whole of school responsibility and accordingly messages across the school environment should be consistent and coherent" (3); „Drug education is best initiated before young people start to use drugs and patterns become established" (6); „Drug education programs should use trained peer leaders to facilitate and support discussion" (9); „Drug resistance and more general social skills training should be undertaken" (12) und mit „Drug education programs should demonstrate adequate coverage, sufficient follow-up and ability to achieve long-term change" (16) schließen.

Alle diese Versuche beeindrucken durch ihren literaturmäßig und statistisch-methodischen Aufwand, mit dem sie freilich rasch die Problematik der jeweils zusammengefassten Einzelstudien verdecken müssen, sofern diese bei den besseren Einzelstudien nur durch eine sorgfältige kritische Einzelanalyse aufgedeckt werden können. Vor allem aber wiederholen und bestärken sie – wie wir dies oben schon bei den Evaluations-Kriterien feststellen konnten – die all den beigezogenen Präventionsansätzen gemeinsamen Grundannahmen – von der Defizit-Perspektive über die soeben besprochenen kurzfristigen Aufschub-Erfolge bis hin zum derzeit geltenden common-sense der ‚just-say-no' Kompetenz-Bemühungen.

So wenig diese Versuche also faktisch zu einer verbesserten Prävention beitragen können, so sehr verleihen sie bestimmten – jeweils gängigen[112] – Vorurteilen eine höhere Weihe, die sich dann höchst negativ auswirken kann, wenn sie informell oder offiziell in >Leitlinien< die Präventions-Praxis, -Politik und -Finanzierung weiter festschreiben. Eine ‚dispositive' Fixierung, die insbesondere dann nahe liegt, wenn sich die befragten ‚key informants' in solchen Zusammenfassungen wiederfinden. Ein Sachverhalt, der in den USA formell in den Förderrichtlinien für staatliche Zuschüsse als ‚zero-tolerance'- und ‚no use'- Voraussetzung festgeschrieben wurde (Brown 2001;96 f.), und der bei uns informell die Vergabe von Preisen, Forschungsmitteln oder die Einrichtung kommunaler Präventions-Stellen beflügeln kann.

2. *Wer forscht?*

Dieser insgesamt deprimierende Befund beruht nicht zuletzt auch darauf, dass sich auf diesem Feld – neben vielen ernsthaften aber oft auch arg handgestrickten Praxisprojekten – immer wieder Wissenschaftler tummeln, die sich wohl darauf verstehen, Forschungsgelder aus ‚gleichgesinnten' Töpfen einzuwerben, ohne jedoch wissenschaftlich kritisch solche hegemonialen Leitbilder zu hinterfragen. Insofern stellt auch die >Drogen- und Suchtkommission< (2002, 33) jüngst zum *Stand der Forschung* fest:

> Bei der *sozialwissenschaftlichen Forschung* und Qualitätsentwicklung „bestehen hier, aus der Sicht der Kommission bis heute gravierende Defizite, die nur teilweise mit fehlenden Instrumenten und/oder methodischen Schwierigkeiten erklärt werden können, sondern stattdessen möglicherweise auch in gewissem Maße mangelndem Engagement der jeweiligen Akteure geschuldet sind". Dies gelte „vor allem für sozialwissenschaftliche Ansätze, die das gesellschaftliche Umfeld über die bloße Frage substanzbezogenen Verhaltens einbeziehen und das Verhalten als eine Variante im Spektrum menschlichen Verhaltens im Kontext sozialer und kultureller Rahmenbedingungen begreifen".

Einen schlagenden Beleg für dieses – von welchen ‚Akteuren' verschuldete? – sozialwissenschaftliche Manko gegenwärtiger Drogen/Präventionsforschung bietet der vom BMBF (Bundesministerium für Bildung und Forschung) 2002 neu eingerichtete *Förderschwerpunkt* >Forschungsverbünde für die Suchtforschung<, in dessen vier hochdotierten Forschungsschwerpunkten lediglich zwei kleinere – annähernd präventionsorientierte – Projekte fragen, ebenso interessant, wie neben der Sache liegend: „Wege in den Tabakmissbrauch: Sind Kinder und Jugendliche mit Verhaltensstörungen stärker gefährdet?“ bzw. „Gibt es – bei Alkohol-, Cannabis- und Club-Drug-Konsumenten – spezifische psychosoziale und kognitive Problembereiche, Zusammenhänge zwischen psychosozialen und kognitiven Auffälligkeiten und spezifischen Konsumstadien, und: welcher Zusammenhang besteht zu psychopathologischen Problemen“ (in: Sucht 2002:191–223, S. 197,204)[113].

Hinzukommt als noch tieferreichendes Hindernis für nahezu die gesamte *Forschung,* die sich mit solchem >abweichenden<, >störenden< Verhalten bzw. >sozialen Problemen< – also auf individueller wie sozialer Ebene – befasst, die eben dadurch festgelegte Blickrichtung auf das Negative, auf das Störende, die sich zwangsläufig aus der professionellen Herkunft von Forscher wie >Forschungsobjekt< ergibt, etwa als Gutachten-Fall, Klient oder Insasse, die von jeweils ‚ihrem‘ dazugehörigen Spezialisten untersucht, diagnostiziert, behandelt und erforscht werden. Eine gleichsam logisch nahe liegende Perspektive, die entsprechend ‚logisch‘ dann auch den Blick auf deren positive Seiten, Fähigkeiten, Interpretationen und Leistungen verstellen muss, sofern sie diese nicht als Negativum neu definiert. Verknüpft sich diese Perspektive schließlich mit einer konfliktbeladenen Erwachsenensicht gegenüber Jugendlichen, wie sie die gesamte Präventionsarbeit zentral einfärbt[114], bei der üblicherweise die Sicht der Jugendlichen nicht wahrgenommen wird, und wenn, dann fast immer als irreal oder schönfärberisch/verleugnend abgewertet wird, sofern sie nicht >brav< die eigene Meinung bestätigt, dann ist eigentlich jede Pforte zu einer anderen Art der Prävention verschlossen. Auf den Inhalt dieser Sicht gehen wir in der folgenden These ein, den damit verbundenen ‚Generationen-Konflikt‘ behandle ich in der vierten These.

3. Was wäre zu übernehmen?

Diese allgemeine Kritik am gegenwärtigen Stand der ‚Drogen-Prävention‘ verkennt keineswegs, dass manche der auf Stressbewältigung, Selbstvertrauen und Kommunikationsfertigkeiten ausgerichteten Präventions-Vorhaben durchaus wünschenswert sind, selbst wenn sie nur im Rahmen einer sogenannten Sucht-Prophylaxe finanziert werden können. Und diese Kritik verkennt noch weniger, dass manche *>strukturelle<* Maßnahmen, die gelegentlich mit der Prävention verbunden werden, sofern sie „relativ grundlegende und basale Voraussetzung für gesunde und sozial integrierte Lebensweisen – bspw. gesichertes Einkommen und geregelte Ernährung, Schulbildung, geordnete Wohnverhältnisse u. ä. m.“ vorsehen, bereits als solche – also möglichst ohne Drogen-Hinweis – überaus sinnvoll wären[115]. Wir kommen auch hierauf weiter unten in These 6 noch einmal zurück.

4. Produziert die Prävention das Übel?

Man möchte insoweit abschließend diese erste These zur Wirksamkeit derzeitiger Prävention noch einmal zugespitzt im Rahmen der auch sonst üblichen Argumentationsweise wie folgt *zusammenfassen*: Das gleichlaufende Ansteigen des Drogen-Konsums und der Präventionsbemühungen könnte dafür sprechen, dass diese Art der Prävention das Übel, das sie bekämpfen möchte, vorantreibe, wenn nicht gar produziere.

Eine These, deren Plausibilität an sich derjenigen der umgekehrten Behauptung entspräche, der Rückgang bzw. das spätere Einsetzen etwa des Rauchens oder Alkoholkonsums sei ein *Erfolg* suchtpräventiver Bemühungen, wie dies in den USA geschah: „Die Resultate der ‚War on Drugs' Strategie wurden als ermutigend interpretiert, seit in den frühen 80ern vielversprechende Veränderungen im Drogen-Konsum-Verhalten zu beobachten waren" (Springer 1998;39 eÜ.)[116]. Weshalb Kolip (1999a;9) in ihrer Einleitung zu den ‚Programmen gegen Sucht' zu recht betont: „Inwieweit sich hinter diesem Rückgang ein Erfolg suchtpräventiver Bemühungen verbirgt, muss an dieser Stelle zunächst einmal offen bleiben. Internationale Vergleichsdaten geben zu einer tendenziell skeptischen Haltung Anlaß".

Ein „sich selbst erzeugendes autokatalytisches Phänomen", das Lindner/Freund (2001;88,78) in ihrer Kritik der Paradoxien der Präventionslogik aus der „symbolischen Befriedigung öffentlicher Sicherheitsbedürfnisse" wie folgt ableiten:

> „Denn dort setzt man mehr oder minder stillschweigend auf die prinzipielle Nicht-Falsifizierbarkeit von Präventionsversprechen, die Prävention gegen jedwede Nachfrage abschirmen: Sinken die Fallzahlen, wird dies umstandlos auf eine erfolgreiche Präventionsarbeit zurückgeführt, die natürlich dringend fortgesetzt werden muss. Steigen die Fallzahlen weiter an, rettet man sich unter Verweis auf die vielen intervenierenden Variablen, die Rückschlüsse auf das Scheitern der präventiven Maßnahmen verhindern und argumentiert zugleich damit, dass die Problemraten womöglich weitaus prekärer ausgefallen wären, hätte man die Vorbeugung unterlassen. (…) Die hieraus sich aufdrängende Folgerung, wenn man schon nicht wisse, was Prävention bewirke, so könne man doch wenigsten behaupten, dass sie auch nicht schade, lässt sich aber weder im Hinblick auf einen anwachsenden Legitimationsbedarf noch auf die kontraproduktive Nebenwirkungen aufrecht erhalten".

Gleichwohl geht man, ebenso wie bei den Evaluationsbemühungen (s. Guidelines 1998) eigentlich normalerweise – wohl wegen unserer ‚good intentions' und ‚best professional interests' – völlig selbstverständlich davon aus, dass diese Präventionsbemühungen stets nur (allenfalls nicht messbare) positive Resultate zeitigen. So, wie ja auch Therapeuten stets davon überzeugt sind, dass ihre Therapie helfe und keine iatrogenen Folgen nach sich ziehe, oder wie manche Jugendrichter immer noch daran glauben, Jugendstrafanstalten hätten einen erzieherischen Wert, während sie faktisch die Probleme ihrer Insassen verstärken.

Nur aus einer solchen Grundeinstellung heraus wird es dann auch verständlich, wenn dieselbe skeptische Autorin Kolip ein paar Seiten später schreibt: „Die Analyse der Entwicklungstrends (beim Rauchen und Alkoholkonsum S.Q.) lassen eher pessimistische Schlussfolgerungen zu, denn die Konsumraten haben sich – mit wenigen Ausnahmen – in einem Zeitraum von acht Jahren kaum verändert *trotz*[117] teilweise intensiver Präventionsbemühungen“ (S. 19, kursiv S.Q.).

Auch Barth (2000a;73 f.) folgt in seiner an sich kritischen Übersicht über die Evaluation von Suchtprävention diesem Strang, wenn er ausführt:

> „Problematisch sind Aussagen über den Erfolg von individuumsbezogenen oder für die Bevölkerung gestalteten Präventionsstrategien (Frage der Effektivität) anhand epidemiologischer Befragungen. Beispielsweise kann der Rückgang des Tabakkonsums bei Jugendlichen in den 70er Jahren als *Erfolg* personaler bzw. massenkommunikativer präventiver Maßnahmen oder der Präventionspolitik insgesamt gewertet werden. Doch stellt sich die Frage, ob angesichts stagnierender Abstinenzraten von einem *Misserfolg* derzeitiger Präventionsmaßnahmen gesprochen werden muss (kursiv S.Q.)“.

Da liegt es dann doch insgesamt näher, mit Springer (2000;22) davon auszugehen, dass „die beiden kulturellen Bewegungen ‚Nachfragereduktion durch Prävention‘ und ‚kulturell gebundener bzw. an bestimmte Lebensstil-Konzepte gebundener Drogengebrauch‘ sich parallel zu einander entwickelten – offenkundig ohne von der jeweils anderen ausreichend Notiz zu nehmen“. Und zwar in eben derselben Weise und aus eben demselben Grund, wie sich der Cannabis-Konsum Jugendlicher auch unabhängig davon entwickelt, ob man diesen kriminalisiert oder entkriminalisiert, wie Korf (2002) in einem sorgfältigen Vergleich der niederländischen Coffee-shop-Politik mit den Erfolgen bzw. Misserfolgen anderer Staaten herausarbeiten kann[118].

Analysiert man die *Gründe für diese paradoxe Situation,* stößt man auf vier miteinander verbundene Sachverhalte, die allesamt den Zugang zu den mit der Prävention angesprochenen Jugendlichen verschütten, wenn sie nicht gar diese selber gefährden: (1) Eine nahezu nur die negative Seite betonende *Defizit-Perspektive*, (2) einen kulturell ausgetragenen *Generationen-Konflikt*, (3) eine hiervon geprägte *undifferenzierte Unterscheidung* zwischen abstinenten und Drogen-konsumierenden Jugendlichen und (4) eine erstaunliche Unkenntnis *gruppendynamischer Prozesse* zwischen den am Präventionsgeschehen Beteiligten[119]. Ich versuche, diese vier Aspekte in den Thesen zwei bis fünf zu erläutern.

These 2

Die Sucht-Prävention begreift Drogen, Drogenkonsum und Drogen-Konsument vom negativen Ende her.

„Live by the *foma** that make you brave and kind and healthy and happy."

*Harmless untruths
The Books of Bokonon. I:5
(Kurt Vonnegut: Cat's Cradle.
Penguin Books 1963;6)

Bisher habe ich in der ersten These das Phänomen der Sucht-Prävention inhaltlich umschrieben, in seiner Entwicklung, seinen Strategien und seinen Versuchen, die geringen Erfolge durch die Betonung von Ersatzzielen zu kaschieren. Dies ist die eine Seite; die andere Seite des Phänomens stellt das Arbeitsfeld, das mit Hilfe der Sucht-Prävention bearbeitet werden soll. Dieser Bereich wird Gegenstand der zweiten These sein. Vergliche man also die erste Seite mit der ‚Therapie' – >Impfung< (inoculation) benannte Botvin diesen Vorgang – dann geht es jetzt um das zu bearbeitende Problem, die Störung, die Krankheit, die Fehlentwicklung

Drei Schwierigkeiten tauchen dabei auf, wie uns ein Vergleich mit der Aids-Prophylaxe lehrt. Hier wie dort versucht man ‚impfend' vorzubeugen, greift also, wie bei vielen anderen Krankheiten auch, schon lange vor ihrem Ausbrechen ein, um den Klienten dagegen zu immunisieren. Während wir dort jedoch mit einem real fassbaren Gegner rechnen müssen, mit dem HI-Virus und den physischen Krankheitsfolgen, müssen wir hier diesen Gegner vielfach erst *konstruieren*[120].

Wenn diese Strategie scheitert, lassen sich Gründe hierfür sowohl in der schlechten Therapie, wie aber auch in der besonderen ‚Heimtücke' des Gegners finden. So kombiniert man beim Aids heute auf der Basis naturwissenschaftlicher Überlegungen und Experimente mit wachsendem Erfolg *verschiedene* Methoden und erklärt ein schlechtes Abschneiden mit der großen Wandlungsfähigkeit des HI-Virus und dessen Eigenart, sich in die Abwehrzellen einzulagern.

Mangels entsprechend realer Gegner *häuft* die Sucht-Prävention dagegen, wie wir gesehen haben, auf der einen Seite einen Ansatz auf den anderen, wobei sie mit ihrer Strategie des ‚more of the same' immer weiter in die Kindheit zurückgreift, ihr Programm über mehrere Klassen-Jahre ausdehnt, stets umfassendere Kompetenzen fördern will, und schließlich im system-wide approach Schule, Familie und

Gemeinde sowie Massenmedien und Gesetzgebung (Altersgrenzen heraufsetzen, Steuer erhöhen, Werbeverbote und Strafen verschärfen) in ihr Anliegen einbezieht.

Wenn dann alles dies nicht hinreichend Erfolg verschafft, muss es am Gegner liegen. Und zwar bei einem nicht-realen, *konstruierten Gegner*, dem man deswegen nahezu beliebig, also nicht naturwissenschaftlich kontrollierbar solche Negativ-Aspekte zuschreiben kann. Ein Vorgehen, das deshalb so nahe liegt, weil wir ohnehin auf vielen humanwissenschaftlichen Feldern dazu neigen, ein Versagen unserer Strategie nicht dieser Strategie und damit uns als Experten, sondern dem Klienten zuzuschreiben – dem unwilligen Schüler, dem ‚Widerstand' des Patienten oder der Therapie-Resistenz des austherapierten Junkie.

Drei Eigenarten prägen diesen präventiven Ansatz. Zunächst das *medizinische* Modell als Vorbild und Legitimation. Was dort mehr oder weniger gut auf dem Feld der Krankheit naturwissenschaftlich begründet und überprüfbar funktioniert, bietet hier die ‚als-ob'-Folie für die eigene Rechtfertigung, auch wenn man sie nicht bis hin zum ‚Sucht-Gedächtnis' verkommen lässt.

Das zweite Moment besteht in der das eigene Vorgehen leitenden *Defizit-Perspektive*, die stets nur das Negative, Störende, zu Beseitigende, die Fehler, das gefährliche Risiko, die böse Peergruppe wahrnehmen kann, andere positive Seiten und vielfältige Ambivalenzen (*zwischen* gut und böse; riskant und *zugleich* förderlich; ohne eindeutigen Königsweg) dagegen aus der eigenen Wahrnehmung ausblenden muss. Ein Spiel, das, mangels realer Substanz, nahezu beliebig und unkontrollierbar vorangetrieben werden kann. Dieses einträgliche ‚Spiel' wird das Thema der zweiten These sein.

Das dritte Moment ergibt sich schließlich aus eben diesem konstruktiv zuschreibenden Charakter solcher Strategien. Während man im Aids-Bereich dessen Gefahren zwar unterschiedlich bewerten und in sein Verhalten einordnen kann, so wird dies den HI-Virus selber wenig beeindrucken. Im humanwissenschaftlichen ‚Therapie'-Bereich dagegen geraten solche Konstruktionen zum zentralen Agens, das diesen Konstruktionen dann auch zum Leben, zur *Realität* verhilft; sei es durch unsere darauf fußenden realen Aktionen, sei es, weil die Betroffenen im Guten (bei gelingender Therapie), wie aber auch im Bösen diese Zuschreibungen in ihr Selbstbild und in ihr daran ausgerichtetes Handeln aufnehmen. Dies wird uns in der 6. These beschäftigen.

Die Defizit-Perspektive, die heute das Präventions-Denken nahezu unbestritten beherrscht, beschreiben Lindner/Freund (2001;70) für das gesamte Gebiet der Prävention in der Jugendarbeit wie folgt:

> Die Gemeinsamkeit aller dieser Spezialpräventionen „erweist sich in der Orientierung an einem genuinen Element der Prävention, das sich als *notorische Defensiv- und Defizitorientierung* kennzeichnen lässt. Der Prävention sind Mängel, Defizite, Devianzen, Gefahren, Abweichungen oder sonstige Beeinträchtigungen immanent. Sie

benötigt diese Kategorien geradezu existenziell – nämlich um ihnen zuvorzukommen (Prä-Vention). Ohne Gefährdungen keine Prävention. Damit aber ist die Logik der Prävention unausweichlich strukturiert als notwendig misstrauens- und verdachtsgeleitete Wirklichkeitskonstruktion.

Aus eigenem Begriffsverständnis heraus basiert Prävention – explizit oder implizit – auf einer Haltung der Besorgnis, des Argwohns, der Spekulation, der Vermutung, des Zweifels, des Ahnens und Unglaubens, des Bedenken bis hin zu Unterstellungen, Befürchtungen und Bezichtigungen. Und indem diese Haltung auf eine ungewisse Zukunft hin ausgerichtet wird, strukturiert sie deren Erwartungshorizonte, reduziert die Offenheit des Möglichen auf präventiv (oder potenziell präventiv) relevante Sachverhalte und folgt damit einer Logik sich selbst erfüllender Prophezeiungen".

Kappeler (2001;282) konkretisiert dies für den Bereich der Sucht-Prävention:

„Die gesamte pädagogische Szene, Schulpädagogik, Eltern-, LehrerInnen- und SozialpädagogInnen-Bildung mit allen ihren Institutionen, also das ganze Feld der sogenannten Primär-Prävention, das von den Entwicklungen in der Drogenhilfe kaum berührt worden ist, hat die Präventionsleitlinien des *nationalen Rauschgiftbekämpfungsplans*[121] bis heute in der Praxis nicht revidiert. Hinter all den schönen Worten auch neuester Präventionstheorien verbirgt sich ungebrochen die Absicht, mit pädagogischen Mitteln in erster Hinsicht den aktiven Gebrauch vor allem illegalisierter Stoffe durch die Adressaten von Prävention zu verhindern und erst, wenn das nicht zum Erfolg führt, quasi als ‚Auffanglinie' für ‚Präventionsresistente', geht es um sogenannte *Risikokompetenz*, um die Risiken des ‚leider' mit allen Präventionsbemühungen nicht verhinderten Konsums psychoaktiver Substanzen."

Das Problem der zweiten These besteht darin, dass die übliche Frage nach den Ursachen des Scheiterns deshalb nicht zu beantworten ist, weil der eigentliche primäre Gegenstand, dessen Analyse uns eine Erklärung liefern könnte, realiter nicht existiert. Weshalb ich mich im weiteren Verlauf dieser These verstärkt der Analyse des therapeutischen Systems und weniger dem therapierbaren Übel selber zuwenden werde.

Ein Beispiel aus der Sexualwissenschaft mag verdeutlichen, welcher Blickwechsel hier erforderlich wird. Bis in die zweite Hälfte des vergangenen Jahrhunderts galt die Homosexualität wissenschaftlich, politisch und gesellschaftlich als objektives Übel, das man genetisch ableiten, bestrafen, im KZ versammeln und therapieren musste, und in das sich die Betroffenen auch weithin bis in ihr äußeres Verhalten hinein einordnen konnten. In dem Moment, in dem dieses Übel nicht mehr als Übel begriffen wurde, erledigte sich jede Frage danach, wie man ihm am besten prophylaktisch begegnen könne. Offen blieb alleine die Frage, auf welche Weise und mit welchem Interesse das frühere Homosexualiäts-Dispositiv funktionierte und warum man damals nicht wahrnehmen konnte, dass ‚gay sein' eine unter vielen menschlichen Existenzweisen ist, die ‚sogar' hervorragende Oberbürgermeister stellt.

Um in dieser Frage ein Stück voranzukommen, werde ich in dieser zweiten These zunächst kurz auf die Entwicklung und Struktur dieser Defizit-Perspektive eingehen, um sodann deren drei konstitutive Momente näher zu analysieren: Die Art, wie man versucht ein reales Gefahren-Szenario aufzubauen demonstriere ich am rezenten Boom der Bedrohung durch die legalen Drogen. Die beliebig auszuweitende irreale Bedrohungs-Komponente findet man in den beiden Konsum-Modellen des Rauschs und der Sucht. Den durch die Prävention am besten zu erreichenden personalisierten Gegner stellt schließlich der schlechte, d. h. Drogen konsumierende Jugendliche.

1. „Heilen statt strafen" und „Vorbeugen ist besser als Heilen"

Die gegenwärtige Art der Drogenprävention folgt einer doppelten Logik. Und zwar der moralischen Maxime, dass „Heilen besser sei als Strafen" und sodann der darauf aufbauenden schieren Alltagslogik, dass „Vorbeugen noch besser sei als Heilen".

1.1 Die *moralische Logik* sagt uns zunächst, dass im Kampf gegen das Übel das leichtere, ethisch wertvollere Mittel fürsorglicher Heilung statt strafender Repression zu bevorzugen sei. Dabei zielen sechs Argumentations-Stränge in dieselbe Richtung: (1) Die Vorstellung, dass Strafen/Repression gegenüber der Heilung/Therapie der stärker belastende Eingriff sei, (2) der durch seine gewollten größeren Negativ-Wirkungen – Stigmatisierung, Ressourcenbeschränkung, moralische Verurteilung – auch über das eigentliche Ziel der Verhinderung des Konsums hinausschösse. Diese ‚moralische Logik' gilt umso mehr, weil es sich hier (3) um verführbar/verführte Jugendliche handele, für die wir ja auch im Strafrecht die spezielleren, Sozialisations-bezogenen Sanktionen des Jugendstrafrechts (JGG) vorgesehen haben. Was insbesondere deshalb zutrifft, weil (4) das zu Grunde liegende Phänomen eigentlich ‚krankhaft' und nicht so sehr ‚sündhaft' sei, weshalb man es (5) im Betäubungsmittelgesetz durch die Sonderparagraphen der §§ 35 ff. BtMG berücksichtigt habe, die bei einigen der illegalen Drogen (fast nie bei Cannabis oder anderen Party-Drogen und sicher nicht beim Alkohol) die Formel >Therapie statt Strafe< realisieren.

Eine moralische Logik schließlich, die besonders deshalb nahe liegt, weil wir heute (6) zusammen mit der Bundes-Drogen-Beauftragten fast unisono das Scheitern der repressiven Drogenpolitik feststellen können:

„*Einen* Konsens des gestrigen Tages aber nahm Frau Caspers-Merk in ihrem Grußwort bereits vorweg und stellte fest: Die bisherige repressive Drogenpolitik sei gescheitert" fasst Jens-Christian Pastille (2003;81) das Ergebnis des ersten Teils der Berliner Drogenkonferenz vom 14.10.2002 zusammen.

Zumal man auf diese Weise auch den angeblich erfolgreicheren je eigenen Zugang zur Drogenproblematik als Sozialpädagoge, Therapeut oder Psychiater gegenüber den fehlgeschlagenen Reaktionen des Kriminaljustiz-Systems unterstreichen will und kann. Was im Rahmen des neuerdings so betont herausgehobenen gleichwertigen >Vier-Säulen-Modells< – Prävention, Beratung/Therapie, Überlebenshilfen, Repression/Angebotsreduzierung (Drogen und Suchtbericht 2003;11) – den vierfachen Vorteil besitzt, sich ein gutes Gewissen zu bewahren und den älteren Professionen als gleichberechtigt nicht ins Gehege zu kommen, auf ‚komplex/vernetzte' Weise das Problem anzugehen und sich noch immer im Kampf gegen das Übel einig zu sein.

1.2 Die zweite Stufe dieser Logik intensiviert deren Gehalt, indem sie auf die fraglose Plausibilität des *„Vorbeugen ist besser als Heilen"* – als offizielles Motto aller Prävention zurückgreift. So eröffnet denn auch die Drogenbeauftragte der Bundesregierung in ihrem Drogen- und Suchtbericht (2003,19) das Thema ‚Prävention' mit der fettgedruckten Aussage:

„Vorbeugen ist besser als heilen. Die Prävention hat in der Drogen- und Suchtpolitik der Bundesregierung, die auf vier gleichgewichteten Säulen beruht, eine besondere Bedeutung. Es können viele Schäden für den Einzelnen und die Gesellschaft als Ganzes von vornherein abgewendet werden, wenn ein gesundheitsschädlicher Konsum von Suchtmitteln – seien sie nun legal oder illegal – erst gar nicht eintritt. Je früher die Prävention den Menschen erreicht, desto nachhaltiger sind die Effekte. Eine besondere Zielgruppe für die Prävention sind deshalb junge Menschen".

„Dass es sinnvoller ist, künftige Übel durch geeignete Interventionen in der Gegenwart zu vermeiden, als sie erst dann zu bekämpfen, wenn sie manifest geworden sind, das erscheint so selbstverständlich, dass es keiner weiteren Begründung bedarf" bemerkt kritisch Ulrich Bröckling (2002; 39). Eine plausible Logik, die im als selbstverständlich begriffenen Übel, dem Drogenkonsum bzw. gar der Sucht, ihren überzeugenden Grund finden kann, und damit auch

„ihre Logik der antizipierenden Säuberung: Gegen welches Übel auch immer die vorbeugenden Maßnahmen antreten, es soll eliminiert werden. Ob es gegen Pocken oder Karies, gegen Tabakkonsum oder Jugenddelinquenz (...), ob Kriegen oder Bürgerkriegen vorgebeugt werden soll, Präventionsprogramme gleichen Kreuzzügen.

> Auch wenn ein endgültiger Sieg den Protagonisten selbst utopisch erscheint und sie sich mit bescheideneren Vorgaben zufrieden geben, als regulative Idee leitet dieses Ziel ihre Praxis" (S. 40).

Eine solche ‚prävenierende' Logik mag sinnvoll sein, wenn das *heute* bekämpfte Übel in direktem Zusammenhang mit dem größeren *künftigen* Übel steht. Dies trifft im Bereich der hier zu besprechenden schulbezogenen Primärprävention ganz direkt etwa die ‚gewalttätigen' Auseinandersetzungen unter den zumeist 12- bis 15-Jährigen, bei denen so häufig Opfer und Täter nur schwer auseinander zu halten sind[122], weswegen hier Streit- bzw. Konfliktschlichtungs-Projekte höchst sinnvoll sein können; Projekte, die man in Analogie zur gegenwärtigen fernsichtigen ‚Sucht-Prophylaxe' dann freilich eher als ‚Anti-Kriegs-Prävention' zu werten hätte. Dies gilt sicher auch bei den etwas Älteren für die ernsthafteren Folgen alkoholisierter Teilnahme am Straßenverkehr, weswegen auch hier präventive Bemühungen im Disco-Bereich durchaus angebracht sein können[123]. Beide Beispiele lassen sich aber *nicht* auf das hier interessierende Feld einer ‚Sucht'-Prävention verallgemeinern. Hier ist sowohl der Zusammenhang zwischen dem derzeitigen ‚normalen Konsum' und einer sehr viel späteren ‚Sucht' höchst problematisch – und nur durch das korrelative Risiko-Faktoren-Modell herzustellen – (ganz gleich was man dabei unter ‚Sucht' versteht), und hier möchte man zudem um einiger weniger künftiger Problemfälle willen, schon heute die gesamte Schülerschaft erfassen, verängstigen und mit unzureichenden Negativ-Informationen füttern.

2. *Zur historischen Wurzel dieses Denkens*

Die diese Logik anführende Defizit-Perspektive ist gleich dreifach in unserem *Denken tief verankert.* Sie wurzelt zunächst *historisch* in einer ursprünglich religiös begründeten Lustfeindlichkeit, und zwar in gleicher Weise im calvinistisch-protestantischen Arbeitsethos wie im zölibatären Katholizismus[124].

2.1 Dies gilt insbesondere für die USA, die in ihrem ‚war on drugs' das quasi-religiöse Bekenner-Anliegen der anonymen Alkoholiker mit missionarischem Eifer gewinnbringend nicht nur bei sich, sondern für die ganze Welt verfolgt:

> „Those who spread the notion that alcoholism and addiction are diseases and who wish to force people to acknowledge and be treated for these diseases are the very people who have been the most out of control. This peculiarly American passion play is supported by Americans' fascination with self-destruction, combined with a special American version of the penitent sinner. The nineteenth-century temperance lecturer

was a popular entertainment figure, one whose tales of degradation and ruin attracted and appalled people in equal measure" (Peele 1989;109). Eine Grundhaltung, die wir an Hand der ‚Sündenbekenntnisse' der letzten beiden Präsidenten – ‚sexuelle Spielereien' und ‚religiös inspirierte Alkoholismus-Heilung' – recht gut miterleben konnten.

In einer Gesellschaft, die heute ihren Widerspruch zwischen calvinistischer Enthaltung und kapitalistisch-postmodernem Massen-Konsum in extremer Form auslebt, findet diese Haltung nicht nur in der Massenbewegung der 12-Step-Gruppen (im Gefolge der Anonymen Alkoholiker), sondern im breiten Angebot professionalisierter Psycho- und Präventions-Hilfen einen wahrhaft förderlichen Nährboden:

„Drug scares continue in American society in part because people must constantly manage the contradiction between a Temperance culture that insists on self-control and a mass consumption culture which renders self-control continuously problematic (...) >addiction< or the generalized loss of self-control, has become the meta-metaphor for a staggering array of human troubles. And, of course, we also seem to have a staggering array of politicians and other moral entrepreneurs who take advantage of such cultural contradictions to blame new chemical bogeyman for our society's ills" (Reinarman 1994;100).

Mit dieser weltweit auf dem Wege internationaler Gremien (**I**nternational **N**arcotics **C**ontrol **B**oard INCB) sowie durch drei einschlägige internationale Conventions[125] und zuletzt auf der von der CND (**C**ommission on **N**arcotic **D**rugs) im Namen der UNDCP (**U**nited **N**ations International **D**rug **C**ontrol **P**rogramme)[126] realisierten UNGASS von 1998 (**UN** **G**eneral**a**ssembly **S**pecial **S**ession) – um nur einige der wichtigsten Abkürzungen dieser internationalen Institutionen zu benennen[127] – durchgesetzten >Drogenprohibition< wird unser drogenpolitisches Denken und Handeln ideell beeinflusst und praktisch mitgesteuert (Scheerer 1993). Henning Schmidt-Semisch (1999;133) fasst das generalisierend zusammen:

„Den eigentlichen Kick (dieser Art repressiv ausgerichteter Drogenpolitik S.Q.) aber sollte erst der 24. Oktober 1969 bringen, als US-Präsident Richard Nixon den Drogen ‚offiziell' den Krieg erklärte: Mit seiner Ausrufung des ‚War on Drugs', die in den folgenden Jahrzehnten von seinen Nachfolgern immer wieder und in den 80er Jahren sogar mit militärischen Interventionen bestätigt werden sollte (...) setzte Nixon den Startschuss zu jener Propaganda, die noch heute die Drogenpolitik bestimmt und sukzessive alle möglichen Differenzierungen einer rationalen Diskussion einebnete: Psychoaktive Substanzen mit langen kulturellen Traditionen mutierten in diesem Prozess zu todbringenden Drogen und schließlich zu Rauschgiften – ihr Genuss verwandelte sich in Rausch, ihre Einnahme in Missbrauch, ihr Konsum in Sucht, und ihren Konsumenten wies man per Gesetz den Status von Kriminellen zu, die in ummauerten Anstalten zu absoluter Abstinenz und damit zur Raison zu bringen waren".

Und Levine (2003;147 f.) konkretisiert diese Doppelpolitik von praktischer Prohibition und ideologischer Dämonisierung jüngst für unsere Fragestellung wie folgt:

> „In a war on ‚drugs', defining the enemy necessarily involves defining and teaching about morality, ethics, and the good things to be defended. Since the temperance or anti-alcohol campaigns of the 19th century, antidrug messages, especially those aimed at children and their parents, have had recognisable themes. Currently in the US these anti-drug messages stress, individual responsibility for health and economic success, respect for police, resisting peer-group pressure, the value of God or a higher power in recovering from drug abuse, parents knowing where their children are, sports and exercise as alternatives to drug use, why sports heroes should be drug tested, low grades as evidence of drug use, abstinence as the cause of good grades, and parents setting good examples for their children. Many people – police, politicians, educators, medical authorities, religious leaders – can find some value that can be defended or taught while attacking ‚drugs'".

Stanton Peele (1989;X) warnt uns deshalb im Vorwort zu seiner Kritik an der ausufernden einheimischen Addiction-Treatment-Industrie:

> „This book could only have been written in America. At the same time, however, as the United States exports its ideas – rather perversely, one would think, in view of how poorly we are doing ourselves – what I say here can serve as a warning to other countries as they ponder how they should respond to American initiatives in the addiction".

Für unsere spezielle Frage nach einer ‚europäisch' ausgerichteten, sinnvollen schulischen Prävention fasst Springer (2000;19,21,25)[128] dies aus europäischer Sicht in seiner kritischen Übersicht über die Ausrichtung der Primärprävention in Europa überzeugend zusammen:

> „Die europäische Primärprävention ist nicht vergleichbar prohibitiv ausgerichtet wie die US amerikanische (…) In Europa kann man sich den Entwurf einer drogenfreien Gesellschaft, in der auch der Gebrauch des Alkohols ausgeschlossen wäre, kaum vorstellen", um dann jedoch fortzufahren: „Andererseits benutzt ungeachtet aller Verschiedenheit der grundsätzlichen Ausrichtung zwischen den Systemen der Primärprävention in Europa und USA die europäische Prävention hinsichtlich ihres theoretischen Rahmens und der zur Anwendung gebrachten Methoden und Strategien die amerikanische Prävention als Vorbild.
>
> Dies wird klar erkennbar, wenn man die ‚Hitliste' der Präventionsstrategien und -methoden betrachtet (…) In dieser Hitliste finden sich ‚skills training', ‚Peer-Gruppenarbeit', ‚Kompetenzförderung', ‚Einstellungsbeeinflussung', ‚Erlernen von Alternativen' etc. (…) Entsprechend den konzeptionellen Grundlagen stammen auch die Strategien, die zum Einsatz gebracht werden, um den erwünschten Verhaltens-

> wandel zu bewirken, dem Instrumentarium der behavioristischen pädagogischen Psychologie und der Verhaltensmodifikation. Wir konnten finden, dass insgesamt nicht-drogenspezifischen Zielvorstellungen und damit verbundenen Strategien Vorrang eingeräumt wird“ (S. 19, 21)[129]. So lautet denn auch sein Gesamtfazit: „Bislang hat man des öfteren den Eindruck, dass bestimmte Aussagen aus den USA wie Kochrezepte aufgegriffen und von Praktikern gleich zur Anwendung gebracht werden“ (S. 25)[130].

Das ist kein Wunder wenn man die finanzielle und tatsächliche Dominanz US-amerikanischer Präventions-Forschung bedenkt: „NIDA press releases proudly note responsibility for 85 % of drug research in the world“ stellten Paglia/Room schon 1999;4 fest. Ein recht überzeugendes Praxis-orientiertes Beispiel hierfür bietet das von van der Stel bearbeitete Handbook Prevention der Pompidou-Gruppe (1998;17–91), das auf der Basis einer eher niederländisch realistischen Sicht mit therapieorientierter ‚Jellinek-Kliniek‘-Färbung[131] in dem Moment, wo es um praktische Folgen für eine Primär-Prävention geht, fast ausschließlich auf US-amerikanische Vorgaben insbesondere des **O**ffice for **S**ubstance **A**buse **P**revention (OSAP) zurückgreift.

2.2 Man ist versucht, hier aktuell in mehrfacher Hinsicht eine direkte Parallele zu US-*präventiven* Kriegsbemühungen zu ziehen[132]: (1) Das *künftige* Übel – der Terror bzw. der Abusus – wird schon *heute* bekämpft, wobei sowohl Kollateralschäden (Zivile Opfer bzw. Stigmatisierung) in Kauf genommen, wie auch andere Ansichten als kollusive Begünstigung diffamiert werden (Wer Ketzer verteidigt, ist selber Ketzer bzw. wer protestiert, der verharmlost das Übel), während die eigenen Lügen (Massenvernichtungswaffen oder Einstiegsdrogen) als Mittel zum Zweck geheiligt sind, womit das angeblich bekämpfte Übel selber (Terroristen-Schläge bzw. Drogenkonsum) weiter vorangetrieben wird. (2) Dies geschieht auf der Basis eines unreflektiert selbstgewissen, missionarisch-religiösen Bewußtseins, das – jenseits aller ‚postmodernen‘ Ambivalenz – im Entweder-oder-Denken des „wer nicht mit uns ist, der ist gegen uns“ von der Richtigkeit des eigenen Handelns überzeugt ist. Eines Handelns, das (3) auch im Vollbewusstsein seiner realen und ‚kulturellen‘ Machtüberlegenheit die internationalen Gremien und das internationale Recht im eigenen Interesse sowohl manipulieren kann – wie dies schön für die Genese der internationalen Drogen-Konventionen zu beobachten ist – oder, wie jüngst mehrfach, simpel missachten konnte, weil und solange es (4) dem eigenen, angeblich ‚nationalen‘ Interesse zu dienen scheint[133].

3. Die medizinisch-strafrechtliche Perspektive

Diese (quasi)religiös fundierte Defizit-Optik verbindet sich – eigentlich von Anfang an, wie Levine in seinem erwähnten Besprechungsaufsatz belegen kann – mit einer immer stärker werdenden *medizinischen* Sichtweise, also mit einer pharmakologisch, psychiatrisch, therapeutisch geprägten Grundüberzeugung, die vorrangig am ‚Patienten', am Kranken, an der Störung orientiert ist: „Suchtprävention fußt auf dem binärem Code der Suchtkrankenhilfe" (Barsch 2002;41). ‚Salutogenetische' Aspekte, wie die von der Weltgesundheitsorganisation (WHO) unterstrichenen breiter gefächerten Gesundheits-Aspekte werden hier zwar gerne zitiert – etwa im Rahmen der unten näher angesprochenen ‚protektiven Faktoren' – doch üblicherweise bestenfalls als Ergänzung der zu Grunde liegenden medizinischen Störungs-Perspektive eingesetzt.

Wiederum kann ein Blick in die oben erwähnten >Forschungsverbünde für die Suchtforschung< hierfür den notwendigen Beleg liefern:

> Man findet hier von der ‚Psychotherapie alkoholkranker Patienten' über die ‚neuronale Plastizität, kognitive Funktionen und deren Beziehung zum Behandlungserfolg bei Patienten mit Alkohol- und Nikotinabhängigkeit' bzw. der ‚Behandlung einer komorbiden Nikotinabhängigkeit bei Alkohol und Opioidabhängigkeit' bis hin zur ‚Raucherentwöhnung in der allgemeinärztlichen Versorgung' lauter spannend medizinische Themen, doch, abgesehen von einer ‚bevölkerungsbasierten Intervention bei Tabakrauchern' und einer ‚ökonomischen Analyse von Frühinterventionen zum Tabak- und Alkoholgebrauch' keinerlei genuin sozialwissenschaftlichen Forschungsprojekte (BMBF Förderschwerpunkt 2002; 193 ff.).
>
> Auch das neue 14-köpfige Redakteursteam der Zeitschrift Sucht – „die Suchtzeitschrift mit der weltweit zweitgrößten Auflage" – das sich allein aus Medizinern und Psychologen zusammensetzt, verzichtet auf sozialwissenschaftliche Expertise (Sucht 2001;316, 376–381).

Diese sowohl ‚lustfeindliche' wie ‚störungsfixierte' Perspektive wird schließlich sinnvoll durch die *strafrechtliche* ‚Illegalisierung' ergänzt, denn bestraft wird angeblich ja nur das, was Schaden bringt, selbst wenn diese Strafe selber auch noch so viel Schaden stiftet. Dies gilt zunächst für die seit den zwanziger Jahren des letzten Jahrhunderts strafbaren ‚Altdrogen', die dann in jüngster Zeit durch die sog. Partydrogen ergänzt wurden, und die heute – im Vorfeld zumindest – auch das Nikotin zu erfassen beginnt[134]. Der klassische Doppelcharakter der ‚Therapie-und-Strafe'-Regelung der §§ 35 ff. BtMG (**Bet**äubungs**m**ittel**g**esetz) belegt diese innige Verbindung ebenso wie umgekehrt die relative Verharmlosung des weder als abweichend noch als kriminell wahrgenommenen hauseigenen Pharma-Konsums.

4. Diese Perspektive färbt selbst noch die alternativen Ansätze

Das Ausmaß, mit dem diese – professionell notwendige – Sichtweise das Selbstverständnis einer auf ‚Prävention von Sucht und schädlichem Gebrauch' ausgerichteten Berufsgruppe prägen kann, tritt insbesondere dann zu Tage, wenn sie – alternativ orientiert – versucht, überkommene ‚Übel-orientierte' Gleise zu verlassen. Wenn man also etwa an Stelle einer auf Abstinenz ausgerichteten Therapie nunmehr auch >kontrollierte< Gebrauchsformen oder gar eine akzeptierende, auf >harm-reduction< hin orientierte Grundhaltung einnehmen will, ohne doch diese gleich wieder als eigentlich >suchtbegleitend< misszuverstehen. Eben diese Grundproblematik, die weder die positiven Seiten eines Drogenkonsums noch die negativen Seiten abstinenzorientierter Propaganda und Reaktionen wahrnehmen kann, trifft auch auf die präventive Arbeit zu. Das zeigt sich etwa dann, wenn sie beginnt >protektive< Schutzfaktoren in ihr Kalkül einzubeziehen, oder wenn sie, umfassender noch, >Lebenskompetenz< im Rahmen einer >Gesundheitsförderung< als ureigene Aufgabe begreifen möchte:

> Eine derartige – an sich erwünschte – Neuorientierung ist „ähnlich wie Lebenskompetenzförderung, die ja starke Überlappungen mit dem Gesundheitsförderungsansatz aufweist (…) zum gegenwärtigen Zeitpunkt in der Sucht- und Drogenprävention weitgehend unbestritten", doch wurde in der österreichischen Studie zur „professionellen Suchtprävention" nur „von einer ganz kleinen Minderheit der TeilnehmerInnen eine Ausweitung des Tätigkeitsspektrums in Richtung allgemeine Gesundheitsförderung angedeutet, indem für die ausführliche Bezeichnung der Aufgabenstellung der Begriff ‚Gesundheitsförderung, insbesondere Prävention von Sucht und schädlichem Gebrauch' vorgeschlagen wurde, „die überwiegende Mehrzahl der TeilnehmerInnen sprach sich allerdings entschlossen gegen diesen Versuch aus" (Uhl/Springer 2002;55, 61 f.).

Auch das Handbook Prevention (1998;52) der Pompidou-Gruppe tendiert in diese Richtung, wenn es auch auf eher ‚rückständigere' Mitglieder-Länder Rücksicht nimmt, wie man zumindest zwischen den Zeilen immer wieder lesen kann:

> „If viewed from a historic point of view the prevention sector has always been inclined to opt for the more radical approaches to achieve abstinence – based on the assumption that it is easier to begin than to stop. Providing guidance for use, as an exercise in itself, remained outside the field of prevention work for a long time. Nowadays it is becoming more common to focus on the extent to which use can be considered safe and consciously under control. For alcohol this approach is more or less accepted. (…) but as far as drugs are concerned, in most countries this type of practice only exists in the imagination of a small group of lobbiers. Controlled drug use would seem to be almost impossible, even though the reality has shown that it can work. A discussion point in the coming years in a number of European countries will relate

> to the question of whether the prevention sector would be advised to optimalize the socio-hygienic conditions for certain forms of drug use".

Noch bedrohlicher werden solche Zumutungen dann, wenn es um eine mögliche >Genuss-Orientierung< gehen soll. Zwar gehört es sich heute, „einheitlich zu betonen, dass Genuss ein wesentlicher Bestandteil menschlicher Existenz sei, der positiv definiert werden sollte und nicht bloß als Risikofaktor für die Entstehung von schädlichem Gebrauch und Sucht gesehen werden dürfe", weshalb es „außer Frage stehe, dass es jedem Individuum überlassen sein muss, ob es sich für Askese und Genussverzicht oder für eine hedonistische Lebensweise entscheidet" (Uhl/Springer 2002;63).

Doch schon diese krasse Gegenüberstellung von Askese bzw. Genussverzicht gegenüber einer *hedonistischen Lebensweise* deutet ein tiefer sitzendes Unbehagen an, das dann in dieser österreichischen Studie auch dazu führte, dass man sich zwar darin einig war „Suchtprävention solle auf keinen Fall als Vorwand dafür dienen, Kindern und Jugendlichen ein karges und lustfeindliches Leben nahe zu legen oder aufzuzwingen. Rund die Hälfte betonte ergänzend dazu, dass aber natürlich auch das Gegenteil – eine extrem hedonistische Lebensweise – weder nahegelegt noch aufgezwungen werden sollte" (S. 63).

Walton (2001;177 f. eÜ.) greift in seiner Kritik an Erich Goode (1997)[135] eben diese Gleichsetzung von Hedonismus und Genießen mit folgender Überlegung auf: Wenn Goode zur Erklärung eines gelegentlichen nicht-problematischen Drogengebrauchs die ‚unconventionality, a desire for adventure, curiosity for a >forbidden fruit<, hedonism, willingness to take risks, sociability, and subcultural involvement' anführe, also exakt die Momente, die man auch bei uns – gutwillig – immer wieder zur Erklärung jugendlichen Drogen-Konsums benennt, dann verfehle er genau den entscheidenden Grund, warum man Drogen nimmt:

> „Beyond that suspiciously loaded designation ‚hedonism', there is otherwise no acknowledgement of the biggest factor of all: namely, the fact that the user happens to enjoy taking the substance concerned. Perhaps Goode feels this is addressed by hedonism, but this would imply that every pleasurable experience consciously opted for marks its practitioner out as a self-obsessed, card-carrying Aristippean. Under this definition, every glass of wine drunk with dinner would have to go down as hedonism, which seems a very milk-and-water version of the sensual life, to say the least". Ich gehe auf diese zentrale Fragestellung unten (These 8) noch ausführlicher ein.

5. *Die Struktur der Defizit-Perspektive*

Fassen wir dieses Grunddilemma wiederum etwas überspitzt zusammen, dann müssen wir heute davon ausgehen, dass diese Defizit-Perspektive nicht nur die in ihr gründende Macht-Position all derjenigen legitimiert, die darin im besten Interesse der Jugendlichen wie ihrer Klienten Auskommen und gutes Gewissen finden. Sie bietet ihnen – sicherlich ungewollt – zugleich aber auch *Anlass und Grund* für ihr weiteres Handeln, weil sie vierfach das Ziel einer zureichenden >Prävention< verfehlen muss: Man unterschätzt das Gewicht der ‚positiven' Ursachen des Konsums; man verfestigt eventuell problematisches Drogenverhalten, man stigmatisiert diejenigen, die eigentlich erreicht werden sollen, und man favorisiert damit zugleich im Gegenzug ein abstinentes Verhalten, das sozial isoliert und der Gesundheit abträglich ist, worauf ich weiter unten (These 4) näher eingehen werde.

In den folgenden drei Teilen dieser These sei dieser für das Verständnis gegenwärtiger Drogenprävention grundlegende Sachverhalt näher umrissen. Und zwar zunächst für die Negativ-Sicht der *Droge* selber, wie sie heute insbesondere am Beispiel der wachsenden Umwertung des Konsums legaler Drogen in Erscheinung tritt. Sodann gehe ich in einem zweiten ausführlicheren Schritt auf die beiden ‚Negativformen' des *Drogen-Konsums* ein, und zwar auf den >hedonistischen Rausch< einerseits und auf die >Sucht< als führendes Leitmodell dieser präventiven Arbeit andererseits. Im dritten Teilschritt untersuche ich schließlich die besonders problematische Abwertung der *Konsumierenden*, also die Rolle der jugendlichen Drogenkonsumenten mitsamt deren defizitären Ätiologie.

Droge, Konsum und Konsument bilden dabei ein eigenes ‚ätiologisches' *Defizit-Dreieck*, in dem die Droge zugleich physisch schaden und Sucht produzieren, die Suche nach dem Rausch süchtig entarten und die Sucht-Persönlichkeit ihrerseits wiederum zum Drogenkonsum verführen soll.

In allen drei Momenten – Droge, Konsum, Konsument – wirkt derselbe Defizit-orientierte dreifache Wahrnehmungsmechanismus, der (1) primär den jeweils negativen Pol des Phänomens wahrnimmt, den positiven Pol dagegen aus den Augen verliert, (2) diesen Negativ-Pol möglichst von seiner Extremvariante aus definiert und schließlich (3) von dort aus alle anderen Phänomene (seiner Dimension) nach dem Modell der Einstiegsdroge als lineare Vorform dieses Endzustandes versteht.

Insofern bietet etwa das Heroin als ‚härteste' Droge das Ausgangsmodell der Substanz-Sicht, die selbst noch den gelegentlichen ‚genießerischen' Cannabis-Konsum als stepping stone zum künftigen Crack-Konsum begreift – findet man doch bei fast allen Crack-Konsumenten einen vorangegangenen Cannabis-Konsum (wie auch Pharma-Konsum), während umgekehrt die Masse der Cannabis-Konsumenten, die nicht bei solch ‚harten' Drogen landet, in dieser Sicht nicht zu gebrauchen ist. Beim Konsum dominiert der ‚Abusus', den man bei den üblichen Drogen kurz hinter dem ersten ‚Probier-Konsum' ansiedelt, und der mehr oder weniger in Rausch und Sucht enden wird[136]. Und jeder Konsument wird als mögliche Vorform des Süchtigen begriffen, der seinerseits wiederum weniger nach dem Bild der Arbeitssucht, denn als Junkie modelliert wird.

Ein dreifach gelagerter Wahrnehmungsmechanismus, der sich notwendigerweise dann ergibt, wenn ‚drogentherapeutische' Interessen die Prävention lenken, während die Eigenqualität jugendlichen Konsums auf der Strecke bleibt.

These 2.1
Die Gefahren der Droge; die Droge als Gefahr

Die *Substanz* der Droge, besser noch deren drogenwirksame chemische Haupt-Komponente, das Kokain, Heroin, MDMA, THC, Äthylalkohol, Nikotin oder Coffein etc., bestimmt den als real begriffenen Kern unserer Drogenpolitik, unserer Drogen-Sorgen wie auch das Denken ihrer professionellen Verwalter; wobei wir uns in doppelter Hinsicht sowohl auf deren materiell-direkte wie auch auf deren eher immaterielle Auswirkungen berufen können – ohne dabei jedes Mal das Wirken der als selbstverständlich vorausgesetzten Kausalität dieser Substanzen näher untersuchen zu müssen[137]. Zum einen sind es – psycho-somatisch bzw. medizinisch-psychiatrisch relevant – deren physisch drohenden Folgen (Lungenkrebs bzw. Drogentod) und deren dauerhaft psychischen Äquivalente (Psychose, Denkstörung, amotivationales Syndrom). Und zum anderen – nunmehr psychologisch-pharmakologisch begründbar – befürchten wir deren craving- und suchterzeugende Potenz mitsamt ihren ‚materiell' nachweisbaren Entzugs-Syndromen und hirnphysikalischen Mechanismen (Serotonin, Dopamin, Anandamin, Endorphine).

Ohne uns an dieser Stelle inhaltlich auf Art und Ausmaß dieser Negativ-Wirkungen mitsamt den damit verbundenen höchst komplexen Nachweis-Problemen einzulassen[138], interessiert uns hier allein, *wie* solche Gefahren präventions-politisch verwendet werden. Wir beziehen uns dabei als Beispiel vor allem auf die in den letzten Jahren verstärkt einsetzende Negativ-Propaganda hinsichtlich der *legalen* Drogen.

1. Die ambivalente Doppelbedeutung der Droge

In allen diesen Fällen übersieht man zunächst die höchst *ambivalente Doppelbedeutung* einer jeden Droge, die ja nicht wegen deren ‚Risiken', sondern eben wegen ihrer positiven' Wirkungen probiert und konsumiert wird:

> „Die Lust, die ein genießender – im Fachjargon: Genussorientierter – Gebrauch von Drogen bereitet, ist eine Schwester jener anderen, den Einzelnen und die Welt seit je bewegenden Lust, die uns das sexuelle Erleben bereiten kann. Zusammen bilden sie einen Focus des Glücksstrebens" (Kappeler 2002).

Eine Feststellung, die umso mehr für die hier besprochene Jugendphase im Übergang zur Adoleszenz gilt, treffen sich hier doch – häufig zudem in ein und demselben Zusammenhang – erwachende Sexualität und frisch erworbene positive Drogenerfahrung noch ‚ungewohnt' und unbelasted von erwachsener ‚Gewöhnung' und physischer Folgewirkung. Während wir dagegen in unserer einseitigen Defizit-Perspektive allenfalls davon ausgehen dürfen, dass unsere >sensation-seeking< Jugendlichen eben das in der Droge verborgene Risiko suchen, sofern sie nicht gar durch die , negative' suchterzeugende Eigenschaft der Droge beziehungsweise durch ihre der Droge verfallenen Freunde zu diesem Konsum verführt werden.

Unser Leitbild dafür ist im Alltagsbewusstsein wie weithin auch in der Alltagspraxis noch immer die ‚*illegale* Droge', und zwar primär die als ‚hart' definierte Droge Heroin oder in jüngerer Zeit das Kokain oder, angeblich noch schlimmer, das Crack[139]. Die sogenannten ‚soften' Drogen Cannabis oder Partydrogen gelten dementsprechend, von diesem schlimmen Ende her gesehen, als >Einstiegs-Drogen<. Alle diese illegalen Drogen sind gleichsam aus sich heraus gefährlich, weil sie ‚bestraft' werden, denn nur gefährliche Handlungen werden doch bestraft; ihr Konsum ist damit kein >Konsum<, sondern schon als solcher >Missbrauch< bzw. >Abusus<[140]; eine Zuschreibung, die an sich, gleichsam natürlich, schon aus der Art dieser Substanzen erfolgt, die sich jedoch zugleich inhaltlich (= gefährlich, also illegalisiert) wie formal (= strafbar, also Miss-Brauch) auf eben diese Bestrafung berufen kann.

>*Legale*< *Drogen* werden dagegen in diesem Kontext heute noch zumeist entweder deutlicher differenziert – Alkohol versus Trunksucht – oder aber in ihrem Risiko-Potential überhaupt nicht wahrgenommen. Das galt sehr lange für den **T**abak. So wurden und werden noch immer im geläufigen Terminus >AOD< (**A**lcohol and **O**ther **D**rugs) sowohl Nikotin wie auch die Pharmaka schon in der Überschrift aus diesem Feld ausgeschlossen und erst in jüngster Zeit zu einem >A**T**OD< ergänzt.

Und heute gilt es noch immer für *Pharmaka*, die angeblich nur im medizinischen Kontext verschrieben werden, wenn uns auch die Diazepine einerseits und Ritalin[141] andererseits beginnen Sorge zu bereiten[142] und der >Aktionsplan< (2003;15,33 f.) jüngst ganz allgemein den ‚Arzneimittelmissbrauch' in seine Überlegungen mit einbezieht. Doch wurde etwa bei der jüngsten Wiederholungsbefragung zur Drogenaffinität Jugendlicher in der Bundesrepublik Deutschland nur auf Alkohol, Nikotin und illegale Drogen eingegangen (Bundeszentrale 2001), und so nahm selbst noch die rezente >Stellungnahme der Drogen- und Suchtkommission< (2002) bei Medikamenten an:

> „Die Verankerung der Prävention im Gesundheitswesen kommt der subjektiven Verortung des Konsums von Medikamenten mit Abhängigkeitspotenzial als Gesundheits- und nicht als Suchtproblem näher und erreicht die Konsumierenden bzw. Abhängigen daher besser" zumal die „Zielgruppe mehrheitlich Frauen, v. a. in höherem Alter" seien (19)[143].

Eine Behauptung, die angesichts des hohen Pharma-Konsums bestimmter Mädchengruppen zumindest gewagt erscheint, die vor allem aber – im so naheliegenden Umkehrschluss – die ‚anderen Drogen' trotz aller ‚salutogenetischer' Überlegungen aus diesem ‚Gesundheitswesen' (was ist das eigentlich?) ausklammern will. Offenbart sich da das im Hintergrund wirksame Gedankengefängnis oder handelt es sich eher um eine noch näherliegende Folge einflussreicher Lobby-Arbeit, sofern man denn beides voneinander sauber trennen könnte.

Diese Art der Pharma-Verharmlosung ist heute – nach der analogen Nikotin-Geschichte – der beste Beleg dafür, wie die (ökonomische) Macht über und durch unsere Köpfe hindurch Wahrnehmung und entsprechende ‚Politiken' bestimmt: Müsste man doch eigentlich im geläufigen Drogen-Verlaufs-Schema davon ausgehen, dass der Konsum von Medikamenten – etwa bei Kopfweh, Erkältung und Menstruationsbeschwerden – die Eingangspforte zum Erlernen eines substanzbezogenen Befindlichkeits-Managements öffnet, dem dann erst später die anderen Drogen, wie Alkohol, Koffein und Partydrogen folgen.

Vielleicht zeigt sich hier, wie man am effektivsten ‚Prävention' betreiben könnte, wenn es nur gelänge, die (Pharma)Industrie, die (Chemie)Gewerkschaft, internationale Verflechtungen und Verpflichtungen, Ärzte und besorgte Eltern auch im Hinblick auf die anderen Drogen zusammen zu schalten[144]; Ansätze hierfür liefert heute schon die Tabak-Industrie, sofern sie beginnt, ineffiziente, doch im Publikum hoch angesehene Präventionsvorhaben zu sponsern (Brown 2001;98).

2. *Die Negativ-Perspektive der legalen Drogen*

Geraten solche *legale Drogen* dennoch in das Blickfeld der Prävention, beginnt sich auch hier deren *Negativ-Perspektive* durchzusetzen. Das setzt ein mit dem häufiger werdenden Hinweis auf die Schäden legaler Drogen als emotional hoch wirksames Argument für entsprechende Präventionsbemühungen. Ein Argument, das übrigens zuvor zumeist nur benutzt wurde, um die Schäden der illegalen Drogen ‚ins rechte Licht' zu rücken („Nikotin ist doch schädlicher als Cannabis…"); ein sehr typisches Schicksal solcher Argumente, die, einmal in den Diskursraum eingeführt, gerne übernommen werden, um im Rahmen der je hegemonialen Perspektive eine ganz entgegengesetzte Bedeutung zu erhalten[145].

Dabei folgen die Produzenten solcher Schaden-Zahlen dem marktmächtigen und medienträchtigen Vorgehen der Pharma-Industrie und ihrer Interessenten, die mit ständig wachsenden Millionen-Zahlen „erfundener Krankheiten"[146] – von den 35 Millionen mit Rückenschmerzen (Dt. Rheuma-Liga) über 10 Millionen mit Reizdarm-Syndrom (Gastro-Liga) bis hin zu 2,3 Millionen mit Krankhafter Angst (MPI für Psychiatrie, München) oder den 1,1 Millionen mit einem Freizeit-Syndrom (Universität Tilburg) – ihr einträgliches Geschäft vorantreiben.

In diesem Sinne fasst dann Bettina Schmidt (2000;344) diese Sicht für die Bundesrepublik noch moderat zusammen:

„Die Übersicht zeigt sehr deutlich, dass aus gesundheitswissenschaftlicher Perspektive der weit verbreitete Gebrauch der Alltagsdrogen besonders kritisch zu bewerten ist und hier präventive und gesundheitsförderliche Maßnahmen sinnvoll genutzt werden können. Grob geschätzt gelten rund 15 Mio. Erwachsene als nikotinabhängig, und etwa 4,5 Mio. Frauen und Männer betreiben missbräuchlichen Alkoholkonsum. 3,5 Mio. Menschen zeigen problematischen Arzneimittelkonsum und 150.000 Menschen zeigen hoch riskante Konsumformen bei den illegalen Drogen. Da nicht davon ausgegangen werden kann, dass illegaler Drogenkonsum im Vergleich zu legalem Drogenkonsum – abgesehen von der aus der Illegalität resultierenden erhöhten Kriminalitätsproblematik – überproportional mit negativen Folgen einhergeht, sind Public Health bezogene Anstrengungen vornehmlich auf die Prävention der besonders verbreiteten Substanzen zu richten, da darin das größte gesundheitsförderliche Potenzial liegt“.

Doch Hüllinghorst (2001;7) geht hier schon einen Schritt weiter und warnt – nunmehr ohne jeden Bezug zur illegalen Droge – in seinem an sich auf Jugendliche bezogenen Vorwort zur Alkoholprävention:

„Der in diesem Alter in der Öffentlichkeit noch illegale Konsum alkoholischer Getränke ist eingebettet in ein gesellschaftliches Umfeld, in dem der Alkohol nach wie vor einen überragenden Stellenwert hat: 10,6 Liter reinen Alkohol haben die Bundesbürger, Kinder und Alte eingerechnet, 1999 pro Kopf konsumiert. Damit liegen sie beim Alkoholkonsum in der Weltspitze, und dessen negative Auswirkungen sind unübersehbar. Von der Wohnbevölkerung von 18 bis 69 Jahren sind 1,6 Millionen abhängig vom Alkohol (2,4 %), 3,2 Millionen remittiert, d. h. sie waren abhängig (4,9 %), 2,7 Millionen betreiben Alkholmissbrauch (4,0 %), und weitere 4 Millionen Deutsche haben einen gesundheitlich riskanten Konsum (6,0 %)“.

Der bayerische Drogenbeauftragte Baumann (2001; 17 f.) ergänzt diese Faktengrundlage schulischer Suchtprävention für den Nikotinkonsum:

„Ein Drittel der erwachsenen Bevölkerung in Deutschland kann ohne Nikotin nicht auskommen. 17 Millionen der Bundesbürger sind Raucher, 6 Millionen davon mit starken Suchtmerkmalen. Von den ca. 17,8 Mio. Rauchern in Deutschland konsumieren ca. 6,7 Mio. im Mittel 20 oder mehr Zigaretten am Tag (...) Mehr als 110.000 Todesfälle gehen jährlich zu Lasten des Tabakrauchens, davon 43.000 am Krebs, 37.000 an Herz-Kreislauf-Erkrankungen und 120.000 an Atemwegserkrankungen“[147]. Wozu dann noch 1,4 Millionen Medikamentenabhängige kommen[148]. So, dass wir insgesamt mit 13 Mrd. DM volkswirtschaftlichen Schaden durch illegale Drogen; 52,4 Milliarden durch Alkohol und 60 Milliarden durch Nikotin zu rechnen hätten. Sozialkosten des

> Rauchens, die Welte u. a. (2000) für 1993 allein für Deutschland auf 19,9 Milliarden EUR und Ruff u. a. (2000) entsprechend auf 18,15 Milliarden berechnen wollen[149].

Eine Zahlenbilanz, die schließlich für das Nikotin durch eine Veröffentlichung der Weltbank (‚Der Tabakepidemie Einhalt gebieten') höchst dramatisch wie folgt zusammengefasst wird:

> „Rauchen tötet weltweit bereits jeden zehnten Erwachsenen. Bis 2030, vielleicht auch etwas eher, wird es jeder sechste sein oder 10 Millionen Tote pro Jahr. Rauchen tötet mehr Menschen als jede andere einzelne Ursache. Während diese Epidemie chronischer Krankheit und vorzeitigen Todes noch bis vor kurzem hauptsächlich die reichen Länder betraf, verlagert sie sich jetzt rapide in die Entwicklungsländer. Bis 2020 werden sieben von zehn Menschen, die durch das Rauchen umkommen, aus Niedrig- und Mitteleinkommensländern stammen" (2003;1).

Anzumerken bleibt zunächst, dass die Weltbank als Gegenmittel primär die Steuererhöhung und Schmuggel-Bekämpfung empfiehlt, da eine ‚Reduzierung des Tabakangebots' nur sehr begrenzt möglich sei[150], und dass sie sodann gleich zu Beginn feststellt: „Die Weltbank garantiert nicht für die Richtigkeit der in dieser Veröffentlichung enthaltenen Daten" (2003,IV)[151], was die Frankfurter Rundschau in ihrer Dokumentation dieser Studie nicht daran hindert, über die ganze Seite hinweg zu titeln: „Zehn Prozent mehr Tabaksteuer vermeiden zehn Millionen Tote" (2.4.2003, Nr.78, S. 7).

Eine auf recht wackliger empirischer Basis[152] erarbeitete Schreckensbilanz, die Karl Mann, Koordinator des Gremiums der Sprecher aller vier erwähnten BMBF-Suchtforschungsverbünde – ganz im Rahmen des auch sonst üblichen >Medien-Forschungs-Kreislaufs<[153] – in seinen einleitenden ‚Forschungsperspektiven in der Suchttherapie' wie folgt aus klinischer Sicht sinnvoll und Forschungs-einträglich zu ergänzen weiß (in: Sucht 2002;151):

> „Rund ein Viertel aller Behinderungen und Todesfälle gehen auf den Konsum von Alkohol und Nikotin zurück[154]. Zwischen 30 und 40 % der Aufnahmen in den psychiatrischen Kliniken sind Patienten mit Suchtdiagnosen. In den somatischen Abteilungen der Allgemeinkrankenhäuser liegt die Behandlungsprävalenz bei 20–30 %. Rund 20 % der Patienten in zufällig ausgewählten Praxen niedergelassener Allgemeinärzte haben behandlungsbedürftige Alkoholprobleme". Um dann fortzufahren „Angesichts der o. g. Zahlen bedarf es wohl kaum einer weiteren Begründung, warum die Suchtforschung in Deutschland in einer Weise intensiviert werden muss, die möglichst unmittelbar zu Verbesserungen in der Versorgung führt".[155]

3. *Der Sucht-Charakter des Nikotins*

Ihr volles Präventionsgewicht erhalten diese Kassandrarufe jedoch erst, wenn diese – zweifellos höchst problematischen und ernst zu nehmenden – physischen Schäden, die durch legale Drogen verursacht werden können, auch bei diesen mit der *psychischen* Suchtperspektive verbunden werden. Diese neue Perspektive der Sucht-Gefährlichkeit gilt insbesondere für das *Nikotin.*

> „Mit der zunehmenden Dominanz dieser Begründung, also der Betonung der Nikotinsucht (…) vollzieht sich ein grundsätzlicher Wandel in der Tabakpolitik und vor allem auch im Umgang mit Rauchern. Pointiert formuliert kann man sagen: Hat man bis vor einigen Jahren noch davon gesprochen, dass das Rauchen die körperliche Verfassung des Rauchers schädige und ihn auf Dauer krank mache, so ist heute das Rauchen selbst zur Krankheit geworden und der Raucher zum (Sucht-)Kranken" (Kolte/ Schmidt-Semisch 2003a;5)[156]

Weswegen ja etwa die Teufelei der Nikotin-Dealer weniger darin bestehe, dass sie dessen körperliche Risiken leugneten, sondern darin, dass sie den Konsumenten gezielt >süchtig<, also abhängig von ihrem Produkt machten[157]:

> „Auf diese Weise entsteht ein Bild, das dem des klischeehaften ‚Drogendealers' (lit) insofern ähnelt, als der Zigaretten-Hersteller den Raucher durch das ‚Sucht erzeugende' Nikotin gleichsam an das schädliche Produkt Zigarette ‚fesselt'. Auf diese Weise verwandelt sich sein ökonomisches Interesse in eine Tätigkeit mit ‚niedrigen Motiven'. Es ist so gesehen auch nur folgerichtig, dass die WHO dazu übergegangen ist, von Zigarettenherstellern als so genannten >hazard merchants< zu sprechen (Lit). Auf diese Weise ist ein Feindbild aufgebaut worden, das in den USA bekanntlich nicht nur zu erheblichen Kompensations-, sondern auch zu Strafzahlungen geführt hat" (Hess u. a. 2004;75).

Diese ‚Nikotin-Sucht' bestimmt in den USA als wesentlicher Bestandteil des ‚war on tobacco' (Paglia/Room 1999;7) zunehmend den gesamten Präventions-Diskurs; auch bei uns greift diese Sorge neuerdings[158], wenn wir uns hier auch noch ‚europäisch' mäßigen. Die ‚Nikotinlastigkeit' des BMBF-Förderschwerpunkts oder das Eingangs-Statement der Drogenbeauftragten der Bundesregierung im jüngsten Drogen- und Suchtbericht (2003;9) mögen hier als miteinander vernetzte Beispiele dienen, in denen die ‚Schäden' immer wieder unter dem ‚Sucht'-Etikett erscheinen:

> „Bei der Drogen- und Suchtpolitik hat die Bundesregierung eine entschiedene und effektive Anti-Tabakpolitik ganz oben auf die Agenda gesetzt, dieses Ziel wurde auch im Koalitionsvertrag vom Oktober 2002 verankert. Nichtrauchen soll der Normalfall werden"[159].

Wohin diese Nikotin-Sucht-Perspektive letztendlich führen kann, demonstrieren Kozlowski u. a. (2001) in ihrer für den interessierten Laien gedachten Streitschrift, wenn sie mit einer imposanten Berechnung der zu erwartenden Nikotintoten („about 500 million premature deaths among the present world' population" S. 32) ausführen:

> „If it were not for *addiction* to tobacco products, the dangerous consequences of tobacco use (...) would likely not be a public health problem, because most smokers would not have become regular, heavy users of tobacco. Cigarette addiction can be viewed as a root cause of the death and disability arising from cigarette use" (S. 92; kursiv S.Q.). Da ihrer Meinung nach „most people develop an addiction to nicotine within days, weeks, or months of using tobacco on a regular basis (66), und weil – wie wir das schon vom Cannabis-Mythos her kennen – „cigarettes may promote progression to other drug use" und – wiederum den Anonymen Alkoholikern entlehnt – gelte „a smoker who is quitting cannot indulge in even a single puff, because any smoking during an attempt to quit greatly increases the likelihood of a full relapse" (128) schlagen sie konsequent vor, „Tobacco policy should be integrated with other drug abuse policy, although differences among addictive drugs must be considered" (154 f.)[160].

Auch in diesen Punkten scheinen wir uns immer mehr amerikanischen Einstellungen anzunähern. Jedenfalls kann das Hamburger Abendblatt am 26.9.03 (S. 29) als medizinische Tatsache vermelden:

> „**Mädchen schneller abhängig**.
> Rauchende Jugendliche werden schneller von Nikotin abhängig als vermutet. Davor warnte die Bundeszentrale für gesundheitliche Aufklärung unter Berufung auf US-Studien. Bei Mädchen setzt die Abhängigkeit nach drei Wochen ein, deutlich früher als bei Jungen. Die Untersuchungen hätten auch gezeigt, dass schon der Konsum von zwei Zigaretten in der Woche zur Abhängigkeit führen könne. (dpa)"

4. Gibt es eine alternative Sichtweise?

Die Ausrichtung und das Gewicht einer solchen Präventions-interessierten Zuspitzung werden dann besonders deutlich, wenn man ihnen eine – möglicherweise ebenso einseitig in die entgegengesetzte Richtung weisende, jedoch ebenfalls alle Drogen vereinheitlichende – Ausweitung der für die legalen Drogen geltenden >*Lebensmittel/Genussmittel*-Perspektive< auch auf die illegalisierten Drogen gegenüberstellt. Eine Perspektive, die Henning Schmidt-Semisch (2002;450) am Beispiel der besonders verteufelten Dealer-Figur verdeutlichen kann, wenn er ausführt: „Wenn die Rede von alternativer Drogenkontrolle irgendeinen Sinn machen soll, dann nur, wenn sich auch ein (legaler) Fachhandel für diese (illegalen S.Q.) Substanzen etablieren kann; mit allen Rechten und Pflichten, die etwa auch die Brauer, Winzer und Brenner, die Bier-, Wein- und Schnapsdealer für sich in Anspruch nehmen".

Doch, wie bereits oben angedeutet, können auch solche Alternativen sich nur selten völlig von der üblichen, einseitig schadensorientierten Drogensicht lösen. Wie sehr wir auch dann noch demselben Gedankengefängnis verhaftet sind„ zeigt sich etwa, wenn *Befürworter* einer Legalisierung nur die ‚Unschädlichkeit' des Cannabis betonen, anstatt dessen positive Genuss-Aspekte einzubringen oder wenn sie, scheinbar einen Schritt weiter, allein dessen medizinische Qualitäten ins Feld zu führen wissen[161]. In einer sehr typischen Weise sind auch alle diejenigen dieser monodimensionalen Schadenssicht verfallen, die etwa diese ‚softe Droge' der eigentlich ‚harten Droge' Heroin gegenüberstellen[162], oder diejenigen, die zusammen mit dem größeren Teil der Akzeptanz-Bewegung sich als ‚sucht-begleitend' verstehen und nicht akzeptieren wollen, dass man Drogen auch genießen kann[163]. Noch einmal sei deshalb Kappeler (2001;280) mit seinem Hinweis zitiert, dass diese >Akzeptanz< noch immer eigentlich nur für diejenigen gilt, die sich in dieses ‚akzeptierende System' einfügen:

> „*Keine* im gesellschaftlichen Maßstab nennenswerte Akzeptanz erfahren diejenigen, die sich weigern, das etablierte System von Beratung und Hilfe in Anspruch zu nehmen, die auf ihrem eigenen Weg im Umgang mit illegalisierten Drogen bestehen, die sich nicht helfen lassen wollen. Ihnen wird nicht geglaubt, sie werden mit Misstrauen betrachtet, ihre Erfahrungen werden entwertet und manche werden als „therapieresistent" abqualifiziert. *Keine* Akzeptanz erfahren die nach hunderttausenden zählenden jugendlichen Mädchen und Jungen und die jungen Erwachsenen, die mit unterschiedlichsten psychoaktiven Substanzen, illegalisierten und legalisierten, ihre Erfahrungen machen wollen und machen und dabei Form und Maß ihres Drogengebrauchs selbst bestimmen wollen."

5. Ein erstes Fazit

Fassen wir insofern diesen *ersten auf die Substanz der Drogen bezogenen* Aspekt der Defizit-Perspektive zusammen, dann können wir festhalten, dass diese Sicht das Präventionsanliegen gleich in dreifacher Weise missraten lässt: Hier werden nämlich die ‚Braven' zur ‚abstinenten' Furcht vor der höchst gefährlichen Droge erzogen, die ‚Bösen' dagegen zum Misstrauen gegenüber den Präventions-Aussagen, und beide lernen es, die Probleme der erlaubten ‚legalen' Drogen und Medikamente als eher gering anzusehen bzw. deren Konsum im Gegenüber zur illegalisierten Droge zu rechtfertigen.

Unter diesem Aspekt hat die derzeitige Drogenprävention vielfach noch immer erst das *Stadium einer Sexualaufklärung* erreicht, die uns seinerzeit den ‚vorehelichen Sexualverkehr' durch Hinweise auf Geschlechtskrankheit und unerwünschte Schwangerschaft vermiesen wollte[164]. In diesem Sinne resümiert etwa Line Beauchesne (2000;158) ihre Analyse einer politisch fehlgeschlagenen, auf Schadensbegrenzung ausgerichteten Raucherpolitik in Canada:

> „Die Etablierung einer verantwortungsbewussten Tabakpolitik auf der Basis von Schadensreduzierung, einschließlich Sicherstellung adäquater Informationen, Qualitätskontrolle und möglichst geringen werbungsbezogenen Verteilungsmethoden, können nicht von einem paternalistischen Staat unterstützt werden, der prohibitionistische Strategien rechtfertigt. Die Fokussierung auf prohibitionistische Ansätze bedeutet, zu der Vogel-Strauß-Politik über das Thema Sexualität zurückzukehren, die Quebec in der Vergangenheit betrieben hatte und die durch die Naivität gekennzeichnet war, zu glauben, dass die Verhinderung von Nacktheit und die ewige Wiederholung, dass Sex Sünde sei, junge Leute daran hindert, vorehelichen Sexualverkehr auszuüben. Junge Leute sind zu intelligent, als dass solche Praktiken wirksam sein könnten."

Wie rasch sich selbst in einer solchen Kritik die unterschiedlichsten Perspektiven treffen können, mag abschließend van der Stel demonstrieren, der im Vorwort zu dem von der Pompidou-Gruppe herausgegebenen Handbuch (1998;10), denselben Befund aus seiner eher ‚medizinisch' orientierten Sicht mit einem dazu passenden medizin-historischem Beispiel umschreibt:

> „In one sense the theory and prevention work on our theme is at the same stage as the work carried out in the fight against infectious diseases in the middle of the nineteenth century; various contradictory theories and practices competing for attention and prioritization. But not one of them can claim to be sufficiently effective in terms of its scientific base",

um von hier nun nicht nach einer Alternative, sondern nach einer weiteren Verbesserung desselben erfolglosen Zustands zu suchen.

These 2.2
Rausch und Sucht: Modelle des Drogenkonsums?

Das erste Moment der Defizit-Perspektive stellte die Droge, deren *,Substanz'* die chemisch-pharmakologische, objektiv-materielle Basis einer Sucht-Prävention liefern soll. Eine Funktion, die sie angesichts ihrer neurologisch nachweisbaren kurzfristigen Wirkungen und ihrer offensichtlichen physiologisch Spätfolgen auch erfüllen kann, so sehr diese Wirkungen auch *Kontext-gebunden*, d. h. situativ, gesellschaftlich und kulturell unterschiedlich erfahren und bewertet werden (worauf ich in der nächsten These näher eingehe).

Rausch und *Sucht* dagegen sind psychologisch interpretierte Erfahrungen und Zuschreibungen, die weithin unabhängig von solchen materiellen Substraten (,substanzlose Süchte') menschliche *Verhaltensweisen* charakterisieren, so sehr sie im Einzelfall auch – wiederum deutlich Kontext-gebunden – als transzendierende Erfahrung oder als craving (heftiges Verlangen) und withdrawal (Entzugserscheinung) erlebt werden können.

Die jeweilige Gewichtung dieser beiden Momente – Substanz oder Sucht – verschob und verschiebt sich im Laufe der Präventions-Geschichte, in der zurzeit die Sucht-Komponente dominiert. Sie spiegelt das Ringen der am Diskurs beteiligten Professionen, in dem in den letzten Jahrzehnten die verhaltensorientierten Berufe (Psychiater, Psychologe und in deren Gefolge Drogentherapeut und Sozialpädagoge) zunehmend stärker das Feld besetzen konnten, so, dass nun die sich auf diesem Gebiet neu organisierende Medizin ebenfalls unter dem Etikett einer ,Sucht'-Medizin firmieren musste.

Diese Entwicklung gründet im evolutionär vorteilhaften Charakter dieser ,Sucht'-Vokabel, die, ähnlich wie bei anderen immateriellen Produkten (Manie, Hexe, Ketzer) in ihrer irrational drohenden Gefährlichkeit im Umfang und Intensität nahezu beliebig ausgeweitet werden kann.

Ich werde deshalb im Rahmen dieser zweiten These in vier größeren Schritten zunächst auf dieses Phänomen von Rausch und Sucht und deren Bewertung eingehen, wobei insbesondere deren Bedeutung für den jugendlichen Drogen-Konsum hinterfragt werden soll. Dies führt in einem zweiten Schritt zu den allgemeineren Risiken und Problemen dieses Konzepts, der einen ersten Eindruck davon liefern soll, welche fast immer verkannte negativen Folgen eine Prävention mit sich bringt, die von diesem Konzept ausgeht, um dessen abschreckende Angst-Botschaft in unseren Köpfen zu verankern. Je zwei theoretisch und empirisch argumentierende Kritiken dieser Sucht-Konzeption verweisen in einem dritten Schritt nicht nur inhaltlich auf eine andere Art, diese auch als problematisch angesehenen Verhaltensweisen zu interpretieren. Sie können zugleich einen Hinweis dafür liefern, wie man eigentlich kritisch in einen solchen Diskurs einsteigen könnte. Die Art, wie dieser Sucht-Diskurs dagegen heute funktioniert, wie er sich apparativ und machtmäßig in einem allgemeineren >Sucht-Dispositiv< verankert und welche Funktionen das Sucht-Konzept darin übernimmt, werde ich abschließend in einem vierten Schritt untersuchen.

Das zentrale Moment dieses neuen Sucht-Diskurses, der den *Konsum der Droge* nur vom negativen Ende her begreifen kann, sei es als >Rausch< oder als >Sucht<, setzt immer schon den ‚Usus' mit dem ‚Abusus' gleich und zwar selbst dann, wenn man nur gegen diesen ‚Abusus', gegen den Missbrauch vorgehen will, weil man schon den ersten Usus als dessen notwendigen und wahrscheinlich süchtig entartenden Vorläufer bekämpfen muss. Mit dieser Gleichsetzung folgt die gegenwärtige Prävention – ohne dies jemals zu bemerken – ihrem Vorbild der Alkohol-Abstinenz-Bewegung des vorletzten Jahrhunderts, gegen die schon damals – seit den 80er Jahren des 19. Jahrhunderts aus wissenschaftlicher Sicht eingewendet wurde:

> „That the absolutist nature of such instruction had failed >to observe the distinction between the diametrically opposite conceptions of use and abuse (…) It should not be taught that the drinking of one or two glasses of beer or wine by a grown-up person is very dangerous, for it is not true<" wie Beck (1998;22) Bodwich and Hodge aus dem Jahre 1903 zitiert.

1. Rausch und Sucht als Gegenbild des rationalen Handelns

Während man im *Rausch* die Ekstase, also die ‚bewusstseinserweiternde' oder transzendierende Erfahrung, als ‚irrational', ordnungsgefährdend, ‚halluzinatorisch' oder ‚bewußtseinsgetrübt' tadelt, begreift man die *Sucht* als Abhängigkeit, die uns unkontrollierbar an ihrem Narrenseil um die Droge kreisen lässt. Beide Phänomene lassen sich zudem im Mythos, Sucht sei die vergebliche Suche nach dem verlorenen Rauschzustand miteinander verbinden: „Sucht kann man (…) auch ansehen als den Endzustand einer misslungenen Suche nach einem Rausch" (Gross 2003;21). Und beide beziehen ihre Negativität aus dem Gegenüber zum rationalen Handeln des ‚normalen' Erwachsenen, wie wir es am reinsten in den neoliberalen ‚rational-choice'-Theorien wiederfinden. Beide Konsumformen bedrohen die zentralen Werte unserer westlichen Industriegesellschaft: Die Bindung an die gesetzte Norm, an ‚Recht, Sicherheit und Ordnung' einerseits und an den verantwortungsbewusst gestalteten Werktag, an schulischen Erfolg, Arbeitsethos und selbstverantwortliche Lebensführung andererseits. Sie bedrohen das zerbrechliche Gerüst unserer Zivilisation:

> „The ‚fight' against intoxicants has a symbolic significance in the development of a collective consciousness about the nature of the *self-control* expected from members of society and in the development of a conscience about non-compliance. Self-control is the outcome of the civilization process which has developed in Europe since the Middle Ages. The sociologist Elias has described this process as a combination of compulsion and its internalization. Intoxication harbours danger of loss of self-control (...). The civilization process has a higher form of self-control as its goal or, at least, as its final result. By using or misusing intoxicants there is a risk that the users ‚self-control' will be undermined, whereby the user places himself (temporarily) outside the collective, prevailing morality (including implicit or non-implicit views on mental health). No society or subculture allows this" (Handbook Prevention 1998;27 f.).

Dies ist die eine Position, die – soziologistisch gesprochen – die herrschende Machtstruktur einer kapitalistisch organisierten Gesellschaft gefährdet sieht. Sie gründet, wie Keupp (2002; 22 f.) unter Bezug auf eben denselben Norbert Elias und Max Weber ausführt, in der „normativen Vorstellung vom rastlos tätigen Menschen, der durch seine Streb- und Regsamkeit die Gottgefälligkeit seiner Existenz beweisfähig zu machen versucht; in einer „Selbstzwangapparatur" mit ihrer Verinnerlichung der Affekt- und Handlungskontrolle (Elias), die eine bedingungslose Unterwerfung unter ein rigides Über-Ich verlangt, als „stahlhartes Gehäuse der Hörigkeit" (Weber). Dies belege,

> „dass die Moderne nicht nur durch eine Emanzipationsidee geprägt ist, sondern immer auch das repräsentiert, was der Begriff ‚Sub-jekt' von seiner Sprachwurzel ausdrückt: ‚Unterwerfungen': Die Aufstiegsperiode der kapitalistischen Gesellschaftsformationen beruhte – sozialpsychologisch betrachtet – auf den Fundamenten des so erzeugten Charakterpanzers".

Man kann freilich auch – unter Bezugnahme auf denselben Autor Elias – argumentieren, dass in ‚spätmoderner' Zeit dieser Zivilisations-Prozess eher eine ‚kontrollierte De-Kontrolle der Gefühle' verlange, wie Erik van Ree (2002;352) in seiner Analyse gegenwärtiger westlicher Gesellschafts-Entwicklung meint. Wir kommen darauf weiter unten zurück.

Die eindeutigere Gegenposition bezieht jedoch Lorenz Böllinger (2002;54), wenn er seine Überlegungen zur gegenwärtig lustfeindlichen Drogenpolitik mit dem Statement einleitet:

> „Drogenabstinenz und Suchtfreiheit lassen sich nicht herbeibomben. Rausch, Lust, Sucht – sie gehören seit Menschengedenken zur Kultur und sie werden uns erhalten bleiben, ob wir wollen oder nicht. Ob im Kölner Fasching, beim Bremer Sambakarneval, bei den tanzenden Sufi-Derwischen (...) bei schamanischen Ritualen oder der buddhistischen Meditation: Rausch und Ekstase sind meist Weg und Ziel zugleich.

Diese dem Lustprinzip folgende anthropologische Konstante ist nicht weiter zu hinterfragen“.

1.1 Der *Rausch*, die mögliche ich-brechende transzendierende Erfahrung, wird so schrittweise zunächst zur Bierseeligkeit und alkoholisiertem Schwips degradiert und in der Antwort auf die Frage „warst Du schon einmal betrunken“ als >Rausch-Erfahrung< gewertet[165], obwohl die Jugendlichen eher davon reden, wie sie „einen ganzen Eimer vollgekotzt“ haben. So erwiderte ein Schüler in Line Nersnaes Evaluations-Studie:

> „When we talk about these topics we are usually not talking about accidents, harm to the body and pressure to drink but we talk about the last party, who in the class was drinking, how drunk we were, and so on“ (1998;86).

Dieser Rausch-Charakter gilt ganz generell für den Konsum illegaler Drogen, wie dies etwa vom Bundesverfassungsgericht dem Cannabis im Verhältnis zum Alkohol zugemutet wird[166], im >Rauschgift< polizeiwirksam pervertiert und schließlich in einem >nationalen Rauschgiftbekämpfungsplan< endgültig festgeschrieben wurde.

Demgegenüber zeigt uns Georg Bruns (2002) in einer *psychoanalytisch* orientierten Beschreibung verschiedener Rauschzustände, wie der Rausch – gemeinsam mit Trance, Hypnose, Autosuggestion, meditativer Versenkung und Ekstase wissenschaftlich als verändertes Wachbewusstsein (VWB) beschrieben – auf der Basis erotisch-sexueller wie auch aggressiver Urformen des Rauschs, „die beide zur psychophysischen Grundausstattung der Menschen“ gehören (74), bei ‚Einengung der Wahrnehmung, vorübergehender Verkennung der Realität, Steigerung der Selbstempfindung, phantastischer Überzeugung der Überwindung von zeitlichen und räumlichen Grenzen und zeitweiliger Freiheit bzw. Befreiung von moralischen und rechtlichen Regeln und Einschränkungen und von Alltagsbeschwernissen zu einer Phantasie und Empfindung kosmisch-göttlicher Verschmelzung drängt‘:

> „Die genannten Elemente des mystischen Erlebens und des veränderten Erlebens in verschiedenen Dimensionen unserer gewöhnlichen raumzeitlichen Orientierung zeichnen nicht nur den erotisch-sexuellen, sondern auch den pharmakologischen und den aggressiven Rausch aus. Die mit dieser veränderten Erlebnisdimension, insbesondere dem mystischen Erleben einhergehende Empfindung, den üblichen Bedingungen der Alltagsexistenz mit ihren Mühen, Enttäuschungen, Anstrengungen, Schmerzen, Ängsten und Gefahren, kurz dem Jammertal der menschlichen Existenz entronnen zu sein, bezeichne ich als Transzendenzerlebnis“ (87).

So sehr wir damit übereinstimmen, dass „das Ziel des Rausches das sinnliche, körpernahe, ekstatische Transzendenzerlebnis ist“ (91), so möchte man dann doch etwas weniger ekstatisch sowohl die übliche Intensität solcher Rauscherfahrungen wie das Ausmaß des je aktuell erfahrenen Jammertals relativieren. Hier, wie weiter unten bei der Frage nach der Bedeutung von ‚Kultur' und ‚Ritual' oder ganz generell im Bestreben kaum fest umreißbare Phänomene sinnvoll einzugrenzen, tendieren wir immer wieder dazu, ‚idealtypisch' möglichst eindeutige *Grenzformen* heraus zu arbeiten. Ein an sich höchst sinnvolles Vorgehen, das uns freilich allzu leicht dazu verführt, den *fließenden Übergang* in den Alltag zu übersehen. Ein ‚empirisches' Dilemma, das Dörner einst in seinem Lehrbuch ‚Irren ist menschlich' für den Bereich psychiatrischer Störungen so überzeugend zu lösen versuchte, und das uns hier auch erlaubt, am Wochenende der Mühsal des normalen Schulalltages im ‚Transzendenzerlebnis' einer etwas feuchtfröhlichen Party zu entrinnen:

> „Der Rausch kann verstanden werden als Mikroform des Festes, gleichsam als kleiner Karneval, als ein grenzüberschreitendes Erlebnis, das Identitäten und Normen aufweicht, das aber an die eingespielten Identitätsvorstellungen zurückvermittelt werden kann, zumindest prinzipiell" schreibt Küchenhoff (2002;193) unter Bezug auf die Haschisch-Experimente von Benjamin und Bloch sowie auf Freud, der in ‚Totem und Tabu' schrieb: „Ein Fest ist ein gestatteter, vielmehr ein gebotener Exzeß, ein feierlicher Durchbruch des Verbotes.(…) die feierliche Stimmung wird durch die Freigebung des sonst Verbotenen erzeugt".

Dieses komplexe Verhältnis zwischen Rausch und alltäglichem Dasein, „die Trennung zwischen Rausch und Alltag, als auch die Dialektik dieser beiden Bereiche" kann Strieder (2001;251) in seiner österreichischen Diplomarbeit an Hand von 8 qualitativen Interviews mit erwachsenen Cannabis/Alkohol-KonsumentInnen sehr schön herausarbeiten. Auf der einen Seite wird so die ‚Banalität des Alltags transzendiert' (176), um auf der anderen Seite aber auch ‚die kreative Seite des Rausches in den Alltag zu integrieren' (220). In der lustvollen Balance zwischen Kontrollverlust und gelockerter Selbstkontrolle' (280) dient der gelegentliche Rausch zunächst „als Entlastung und Mittel zur Transzendenz" (277), dem „die meisten Interviewten auch eine langfristige Auswirkung auf Alltag, Lebensgestaltung, Einstellungen und Persönlichkeit beimessen. Die Kategorie, die sich am deutlichsten verallgemeinern lässt, ist, dass die Rauscherlebnisse so etwas wie eine größere Toleranz der menschlichen Vielfalt gegenüber entstehen lassen können" (278). So verleiht der gelegentliche Rausch ‚dem Alltag wieder seine Qualität':

> „Sagen wir, dass ich durch diese Erfahrungen (Rauscherfahrungen) immer wieder meine innere Freiheit auch erlebt hab' auf diese Art und Weise (…) von Zeit zu Zeit hupf' ich einmal kurz raus und dann hupf' ich wieder rein, aber ich muss auch raushupfen können" meint die 46-jährige Sonja, Mutter zweier Kinder;

und Eva, alleinerziehende Mutter um die vierzig umschreibt den Rausch: „Was ist Rausch? – Etwas zulassen, was durchaus ich bin. Mein Rausch. Was auch ein Teil von mir is oder ein Teil meiner Persönlichkeit und i ganz einfach durch a Mittel, durch a Droge (...) a Tür aufmach' zu an anderen Raum, wo i net immer Zutritt haben will oder haben kann" (192).

„Des is wie a Tor, des't aufmachst und jetzt schaust da des amal an, was des für a Welt is. Was gibt's da no, ne" ergänzt der 42-jährige Peter, der mit drei Kindern und seiner Lebensgefährtin zusammenlebt (229).

In diesem Spannungsbogen zwischen dem alltäglichem Drogen-Konsum beim Morgen-Kaffee oder Schlaftrunk, dem zur Gewohnheit gewordenen Griff nach der Zigarette einerseits und der >Sucht< andererseits siedelt Walton (2001) seine >*Intoxicology*<[167], seine ‚Lehre vom Rausch' an, dem er eine völlig eigenständige ‚Genuss'-Qualität zumessen will. In seinem zentralen Kapitel „Out of it" („of one's skull or of the game" 197) schreibt er – begleitet von einem informativen Überblick über die unterschiedlichen Wirkungen der zumeist konsumierten legalen wie illegalen Drogen:

> „What all of this ignores is that intoxication is its own justification" (204). „Drugs appeal to us because they deliver a variety of moods and states not immediately available from our surrounding realities: these may take in complete relaxation, ecstatic happiness, the negation of suffering, radically transformed perceptions, or just a sense of being alert and full of potential energy. What unites these disparate effects is what is most important of all, however: namely, that they make us feel *different*" (207); „At the centre of intoxication is a joy" (234).

Dies solle man sich auch nicht durch – stets von außen kommende (‚Don't you think you've had enough?') – *Mäßigkeits-Forderungen* zerstören lassen:

> „Moderation is not, in fact, an ideal that finds much house-room within the domain of intoxication. Indeed, intoxication is in itself the opportunity for a temporary escape from the moderation that the rest of life is necessarily mortgaged to. It is the one aspect of our daily lives, even more than sex, that allows us radically to question the point of moderation as a desirable goal in itself, and it achieves this precisely because it makes us wonder what the opposite of moderation would be. Excess? Greed? Gluttony? And here we become embroiled in another great conundrum. What exactly is morally objectionable about excess?" (205).

Das Bedürfnis nach Rausch sei eines der vier menschlichen *Grundbedürfnisse* neben denen nach Essen, Trinken und Sex, das man zwar zeitweise aufschieben oder aussetzen könne, das jedoch nie von außen voll unterdrückt werden kann:

> „Unlike other aquired motives, intoxication functions with the strenght of a primary drive in its ability to steer the behaviour of individuals, societies, and species. Like sex, hunger, and thirst, the fourth drive, to pursue intoxication, can never be repressed. It is biologically inevitable“ zitiert er (208) Ronald Siegel (1989).

Während dieses Grundbedürfnis der Antike – mit Dionysos, Eleusis und Sokrates' Symposion, mit Aristippos und Epicur – in seiner Ambivalenz noch voll bewusst gewesen sei, hätten die drei nacheinander auftretenden monotheistischen Religionen – Judentum, Christentum, Islam – zunehmend das auch heute noch gültige Sünden-Modell entwickelt:

> „What the positions of the three mainstream faiths of Western history would appear to have in common on the question of intoxication is that its danger lies in its capacity to deflect the attention of the believer from his or her God. (...) The arrival of Islam, with its punishment codes and its irreconcilable opposition to all forms of consciousness other than absolute sobriety, then carried the prohibitive proclivity to its logical religious conclusion“ (68 f.).

Gleichwohl habe weder die darauf aufbauende Temperenz-Bewegung noch der gesamte Nachfolgeapparat unserer gegenwärtigen enforcement-industry dieses Grundbedürfnis jemals unterdrücken können.

Während so die einen den Rausch überhöht im veränderten Wachbewusstsein (VWB) verankern und Konsumenten solche Erfahrungen gerne etwas überzogen als >Bewußtseinserweiterung< interpretieren, tendieren andere, wiederum zurück im heimischen Gefilde der Defizit-Perspektive, dazu, dasselbe Phänomen als halluzinatorische Bewußtseinstrübung zu entlarven.

1.2 Die *Sucht* dagegen, um deretwillen wir ja die Drogenprävention – nur scheinbar liberal gegenüber dem ‚normalen Drogenkonsum' – als >Sucht-Prophylaxe< und nicht als >Rausch-Prophylaxe< definieren, liefert das Grundmodell gegenwärtiger Präventionsbemühungen[168], das die ursprüngliche Furcht vor der illegalen Droge nunmehr fast beliebig bis in die ‚substanzlosen' Süchte hinein generalisieren kann. Diesen inneren Zusammenhang zwischen >illegalisierter Droge< und >Sucht< betonen Kappeler/Barsch (1999;339 f.) am Beispiel des bundesdeutschen ‚Rauschgiftbekämpfungsplanes' von 1990/91:

> „In diesem Drogenbegriff wird jeder Konsum illegalisierter Stoffe mit Sucht in einer Weise legiert, dass das eine für das andere steht und eine Differenzierung zwischen Drogenkonsum und Sucht schon im Denken nicht mehr möglich ist“.

So spricht auch jüngst noch die Stellungnahme der Drogen- und Suchtkommission (2002;10) von einer „Verbesserung der Suchtprävention“, so sehr sie sich sonst eher einer ‚salutogenetischen Sichtweise‘ nähern möchte, „der zufolge Menschen auf einem Kontinuum zwischen Abstinenz und Abhängigkeit unterschiedliche Positionen einnehmen können“.

Wie sich hinter solchen Überschriften immer wieder grundverschiedene Positionen versammeln können, mag Springers (2000) Hinweis verdeutlichen, dass man diesen Terminus der >Suchtprävention< wählte, um damit den >normalen Drogen-Konsum< aus der Prävention herauszunehmen, während zwei Jahre später Uhl/Springer (2002;7) vermuten, dass dadurch

> „eindeutig klargemacht werden sollte, dass an keine einseitige Fokussierung auf illegale Drogen gedacht ist und dass gleichwertig auch legale Drogen und Medikamente einzubeziehen sind. Indirekt ergab sich dadurch auch noch die Möglichkeit den Zuständigkeitsbereich der Suchtprävention auf nicht-substanzgebundene Süchte auszuweiten, indem man >Sucht< im Sinne des >umfassenden Suchtbegriffs< interpretierte. Letztere Entwicklung kam den meisten SuchtprophylaktikerInnen offensichtlich ziemlich entgegen“.

Wie dem auch immer sei, einig ist man sich, dass diese >Sucht< den Konsumenten versklave und ihn – ohne Schutz und willenlos – den anderen Gefahren der Droge ausliefere.

(1) Dieses >Sucht-Modell< stammt *historisch* aus dem Alkoholbereich (Anonyme Alkoholiker), um dort den gesellschaftlich üblichen Konsum von der physisch bedingten >Alkohol-Krankheit< zu unterscheiden[169]. Seine Übertragung auf die illegalen Drogen wertet – konform zur Präventions-Perspektive – dagegen *jeden* Konsum als Vorform der Sucht („Drei Schuss, und du bist abhängig“). Dies gilt insbesondere dann, wenn die bis zu einem gewissen Maß noch objektiv messbare, *physische*, körperliche Abhängigkeit (Entzugs-Syndrom) durch eine >*psychische*<, seelische Abhängigkeit ersetzt werden kann[170], wie dies in den beiden zumeist verwendeten psychiatrischen Sucht/addiction-Definitionen der American Psychiatric Association, der DSM-IV, und der daran orientierten Definition der Weltgesundheitsorganisation, der ICD-10 von 1993 sowie den >Leitlinien der Deutschen Gesellschaft für Kinder- und Jugendpsychiatrie und -psychotherapie< für die Leitsymptomatik F1x.2 vorgesehen ist. Ich komme auf diese Problematik gleich an Hand der Arbeiten von Frenk/Dar und Soellner noch einmal zurück.

Einen interessanten Hinweis auf die Konsequenzen einer solchen ‚Verlagerung‘ *messtechnisch erfassbarer* Sucht/Abhängigkeit findet man in der Auswertung der letzten ‚Repräsentativerhebung zum Gebrauch psychoaktiver Substanzen bei Erwachsenen in Deutschland 2000‘ (Kraus/Augustin 2001;54 f.,81). Um die – im

Fragebogen selbst anzugebende – Nikotinabhängigkeit der Befragten zu messen, verwendete man neben den DSM-IV Kriterien auch den sogenannten *Fagerström-Test* (FTND), der sich „vorwiegend mit körperlicher Abhängigkeit von Nikotin" befasst und der „als Item unter anderem auch die Anzahl der durchschnittlich pro Tag gerauchten Zigaretten" zählt[171]. Diese beiden Instrumente erbrachten für die unterschiedlichen Altersgruppen zwei durchlaufend einander entgegengesetzte Ergebnisse, und zwar in gleicher Weise bei Männern wie bei Frauen (s. die dortige Abbildung 24 S. 55):

> „Bezieht man die Anteile der Nikotinabhängigen nach DSM-IV nur auf die Population der aktuellen Raucher und vergleicht die Zahlen mit den Ergebnissen aus dem FTND, so findet man widersprüchliche Aussagen. Der Anteil der nach DSM-IV Nikotinabhängigen war bei den Jüngeren besonders hoch und sank mit zunehmendem Alter. Im Gegensatz dazu werden im FTND die Anteile der deutlich Abhängigen mit zunehmendem Alter immer höher (...). Daher ist zu vermuten, dass Jugendliche und junge Erwachsene beim DSM-IV ein anderes Antwortverhalten zeigen als ältere Personen. Eine erhöhte Sensibilität des DSM bei Jugendlichen ist sowohl in dieser als auch in früheren Studien (...) im Bereich Alkohol zu beobachten".

Fast liegt es dann nahe, wieder einmal ein wenig überspitzt die These zu wagen: Will man bei Jüngeren im Verhältnis zu den Älteren – bzw. insgesamt – die Abhängigkeitsraten erhöhen, empfiehlt es sich, den stärker ‚psychisch' orientierten DSM-IV einzusetzen, und den eher physisch ausgerichteten Fagerström den Älteren vorzubehalten.

> Zu ganz entsprechenden Ergebnissen gelangten auch Moolchan et al (2002), die mit dem DSM 58 % gegenüber 43 % FTND-Abhängigen fanden[172], mit der interessanten Ergänzung, dass die FTND-Ergebnisse durch diejenigen einer ‚tobacco-*liking*-Skala' vorausgesagt werden konnten, während die DSM-Befunde „were predicted by *psychiatric symptomatology*", was dann manche Korrelationen zwischen einer damit gemessenen Nikotin-Abhängigkeit einerseits und Depressions- bzw. Angst-Werten andererseits (die bei einer FTND-Abhängigkeit so nicht auftreten würden) erklären könnte:
>
> So fanden Breslau et al. (1991) „in a study of 1007 young adults DSM-III-R Nicotine Dependence was associated with higher rates of major Depressive Disorder and Anxiety Disorders, and the strength of these associations varied by severity of Nicotine Dependence" (Moolchan 2002;110). Weshalb wir den eben geäußerten Gedanken beruhigt fortführen können: Will man zeigen, dass ‚Nikotin-abhängige' Jugendliche verstärkt depressiv sind, verwende man den DSM statt des FTND.

Wie dem auch sei, so können diese beiden Beispiele doch recht schön belegen, wie sehr unsere Aussagen – nicht nur in diesem >Suchtbereich< – jeweils von dem zugrundeliegenden Mess-Instrument (das wir zumeist nur unter einem zusammenfassenden Namen, nicht jedoch in seinem Item-Inhalt kennen) abhängig sein können: >Sucht< ist das, was die Test-Skala misst[173].

(2) Die in den letzten Jahren zunehmend ins Spiel gebrachten >*substanzlosen Süchte*< – die Spielsucht, Fress- und Magersucht, Sex-, Internet- und Arbeits-Sucht[174] sowie jüngst die ‚Anonymen Textaholics‘[175] – verstärken diesen ‚substanzlosen‘ Trend. Ihre gemeinsame Ursache sucht man in einer >Sucht-Persönlichkeit<, der nur durch den ‚Experten‘ zu helfen sei:

> „Zusammengefasst kann man sagen, dass stoffgebundenen wie stoff*un*gebundenen Suchtformen gemeinsam ist, dass sie – in welchem Stadium auch immer – ausweichendes Erleben und Verhalten sind“. Doch erst wenn wir den folgenden Nachsatz richtig lesen, wird die Ausrichtung dieser Blickperspektive deutlich:
>
> „Es gibt allerdings einen wichtigen Unterschied zwischen den ‚stoff*un*gebundenen Suchtformen‘ und den Formen der Drogensucht im engeren Sinne: Anders als beim Alkoholiker, der weiß: ‚wenn ich das nächste Glas Bier anfasse, ist’s passiert!‘, ist die Schwierigkeit bei Arbeits-, Liebes- und Fresssüchtigen, dass sie ein Mittelmaß finden müssen. Essen müssen sie, arbeiten müssen, und lieben sollten sie auch. Das Problem ist hier also: zu essen, ohne süchtig zu essen; zu lieben, ohne in einen Anfall zu rutschen, und zu arbeiten, ohne darin zu versinken. Obwohl man Spielen, Musikhören und Fernsehen nicht unbedingt zum Leben braucht, kann es doch auch sinnvolle Tätigkeit sein, die nicht zur Sucht ausarten muss, wenn man sie ausgewählt einsetzt. So ist der Weg aus den Alltagssüchten ein Weg über einen schmalen Grat, den man sich mühsam durch einen kontrollierten Umgang immer breiter treten muss“ (Gross 2003;273 f.).

So nahe es liegt, das pathologisierende Sucht-Modell nun auch noch auf diese ‚Alltags-Süchte‘ zu übertragen, so mühsam scheint es wohl zu sein, diese ‚Schwierigkeit‘ auf den ‚normalen Drogen-Konsum‘ zurück zu übertragen: Stehen wir dort nicht vor der gleichen ‚Gratwanderung‘? Noch einmal[176] belegt diese Schwierigkeit, wie effektiv Argumente, die ursprünglich dazu gedacht waren, die materielle, Substanz-bezogene Basis der Sucht-Diskussion in Frage zu stellen, im Rahmen des gegenwärtigen hegemonialen Sucht-Diskurses der Erweiterung dieses Arbeitsfeldes dienen:

> „This whole line of reasoning has now been turned on its ear, so that all involvements that are abroadly similar to alcoholism and drug addiction can be reclassified as diseases, as if in having thus labeled such activities and states of being clinicians had made a scientific contribution akin to discovering a new planet of life form“ stellte Peele schon 1985 (151) resigniert fest.

1.3 Beide hier angesprochenen extremen Konsumformen, Rausch wie Sucht, verfehlen in jedem Fall jedoch in hohem Maße das typische *Konsumverhalten Jugendlicher.*

Dies gilt zunächst für den >*Rausch*<, den wir auch aus einer ganz entgegengesetzten Perspektive betrachten können. Nämlich als gerade für Jugendliche wichtige *Grenzerfahrung*, mit der sie ihre eigenen Grenzen ausloten und das Gefühl des Einssein mit der Welt aus eigener Erfahrung kennen lernen können; eine Erfahrung, die sie freilich auf der anderen Seite *keineswegs dauernd* anstreben oder gar mit ihrem üblichen Drogenkonsum verbinden.

Die Notwendigkeit einer solchen ‚Erfahrung von Transzendenz' unterstreicht Glöckner (2001;75) neben den ebenso notwendigen Erfahrungen von Kompetenz und Akzeptanz als eine der drei Grundbedürfnisse Jugendlicher, der sie, interessanter und verständlicher Weise, durch „Sexualerziehung als Suchtprävention" begegnen möchte:

> „Das Bedürfnis nach Rausch und Ekstase, in denen sich die Grenzen zwischen dem Ich und der Welt aufzulösen scheinen, existiert zwar grundsätzlich in allen Lebensphasen und wird ja auch in unterschiedlichen Gesellschaften durchaus in verschiedenen Formen kultiviert, ist aber im Jugendalter als Ausdruck der Suche nach der eigenen Stellung in der Welt besonders stark ausgeprägt. Wer keine befriedigende Möglichkeiten des Sichverlierens und des Verschmelzens mit der Welt kennt und erleben kann, der ist auf zerstörerische, fremdbestimmte Angebote angewiesen".

Solche Grunderfahrungen kann man in gleicher Weise wie gelegentlich mit Drogen auch beim Sport, beim Bergsteigen, beim Tanzen (mit und ohne Ecstasy), in der Liebe und Sexualität erleben – man muss dafür nur einmal Jugendliche mitten im Fußball-Match beobachten, wenn sie ein Tor geschossen haben. Erfahrungen, die dann gerne als Argument dafür verwendet werden, Jugendlichen präventiv solche erlebnispädagogische ‚Alternativen' anstelle des Drogen-Konsums vorzuschlagen, anstatt zu überlegen, wann welche dieser (mitunter sogar erheblich riskanteren) ‚ekstatischen' Alternativen mit, neben, ohne oder statt der Drogen angebracht sind. Ekstatische Erfahrungen größerer oder auch kleinerer Art, die jedenfalls kaum geeignet sind, die kapitalistische Arbeitswelt auch nur ansatzweise zu gefährden; so sehr man auch immer wieder gerne Männern solche Orgasmus-Erfahrungen vor sportlichen Ereignissen untersagen möchte oder glaubt, eine entsprechende Askese fördere kriegerisch-aggressive Aktivitäten[177].

Ihr – drogenfreier oder drogeninduzierter – ‚Rausch' etwa während eines Rave ist häufig die erste Erfahrung, aus der gewohnten Erwachsenen-Welt heraus selber jemand zu sein, erwachsen oder aber ‚nicht so erwachsen' wie diese Vorbilder; eine Erfahrung die, wie die erste Liebe, in ihrer Frische die allzu ‚rationale' Welt dieser Erwachsenen – leider zumeist nur vorübergehend – in Frage stellen kann.

Insofern läge es also eher näher, allen Jugendlichen solche – kontrollierten – Rausch-Erfahrungen zu ermöglichen, wie sie etwa Aldous Huxley in seinem späten Utopie-Roman „Die Insel“ als Initiationsritus mit einer halluzinogenen Droge beschreibt, anstatt allzu sehr auf die ‚Gefahren solcher >Rauschgifte< zu starren. Was nicht heißen soll, dass ein – damit nicht vergleichbares – häufiges Betrunkensein wünschenswert wäre. Und insofern läge es auch nahe, ihr und ihm bei der Bewältigung solcher ‚jugendtypischer‘ Grenzüberschreitungen in der einen oder anderen Weise (‚mit Rat und Tat‘) beizustehen, anstatt sie vor solchen wichtigen und gelegentlich auch heilsamen Erfahrungen zu bewahren oder sie ihnen gar zu verbieten.

Ansonsten suchen Jugendliche jedoch ihren ‚Kick‘ eher selten wirklich im ‚Drogen-Rausch‘, selbst dann, wenn sie sich ‚besaufen‘, zurauchen oder sonst wie ‚vollknallen‘. Der übliche Drogenkonsum Jugendlicher reguliert, gelegentlich noch unbeholfen, allenfalls die jeweilige ‚Befindlichkeit‘, ein wenig die Stimmung oder das Lebensgefühl; er dient als bewusst eingesetztes Mittel zur normalen Situations-Bewältigung, zur Entspannung und als Rauchpause, als Morgenkaffee, Party-Drink, um die ‚Empathie‘ zu heben oder zum ‚chill-out‘; und zwar ganz entsprechend wie auch wir Erwachsene unsere Drogen etwa zur Entspannung oder als Anregungsmittel einsetzen, um die jeweils aktuelle Arbeitssituation zu überstehen, als Pharmakon, Ritalin, Zigarette, Energie-Drink oder Kokain-line.

2. *Probleme und Risiken des Sucht-Konzepts*

In eben dieser Weise müssen wir auch das die gegenwärtige Prävention tragende >*Sucht*<-Phänomen[178] vor allem in seiner Anwendung auf Jugendliche relativieren.

2.1 Zunächst erweist sich dieses Konzept *empirisch-praktisch* als unbrauchbar. So sehr es nämlich von der Logik her einleuchten mag, das eine extreme Ende des Drogenkonsums als >Sucht< zu bezeichnen, so wenig lässt sich diese empirisch praktisch mit Hilfe der beiden offiziellen addiction-Definitionen objektiv messen oder gar sinnvoll praktisch von anderen Konsum-Formen abgrenzen.

Sehr schön belegen das Walters/Gilbert (2000;217,219) in ihrem Vergleich der ‚addiction‘-Definitionen – sowohl zwischen wie innerhalb – der befragten ‚addiction-Experten‘ einerseits und der in einer ‚drug-abuse education class held in a medium security federal prison‘ eingeschriebenen Langzeit-Süchtigen andererseits:

> „The modal criterion for addiction in the expert condition, physical dependence, was affirmed by only half the experts, while diminished control, the modal criterion in the client group, was endorsed by just slightly more than a third of the clients (...)

> Based on the responses of the 20 experts who did participate in this study it would seem that there was little consensus as to what constitutes addiction“.
>
> Wenn auch eine breite Definition möglicherweise „may serve as a folk concept for lay people seeking to construct their own implicit theories of human behavior“ so bliebe doch zu fragen, „if there is only modest agreement on what constitutes a reasonable definition of addiction, how can we possibly hope to identify operational referents for a criterion definition of addiction? This is the very question that supporters of the addiction concept need to ask themselves if they hope to marshal scientific credibility for their concept“.

Dies trifft auch auf die >Stellungnahme der Drogen- und Suchtkommission< (2002) zu, sofern diese zwar nicht dem ‚binären Code ‚Abstinenz versus Abhängigkeit‘ folgen möchte, doch – in eben dieser Aufeinanderfolge – „präzise zwischen Gebrauch, schädlichem Gebrauch und Abhängigkeit unterscheiden“ will (10 f.), was theoretisch-kategorial zutreffen mag, praktisch-präzise dagegen nicht zu leisten ist.

Davies (1992;46) weist uns deshalb zu Recht darauf hin, dass das addiction-Konzept *‚kategorialer‘* Natur sei und deshalb praktisch nicht quantitativ im Sinne eines >mehr oder wenig abhängig/süchtig< gebraucht werden könne:

> „Some would probably claim that use of the word ‚addiction‘ does not have to imply a state, but may be used to specify a group of people showing a particular behaviour to an extreme degree. In other words, it is merely quantitative. However (...) it is argued here that psychologically the word is categorical in function, and that sooner or later its categorical nature imposes itself on our thinking. ‚Addicted‘ is the opposite of ‚not-addicted‘ rather than ‚less addicted‘, and with the sureness of inevitability the categorical nature of the word leads to the search for differences between those who are ‚addicted‘ and those who are ‚not addicted‘; and subsequently to cures or treatments for those who have ‚got it‘ as opposed to those who ‚haven't got it‘.“[179]

2.2 Vor allem aber erweist sich dieses Sucht-Konzept als untauglich, den *Drogenkonsum Jugendlicher* zu verstehen. So wird der bei weitem überwiegende Anteil der durch die Drogenprävention erreichbaren Jugendlichen (die noch in der Schule sind) kaum jemals von einer illegalen Droge >abhängig< werden, ganz abgesehen davon, dass dieses Risiko bei der hauptsächlich konsumierten illegalen Droge Cannabis ohnehin gering ist: „Wenn man die üblichen Konsum-Muster bedenkt, scheint eine Cannabis-Abhängigkeit selten aufzutreten; es beeinträchtigt auch weniger die Funktionsfähigkeit des Konsumenten als andere substances of abuse“ fassen Hanak u. a. (2002;76 eÜ.) ihre jüngste einschlägige Übersicht zusammen. Der gewohnheitsmäßige Dauer-Konsum legaler Drogen – Nikotin, Alkohol, Pharmaka – liegt da als Risiko bedeutend näher. Hinzukommt, dass alle Drogen – mehr oder weniger gut – >*kontrolliert*< konsumiert werden können. Dies gilt auch für

Tabak und – trotz noch immer heftiger Diskussion[180] – für Alkohol[181]; was am besten dadurch zu belegen ist, dass man heute damit auf dem Therapiemarkt ganz gut Geld verdienen kann, wie den Quest-Angeboten zum Erlernen des kontrollierten Rauchens und Trinkens zu entnehmen ist[182].

Und aus allen Drogen kann man sogar ganz überwiegend >selbstorganisiert< herauswachsen[183], sei es, weil man aus höchst unterschiedlichen Gründen ganz auf ihren Konsum *verzichtet* oder sei es, dass man diese Drogen (wie die jüngste Langzeituntersuchung von Williams/Parker (2001; 397) aus England nachweist), in ein ansonsten konformes Leben *kontrolliert einbaut*, um sich, neben bleibenden ‚hedonistischen' Motiven, vom Stress der Arbeitswoche zu entspannen und zu erholen[184]. Dies trifft wiederum insbesondere auf die Drogen der Jugendlichen zu, mit denen sie früher oder später im Laufe der Postadoleszenz aufhören:

> „Most people who take drugs, even the ‚heaviest' drugs, stop by the time they become adults. Youth is a major predictor of substance abuse; growing up is a major indicator that people will cease using drugs" meint Peele (1989;177), um dann Jessor zu zitieren: This „may well follow from the assumption of new life roles in work and family and the occupance of new social contexts other than that of school, both factors constituting conventionalizing influences".

Dieses selbständige Herauswachsen bis hin zur bewusst gewählten (reasoned choice) Integration in das normale Alltagsleben eines „work hard – play hard seven day cycle" (Williams/Parker 2001;410)[185] gilt auch für das von Jugendlichen kaum konsumierte Kokain und – wie uns der historisch belegte, weitverbreitete ‚medizinische' Opiat-Verbrauch lehrt – auch für Heroin; während wir für die Jugend-Droge Cannabis annehmen können, „that most users of cannabis stop or reduce their intake of this drug before their mid-thirties", wenn hier auch neuerdings aus Neuseeland Zweifel angemeldet werden (Rigter/van Laar 2002;40, 30 f.). Und nahezu alle Raucher, die zu rauchen aufhören, schafften dies – auch als Jugendliche – ohne therapeutische Hilfe. So hält selbst die Bundeszentrale (2001;35) in ihrer Analyse des Rauchverhaltens 12 bis 25-Jähriger fest:

> „In allen Altersgruppen gibt es Raucher, denen es gelingt, wieder aufzuhören. Das gilt selbst schon für die 12–13-Jährigen, bei denen etwa ein Zehntel (9 %) eine offenbar nur kurze Raucherepisode in ihrem Leben hatte, die bereits wieder beendet ist. Mit steigendem Alter steigt der Anteil der früheren Raucher. Von den 24–25-Jährigen sind immerhin 18 Prozent Exraucher"; weshalb denn auch das IFT-Nord sich berechtigt fühlt, „gefördert von der Europäischen Kommission im Rahmen des Aktionsplanes ‚Europa gegen den Krebs', von der Deutschen Krebshilfe und von der DAK in Kooperation mit dem Berufsverband der Kinder- und Jugendärzte" (um hier einmal auf solche ‚Netze' hinzuweisen) das Programm „Just Be Smokefree" zur Raucherentwöhnung für Jugendliche und junge Erwachsene im Alter von 14 Jahren bis unter 25 Jahre u. a.

auch im Internet (www.justbesmokefree.de) anzubieten (Drogen- und Suchtbericht 2002;62 f.).

Dieser *Episoden*-Charakter vieler Formen des Drogen-Konsums gilt ganz generell für das ‚deviante' Verhalten Jugendlicher, das als ‚Delinquenz' gehäuft in der Spätpubertät auftritt, um sich dann mit dem Eintreten in ‚erwachsenere Phasen' aufzulösen bzw. den dort geltenden Devianzformen (etwa der ‚Kriminalität der Ehrbaren') anzupassen:

> „Neben dieser Ubiquität, also Allgemeinverbreitung der Jugenddelinquenz, ist ihre Episodenhaftigkeit konstitutiv, diese Episodenhaftigkeit kommt dadurch zustande, dass vor oder bei Beginn des Tätigkeitswerdens formaler Kontrollinstanzen die Delinquenz aufgegeben wird" (Dietz u. a. 1997;37).

Fortgesetzt wird sie dann, wenn – von ‚strukturellen' handicaps abgesehen – entweder stigmatisierende Erfahrungen nicht zureichend aufgefangen werden können oder wenn sie, wie bei den drei legalen Drogen, den Regeln der neu gewonnenen Erwachsenen-Welt entsprechen. Ich gehe hierauf in These 6 noch einmal näher ein.

Überzeugend begründen Fuchs u. a. (1996;186) in ihrer Untersuchung der Gewalt an bayerischen Schulen – in Vorwegnahme zu unserer folgenden These – diesen temporär vorübergehenden Charakter jugendlicher Devianz, den sie dann auch im Verlauf ihrer Studie empirisch belegen können:

> „Begreift man Jugend als Subkultur im Sinne eines Konfliktes zwischen einem Subsystem und der Gesamtgesellschaft" (ich würde eher sagen: ‚zwischen zwei Subsystemen') „so wird dominant auf die Unterschiede im Altersstatus rekurriert. Gemeinhin werden die damit verbundenen Phänomene unter dem Schlagwort des Generationenkonfliktes subsumiert. Ist dieser Ansatz erklärungskräftig, so müssten die in der Jugend auftretenden devianten Verhaltensweisen im Wesentlichen temporären und passageren Charakter tragen. Die jeweiligen Erscheinungsformen müssten jugendspezifisch sein und mit dem Hineinwachsen in die Erwachsenengeneration verschwinden bzw. mit umgekehrten Vorzeichen (als Konflikt der nun Erwachsenen mit der nachwachsenden Generation) neu in Erscheinung treten. Auch wenn man jugendliche Subkultur im Sinne von Präkultur (...) mit sich schnell wandelnden Verhältnissen versteht, müssten jugendspezifisch abweichende Verhaltensweisen in der individuellen Biographie ebenfalls vorübergehend sein".

So sehr also – auf den ersten Blick – eine >Suchtprophylaxe< vernünftig scheint, um früh der >Sucht< zuvorzukommen, so scheitert diese doch in praxi an der doppelten Schwierigkeit, diese Sucht als solche phänomenal einzugrenzen und den üblicherweise eher vorübergehenden Charakter jugendlichen Drogenkonsums entsprechend zu würdigen.

2.3 So wenig Hilfe das Suchtkonzept bieten kann, so sehr kann es doch *schaden,* und zwar durch vier eng miteinander verbundene *perspektivisch* wirkende Risiken, die seinen möglichen Nutzen – zumindest bei den hier in Frage stehenden Jugendlichen – weit übertreffen.

(1) Auf einer sehr allgemeinen – kulturell zu definierenden – Ebene verleiht dieser Sucht/Rausch-Diskurs einem eher alltäglichen Phänomen, das ja vom Morgenkaffee über die Kopfschmerztablette, Zigarette und Joint bis hin zu den sog. ‚harten' Drogen reicht, eine *besonders herausgehobene Qualität*, die sowohl den prickelnd verführerischen Reiz des Exotischen wie die dumpf dräuende Gefahr verspricht, die dann beide Seiten auch immer wieder dazu verführt, ständig von solchen Extremen aus zu argumentieren.

Diese Zuordnung ist durchaus derjenigen der ihr eng benachbarten *Kriminalitätsfurcht* zu vergleichen, unter der sich ja auch, durch das Leitbild des fremden Gewalttäters – Raub, Vergewaltigung, Mord – geprägt, vom Ladendiebstahl über die Schulhofschlägerei bis hin zur Beschaffungskriminalität allerlei unerwünschte jugendliche Verhaltensweisen sammeln lassen, während wir die so übliche familiäre Gewalt, die teuren Extravaganzen unserer Wirtschaftstäter und Präventionskrieger eher seltener in eine solche Art der Furcht einschließen.

Diese ‚Bilder' von Sucht wie von Kriminalität öffnen gleichsam eine *neue Dimension,* in die wir alle einen großen Teil unserer Alltagssorgen, Ängste und Frustrationen nach dem Motto „Die Droge ist am Versagen unserer Kinder schuld" hineinpacken können. Sie verstellen zugleich den Blick sowohl auf andere zumeist schwerwiegendere Probleme – von der Kriminalität der Mächtigen bis hin zu den schwindenden Zukunftschancen marginalisierter Bevölkerungsgruppen, wie auch für ein alternativ anderes Verständnis solcher Phänomene, sei es das der ‚Normalität' oder sei es die von uns vorgeschlagene Perspektive eines eigenverantwortlichen Genießens.

Beide Phänomene, Rausch wie Sucht, unterliegen darüber hinaus, gemeinsam mit der insofern besser erforschten Kriminalitätsfurcht, drei weiteren eng miteinander verkoppelten Merkmalen. Sie besitzen nur einen geringen Realitätsbezug – Kriminalitätswellen wie Drogenwellen[186] folgen weniger dem tatsächlichen Vorkommen, sondern eher ihrer eigenen (Medien)-Gesetzlichkeit; sie werden vor allem von denen gefürchtet, die am wenigsten betroffen sind; und sie werden – gewollt und/oder ungewollt – von denjenigen vorangetrieben, die davon am meisten profitieren, in den jährlichen Kriminalstatistik-Publikationen ebenso wie in den diversen >Suchtstoffberichten< auf internationaler, nationaler und kommunaler Ebene.

(2) In diesem Rahmen führt und prägt das Sucht-Konzept sodann auch zunehmend die gesamte Defizit-Perspektive – und zwar sowohl bei den Befürwortern wie den Gegnern einer solchen Sucht-Sicht. Sie verhindert auf diese Weise, *leitmotivisch*

wirkend, jeden alternativen Ansatz, gleich, ob dieser als illusorisch oder aber als ketzerisch verdammt wird. Die unheilvolle Diskussion um das vom Landgericht Lübeck angeblich eingeforderte ‚Recht auf Rausch'[187] mag hier als Beispiel dafür dienen, wie man auch ‚gutwillig' den ganz normalen Konsum solchen ‚Extrem-Vorstellungen' unterwirft. Damit verstellt dieses Sucht-Konzept den Blick auf die Ambivalenz einer jeden Drogenwirkung, was angesichts positiver Drogen-Erfahrungen für viele Jugendliche unglaubwürdig wirkt. Man riskiert auf diese Weise zugleich die gesamte Drogen-Prävention und verhindert das an sich notwendige sachliche Eingehen auf eventuelle, problematische Konsumformen, die sich nicht oder nur mühsam unter das Sucht-Etikett bringen lassen; problematische Konsumformen, wie sie etwa die harm-reduction-Ansätze im Auge haben:

> „In der Folge werden Gefahren, die sich aus einem Drogenkonsum zur ungeeigneten Zeit, am ungeeigneten Ort, durch ungeeignete Personen, in ungeeigneten Mengen – also Gefahren, die sich aus seiner kulturellen und instrumentellen Einordnung in den Alltag ergeben können – gar nicht wahrgenommen und thematisiert. Ein Blick auf die Auseinandersetzungen um das Alkoholtrinken belegt dies anschaulich" (Barsch 2001;267).

Auch der schon sehr früh eingeschlagene Weg der Weltgesundheitsorganisation, anstelle der addiction (Sucht) jeweils drogenspezifische *dependencies* (Abhängigkeiten) einzuführen, kann sich von diesem Sucht-Defizit-Schema nicht grundsätzlich lösen; ganz abgesehen davon, dass man bei uns – aus welchen mehr oder weniger durchsichtigen Motiven auch immer[188] – weiterhin am generellen addiction-Sucht-Konzept festhält: „Angesichts der Tatsache, dass der Begriff addiction noch immer im allgemeinen Publikum üblich ist, entschlossen wir uns, ihn beizubehalten" (Handbook Prevention 1998;16 eÜ.)[189]. Beide Momente, das beibehaltene Defizit-Schema wie die fortdauernde Sucht-Perspektive, spiegeln sich in Bühringers (2000) Überlegung zur Begründung des Suchtforschungsverbundes ASAT:

> „Dabei ist auch deutlich geworden, dass das traditionelle Suchtkonzept aus wissenschaftlichen wie auch aus gesellschaftlichen Gründen (Stigmatisierung) einer umfassenden Modifikation bedarf, da sich die einzelnen spezifischen Substanzstörungen hinsichtlich Erscheinungsbild, Manifestationsform, Schweregrad, Risiken, Konsequenzen, Verlauf wie auch hinsichtlich ihres Ansprechens auf spezifische Interventionsmaßnahmen bedeutsam unterscheiden. Die konzeptionelle Neuorientierung („von der Sucht zur substanzbezogenen Störung") hat sich zwar in der Forschung unter dem Einfluss der seit den 90er Jahren verbindlichen diagnostischen Klassifikationen nach den Kriterien von ICD-10 und DSM-IV weitgehend vollzogen. Dies gilt jedoch noch nicht in dem notwendigen Ausmaß für die therapeutische Praxis"[190].

(3) Die gegenwärtige >Sucht<-Prävention muss – unter dieser leitmotivisch führenden Defizit-Perspektive – angesichts ihres ständigen Scheiterns dahin tendieren, fortwährend sowohl den >Abusus< zum >Usus< wie auch die spätere Sucht in die kindliche conduct-disorder *vorzuverlagern*, um damit auch solche ‚Frühformen' mit ihrer Defizit-Perspektive zu verpesten:

> „Je früher mit präventiven Maßnahmen begonnen wird, desto besser ist ihre Wirksamkeit" bzw. „ Präventive Maßnahmen beginnen zu spät, sie sind bereits im Kindesalter notwendig" heißt es in der IFT-Expertise (Denis u. a. 1994;III,1)[191].

Als Beispiel hierfür kann man etwa die Schlussfolgerung von Masse/Tremblay (1997;62 eÜ.) aus der Auswertung einer Langzeitstudie von (656 bis 784) Jungen aus dem französisch sprechenden Montreal heranziehen, die mit 6 und 10 Jahren von Lehrern per Fragebogen auf die drei ‚heritable' Dimensionen der >high novelty-seeking< (kann nicht still sitzen bleiben, zappelig), >low harm avoidance< (weint leicht) und >reward dependence< (hilft anderen Kindern) beurteilt und mit 11 bis 15 Jahren jeweils jährlich per self-report zum Beginn des Rauchens, des ersten Alkohol-Betrunkenseins und des ersten Drogenkonsums befragt worden waren:

> „High novelty-seeking and low harm avoidance lead to early onset of substance use in boys. The stability of the prediction between ages 6 and 10 years suggests that the kindergarten assessments may be used for preventive efforts at school entry instead of waiting until early adolescence" (62).

Solange dies nicht-stigmatisierend strukturell, also ‚Verhältnis'-orientiert geschieht, wie etwa bei Holterhoff-Schulte (2001), gibt es auch da noch sicher sinnvolle Ansätze, die jedoch, da an sich selbstverständlich, eigentlich auf das (solchen Vorhaben eher entgegenstehende) Sucht-Konzept verzichten sollten. Sobald nämlich – eben im Rahmen der leitenden Defizit-Perspektive – beim Kind, Jugendlichen und in seiner Umgebung (alleinerziehende Mütter, Scheidungskinder usw.) nach solchen Indizien mit vermeintlich pragmatischer Valenz gefahndet wird, missrät solche Prophylaxe zur bleibenden *Stigma-Gefahr*, die, je früher solche Indizien erkannt werden, desto dauerhafter in der individuellen ‚Personal-Akte' fortgeschrieben werden. Paart sich hier der Sucht-besorgte Mutterblick (zumeist gegenüber den Spielkameraden: „Spiel nicht mit den Schmuddelkindern") mit dem ‚Sucht-Wissen' von Erzieherinnen ist rasch der Beginn einer Sucht-Karriere vorprogrammiert; gerichtsbekannte Kinds-Missbrauch-Serien bieten hier ein Leitbild. Dies gilt insbesondere dann, wenn die sogleich zu besprechenden ‚Risiko-Faktoren' diagnostisch den Blick schärfen, ohne jedoch faktisch in entsprechender Hilfestellung zu münden, wie Brown/D'Emidio (1995;485) in ihrer Kritik am kalifornischen DATE-Programm festhalten.

(4) Der vierte, die Praxis höchst unerwünscht gestaltende Fehler des Sucht-Konzepts liegt – neben seinem Charakter als Furcht erregendes, defizitäres Leitmotiv und seiner vorverlagernden Stigma-Gefährdung – darin, dass eine solche >Sucht<-Definition eben diejenige ‚selbstverschuldete' Abhängigkeit von der Droge (und ggf. dem therapeutischen Drogen-Experten) ermöglicht und verfestigt, die man eigentlich bekämpfen will:

> „The idea of ‚once an addict, always an addict' may plague an individual's attempts at recovery and may be a serious roadblock to the necessary identity changes" (Kellog 1993;236), was Peele (1989;170) am Beispiel des Alkoholismus wie folgt ergänzt: „Cultural and historical data indicate that believing alcohol has the power to addict a person goes hand in hand with more alcoholism. For this belief convinces susceptible people that alcohol is stronger than are they, and that – no matter what they do – they cannot escape its grasp".

Diese Idee *entmündigt* das Individuum und liefert ihm eine Rechtfertigung dafür, nicht eigenverantwortlich gegen eine sich einschleifende schlechte Gewohnheit anzugehen und sie bestätigt zugleich dadurch unser Bild einer solch entmündigenden Sucht. In seinem ausgewogenem Vergleich der Evaluations-Ergebnisse der Drogentherapie mit denen der ‚Spontanheilung' kann Blomqvist (1996;1840 eÜ.) belegen, wie sehr diese Sucht-Abhängigkeits-Vorstellung („bei der man zu sehr auf die individuellen Defizite achtet und nicht auf die volle Bedeutung seiner Interaktionen mit der Umgebung") zunächst die Therapie selber beeinflusst. Bei dieser gehe es doch zunächst darum, „die Hoffnung auf Erleichterung zu kultivieren und günstige Erwartungen zu schaffen". Zugleich bestätige die Art dieser Therapie die Gültigkeit solcher >governing images<: „Weil die Art und Weise, in der die Behandlung des Drogen-Missbrauchs organisiert ist, sowohl dessen Wahrnehmung durch das allgemeine Publikums wie auch die eigene Selbstwahrnehmung des Konsumenten beeinflusst".

Auch der Suchttherapeut Rudolf Klein (2002;72,76) kritisiert auf Grund langjähriger Erfahrung in der ambulanten Therapie sogenannter Alkohol-Süchtiger dieses „in der Behandlung süchtigen Trinkens noch immer vorherrschende medizinische Modell", ein ‚Meta-Modell', das „die Fähigkeit zur Selbstbestimmung des Süchtigen genauso infrage (stellt), wie das moralische Modell den Willen zur Selbstbestimmung bezweifelt".

> Im „zirkulären Prozess zwischen [diesen] historisch-kulturellen Metaerzählungen, den subjektiven Erzählstrukturen und den familiären Interaktionsmustern (...) dient die Metaerzählung als Deutungsmuster für Verhalten, das Verhalten dient als Grundlage für subjektive Erzählungen, und die subjektiven Erzählungen stabilisieren wiederum die Metaerzählungen".

> Aufgabe zu Beginn einer Therapie sei es deshalb, solche „das süchtige Verhalten betreffende therapeutische Metaerzählungen und Glaubenshaltungen“ sowohl beim Klienten wie aber auch in seinem sozialen Umfeld aufzulösen und den „exkommunizierten Trinker in die Kommunikation“ wieder einzuführen, „indem im therapeutischen Prozess dem scheinbar Nichtverstehbaren des süchtigen Trinkens Bedeutung und Sinn unterlegt wird. Diese Bedeutungsgebungen und Plausibilisierungen beziehen sich sowohl auf die Erzählung der individuellen Geschichte des Trinkers selbst als auch auf die vorhandenen Sinnkonstruktionen und Erzählmuster im sozialen System“ (Klein 2002;154 f.).

Wir stoßen damit also auf ein weiteres zentrales Grund-Dilemma einer Prävention, die zurückhaltend gesagt, ihre eigenen Prämissen nicht ernst nehmen kann und die eben solcher Lügen wegen auch nicht ernst genommen wird. Romer et al. (in Slovic 2001;216 eÜ.) nennen es das >*Catch-22*<*Paradox*[192] of Smoking und Quitting, das darin bestehe, einerseits *präventiv*-abschreckend das hohe Risiko einer solchen künftigen Abhängigkeit zu betonen, und andererseits *therapeutisch* dadurch zugleich dem gestandenen Raucher den notwendig optimistischen Glauben zu nehmen, jederzeit das Rauchen von selber aufgeben zu können: „Es hilft Rauchern ihr Verhalten aufzugeben, doch bietet es zugleich den Jugendlichen eine Lizenz, mit dem Rauchen zu beginnen“. Man widerspricht damit der selber festgestellten Wirkungslosigkeit solcher Abschreckungsstrategien und belügt sowohl die Jugendlichen wie den zur Entwöhnung bereiten Raucher, der ja häufig auch selber noch jugendlich im Sinne solcher Prävention ist.

Ein Paradox, das nicht nur Prävention und Therapie entzweit, sondern das doppelt bis ins Herz gegenwärtiger Prävention hineinreicht. Zunächst, noch – scheinbar – erträglich, liefert es eine Begründung dafür, sich auf die Primär-Prävention zu konzentrieren, in der man die Noch-Braven durch das drohende Gespenst künftiger Süchtigkeit abschrecken möchte, um damit auf dieser Ebene die alte ‚Horror-Prävention‘ ungebremst fortzuführen; während man den – in der selben Schulklasse sitzenden – Probierern, Experimentierern und Konsumenten sekundär-präventiv eigentlich klar machen müsste, dass sie jederzeit aufhören könnten. Doch auch innerhalb der Primär-Prävention beißen sich – fast tragikomisch – Kompetenz-Training („Du kannst es“) mit der Sucht-Botschaft („Du kannst es nicht“), weswegen es noch einmal nahe lag, die Kompetenz auf das ‚Nein-Sagen‘ ein zu engen und die ‚Sucht‘ mit dem ‚Usus‘ gleich zu setzen.

Eine ganz allgemein der Defizit-orientierten Prävention eigene Problematik, die dort immer wieder auftritt, wenn die angebliche ‚Größe des Problems‘, die eine Prävention erforderlich machen soll, tatsächlich deren Wirksamkeit in Frage stellen muss, wie Morgan (1998a; 97 eÜ.) am Beispiel des >normative education approach< zeigt, der u. a. bei den Schülern „irrige Wahrnehmungen über Ausmaß und Akzeptanz des Alkohols" insbesondere hinsichtlich ihrer Bezugsgruppen korrigieren möchte; solange

> „many efforts to combat the onset of drinking (...) begin with the information that the problem in question (i. e.underage drinking) is widely prevalent. This may unwittingly undermine any subsequent benefit that the advice/attempt to persuade may otherwise have had".

Ein ‚Catch-22-Paradox' das sich auch dann zeigt, wenn man die ‚Qualen der zu erwartenden Entzugserscheinungen' all zu hoch ansetzt, anstatt auf deren jeweilig situativen Kontext zu verweisen; Entzugserscheinungen, die etwa bei mit Opiaten behandelten Patienten kaum ernsthaft wahrgenommen bzw. nicht mit diesem Drogenkonsum verbunden werden. Unter Bezug auf weitere Quellen erinnert Stanton Peele (1985;57,122) uns deshalb daran,

> „how heroin addicts' expectations about drugs affect their ability to withstand withdrawal and relapse pressures. (...) addicts often are well aware of their excessive fear of withdrawal (...) so that he believes he can neither live without it nor free himself from its grasp".

3. Sucht? Vier kritische Analysen

Da diese Sucht-Konzeption heute das Kernstück einer ‚Sucht'-Prävention bildet, möchte ich – selbst auf die Gefahr hin, nun selber diese Primärprävention auf der dafür ungeeigneten Ebene der Sucht-Dimension zu diskutieren – mit je zwei theoretisch und empirisch orientierten Gegenmodellen zeigen, wie man in kritischer Analyse vor allem der empirischen Beleg-Daten dasselbe ‚extreme' Verhalten aus einer weniger pathologisierend-festschreibenden, sozialpsychologischen Perspektive wahrnehmen kann, um damit zugleich noch einmal darauf hinzuweisen, wie brüchig das zentrale Fundament der gegenwärtigen Primärprävention konstruiert wird.

Peele (1985) bezieht sich vornehmlich auf das amerikanische Alkoholismus-Modell, das um die Heroin-Sucht ergänzt wurde, während Davies (1992) die Funktionalität des Sucht-Konzepts untersucht, also die Aufgaben, die mit diesem Konzept gelöst werden können und sollen; die empirischer und drogenspezifischer ausgerichteten Arbeiten von Frenk/Dar (2000) und Soellner (2000) befassen sich mit der Nikotin- und Cannabis-Abhängigkeit.

3.1 Stanton Peele (1985), einer der führenden US-amerikanischen Kritiker gegenwärtiger Drogenpolitik, beleuchtet zunächst die historische Genese der beiden anfangs recht unterschiedlichen, später dann aufeinander zulaufenden Konzepte der Opiat-addiction einerseit und der Alkohol-addiction andererseits, von denen die eine die Wirkung der Substanz, die andere dagegen das biologische Modell der progressiv voranschreitenden Krankheit lieferte, um sodann die hierauf aufbauenden Suchttheorien der 70 und 80er Jahre zu kritisieren.

Um deren ‚biologistisches' Kernstück – Toleranz, withdrawal und craving – zu attackieren, geht er einerseits auf die *Kultur-abhängigkeit* und Situationsgebundenheit dieser ‚Sucht-Momente' ein, während er andererseits die biologistischen Argumente etwa der fetalen Entzugs-Symptomatik bei Neugeborenen oder die Ergebnisse der Versuche mit in ‚sensory deprivation' gehaltenen Ratten mit zum Teil eigenen Versuchsanordnungen überzeugend anzweifeln kann. Alle diese ‚biologistischen' Entitäten – addiction, dependence, craving, Toleranz und Ausmaß der Entzugserscheinungen – kann man nicht als solche wahrnehmen. Man schließt sie aus dem Verhalten der ‚Süchtigen' und verlässt sich auf ihre *Aussagen*:

> „No biological indicators can give us this information. We decide the person is addicted when he acts addicted. (...) We cannot detect addiction in the absence of its defining behaviors. In general we believe a person is addicted when he says that he is" (18; 19).

Addiction – wie auch ‚dependency' – ist für ihn eine aus dem Ruder gelaufene, doch an sich ganz normale eigenaktive Suche nach Erfahrungen (experiences), die ihrerseits sowohl kulturell vorgeformt und der jeweiligen Situation sinnvoll angepasst verläuft, wie auch durch persönlichkeitsspezifische Faktoren – fear of failure, low self esteem, unterschiedliche Bewertungen etwa der eigenen Gesundheit und insbesondere ein zu geringer Glaube an die eigene ‚Self-efficacy' – teufelskreisartig vorangebracht wird:

> „That addiction takes place with a range of objects, including quite common activities, drives home that no involvement or object is inherently addictive. Rather, people become addicted to given involvement due to a combination of social and cultural, situational, personality and development factors"(103).
>
> ‚Addiction' ist letztlich ein ‚human phenomenon', ein „extreme, dysfunctional attachment to an experience that is acutely harmful to a person, but that is an essential part of the person's ecology and that the person cannot relinquish. This state is the result of a dynamic social-learning process in which the person finds an experience rewarding because it ameliorates urgently felt needs, while in the long run it damages the person's capacity to cope and ability to generate stable sources of environmental gratifications" (97).

Es sind nicht die Drogen, die ‚inherently rewarding' sind, sondern „ihre Wirkungen hängen von den allgemeinen Erfahrungen des Individuums und seiner Umgebung ab. Die Entscheidung zu einem bestimmten Zustand zurück zu kehren – selbst wenn dieser als positiv erfahren wurde – hängt ab von den Werten des Individuum und von seinen wahrgenommenen Alternativen“ (65 eÜ.). Diese ‚Rückkehr‘ ist prinzipiell möglich, wenn der ‚Süchtige‘ dieses selber will, sofern dies seine Fähigkeiten erlauben und vor allem auch die ihm möglichen social opportunities entsprechend gestärkt werden:

> „Former addicts may, at this final stage, revise entirely their self-estimates so as no longer to conceive of themselves as addicts or potential addicts; indeed, this is customary for youthful addicts when they mature in their adults lives. Strangely, it is the primary aim of our current policies toward drug and alcohol addiction to deny that this possibility exists and thereby to eliminate it“ (132).
>
> Eine Aussage, die er 1989 (143) wie folgt ergänzt: „Disease theories of life have struck on a fundamental truth: everything that humans do – eating, drinking, sleeping, drug taking, loving, raising children, learning, having sex, having periods, feeling, thinking about oneself – has a healthy and unhealthy side, sometimes both at the same time or often alternating with one another. By elevating the unhealthy side of normal functioning to the status of disease state, therapists and others who claim the mantle of science now *guarantee* the preeminence, pervasiveness, and persistence of sickness in everyday life“.

3.2 J.B. Davies (1992), Direktor der Addiction Research Group der Universität Glasgow, geht insgesamt weniger von solchen ‚extremen‘ Formen aus, um die Funktion dieser *Addiction-Zuschreibung*, die Aufgabe, die diese für den Betroffenen wie für die Experten übernimmt, näher zu untersuchen, mit dem Ziel: „den Leuten das Gefühl persönlicher Macht und das Vermögen zurück zu geben, die sie brauchen, um ihren Drogen-Gebrauch für sich selber zu kontrollieren“ (XII eÜ.). Die meisten Drogen-Konsumenten

> „do so for their own reasons, on purpose, because they like it, and because they find no adequate reason for not doing so; rather than because they fall prey to some addictive illness which removes their capacity for voluntary behaviour“ (XI).

In seiner sorgfältigen Analyse einschlägiger empirischer Arbeiten stützt er sich dabei auf den in der Sozialpsychologie gut begründeten ‚*Attributions*-Ansatz‘, nach dem man im Alltag als ‚lay scientist‘ sein eigenes wie auch fremdes Verhalten mit passablen Gründen versieht, indem man etwa die Ursache bei sich (dispositional) oder aber in äußeren Umständen (situational) sucht. Der Hauptzweck solcher Erklärungen ist nun jedoch keine ‚wissenschaftlich kausale Erklärung‘, sondern

> „to justify an action, to reduce culpability, to attract praise, to make sense of a situation“ (26). Man lernt solche Erklärungsmuster zusammen mit dem jeweiligen Verhalten

> und setzt sie – mehr oder weniger bewusst – als ‚naive lawyer', jedoch höchst expertenhaft, immer dann ein, wenn es gilt Unwerturteile (verdicts) von sich abzuwenden:
> „Since explanation derives from the way events are perceived, people can lead others to make causal inferences about their behaviour by describing events and situations in particular ways. Furthermore, by explaining good or bad acts in terms of dispositional or situational factors, they can influence the kinds of verdicts that people arrive at with respect to their behaviour". (115).
> ‚Addiction' ist eine solche Art allgemein akzeptierter Erklärung, die man sowohl sich selber wie auch dem Therapeuten gegenüber als – entschuldigende – Begründung dafür abgibt, nicht aufhören zu können: „In circumstances where someone presents at a clinic or agency with a drug problem, knowing that the therapist/councellor also believes there is a problem, the idea that the attribution of ‚addiction' might be an essential part of the script for both participants is intriguing" (138).

Nimmt man hinzu, wofür Davies zahlreiche aufschlussreiche Beispiele bietet, dass auch in der Forschung die auf entsprechende Fragen erhaltene ‚addiction-*Begründung*' als authentische kausale *Erklärung* für das ‚süchtige' Verhalten gewertet wird, liegt es nahe, dass solcherart – gleichsam im ‚konservierendem Kreislauf'– solche funktionale Begründungen ‚reifiziert' werden:

> „Having a disease is apparently so appealing that people stretch the criteria in order to include themselves, or perhaps even expand their behavior to meet the criteria" ergänzt Peele (1989;135). Dies gilt umso mehr dann, wenn sich solche Drogen-Konsumenten auch realiter wie ‚stereotypical junkies' verhalten. Stattdessen sollten wir „turn our attention outwards and try to identify those aspects of the social world that make such types of behaviour necessary, and that provide the functional basis for the accompanying reports of (learned) helplessness and addiction" (157;160).

Dieses methodisch ‚erkenntnistheoretische' Problem, auf das oben schon Peele hinwies, dass wir uns bei der Diagnose der ‚Süchtigkeit' weithin auf die *Aussagen* der ‚Süchtigen' verlassen müssen – und zwar auch dann, wenn wir sie mit Hilfe von Fragebögen oder standardisierten Experten-Interviews erheben – gewinnt eine interessante Interessen-orientierte Wendung dann, wenn wir umgekehrt entsprechend verneinende Antworten – etwa bei Alkoholikern oder auch bei Jugendlichen – als Verdrängung, Lüge oder Leugnen werten, wie dies vor allem bei besser wissenden Experten und Therapeuten häufig geschieht (vgl. Peele 1989;79 f.;87).

3.3 Während Peele und Davies ganz allgemein das Sucht-Konzept kritisieren, untersuchen Frenk/Dar und Soellner den Sucht-Charakter je einer spezifischen Droge, ohne dessen Brauchbarkeit bei anderen Drogen (Heroin, Alkohol) generell in Frage zu stellen.

Beide Arbeiten greifen in Kritik der psychiatrischen Klassifikations-Systeme DSM-IV und ICD-10 der WHO vor allem auf *empirische Befunde* zurück, wobei Frenk/Dar (2000) das Konzept der Nikotin-Addiction durch eine kritische sekundäranalytische Auswertung von über 600 empirischen Arbeiten[193] zu widerlegen versuchen, während Soellner auf einer ähnlichen sekundäranalytischen Basis ihre Kritik der Cannabis-Abhängigkeit auf eine eigene, ursprünglich im Auftrag der Bundesregierung erfolgte, umfangreiche empirische Erhebung stützt (Kleiber/ Soellner 1998).

Ausgangspunkt der Kritik der beiden israelischen Autoren *Frenk/Dar* ist das inzwischen als Gemeingut aller richtig Denkenden geltende Statement des Surgeon General im Report des US Departments of Health und Human Services „Nicotine Addiction" (1988), das jüngst im Britischen Report der ‚Tobacco Advisory Group of The Royal College of Physicians: Nicotine Addiction in Britain (2000) wie folgt wiederholt wird:

> „The central conclusion of this report is that cigarette smoking should be understood as a manifestation of nicotine addiction, and that the extent to which smokers are addicted to nicotine is comparable with addiction to ‚hard' drugs such as heroine and cocaine (...) Nicotine is an addictive drug, and the primary purpose of smoking tobacco is to deliver a dose of nicotine rapidly to receptors in the brain. This generates a pleasurable sensation for the smoker which, with repeated experience, rapidly consolidates into physiological and psychological addiction reinforced by pronounced withdrawal symptoms" (S. 183 nach Frenk/Dar 2000;2).

Dieses >drug attribution bias< – „wenn an einem zwanghaften Verhalten eine psychoaktive Droge beteiligt ist, tendieren Beobachter dazu, dieses Verhalten der Droge zuzuordnen, *selbst wenn die Droge absolut keine Rolle für die Motivation oder das Aufrechterhalten dieses Verhaltens besitzt*" (33 eÜ.) – leite nun auch nahezu die gesamte einschlägige Forschung.

Bei deren minutiöser Analyse stoßen wir auf eben dieselben methodischen Fehler, die uns auch oben bei der Durchsicht gegenwärtiger Drogen-Evaluation begegneten (s. „What went wrong in nicotine research" 177 ff.):

> Dies reicht von der dem Surgeon General als ‚conclusive demonstration' für den positiven Reinforcement Charakter des Nikotins dienenden Studie an 4 Affen, „on which only two were subjected to the critical manipulations, with no control for general activation, no standardization of procedure, no statistical test of the results or even numerical summaries of the data and no consideration of alternative explanations of the findings" (64) bis zum Ausschluss ‚ungeeigneter' Tiere im Ratten/ Mäuse-Versuch: „exclusion of subjects that do not conform to the investigators' preferred behavior" (75); sogar die neuerdings beliebten Dopamin-Befunde ergeben

> sich in gleicher Weise „mediating the pleasure of food, sex, and drugs of abuse“ wie beim Versuch to „avoid an unpleasant outcome“ (90, nach Berridge/Robinson 1998).
>
> Beim Menschen dagegen werden Placebo-Wirkungen (Glaube and Erwartung) sowie sekundäre Reinforcer (also Verbindung mit anderen Annehmlichkeiten wie etwa der Geschmck, Geruch, „sensory and oral stimulation or the social reinforcement having coffee, relaxing after meal“ 113) außer Acht gelassen.
>
> „Regrettably, none of the experiments we reviewed employed controls for either of these alternative explanations“ (95). Dies gilt insbesondere für die Nikotine-Replacements (Pflaster, Kaugummi etc.) wie auch für Versuche mit dem Nikotin-Blocker Mecamylamin. „No evidence exists that humans voluntarily self-administer pure nicotine, be it in the form of transdermal patches, chewing gum, intranasal spray, or injection (…) similarly, there is no evidence of a single human non-smoker or ex-smoker having relapsed into, or even craved, pure nicotine after prolonged transdermal use“ (133).

Man müsse im Gegenteil – etwa angesichts der Tendenz, dass Raucher relativ rasch einen dauerhaften Tages-Level erreichten, ohne diesen weiter zu steigern – nicht nur die ‚Toleranz-These‘ verwerfen, sondern umgekehrt annehmen, dass das Nikotin als solches das Rauchen sogar begrenze, zumal auch die ‚Kompensations-These‘ (Raucher kompensieren verringerten Zigaretten/Nikotin-Konsum durch intensivere Konsum-Praktiken) angesichts der epidemiologischen Befunde nicht zu halten sei:

> „Paradoxically, a review of the evidence suggests that the main role nicotine has in determining smoking may be in imposing a ceiling on the extent or intensity of smoking. This effect is due not to the purported addictive properties of nicotine, but rather to its toxic effects“ (171)

„Wie es so typisch für dieses Feld ist, in dem Wissenschaft, Moral und Politik hoffnungslos miteinander vermischt sind“ (104 eÜ.), konnten die Autoren in den Original-Reports keine der aufgezeigten methodischen Probleme behandelt sehen und

> „very few of the reviews that summarized these reports alluded to any of the problems listed above“ (178). „One cannot avoid the impression that both the Surgeon General’s report and its British counterpart were aimed as authoritative anti-smoking manifestos rather than objective scientific analyses of the nicotine addiction research“.

Der dort fixierte ‚Near-Consensus‘ schaffe, so schließen sie fast resignativ – angesicht der dadurch eingeschränkten Publikationsmöglichkeiten („Clearly, opposing the nicotine addiction hypothesis is decidedly *not* politically correct“ 184), der vom Publikum übernommenen Sucht-Erklärung und der self-fulfilling prophecy beim Konsumenten – ganz im Sinne von Lakatos’ >Normal-Wissenschaft< eine

Atmosphäre, in der eine objektive Überprüfung der Sucht-These nahezu unmöglich geworden sei (185).

3.4 Während Frenk/Dar die breite Palette empirischer Arbeiten zur Nikotin-Abhängigkeit untersuchten, galt *Soellners* Interesse primär der Frage, wie denn eine *Abhängigkeits-Diagnose* wissenschaftlich zu begründen sei. In ihrer methodisch interessanten Analyse kann sie dieses Konzept zumindest für den Cannabisgebrauch recht grundlegend in Frage stellen.

In ihrem einleitenden, historisch vergleichendem Überblick über die Entfaltung des Abhängigkeits-Konzepts, wie es „von offizieller Seite, der WHO, forciert wurde", zeigt sie, dass es

> „mehr an der Kompatibilität mit internationalen Abkommen zur Kontrolle illegaler Substanzen orientiert (war) als an der Berücksichtigung des substanzspezifisch unterschiedlichen Abhängigkeits- bzw. Suchtpotentials" (26), wobei – ohne erkennbar theoretisch orientierten Bezug – deren „Definitionen auch funktional zur Wahrung berufseigener, im Falle des Drogenexpertenkomitees der WHO medizinischer bzw. psychiatrischer, Interessen dienen" können (27).

Die beiden eingehend besprochenen psychiatrischen Klassifikationssysteme der WHO (ICD seit 1939, zuletzt ICD-10) und der American Psychiatric Association (DSM seit 1952, zuletzt DSM-IV) unterliegen „begründeten Zweifeln an der Übertragbarkeit des Alkoholabhängigkeitssyndroms auf andere psychotrope Substanzen." (38). Dies gilt sowohl hinsichtlich ihrer pharmakologisch-substanzorientierten Sichtweise wie für die zugrundeliegende Annahme lebenslanger Abhängigkeit. Ohne empirische Basis dienten sie ursprünglich dazu, das Phänomen der Abhängigkeit zu *beschreiben*, doch führten sie heute – im Zirkelschluss – vielfach dazu, das Phänomen zu *erklären* (55 f.).

In einem zweiten Schritt kondensiert Soellner die in 174 wissenschaftlichen Artikeln verwendeten einschlägigen Abhängigkeits/Sucht-Definitionen in mehreren Schritten auf 5 Dimensionen (108), die in einem abschließenden Schritt zum Vergleich mit den DSM-Kriterien verwendet werden.[194]

Der zweistufige Versuch, die Kriterien der DSM und ICD zu validieren, führt hierbei zunächst *intern* im Vergleich mit den fünf ‚wissenschaftlichen' Kriterien (s. o.) dazu, auch hier deren ‚Folge-Kriterium' (‚Aufgeben wichtiger Aktivitäten') auszuscheiden und festzuhalten, dass drei der verbleibenden Kriterien ‚zwangsorientiert' seien, womit die ‚Zwangskomponente' *allein* die Abhängigkeit diagnostizieren könnte (die lt. DSM erst bei Erfüllen von 3 Kriterien angenommen werden soll 155 f.).

Der abschließende ‚externe' Vergleich der DSM-Diagnosen mit den Befunden von 618 aktiven Konsumenten aus der eigenen Cannabis-Studie ergab, dass unter ihnen (neben Alkohol und Nikotin) 60 % auch andere illegale Drogen konsumiert hatten (127 f.), was sich jeweils deutlich auch im Ausmaß der Abhängigkeit niederschlug.

> In Anwendung von 5 der 7 DSM-IV-Kriterien (ohne die Merkmale ‚ausgeprägte Toleranzentwicklung' und ‚Entzugssymptomatik', „da diese nicht eindeutig auf Cannabis anwendbar sind" (135) erfüllten 45 % zumindest 1 Kriterium – zumeist ‚Wunsch, den Konsum zu reduzieren oder einzustellen'; 11 % erfüllten mindestens 3 Kriterien und gelten damit gemäß DSM als abhängig; und nur 9 Personen (1 %) wurden mit allen 5 Kriterien als *schwer abhängig* definiert (145). Diese Raten fielen in der *Selbsteinschätzung* sogar insgesamt etwas höher aus (146): „Es kann also festgehalten werden, dass die DSM-IV Diagnose eines Abhängigkeitssyndroms die subjektive Problemsicht eher unterschätzt" (153).

Der ‚validierende' Vergleich dieser DSM-Merkmale mit 10 testtechnisch gewonnenen Skalenwerten zur ‚psychozialen Gesundheit'[195] zeigte zunächst – in einer komplexen, statistisch wohl durchdachten Analyse – dass weder das Trennkriterium der DSM von zwei zu drei Merkmalen berechtigt ist, noch dass deren Merkmale *gleichgewichtig* ausfallen (und damit nicht gleichrangig eine Diagnose, die allein die Anzahl der Merkmale zählt, bestimmen dürften). Während der Skalenwert der ‚Zwanghaftigkeit' relativ gute Beziehungen zu den Kriterien aufwies, konnte die Indikatorvariable *Leistungsorientierung* nicht mit dem Abhängigkeitssyndrom assoziiert werden:

> Die „Variable Leistungsorientierung, wird in keiner der hier durchgeführten Analysen univariat signifikant. Dies ist im Zusammenhang mit den zugeschriebenen Folgen des Abhängigkeitssyndroms von besonderem Interesse. Es ist anzunehmen, dass eine Einengung der Freizeitgestaltung oder persönlichen Interessen mit einer geringeren Leistungsorientierung einhergehen müsste. Dies lässt sich für die hier analysierte Stichprobe jedoch nicht bestätigen" (174).

Vor allem aber zeigte sich, dass die aufgrund von drei erfüllten DSM-Kriterien als ‚abhängig' Eingestuften bei den *psychosozialen Gesundheitswerten* (SCL-Werte) vergleichsweise weniger belastet waren als zwei klinisch auffällig gewordene Vergleichsstichproben aus der Psychotherapie oder der Psychiatrie (191), die allenfalls von denjenigen 9 Befragten erreicht wurden, die alle 5 DSM-Kriterien angaben.

Während so auf der einen Seite die ‚Abhängigkeit' (bzw. die gleichlautende ‚Sucht') kaum von der *Konsum-Intensität*, wohl aber durch den „Wunsch oder erfolglosen Versuch, den Konsum von Cannabis zu reduzieren oder einzustellen" bestimmt wurde (201) – also gleichsam auf den ‚rational vernünftigen Kern' des Konsums zurückgeführt wird, nämlich ‚Genussvoll' mit dieser Droge umzugehen, erweist sich auf der anderen Seite die ‚wissenschaftliche' Annahme eines *‚amotivationalen Syndroms'* – die zentral unerwünschte Folge einer Cannabis-‚Abhängigkeit' – als riskantes self-fulfilling-Manöver:

> „Werden Cannabiskonsumenten nach den Auswirkungen ihres Drogenkonsums befragt, werden mitunter dem *amotivationalen Syndrom* vergleichbare Symptome berichtet, was jedoch in krassem Widerspruch zu den hierzu vorliegenden empirischen Befunden steht (Lit). Da die subjektiv erlebte Wirkung einer Droge, insbesondere bei Cannabis, von den Erwartungen bezüglich ihrer Wirkung abhängt (Lit), kann diese Zuschreibung auf einen *Attributionsfehler* zurückzuführen sein".

Der Konsum von Cannabis kann also „subjektiv dazu führen, sich ‚quasi legitimiert' entspannen zu können und die Leistungsanforderungen an sich selbst zurückzudrehen. Durch den Konsum von Cannabis wird es, zugespitzt formuliert, erst möglich, die Ursachen für ein geringeres Aktivationspotential der Substanz und nicht sich selbst zuzuschreiben. Die Fokussierung der Drogenabhängigkeit auf die jeweilige Substanz befördert eine einseitige Zuschreibung des eigenen Verhaltens auf die Droge, anstelle eine rationale und personenbezogene Auseinandersetzung zu befördern. Dies ist unter präventiven Gesichtspunkten fatal. Die Opferrolle der Drogenkonsumenten wird somit pseudo-wissenschaftlich legitimiert" (200, kursiv S.Q.).

4. Das Sucht-Dispositiv

Fassen wir insofern noch einmal unter *theoretischer* Perspektive das bisher Gesagte zusammen, um neben dieser sozialpsychologisch-attributiven Erklärung eine weitere wesentliche dispositive Barriere gegenüber allen alternativen Zugängen herauszuarbeiten.

Dabei verstehe ich unter einem *Dispositiv,* Foucault folgend, die nahezu unlösbare Verbindung zwischen einem spezifischen Wissens-System, dem Diskurs, mit dem dazu gehörigen Apparat, der dieses Wissens-System entwickelt, stützt und der von ihm lebt[196]. Wissen ohne diesen Apparat, ohne dessen Propaganda und ohne dessen absichernde Macht bleibt Schubladen-Wissen – weswegen unsere kritischen Forschungs-Befunde und Analysen politisch weithin unergiebig bleiben; Apparate ohne selbst-definierendes und legitimierendes Wissen sterben aus oder degenerieren zur schieren Gewalt-Apparatur – weshalb Kritik gelegentlich delegitimieren kann, wie dies etwa bei der Methadon-Diskussion zu beobachten war.

Auf der *Diskurs-Ebene* trifft für die beiden den Konsum der Droge so negativ einfärbenden Phänomene des Rauschs und der Sucht die zu Anfang betonte riskante Gratwanderung zwischen den Begriffs-Bedeutungen in einer ganz besonderen Weise zu. Beide Konsum-Perspektiven – Rausch wie Sucht – fixieren uns, auch in der kritischen Auseinandersetzung, auf eben diese *Dimension*, während in der alltäglichen Realität diese Drogen weder des Rauschs wegen noch ‚unkontrollierbar' süchtig konsumiert werden. Sobald wir diese Termini benutzen, konstituieren wir jedoch eben diese Dimension als relevant und schließen alle anderen Dimensionen nicht nur als ‚illegitim' sondern regelrecht als ‚non-existent' aus unserer Wahrnehmung aus; ‚Illegitimität' würde sie ja noch im Diskurs halten; ‚Undenkbarkeit' dagegen wirkt, da gar nicht bemerkt, besser als ein autoritäres Denkverbot.

Sobald wir also diese Termini benutzen – etwa im Rahmen einer empirischen Analyse der Rauscherfahrung[197] oder eben als Aufhänger für eine >Sucht-Prophylaxe< – begeben wir uns in ein semantisches Feld, in einen Diskurs-Raum, der nicht nur von höchst gegensätzlichen ‚ideologischen' Positionen besetzt ist, sondern der zugleich als >Dispositiv< höchst komplex und zumeist recht einseitig von Machtlinien durchzogen wird. So reicht etwa das *‚Rausch-Dispositiv'* vom dionysisch-ekstatischen Pol recht machtloser Enthusiasten über das ökonomisch gesteuerte Münchener Oktoberfest bis hinein in das Rauschgift-Dezernat der Polizei.

4.1 So belegt das *‚Sucht'-Phänomen* auf der Diskurs-Ebene[198], wie wir mit Hilfe der Wissenschaft aus der uns allen vertrauten alltäglichen Erfahrung, dass man sich nur mühsam von bestimmten Verhaltensweisen trennen kann, ein ‚Sucht'-Phänomen konstruieren, das zunächst den Blick vom Konsumenten („Ich konsumiere, weil es Spaß macht") hin zum Experten („Er/sie konsumiert, weil er nicht anders kann") verschiebt: „Rauchen sei niemals eine freie Wahl, sondern stets nur eine Krankheit" analysiert Luik (1996;21 eÜ.) theoretisch bravourös diese neue Art der Sucht-Ideologie:

> „However attractive as an ideology, addiction is insupportable as public policy for five reasons: (1) it is an instance of corrupted science; (2) it exhibits faulty logic; (3) it is confused in its claims; (4) it cannot deal with counter-examples; and (5) it is nonfalsifiable" (22).

Ein durch und durch ideologisch durchsetztes ‚theoretisches' Konzept, das dann in zweierlei Weise verallgemeinert einen umfassenderen Diskurs begründen kann: Als Erklärungsversuch einerseits und als Analogie-Übertragung andererseits. Während so höchst unterschiedliche Experten aus Wissenschaft und Praxis mit einer Vielzahl möglicher Sucht-Erklärungen[199] das Diskursfeld nicht nur eröffnen sondern zusammen mit dem ‚Phänomen Sucht' auch konstituieren, also festlegen und verfestigen, übernehmen zunächst Betroffene und Beteiligte – etwa Jugendliche und andere Familienmitglieder – diese scheinbar so eindeutigen Erklärungsmuster, um sie sodann gemeinsam in einem weiteren Schritt auch auf die ‚nicht-substanzgebundenen' Phänomene der anderen ‚Süchte' so lange auszuweiten bis schließlich auch die unglückliche Liebe der Pubertierenden als ‚unstillbare Sehn-Sucht' diesen Diskurs bestätigen kann.

4.2 Zum *Dispositiv* gerät diese Entwicklung von Anfang an durch die *legitimierende* Funktion[200] solcher Diskurse, die zu den entsprechend erwarteten Eingriffen berechtigt. Diese Legitimation dient sowohl auf der Ebene *symbolischer Politik* wie auch auf derjenigen der direkt beteiligten Professionen – die ihrerseits auf allen Ebenen wiederum direkt ineinander verschachtelt sind – dazu, deren jeweilige Machtinteressen durchzusetzen und deren eigene Überlegenheit bzw. Existenzberechtigung nachzuweisen.

Dies beginnt auf *internationaler Ebene*, wie einleitend zur These 2 bereits angedeutet, im Rahmen der UN oder der WHO. Hier mischen sich, häufig in perverser Koalition, calvinistisch-missionarische Abstinenz-Wünsche – etwa der USA und Schwedens – mitsamt deren Macht- und Einfluss-Interessen sowie ‚mafiöse Interessen' russischer Teilnehmer. Ergänzt wird dies durch einen von ‚ahnungslosen' bürokratischen Karrieristen und einseitig orientierten Juristen geleiteten Apparat. In diesem achten die ‚eigentlichen Experten', die dort in Unterzahl wie in jederzeit kündbaren Arrangements angestellt sind, vor allem darauf, den jeweils vorgegebenen ‚bewährten' Status – etwa der drei internationalen Konventionen – möglichst nicht anzurühren und (in zuvor abgesprochenen) Kongressen mit formalen Erfolgen, die keinem der beteiligten Finanziers weh tun könnten, weiter abzusegnen (Fazey 2003). Alternativen seien allenfalls möglich, meint dieser Insider-Autor, wenn die daran interessierten – westeuropäischen wie südamerikanischen – Staaten außerhalb der bereits existierenden drei Haupt-Macht-Gruppierungen eine eigene neue Machtbasis ins Auge fassten:"

> What may be difficult is to persuade governments that they need yet another policy group on drugs. They allready have the CND, major donors (Gruppe der Haupt-Geld-Geber, die zumeist die Finanzierung an bestimmte Auflagen knüpfen) and the Dublin-Group (in der eine ursprünglich informelle EU-Gruppe – – 1990 um Schweden und die G7-Gruppe erweitert und dann 1999 mit Russland auf das G8-Niveau angehoben wurde). In all three, the USA is a major player. What might be needed to advance the debate is a group without the USA and, preferably, without Sweden too" meint Fazey (2003;167; Klammerzusätze S.Q.).

Diese Legitimation dient dann auf der (unserem Anliegen hier näherliegenden) *national-staatlichen* Ebene (die sich gleichwohl gerne auf solche, von ihr selber beschickte und beeinflusste internationale Gremien beruft), dazu, nachzuweisen, dass man als – Staat, als Partei, als politische Organisation – ‚etwas tut' gegen solche Übel:

> „We hypothesize that the primary interest of policymakers and school district personnel is to maintain a publicly visible display of reassurance that the substance abuse problem is addressed“ meinen Brown/D'Emidio (1995; 481) in ihrer kritischen Analyse des kostenaufwändigen DATE-Programms in Kalifornien.

So ermöglicht etwa die Verbindung zwischen einer breit angelegten wissenschaftlichen >Risiko-Faktoren<-Forschung (auf die wir sogleich in in 2.3 näher eingehen) und einer entsprechend aufwändigen staatlichen >at-risk< Politik

> „scientific credibility to the state's approach to the problem. The use of science in this case provides reassurance to school district personnel and the public alike that the early identification of students as being at risk for substance abuse is the best way to prevent such problems“
>
> Dafür muss man, wie sie am Beispiel der *>at-risk<* Figur (also der mit diversen Risikofaktoren belasteten Jugendlichen) demonstrieren, eine möglichst breite, emotional gefärbte Verständnisbasis entwickeln, unter deren Dach sich die unterschiedlichsten Interessen vereinen können. Eine solche „formative policy language provides the symbolic rationale for mass delivery of ineffective services like those found in DATE“.
>
> Dies gelingt dann besonders gut, wenn, wie Donnermeyer (2000;326) am Beispiel des D.A.R.E.-Programms zeigt, die Interessen und Bewertungen von *Eltern*, Schule und Polizei weitgehend übereinstimmen: „Police, school, and parent support can play very significant roles in any prevention program's ability to weather criticisms and questions about its effectiveness, and enhance its sustainability“.

Und schließlich reicht dieses Dispositiv bis hinunter auf die *lokale Ebene*, auf der etwa in Nordrhein-Westfalen zuletzt „98 Prophylaxekräfte in 60 Fachstellen für Suchtvorbeugung“ sich „seit 1995 intensiv mit der Optimierung von Handlungs- und Arbeitsabläufen hinsichtlich des Projektmanagements, des Kooperationsmanagements sowie der Entwicklung des Ausbaus von Netzwerkstrukturen (Präventionsmanagement)“ befassten (Gesch 1999; 192 f.).

Diese Legitimation gewinnt besonders an Fahrt, wenn *professionelle* und existenzsichernde Interessen entsprechende Bewältigungs-Strategien anbieten und praktizieren sowie staatliche Regeln, Modellvorhaben und Finanzierungen deren Realitätscharakter absichern. Dies gilt insbesondere dann, wenn eine noch junge Profession, wie die der Sucht-Prävention, in die Gefilde bereits etablierter Berufssparten einzudringen beginnt – etwa in den Bereich der >tertiären< Prävention eingerichteter Sucht-Therapien oder in den an sich in dieser Hinsicht noch wenig bearbeiteten Raum schulischer Pädagogik – oder wenn sie selber neue Felder eröffnen möchte – sei es im Kindergarten, sei es im Bereich >substanzloser Süchte<.

Hier geht es dann stets darum, einerseits das ins Auge gefasste Phänomen möglichst eindeutig von anderen Phänomenen abzugrenzen (als ‚primär', ‚sekundär',

‚tertiär' etc.) und andererseits möglichst auf ein – von der eigenen Profession – als ‚behandelbar' erklärtes Individuum zuzuschneiden. Dies erfordert:

> „a special group of workers trained to accomplish the task and to administer the institutions that accomplish it (...). If the condition is perceived as that of individual illness or deficiency, then there can be a social technology, a form of knowledge and skill that can be effectively learned. That knowledge is the mandate for a profession's license to >own< their social problem. Insofar as it is accepted it constitutes the source of ownership of a problem. To >own< a problem (...) is to be obligated to claim recognition of a problem and to have information and ideas about it given a high degree of attention and credibility, to the exclusion of others. To >own< a social problem is to possess the authority to name that condition a >problem< and to suggest what might be done about it. It is the power to influence the marshalling of public facilities – laws, enforcement abilities, opinion, goods and services – to help resolve the problem" (Gusfield 1989;433).

Recht eindringlich und kompakt lässt sich dieser dispositive Prozess in der „Leitbildentwicklung der Österreichischen Fachstellen für Suchtprävention" (Uhl/Springer 2002) beobachten, in der man in enger und teilweise auch kontroverser Auseinandersetzung zwischen Wissenschaft und Praxis auf dem Hintergrund eines gemeinsamen >suchtorientierten< Leitbildes zunächst die eigene Fachlichkeit gegenüber der vorangegangenen ‚unkoordinierten Drogenprävention' (S. 8) betont, sich sodann deutlich von den ‚ExpertInnen in der Tertiärprävention' absetzt (62 f.), eine qualifizierte Ausbildung, möglichst einen international anerkannten Fachtitel anstrebt und die ‚Konstituierung eines offiziellen Berufs- oder Interessenverbandes wünscht', sowie schließlich auch die Notwendigkeit einer finanziellen Absicherung – u. a. durch „Zweckwidmung eines Teils der öffentlichen Gesamtaufwendungen für den Suchthilfebereich" verlangt – freilich, wie in einer nachträglichen Fußnote betont, nicht zu deren Lasten, sondern durch Aufstockung der Mittel (69,60).

Auch die bundesdeutsche >Expertise< des ‚unabhängigen Münchener IFT-Vereins' betont, obwohl dazu nicht aufgefordert, zunächst in einem sehr kurzen ‚Exkurs' die Notwendigkeit für „Vorschläge zur Verbesserung der Organisation" der Prävention, die durch ein „Beratergremium" für die Bundeszentrale für gesundheitliche Aufklärung (BZgA) mit entsprechenden „Seminaren über Präventionskonzepte und daraus abzuleitende Maßnahmen", sowie – vor allem natürlich – durch „neue lokale Gremien, (...) die nur für präventive Maßnahmen zuständig sind" und die „auf jeden Fall von therapeutisch tätigen Institutionen unabhängig sein" sollen, wie etwa – u. a. – durch einen „unabhängigen Verein, der von öffentlichen Einrichtungen und Verbänden getragen wird" zu erbringen wären. Und die, mitsamt dringend notwendiger Forschung – auf die in der gesamten

Expertise immer wieder „als bei uns fast völlig fehlend" hingewiesen wird – auch entsprechend zu finanzieren sei, denn

> „eine Prävention, die nicht nur Feigenblattcharakter hat und sich auf spektakuläre Aktionen beschränkt, muss finanziell, personell und administrativ entsprechend ausgestattet werden. Ohne eine entsprechende finanzielle Grundlage bleibt die Forderung nach Prävention, wie sie derzeit im öffentlichen Raum ständig erhoben wird, nur ein Lippenbekenntnis".

Denn, um dies zu wiederholen: „Es geht darum, sehr viel menschliches Leid bei Drogenabhängigen und ihren Familien zu verhindern. Diese Verhinderung wird gleichzeitig erhebliche finanzielle Mittel einsparen, die den Aufwand für die Prävention rechtfertigen" (Künzel-Böhmer u. a. 1993;110,115 ff.). Man kann es nicht oft genug wiederholen.

4.3 Und eben in solchen dispositionären Entwicklungen wurzelt eine weitere, oft verkannte Problematik. So nahe es nämlich liegt, in solchen Interessen, Rationalisierungen, Legitimationsstrategien *kritisch* aufdeckend die primäre Ursache des Übels zu entdecken bzw. deren vordergründig verdeckende Funktion zu enthüllen, so leicht übersieht man dabei dann doch dreierlei:

Zunächst die Tatsache, dass sich alle diese Beteiligten in demselben *‚hegemonialen'* Diskursfeld bewegen, die dort dominierenden Sichtweisen und Argumente also als selbstverständlich und keineswegs reflektionswürdig übernehmen (das eben ist das gemeinsame ‚Gedankengefängnis'). Sodann, für jeden, der eine Alternative verfolgen will, weitaus hinderlicher, dass alle Beteiligten – mehr oder weniger – überzeugt davon sind, das Richtige, etwas Gutes zu tun, im Interesse der Betroffenen zu handeln, also *‚good intentions'* zu haben. Wobei dieses ‚mehr oder weniger' von den naiv überzeugten Eltern über die Prophylaxe-Fachkräfte bis hin zum kalkulierenden Wahl-Werbemanager reicht.

Gelegentlich – und keineswegs nur zufällig – wecken diese ‚dispositionären' Bindungen Erinnerungen an die seligen DDR-Zeiten, in denen man – mit höchst unterschiedlicher Intention und Intensität – seine Marx-Engels-Zitate absolvierte, um dann zum Eigentlichen zu kommen. Diese Rolle der >Sucht< – „Sucht ist ein Entwicklungsprozess, der mit einem ersten Probierverhalten beginnt" – findet man ebenso bei >Ratgebern<, wenn etwa Wagner (2002;12) solcherart seine sonst ganz sinnvollen Anregungen für ein Kompetenztraining für junge SchülerInnen einleitet, um dies dann auch noch abschließend mit recht unpassenden (aber an sich wiederum brauchbaren) Hinweisen zum Umgang mit (erwachsenen) >Süchtigen< zu rahmen. Man findet sie aber auch in Dissertationen, wie etwa bei Niebaum (2001), deren höchst sinnvolles ‚Kompetenz-Projekt‘ durch einen völlig überflüssigen theoretischen Sucht-Überbau verunziert wird.

Und zum Dritten zeigt sich die eigentlich noch tiefer reichende Problematik dann, wenn man ihren höchst ambivalenten *funktionalen Doppelcharakter* – also ihren ebenso *sinnvoll brauchbaren*, wie aber auch sinnwidrig kontraproduktiven Charakter – im Auge behält: Auf der einen Seite sind nämlich solche Erklärungen wie Bewältigungsstrategien sicher in der alltäglich-realen Praxis – etwa für Magersüchtige oder Jugendliche, die sich in ihre angebliche Cannabis-Abhängigkeit flüchten können – durchaus sinnvoll und gelegentlich auch praktikabel, sofern diesen ‚Süchtigen‘ sich in solchen Kontexten wiederfinden können; wie etwa bei den Anonymen Alkoholikern oder in der gemeinsam erarbeiteten psychotherapeutischen Deutung:

> „Accepting the mythical belief system (d. h. addiction im Sinne des 12-steps-treatment) seems to help many people stay off drugs. Nevertheless, what about those who cannot accept those beliefs? Is it sufficient to marginalise them, when they may have as many or more problems? What also about those whose path through drugs or alcohol use does not resemble the myth at all?“ (Hammersley/Reid 2002;16 Einfügung S.Q.)[201].

Auf der anderen Seite freilich *kreiert* dasselbe Dispositiv damit eben das *Phänomen*, das es mittels Sucht-Prophylaxe und Sucht-Therapie dann später bekämpfen muss, und zwar umso mehr, je überzeugender die vorläufigen Konstruktionen sind und je besser alternative Konstruktionen ausgeschlossen werden.

Halten wir insoweit für das *zweite Element dieser Defizit-Perspektive*, die den Drogenkonsum eigentlich nur unter den Aspekten von Rausch und Sucht wahrnehmen kann – sehr verkürzt – als These fest: Drogen-Rausch und Drogen-Sucht sind funktional wirksame Konstruktionen, >Mythen< (Hammersley/Reid 2002)), >konstruierte< Werkzeuge (Herwig-Lempp 1994;91), >therapeutische Metaerzählungen< (Klein 2002;156), die jedoch für Jugendliche unbrauchbar sind bzw. sein sollten; >Rausch-Gefahr< wie >Sucht-Prophylaxe< konstruieren Übel, die sich (und den Experten) selbsterhalten.

These 2.3
Der schlechte Konsument

Neben der Droge als Substrat und dem zur Sucht entartendem Konsum als Angriffspunkt fehlt noch der geeignete *Adressat*, um der Sucht-Prävention ein hinreichend brauchbares, eigenes Handlungsfeld zu eröffnen.

In Frage kämen hierfür zunächst die Politik oder andere zuständige Professionen, an die sich denn auch die relativ selten wirksam realisierte >strukturelle Verhältnis-Prävention< richten soll. In Frage kommen auch ganz allgemein Erwachsene, Lehrer und Eltern, und zwar nicht nur als ‚rauchendes' Vorbild der Kinder, sondern vor allem als besorgte Mythen-Gläubige, die sich heute allzu sehr auf die Expertise der Sucht-Experten verlassen, um damit ihre anderen Sorgen (z. B. Erziehungs-Probleme) zu erklären und der eigenen Verantwortung zu entgehen. Doch beide Adressaten-Gruppen – Politiker wie Erwachsene – sind schwierig zu erreichen, was man frustriert angesichts des oben erwähnten Weiterwuchern der obsoleten D.A.R.E.-Programme oder im Wissen um die selten wirksam realisierten Präventions-Ansätze bei Eltern und in als problematisch angesehenen Familien akzeptieren muss.

Von hier aus gesehen liegt es unmittelbar nahe, auf *Jugendliche* zurück zu greifen; und zwar insbesondere auf SchülerInnen, weil diese, Curriculum-erfahren, in der Schule besonders gut ansprechbar sind. Ein doppelter Vorteil, den vor allem diejenigen erleben, die etwa im Disco- oder Rave-Bereich an Stelle der üblichen Defizit-Orientierung nur mit den neuen alternativen, jedoch offiziell empört abgewehrten Formen der Eve-and-Rave-Aufklärung bzw. drug-checking bei diesen ‚freien' Jugendlichen ankommen können.

Es empfiehlt sich dann auch, in derselben Richtung noch einen Schritt weiter zu gehen und sich möglichst auf die Jüngeren zu konzentrieren, weil diese – präpubertär in Widerstand und Eigensinn noch weniger geübt – eher bereit sind, die Ratschläge der Sucht-Prävention vorübergehend aufzunehmen.

Im Gegensatz zu Lehrern und Therapeuten stehen die Fachkräfte der Sucht-Prävention hier vor einem weiteren Problem. Während nämlich die einen mehr oder weniger erfolgreich versuchen, ihren SchülerInnen Informationen für ein künftig erfolgreiches Leben zu vermitteln, sie also zu ‚bilden', und die anderen auf das jeweilig aktuelle Problem eingehen können, also etwa Versagens-Ängste, Lernschwierigkeiten und Erziehungsprobleme ‚therapieren', möchte die Sucht-Prävention einem in weiter Ferne liegendem Übel heute schon ‚zuvorkommen'.

In dieser ihrer Zwitterstellung – methodisch zwischen Didaktik und Therapie; inhaltlich zwischen Informations-Vermittlung und Kompetenz-Training – muss die Sucht-Prävention ein eigenes Konzept entwickeln, mit dem sie ihr Vorgehen bei diesen Jugendlichen legitimieren kann. Sie findet es im >Risiko<, in den ‚Risiko-

Faktoren‘ bzw. der ‚risk-personality‘, die beide zusammen die Wahrscheinlichkeit erhöhen sollen, dass derart gekennzeichnete Jugendliche künftig einmal Drogen konsumieren und dadurch der Sucht verfallen werden.

Doch gerät die Sucht-Prävention mit dieser Konzeption in ein doppeltes Dilemma. Die meisten dieser Risiko-Faktoren – gleich ob empirisch gefunden oder theoretisch erfunden – liegen außerhalb der Reichweite dieser Jugendlichen. Sie sind also allenfalls durch eine strukturelle Verhältnis-Prävention zu erreichen. Weshalb es sinnvoll scheint, sich *theoretisch* auf die ‚sensation seeking risk-personality‘ zu konzentrieren und *praktisch* die schulbezogene >Verhaltens-Prävention< zu verfolgen.

Das zweite Problem liegt darin, dass man sich ungern auf die Arbeit mit solchen ‚riskierten‘ Jugendlichen einlässt, sei es, weil man zu Recht die Stigmatisierungs-Effekte einer self-fulfilling-prophecy befürchtet, sei es, weil diese Jugendlichen erheblich schwieriger zu erreichen und von der eigenen Botschaft zu überzeugen sind – etwa als Schulschwänzer oder als Jugendliche, die bereits begonnen haben, mit Drogen zu experimentieren. Man überlässt sie deshalb gerne der ‚sekundären‘ oder ‚tertiären Prävention‘ und wendet sich stattdessen lieber ‚primär‘ orientiert der ganzen vierten Grundschul-Klasse zu.

Damit gerät die Sucht-Prävention jedoch in ihr drittes grundlegendes Dilemma. Sie kreiert auf diese Weise, sofern sie denn Erfolg hat, mit ihrer Risiko-Botschaft in einem Zug in dieser Klasse sowohl die ‚Braven‘ wie die ‚Bösen‘ und treibt derart das eigentlich bekämpfte Drogen-Problem weiter voran. Ich werde hierauf in meiner 5. These näher eingehen.

Das dritte notwendige Element dieser Negativ-Perspektive liefert also – neben illegalisierter Droge und konstruierter Sucht – der *Konsument.* Dieser Konsument ist ein möglichst junger *Jugendlicher.* Dieser Jugendliche ist als solcher schon irgendwie ‚schlecht‘, also aufmüpfig und nicht erzogen, weswegen wir ihn ja zu seinem besseren Heil auch noch ‚erziehen‘ müssen.

> Recht eindrucksvoll zeigt sich das in der sog. >Marburger Liste< zur Entscheidung der Frage, ob ein Angeklagter noch als ‚Jugendlicher‘ im Sinne des §105 Jugendgerichtsgesetzes zu gelten habe. In diesen bis in die jüngste Zeit angewandten Richtlinien galten als „charakteristische ‚jugendtümliche Züge‘ beispielsweise eine ‚ungenügende Ausformung der Persönlichkeit‘, ein ‚Hang zum abenteuerlichen Handeln‘, die ‚fehlende Integration von Eros und Sexus‘ und eine ‚besondere Neigung zu neurotischen Fehlreaktionen und Fehlhaltungen‘.“ (Busch/Scholz 2003).

Im Rahmen der Defizit-Perspektive mutiert der Jugendliche zum *Konsumenten,* der auf dieser Basis als künftig Süchtiger heute schon irgendwie gestört, depressiv, hedonistisch und mit allen anderen möglichen sonstigen *Risiko-Faktoren* beladen ist. Als ‚personifiziertes Risiko repräsentiert er, entsprechend dem assoziativ plausiblen Modell >Schlechtes folgt aus Schlechtem<, die spezifisch ätiologische, d. h. ursächliche, Erklärung dafür, warum solche Drogen – keineswegs immer, wie man neuerdings gerne betont – doch fast zwangsnotwendig immer wieder zur Süchtigkeit führen.

Wir alle sprechen dabei ganz unreflektiert von *der* Jugend[202], *dem* Jugendlichen (Ferchhoff/Dewe 1991;184). Damit meint man zumeist noch immer allenfalls ein geschlechtsspezifisches Neutrum, zumeist jedoch eher die (ebenso wenig genderspezifisch verstandenen[203]) männlichen Jugendlichen, die da saufen, kiffen und delinquieren, während Mädchen eine nach innen gerichtete Magersucht und ähnliche andere unauffälligere auto-aggressive Aktivitäten produzieren sollen. Doch selbst, wenn diese Klippe bewältigt wird, fällt immer noch dreierlei auf:

Zunächst gilt uns die ‚Jugend' als *einheitliche Phase*, von der wir deutlich unser ‚Erwachsensein' abheben können. Während doch eigentlich diese „Jugend als ‚Abfolge von Statuspassagen'"(Georg 1996;19) gerade dadurch charakterisiert ist, dass in ihr – ‚tatsächlich', wie aber auch ‚erlaubt' und sogar erwartet und ‚vorgeschrieben' – viele Verhaltensweisen ‚zum ersten Mal' und in bestimmter Zeitfolge auftreten werden. Gerade die hier in Frage stehenden Verhaltensweisen – Drogen-Konsum; sexuelle Kontaktaufnahme – sind, wie wir oben am Beispiel von Jessors frühem Theorie-Ansatz gezeigt haben: „altersabhängig; was für einen jungen Adoleszenten als Problem-Verhalten definiert wird, mag für ein College-Schüler nicht mehr als solches angesehen werden" (Jessor/Jessor 1977;33 eÜ.); und zwar so sehr, dass ihr längerfristiges Ausbleiben uns ebenso beunruhigen kann, wie ihr ‚verfrühtes' Auftreten; zwei Entwicklungs-Varianten, die überdies durch und durch kulturell definiert und besetzt sind.

Diese Jugendlichen bilden sodann das in einer >Sub-Kultur< verborgene *>missing link<*, oder besser das >missratene link< zwischen einer idyllischen Kindheit und besorgten Erwachsenen, die, weder ‚idyllisch noch besorgt', hedonistisch und unbekümmert in ihrer ebenso eigenständigen wie unkontrollierbaren Peergruppe die Novizen verführen.

Schließlich lassen wir diese ‚Jugend' zusammen mit der gesamten Jugendsoziologie nach oben wie unten hin *altersmäßig gleichsam ausfransen* – nach unten hinein in die ‚verlorene' Kindheit und oben bis hinein in die Endzwanziger der nesthockend unselbständigen Postadoleszenten. Dies mag ökonomisch und zeitgeschichtlich seine Gründe haben (Kaufpotential der Taschengeldeigner, verlängerte Ausbildungswege und wachsende Jugendarbeitslosigkeit bei schwindendem Militärdienst). Jedenfalls hat es sich dementsprechend auch, deutlich zunehmend, in den Shell Jugendstudien der letzten Jahre niedergeschlagen: Als Folge einer „insgesamt deutlich größeren Verunsicherung der Jugendlichen im Osten" wie aber auch als kontinuierliches Ansteigen derjenigen, die sich im Westen als Jugendliche fühlen: „Nun besteht eine bewährte Strategie, sich dieser Verunsicherung zu entziehen, darin, im Jugendalter zu verharren, sich dagegen zu sträuben, erwachsen zu werden“[204].

In unserem ‚suchtpräventiven' Zusammenhang erleichtert diese Ausdehnung der Jugendphase es, die *Gefährdungs-Strecke* in beide Richtungen hin zu verlängern: Mit dem „Die Drogenkonsumenten werden immer jünger“ will man schon die Grundschüler als Nikotin-Konsumenten ansprechen, während umgekehrt die meist jungerwachsenen Ecstasy-Konsumenten des Party/Rave-Alters, solange sie an solchen Party-Drogen-Veranstaltungen teilnehmen, selber noch als Jugendliche gelten. Dabei dienen jeweils die einen wie die anderen dazu, die Gefährdung dieser ‚Jugend' zu untermalen: Die jungen präpubertären Zigaretten-Probierer und deren Sylvester-Trinken belegen die mit dem Kulturzerfall zunehmend wachsende Versüchtelung der Jugend, während die jungerwachsenen postadoleszenten Partydrogen-User das horrende Durchschnittspotential illegale Drogen konsumierender Jugendlicher (i. e. S.) demonstrieren.

Ich werde im Folgenden in vier Schritten dieses Sucht-präventive Risiko-Bild der Jugend untersuchen, um ihm in der 4. These – unter dem ebenso Präventions-relevanten Konzept der Peergruppe – dessen jugendsoziologische Alternative entgegen zu stellen. Zunächst behandele ich unter ‚ätiologischer' Perspektive das die Sucht-Prävention theoretisch leitende Modell der Risikofaktoren mitsamt ihrer Korrektur mit Hilfe sogenannter protektiver Faktoren. Ich gehe dann auf den Versuch ein, diesen Faktoren-Ansatz für den ‚riskierten' Jugendlichen in Gestalt einer Theorie zu fassen, wobei uns die oben behandelte Problem-behavior-theory der Jessors in anderer Gestalt noch einmal begegnen wird. Nach einem kurzen Blick auf die damit vermittelte ambivalent besetzte Doppel-Rolle des Jugendlichen als Opfer, Täter und eigentlicher Risiko-Faktor werde ich abschließend das diese Perspektive führende moderne Leitbild des >Risikos< analysieren.

1. Der ätiologische Blick

Eine Sucht-Prävention, die ernst genommen werden will, muss die Ursachen benennen, die das zu vermeidende Übel bedingen, um sie möglichst frühzeitig auszuräumen. Dabei trifft sie auf drei Schwierigkeiten:

Zunächst muss sie solche Ursachen möglichst früh ansetzen. Und zwar einerseits – logisch bedingt – weil jeder Ursache ihrerseits eine noch frühere Ursache vorangeht. Zum anderen – praktisch bedingt – weil man nach dem eben Gesagten möglichst früh in der jugendlichen Entwicklung einsetzen will. Auch die zweite Schwierigkeit, aus der Vielfalt möglicher Ursachen diejenigen auszulesen, bei denen man praktisch einsetzen kann, lässt sich relativ einfach dadurch lösen, dass man sich denjenigen Ursachen zuwendet, die man im Individuum und seiner nächsten Umgebung, der gleichaltrigen Peergruppe, vermutet, während man die ferner liegenden Ursachen lieber der ‚strukturellen Prävention' überlässt. Das dritte Problem dagegen, dass man kaum jemals eindeutig kausal wirksame Ursachen dingfest machen kann, lässt sich durch ‚wahrscheinliche' Bedingungen lösen, die zumeist ‚korrelativ' im Zusammenhang mit einem erfragten Drogen-Konsum gefunden werden. Dies sind die sogenannten >Risiko-Faktoren<.

So beginnt man auf *ideell konzeptioneller* Ebene zunächst damit, die angeblichen *Ursachen* späterer Süchtigkeit *nach vorne* zu verlagern – den Anfängen muss man wehren. So, dass letztlich der kindliche Nicht-Konsument verantwortlich wird für die Süchtigkeit der Erwachsenen; und zwar zunächst natürlich in aller Unschuld, doch schon auf den zweiten Blick – nicht nur gestresster Eltern – missrät solche Unschuld zum Zappelphilipp, zum Struwwelpeter, zum bösen Buben, der schon im Sandkasten immer die anderen schlug, und den man spätestens im Kindergarten und den frühen Grundschuljahren entsprechend korrigieren muss.

Um das hier angedeutete Dilemma noch einmal zuzuspitzen: Wer präventiv eine künftige >Sucht< oder ähnliches vorbeugend bekämpfen will, also ein Ereignis, das gerade bei jüngeren Jugendlichen bzw. bei Jugendlichen überaus selten auftritt, um es vorsichtig zu formulieren, der wird prophylaktisch schon im Jetzt-Zeitpunkt bei eben diesen Jugendlichen nicht nur nach dem ‚latenten Keim' dieser Sucht fahnden, um ihn in den ‚Griff zu bekommen', sondern wird, einmal auf die Fährte gesetzt, überall >Zwischenprobleme<, Störungen, Schlechtigkeiten finden, die eben schon jetzt zu bekämpfen sind; und zwar, im Rahmen einer Sucht-Prophylaxe nicht so sehr deshalb, weil sie die Entwicklung dieses Jugendlichen heute behindern, sondern um dessen künftiger (insgesamt eher unwahrscheinlichen) Süchtigkeit willen; ein etikettierendes Handicap, unter dem insbesondere an sich ganz sinnvolle strukturelle Ansätze leiden, weswegen ich weiter unten noch einmal darauf zurückkommen werde.

Ein solcher *ätiologisch* ausgerichteter Blick ist präventiv nicht zu umgehen, denn

> „Wer die Wahrscheinlichkeit des Eintretens oder das Ausmaß von Schadensvorfällen minimieren will, muss die Bedingungen kennen, die sie hervorbringen. Ohne Ätiologie keine Prognostik, ohne Prognostik keine Prävention. Vorbeugung impliziert daher systematische Wissensproduktion.
>
> Biologische Prozesse, menschliches Verhalten und erst recht soziale Phänomene lassen sich jedoch in den meisten Fällen nicht auf eindeutige Ursache-Wirkungs-Zusammenhänge reduzieren, und selbst wenn Kausalerklärungen Plausibilität beanspruchen können, gilt das nur *a posteriori.* In Bezug auf die Zukunft sind dagegen nur Wahrscheinlichkeitsaussagen möglich. Die ätiologische Forschung isoliert und korreliert deshalb Risikofaktoren, ohne diese jemals vollständig erfassen zu können.
>
> Weil Risiken nur probabilistisch erfassbar sind, generalisiert der präventive Blick den Verdacht und sucht Indizien aufzuspüren, die auf künftige Übel hindeuten und

an denen die vorbeugenden Maßnahmen ansetzen können (...) Zum Risikosignal und Ausgangspunkt präventiven Handelns kann letztlich alles werden, was von Sollwerten abweicht oder, besser noch: was sich als Vorzeichen solcher Abweichungen identifizieren lässt" (Bröckling 2002;46).

Wobei dann übrigens solche ‚Zwischen-Probleme' umso leichter ‚eliminiert' werden können, je besser sie sich in unser assoziatives Schema ‚Schlechtes folgt aus Schlechtem' einfügen lassen.

1.1 Dabei spricht man heute lieber von *Faktoren*, deren wirkkräftige ‚Ursächlichkeit' dann weniger stringent ausfallen soll, und sucht notgedrungener maßen stets nach *multikausalen Ursachenbündeln*, ohne diese doch in Wertigkeit und ihrer Verflochtenheit näher aufschlüsseln zu können.

Als solche *Risikofaktoren* hält etwa das California DATE (**D**rug, **A**lcohol, **T**obacco **E**ducation) Programm fest:

- „family risk factors including lack of clear expectations of behaviour, poor monitoring, inconsistent or severe discipline, lack of caring, viz. parental substance use, tolerance towards use by offspring,
- school risk factors including lack of clear policy regarding drugs, school transitions, academic failure, low commitment to school,
- community risk factors including economic and social deprivation, community disorganisation, norms favourable to drug use and availability of drugs,
- individual/peer risk factors including early anti-social behaviour, alienation and rebelliousness, greater influence by peer rather than parents, friends who use drugs, tobacco or alcohol, approval of substance use by friends, early first use." (Morgan 1998a;117).

Ein schönes Sammelsurium solcher korrelativ gewonnener >Profiler<-Prädiktoren stellen Rigter/van Laar (2002;28) zusammen:

„The following list of factors that were the best predictors of current cannabis use among US high school students also apply, either fully or partly to other countries in the western hemisphere: 1) lower educational and occupational expectations, 2) living in an urban area, 3) not attending any religious services, 4) living alone, 5) having a father or a mother with advanced education, at least high school, 6) being male, and 7) living with only one parent. Others factors may also come into play in the case of adolescents and young adults who use cannabis more than once daily, such as: 1) unemployment and low socio-economic status, 2) truancy, 3) low self-esteem, 4) high levels of drinking and smoking and experimentation with other illicit drugs,

> 5) delinquent behaviours such as stealing, vandalism, and fare dodging, 6) (other) behavioural disorders; mental disorder, 7) having delinquent friends, and 8) hanging out on the streets in boredom".

Es ist wahrlich „schwierig bei diesen Variablen zwischen Ursache und Wirkung zu unterscheiden" (28 eÜ.). Ein Sammelsurium, das Derzon (2000 eÜ.) in seiner Meta-Analyse von 190 Forschungs-Reports aus 101 unabhängigen Studien hinsichtlich Alkohol, Tabak und Cannabis höchst eindrucksvoll in eine – theoretisch beliebig bunte – Rangfolge bringen kann, die, je nach Droge verschieden, von einer ‚Erreichbarkeit legaler und illegaler Drogen, Waffen' bzw. ‚Gelegenheiten für eine konventionelle Beteiligung' über ‚sensation seeking' und ‚religiosity' bis hin zur ‚depression' und ‚poor family management' reicht[205].

Die einen verklären so zumeist diese nur ‚korrelativ' gefundenen Gemeinsamkeiten zur Ursache:

> Manche dieser Gemeinsamkeiten „are described as risk or protective factors, although whether they are risk factor in a causal sense is unclear. It is likely that many would be better described simply as correlates of broader dimensions that characterise adolescents and their lives" meint der in diesen Fragen sicher als Experte geltende Richard Hartnoll (1998; 107) vom EMCDDA.

Und die anderen erhalten damit ein Konzept, das der Beliebigkeit des präventiven Zugangs und damit allen daran interessierten Professionen Tür und Tor öffnet, das aber auch das jeweilige Scheitern als ‚zu eindimensional vorgegangen' erklären kann. Rolf Baumann (2001;19), der bayerische Drogenbeauftragte, der ja als solcher für solche Projekte zuständig ist, begründet das wie folgt:

> „Ein monokausales Erklärungsmodell, das Antworten auf die Frage nach den Ursachen süchtigen Verhaltens geben könnte, gibt es nicht. Im Allgemeinen geht man davon aus, dass süchtiges Verhalten von verschiedenen Faktoren beeinflusst wird. Als Haupteinflussquellen werden dabei die Persönlichkeitsmerkmale, die soziale Mitwelt (z. B. Bildung, Erziehung, Familie, Freunde, Arbeit und andere soziokulturelle Rahmenbedingungen) und die Suchtmittelwirkung selbst (pharmakologische Wirkung) genannt. Dieses sog. ‚Dreieck' der Suchtgenese kann noch durch Einflussfaktoren wie ‚Markt' (Verfügbarkeit und Preis der Suchtmittel) und ‚aktuelle Situation' (z. B. mangelnde Unterstützung im sozialen Umfeld bei Arbeitslosigkeit) ergänzt werden. Gesundheitsförderung und Suchtprävention stehen nun vor der Herausforderung in dieser Komplexität nach Möglichkeiten zu suchen alle Dimensionen (Umwelt, Suchtmittel, Mensch, Markt, Lebenssituation) in ihre Tätigkeit einzubeziehen."

In den goldenen Zeiten kriminalätiologischen Denkens, in denen man noch das theoretische Erbe des Dritten Reichs in die Adenauer-Ära hinüberretten konnte, lautete die entsprechende, das Verbrechen ursächlich erklärende Formel: A + U + P (Anlage, Umwelt und Persönlichkeit). Später dann produzierte die psychiatrisch orientierte Jugendpsychiatrie eine Fülle analoger – theoretisch nicht näher begründbarer – ‚multifaktorieller' Erklärungsbündel, mit denen etwa das Ehepaar Glueck schon im Kindergarten-Alter künftige Kriminalität voraussagen wollte. Projekte, die, dort aufgegeben, nun hier wiedergeboren werden.

Nimmt man die Vielfalt solcher Ursachen/Risiko-Faktoren ernst, dann muss eine auf solche Faktoren ausgerichtete Prävention – etwa im darauf beruhenden und heute besonders befürworteten ‚comprehensive'-approach (These 1.1) – notwendigerweise scheitern, und zwar selbst dann, wenn sie noch so umfassend über den der schulbezogenen Prävention gezogenen Rahmen hinausgreift, und unabhängig davon, dass die meisten dieser Faktoren ohnehin für eine Prävention kaum zugänglich sind. Dies gilt sowohl für das geringe Gewicht, mit dem jeder einzelne dieser Faktoren – die da zu bearbeiten wären – faktisch das Endergebnis (die ‚Drogenfreiheit' etc.) beeinflussen kann, wie aber auch methodisch für die Wahrscheinlichkeit, irgendeinen ‚signifikanten' Einfluss solcher Variablen zu entdecken. Morgan (1998a;122) betont diese ‚faktische' Seite, wenn er schreibt:

> „It could be said that while contemporary substance abuse programmes address variables that when considered alone appear to be related to substance use, the indications are that the same variables make such a small independent contribution to behaviour that it is unlikely that even a highly successful classroom intervention directed at these variables would do much to prevent substance use".

Uhl (1998;157,201) bestätigt dies unter ‚statistischem' Aspekt, wenn er dringend empfiehlt, aus Signifikanz-Gründen möglichst wenig Variablen zu verwenden, da mit wachsender Anzahl von Signifikanz-Prüfungen die Anzahl zufälliger Signifikanzen steige und die deshalb zur Korrektur einzusetzende Bonferroni-Methode die Chance, signifikante Zusammenhänge zu entdecken, entscheidend herabsetze.

1.2 Man unterscheidet dann neuerdings auch gerne zwischen ‚Risiko'-Faktoren und *protektiven* Faktoren, die das jeweilige Ausmaß der ‚Vulnerabilität' und ‚Resilienz' (d. h. Widerstandsfähigkeit) bestimmen sollen, und die sowohl als ‚frühe Indikatoren' bzw. ‚Früherkennungsmerkmale für beginnendes Missbrauchsverhalten' dienen, wie als mögliche Ansatzpunkte für eine ‚fachgerechte' Prävention gelten – „zur Reduzierung der Risikofaktoren und Förderung der Schutzfaktoren", wie Bühringer (2001; 25 ff.) auf eindrucksvollen Folien ausführt.

Als solche *frühe Indikatoren* erhöhter Vulnerabilität gelten bei ihm etwa: „Aufmerksamkeitsstörungen, ‚Zappelphilipp', Frustrationstoleranz, Ablehnung, Ausgrenzungsprobleme, Schulprobleme, Werthaltungen, Normen", während die ‚erhöhte Resilienz' abzulesen sei an

> „Temperamentsmerkmalen, kognitiver und sozialer Kompetenz, Selbstbezogenen Kognitionen und Emotionen, emotional sicherer Bindung an eine Bezugsperson, Merkmalen des Erziehungsklimas, Sozialer Unterstützung in und außerhalb der Familie und Erleben von Sinn und Struktur im Leben" (S. 29).

Und natürlich jeweils vice versa – was die ganze Beliebigkeit solcher Gegenübersetzung offenbart. Die so schön theoretisch klingende Unterscheidung erweist sich so allenfalls als „eine pragmatische Unterscheidung von Bedingungen, nicht als ein besonderer Mechanismus der Behinderung von Alkohol- und Drogengebrauch", da „die jeweilige Umkehrung der Polung dieser Variablen der entgegengesetzten Kategorisierung entsprechen, also aus einem Risikofaktor einen Schutzfaktor machen" würde, wie Silbereisen (1999;80,77) in der Kritik an dieser von Jessor mit der Unterscheidung von ‚proximalen' und ‚distalen konventionalitätsbezogenen' Schutzfaktoren weiter verfeinerten Aufteilung betont.[206] Als solche distalen Schutz-Faktoren gelten Jessor neuerdings (1999;66) dann etwa

> „die positive Einstellung zur Schule, Religiosität und Kirchenbesuch, prosoziale Aktivitäten sowie positive Einstellung zu Eltern und Erwachsenen, die vor allem das gesunde Ernährungsverhalten und sportliche Aktivitäten fördern sollen".

Die Schwierigkeit, mit einer solchen Aufteilung in Risiko- und Protektiv-Faktoren empirisch zu arbeiten, zeigt sich etwa in der Langzeitstudie von Newcomb/Felix-Ortiz (1992;281 eÜ.), die – unter ausdrücklichem Verzicht auf eine theoretische Begründung („keine substantielle Drogen-Missbrauch-Theorie leitet diese Forschung") – aus einer Liste von 14 einschlägigen, skalenmäßig erfassten Variablen je eine 7-stufige Risiko- und Protektiv-Skala konstruierten[207],

> indem sie zunächst von jeder Variable jeweils die Werte der Gruppe mit den höchsten und niedrigsten 20%-Ergebnissen mit einer Drogen-Skala korrelierten. Sie definierten dann die 14 Skalen nach den jeweils höheren Korrelationswerten (mit der Drogen-Skala) der oberen 20% als Risiko-Faktor bzw. bei einem höheren Wert der niedrigsten 20% als Protektiv-Faktor. Daraus bildeten sie zwei summative Risiko/Protectiv-Skalen. Zwei Skalen, die negativ miteinander korrelierten, und die sie dann im weiteren Verlauf ihrer Untersuchung wiederum gemeinsam als ‚Vulnerability'-Variable einsetzten; ohne doch insgesamt damit ein nennenswert besseres Ergebnis zu erhalten: „Even though it now seems likely that both risk and protective forces toward or against drug use/abuse can be inferred from *opposite ends* of the same psychosocial construct, these forces *may* not exert equal impact on the target behavior" (292, kursiv S.Q.)[208].

1.3 So problematisch also diese neue[209] Erfindung der *‚protektiven'* Faktoren werden kann, vor allem wenn sie unversehens die ganze ‚konservative Normalität' in den Dunstkreis von Suchtentstehung und Suchtvorbeugung einbeziehen will, so birgt sie doch auch einen *emanzipativen Kern* – sei es als Konsequenz eines schlechten Gewissens, sei es als ‚List einer noch verborgenen Vernunft'. Ernst genommen verkündet sie einen fast paradigmatischen Blickwechsel, der uns wegführt von der nach rückwärts gewandten Defizit-Suche – ‚Schlechtes folgt aus Schlechtem' – um unsere Augen für die darin liegenden ‚positiven' Chancen und Möglichkeiten zu öffnen. So, wie eine moderne ‚Therapie' heute beginnt, sich weniger auf die zurückliegenden ‚Stör-Ursachen' zu konzentrieren, sondern die Fähigkeiten und Chancen ihrer Klienten zu fördern, könnte eine solche ‚protektiv' ausgerichtete Sicht nicht nur ‚strukturell' in der Umwelt der drogenkonsumierenden Jugendlichen hilfreich unterstützend wirken, sondern auch deren Suche nach Eigenständigkeit, neuer Erfahrung und vorwärtsstrebender Lebenslust fördern und bejahen; sich also „weg von der defizitorientierten Problemperspektive und hin zu einer aneignungsbezogenen Kompetenzsichtweise" bewegen, wie dies Winter (1998;353) für den Bereich der Sexualaufklärung formuliert.

Eine der wenigen positiven Ausnahmen findet man in dem engagierten, literaturmäßig gut belegten Beitrag von Bonnie Benard (2000;24)[210], der implizit direkt an die frühe Jugendarbeit etwa eines Aichhorn oder Makarenkow anknüpfen könnte und auf den ich in meinen abschließenden Thesen noch einmal zurückkommen werde:

> „These studies on resilience, on how individuals successfully develop despite risk and adversity, ask questions such as the following: Do most young people considered at high-risk for problem behaviors like alcohol, tobacco, and other drug abuse and violence actually become abusers and perpetrators. Are there any personal strengths that assist a young person in navigating the environmental risks all around them – troubled and often abusive families, overcrowded and underfunded schools, besieged communities without employment opportunities, an exploitive media, and public policies that would rather incarcerate than educate or rehabilitate them? Are there any environmental resources that ‚protect' a young person exposed to these pervasive risks?
>
> Resilience research certainly proves the lack of predictive power of risk factors – unless we create self-fulfilling labels based on them. It also situates risk in institutions and harmful public and social policies, not in children, youth, families, and cultures. Most important to educators and preventionists, however, is that resilience research offers the gift of a research-based answer to the questions, ‚What works to promote healthy development and successful learning?' and ‚What can I do in my classroom and school to prevent my students from getting in trouble with alcohol, tobacco, drugs, gangs, as well as early pregnancy and unsafe sexual practices?'".

1.4 Stattdessen wird man freilich noch immer solche Risikofaktoren scheinbar höchst plausibel, faktisch jedoch stets nur assoziativ belegt, *kulturpessimistisch* und gesellschaftskritisch, in einer Kombination aus fehlgeschlagener Sozialisation in (und wegen) einer zunehmend süchtigen (Konsum)-Gesellschaft verankern:

> „Im Nebelpalast der Wünsche grassiert die schleichende Versüchtelung unserer Gesellschaft. Die Außengelenktheit des zivilisierten Menschen ist so weit fortgeschritten, dass sie immer weniger wissen, wer sie sind, was sie wollen", weiß Werner Gross (2003;267 ff.).

Dies reicht dann etwa bei Niebaum (2001;90 ff.) von der oralen Frustration beim Ersatz der Muttermilch über fehlende Spielflächen und schulische Überforderung bis hin in die Risiken einer kommerzialisierten Jugendkultur.

In ihrer Analyse US-amerikanischer Präventionsprogramme verweisen Brown/Horowitz (1993;538 ff. eÜ.) auf eine der bereits anfangs genannten *ideologischen Wurzeln*, die diesem Denken zu Grunde liegen, indem sie zeigen, dass diese >deviance assumption< („Das ist diejenige Sichtweise, die einige Arten jugendlichenen Verhaltens als kulturell fehlangespasst begreift") mitsamt der damit verbundenen >Risk factor mythology< aus der Community Mental Health Bewegung stammt, um abschließend als Ergebnis ihrer Analyse festzuhalten:

> „programmers, researchers, and policymakers alike have not only created, but also demand, an orientation towards the maladaptive linkages made in the risk factor mythology (…) This ideology represents a fundamentally maladaptive view of what is often normal adolescent behavior".

Unter solchem Aspekt könnte man freilich fragen, was mehr zu beklagen sei, dass Jugendliche sich erfolgreich an solche schlechten gesellschaftlichen Bedingungen anpassen oder dass andere Jugendliche abstinent sich dieser Gesellschaft versagen – ich komme darauf unten noch einmal ausführlicher zurück. Offen bleibt dann auch, was eigentlich – unabhängig von derartigen jeweilig historisch-gesellschaftlich neu definierten Zuständen – als ‚normal' angesehen werden kann; woher wir also romantisierend (früher war alles besser) bzw. utopisierend (bei zureichender gesellschaftlicher Veränderung) unsere erwachsenen *Vergleichsmaßstäbe* hernehmen und ob diese ‚Konventionalität' nicht all zu sehr unsere erwachsene Forderung nach ‚braven Kindern', die regelmäßig ihre Zähne putzen (ein Jessor-Item) wieder spiegelt.

2. *Der riskierte Jugendliche in der ,Theorie'*

So sehr uns solche schlechten gesellschaftlichen Verhältnisse als Ursache beunruhigen, die dann ja auch zu Recht ,strukturell' angegangen werden sollen, so bleibt im Normalfall letztlich doch stets nur der *riskierte Jugendliche* selber im Visier solcher Prävention. Wiederum ist es zunächst seine ,Suchtpersönlichkeit', die ihn abhängig werden lässt, seine defizitäre Charakterstruktur oder auch nur seine jugendliche Unreife, seine depressive Grundstruktur, Hedonismus, seine Aufmerksamkeitsstörung, ungereiftes Norm-Verständnis und was wir so alles an ihnen auszusetzen haben. Ein Blickwinkel, der auf der Basis dieser miserablen Gegenwart wie von selber dieselbe Perspektive sowohl zurück in die Vergangenheit wie nach vorne in die Zukunft wirksam werden lässt.

Im *Blick zurück*, zu den genannten Risiko-Faktoren treffen wir bei ihm auf die üblichen >gestörten Familienverhältnisse<, >alleinerziehenden Mütter<, frühkindliche Traumata, >prämorbide Ich-Schwäche< und spätere conduct-disorder[211] wie wir sie in typischer Zusammenstellung etwa bei Weinberg u. a. (1998) finden können, deren Abstrakt festhält:

> „Biological factors, including genetic and temperament characteristics, as well as family environment factors, are emerging as important etiological variables. Comorbidity with other psychiatric disorders, particularly with conduct disorder, is frequent and complicates treatment" (252).

Und ganz entsprechend stoßen wir im *künftig* weiteren Lebenslauf als naheliegende Folge auf schulische Leistungs-Störungen, promiskuitives Verhalten, Delinquenz und Beschaffungsdelikte, Hirnstörungen bis hin zur „Angst, dass die Ecstasy-Generation schon in jungen Jahren der Demenz anheim fallen könnte"[212]. Dies soll neuerdings auch für das Zigarettenrauchen gelten, müssen wir doch mit Benowitz (in Slovic 2001;180 eÜ.) annehmen, dass „Verhaltens-Analysen darauf hinweisen, dass Zigaretten Rauchen oft ein früher Hinweis für Problem-Verhalten ist".

Am ,produzierten' Ende dieser Konstruktionen erhalten wir schließlich das *,Devianz-Syndrom',* in dem wir in der Person des Jugendlichen alle diese als Übel, als ,Risiko-Faktoren' wahrgenommenen Phänomene und Verhaltensweisen verankern können, und zwar gleich, ob wir sie am psychologisch-psychiatrischen Pol als Ausfluss einer ,Suchtpersönlichkeit' oder ,risk-personality' erklären oder ob wir am anderen Pol epidemiologischer Befunde multikausal deren korrelativ gemeinsames Auftreten als „at-risk-personality" kennzeichnen.

2.1 Dieses ,Faktoren-Material' bietet nun reichlich Anlass zur Konstruktion von *Theorien*, die an sich deren inneren Zusammenhang ,erklären' sollen, die jedoch eher noch für Diagnose- und Prognose-Zwecke gedacht sind, und die tatsächlich zumeist nur als schmückend legitimierendes Beiwerk für Forschungs-Anträge und Präventions-Vorhaben dienen.

Ausgangspunkt dieser Theorien ist jeweils eine Wolke miteinander korrelierender Befunde, die etwa den oben berichteten ‚Prädiktoren' von Rigter/van Laar (2002;28) entsprechen, und die dann von ‚living in an urban area' über den ‚lower self-esteem' bis hin zu dem ‚having delinquent friends' reicht. Unterteilt man diese Wolke entlang einer – zumeist nur aus den Querschnittsdaten konstruierten – höchst subjektiv entworfenen *logischen Achse*, dann findet man auf der einen Seite als input alle quasi-ätiologischen Risiko- und protektiven Faktoren und auf der anderen Seite ein ‚Behavior-Syndrom', das vom Schulschwänzen über frühen Sex und riskantes Autofahren bis hin zur Delinquenz und zum Drogen-Konsum reicht. Dies ist die Basis der viel zitierten **P**roblem-**B**ehavior-**T**heory (PBT) von Jessor und Donovan.

Blickt man auf die andere Seite, also auf die Wolke der Risiko-Faktoren, beschränkt man sich zumeist auf den ‚bösen' Konsumenten und übersieht die Überzahl der sozio-strukturellen Risiko-Faktoren. Womit wir an alle die >Risk-personality<-Theorien à la Zuckerman geraten – auf die ich gleich noch einmal zurückkomme. Bestenfalls entwickelt man Familien/Erziehungs-orientierte Theorien oder die unten (These 4) ausführlicher behandelte ‚Peer-group-pressure'-These.

Begreift man diese ‚logisch konstruierte Achse' schließlich als in der *Zeit verlaufende Entwicklung*, liegen die oben angesprochenen gateway-Theorien (These 1.4) oder die bei uns beliebteren Theorien jugendlich fehlgesteuerter Identitäts-Entwicklung (These 5.3) nahe.

So berichtet etwa Halaevalu Vakalahi (2001; 29,39) von der New Mexiko State University in seiner Literaturübersicht über den Zusammenhang zwischen jugendlichem Drogengebrauch und family-based risk and protective factors, dass er in den über 100 untersuchten Studien als *‚relevante Theorien'* gefunden habe

> „Family systems theory, social cognitive theory, social control theory and strain theory", deren Ergebnisse freilich so „inconclusive and contradicting" seien, dass „further research in this area is recommended", wobei er insbesondere festhält: „there is a need to further define religiosity and examine the circumstances under which religiosity is a protective factor for adolescent substance use".
>
> Anderson (1998;235) benennt dementsprechend als Basis ihrer eigenen >Cultural-identity Theory< als „leading etiological theories" mit reichlich Literaturhinweisen: „(1) problem behavior theory; (2) the theory of reasoned action; (3) social learning theory; (4) social control theory; (5) self-derogation theory; (6) the integrated delinquency model; (7) social development theory; and (8) theory of triadic influence".

2.2 Als Beispiel für diese Art der Theorie-Bildung möchte ich auf das relativ frühe, insgesamt vorsichtiger formulierte >*Jessor-Syndrom*< eingehen, das wir bereits oben (These 1.4) unter einem ganz anderen Aspekt kennen gelernt haben, um anschließend eher als abschreckendes Beispiel die biopsychosoziale Theorie der Autorengruppe um Dawes et al. (2000) zu zitieren.

Richard und Shirley Jessor entwickelten ihre *‚Problem-Behavior-Theory‘* in den frühen 70er Jahren an Hand der Ergebnisse einer Langzeit-Studie bei Highschool- und College-Studenten, bei der sie feststellen konnten, dass eine ganze Reihe ‚jugendlicher Verhaltensweisen‘ – Alkohol-Konsum, problematisches Trinken, Zigaretten-Rauchen, verfrühter Geschlechtsverkehr, Marihuana-Konsum, sonstiger illegaler Drogen-Gebrauch, allgemein delinquentes Verhalten und multiples Problem-Verhalten“ – relativ hoch miteinander korrelierten (Donovan 1983; 381,383 eÜ.)[213]. Sie konnten später dieser ‚Korrelations-Wolke‘ ihrer Studie wie aber auch aus anderen ähnlichen Studien (in einer statistischen Analyse) einen einzigen *gemeinsamen Faktor* unterlegen, der „eine allgemeine Dimension der *unconventionality* – sowohl der Persönlichkeit wie in ihrer sozialen Umgebung“ erfassen soll (Donovan 1983;901 eÜ.)[214]; einen Faktor, auf dem auch – mit umgekehrten Vorzeichen – die ‚konventionellen Verhaltensweisen des ‚Kirchenbesuchs und des schulischen Erfolges“ entsprechend luden.

> Dieses ‚Syndrom‘, das wir hier als >*Jessor-Syndrom*< bezeichnen, lässt sich nun – wiederum in ein für diese Arbeiten sehr typisches Pfad-Analyse-Modell so einbauen, dass praktisch sämtliche ‚risk and protective‘-Faktoren auf der Ebene des Individuums auftauchen. So, dass dessen demographische Faktoren (soziale Schicht), familiäre Sozialisations-Faktoren (Religiosität, Kontrollstil) sowie seine Eigenschaften (Leistungsbereitschaft, Selbstwert, intolerance of deviance) und das von ihm ‚wahrgenommene Umwelt-System‘ (parental/friends-support und approval of problem behavior) eben zu diesem ‚behavioral system‘ des Syndroms hinführen, indem sie die jeweilige „vulnerability to normative transgression“ des Individuums bzw. seine „proneness that specifies the likelihood of occurrence of normative transgression or problem behavior“ anzeigen (Donovan 1983;380 f.).

Damit entspricht dieses Modell formal den Theorie-Anforderungen im Sinne eines >immer wenn, dann<-Schemas, das hier lediglich durch ein probabilistisches >je-mehr, desto eher< als mehr oder weniger wahrscheinliches Ergebnis verwässert wird. Dies mag – bei aller berechtigten Kritik an der zu erwartenden Häufigkeit falscher Prognosen – unter den Gesichtspunkten einer Gruppen-Diagnose („in dieser Gruppe werden so und so viele Personen anfällig für ein Problem-Verhalten sein“), wie auch im evaluativen Vergleich der jeweiligen Ausgangs-Basis einander gegenübergestellter Experimental- und Kontroll-Gruppen (um deren ‚Ausgangs-Belastung‘ zu kontrollieren) *sinnvoll* sein.

Doch zeigt dieses Modell zwei recht unterschiedliche *Schwächen*. Zunächst liefert es – von der immer wieder als angebliche Erklärung so plausibel erscheinenden Assoziation, dass schlechte Bedingungen zu schlechten Folgen führen, abgesehen – keinerlei ‚*Erklärung*' für diese Zusammenhänge, die man doch eigentlich sucht. Es entspricht deshalb – um dem medizinischen Vorbild weiterhin zu folgen – etwa der (zudem noch zutreffenderen) Aussage, dass das HI-Virus AIDS verursache, während erst die Entschlüsselung der dazwischen liegenden Black-Box die konkreten Mechanismen erbrachte, die dessen ‚Bekämpfung' möglich machten[215].

Auch die daran anschließenden Versuche, diese Mechanismen etwa als ‚sensation-seeking' o. ä. zu fixieren, können hier, da zirkulär (wie wir weiter unten ausführen), nicht weiter helfen. Ein mögliches Beispiel, wie man hier vorgehen könnte, demonstriert dagegen Anderson (1998) in ihrem ‚cultural-identity'-Ansatz, den sie freilich ausdrücklich nur für die eher klinisch schwerwiegenderen ‚Abusus-Fälle' vorsieht, indem sie etwa die ‚Risk-Faktoren' als ‚Marginalisierungs-Erfahrungen' definiert, die, in ein ‚schlechtes Selbstbild' eingebaut, wiederum dazu zu führen, dass man sich eher zu einer Gemeinschaft mit ähnlich belasteten Jugendlichen und deren ‚Subkultur' mitsamt deren ‚erwarteten Problem-Verhaltensweisen' hingezogen fühlt.

Die zweite ‚Schwäche' dieses Jessor-Modells demonstriert – in unserem Zusammenhang der Defizit-Perspektive besonders eindringlich – wie sehr solche Theorien ganz selbstverständlich und unreflektiert ideologisch in den jeweils aktuell dominierenden gesellschaftlichen *Wert-Diskurs* eingebettet sind, also diesen widerspiegelt und wiederholt und wie sehr die Interpretation und die Verwendung solcher Theorien sozio-historischen Bedingungen unterliegen.

> Die Problem-Behavior-Theory entstand in den turbulenten 70er-Jahren im College-Milieu, um das bis dato unbekannte und unerklärliche Aufbegehren der ‚Studenten-Revolte' besser zu verstehen: „Youthful leadership in opposing an egregiously unpopular war, in innovating alternative ways of living, and in mounting sustained criticism of established norms and institutions had not been anticipated by the larger society and constituted, for many, a disconcerting challenge" (Jessor/Jessor 1977;3).
>
> Konsequenter Weise definieren sie die ‚Problem-behavior structure' als „those behaviors that are *considered* by the larger society to be inappropriate or undesirable for adolescents, to depart from widely shared and institutionalized legal or social norms, and to warrant the application of social sanctions" (Donovan 1996;383). Dabei weisen sie jedoch ausdrücklich darauf hin, dass „the notion of problem behavior, as we use it, is *not a value term*, and no valuative implications are intended. As a matter of fact, problem behavior may have *benign* effects, both for the person and for society, depending on the circumstances of its occurrence" (Jessor/Jessor 1977;33, kursiv S.Q.).

Dies wirkt wie eine durchaus neutrale Definition, mit der die Autoren dann auch ihrer Theorie die Überschrift >*Social-Problem*-Theory< geben konnten, was im weiteren Verlauf dieser Theorie-Geschichte immer essentialistischer allen unter ihr gefassten Verhaltensweisen die negative Färbung des ‚Problems' verlieh. Lloyd/Lucas (1998;17), die diese Problematik anschneiden, bemerken hierzu in einer Anmerkung:

> „It may be pertinent to note here that Jessor and Jessor (1977) include ‚militarism' as an example of the ‚values, norms and practices of the larger society' (p. 21). Such inclusion may be interpreted as evidence for the pressures on academics to explain the reaction of adolescents to world events in the late 1960s".

Diese Art der Definition entspricht derjenigen der benachbart traditionellen Kriminologie, die als ihren ‚Gegenstand' das crimen, „so wie es der Gesetzgeber definiert" ansieht, was dort dann im Rahmen der in den 70er Jahren einsetzenden ‚kritischen Kriminologie' als staatlich fixierter, relativ beliebiger, machtorientierter Blick kritisiert wurde. Hier wie dort kann so die scheinbar ‚unschuldige' Art der Definition eine ‚erwachsene Realität' produzieren, die man aus einem ‚jugendlichen' Blickwinkel ebenso – unter Beibehalten der korrelativen Ergebnisse – als „Freizeit-Syndrom" oder als „Protest-Syndrom" engagierter Jugendlicher definieren könnte. Eine Interpretation, die Donovan/Jessor (1985;902) sogar noch selber andeuten:

> „But the behaviors may be correlated for other reasons as well, for example, because they are seen by young people as substitutable or interchangeable means of achieving valued goals; because they are learned together and continue to be performed together; or because of linkages in the social ecology of adolescence".[216]

2.3 Von einer solchen doppelten Selbstbeschränkung ist dagegen das folgende rezentere *Beispiel* derAutorengruppe Dawes et al (2000) recht ungetrübt. Sie beschreiben aus einer >biopsychosozialen< Perspektive die jugendliche Entwicklung ‚vom Drogen-Konsum hin zu >**S**ubstance **U**se **D**isorders< (SUD nach DSM-IV)' wie folgt:

> „A central thesis is that when maturational dyssynchrony (e. g. incongruity in timing and sequencing among hormonal, physical, psychological, and social processes) occurs during late childhood and early adolescence, homeostatic activity of the hypothalamic-pituitary-adrenocortical (HPA) axis, the hypothalamic-gonadal (HPG) axis and the mesotelencephalic dopaminergic pathways is perturbed. These changes are posited to influence both the timing of puberty and brain reward mechanisms, thereby increasing the risk for substance use. Said differently, incongruity of timing and sequencing among the above developmental processes produces ‚stress', which is a state of threatened homeostasis requiring psychological, physiological, and behavioral adaption, including coping responses" (S. 4).

Läßt man sich von dieser Sprache nicht verwirren, dann stößt man zunächst auf eine ‚epigenetische' (stufenweise Neuentwicklung) Abfolge von schon bekannteren ‚Störungen': „Epigenesis is central to understanding the etiology of SUD. This framework demonstrates how dispositions during infancy (e. g. difficult temperament) predispose to aggressivity in childhood. Childhood aggression and oppositional behavior in turn predispose to conduct disorder, which increases the likelihood for antisocial personality disorder", ein „chaining of behavioral phenotypes, interacting with pubertal changes and socialization experiences in families and peer clusters, to increase the risk for adolescent substance use"(4, kursiv S.Q.), – also noch nicht ‚substance abuse'.

Solche Kinder – insbesondere Söhne von SUD fathers und Zwillinge mit frühem SUD-Beginn – „are characterized by low harm-avoidance, high novelty seeking, and low reward dependence", was wiederum in bestimmten Hirnregionen „modulating good and poor self-control" zu verankern sei. „Attention deficit hyperactivity disorder (ADHD), oppositional defiant disorder (ODD) and conduct disorder (CD) are linked to the developmental pathway leading from adolescent-onset substance use associated with affective, behavioral, and cognitive dysregulation to antisocial personality disorder and SUD by young adulthood" (S. 5).

Dabei spielen dann eine verfrühte oder verspätete Pubertät – insbesondere bei dysregulated females who are also early in puberty" (6) vor allem „when family dysfunctions and parent-child conflict exist prior to the onset of secondary sexual change" (7) zusammen mit „peer encouragement of drug use" eine wichtige Rolle für den Beginn des substance use: „In summary, when incongruity in timing and sequencing exists among the hormonal, physical, psychological, and social processes occurring during puberty, hormonal and behavioral homeostasis is often perturbed, exacerbating pre-existing affective, cognitive and behavioral dysregulation", was dann zunächst zum substance use führt und bei weiteren Stresserfahrungen das Risiko einer „SUD in vulnerable individuals" erhöhen kann (8).

Das präventive Fazit dieser komplexen Analyse enttäuscht dann freilich: „Eine selektiv auswählende und tatsächlich angezeigte Prävention muss vor den spezifischen Entwicklungsübergängen beginnen, wie z. B. Pubertät und früher Adoleszenz (…) Künftige Interventionen müssen also vor oder zum frühen Beginn des Substanz-Gebrauchs vor allem bei den Peers und dem familiären Umfeld einsetzen" (10 eÜ.).

Um diese Kritik am Risiko-Faktoren-Modell vorläufig und zugespitzt zusammenzufassen, sei noch einmal das Eingangs-Statement von Bonnie Benard (2000;23) wiedergegeben:

„For nearly two decades prevention and education discourse has been steeped in the language of risk. Researchers have documented that between 1989 and 1994 alone, over 2.500 articles were published on ‚children and families at risk (lit).[217] Over 40 years of social science research has clearly identified poverty – the direct result of public abdication of responsibility for human welfare – as the factor most likely to put a person ‚at risk' for social ills such as drug abuse, teen pregnancy, child abuse, violence, and school failure (lit). Nonetheless, and perhaps providing a convenient smoke screen for the naming and blaming of poverty, policymakers, politicians, the media, and often researchers themselves have personalized ‚at-riskness,' locating it in youth, their families, and their cultures. Even when well-intentioned, such as the desire to get needed services to children and families, research has shown this approach has not had the desired effect in drug education (lit). Moreover, this risk focus has increasingly led to harmful educational practices such as lowering expectations, stereotyping, labeling, tracking, and expelling to more drastic public policy practices like incarcerating a growing number of these labeled students"; eine Philippika, die leider auch weithin für unsere Verhältnisse zutrifft.

3. *Jugendliche als Opfer, Täter und Risiko-Faktor*

Diese ‚Jugendlichen' werden in einer höchst eigenartigen und in sich widersprüchlichen Art zugleich als Opfer wie als Täter verstanden:

> „Es ist doch so: Sobald ein Gebraucher illegalisierter Drogen (meist Cannabis) auffällige Verhaltensweisen zeigt, bzw. konkreter diese als auffällig wahrgenommen werden, beginnt die ‚Fahndung' nach dem Täter. Entweder derjenige, der dieses immer noch als abweichend definierte Verhalten demonstriert, ist selbst der Schuldige. Oder aber diejenigen, die ihn dazu ‚gemacht' haben, werden als Schuldige erklärt. (…) Insofern ist der ‚Betroffene' ein Opfer. Er muss gerettet, aus den Klauen der Drogen befreit werden. Folge dieses Denkens ist, dass immer einer der Schuldige und einer das Opfer ist. Oder man definiert ihn als krank. Dann ist er nur noch ein passives Opfer" (Schneider 2002;34).

Als getriebenes und zu behandelndes *Objekt* fremder Einflüsse, dem ein eigener *Subjekt*charakter noch fehlt, dem man guten Gewissens in gleicher Weise ein eigenverantwortliches Handeln wie eine eigenständige Perspektive, Werthaltung und Realitäts-Sicht absprechen muss und darf; weswegen man ja präventiv ihm die entsprechenden life-skills beibringen muss.

Ein Dilemma, das prototypisch im Dispositiv des Jugendstrafrechts mit seinem ‚Erziehungsgedanken' gegenüber der ab 14 Jahren bestehenden ‚Strafmündigkeit' mitsamt den Apparaturen des Jugendstrafrechts (JGG) einerseits und dem scheinbar konträr ausgerichteten fürsorglichen **K**inder-**J**ugend-**H**ilfe-**G**esetz (KJHG) andererseits in Szene gesetzt wird. Dort wie hier in unserem engeren Feld der Drogenprävention werden diese Jugendlichen unbarmherzig von inneren und äußeren Risikofaktoren gelenkt (oder ‚protektiv' ohne ihr Zutun geschützt), durch das Potential der Droge bzw. deren korrespondierendes Sucht-Verlangen und Craving mitleidlos vorangetrieben und stets durch die fast unwiderstehliche Gewalt der in der Peergroup versammelten, verlorenen Existenzen verführt.

Ein durch und durch *passiv* konzipiertes Handlungsmodell, das gleich mehrfach in unseren erwachsenen Herzen und Hirnen abgesichert ist: In der berechtigten Sorge um unseren Nachwuchs, also in unseren wohlverstandenen und wohl verstehbaren *good intentions*, in unserer Überzeugung, die alleine richtige, erwachsen-reife Sicht zu vertreten und im Störpotential und dem damit verbundenen emotionalen wie physischen Arbeitsaufwand, den uns solche lustvoll laute, widerspenstige und kaum noch ‚rational' erreichbaren Jugendlichen bereiten, einerseits.

Und in unseren jeweils spezifischen, aber insgesamt doch so gut zusammenpassenden *professionellen Interessen* mit ihrem dadurch abgesicherten Apparaturen und Sachwissen andererseits; mit ihren theoretisierenden und alltagstheoretischen Vorstellungen, mit der sie ihre und unsere Perspektive vom – noch bestehenden – ‚Objektstatus dieser Jugendlichen' ätiologisch, diagnostisch, prognostisch, präventiv, therapeutisch und repressiv bestätigen und damit ihren überlegenen eigenen Subjekt-Status weiter begründen können.

3.1 Diese Art der ‚Objektivierung' bzw. der ‚Entmündigung' insbesondere der ‚deviant' handelnden Jugendlichen ist – angesichts der United Nations **C**onvention on the **R**ights of the **C**hild (CRC)[218] – umso erstaunlicher vergleicht man sie mit der offiziellen Rede über die ‚Rechte der Kinder', ‚partnerschaftliche Beziehungen', ‚Partizipation der Jugend' etc.[219]

Mit Recht fordert deshalb das Bundesjugendkuratorium (2000;303,306) – „das gesetzlich verankerte Sachverständigengremium zur Beratung der Bundesregierung in Grundsatzfragen der Jugendhilfe und Jugendpolitik":

> „Das Einbeziehen der Interessen der nachwachsenden Generation sowie das Hinführen zu Autonomie und Eigenverantwortlichkeit für die Lebensführung sind aber nur zu realisieren, wenn sie auf der Grundlage gesellschaftlich zugestandener subjektiver Rechtspositionen erfolgen. Sie müssen hinsichtlich verbindlicher Verpflichtungen für die Erwachsenen-Gesellschaft und hinsichtlich sozialer, auf die nachwachsende Generation gemünzter Rechte weiterverfolgt werden. Eine entsprechende Änderung des Artikel 6 Grundgesetz hat die dort festgelegten Elternrechte durch die Regelung der Rechte der Kinder (‚Kinder haben das Recht auf Förderung der Entwicklung ihrer Persönlichkeit') zu ergänzen, auch in Konsequenz aus der Ratifizierung des UN-Übereinkommens über die Rechte des Kindes (UN-Kinderrechtskonvention) durch Deutschland".

Eine Entwicklung, die sich ja auch tatsächlich im „Wandel der Macht- und Beziehungsbalancen zwischen Eltern und Kindern von einem Befehls- zu einem

Verhandlungshaushalt" niedergeschlagen hat[220], wie Heinz-Hermann Krüger (1996;226) die Ergebnisse einer Befragung von 10 bis 15-Jährigen in West- und Ostdeutschland zusammenfasst:

> „Unsere Daten zeigen, dass sich die moderne Leitnorm der ‚Erziehung zur Selbständigkeit' (gemessen an der hohen Respektierung kindlicher Interessenäußerungen und an der geringen Zustimmung zur Anwendung elterlicher Strafen) als dominantes Muster für moderne Eltern-Kind-Beziehungen in über zwei Dritteln der Familien vor allem aus *höheren sozialen Statusgruppen* (kursiv S.Q.) durchgesetzt hat
>
> Gleichzeitig zeigen unsere Ergebnisse aber auch, dass das Miteinander-Reden, um eine gemeinsame Lösung zu finden, und das Erklären von Entscheidungen seitens der Eltern wichtige Grundpfeiler für modernisierte Eltern-Kind-Beziehungen generell sind, und zwar relativ unabhängig davon, inwieweit sich die Machtbalancen zwischen Eltern und Kindern eher als modernisierter Befehlshaushalt oder als offener Verhandlungshaushalt beschreiben lassen":

Offensichtlich gelten diese Prinzipien nur solange, wie diese ‚Kinder' sich noch im (höchst unterschiedlich weit gespannten) Vorstellungshorizont der Eltern und anderer Erwachsener bewegen; sobald die kids diese Grenzen jedoch verletzen (testing the limits), verspielen sie ihren Subjekt-Status, um als Verführte und Getriebene nunmehr behandelt und resozialisiert zu werden. Es ist wohl kaum zufällig, dass dieses Schicksal noch immer eher die ‚Modernisierungsverlierer' trifft, also ‚Kinder und Familien, denen die entsprechenden persönlichen und materiellen Ressourcen – vor allem auch auf dem Bildungssektor – nicht zur Verfügung stehen' (Bois-Reymond u. a. 1994;276), um sie auf diese Weise gleich mehrfach zu stigmatisieren, weil sie unsere Großzügigkeit missbrauchen und als ‚Opfer', die noch unmündig, deviant, nicht-normal, süchtig unseres Schutzes, unserer Hilfe und Kontrolle bedürfen.

Ist es dann ein Wunder, dass wir mit einer solchen Perspektive diese tatsächlich ja so eigenständig (wenn auch gelegentlich ähnlich unvernünftig wie die Erwachsenen) handelnden Jugendlichen wie die ‚subkulturelle' Welt ihrer Peergruppen allenfalls für weitere Eingriffe von außen stigmatisierend etikettieren, doch kaum jemals zureichend präventiv erreichen, verstehen oder gar einsichtig verändern können?

3.2 Diese Drogen konsumierenden Jugendlichen werden nun ihrerseits zuletzt auch noch mehr und mehr zur eigentlichen *Ursache* der wachsenden Drogen-Epidemie. Was einst dem besorgten Blick bürgerlicher Eltern entsprang: „Spiel nicht mit den Schmuddelkindern", entwickelt sich heute zur wissenschaftlichen Figur der *Peergruppe,* der wir auch empirisch in der überaus beeindruckenden Korrelation zwischen Art und Ausmaß des eigenen Drogenkonsums und der Anzahl Drogen konsumierender Freunde begegnen.

Was liegt dann näher, als anzunehmen, dass es eben diese Gruppe devianter Jugendlicher ist, die unseren Novizen verführt, ihn zum Proselyten macht, der sich den elterlichen Normen entzieht und die demnächst wie Christiane F. auf dem Berliner Bahnhof Zoo enden wird? Und wie könnte man besser den Misserfolg unserer präventiven Bemühungen erklären und zugleich die überforderten Eltern entschuldigen, der single mother dagegen ihr Versagen vorhalten[221]?

Dann bleibt allein noch als Gegenstrategie, diesem Jugendlichen beizubringen, kompetent gegenüber solchem Gruppendruck mit einem „Just say no" zu reagieren. Auf nahezu wundersam unerklärliche Weise entpuppt sich dabei dieser heute noch brave Novize dann morgen – nunmehr als Mitglied einer solchen Risko-Gruppe – selber zum zentralen Risikofaktor, der für den nächsten Novizen dessen gesamte restliche Risikofaktoren-Konstellation sehr weitgehend verdrängen kann (nimmt man die statistisch kontrollierte Analyse des Zusammenspiels dieser Risiko-Faktoren ernst).

Doch, was wäre, wenn die üblicherweise gefundenen hohen Korrelationen zwischen Drogenkonsum und drogenkonsumierender Peergruppe weniger für eine Verführung des Novizen durch die Gruppe, sondern eher für dessen aktive Wahl (selection) und projektive Erwartung sprächen, wie Bauman/Ennett (1996) in ihrer gründlichen Sekundäranalyse annehmen? Oder was wäre, wenn diese Peergruppe mitsamt ihrem Drogenkonsum eine ganz wichtige Funktion zur ‚kollektiven Bewältigung des Heranwachsens' übernähme, wie Franzkowiak u. a. (1998;51 f.) in Auseinandersetzung mit der für die Entwicklung gegenwärtig offizieller Drogenprävention leider so bedeutsamen Expertise von Künzel-Böhmer u. a. (1993) meinen:

> „Mit Recht ist von verschiedenen Seiten immer wieder die Bedeutung der Gleichaltrigen für die Entwicklung hervorgehoben worden – im Präventionsbereich allerdings überwiegend als ‚Risikofaktor' (Künzel-Böhmer u. a. 1993,26), d. h. als negative Modelle und Vorbilder, als Verführer und als Träger sozialen Drucks in Richtung Substanzkonsum. Die Interaktion und kollektive Produktivität in der Peer-Gruppe wird dabei weniger thematisiert, dabei liegt gerade hier ihre große Bedeutung".

Ich werde hierauf in den folgenden beiden Thesen noch einmal zurückkommen.

4. Das Leitbild des >Risikos<

Zum Abschluss möchte ich auch für dieses Leitbild des >schlechten Jugendlichen< das *führende Denkmuster* herausarbeiten, das wir bei der >Droge< in deren gefährlichen Substanz und beim >Konsum< im Leitmotiv der Sucht festmachen konnten.

Dieses Leitbild firmiert unter dem Konzept des *Risikos*, auf dessen abschüssiger Dimension wir selbst bei bestem Willen immer wieder in die allgemeine Defizit-Perspektive hineingleiten. Bei diesem das gesamte Drogen-Dispositiv prägenden Denkmuster mischen sich in einer kaum trennbaren Weise die beiden Risiko-Bedeutungen (vgl. Barth/Bengel 1998;27) – Risiko als Möglichkeit und Risiko als Gefahr – derart, dass die ‚Möglichkeit' bereits als ‚Gefahr' begriffen oder zumindest jedoch als deren notwendiger Vorläufer verstanden wird[222].

Und zwar in mehrfacher Weise: Bei der Überlegung, warum die Jugendlichen Drogen nehmen, bei der Suche nach den oben diskutierten >Risiko-Faktoren<, bei deren Verankerung in einer >risk-personality< und schließlich auch bei den wohlgemeinten Alternativen einer >Risiko-Kompetenz< und Erlebnispädagogik.

4.1 Ausgangspunkt dieses Denkmusters ist die *Droge als Risiko*, als riskant gefährliches Phänomen, das als *solches* bereits ‚Gefahr' bzw. ein ‚nicht mehr kalkulierbares Wagnis' bedeutet: „Im gegenwärtigen Diskurs ist es nahezu unmöglich zwischen dem ‚drogen-bezogenen Risiko' und dem Drogen-Konsum selber bzw. seinen negativen Folgen zu unterscheiden" (Shelley 1999;9 eÜ.).

Ein Ausgangspunkt, der seinen *legitimierenden Kern* in einer zweiten ‚Risiko'-Bedeutung, die die ‚*Möglichkeit* eines Misserfolgs' erfassen will, also darin findet, dass der Drogen-Konsum ein ‚mögliches künftiges' Risiko birgt; etwa im alkoholisierten Straßenverkehr und Cannabis-bedingtem Führerscheinentzug oder bei länger dauerndem Konsum für die Gesundheit, wie aber auch angesichts drohender Fremd- oder Selbst-Stigmatisierung bei der Übernahme einer Sucht- und Abhängigkeits-Diagnose.

Ein Ausgangspunkt, der auf der anderen Seite jedoch von vorneherein sowohl die ‚Genuss'-Seite der Droge verdeckt, wie aber auch dieses Risiko ‚absolut' setzt, ohne Möglichkeit es intern – also zwischen den verschiedenen Drogen – oder extern etwa im Verhältnis zu den gerne empfohlenen sportlichen Risiken[223] abzuwägen.

In ihrem Vergleich zwischen einer ‚Risiko-Prävention' und einem ‚Mündigkeits-Ansatz' erläutert Gundula Barsch (2001;265) diese Risiko-Basis wie folgt:

> „Der Begriff Risiko für etwas, das sich dem vollständigen Be-‚Herrschen' durch den Menschen entzieht, ist in unserer Gesellschaft negativ besetzt. So legt auch das Muster ‚Drogenkonsum sei Risiko' nahe, den Konsum von Drogen als etwas zu sehen, was mit Gefahr, Unsicherheit und Ungewissheit, mit Wagnis und sehr verschiedenen Möglichkeiten von Verlust und Leiden verbunden ist. Folgerichtig wird erstens suggeriert, dass Drogen und ihr Konsum für die Menschen per se einen unsicheren Ausgang haben. Intendiert ist damit zweitens die Schlussfolgerung, Drogenkonsum als ‚falsches Verhalten' möglichst auszuschließen oder durch Selbstverzicht wenigstens zu minimieren. Und es wird drittens suggeriert, dass es dort, wo Verzicht nicht

möglich ist – weil beispielsweise die Risikolust der Jugendlichen dieses permanent torpediert – besondere Kontroll- und Schutzmaßnahmen notwendig seien.

Die gewählten Begriffe des Risikokonzepts legen auf diese Weise eine spezifische, eher negativistische und vor allem krankheitsorientierte Sicht auf Drogenkonsum nahe. Dieser erscheint als Produkt mit vorbestimmten Qualitäten – konkret als pathogener Faktor und damit als Krankheitserreger, der den Normalzustand stört.“

4.2 Risiken, und insbesondere auch „Gesundheitsrisiken sind soziale Konstruktionen“ durch die „bestimmte Risiken aus der unendlichen Vielfalt von Gefahren, die die Gesundheit oder das Leben bedrohen, ausgewählt und problematisiert werden“ (Groenemeyer 2001;48,38). Von außen betrachtet erscheint das ‚riskante‘ Verhalten „häufig als irrationales oder pathologisches Verhalten auf der Grundlage fehlender Informationen oder falscher Interpretationen, wobei die Präferenzen, die dem rationalen Entscheiden zugrunde liegen, zumeist selbst nicht analysiert werden (...). Tatsächlich scheint Risikoverhalten meistens aber eher als ein aufgrund kultureller und sozialer Bedingungen routinisiertes Verhalten und in diesem Sinne als Ausdruck eines Habitus in bestimmten sozialen und kulturellen Kontexten“:

> „Risikoverhalten ist erstens immer auch sozial strukturiert, d. h. es ist auch bei Jugendlichen in eine bestimmte Lebensweise eingebunden, die gesellschaftlichen Regeln und Vorgaben folgt.
>
> Risikoverhalten ist zweitens immer auch eingebunden in spezifische Risikokulturen, in denen nicht nur bestimmte Verhaltensweisen als Risiko konstruiert werden, sondern die auch Handlungsmöglichkeiten und Vorgaben für gelungene Indentitäts- und Lebenstilbildungen strukturieren“ (53).

Die ‚Strategie‘ der Risiko-Konstruktion ermöglicht, wie Groenemeyer (2001;52 f.) unter Rückgriff auf Mary Douglas ausführt,

> „eine Funktion der Sicherung von Gruppenbindungen und Integration über eine Moralisierung und soziale Distanzierung von Außenseitern. Dies kann allerdings auch für das Risikoverhalten selbst gelten, wenn dieses Verhalten in bestimmten sozialen Kontexten zur Selbstdefinition der Gruppe gehört. In diesem Sinne kann dann der riskante Lebensstil eine selbst gewählte soziale Distanzierung sein.“

Was dabei jeweils als Risiko, als Gefahr gelten soll, wird also, wie Shelley (1999) am Extrembeispiel der unzureichenden Erfolge der englischen harm-reduction-Strategie gegenüber AIDS deutlich machen kann, jeweils – scheinbar objektiv – von *erwachsenen Experten* festgelegt, die heute ganz überwiegend *medizinisch* ausgerichtet sind. Weswegen wir in der Prävention zumeist über ‚Sucht‘ reden, während die alkoholisierten Verkehrs-Unfälle mit Moped und Auto eher nachrangig behandelt werden, drohende Stigma-Gefahren ausgeblendet bleiben und die ‚heimischen' Pharmaka dem ‚Gesundheitswesen' zugeordnet werden[224].

In dieser Optik werden nicht nur diese anderen Risiken abgewertet, sondern zugleich auch mögliche *andere Risiko-Bewertungen* jugendlicher Konsumenten als unerheblich oder irrational abgetan, obwohl doch angesichts der vielfach beklagten Zukunfts-Aussichten insbesondere der ‚marginalisierten' Jugendlichen deren ‚Kurzzeit-Hedonismus', der, am ‚Hier und Jetzt' orientiert, sich wenig um künftige Langzeitschäden kümmert, recht verständlich sein könnte.

Bedeutsamer noch ist, dass diese einseitig medizinische Risiko-Definition alle anderen *sozialen und (sub)kulturellen* Risiko-Bewertungen und Risiko-Funktionen außer Ansatz lässt. Während man doch das ‚Risiko' eigentlich begreifen müsste als

> „a complex multidimensional concept which is not confined to the physical and psychological. It also extends to the social and cultural dimensions which are often overlooked by ‚the experts'" (Shelley 1999;15).

Solche alternativen sozio-kulturellen Deutungen relativieren das ‚Risiko' in dreifacher Hinsicht: *Was* jeweils als (besonders Gefahr bringendes) Risiko gelten soll, welche *Funktion* dieses spezifisch bewertete Risiko im sozialen Kontext – etwa als Status, Autonomie- und Männlichkeits-Symbol, aber auch „as bolstering social solidarity" (15) – übernehmen und welchen Stellenwert es in einer allgemeinen *‚benefit-risk'-Abwägung* erhalten soll.

So sehr also die übliche einseitig medizinische Risiko-Sicht „eine beachtliche Bedeutung als professionelle oder politische Ressource besitzt" (Shelley 1999;9 eÜ.), so nahe liegt es, dass eine darauf gestützte Präventions- oder ‚harm-reduction'-Strategie schon aus diesem Grunde ihre Adressaten nur unzureichend erreicht, sofern sie nicht wegen ihrer ‚unsachgemäßen' Gewichtung solcher Risiken selber zum Risiko wird.

4.3 Aus dieser Risiko-Konzeption heraus kann das Verhalten Jugendlicher, die Drogen probieren, mit ihnen experimentieren oder sie häufiger konsumieren stets nur als *Risikoverhalten* verstanden werden, durch das Jugendliche eben dieses Drogen-Risiko suchen, um damit bestimmte, über den unmittelbaren Konsum (und den damit gesuchten ‚Genuss') hinausreichende Zwecke zu erreichen[225], wobei diese im Zweifel bestimmte ‚Mängel' kompensieren oder aber bestimmte allgemeine ‚Entwicklungsaufgaben' wenig sachgemäß lösen sollen. Gesch (1999;190, kursiv S.Q.) fasst die recht unterschiedlichen Ansätze von Fahrenkrug, Engel/Hurrelmann und Barmer Ersatzkasse in vier „sich gegenseitig ergänzenden Funktionen" wie folgt zusammen:

- „Die Risikohandlung leistet einen symbolischen und demonstrativen Vorgriff auf die Erwachsenenrolle. Als *Normverletzung* ist sie Ausdruck von Aufbegehren gegen familiär oder kulturell aufgezwungene Lebensentwürfe.
- Risikoverhalten dient der Anerkennung in der Gleichaltrigengruppe, insbesondere in männlichen Bezugsgruppen gilt es als *Mutprobe*.
- Risikoverhalten wird genutzt, um subjektiv empfundene, unlösbare Entwicklungs- und Leistungsanforderungen, z. B. schulischer oder familiärer Art, zu *kompensieren*. Es handelt sich um eine ‚Notfallreaktion', die kurzfristig durchaus subjektiv empfundene Hilfe bringen kann.
- Es ist eine *Fluchtmöglichkeit* aus eingefahrenem, langweiligem Verhalten. Das Risikoverhalten zielt auf Nervenkitzel, es dient dem Heraustreten aus gewöhnlichen Zwängen und damit einer Dramatisierung des Alltags".

Sehen wir einmal davon ab, dass auch hier wieder der neutrale Begriff des Risikoverhaltens[226] durch die reale ‚Normverletzung' etc. ersetzt wird, dann fällt doch auf, wie sehr sich diese Erwachsenen-Sicht über die bekannten Antworten der Jugendlichen auf die Frage, warum sie diese Drogen nehmen – Neugier, Spaß, Entspannung, gemütliches Zusammensein etc.[227] – hinwegsetzt, während man jedes Indiz für eine ‚abhängige' Selbsterfahrung unbefragt als bare Münze wertet.

Kloep et al. (2001;290) formulieren dagegen als Ergebnis ihrer vergleichenden quantitativ-qualitativen Studie des Trinkverhaltens 12–16-jähriger ländlicher Jugendlicher in Schottland, Norwegen und Schweden:

> „Adolescents' stated reasons for drinking appear to be very similar to the range of reasons adults give – sociability, relaxation, companionship, excitement, group pressure and a tradition of drinking in their local area or in their country. Unlike Gofton (1990) and Parker et al. (1998), our findings show that sensation seeking and excitement, whilst a component part of drinking, is not a major reason for alcohol consumption in any of the three samples".[228]

Während die zumeist jüngeren Abstinenten ihre Wahrnehmung eher von den negativen Informationen, die sie hören, ableiten, können die (dann älteren) ‚trinkenden Jugendlichen' sich auf die eigene Erfahrung stützen, so dass im Verlauf ihrer Entwicklung die ursprünglich negative Erwartung widerlegt wird und diese „unerwarteten Vorteile eine große Bedeutung für ihr Entscheidungsverhalten gewinnen konnten" (Goldberg et al. 2002;482 f.), und zwar auch hinsichtlich anderer Drogen. Das waren hier Zigaretten, doch gilt dies ebenso für Cannabis und andere Partydrogen, die nicht nur von deren ‚unexpected benefits' leben, sondern auch von den vorangegangenen ‚widerlegten' Tabak- und Alkohol-Warnungen:

„Individuals with the greatest discrepancy between expectation and experience (e. g., the fifth and seventh graders who reported that not only was there nothing good about drinking alcohol but that you can die from it) may be the individuals most likely to discount the importance of risk in future behavioral choices as they repeatedly fail to experience negative outcomes" (483).

4.4 Selbst dann, wenn wir berechtigter Weise glauben, von real riskantem Verhalten sprechen zu dürfen, wie etwa bei der von Zurhold (2004;287) untersuchten Lebensweise minderjähriger Prostituierter, verfehlen wir noch immer deren eigene Lebensrealität. Zunächst sei es fraglich, ‚ob selbst das Vorhandensein einer Vielzahl von höchst problematischen Risikofaktoren die ursächliche Entstehung abweichender Lebensentwürfe schlüssig erklären kann'. Stattdessen müsse man ‚nach der Funktionalität dieses Risikoverhaltens im individuellen Lebenslauf' fragen, und „nicht per se" unterstellen, „dass Risikoverhalten ein Ergebnis fehlgesteuerter Verarbeitungsprozesse" sei. Vor allem aber sei

„zu berücksichtigen, dass der subjektive Risikobegriff von Jugendlichen nicht mit dem erzieherischen oder wissenschaftlichen Risikobegriff identisch ist. (...) Das Eingehen von Risiken wie dem Leben im Milieu ist bei den Mädchen und jungen Frauen eine Handlungsoption, andere Risiken und Gefährdungen, denen sie ausgesetzt sind, und die sie nicht verändern können, zu mindern oder diesen aus dem Weg zu gehen. In diesem Sinne stellt der Drogenkonsum und die Prostitution nicht generell eine misslungene, unproduktive Verarbeitung dieser Realität dar, sondern im Gegenteil Ausdruck einer höchst produktiven Realitätsverarbeitung" (288).

4.5 Diese Jugendlichen, die das in der Droge verkörperte Risiko als Verhaltensmöglichkeit bevorzugen sollen, werden – gleichsam als besondere Abart – auf der einen Seite durch eine Summierung von Risikofaktoren als *high risk population* geprägt und sollen auf der anderen Seite aufgrund eines – mehr oder weniger eingeborenen – *sensation seeking*[229] ihrem eigenen innerem Antrieb folgen.

Risikofaktoren gelten, wie wir oben gezeigt haben, als Ursachen-Ersatz, die, gebündelt, zu solchem riskanten Verhalten hinführen. Dabei mutiert – und legitimiert – wiederum ein epidemiologisch-statistisch neutrales Konzept eines wahrscheinlichen Zusammenhanges[230] unversehens zur Vorstellung eines individuell realen Gefahrenpotentials:

„The concept of risk is integral to the field of epidemiology. For epidemiologists, risk refers to the probability that a particular event, such as drug use will occur. The specification of risk as a probability is important because its magnitude can be estimated statistically from retrospective data. Therefore, risk represents a theoretical

> construct whose estimated values depend on the measurement of different situational determinants" (Bell 1988;136).

So kann man durch die statistische Kombination von Variablen ganz unterschiedlicher Herkunft – etwa mit individuellen (z. B. Drogenfreunde) sowie mit milieuspezifischen Faktoren (wie Wohnen in zerrütteter Nachbarschaft) eine ‚high-risk-*population*' errechnen, um dadurch etwa ein Feld für gezielte Hilfen abzustecken. Ein solches Vorgehen benötigt jedoch weder einen kausalen Zusammenhang oder gar ein Wissen um dessen inneres Funktionieren, noch besagt er irgendetwas über die Art und Qualität der ‚realen Gefährdung' dieser *Population*. Doch lässt er keinesfalls einen einschlägigen Schluss für das jeweils *individuelle Mitglied* dieser Population zu[231] Gleichwohl wird dieses immer wieder gerne als >at-risk< verstanden, weswegen auf dieser individuellen Ebene eher das ‚Risiko' einer – nicht nur den Falschen treffenden – Stigmatisierung wahrscheinlich wird, sofern man nicht dieses individuelle Mitglied selbst zum ‚Risikofaktor' für seine Peergroup erklärt.

Dieses, auf den ersten Blick so wohlgemeinte, >at-risk<-Denken spielt vor allem in den USA im Bereich schulischer Bildung unter den Schlagworten der ‚learning disabilities' bzw. der ‚cultural deprivation' eine noch ständig wachsende Rolle:

> „There is an emerging ideology of risk, which has embedded in it interpretations of children's deficiencies or likelihood of failure due to environmental, as well as individual, variables. The problem of locating pathology in the victim is the most objectionable tenet of much of the dominant rhetoric of risk: If risk factors are conceptualized primarily as individual attributes which may lead to learning difficulties, earlier and ‚more effective' screening tools are often advocated, as are inoculation style early intervention programs designed to minimize later educational problems. This type of definition often embodies a deficit model, which ascribes deficiencies to the individual and family",

schreibt Swadener (1995;18), um darauf aufmerksam zu machen, dass hier eine durch wachsende Armut, ökonomische Ungerechtigkeit, Rassismus und Sexismus verursachte „social pathology of poverty" zunehmend als individuelles Versagen definiert wird, weswegen sie stattdessen in dem von ihr und Sally Lubeck herausgegebenen Sammelwerk das Gegen-Konzept „Children and Families ‚at Promise'" verfolgen. Ein Modell, das in ganz gleicher Weise im Jessor-Kontext den hier in Frage stehenden Drogenkonsum mitsamt dessen gemeinsamen Risiko-Faktoren erfasst; und eine Alternative, der wir unten in These 4.2 bei der Unterscheidung der in Frage stehenden Risiko-Gruppen wieder begegnen werden.

4.6 Angesichts dieser Probleme liegt es nahe, die Ursache für dieses – angenommene (!) – Risikoverhalten in einer *risk-personality* zu suchen, die sich angeblich für wenig verwundbar (*invulnerable*) hält. Obwohl dies angesichts der bevorzugt an den ‚benefits' orientierten Motivation der Jugendlichen, die weniger die Gefahr oder das Risiko suchen, sondern, ebenso wie die Erwachsenen, den spezifischen Genuss, der mit solchem Drogen-Konsum verbunden ist, kaum deren Alltags-Realität treffen kann:

> „Our results indicate that beliefs about *invulnerability* were an *inadequate* explanation. Adolescents, especially the younger adolescents, were extremely aware of the risks and their vulnerability to them, as reflected both in the higher risk likelihood estimates (relative to older respondents) in the closed-ended questions and the long-term and severe negative outcomes they generated in the open-ended questions.
>
> Rather than framing perceptions and choice in terms of vulnerability, a better approach may be to examine the *discrepancy* between respondents' expectations and their experiences (…) Rather than interpreting the relatively smaller risk estimates of older respondents as biased perceptions of invulnerability, a better explanation might be that they are adjusting their perceptions on the basis of both their positive experiences and their failure to experience negative outcomes" schließen Goldberg et al. (2002;482 f., kursiv S.Q.) ihre oben zitierte Untersuchung.

„Die ältere Entwicklungspsychologie suchte sich dies durch die Annahme eines ‚Erlebnistriebes' erklärbar zu machen, der sich in der biologisch determinierten Sturm- und Drangzeit der Pubertät gewöhnlich und vorübergehend zu einer ‚Erlebnissucht' ausweite" (Zinnecker 2001;88). Heute geht dabei der Trend dahin, deren *sensation-seeking, novelty seeking, oder risk taking* biologisch im Gehirn zu verankern[232].

Eine scheinbar logische Überlegung, dass jemand, der ein ‚riskantes Verhalten' wählt, auch eine entsprechende ‚innere Tendenz' besitzt, dieses Verhalten zu wählen – insbesondere, wenn er es häufiger als andere ausführt oder wenn es mehrere Verhaltensbereiche (etwa innerhalb des ‚Jessor-Syndroms') betrifft. Ein zentrale Schwierigkeit dieser Logik liegt jedoch darin, diese ‚innere Tendenz' entweder aus dem äußeren Verhalten zu erschließen oder aber sich auf die unterschiedlichen (Fragebogen)-Aussagen der ‚Braven' und der ‚Konsumierenden' zu verlassen.

Allzuleicht gerät diese Art der Forschung in die zirkuläre Falle, aus dem jeweiligen Verhalten auf einen gleichgelagerten ‚inneren' Zustand zu schließen, der dann wiederum dieses Verhalten erklären soll. Oder spezieller, aus einem Fragebogen mit Fragen zur Einstellung gegenüber einem Drogenkonsum auf ein generelles ‚sensation-seeking' zu schließen, das dann wiederum den Drogenkonsum erklären soll[233].

Ein Blick auf die Arbeit von Zuckerman (1978;144), der als Vater dieses Konzepts in den 60er Jahren damit begann, biologisch fundierte Reaktionen auf sensory-deprivation-Experimente zu erfassen, kann diese Problematik verdeutlichen[234].

> In Zusammenarbeit mit dem bekannten, biologistische Thesen vertretenden Psychologen Eysenck erstellte er vier faktorenanalytisch gut trennbare Skalen. Und zwar zunächst eine >Thrill and Adventure Seeking<-Skala, die inhaltlich auf sportliche Aktivitäten zugeschnitten ist („I often wish I could be a mountain climber, I would like to try surfboard riding"); sodann eine >Experience Seeking<-Skala, die eher einen ‚nonconforming life-style' erfasst („I like to try new foods that I have never tasted before; I have tried marijuana or would like to; I would like to try some of the new drugs that produce hallucinations"). Eine dritte >Enthemmungs<-Skala (Disinhibition) ist spezieller noch auf Drogen, Parties und Sex ausgerichtet („I often like to get high (drinking liquor or smoking marijuana); I like to date members of the opposite sex who are physically exciting; Keeping the drinks full is the key to a good party")[235], während eine vierte >Anti-Langeweile<-Skala (boredom susceptibility) nicht ganz so gut differenzierte („The worst social sin is to be a bore").
>
> Welche dieser Skalen, möchte man fragen, messen nun das eigentliche Risiko-suchende sensation-seeking? Eine Frage, die insbesondere deshalb relevant wird, weil diese faktorenanalytisch gewonnenen Skalen (gleichsam ex definitionem) relativ unabhängig voneinander auftreten, was insbesondere für das Verhältnis zwischen der >Thrill and Adventure Seeking<-Skala und der drogenrelevanten >Disinhibition<-Skala zutraf (table 4, S. 146), weswegen eine alle vier Teilskalen zusammenfassende Omnibus-Skala recht unterschiedliche Sachverhalte in einen Topf werfen würde.

Dabei wird dann relativ voreilig zunächst übersehen, dass solche ‚Risiken' aus der *Erwachsenen-Sicht* heraus definiert und dann auch von den ‚Braven' entsprechend wiederholt werden[236]. Die Konsumierenden dagegen schätzen solche ‚Gefahren' der von ihnen bevorzugten oder auch schon ausprobierten Drogen eher geringer ein, was wir dann als Naivität, mangelndes Wissen oder als Verleugnung interpretieren. Doch dürfte in beiden Fällen – real oder verleugnet – die Basis für eine ‚risk-taking'-Haltung leiden; viel näher läge es dann, anzunehmen, dass diese Jugendlichen – wenn denn überhaupt – dieses (von ihnen als eher harmlos begriffene) Verhalten wählen, weil es die *anderen* für gefährlich halten.

Hinzukommt, dass ‚Brave' und ‚Konsumierende' sich zwar bei der Einschätzung der Gefährlichkeit der Drogen in der eben genannten Weise unterscheiden, jedoch nicht bei der Einschätzung entsprechend ‚gefährlicher' sportlicher Aktivitäten, wie Mopedfahren, Fliegen, Skifahren oder Skating; ein Befund, der dann doch eher gegen eine verallgemeinerte ‚risk-taking'-Bereitschaft spricht. Im übrigen müssen wir ganz allgemein davon ausgehen, dass wir alle bei Fragen einer persönlichen Gefährdung tendenziell dazu neigen, das „Auftreten seltener

Ereignisse zu überschätzen und die Wahrscheinlichkeit häufiger Ereignisse zu unterschätzen" (Barth/Bengel 1998;33 f.).

So konnten Quadrel et al. (1993) in einem Vergleich zwischen 86 Paaren von ‚low-risk' Jugendlichen und deren Eltern sowie 96 high-risk Jugendlichen aus Gruppenheimen für Jugendliche mit ‚legal and chemical abuse problems' nachweisen, dass Jugendliche und Erwachsene sich in der Tendenz, das eigene Risiko im Verhältnis zu dem anderer Personen zu unterschätzen – also ‚optimistisch' an die eigene >Unverwundbarkeit< zu glauben - keineswegs unterscheiden:

> „The most common response pattern was to see no difference between one's own risk level and that faced by the target others (...) Invulnerability was not, however, any greater for adolescents than for adults (...). Indeed by most measures, the low-risk teens showed less invulnerability than their parents (...). The most straightforward account of these results is that adults and teens rely on similar, moderately biased psychological processes in estimating these risks" und zwar aus kognitiven Gründen (man kennt etwa eventuelle Schutzmaßnahmen, die die anderen Vergleichspersonen ergreifen, weniger gut als die eigenen) wie aus einem motivationalen Wunschdenken heraus (111 f.) weswegen die Autoren am Ende ihres Beitrags zu Recht monieren:
>
> „Unsubstantiated claims about the incompetence of adolescents tilt the balance toward (...) paternalism. They threaten to disenfranchise and stigmatize adolescents. They encourage denying teens the right to govern their own actions, as well as viewing them as societal problem rather than a resource. They interfere with the experimentation that is part of the business of adolescence. They make teens rather than society responsible for teens' problems. They place adults in the flattering position of knowing what is right. It might be instructive to study the cognitive and motivational factors that promote this harsh view of adolescents (lit)" (114).

4.7 Das Verführerische dieses Risiko-Denkens zeigt sich schließlich auch bei den an sich begrüßenswerten Alternativen zur gegenwärtig noch dominierenden Prävention. Dies betrifft zunächst die Ansätze, die diesem angenommenen thrill-and- adventure Hunger mit Sport oder *Erlebnis-Pädagogik* entgegenkommen will; ein Konzept, das eben deswegen häufig nicht weniger riskant sein darf und das wohl nur diejenigen Jugendlichen erreicht, die tatsächlich an solchen Aktivitäten ihren Spaß finden. Ich komme darauf in meiner These 4 zurück.

Und eben dies gilt dann auch, wie Barsch (2001;267) zeigen kann, für die rezente *Risiko-Prävention*, die vor allem – und berechtigt – versuchen möchte, zu zeigen, wie man mit solchen ‚Risiken' besser umgehen kann. Doch übersieht diese Art der Prävention dabei gemeinsam mit der klassischen Sucht-Prävention noch einmal eben diese andere Seite des Drogen-Konsums Jugendlicher, für die das ‚Risiko' allenfalls Begleiterscheinung einer – lebensbejahenden – Konsum-Entscheidung ist[237]:

> „Risikoprävention, die den Drogenkonsum als Gesundheitsrisiko fixiert, hilft nicht nur seine anderen, positiven Seiten, wie z. B. die als Genussmittel, als soziales Schmiermittel, als Entspannungsmittel zu verdrängen. Sie erhebt zugleich den gesellschaftlich hochgeschätzten Wert ‚Gesundheit' zum alleinigen Maßstab aller Dinge. Dabei wird dieser Orientierungspunkt für alle sozialen Gruppen und kulturellen Bezüge als derart unstrittig betrachtet, dass Fragen nach der Kosten-Nutzenabwägung beispielsweise von Gesundheit einerseits und Genuss und Lust andererseits, nicht in den Blick geraten können. Dies ist gerade im Drogenbereich verwunderlich. Hier kann doch auf besonders eindringliche Weise erfahren werden, wie leidensfähig Menschen für den Gewinn sein können, den ihnen der Drogenkonsum verschafft. Eine gewisse Ratlosigkeit haftet deshalb auch der Suche nach der ‚Vernunft des Risikos' an, wenn es beispielsweise um das Verstehen von Verhaltensweisen geht, mit denen ein Gewährenlassen von Risiken oder eine bewusste Exposition praktiziert wird".

Kurz und gut: Die von uns angeblich bevorzugt angesprochenen ‚gefährdeten' Drogenkonsumenten sind durch und durch >schlechte< Jugendliche, die – in ihrer Drogen-Peergruppe– die braven Jugendlichen zum Konsum verführen und die zudem als abschreckendes Beispiel zu Gunsten der Braven geopfert werden müssen:

> „I mean they always do it like we're all bad people here (…) I don't think the schools are for like helping it's just for getting the bad kids out"

fassten das die Schüler in D'Emidio-Caston/Brown's (1998,110) Evaluations-Studie kurz und prägnant zusammen

These 3

Die Sucht-Prävention gründet in und beteiligt sich an einem kulturell ausgetragenen Konflikt zwischen den Generationen.

In den vorangegangenen beiden Thesen habe ich zunächst das Phänomen der Sucht-Prävention beschrieben und wie man es in ein umfassenderes Dispositiv der Suchtprävention einbetten kann. Ein Dispositiv aus einem einschlägigen Diskurs und den darauf bezogene Apparaturen, das ‚autopoietisch' sich selbst erhält und fort entwickelt, und zwar ganz unabhängig davon, ob es erfolgreich arbeitet oder nicht. Diese Frage, ob es erfolgreich oder erfolglos arbeitet, habe ich in der ersten These mit dem Verdikt des ‚Scheiterns' beantwortet. Ein Urteil, das sich auf das offiziell angegebene Ziel bezieht, nämlich das süchtige Verhalten zu bekämpfen, den Drogen-Konsum zumindest zu beschränken oder doch bei den jüngeren Jugendlichen um einige Jahre aufzuschieben.

Doch lässt sich diese Frage des Erfolges auch in anderer Richtung stellen. Und zwar in zweifacher Weise, so, wie man dies früher auch für das seit über 400 Jahren erfolglos arbeitende, parallele Strafvollzugs-Dispositiv zu beantworten versuchte. Zunächst könnte man dieses Dispositiv selber als Einheit betrachten. Erhält es sich selber, baut es sich aus, kann es in die Lücken zwischen Therapie, Schulpädagogik und Jugendarbeit eindringen und dort ein eigenes Betätigungsfeld entwickeln? Eine professions-soziologische Fragestellung, die auch den existentiell bedeutsamen Alltag von allen denjenigen bestimmt, die von diesem Dispositiv leben[238]. Die Art, wie dieses Dispositiv sich selbst erfolgreich legitimiert, habe ich in den beiden ersten Thesen besprochen und gezeigt, wie man das offizielle Erfolgs-Kriterium auf das Wissen bzw. auf das Aufschieben des Konsums hin einengt, wie man die Drogen-Gefahr zahlenmäßig aufbaut, das Problemfeld der Sucht entwickelt und wie man einen für die eigene Arbeit sinnvollen Adressaten-Kreis kreiert.

Dem zweiten ‚außerplanmäßigen' Erfolgkriterium möchte ich mich in dieser dritten These zuwenden. Die Frage lautet nun weder, ob die Arbeit erfolgreich verläuft, noch, wie dieses Dispositiv sich selber erfolgreich erhält, sondern, welche *latente*, d.h. dahinter liegende inoffizielle *Aufgabe* erfüllt es für die restliche Gesellschaft. Oder, in anderer Weise gefragt, „Wie kommt es, dass ein solches Dispositiv trotz seiner geringen ‚offiziellen' Erfolge in unserer Gesellschaft so gut überleben kann, in welche größeren Zusammenhänge ist es eingebettet und welche Funktionen werden von ihm erwartet? Wobei es wiederum dahin gestellt bleiben kann, ob es solche latenten Funktionen auch tatsächlich erfüllen kann.

Bei der Antwort auf diese Frage kann man, wie die langjährige Diskussion um das Strafvollzugs-Vorbild zeigte, besonders leicht der Verführung kritischer Spekulation verfallen, indem man etwa als dessen Funktion die Domestizierung der Arbeiterklasse o. ä. postulierte, ohne dabei zu bemerken, dass solche Dispositive auch lange Zeiten funktionslos, allein dem eigenen Überleben verpflichtet, dahin dümpeln, um zu anderen Zeiten neue Funktionen zu übernehmen, wie etwa heute die Aufbewahrung der Misserfolge unserer Drogenpolitik. Die Gefahr einer solchen Überinterpretation scheint mir jedoch bei dem noch aufstrebenden Dispositiv der Sucht-Prävention weniger gegeben.

Geht man von der offensichtlichen Tatsache aus, dass die Sucht-Prävention einerseits von Erwachsenen realisiert und, wie das D.A.R.E.-Beispiel zeigte, von diesen auch so gewünscht wird, und dass sie sich andererseits vorwiegend an jüngere Jugendliche richtet, dann liegt es nahe, dieses Geschehen in das Verhältnis zwischen den *Generationen* einzubauen. Sei es als ‚von oben nach unten' gerichteter Versuch, diese Jugendlichen besser zu kontrollieren, zu normieren und den eigenen Erwartungen anzupassen; oder sei es unter dem Aspekt eines eher interaktiv verstandenen Generationen-Konfliktes, in der die eine Seite die Ansprüche der anderen abzuwehren versucht.

Diese Ebene der ‚Normierung' liegt nahe, wenn man mit Groenemeyer (2001;32) davon ausgeht, dass die der Prävention zu Grunde liegenden ‚Risiko-Verhaltensweisen' letztlich den früher als ‚abweichend' und damit als Kontroll-bedürftig angesehenen Verhaltensweisen entsprechen:

> „Betrachtet man die (als Risikoverhalten) bezeichneten Verhaltensweisen, so lassen sich allerdings kaum Unterschiede zum ‚klassischen' Konzept des ‚abweichenden Verhaltens' feststellen, das allerdings von jeher einen Bezug auf soziale Normen herstellt, der von vielen Autoren und Autorinnen heutzutage als problematisch angesehen wird. Auf den ersten Blick spricht für die Verwendung der Begriffe ‚Problem- oder Risikoverhalten', dass es diese Problematik zu umgehen scheint.
>
> Tatsächlich bestand aber der große Fortschritt innerhalb der Devianzsoziologie gerade darin, deutlich gemacht zu haben, dass Devianz keine Qualität einer Handlung, sondern immer und zu aller erst eine Qualität der Definition und Zuschreibung ist".

Damit ließe sich auch die Sucht-Prävention als *Normierungs-Agentur* in die klassische Funktionsbestimmung der Sozialarbeit einordnen, wie dies von Kardorff (1995; 8) unter Bezug auf Böllert (1992) für den Präventions-Ansatz ganz allgemein andeutet:

> Die Mehrzahl der Präventionskonzepte sind noch weitgehend den beiden zentralen normativen Normalitätsfiktionen der modernen Industriegesellschaft verpflichtet, die ‚durch das Leitbild des in der Mehrzahl männlichen Erwerbsarbeitsbürgers' und die ‚verallgemeinerte Vorstellung der bürgerlichen Kleinfamilie als generalisierter Lebensform mit besonderen Anforderungen an den weiblichen Lebensentwurf (...) (Lit) gekennzeichnet sind. Die daraus entwickelten Angebote leiten ihre ‚Problemdefinitionen und Zielperspektiven aus der klassischen Normalisierungsfunktion sozialer Arbeit (ab und thematisieren) damit die Problemgenese vor dem Hintergrund individueller Verhaltensanforderungen' (Lit)".

Folgt man dagegen der zweiten Perspektive des *Generationen-‚Konfliktes'*, dann lässt sich, zunächst noch vom Standpunkt der Erwachsenen aus, das jugendliche Verhalten als ‚Protest', als ‚Ablösung von den Eltern' interpretieren, dem gegenüber man in berechtigter Notwehr die eigenen ‚eigentlichen' Werte hochhalten und bestätigen müsse. Doch könnte man auch, aus einer interaktiven, ‚partizipativen' Sicht, hierin eine evolutionär sinnvolle Konkurrenz entdecken, in der die Jugend die künftigen Werte vertritt.

Als ‚Konflikt' wird dieses Geschehen stets zugleich auch durch die daran beteiligten *Interessen* gelenkt. Aus Sicht der Erwachsenen steht zunächst das Problem der aktuellen Teilhabe der Jugendlichen am gesellschaftlichen Reichtum im Vordergrund, während ‚im Hintergrund' tatsächlich der gesamte ‚Renten-Berg' künftiger Alterssicherung in Frage gestellt wird. Aus Sicht der Jugendlichen ließe sich dagegen dieser Interessen-Konflikt mit dem Bundesjugendkuratorium (2000;304) als Problem des ‚Zukunftsdiebstahls' umreißen:

> „Auf der anderen Seite verbrauchen Gesellschaft und Politik gleichwohl immer noch in einem viel zu großem Maße Zukunft bevor die nachwachsende Generation sie überhaupt einfordern kann. (...) Wenn dadurch Entfaltungsmöglichkeiten für einzelne oder Gruppen radikal beschränkt werden oder einfach verschwinden, kann der Tendenz nach von einem *Zukunftsdiebstahl* zu Lasten der nachwachsenden Generationen gesprochen werden. Die vordergründigen Versprechungen im Umgang mit den Folgewirkungen von Entscheidungen für die nachwachsende Generation – z. B. durch den inflationären Gebrauch des Begriffs der ‚Nachhaltigkeit' bis zur Gerinnung als leere Worthülse – macht deutlich, wie wenig die Gesellschaft auf zukünftige Bedürfnisse der jungen Menschen hin orientiert ist. So wird die selektive Wahrnehmung der nachwachsenden Generation, etwa bezüglich ihrer Kaufkraft oder ‚nur' als Garant des gesellschaftlichen Status quo für die herrschende/n Generation/en, dem genannten Bedarf in keiner Weise gerecht".

Wenn man davon ausgeht, dass diese Art der Herrschaft weniger durch reale Gewalt, wie etwa im Strafvollzug-Dispositiv, sondern vor allem über unsere Köpfe funktioniert[239], so verweist uns dieser Herrschafts-Mechanismus auf den Einsatz von Wissens-Strukturen, Bewertungen, Einstellungs-Veränderungen, kurz auf das Wirken von *Kultur*. Vier Ausgangspunkte liegen hierfür auf der Hand.

Zunächst der bisher immer wieder angesprochene wertend-konstruktive Rahmen für die je eingesetzten Begriffe, von der Frage, was als Risiko gelten solle, über die Art, wie bestimmte Drogen legalisiert oder illegalisiert werden, bis hin in die Konstruktion der ‚Sucht'. Sodann die Rolle von ‚Theorien' und die Art, wie man das präventive Vorgehen begründet bzw. deren Scheitern methodisch kaschiert. Neben solchen gesellschaftlichen und wissenschaftlichen Kultur-Komponenten tritt schließlich das alltags-theoretischen Wissen mitsamt dessen Mythen, Fehlinformationen und Alltags-Weisheiten (à la „Was Hänschen nicht lernt") – sofern wir denn diese drei Kultur-Formen wirklich sauber voneinander trennen könnten.

Als viertes Moment, das uns in dieser dritten These stärker beschäftigen wird, umreißt schließlich die Vorstellung einer *jugendlichen Subkultur* den ideellen Rahmen des angesprochenen Konflikts zwischen Jugendlichen und Erwachsenen. Und zwar in einer doppelten Weise. Einerseits fasst sie diesen Konflikt als ‚kulturell', um so den gesamten Interessen-Hintergrund auszublenden. Und andererseits weist dieses >Sub< der jugendlichen Kultur einen gegenüber der herrschenden Kultur untergeordneten, pejorativen Charakter zu.

Mit derartigen ‚kulturellen Strategien' beherrschen wir – bewusst oder unbewusst, propagandistisch geplant oder wohlwollend aufgeklärt – ‚unsere' Köpfe, bilden wir diejenigen Gedankengefängnisse, aus denen heraus wir unsere Wirklichkeit gestalten. Und zwar wiederum mit zwei Eigenheiten, von denen die erste unmittelbar einsichtig ist. Dieses Herrschafts-Instrument wirkt lautlos, fast unbemerkt. Doch wirkt es weitaus besser als jede reale Gewalt. Und zwar insbesondere dann, wenn die von ihm erfasste Realität stets erst als Konstrukt, als bewertete, interpretierte und entsprechend handlungsmäßig umgesetzte ‚Realität' konstituiert, d. h. produziert und hergestellt werden kann.

Und zum Zweiten, weitaus interessanter noch, besetzen wir mit dieser kulturellen Strategie nicht nur die Köpfe der Adressaten, sondern zugleich auch immer unsere *eigenen* Köpfe – sofern wir denn gutwillig sind und wirklich an das ‚glauben', was wir sagen. Und zwar vor allem dann und vor allem deswegen, weil – im besten Falle und ggf. durch realere Handlungen verstärkt – auch diese Adressaten an diese Botschaft glauben und entsprechend handeln. Was dann beide – Sender wie Adressat – endgültig von der Wahrheit des eigenen Glaubens überzeugt.

Ein kultureller Kreislauf, der zugleich Süchte, Sucht-Ängste, Süchtige und Sucht-Experten produziert. Ein Kreislauf, von dem nicht nur diese Professionen profitieren und in den die Gesellschaft ihre Ängste und Sorgen investieren kann, um ihre ‚wahren' Probleme zu verdrängen; sondern ein Mechanismus, der ganz allgemein dazu führt, sich ‚entmündigt' dem Sorgen solcher Experten anheim zu geben, im Kleinen in die Hände der Sucht-Experten, wie aber auch ganz allgemein im Alltag unseres gesellschaftlichen Daseins.

Ich werde im Folgenden aus dieser hier notwendigerweise höchst locker gezeichneten Gesamt-Skizze nur die beiden Teilaspekte der ‚Kultur' einerseits und des Generationen-Konfliktes andererseits ansprechen, um damit einen ersten Eindruck davon zu vermitteln, in welchem gesellschaftlichen Rahmen sich das Sucht-Präventions-‚Spiel' entfalten konnte.

These 3.1
Was soll man hier unter >Kultur< verstehen?

Im ersten Teil dieser dritten These gehe ich zunächst kurz auf das Konzept der >Kultur< selber ein, um dessen naheliegende Interpretation etwa im Sinne des täglichen ,Kultur-Spiegels' der Deutschen Welle zu relativieren. Ich untersuche sodann die Vorstellung einer ,Jugendkultur', die durch Überlegungen zu einer davor liegenden ,Kinder-Kultur' ergänzt werden soll, um damit deren frühen Eigensinn und Eigenleben gegenüber erwachsenen Anforderungen zu unterstreichen. In meinem dritten und vierten Abschnitt verdeutliche ich das Kultur-Konzept zunächst an Hand des Drogen-Phänomens und sodann am Beispiel der Theorie-Konstruktion, um damit zugleich einige Punkte aus den ersten beiden Thesen in ihrer Bedeutung noch einmal hervorzuheben.

1. Zum Konzept der >Kultur<

Eine >*Kultur*< besteht aus einem Gewebe von Bewertungen, Verhaltensanweisungen, Regeln, Theorien und Mythen, Bildern, Geschichten und Vorurteilen, mit denen wir unsere Welt jeweils in spezifischer Weise wahrnehmen, um darin zu handeln und sie entsprechend auszugestalten: Unsere Welt ist unser kulturelles Konstrukt.

Diese scheinbar so einheitlich begreifbare Kultur setzt sich aus einer Vielzahl von *Teil-Kulturen* zusammen, die jeweils gemeinsame Grundthemen gruppenspezifisch variieren – etwa als nationale, regionale oder schichtspezifische Variation, als Männer- und Frauen-Kultur oder als Kultur der Erwachsenen, Jugendlichen und Kinder.

In diesem kulturellen Rahmen – also auch und insbesondere im Gegeneinander der jeweiligen Teilkulturen – definieren wir uns selbst, finden wir unsere jeweilige *Identität*, etwa als Deutsche gegenüber Franzosen oder als Frau gegenüber männlicher Arroganz, wie auch als mehr oder weniger erfolgreicher Schüler, Streber und Versager.

So eingängig uns heute diese Rede von Kultur von den Lippen geht, so müssen wir doch bei der hier angesprochenen Gegenüberstellung der beiden Kulturen der Erwachsenen und Jugendlichen vier Momente besonders im Auge behalten, will man nicht der gewohnt einseitigen Sicht ,von oben' verfallen.

1.1 Wir gehen üblicherweise davon aus, dass eine Kultur im Grunde eine relativ geschlossene – nationale – Einheit sei, die, in sich systemisch logisch aufgebaut, leicht von anderen Kulturen etwa des islamischen Kulturkreises zu unterscheiden sei. Tatsächlich zeigt sich jedoch, dass jede Kultur *als solche* synkretistisch, hybrid nach Art kreolischer Sprachen als gewachsene und sich ständig verändernde *Mixtur* unterschiedlicher und keineswegs bruchlos aufeinander abgestimmter Inhalte gelebt wird[240]. Und, vielfach noch weniger begriffen, bewegen wir uns *als Person* ständig – zugleich oder zeitlich nur wenig gegeneinander verschoben – in recht unterschiedlichen Kulturkreisen, und zwar heute, in einer als ‚postmodern' charakterisierten Zeit, mehr denn je.

Sehr schön fasst dies die 13. Shell Jugendstudie in ihrer Analyse des Verhältnisses zwischen deutschen und italienischen bzw. türkischen Jugendlichen (2000;251 f.):

> „Der Vergleich zeigt (zunächst), dass vor allem deutsche, aber auch türkische Jugendliche im ethnospezifisch-kulturellen Bereich (das ist Religion und Familie) die Unterschiedlichkeit voneinander betonen. Das Gefühl von >Fremdheit< oder >Anderssein< besteht offenbar besonders zwischen Deutschen und Türken", doch, „Unterschiede (…) werden nur bzw. besonders drastisch in den typischen kulturbestimmten Verhaltensweisen erlebt, an denen sich die unterschiedliche Ethnizität vor allem festmacht. In allen anderen Verhaltensbereichen" – Freizeit, Qualifikation, Verselbständigung, Politik und Zukunftsgestaltung – überwiegt in allen Nationalitätengruppen die Zahl der Befragten, die sich für die Antwort >Ich verhalte mich eher ähnlich< entscheiden"; um daraus den Schluss zu ziehen: „Offensichtlich überformt und nivelliert der Jugendstatus (das gemeinsam geteilte Jugendleben) den kulturellen, ethnospezifischen Status. Italiener und Türken sind nicht einfach Ausländer, sondern zuerst einmal Jugendliche und teilen die jugendtypischen Verhaltensstile".

Auch die von Unger et al. (2002;271,275) in einer multiethnischen kalifornischen Schule durchgeführte Befragung 17-jähriger SchülerInnen ergab zwar interessante Zusammenhänge zwischen deren Drogenkonsum und sonst so (stereo)typisierenden kulturellen Unterschieden auf einer Machismo- und einer Filial-Pity-Skala (Verantwortung gegenüber der Familie), ohne dass dies jedoch den üblicherweise dadurch gekennzeichneten ethnischen Gruppen (etwa aus dem lateinamerikanischen oder dem asiatischen Kulturkreis) zugeordnet werden konnte[241].

1.2 Diese Kultur schreibt uns ebenso das ‚normale' wie aber auch das *‚abweichende'* Verhalten normierend vor (Devereux 1982), weswegen wir ja so gut wissen, was ein ‚Junkie', ein ‚Süchtiger' oder was ein genüsslicher ‚Weinschlürfer' ist. Während wir in unserem Alltagsverständnis zumeist davon ausgehen, ‚abweichendes Verhalten' sei ‚a-kulturell', ‚nicht-normgemäß', chaotisch, nutzt, folgt und variiert es tatsächlich ebenso kulturell und insbesondere auch teil-kulturell vorgegebene Muster, wie das von uns als ‚normal' angesehene Verhalten. Häufig können wir nur mühsam oder formal – unter Berufung auf legitimierende Gesetze oder professionelle Expertisen – klären, welche Norm ‚richtig' und welche Norm ‚falsch', also ‚abweichend' ist.

Wichtiger noch ist, dass solche scheinbar eindeutig als ‚richtig' normierte gesellschaftliche *Rollen* vollständig erst aus diesen beiden Bestandteilen – der positiv erwarteten wie der dazu passenden negativ erwarteten Abweichung – zu verstehen sind. Dabei färbt die eine jeweils auf die andere ab, bestimmt sie näher und fügt sie zu einem gemeinsamen ‚Rollenbild' zusammen. Seien dies die ‚Mädchen', die ‚zickig und weinerlich mit nach innen gerichteter Aggression' reagieren, oder seien es die ‚Jugendlichen', die ganz allgemein ‚delinquent, riskiert und unvernünftig' handeln. Was dann jeweils die Gesamtrolle des ‚Mädchens' bzw. ‚Jugendlichen' näher umschreibt und zugleich die Position derjenigen, die solche ‚Normierungen' aufstellen, stärkt bzw. die Position derjenigen, die solchen kulturellen Mustern folgen, entsprechend verringert.

Heutzutage scheint es sogar so zu sein, dass – angesichts zunehmend ‚postmoderner' Auflösung der ‚klassischen' Normal-Rollen – die dazugehörigen ‚abweichenden' Rollen ein ständig wachsendes Gewicht für das gesamte Rollenverständnis erhalten, eben weil sie sehr viel deutlicher als die eher dem Alltag überlassenen ‚Normal-Rollen' durch dazu besonders eingesetzte und ausgebildete Experten – durch Diagnose, Behandlung und Aussonderung – öffentlich festgeschrieben werden.

1.3 Sodann können wir uns auch nicht dadurch retten, dass wir unsere Erwachsenen-Kultur als ‚die' Kultur bezeichnen, die der Jugendlichen oder die der ‚Szene' dagegen als *Sub-Kultur* dieser unserer Kultur unterordnen. Beide ‚Kulturen' sind jeweils sowohl Bestandteile einer ‚umfassenderen' Kultur, wie aber auch ihrerseits keineswegs einheitlich, so dass also >Kultur< selber sich aus einem Komplex vieler aufeinander bezogener Teilkulturen aufbaut, deren Einheit sich aus den möglichen Variationen gemeinsamer Inhalte ergibt; so, wie in einer allgemein Drogen konsumierenden Kultur jede dieser Teilkulturen sich ‚ihre' Droge sucht, um sich dadurch von den Mitgliedern anderer Teilkulturen abzuheben:

> „The debate over marijuana is mostly a conflict between an older generation that viewed the drug as evil and a younger generation that found it preferable to alcohol" (Weil/Rosen 1994;12).

Auch der Rekurs auf eine ‚Elite-Kultur' oder gar eine Kultur professioneller Besser-Wisser, die sich von der kulturlosen Masse abheben will – wie dies dem überkommenen deutschen Kultur-Begriff entspräche (‚Kultur' ist, wenn man ins kommunal finanzierte Opernhaus geht), bewahrt zwar ‚kulturelles Kapital', doch weicht diese Vorstellung heute angesichts eines zunehmenden Wertepluralismus dem neutraleren *culture*-Konzept der Ethnologie, das von Anbeginn an auf solche wertende Differenzierungen verzichten wollte.

1.4 Schließlich sei zuletzt – gleichsam auf zweiter, inhaltlicher Ebene – gegenüber einer allzu optimistisch-wohlwollenden *kulturellen Argumentation*, die sich gutgemeint von der bisher besprochenen substanz- und persönlichkeitsbezogenen Sichtweise abheben möchte, dreierlei angemerkt: ‚Kulturelle Regeln' können ebenso gut auch negative Ergebnisse produzieren (KZs sind ebenso ein Produkt deutscher Kultur wie Wagners Opern). Solche ‚informellen Regeln' sind sodann keineswegs nur die so gerne zitierten religiösen und zeremoniellen Rituale, die den ‚Rausch' umgrenzen, sondern bestimmen ebenso den Rausch dionysischer Mänaden oder burschenschaftliche Rauschherrlichkeit und das entsprechend spießige Kampftrinken ihrer beruflich benachteiligten Kommilitonen. Vor allem aber wirken solche Regeln ganz *profan-alltagsnah*, kaum stringent formuliert, eingeschliffen in performatorischen Routinen, stories und Freundes-Tratsch.

2. *Was heißt >Jugendkultur<*[242]

2.1 In diesem Sinne gibt es zwar einerseits eine *Jugendkultur* als umfassendere Teilkultur im Verhältnis zur erwachsenen Teilkultur, wie wir sie etwa in der Mode, im Jargon und insbesondere im Musikstil[243] erleben. Doch zerfällt auch diese Teilkultur in verschiedene sich rasch verändernde ‚Kultur-Kreise' oder *‚Szenen'*, ohne dass diese häufig als ‚Jugendkultur' herausgestellten besonderen Szenen alle Jugendliche erfassen würden. So fanden Wetzstein u. a. (2002;147 f.) in ihrer Trierer Untersuchung dass:

> „das Bild der Jugend in der Öffentlichkeit stark durch die mehr oder weniger ‚exotischen' Jugendlichen geprägt wird, die mit ihren eigenen Symbolen und Ästhetiken Aufmerksamkeit erzeugen", doch zeigte sich „dass sich etwa die Hälfte der Jugendlichen keiner Szene zugehörig fühlen (49 Prozent). Jugendkulturen sind für sie keine exklusiven Identitätsangebote. Hinzukommen knapp 20 Prozent, die sich gleichzeitig mehreren verschiedenen Szenen zurechnen. Für sie ist eher eine >Patchworkidentität< (…) charakteristisch. Sie greifen in ihrer Selbstinszenierung auf verschiedene jugendkulturelle Angebote zu und entnehmen dem Zeichen- und Bedeutungsarsenal der populären Kultur das, was ihnen passend scheint (…) Gegenwärtig am einflussreichsten ist (…) die HipHop-Szene. Zu ihr zählen als >Subszenen< vor allem Graffiti, Rap und Breakdance. Wichtig sind des Weiteren verschiedene Sportszenen und die Technoszene. (…) Festzuhalten ist, dass die auffälligen ebenso wie die abweichenden Szenen die größte öffentliche Aufmerksamkeit erzeugen, bei den Jugendlichen aber eher minoritäre Angelegenheiten sind".

Jugendkulturen sind also vierfach hybrid: als Teil einer ‚kreolisch' gemischten Gesamtkultur, als Variation der auch von den Erwachsenen vertretenen gemeinsamen Kultur, als Spiel mit dem von der (Mode)Industrie vorgegebenen Material und als Mix der in den Jugendkulturen angebotenen Themen und Vorbilder: „Gegenüber dem Jugendsubkulturkonzept der 70er-Jahre (...) und dem pluralisierten Jugendkulturkonzept der achtziger Jahre ist seit den neunziger Jahren verstärkt das Differente einschließlich der radikalen Differenzierung von Jugendkulturen (im Plural), d. h. eine Differenzierung und Hybridisierung jugendlicher Kulturen und Stile zu beobachten" (Reiss 2003;30):

> „‚Ich misch das so' beschrieb eine 16-Jährige ihr individuelles Sampling, bei dem sie sich zwar ‚klamottenmäßig eher HipHop' einordnet, es als Musikrichtung aber eher ‚punkig' bevorzugt. ‚Musikmäßig höre ich zwar nicht HipHop' sagte sie, ‚aber ich kleide mich schon so (...). Eine andere Jugendliche beschrieb" in dieser von Gaugele (2003;39) ausgewerteten Kölner Feldstudie „ihren Stil als ein Sampling aus ‚Esoterik-Tanten-Look mit schwarzem Gothic-Touch'".

2.2 Traditioneller Weise definierte man die ‚jugendliche Sub-Kultur' auch als Protest- oder gar als *Gegen-Kultur* – wie dies etwa unter dem 68er Signum auch streckenweise zutraf und wie dies in der üblichen Fassung des ‚Generationen-Konflikts' – als ein von unten nach oben gerichteter Konflikt – oder im Konzept der >Ablösung< (s. These 5) ja auch immer wieder thematisiert wird. Tatsächlich zeigt sich heute – etwa in den letzten beiden Shell-Studien – möglicherweise unter dem Einfluss ‚postmoderner Entwicklungen' eine eher ‚verkehrte Front'. Ein komplexes ‚kulturelles Feld', in dem auf der einen Seite die ‚Erwachsenen' in sehnsüchtiger und zugleich auch berechtigter (nicht nur ökonomischer) Sorge um ihr Älter-Werden das Feld jugendlicher Kultur zugleich erobern wie ‚befrieden' wollen; und in dem auf der anderen Seite diese Jugendlichen sich sowohl ‚vernünftig wie hedonistisch' auf ihre eigenen jugend-kulturellen Bastionen zurückziehen. Ich werde diese ‚neue Situation' im Folgenden immer wieder ansprechen, um hier mit Ziehe (1991;67) festzuhalten:

> „Die Subkulturen – (ehedem) Einfallstore für die kulturelle Modernisierung der Gesamtgesellschaft – sind in diesem Sinne nicht mehr ‚nötig'. Wenn sich die Gesamtkultur rasant modernisiert, verlieren Subkulturen ihre modernisierungsforcierende Funktion (...) Was Subkulturen für Jugendliche umso mehr bieten, ist ein Gruppenkontext, um die Modernisierungen für sich verkraftbar zu machen. Aus den Vorreitern sind kulturelle ‚Einigelungs-Gruppen' geworden, die Schutz vor allzu schnellem symbolischen Verschleiß gewähren".

2.3 Und schließlich setzen wir heute, vom Konsum-Markt unterstützt, den Prozess höchst eigenständig geleisteter aktiver ‚Enkulturation' sehr viel früher an. So spricht Fuhs (1996;129 ff.) von einer eigenen *Kinderkultur*:

> „Unter kinderkultureller Praxis verstehen wir alle Aktivitäten (Handlungen) der Kinder und jungen Jugendlichen, mit denen sie in Interaktion mit den institutionellen Rahmenbedingungen und den jeweiligen Normen und Werten eine eigene Kinderkultur ausbilden. Diese aktive Aneignung von Lebenswelt – die Übernahme von, die Auseinandersetzung mit und die Transformierung von bestehenden Handlungsmustern findet in allen Lebensbereichen statt".
>
> Diese „kinderkulturelle Praxis, verstanden als Kultur der Kinder, lenkt die Aufmerksamkeit des Beobachters auf die Kinder selbst und ihre Lebensverhältnisse: Kinder treten als kulturelle Akteure auf, als Teilhaber an einer Gesellschaft, zu deren Strukturmerkmalen auch das (sich wandelnde) Verhältnis zwischen Kinderkultur und Erwachsenenkultur im Kontext von gesellschaftlichen Modernisierungsprozessen gehört (...) Kinderkulturelle Praxisformen sind die Art und Weise, wie Kinder die von ihnen erfahrenen Lebensprobleme lösen und wie sie soziale Beziehungen wahrnehmen und gestalten" (Büchner/Fuhs 1994;66 f.).

Eine solche Kinderkultur beobachteten etwa Grünewald/Küpper (2003;143) beim Pokémon-Tauschen unter 6- bis 11-jährigen Grundschülern in Köln:

> „Dieses kommerziell gesteuerte Sammeln übt einen großen Einfluss auf den Alltag und das Sozialverhalten der Kinder aus: Der Tausch der Sammelobjekte in der Klasse steht im Mittelpunkt des kindlichen Interesses, denn nur wer sammelt, kann mitreden und gehört dazu. So wird die eigene Sammlung zur Zugangsvoraussetzung für eine bestimmte Gruppe. ‚Ich fand Pokémon gut, weil die meisten das auch immer getauscht haben, und dann hab ich auch'. Bei den ‚Tauschmärkten' werden die Kinder ökonomisch enkulturiert und entwickeln einen ersten Geschäftssinn".

Doch schon Kleinkinder, die noch nicht lesen können, erkennen Markenzeichen und Logos, können Werbemelodien summen und als ‚Pre-teens' ihre Marken-Wünsche durchsetzen, wie Melissa Müller (1997;38 f.) in ihrer Literatur-Studie nachweist:

> „Kinder legen im Besitz von Produkten untereinander Rangordnungen fest. Diese Produkte sind die einfachste, weil greifbarste Methode, sich selbst und seine Beziehung zur Umwelt zu definieren (...) Damit hat Werbung eine strukturierende Bedeutung für kindliche Selbstkonzepte gewonnen".

Eine Kinderkultur, die sich dann bei den 10 bis 15-Jährigen sowohl in deren ‚Termin-Kultur' wie auch in deren Vereins- und Telephon-Kultur fortsetzt:

„In unseren Interviews wird auch deutlich, dass die heutigen Kinder in der Mehrzahl ihre Zeit eigenverantwortlich und kompetent verwalten, wobei das Telephon ein wichtiges Instrument dafür ist, Familie, feste Termine und das Zusammenkommen mit gleichaltrigen Freunden zu organisieren" (Büchner/Fuhs 1994;139).

Was heute, 10 Jahre nach diesen Interviews im handy- und SMS-Kult kaum noch zu übersehen oder zu überhören ist. Zumal, wenn wir an die „Entwicklung des Musikgeschmacks und die damit verbundenen Gewohnheiten beim alltäglich Musikhören" denken, die heute – übrigens ohne wesentliche Unterschiede in den Vorlieben zwischen den 10–12-Jährigen und ihren älteren ‚jugendlichen' Mitstreitern (Zinnecker u. a. 2002;144) – auf der CD- und DVD-Ebene mitsamt den dazu gehörigen MP-Playern wahrlich einen „wichtigen Ansatzpunkt für eine erste Distanzierung und spätere schrittweise Ablösung der Kinder von den Eltern" darstellt, was Büchner/Fuhs (1996;162) in durchaus nachfühlsamer Weise wie folgt kommentieren:

„Die Wege aus der Kindheit werden offensichtlich auch mit Hilfe des Mediums ‚Musik' bewältigt und nicht selten dienen die dabei produzierten Schallmauern auch als Versuche, die Grenzen zwischen familien-/elternorientiertem und peerorientiertem Lebensalltag zu verschieben"; und zwar in derselben Mode-orientierten Weise, wie deren Drogenkonsum funktionieren kann, möchte ich hinzufügen.

3. *Kultur und Droge*

Jede Kultur hat ‚ihre' guten und ihre schlechten *Drogen*, die für deren Selbstverständnis insgesamt bedeutsam sind – „Jedermann ist bereit einige Drogen als schlecht zu bezeichnen, doch gibt es von Kultur zu Kultur nur wenig Übereinstimmung darüber, welche Drogen dies sein sollen" (Weil/Rosen 1994;11 eÜ.) – etwa der integrierte Alkohol bei uns im Gegensatz zu manchen Gesellschaften des Islam oder das Crack in den USA im Gegensatz zur Kokain-Szene in Musik und Society[244]. Diese Drogen werden in den jeweiligen Teilkulturen spezifisch variiert: Rotwein in Frankreich ist das Guinness in Irland; das Nikotin der Erwachsenen wird zur Party-Droge der Jugend.

Gesellschaftlich ‚funktionieren' Drogen niemals allein als Substanz; sie sind stets bis in ihren innersten Kern hinein kulturell geprägt, konstruiert und geregelt. Regelungen, die ihrerseits von den Individuen – Konsumenten, Experten und Publikum – jeweils in ihre eigenen Deutungs- und Wissens-Schemata eingebaut, aufbereitet und interpretiert werden:

> „Welche Substanzen wann, von wem, wie, wie oft und in welcher Dosierung, wo, mit wem und warum verwendet werden und auch, welche Einstellungen damit verbunden sind und welche Erfahrungen gemacht werden, hängt zu großen Teilen von der kulturellen Zugehörigkeit eines Benutzers ab. Durch diese kulturellen Prägungen wird der Rausch unterschiedlich erfahren und ausgelebt, und die Droge wird zu unterschiedlichen Zwecken eingesetzt, sie erhält verschiedene Funktionen“ (Blätter 1995;279).

Solche kulturellen Regeln zeigen uns also zunächst, wie man eine Droge gewinnt, zubereitet und genießen kann; auf welche Art man sinnvoll Kaffee kocht, wie man eine Zigarette hält, wie man sie ‚dreht‘, welches Glas zum Cognac passt und wie man sich einen Joint baut. Sie können die Risiken der Droge ebenso bändigen wie auch verstärken: „Trink Wein nur zur Mahlzeit“, „Drei Joints vor dem Date sind ‚ungesund‘“ oder „Zur Fastnacht darfst Du Dich betrinken“ vertreten die eine Seite; „Ecstasy macht dumm“, „Cannabis nimmt die Motivation“, „Sucht ist Flucht“ repräsentieren die andere Seite.

Aber auch die Bewertung der Droge, deren erwartete positive Wirkungen und Schäden, die Art und Weise, wie, wer, wann und wo die Droge konsumieren darf, was man dabei erlebt und erfährt und wie man reagieren soll, wird jeweils – teilkulturell unterschiedlich – kulturell konkretisiert, konstruiert und konstituiert, also kulturell festgelegt und vom Konsumenten in sein Erwartungsschema gegenüber der Droge eingebaut:

> „If people think they will become aggressive from consuming alcohol, then the likelihood that they will display this kind of behaviour is indeed great. The same applies to the expected ‚stupor‘ brought about by cannabis. For people who expect that smoking a joint will have no effect whatsoever on them will remain unaffected on the whole – at most they will suffer from an unpleasant, sickening feeling from inhaling the smoke“ (Handbook Prevention 1998;29).

Dasselbe gilt aber auch für die Bewertung und das Erleben der *negativen Folgen,* und zwar sowohl für das gewogene Verhältnis zwischen positiven und negativen Folgen und deren Gefährlichkeit, wie aber auch für die Bedeutung und das Gewicht von Sucht und Abhängigkeit oder das Auftreten und die Belastung durch Symptome des craving (‚unstillbares Verlangen‘)[245] und der Entzugserscheinungen (withdrawal).

So berichteten etwa für den Alkohol die von Goldberg et al. (2002) in einer follow-up-Studie befragten 395 10–15-jährigen SchülerInnen aus Nordkalifornien vornehmlich von positiven Erfahrungen, wobei insgesamt das an sich vorhandene Risikobewusstsein den künftigen Tabak- und Alkoholkonsum weniger stark beeinflusste als die wahrgenommenen Vorteile des Trinkens[246].

Diese kulturellen Bewertungen gelten auch für scheinbar eindeutig physiologisch verankerbare Folgen. So fanden etwa Riedel et al. (2003;135 ff.) bei 75 Jugendlichen, die im Rahmen eines schulischen ‚smoking-cessation‘-Programms versuchten, das Rauchen einzustellen, dass – unabhängig von der Anzahl der zuvor gerauchten Zigaretten und unabhängig vom sozialen Status – sowohl weiße SchülerInnen gegenüber ihren afro-amerikanischen KlassenkameradInnen, wie auch diejenigen, die ein Nikotin-Ersatzmittel nahmen (! S.Q.), größere Entzugserscheinungen aufwiesen[247].

Alle diese kulturellen Regeln werden sozial erlebt, erlernt und weiter tradiert, also etwa im Elternhaus und in der Peergruppe erfahren und (vor allem in negativer Hinsicht) aus der gegenwärtigen Drogenprävention sowie aus den Massenmedien mitgenommen, sowie – passend zum bisher gewonnenen Erfahrungsschatz – bewertet und verarbeitet[248]. Wobei die einen auf unmittelbar eigene Erfahrungen oder Erlebnisse ihrer engeren Bezugsgruppe und Mitgliedschaftsgruppe zurückgreifen können – etwa beim Rauchen oder Trinken, aber auch bei den Party-Drogen – während andere, und zwar Jugendliche wie häufig auch Präventions-Experten, sich weithin auf das Gehörte, auf die Aussagen anderer, eben auf Medien und, gelegentlich, auf andere ebenso ‚unerfahrene' Sucht-Präventions-Experten verlassen müssen, was vor allem für die extremeren d. h. seltener erfahrbaren Phänomene etwa der sog. ‚harten' Drogen oder der sog. Abhängigkeit und Sucht zutrifft.

Wiederum gilt dies auf sämtlichen aufeinander ‚aufbauenden' kulturellen Ebenen, vom angesprochenen Islam, dem calvinistisch orientierten US-amerikanischen Denken versus dem anfangs angeschnittenen liberaleren ‚europäischen' Ansatz über den jeweiligen ‚nationalen' Rahmen, Ethnien und Regionen bis hinein in soziale Schicht- und gender-Kulturen, Schul- und einzelne Schulklassen-Kulturen, in den wir dann unvermutet sich hochschaukelnde Ecstasy- oder Gewalt-‚Inseln' antreffen.

Diese für jeden Drogendiskurs wie vor allem für unser Sucht-Denken so ungemein gewichtige ‚kulturelle' Komponente selbst bei demjenigen Verhalten, das wir als ‚kritisch' ansehen – wie etwa der ‚gewalt-auslösenden' Funktion des Alkohols oder der bio-psychologische Suchtgefährdung – unterstreicht Peele (1985; 106) in seiner oben referierten sekundäranalytisch gut belegten Untersuchung des *Sucht-Konzepts*. Er kann sich dabei sowohl auf die historische Erfindung des Suchtbegriffs im 19. Jahrhundert (Levine 1978) wie natürlich auch auf die rezentere Erfindung der ‚substanzlosen Süchte' berufen, wie aber auch die höchst unterschiedlichen Trink-Kulturen mit ihren entsprechend unterschiedlichen ‚Sucht-Raten' – innerhalb derselben US-amerikanischen Gesamt-Kultur (!) – etwa der Juden und Iren oder der Eskimo/Indianer und der Japaner/Chinesen[249] zum Vergleich heranziehen (vgl. MacAndrew/Edgerton 1969):

> „Cultural outlooks on the appropriate use and the corrupting influence of a substance affect its addictive potential. In cultures where use of a substance is comfortable, familiar, and socially regulated both as style of use and appropriate time and place for such use, addiction is less likely and may be practically unknown. Addiction is prevalent, however, when a substance is seen culturewide as both an effective mood

modifier and as dangerous and difficult to control. These societal variables act on the inner experience produced by a substance and the individual's sense of his ability to control this experience".

4. Kultur und Drogen-Diskurs: Theorien

Es sind eben dieselben unterschiedlichen kulturellen Bewertungen, Bedeutungen, Zuschreibungen, die auch *unseren Drogen-Diskurs* hier bestimmen. Fast wie bei den bekannten Kipp-Figuren scheint es uns stets nur zu gelingen, das Glas als halbvoll oder halbleer zu definieren. Eingebunden in unsere Teilkultur folgen wir deren jeweilig führenden Perspektiven, sehen die Gefahr, das Risiko oder die Störung, während andere den Genuss betonen, den Spaß, das Experiment. Wir glauben, dass wir ‚unsere' Drogen als ‚kultur-eigen' kontrollieren können, während die anderen ‚kultur-fremden' Drogen unsere Jugend kontrollieren werden. Wir werten heute das ‚Jessor-Syndrom' als negativ, als abweichend, als Anzeichen für eine Persönlichkeitsstörung und als Hinweis für den Beginn einer abschüssigen Karriere, während dessen Autoren in einem anderen historischen Kontext anfangs sehr viel eher bereit waren, solche Verhaltensweisen als Jugend-typische Durchgangsstadien zu bewerten und heute viele Jugendliche unsere Reaktionen auf diesen Jux als bescheuert erklären. Und wir staunen, wenn Resnicow et al. (1999)[250] im Vergleich zwischen regelmäßigen und gelegentlichen Rauchern auf deren erfolgreiches Bemühen um eine ‚harm-reduction' schließen oder wenn Shedler/Block (1990) eben diesen Gelegenheits-Konsumenten die besten Startchancen zubilligen, während andere zumeist den brav Abstinenten als Modell empfehlen.

Solche kulturellen Bewertungen gelten für beide Seiten der oben (These 2.3) unter dem Stichwort der ‚Theorie' angesprochene ‚Korrelations-Wolke' *protektiver und riskanter Faktoren*; also nicht nur für deren eben erwähnten output (das Jessor-Syndrom), sondern ebenso für deren input, also für die Bewertung der familiären Faktoren, für das Gewicht des Schul-Erfolgs, für den Einfluss der Religiosität, für die Relevanz der Anerkennung durch Eltern oder Peergruppe etc.. Alle diese Faktoren werden nicht nur jeweils individuell von dem je eigenen ‚Wert-System' aus beurteilt – weswegen Jessor ja vom ‚*perceived* environment system' spricht (Donovan 1996;381); sie werden sicherlich auch von Eltern und Jugendlichen ganz unterschiedlich bewertet (was heißt, was bedeutet eigentlich ‚elterliche Kontrolle'). Vor allem aber besitzen sie Geschlechts-spezifisch, national-kulturell und ethnisch eine jeweils recht unterschiedliche Bedeutung und Relevanz, die in unseren vereinfachten ‚theories' völlig untergeht.[251]

Dies trifft darüber hinaus ganz generell für alle diejenigen kulturellen Schemata zu, mit denen wir unsere *Drogen-Diskussionen* bestreiten und die damit auch unser gesamtes drogen-‚politisches' Denken beherrschen. Und zwar in gleicher

Weise auf einer *alltagstheoretischen* wie auf der *wissenschaftlichen* Ebene, die überdies beide ständig aufeinander bezogen bleiben: „Der Apfel fällt nicht weit vom Stamm“; „Schlechtes folgt aus Schlechtem“; „Früh krümmt sich, was ein Häkchen werden will“, das sind solche alltäglich wirksamen kulturellen Regeln, die wir auf wissenschaftlicher Ebene dann als ‚Risiko-Faktoren‘, ‚Einstiegsmythen‘ und vorpubertäres Kompetenz-Training wiederfinden, um ihrerseits über Massenmedien und Prävention verbreitet, wiederum in Alltagstheorien zu münden.

Wir zimmern uns auf diese Weise kulturelle Prokrustes-Betten, auf denen wir legale und nicht legale Drogen passend zu recht stutzen, verführerische Subkulturen protestierender Konsumenten mit deren Alltags-Verhalten verwechseln, Abweichungen in Risiken verwandeln und Sozialpädagogen, Jugendkriminologen oder Suchttherapeuten in getrennten Studiengängen und Fachbereichen auf ihre künftigen Spezial-Aufgaben vorbereiten.

Verbindet sich diese kulturelle Sicht mit einer solchen entsprechend langen spezifisch professionellen Ausbildung und den darauf folgenden ‚einschlägigen‘ Erfahrungen an einer entsprechend ausgelesenen Klientel – deren Verhalten und Ätiologie ebenso wie deren therapeutische Erfolge und selbstverschuldeten Misserfolge nur noch in eben diesem spezifischen kulturellen Rahmen interpretiert werden können – dann missraten solche Perspektiven zum *Dogma.* Zum Dogma, über das deren Vertreter nicht mehr hinwegkommen können und das deren Adressaten umso weniger lockern können, je stärker sie solchen Professionen ausgeliefert sind.

Übernehmen bestimmte Professionen – etwa mit ihrer derzeitigen medizinisch-therapeutisch-psychologisch denkenden Präventions-Logik – im Diskurs die hegemoniale Deutungs-Herrschaft, wird das Dogma zur *Doxa* (Bourdieu), der selbst noch die Kritik als Bestätigung dient.

Hier gilt dann, dass jeder Diskurs, jede weitere Theorie nur noch auf solchen spezifischen kulturellen Modellen aufbauen wird, sie fort entwickelt und sie selbst in der kritischen Reflektion kaum vermeiden kann. So, dass wir sie am Ende als einzig möglich, als natürlich oder Gott gegeben begreifen – seien es die für ihre Mitglieder so plausibel klingenden Glaubenssysteme der Sekten, Selbsthilfegruppen oder Therapeutischen Ansätze, sei es das Wissen in Peergruppen und bei besorgten Eltern oder seien dies schließlich auch professionelle Ideologien, Inhalt und Gegenstand von Drogenkongressen oder monumentalen wissenschaftlichen Drogen-Handbüchern. Wir kommen unten in These 6 noch einmal auf die Negativ-Funktion solcher kultureller ‚Interpretationshülsen‘ zurück.

These 3.2
Die Suchtprävention im Generationen-Konflikt

„Ich weiß, dass du eine bittere Pille schlucken musst: Jeden Morgen rappelst du dich auf, opferst deine ganze Arbeitskraft dem Konzern, nimmst den Scheck von den Bastarden entgegen und machst gute Miene zum bösen Spiel, obwohl du dir alles Mögliche bieten lassen musst. Aber irgendwo im hintersten Winkel deines Gehirns stirbt eine winzige Nervenbahn ab, wie das schwache, blinkende Licht deines Handys ein paar Minuten, bevor der Akku den Geist aufgibt. Es ist der Teil deines Gehirns, der dich an eine Zeit erinnert, als du noch jünger und felsenfest überzeugt warst, dass *du und nur du allein* etwas ändern kannst, bevor die Kräfte der Erwachsenen dich umzingelt und überredet haben, dich doch gefälligst an das übliche Programm zu halten – oder ein einsames kärgliches Leben zu fristen"

(Michael Moore: Stupid white men. Piper 2003;255).

Im Zueinander wie Gegeneinander der *Generationen*, das man gerne als ‚*Generationen-Konflikt*' fasst, spielen solche drogenbezogenen kulturellen Regeln, wie sie auch dem Präventions-Diskurs Erwachsener gegenüber Jugendlichen zu Grunde liegen, eine wesentliche Rolle. Beide Teilkulturen, die zusammen in einer Drogenbezogenen Gesamtkultur leben, grenzen sich auf eben dieser an sich ja gemeinsamen und als kulturell wichtig erlebten Drogen-Dimension negativ voneinander ab, und zwar ebenso durch ihren jeweils eigenen Drogen-Konsum wie aber auch durch die jeweils einander entgegengesetzten Drogen-Standards.

So gilt der Alkohol den Erwachsenen als ‚kultur-eigen', während das Cannabis der Jugendlichen als ‚kultur-fremd' definiert wird. Während die einen trotz 1,4 Millionen angeblich Medikamenten-Abhängiger (Baumann 2001,17) im Pharma-Konsum lediglich ein ‚ärztlich' zu lösendes Problem sehen und den anderen vorhalten, sie seien noch zu jung für den Alkohol-Konsum, genießen die anderen das Cannabis und lästern über die Bierbäuche ihrer Väter, sofern sie nicht gemeinsam dem Saufen oder dem Nikotin ‚verfallen', weil das ‚entspannt' oder aber, weil man doch dem ‚erwachsenen Vorbild' folgen soll.[252]

In diesem Sinne halten Experten, Politiker, Erwachsene ihre Regeln für richtig, die der ‚unmündigen' Jugend dagegen für falsch, während umgekehrt viele Jugendliche aufgrund eigener ‚Erfahrung' den Sprüchen der Erwachsenen nicht mehr glauben. Und aus dieser Sicht heraus definieren wir dann auch die angeblich so gefährdeten ‚postadoleszenten', also an sich ja erwachsenen Ecstasy-Konsumenten als Teil der Gruppe dieser aufmüpfigen Jugendlichen.

In dieser Auseinandersetzung wird die *Kultur zur Waffe,* dient sie der Verteidigung der je eigenen Position – der mühsam erworbenen Rechte ebenso wie der mühsam aufrecht zu erhaltenden Autonomie – und zugleich dem Angriff gegenüber den Anderen, die noch nicht zu uns gehören bzw. die immer noch nicht zu uns gehören wollen. Zu einer ‚Waffe', die weniger offensichtlich, verdeckter und damit unangreifbarer funktioniert, als der sie ‚letzten Endes' begleitende direkte Eingriff, der vom real durchgesetzten Verbot über den Abbruch der Beziehung bis hin zur Einweisung in Therapie und Strafanstalt reicht: „Hegemonie gepanzert mit Gewalt" hat Gramsci dies genannt.

Mit dieser Waffe ‚legitimiert' man nicht nur das eigene Tun sowohl gegenüber den Anderen, wie aber auch gegenüber dem eigenen (schlechten?) Gewissen; man delegitimiert damit zugleich auch den ‚Gegner', und zwar umso mehr, je mehr dieser auch an solche Legitimationen glaubt. Diese Waffe wirkt zumeist doppelt verdeckt, weil sie zum einen ‚unbewußt' arbeitet, also, emotional durch das gute Gewissen abgesichert, den Teilnehmern nur durch zusätzliche Reflektion zugänglich wird, und weil sie zum anderen durch scheinbar höhere Weihen gedeckt ist, durch Religion und staatliche Autorität, durch Wissenschaft und selbsternanntes Expertentum.

Vor allem aber funktioniert diese ‚kulturelle Waffe', weil sie in der für alle Teilnehmer gemeinsamen Kultur, gemeinsamen Sprache, gemeinsamen Wert-Ordnung wurzelt, so sehr diese auch jeweils „variiert, bricoliert und glokalisiert[253]' und selbst noch durch den darauf bezogenen Widerstand weiter fixiert wird. Eine Gemeinsamkeit, deren Wucht wie deren ‚Konstrukt-Charakter' dann offenbar wird, wenn sie verständnislos auf inhaltlich andere, doch ähnlich strukturierte Fundamentalismen trifft. Terroristische Selbstmord-Attentate sind dafür ebenso ein Extrem-Beispiel wie manche tödlichen Auswüchse unserer gegenwärtigen Drogenpolitik, aus der sich die hier diskutierte ‚Sucht-Prävention' – in wechselseitiger Bezogenheit – ableiten kann.

Ich werde im Folgenden diese Fragen, die eigentlich einer sehr ausführlichen Diskussion bedürften, nur kurz für die beiden Komponenten des Drogen-Dispositivs ansprechen. Ich beginne mit Beispielen aus der institutionellen Ausgestaltung dieses Dispositivs, die nach dem Prinzip „getrennt marschieren, vereint schlagen" auf der einen Seite zwar ihrem professionell spezifische Blick verpflichtet bleiben, doch dann unter der gemeinsamen Defizit-Perspektive wieder zusammenfinden. Ein Blick auf die sehr viel offensichtlicheren Bemühungen, bestimmte Abstinenz-Forderungen gegenüber anderen Gruppen durchzusetzen, bietet einen Hinweis auf die ‚Realität' dieses heute wohlwollend begründeten Kampfmittels, mit dem wir in der Sorge um diese Jugend doch zugleich auch immer unsere eigenen Frustrationen ausleben.

1. Im Drogen-Dispositiv verankert

1.1 Auf der Ebene des *Drogen-Dispositivs*, das solche kulturellen Regeln und Diskurse apparativ verfestigt, lässt sich dieser perspektivisch wie professionell sedimentierter Generationen-Konflikt an drei Beipielen verdeutlichen. Auf der einen Seite liefert uns der bereits im Vorwort angesprochene Konflikt zwischen einer vom herkömmlichen sucht-therapeutischen Erwachsenen-Blick ausgehenden >Drogenhilfe< und einer originären, am Jugendlichen und deren spezifischen Problemtik orientierten >*Jugendhilfe*< ein zentrales Motiv für das Versagen der gegenwärtigen schulischen Prävention.

Sehr plastisch wird diese Schwierigkeit – sich als Einrichtung, die von der Jugendhilfe finanziert wird, vom Drogen-Arbeits-Denken freizumachen – in Zurhold's (2004;240) Analyse der Situation minderjähriger Drogen-Prostituierter am Beispiel der Arbeit des Hamburger >Café Sperrgebiet<.

> Dessen „Zuständigkeit für minderjährige drogenkonsumierende und sich prostituierende Mädchen (...) war bereits seit Eröffnung der Einrichtung im Jahr 1985 konzeptionell vorgegeben. Den Schilderungen der Einrichtungs-Mitarbeiterinnen zufolge hat sich das Bewusstsein, diese Gruppe auch gezielt erreichen zu wollen, jedoch erst im Laufe der letzten Jahre herausgebildet". Das „ist im Wesentlichen auf zwei Gründe zurückzuführen. Zum einen hatte das Selbstverständnis, sich eher als Teil der Drogenhilfe und nicht als Jugendhilfe zu definieren, zur Folge, sich eher auf die langjährigen und älteren Drogenkonsumentinnen zu konzentrieren. Zum anderen bereitete es den Mitarbeiterinnen erhebliche Schwierigkeiten, die Lebensrealität minderjähriger Mädchen in der Drogenprostitution auszuhalten und ihnen die erforderliche akzeptierende Haltung entgegenzubringen".

Und auf der anderen Seite halten wir uns auch *innerhalb des Drogen-Dispositivs* bis heute die beiden nahezu unverbunden nebeneinander arbeitenden Organisationen einer höchst besorgten Drogen-Arbeit, die lange Zeit auf Jugendliche und Postadoleszente ausgerichtet war, und einer eher betreuenden *Alkohol-Arbeit* für Erwachsene, durch die „jugendliche Alkoholgefährdete (...) kaum erreicht werden" (Drogen- und Suchtbericht 2003;13).

Hier läge die kaum beantwortbare Frage nahe, wo wir denn für diese süchtigen Erwachsenen deren ganz andere – und vielleicht sogar, gemessen an den Zahlen, weitaus gewichtigere – ‚multifaktoriellen Erklärungsbündel' finden sollen, weshalb die Expertise (Künzel-Böhmer u. a. 1993;106) zu Recht bemerkt:

> „völlig unerforscht ist das zunehmend zu beobachtende Phänomen, dass immer mehr ältere Personen (ab 25/30 Jahre) ein Missbrauchverhalten beginnen (vor allem mit Kokain). Es ist anzunehmen, dass die gängigen entwicklungspsychologisch orientierten Konzepte zur Erklärung dieses Trends nicht geeignet sind. Es fehlen für die

> betroffene Altergruppe jegliche Kenntnisse über Motive, Entwicklung und Verlauf des Missbrauchsverhaltens und über Konzepte zur Prävention und Behandlung".

So dass man schließlich auch hier wieder entlang der Präventions-Schiene selbst diese erwachsenen Suchtmuster vom Nikotin bis zum Valium auf eben diese – zudem noch möglichst früh im Kindergarten zu verankernde – riskierte Jugendphase zurückführen wird. Womit man dann die einen gleichsam noch einmal für das Unglück der Erwachsenen verantwortlich machen und die anderen noch einmal von eigenverantwortlicher Aktivität freistellen könnte.

1.2. Vor allem aber verfolgen wir im nunmehr engsten Bereich der *illegalisierten Drogen* ein höchst komplexes *>Viersäulen-Modell<*, zu dem neben Prävention, Beratung und Therapie sowie Überlebenshilfen auch die Repression und Angebotsreduzierung, also „der Kampf gegen Drogenanbau und Drogenhandel als integraler Bestandteil zu einer ausgewogenen Drogenpolitik" dazu gehört, wie dies der Drogen- und Suchtbericht (2003;12) jüngst formuliert, freilich ohne Hinweis darauf, dass die ‚Repression' zumeist nur Konsumenten bzw. allenfalls selber konsumierende Klein-Dealer erfasst[254].

Alle vier Säulen kooperieren nicht nur gemeinsam mit ‚good intentions' und unter der in gleicher Weise vertretenen Perspektive des >Defizit-Modells<, sondern ebenso in ihrer ‚kämpferischen Haltung', mit der sie das ‚Schlechte' möglichst früh mit Stumpf und Stil ausrotten wollen[255]. Ihr kulturelles Zusammenspiel, in dem das Übel die Strafe und die Strafe das Übel legitimieren, funktioniert deshalb auch ohne das Mittel des Schulverweises oder der offenen kriminalpräventiven Zusammenarbeit gleichsam untergründig auch dann, wenn man sich an der sichtbaren Oberfläche über das Geschick einzelner Jugendlicher streitet.

Wir berühren an dieser Stelle eine – für alle Präventionsarbeiter zutreffende – höchst sensible Grenze zwischen einer wohlgemeinten sozial-pädagogischen Prävention einerseits und einer – ebenso wohlgemeinten – repressiven Verfolgung andererseits, wie wir dies so häufig in der Praxis der Sozialarbeit erleben[256], insofern beide Ansätze nicht nur derselben Zielvorstellung – Verhinderung des Drogenkonsums – anhängen, sondern auch in ihren kulturellen Grundmodellen übereinstimmen:

> „In the United States today, enforcement and treatment approaches have been combined. Their convergence is based on *essential communalities in assumptions about the nature of addiction.* Both assume that addiction is primarily a function of exposure to substances and that prohibiting drug use or drinking by specified individuals and groups can eliminate addiction. Doctors, legislators, and the police increasingly

agree that Americans need to be protected against themselves and their own desires" (Peele 1985;134).

Die *Illegalisierung* einiger dieser Drogen, und zwar insbesondere solcher Drogen, die heute primär als Drogen der Jugendlichen gelten, durch Prohibition, Strafgesetze, Führerscheinentzug, Polizeistunde, Rezeptpflicht lässt sich unter dieser kulturellen Optik leicht als Versuch begreifen, bestimmte *kulturelle* Regeln (der Erwachsenen) allgemeinverbindlich als Symbol des eigenen Macht-Anspruchs gegenüber den Regeln einzelner Teilkulturen durchzusetzen; wobei es völlig gleichgültig ist, ob (im europäischen Vergleich) die jeweilige – mehr oder weniger liberal/repressive – Art dieser Drogen-Politik das Ausmaß des illegalen Drogenkonsums dann auch *tatsächlich* tangiert (Reuband 1995). Weswegen Manfred Kappeler (1996;103, kursiv S.Q.) in seiner Kritik des Betäubungsmittelgesetzes die 1982 erfolgte, doch faktisch kaum durchsetzbare Aufnahme des Verbots, auch nur für den Privatgebrauch Cannabis anzubauen, mit folgenden Worten kritisieren kann:

> „Die politische Motivation für die Aufnahme dieser Bestimmungen in das Betäubungsmittelgesetz bestand aber nicht nur aus dem ideologischen Konstrukt vom ‚drogenfreien Leben' und von der ‚Einstiegsdroge Haschisch', das Gesetz sollte vielmehr die *jugendkulturellen* Zusammenhänge selbst treffen und zerstören, weil sie als Ausdruck von Systemkritik, Protest, Widerstand und Verweigerung nicht geduldet werden sollten".

2. *Drogen-Politik als Kampfmittel*

Derartige zielgerichtete Illegalisierungen ganz bestimmter Drogen hat es aus höchst unterschiedlichen Gründen *immer schon* gegeben.

Das große Beispiel aus unseren Breiten ist die Temperenzler- und Abstinenzler-Bewegung des 19. Jahrhunderts, die bis in das dritte Reich hineinwirken konnte[257]. Hier hatte, schreibt Meyer (o. J.;56 f.) unter Bezug auf die Arbeit von Spode (1993) und Vogt (1989)

> „die soziale Frage ihre Hochzeit, und nichts kam gelegener als die *Klassenfrage auf die Alkoholfrage zu reduzieren*. Diese wiederum war untrennbar verwoben mit dem wissenschaftlichen Paradigma der Degeneration. ‚Alkoholismus' war zwar als Krankheit anerkannt, doch hatte er nicht an Aussagekraft verloren als Indikator, an dem sich die disziplinierte Lebensführung bewies: Man konnte seine rassenhygienische Auserwähltheit bewähren im Lebenswandel. Dem naturwissenschaftlich gebildeten Mediziner war das ‚gute Leben' zur Begutachtung unter objektiven Kriterien übereignet worden. Damit war die moralische Sicht nicht verschwunden, im Gegenteil: sie hatte sich ein festeres Fundament gegeben, auf dem nicht mehr verurteilt, sondern

> kuriert wurde. Zum Mittel der Kolonisierung nichtbürgerlicher Lebenswelten wurden Medikalisierung und Hospitalisierung, in deren Institutionen wurde das ‚pathologisierte Subjekt' gezüchtet: die Suchtpersönlichkeit."

Man braucht dafür in Waltons (2001;133) Analyse der amerikanischen Temperenz-Bewegung mit ihrem Kampf gegen die Kneipen lediglich die damals angesprochenen Arbeiter durch die heutigen Jugendlichen ersetzen:

> „Pubs were not anthithetical to the home. They were at first a more communal adjunct to it, in which working people mingled with their neighbours and colleagues more freely than any other form of socialization allowed. By demonizing the pubs as sinks of selfish excess, the Temperance advocates ripped another plank away from the already half-demolished edifice of working-class sociality. (...) In this way, the campaign against intoxication succeeded in atomizing individuals, a move that many of the mass leisure pursuits of the twentieth century would reinforce by encouraging them to combine only in order to stare in ordered passivity at some entertainment spectacle, whether in the cinema, concert-hall, football ground or in virtual reality, whereas intoxication had brought them together in interacting, dynamic gatherings (...) teetotalism is what undermined society, not the Demon Drink".

So diente in den USA die Alkohol-Prohibition der 30er Jahre dazu, nicht nur die Arbeiterschaft zu domestizieren, sondern zugleich das schwindende Gewicht ländlich protestantischer Gesellschaftsschichten zu kompensieren (Gusfield 1963). Auch sonst setzte man in den USA solche Verbote immer wieder auch dazu ein, bestimmte *Minderheiten* symbolisch auszugrenzen. Dazu zählen etwa das 1875 erlassene erste Drogengesetz, in dem das Opium-Rauchen verboten wurde, um mit dem Kampf gegen diese ‚Mongolian vice' chinesische Arbeiter der Westküste zu unterdrücken. Nach dem Ende der US-amerikanischen Alkoholprobition in den 30er Jahren, nutzte Anslinger's Cannabis-Feldzug gegen die mexikanischen Einwanderer dieses Mittel in eben derselben Weise, wie der in den 70er-Jahren mit Drogen-Gesetzen geführte Moral-Feldzug gegen die jugendliche Anti-Vietnam-Bewegung, sowie zuletzt die Kokain/Crack-Hysterie gegenüber der puertorikanischen ‚Underclass': Viele der US-amerikanischen Drogengesetze

> „were passed because of hysteria and politicization. Past beliefs included that certain drugs were being predominately used by ethnic and racial minorities and that the use of these drugs posed a threat to middle- and upper-class, white Americans (lit). It has been argued that marijuana was outlawed during the depression to legitimize harassment of Mexicans who were competing for jobs; opium and heroin to punish the Chinese, cocaine as a tool against African Americans, and LSD against youth especially college students during the Vietnam War era (lit)" (Nicholson et al. 2002;119).

Auch Craig Reinarman (1994;98 f.), einer der führenden Drogenpolitik-Forscher in den USA, verweist in seinem die einschlägige Literatur zusammenfassenden Artikel „The Social Construction of Drug Scares“ auf die vereinten Interessen der Medien, der politischen Moralunternehmer und der professionellen Interessengruppen, die mit Hilfe solcher Drogen-Paniken jeweils eine ‚dangerous class‘ schaffen, die zugleich als Sündenbock dienen kann:

> „In short, drugs are richly functional scapegoats. They provide elites with fig leaves to place over unsightly social ills that are endemic to the social system over which they preside“, um damit zugleich – neben allen direkt ökonomischen damaging Interessen derjenigen, denen es gelingt, die ‚ownership of the drug problem‘ (Gusfield) zu erlangen – höchst unterschiedliche Vorteile einzuheimsen: „For example, making claims about how a drug is society can help elites increase the social control of groups perceived as threatening (Duster), establish one class's moral code as dominant (Gusfield), bolster a bureaucracy's sagging fiscal fortunes (Dickson), or mobilize voter support“.

3. *Macht, Interessen, Normalisierung*

Dieser Generationenkonflikt erschöpft sich freilich nicht in purer ideologischer Auseinandersetzung oder direkt apparativem Zugriff. Er ist vielmehr sowohl durch und durch *Macht- und Interessen*-gelenkt wie auch zu tiefst emotional eingefärbt. Dies gilt nicht nur auf der eher ‚privaten Ebene‘ einer durch ‚zunehmende Liberalisierung und Demokratisierung ins Wanken geratene Machtbalance zwischen Eltern und Kind‘[258], auf die wir unter dem ‚Ablösungs‘-Aspekt in der nächsten These etwas näher eingehen, sondern sehr viel allgemeiner auch für unsere langsam überalternde westliche Industriegesellschaft insgesamt. Es ist schon erschreckend, wenn man bei Zinnecker et al. (2002;50) lesen muss:

> „Zum ersten Mal in der europäischen Geschichte wird die jüngere Generation zu einer gesellschaftlichen Minderheit. (...) Auf ein ‚Kind‘ (laut UNESCO-Defintion bis zum 18. Lebensjahr) kommen in Deutschland Ende des 20. Jahrhunderts rund vier Erwachsene (19. bis 65. Lebensjahr) und ein älterer Erwachsener (über 65 Jahre)“.

Yvonne Fritzsche weist in der 13. Shell Jugendstudie (2000;94 f.) zusätzlich zu Recht darauf hin, dass in der heutigen durch Globalisierung, gewandelte Familienstruktur und technologische Revolution gekennzeichneten ‚Risiko-Welt‘

> „die Erwachsenengesellschaft gern ihre Ratlosigkeit in Jugenddebatten umsetzt. Da werden viele teure Trendexperten gefragt, wo das alles noch hinführen soll. Angesichts der steten Diagnosen von Werteverfall, wachsender Unmoral, Gewaltzuwachs und Orientierungslosigkeit leidet in der öffentlichen Rhetorik meistens die Gesellschaft

an den Jugendlichen oder mit den Jugendlichen. In jedem Falle wird Jugend hier als Projektionsfolie für gesellschaftspolitische Macht- und Zukunftsfragen missbraucht und damit zum >Sorgenkind<. Zwischentöne gibt es selten", doch sei es keineswegs „zwingend, dass Jugendliche an dem leiden, was Erwachsene vielleicht als leidenswert betrachten".

An eben diesem Punkt setzt die von Erwachsenen ‚für' die braven und ‚gegen' die schlechten Jugendlichen gerichtete Drogen/Sucht-Prävention mit diesen kulturell-emotional so tiefgreifenden und in früheren Drogen-Kämpfen vorgeformten und als erfolgreich erprobten Mitteln der Drogen-Propaganda (bzw. Gegen-Propaganda) ein:

> Sofern also „Prävention immer identisch ist mit einer Option für eine *bestimmte* Zukunft und für die Ausblendung einer anderen, ebenfalls denkbaren" ist damit notwendig verbunden „dass Prävention immer mit Macht und der Durchsetzung von Interessen verbunden ist, und es sind – selbstverständlich – die ‚herrschenden' Interessen, die sich dabei durchsetzen. Insofern ist es nicht abwegig festzustellen, dass Pävention zur Festigung bestehender Machtverhältnisse beiträgt"

resümiert Hornstein (2001;30 f.) – für bzw. gegen alle Präventionsansätze – seine langen einschlägigen Erfahrungen aus der Jugendarbeit. Und Ju-Ill Kim (2003;152 f.) konkretisiert dies im Gefolge der Arbeiten von Kappeler und Barsch für die Drogenprävention:

> „Die Präventionsarbeit orientiert sich in der Regel an Normen und Werten der Erwachsenengeneration (nicht an Normen und Werten der Jugendkultur). Es wird kaum gefragt, ob Jugendliche sich mit diesen Zielsetzungen identifizieren können. Bei der Präventionsarbeit geht es um Maßnahmen, die eine Abweichung der jungen Menschen von vorgegebenen Denk- und Handlungsnormen vermeiden und Konformität herstellen können. Ein kritischer Umgang von Jugendlichen mit den herrschenden Sozialnormen und kulturellen Werten wird kaum erwartet (...) Die suchtpräventive Arbeit funktioniert hier als ein sozialtechnologisches Instrument der sozialen Kontrolle".

Ein Machtkonflikt, der sich zunächst – gleichsam an der Macht-Oberfläche – an der unterschiedlichen Illegalisierung dieser im ‚Risiko' kaum unterscheidbaren legalen und illegalen Drogen ebenso wie aber auch im darauf bezogenen latenten Widerstand der drogenkonsumierenden Jugendlichen ablesen lässt. Ein Machtkonflikt, der dann – erheblich tiefer greifend, weil weniger offensichtlich – sich auch in der unterschiedlichen *Definitions-Macht* dieser Gruppierungen entlädt, in den tief verankerten kulturellen Überzeugungen und Bewertungen der Gefahren und Versprechungen dieser Drogen ebenso wie in den damit jeweils verbundenen *Normalitäts*-Vorstellungen, an denen sich sowohl die Prävention ausrichtet und denen dann die ‚jugendlichen Subkulturen' ihrerseits, mehr oder weniger gebrochen, brav oder protestierend, folgen:

> „In dem Maße jedoch, in dem Prävention Normbrüche, Pathologien und Abweichungen von Durchschnittswerten gleichermaßen mit Hilfe und mit Hilfe der gleichen normalisierenden Verfahren traktiert, wird sie selbst zum Motor des ‚Normalismus' (...). Prävention ist ein konstitutives Element normierender und normalisierender Machtdispositive" (Bröckling 2002;46 f.).

Ein durch und durch von *Interessen* gelenkter Konflikt also, der uns alle, Staat, Erwachsene und Professionelle betrifft, worauf Niels Pörksen (2000;302) hinweist:

> „Wie können junge Menschen von einem verantwortlichen Umgang mit Suchtmitteln überzeugt werden, wenn sie erleben, dass der Generationenvertrag hauptsächlich von denen gebrochen wird, die zur Zeit an den Hebeln der Macht sind, die nach immer mehr Profit streben und dabei die sozialen Leistungen für die Alten, die unseren Wohlstand geschaffen haben, und für die Jungen, die zu Recht nach Teilhabe drängen, aggressiv behindern".

Das betrifft darüber hinaus nicht nur die Sorge eines sich noch immer paternalistisch gebärdenden Staates um das Wohl der Bürger – die angebliche Volksgesundheit, wie das Bundesverfassungsgericht in seiner oben zitierten Entscheidung meinte – sondern stärker noch die *Sorge* all derjenigen, die angesichts einer hedonistischen Jugend um ihre spätere Versorgung bangen. Vor allem aber machen sich hier die Interessen derjenigen breit, die im Präventions-Archipel als Experten und Professionelle von eben diesen ‚Drogengefahren' leben[259].

Der bekannte Kriminologe Klaus Boers spricht im analogen Fall der Kriminalisierung Jugendlicher, die in letzter Zeit zunehmend schärfere Reaktionen gegenüber jugendlichem Störverhalten verlangt, von einer – bei uns im Gegensatz zu manchen US-Staaten noch nicht so ausgeprägten – „Kriegserklärung der Gesellschaft an ihre Zukunft"[260], die „drei gesellschaftlich bedeutsame Funktionen" erfülle:

> „Sie >versorgt< (a) beständig und erfolgreich die Agenda massenmedialer und kriminalpolitischer Leitthemen. Meist auf diesem Wege unterhält sie (b) den allgemeinen Diskurs über >die Jugend< sowie über die Art, Geltung und Wirksamkeit strafrechtlicher Sanktionen. Sie dient (c) zuverlässig der Ressourcenaquisition zahlreicher Institutionen: von der Strafverfolgung und Kriminalprävention über die Sozialarbeit bis hin zu all den Wissenschaftszweigen, die inzwischen >Kriminal-< in ihrem Namen führen" (Boers u. a. 2002;141).

Wie rasch sich hier eine möglicherweise sinnvoll paternalistische Logik mit einer kontrollierenden Normalisierungs-Maschinerie paaren kann, zeigt uns das Beispiel rezenter *Vernetzungs*-Hoffnungen, die heute mehr denn je vor allem auch gut gemeinte, ‚avantgardistische' Präventionsprojekte insbesondere der ‚strukturellen Art' beherrschen, sei es auf der schulischen Ebene, wie im schweizerischen >Team-Projekt<, sei es auf der kommunalen Ebene, wie sie Urs Abt (1996) beschreibt.

Eine Vernetzungs-Hoffnung, die – mangels anderer, eher inhaltlich umschreibbarer Kriterien – schließlich als zentrales Bewertungskriterium kommunaler Präventionsbemühungen herhalten muss: „Der für den Wettbewerb wichtige Aspekt der Vernetzung steht im Vordergrund der Präsentation der Stadt" (Bundes-Wettbewerb 2002;63). Durchaus logisch-sinnvolle Überlegungen, die freilich (zum Glück möchte man fast sagen) sehr selten ‚ökonomisch' ausfallen, und die noch seltener die divergierenden Interessen unter einen Hut bringen können. Solange sie sich jedoch dem Joch der Defizit-These beugen, bergen sie die doppelte Gefahr, einerseits den kontrollierenden Normalitäts-Ring um die ‚Abweichenden' noch enger zu ziehen und andererseits, was langfristig sicher weitaus problematischer wäre, den ‚betroffenen' Jugendlichen die Vielfalt möglicher divergierender Bezugspunkte für eine eigenverantwortliche Auseinandersetzung mit der Drogen-‚Problematik' zu nehmen.

Dabei liefert allen das ‚Wohl der Jugend' eine – recht zweischneidige – Legitimation, die umso höher und solider ausfällt, je mehr man an die eigenen kulturellen Überzeugungen – alltagstheoretischer, professioneller und wissenschaftlicher Art – glaubt und je mehr man sie mit allen ihren (auch) entmündigenden, repressiven und stigmatisierenden Konsequenzen durchsetzt. Zweischneidig aber auch insofern, als die Jugendlichen im Gegenzug heute von solchen Legitimationen (und denjenigen, die sie verwenden) recht wenig halten:

> „An die Adresse des erwachsenen Establishments gerichtet denken sie sich: Die wollen ja alle nur unser Bestes, aber das bekommen sie nicht!"

formuliert dies die >50 Jahre Shell Jugendstudie< (2002;63).

4. Zum >irrationalen< Hintergrund

Den tragenden Hintergrund dieser Offensive bilden auf der einen Seite sehr grundsätzliche Einstellungen etwa zum Verhältnis von Staat und Individuum und auf der anderen Seite unsere emotional-affektive Trauer um unsere eigene ‚verlorene' Jugend.

4.1 Unsere Vorstellungen von der Autonomie des Einzelnen und dessen Verantwortung gegenüber Anderen, die Art, wie wir Autonomie und Freiheit begreifen, und die Rolle, die wir der Ratio, der Autorität oder dem Glauben zubilligen, können wir historisch (abendländische Aufklärung) wie sozio-kulturell (altes Europa und USA) stark vereinfachend wie folgt klassifizieren: Als *libertär* im Sinne von Stuart Mill, als *paternalistisch* nach dem Modell des Wohlfahrtstaates oder als *moralisch* im Rahmen des US-amerikanischen Sendungsbewusstseins (s. o. These 2).

Im Rahmen der Drogenpolitik werden so die einen *libertär* die Entkriminalisierung und Autonomie des Einzelnen betonen, solange dadurch nicht Dritte gefährdet werden; im *paternalistischen* Modell wird man zusätzlich die Eigengefährdung (= Sucht) unterstreichen und im *moralischen* Denken geht es darum „Verhaltensweisen, die von den etablierten Normen einer Gemeinschaft abweichen, sollten ohne Berücksichtigung der praktischen Konsequenzen kontrolliert werden, weil sie deren moralischen Zusammenhalt (moral cohesion) und Solidarität vermindern".

Stylianou (2002;125 ff.,144 eÜ.), dem wir hier folgen, befragte dementsprechend in einer e-mail-Umfrage Studenten einer amerikanischen Universität, welche Kontroll-Maßnahmen sie für diverse legale und illegale Drogen befürworteten und wie sie deren Schädlichkeit für den individuellen Konsumenten (= liberal/paternalistisch) beurteilten bzw. welches moralische Gewicht „entsprechend ihren eigenen moralischen Standards" (moralism) sie diesen Konsumarten zuordnen würden.

Bei einer insgesamt großen Spannweite der Antworten – was als fehlender Konsens bei solchen ‚victimless crimes' gedeutet wird – zeigte sich zweierlei: Zunächst stimmten diese Studenten hinsichtlich der Kontroll-Maßnahmen (bis auf gelegentlichen Cannabis-Konsum) weithin mit der offiziellen Kontroll-Praxis überein – was man als Beleg für deren ‚hegemoniale Herrschaft' über die Köpfe der Betroffenen interpretieren könnte. Und zum anderen trugen beide – miteinander zudem gut korrelierende – Einstellungen, die liberal/paternalistische wie die moralische Bewertung, gleichermaßen zum jeweiligen Ausmaß der befürworteten Kontroll-Reaktionen bei:

> „Of particular theoretical interest is the finding that, beyond the potentially harmful consequences of drug use (für den user, nicht für den nicht erfragten Drittschaden) it is the (im)moral aspect of this pleasure-seeking behavior that makes people disapprove of it (…) Thus, the control of drug use is not only a matter of *harm control.* It is a matter of *moral control* as well.
>
> By defining drug use as immoral (i. e., morally deviant), and subsequently as deserving control, the dominant anti-drug culture defines drug users as moral outsiders or sinners (Lit). In a society that constantly fails to achive moral cohesion and to face serious social problems such as extreme inequalities and violence, such outsiders are useful and convenient *scapegoats* (Lit). At the same time, in contemporary society, the combination of *moralization* and *dramatization* of drug use is a good recipe for the creation of a *moral panic* (Lit)", die ihrerseits dann wiederum die gängige Drogen-Politik mitsamt ihren präventiven Vorläufern beflügeln kann.

4.2 Und eben die Notwendigkeit einer solchen Legitimation belegt nicht nur das Ausmaß der dadurch ‚legitimierten' Macht- und Interessen-Auseinandersetzung, sondern zugleich auch eine tieferreichende *emotional-affektive* Ebene, auf der wir eher uns selber, denn das betroffene Gegenüber überzeugen bzw. bestehende Skrupel still stellen wollen. Dabei bezieht auch diese Legitimation – wie so oft bei Legitimationen – ihre Plausibilität aus einem an sich berechtigten Kern, was nur allzu häufig in der dann ebenso einseitig argumentierenden Kritik übersehen wird.

So greift das ‚Wohl der Jugend' auf ein sicherlich *berechtigtes Anliegen* zurück, nämlich als Eltern, Pädagogen und Erwachsene mit allen verfügbaren objektiven und subjektiven Ressourcen dem Jugendlichen zu helfen, ihn zu unterstützen, ihr die Zukunft offen zu halten und sie davor zu bewahren, sich ins Unglück zu stürzen. So problematisch dieser Anspruch auch angesichts all der von uns verursachten sonstigen Risiken sein mag, so liegt er doch unseren pädagogischen Bemühungen zugrunde, weshalb ich hier etwas altväterlich von ‚Drogen-Erziehung' spreche.

Umgekehrt spielen aber auch neben den damit verbundenen eigenen Bestätigungs-, Anerkennung- und Erfolgserlebnissen all zu leicht gut verdeckte *Neidgefühle* ihre Rolle, als Trauer um die eigene verlorene oder gut verdrängte Jugend, in der wir ja gar nicht so selten in entsprechender Weise ‚über die Stränge geschlagen haben', was die meisten ganz gut ohne ‚präventive Hilfestellung' verkraften konnten; wie auch im Wissen um die Gräben zwischen der eigenen belastenden Alltagsroutine, den minimalen Handlungsspielräumen und versperrten Zukunftschancen auf unserer Seite und dem noch frischen keineswegs dauerhaft so hoffnungslos getrübten, angeblich die Realität verdrängenden hedonistischen, Spaß-orientierten Dasein dieser ‚unserer' Jugendlichen – die freilich heute, wie die nächste These zeigen wird, mehr denn je auf ‚Leistung' besteht, so sehr sie diese auch mit Spaß und Sinn verbinden möchte.

Die hier angelegte Spannung zwischen jugendlich ‚hedonistischem' Konsum-Motiv und erwachsenem ‚Abstinenz'-Ideal[261] zeigt sich immer wieder in nach Alterskohorten aufgegliederten Umfragen. Als etwas älteres auf ‚okkulte Interessen' bezogenes Beispiel aus den 80er Jahren zitiere ich die 14–19-Jährigen aus Schmidtchens >Sekten und Psychokultur< (1987), die Stenger (1991;143 f.) wie folgt wiedergibt:

> Auf die Frage „Wenn es darum geht, Glück und Wohlbefinden zu erreichen, werden einem heutzutage viele verschiedene Wege und Möglichkeiten angeboten. Hier auf diesen Karten ist einiges aufgeschrieben. Was fänden Sie für sich persönlich gut, was möchten Sie gerne tun?" entschieden sich die Jugendlichen mit dem höchsten Anteil aller Altersgruppen für die folgenden Angaben:
>
> „Das Selbst finden (44 %); ein größeres Körperbewusstsein gewinnen (39 %); mein Bewusstsein erweitern, meine Lebensenergie durch Übungsprogramme steigern (32 %);

die Freude des Tanzes entdecken (28 %); sexuell freizügig leben (22 %); während sie die folgenden Feststellungen mit den niedrigsten Anteilen bedachten: Bewusst auf Konsum verzichten (14 %); auf Genussmittel verzichten (9 %); Beten, Andachtsübungen in einer Gruppe oder durch Fasten ein höheres Bewusstsein erlangen (je 2 %)".

Wie leicht wir solche Gefühle verdrängen, kann Winter (1998;74) in seiner Befragung von Experten zur Sexualaufklärung von Jungen nachweisen. Unter dem Titel „wenn man(n) den Spiegel vorgehalten bekommt" heißt es dort:

„Gerade die Deutung einer Spiegelung eigener abgespaltener Anteile legt die Vermutung nahe, dass die befragten Männer (...) in den Jungen und männlichen Jugendlichen etwas entdecken und erkennen, das sie selbst nicht bzw. nicht mehr ‚haben' dürfen. Die intergenerative Perspektive von Abwertung, Neid und Hass auf Jungen und junge Männer wird durch diese Perspektive nochmals begründet und erhält eine höhere Relevanz".

Mit der Folge „dass die Jungen diese Abwertung von ‚Männlichkeit' und deren Bewältigungsmöglichkeiten registrieren und dass sie damit auf ihre Weise umgehen", so dass sie ihre eigenen Wege gehen, was dann seinerseits noch einmal die Enttäuschung steigern kann: „die des >generativen< Nachteils durch das eigene Alter. In seiner Wirkung zeigt dieser Nachteil durchaus auch eine aggressive Komponente: ‚Ärger, Wut und Neid auf die jüngere Generation, auf die Jugendlichen, mit ihrer – in den Augen der Erwachsenen – offenen Zukunft und ihrer ‚natürlichen' Schönheit" (92).

Und umgekehrt, gleichsam auf der Gegenseite, ergab die Jungenbefragung; „Der Jugendstatus mit seinen Chancen, Spielräumen und Optionen dominiert und wird positiv bewertet, während der Erwachsenenstatus abgewertet wird" (153).

In seiner an Freud anknüpfenden *psychoanalytischen* Deutung dieser tiefgreifenden emotionalen Basis unserer Drogenpolitik verbindet Lorenz Böllinger (2002;61 ff.) beide Aspekte in direkter Linie zwischen Sexualität und Drogengenuss:

„Die illegalen Drogen werden vom Sexualtabu erfasst, und zwar weil sie – zumindest in der Phantasie – mit grenzenloser Steigerung der Lust, mit wilder Ekstase, also mit Kontrollverlust verknüpft werden", um sodann im Rahmen dieser Parallele fortzufahren: „Die Warnung vor der Droge beinhaltete immer schon unterschwellig die Mitteilung der Phantasie, unter Drogeneinfluss leichter verführbar zu sein (...) Die Sehnsucht und Suche nach sexueller Ekstase wird im Zuge der sich immer weiter verallgemeinernden und verschiebenden Abwehr selbst als Suchtform denunziert und negativ normiert" (63).

In der Kritik am psychiatrischen Krankheitsmodell, dem auch die ‚neuere psychoanalytische Literatur zu Konsum und Abhängigkeit von illegalen Drogen' verfallen sei, fasst er diese ‚unhaltbare Sucht-Konstruktion' als „Ausdruck des Tabus, der Berührungsangst, den eigenen abgespaltenen oder verdrängten Triebimpulsen wieder zu begegnen" (67).

Ein höchst komplexes Gefühlsbündel also zwischen Identifikation und Ablehnung, zwischen Sorge und Erwachsenen-Frust, das nicht nur diese Macht-Basis nährt, sondern vielfach auch unsere einseitigen Präventions-Bemühungen lenkt.

Man kann deshalb diese dritte These wohl auch dahingehend fassen, dass die gegenwärtige Drogenprävention zum Versuch entarten kann, mit den eigenen erwachsenen Drogenregeln die Entwicklung jugendlicher Identität zu steuern bzw. notfalls auch aktiv zu bekämpfen.

Mit dem vierfachen Ergebnis, zum einen nicht ernst genommen zu werden – das wären die ‚erfolgreichen Konsumenten' – oder aber ‚trotzig-verzweifelten Widerstand' zu wecken – das wären die eigentlichen schlimmen Drogen-Konsumenten; und zugleich ganz ungewollt ‚brave Angsthasen' zu produzieren und die eigene Erwachsenen-Droge zu propagieren – wofür etwa die steigende Zahl der intensiven Raucherinnen spricht, zumal man damit vielfach den Wünschen dieser jungen Leute entsprechen kann,

> „als Erwachsener in der eigenen Kultur anerkannt zu werden, und so versuchen sie, es den Erwachsenen in vielerlei Hinsicht gleichzutun – auch beim Trinkverhalten. Sie glauben, dass sie durch ein solches Verhalten in der ‚Alkohol konsumierenden Gesellschaft' zunehmend akzeptiert werden" wie die Zeitschrift >Alkoholforschung< (Frühjahr 2002 S. 9) die Ergebnisse der vergleichenden Untersuchung des Trinkverhaltens norwegischer, schottischer und schwedischer Jugendlicher zusammenfasst (Kloep et al 2002).

These 4

Die Sucht-Prävention kann die Realität der Peergruppe nicht adäquat erfassen.

> „Because to be *bad*, Mother, that is the real struggle: to be bad – and to enjoy it. That is what makes men of us boys, Mother. But what my conscience, so-called, has done to my sexuality, my spontaneity, my courage! I am marked like a road map from head to toe with my repressions. (…) See, I am too good too, Mother, I too am moral to the bursting point – just like you! Did you ever see me try to smoke a cigarette? (…) Yes, that's how good I am, Momma. Can't smoke, hardly drink, no drugs, don't borrow money or play cards, can't tell a lie without beginning to sweat. (…) Ma, Ma, what was it you wanted to turn me into anyway, a walking zombie (…)? Where did you get the idea that the most wonderful thing I could be in life was *obedient*? A little *gentleman*?"
>
> (Ph. Roth: Portnoy's Complaint. Vintage 1999;124 f.)

>Just say no< lautet die zentrale Botschaft der Sucht-Prävention, weil sie davon ausgeht, dass es die Gleichaltrigen seien, die *Peergruppe*, die den Novizen verführen; Widerstands-Kompetenz, Selbstbewusstsein sollen sie entwickeln, um dem Druck dieser ‚Sub'-Kultur zu widerstehen; die Überwachung durch die Familie ist zu stärken, damit die eigenen Kinder am Wochenende diesen Peers nicht in die Hände fallen:

„In general the largest associations were seen between friends' behaviours and illicit drug usage. As an illustration, pupils, who claimed that some, most or all of their friends smoked cannabis were vastly more likely than others to have smoked cannabis within the past 30 days. After weighting, 400 out of 1586 pupils (25,2 %) whose friends smoked cannabis had smoked cannabis within the past 30 days. For those whose friends did not smoke cannabis the figure is 13 out of 981 (1,8 %). After allowing for clustering the odds ratio is 27,11 ($p<0.001$).

Dies interpretieren die Autoren[262] dann in der „conclusion and discussion" wie folgt: „Two variables yield significant relationships with use of all the substances tested. These are friends smoking cannabis and lack of parental monitoring (das auch erfragt wurde, doch bei Cannabis erheblich geringere ‚Raten' als die peergroup-Variable

> aufwies). It seems highly plausible that parents not knowing who their children are with, particularly on Saturday evenings, implies that they are also unlikely to know about their child's experimentation with illicit substances (…). Illicit drug use therefore seldom occurred in isolation. It was typically a social activity among a group of friends (…). These findings suggest that the family is a potent factor in influencing the ways in which young people use (or misuse) psychoactive substances".

Hier in der Peergruppe sitzt der Gegner, den es vereint zu schlagen gilt. Doch was wäre, wenn es nicht die Peergruppe ist, die den Novizen verführt, sondern wenn er oder sie von sich aus diesen Freundeskreis wählten? Oder schlimmer, wenn diese Gruppe sogar als positives Vorbild gälte; oder, kaum auszudenken, wenn ohne solche Gruppen der eigentliche Sozialisationserfolg ins Wanken geriete?

Diese >just-say-no<-Prävention verlöre dann, wenn sich erwiese, dass von einem solch einseitigen Druck keine Rede sein kann, ihre grundlegende Basis und könnte fürderhin ihre an sich ja berechtigten Kompetenz-Bemühungen besseren Zielen widmen, weshalb Denscombe (2001;12) seinen empirisch begründeten Appell an die britische Regierung wie folgt zusammenfasst:

> „Such criticism of the peer group pressure thesis challenge some hallowed beliefs about the health-related behaviour of young people. They hit at the heart of what has become an area of consensus among professionals and common-sense amongst the public. They also raise serious questions about the value of resistance skills as a central plank for current substance-related education. Such criticisms, indeed, suggest that there might be a need to rethink this aspect of the government's strategy for tackling drug misuse among young people".

Bisher habe ich das Sucht-Präventions-Dispositiv als solches untersucht, ohne auf die von ihm erfasste und ‚bearbeitete' *Realität der Jugendlichen* einzugehen. Ich habe also bisher nach seinem Anspruch, seinem dispositiven Funktionieren und seiner gesellschaftlichen Funktion gefragt. In dieser vierten These möchte ich *seinem* – dispositiv passenden – Bild jugendlicher Realität dasjenige der *Jugendsoziologie* gegenüberstellen, also danach fragen, wie eine andere ‚Wirklichkeit' dieser Peergruppen aussehen könnte.

Nach einem ersten Überblick, in dem ich zunächst auf die allgemeine Bedeutung solcher Peergruppen und dann, spezieller, auf die empirische Kritik der suchtpräventiven Verführungs-These eingehe, werde ich in drei weiteren Abschnitten deren Hintergrund und Folgen näher untersuchen. Und zwar interessiert mich zunächst, *wie* ein solches Denkmuster entstehen und methodisch abgeleitet werden kann; hierfür greife ich auf einige überraschende Befunde aus unseren eigenen Erhebungen zurück, um ein alternatives Modell der beteiligten Jugend-Gruppen zu entwickeln. Dieses Modell wird im darauf folgenden Abschnitt durch rezente Befunde aus der Jugend-Soziologie weiter abgesichert. Zum Abschluss dieser vierten These untersuche ich schließlich die unerwartet negativen Folgen einer solchen einseitig defizitär an der schlimmen Peergruppe orientierten suchtpräventiven Praxis.

Insgesamt versuche ich also in dieser These nach zu zeichnen, wie und in welcher Weise sich aus einer berufsspezifisch einseitigen Perspektive der Suchtprävention eine verzerrte Realitäts-Wahrnehmung ergibt, die ihrerseits sowohl das eigene Vorhaben konterkarieren wie auch gesellschaftlich unerwünschte Folgen nach sich ziehen kann.

1. Die Peergruppe

1.1 Die *jugendsoziologische Basis* dieser ‚Peer-These' ruht auf der jugendtypischen Bereitschaft, mit anderen Jugendlichen zusammen zu sein, sich von diesen her zu definieren und um deren Anerkennung zu kämpfen. Eine recht naheliegende Basis, der auch Erwachsene folgen, wenn sie zumeist mit anderen Erwachsenen zusammen sind – auf der Arbeit, in der Bekanntschaft, in der Politik und in ihrer Freizeit, und die umso näher liegt, je mehr diese Jugendlichen institutionell mit anderen Jugendlichen zusammengebracht werden – etwa in der Schule, während andere ‚erwachsenere' Bezüge ihnen verwehrt bleiben:

> Solche Peergruppen, solche „jugendkulturelle Szenen (…) stellen eine Art ‚sozialer Uterus' dar, d. h. eine Möglichkeit der emotionalen Stabilisierung und Geborgenheit angesichts der mit der Individualisierung verbundenen Überforderung und eine Antwort auf die mit der Instabilität der Jugendphase (nicht mehr Kind – noch nicht Erwachsener) verbundenen Übergangssituation. Die altershomogene Gruppe ist weiterhin ein Ort der Ausbildung einer ‚subkulturellen Gegenwelt', sie bildet den Ort und die soziale Basis für die Entwicklung jugendkultureller Lebensformen, die zumindest auch eine Gegenwelt zur Welt der von den Erwachsenen eingerichteten Institutionen, also der Schule, der Arbeit usw. darstellen. Und schließlich sind Jugendkulturen – und das ist nicht ihre unwichtigste Funktion – auch Orte der Lösung jugendaltersspezifischer Probleme. Jugendkulturen drücken also objektive gesellschaftliche Ohnmacht aus, stellen ein Rückzugsfeld für Gruppen dar, denen der Zugriff auf die offiziellen Zentren gesellschaftlicher Macht versperrt ist" (Hornstein 2001;40 f.).

Insofern hält dann auch die 14. Shell Jugendstudie fest, dass 70 % der Jugendlichen sich einer Clique zugehörig fühlen, ein Prozentsatz, den Wetzstein u. a. (2002;147) bei Jugendlichen von 15–25 Jahren auf 84 % erhöhen: „83,8 Prozent gaben an, dass sie derzeit einer festen Gruppe angehören, in der >jeder jeden gut kennt< und mit der sie viel zusammen unternehmen". Erstaunlich ist dabei das zeitliche Ausmaß, in dem diese Jugendlichen zusammen sind: „Etwa 60 Prozent der befragten Jugendlichen sind täglich oder mehrmals die Woche mit ihrer Clique zusammen“[263]. „Die Bedeutung der Cliquen“, so fährt dieser Forschungsbericht fort (2002;148 kursiv S.Q.),

> „liegt im Bereich der expressiven Emotionalität. Dies umfasst vor allem das Gefühl, dort akzeptiert zu sein und Verständnis für seine Probleme und Anliegen zu finden (ca. 98 Prozent). Hinzu kommt eine hohe perzipierte Solidarität, d.h. das Gefühl, >gemeinsam< durch >dick und dünn< gehen zu können (ca. 95 Prozent). Für knapp 58 Prozent der Jugendlichen spielt die Clique zudem eine wichtige Rolle als Quelle von Anerkennung. Die Cliquen haben damit eine zentrale *prosoziale* Funktion für die Jugendlichen, indem sie entlasten, unterstützen, Solidarität geben, den Aufbau von Selbstwert und das Erleben von Gefühlen ermöglichen.
>
> Aber auch *Sexualität* und >den Körper bewohnen lernen< (Fend) ist im emotionalen Austausch zwischen den Jugendlichen von zentraler Bedeutung. Die Analyse von Erbeldinger (2002) zeigt, dass für einen großen Teil der Jugendlichen (93 Prozent) sexuelle Interessen die wichtigste Triebfeder ihres Freizeithandelns sind. Freizeittätigkeiten dienen dabei dem Sammeln von Erfahrungen sowie dem Feststellen, Erleben und der Steigerung des eigenen erotischen Marktwertes. Sehr wichtig ist auch die Clique als hedonistischer Erlebnisraum. Dies geben zwei Drittel der Jugendlichen an. Hier geht es darum, *gemeinsam Spaß* zu erleben“.

Eine Cliquen-Funktion, die die Siegener Forschungsgruppe um Zinnecker (et al. 2002;62) aus ihrer Befragung 13–18-Jähriger – „Was verbindet Deine Gruppe?“ – bei Jungen wie Mädchen mit: ‚gleicher Lebensstil‘, ‚bestimmte Musik‘ und vor allem mit ‚Spaß/Stress-Abbau‘ und ‚Freundschaft/Liebe‘ zu umreißen weiß. Im Gegensatz zum innerfamiliären Stress mit Eltern und Geschwistern gilt: „Am stressfreiesten sind die Beziehungen zu guten Freunden oder Freundinnen des gleichen Geschlechts und das Zusammenleben in der Clique der Gleichaltrigen“ (162).[264]

Beide Untersuchungen – die jeweils für Trier bzw. für Nordrhein-Westfalen repräsentativ sind – zeichnen einen insgesamt überzeugenden Hintergrund für die zum Teil überraschenden Ergebnisse unserer eigenen Analyse, auf die wir sogleich eingehen: Die positive, *prosoziale* Bedeutung der Clique, das Risiko der Isolation – insbesondere auch auf ‚sexuellem Gebiet‘, und das gewichtige Moment einer Solidarität, der unsere Präventionsansätze doch wohl eher zuwider laufen.

1.2 Diese Peer-Beziehungen *beginnen*, wie wir oben anlässlich des Konzepts einer Kinderkultur angedeutet haben, relativ früh; und zwar meiner Meinung nach – schon immer, und nicht erst in ‚postmoderner Zeit‘ – in den Kindergruppen des Kindergarten-Alters mit ihren zum Teil sehr engen und sich wechselseitig beeinflussenden Freundschaftsbeziehungen. Ein ständig zunehmendes Gewicht erhalten sie heute in den höheren *Grundschulklassen* noch vor dem Einsetzen der eigentlichen Pubertät[265]. In dieser Zeit der 9- bis 12-jährigen, in der heute die gezielte schulische Drogenprävention bevorzugt ansetzen will, werden in der sozialen Interaktion zwischen Gleichaltrigen entscheidende soziale Fähigkeiten und Strategien erlernt – oder aber (noch) nicht erlernt: Im schwierigen Umgang mit Freundschaft und Trennung („Mammi, ich habe mich heute mit Timo wieder abgefreundet"); in Werbung und Abwehr, im Einhalten von Nähe und Distanz, in der Art, wie man Anerkennung erfährt, mit Herabsetzung umgeht, wie man andere kontrollieren kann und auf Peer-Sanktionen reagiert, was Isolation bedeutet, wie man sie vermeidet, wie man um Hilfe bittet und Hilfe gewährt, wie man sich erfolgreich oder erfolglos wehrt und wie man in ersten Schritten die Beziehung zum ‚anderen Geschlecht' aufnimmt oder ‚besser noch vermeidet'. Bevorzugtes Feld hierfür ist heute, in unserer ‚Geschwister-armen' Zeit die Schulklasse, die in ihrer räumlichen und zeitlichen Konzentration (den ganzen Vormittag im Klassenraum) den Schmelztiegel für solche Sozialisationserfahrungen bereithält:

> „Waren die sozialen Netzwerke der Gleichaltrigen früher durch die Kindergesellschaft in der Nachbarschaft bestimmt, so hat heute die Schule – oftmals ungewollt und pädagogisch nicht bewusst – diese Funktion der Vernetzung übernommen, unterstützt durch die mobilen Kommunikationsmittel Telefon oder Handy" (Zinnecker u. a. 2002;61).

Diese Phase untersuchten Krappmann/Oswald (1995) in ihrer intensiven qualitativen Analyse der Interaktionen zwischen Berliner Schulkindern der 4. und 6. Grundschulklasse zu Beginn der 80er Jahre. Sie greifen dabei auf Überlegungen von Piaget, Youniss und Sullivan zurück, nach der diese „Sozialwelt der Gleichaltrigen wichtige Herausforderungen an Fähigkeiten, strategisches Vorgehen und das Verständnis von Beziehungen und des eigenen Selbst enthält", weil sie nämlich, im Gegensatz zur Erwachsenen-Kind-Beziehung „die Chance zur Reziprozität" enthalten und „daher eine Qualität der Interaktion entfalten, nämlich wirkliche Kooperation, ohne die wechselseitiges Verständnis und soziale Koordination nicht entstehen könnten" (S. 17; 158).

Materialreich belegen die beiden Autoren, wie diese SchülerInnen sich sowohl in zumeist noch Geschlechts-spezifische ‚Gruppen', wie aber auch in eher lockere, doch dauerhafte ‚Geflechte', sowie in weniger organisierte ‚Interaktionsfelder' und sozial ungeschickte Isolierte aufspalten (52,84,176 f.), und wie diese jungen SchülerInnen sehr kompetent und eigenaktiv ihre Beziehungen gestalten:

> „Näheres Zusehen enthüllt (...) dass diese zehn- bis zwölfjährigen Kinder sehr kompetent mit den Problemen umgehen, die unter den Bedingungen großer räumlicher Nähe und Enge, des Anspruches schulischer Leistungsforderungen und ihres Wunsches nach Spiel und gleichzeitiger Selbstbehauptung in Hinblick auf Vorhersehbarkeit, auf Regelbruch und Herstellung von Ordnung entstehen. Fast möchte man

> sagen, dass Kinder dieses Alters bereits alle Strategien beherrschen, die man für den flexiblen Umgang mit Normen in engeren persönlichen Beziehungen braucht, und dass sie um die begrenzte Tauglichkeit von Sanktionen ebenso wissen wie um ihre Unverzichtbarkeit“ (121).

Solche Fähigkeiten werden in den alltäglichen Interaktionen *erlernt*. Dies gilt in gleicher Weise für die Art, wie man Grenzen zwischen ‚Quatsch‘ und ‚Ernst‘ einhält, wie man Probleme löst, Lösungen aushandelt, wie man aber auch ‚ungefährdet‘ um Hilfe bittet oder Hilfe anbietet (170) und wie man „Beziehungen auf freiwilliger Basis über längere Zeiträume hinweg“ aufrechterhält (78); Freundschaftsbeziehungen, die dann sowohl Rückhalt und Schutz bieten, wie aber auch im wechselseitigen Vertrauen (das leicht gestört werden kann) das Erlernen solcher Fähigkeiten selber erleichtern bzw. – und das ist für das Folgende zentral – wenn sie fehlen, erschweren können.

1.3 Die *gegenwärtige Präventionslogik* scheint demgegenüber – in der Praxis wie in der Wissenschaft – in einer höchst undifferenzierten Weise immer schon zu wissen, was mit einer ‚Peer-group‘ gemeint ist. Die Peergruppe ist in dieser Sicht zunächst der Contrepart der Familie. Mit schwindender Bedeutung der einen soll der Einfluss der anderen wachsen, historisch wie auch in der individuellen Entwicklung. So formulieren etwa Miller/Volk (2002;946) in ihrem Überblick über die familienbezogene Forschung:

> „Most argue that a lack of family bonding produces more time spent with peers and a rejection of conventional norms, which in turn leads to bonding with deviant peers who engage in illicit behaviors such as underage cigarette smoking. The bonding with deviant peers leads to more positive attitudes regarding cigarette use and a further deterioration of norms against using cigarettes and eventual cigarette use“.

Diese Peergruppe erhält schon dadurch, aber auch als Träger und Verursacher aller Misserfolge (unserer verleugneten Fehlversuche ‚richtig zu sozialisieren‘) eine durchaus *negative* Konnotation. Man projiziert die eigenen – versagenden – Allmachtswünsche auf diese Gruppe, die jetzt den einzelnen Jugendlichen als ‚hilfloses Opfer‘ in diese verderbliche Jugendkultur hineinsozialisieren soll. Wir sehen sie, sagt Denscombe (2001;27), als Gruppe mit einer spezifischen Kultur – mit dazugehörigen Symbolen, Sanktionen und Ritualen, mit denen die Gruppennormen aufrechterhalten werden sollen.

Ohne diesen Jugendlichen selber als Akteur in seiner Welt verstehen oder befragen zu können, konstruiert man mit diesem Globalkonzept – ebenso wie mit dem der entsprechend negativ eingefärbten und damit eng verbundenen ‚Sub-Kultur‘

der Jugendlichen – ein allen Erwachsenen genehmes ‚Feindbild', das es nun mit aller (wiederum vergeblichen) Macht zu ‚bekämpfen' gilt.

Man überspielt damit alle weitergehenden Differenzierungen[266] etwa zwischen einem engeren und weiteren Freundeskreis, zwischen dem besten Freund/Freundin, der Clique und dem Bekanntenkreis, zwischen Mitgliedschafts- und Bezugsgruppen, denen man vielleicht gar nicht zugehört, jedoch angehören möchte bzw. die man je nach Situation auswechseln kann. Man übersieht die unterschiedliche Funktionen, die ein und dasselbe ‚riskante' Verhalten in verschiedenen ‚Gruppenkulturen' übernehmen kann (Wetzstein/Würtz 2001) und verschließt die Augen vor der dadurch geförderten unheilvollen Dynamik zwischen in-group und out-group, auf die ich in der nächsten These näher eingehen werde.

Eine erste Bresche in diese Peergruppen-Sicht schlug die Überlegung, dass es weniger die Peergruppe sei, die den Novizen verführe, sondern dass dieser *von sich* aus eine solche Gruppe aufsuche; eine Überlegung, die man freilich dann gerne – vor allem im Rückgriff auf ‚klinische Befunde' – mit dessen vorangehender ‚Schädigung' begründen könnte, die nunmehr im Kreise ‚gleich Geschädigter' weiter verstärkt werde.

So fanden Engels et al. (1997;804,808 f. eÜ.)[267], in Kritik an der üblichen ‚Querschnitt-Korrelation', dass vor allem die *aktive Wahl* der neuen Gruppe eine Rolle spielte, während sowohl die Beeinflussung durch die Gruppenmitglieder wie aber auch das aktive Verlassen der ‚unpassenden' Gruppe keine Signifikanz erreichte:

> (1) In ‚stabilen' Gruppen „erreichte die Wirkung der Gleichaltrigen auf das individuelle Verhalten keine Signifikanz"; (2) „Wir konnten auch keinen Hinweis für einen ablehnenden Effekt (deselection) finden. Es ist also möglich, dass Unterschiede im Rauchverhalten nicht wichtig genug sind, um existierende Freundschaften abzubrechen " und (3) „Die Auswahl neuer Freunde wurde nicht dadurch beeinflusst, ob eine Ähnlichkeit im Raucherstatus bestand".

In dieselbe Richtung weisen die Ergebnisse der qualitativen Interviews mit 43 10–12-Jährigen aus Glasgow, die mindestens einmal illegale Drogen genommen hatten. Die Autoren Mcintosh et al. (2003;150 ff.) zeigen, dass drei Viertel der Kinder Neugier angaben, dass aber auch gelegentlich zusätzlich ein gelinder Gruppendruck (call as ‚chicken') sowie der Wunsch mit den Gruppen-Normen überein zu stimmen eine Rolle spielte:

> „There is a complex dynamic in operation here whereby choice and different forms of pressure sometimes operate simultaneously in relation to the same individual. What this means is that acceptance of an offer can be the product of an intricate combination of curiosity, attempts at persuasion and the child's own desire to conform to the group" (156).

Vielleicht wichtiger noch ist hier der Hinweis auf die *aktive* Rolle, die schon diese Kinder in diesem Kontext übernehmen:

> „The role of individual choice and volition in the decision to use drugs. Adolescents are often portrayed as purely passive participants in their introduction to drugs, the common assumption being that they are persuaded or forced into drug taking by others who are themselves already involved. According to this explanation, the young person is entirely reactive in relation to their initiation to drug taking, meekly succumbing to pressure from others and largely unable to resist (...). However, based on our study of pre-teenage children, the belief that drug use is very largely the product of peer pressure acting upon passive and compliant adolescents is almost certainly wrong" (156).

Zu demselbenErgebnis gelangte auch die einflussreiche Raucher-Studie von Ennet/Bauman (2000) aus North Carolina, in der sie 906 SchülerInnen aus 5 Schulen mit 14 Jahren und ein zweites Mal mit 15 Jahren befragten. Mit Hilfe einer >Social Network<-Analyse – das sind durch Computer aufbereitete (Moreno-) Soziogramme – unterschieden sie ‚Cliquen', ‚Liaisons', d. h. Jugendliche, die in mehreren Cliquen Freundschaften hatten, und ‚social isolates', die sehr viel weniger Freundschaftsbeziehungen angaben.

> In ihrer follow-up-Studie ergab sich zunächst, dass „sowohl Einfluss- wie Auswahl-Prozesse zur Ähnlichkeit im Rauchverhalten innerhalb der Cliquen beitrugen „both *influence and selection* processes contributed to the similarity in smoking behavior within cliques", dass also Raucher in Raucher-Cliquen in gleichem Ausmaß sowohl innerhalb der Clique „durch ihre Cliquen-Mitglieder dahin beeinflusst wurden, ihr Verhalten zu verändern, um als Mitglied der Clique anerkannt zu werden (to match the clique)", wie aber auch von sich aus solche Gruppen aufsuchten, in denen die anderen ein entsprechendes Verhalten zeigten (54, eÜ.; kursiv S.Q.).

Wichtiger für unser Anliegen ist jedoch das folgende ‚überraschende' Doppel-Ergebnis: Zunächst fanden sie mehr *Nicht-Raucher-Cliquen* als Raucher-Cliquen, was sie zu Recht folgern lässt:

> „dass Peergruppen mehr zum Nicht-Raucher-Verhalten beitragen als zum Rauchen, was sich von der allgemeinen Annahme unterscheidet, dass das Rauchen eine Folge der Gruppen-Zugehörigkeit (affiliation) sei".

Eine an sich ja naheliegende Konsequenz des ‚birds of a feather flock together' – die, bei gleichbleibender ‚Cliquen-Häufigkeit' insgesamt davon abhängt, wie hoch der jeweilige Prozentsatz von Nicht-Rauchern und Rauchern ausfällt. Doch erinnert uns die scheinbar paradoxe Formulierung der Autoren: „Wir fanden also, dass eine Peer-Beteiligung (peer involvement) eher protektiv gegen das jugendliche

Rauchen sprach", daran, wie einseitig ,wertbelastet' unsere übliche Peergruppen-Sicht doch ausfällt.

Dasselbe ,Erstaunen' äußern übrigens Wetzstein u. a. (2002;147) im Abstrakt ihrer *kriminologischen* Untersuchung jugendlicher Cliquen:

> „Untersucht werden zumeist Jugendliche, die in irgendeiner Weise auffällig geworden sind, die Gruppenzugehörigkeit wird dann kurzerhand zum Ursachenfaktor erklärt, neben anderen Einflüssen wie Familie, Sozialraum, Schule und der Bewerkstelligung von Geschlecht. Die vorliegende Untersuchung geht den umgekehrten Weg und untersucht alle Arten von Jugendcliquen, von denen nur die wenigsten in verstetigte deviante >Karrieren< führen. Im Gegenteil: Die meisten Gruppen fördern durch gemeinsames Aushandeln und Solidarität die Herausbildung sozialer Kompetenzen".

Was (Zinnecker u. a. 2002;64) ganz allgemein in ihrer für Nordrhein-Westfalen repräsentativen Befragung von 10–18-Jährigen aus dem Jahr 2001 bestätigen können:

> „Entgegen der Befürchtung mancher Eltern und Kriminologen, dass die Gruppen der Gleichaltrigen kriminalitätssteigernd wirkten, die Gefahr delinquenten Verhaltens verstärkten, zeichnen die Befragten eher das Bild einer präventiv (vorbeugend) wirkenden Gruppe. Die meisten Cliquen (...) missbilligen abweichendes Verhalten ihrer Mitglieder, Diebstahl, Sachbeschädigung oder übermäßigen Alkoholgenuss (...). Solche Befragungsergebnisse stützen die empirisch untermauerte Behauptung von Peergruppen-ForscherInnen über die überwiegend positiven Sozialisationsleistungen der Gleichaltrigen-Gruppen".

Noch überraschender wirkt Ennet/Baumans zweites Ergebnis: In allen fünf untersuchten Schulen rauchten die *,sozial Isolierten'* am meisten:

> „Whereas the percentage of clique members who were smokers ranged from about 4 % to 16 % across schools, it ranged from about 17 % to almost 40 % among isolates. (...) The high rate of smoking among isolates is particularly noteworthy because it contrasts with the common belief that smoking is a peer group phenomenon" (53 f.),

weshalb sie annehmen, dass neben einer eventuellen gemeinsamen tieferliegenden Ursache entweder soziale Isolation qua Stress zum Rauchen führe oder umgekehrt deren Rauchen soziale Isolierung verursache (55) – was möglicherweise auch bei den das Spiel verderbenden Rauchern des >Be Smart-Don't Start< eintreten könnte.

Ein recht ähnliches Ergebnis erhielten die mit derselben Computer-gestützten soziometrischen Methode[268] arbeitenden Autoren Abel et al. (2002) in Neuseeland,

> doch zeigen sie, auf der Basis ergänzender qualitativer Gruppen-Focus-Interviews mit Hilfe ,echter' Soziogramme und in einer nachfolgenden Cluster-Analyse, dass es bei den ,Isolierten' zwei recht unterschiedliche Typen gibt, von denen nur der eine, der

unbedingt bestimmten Gruppierungen zugehören will, die eher wenig geachteten, sogenannten >try-hards<, relativ viel raucht:

„>Try hards< tended either never to have smoked or to smoke more often on a daily basis than other cluster types. This was influenced by the group that they were >trying hard< to get into“ (335).

Während die wahrhaft Isolierten (true loners) am wenigsten rauchten, waren es vor allem „lower-status girls“, die öfters rauchten, um in die Gruppe aufgenommen zu werden (336).

Einen letzten entscheidenden Schritt finden wir schließlich bei Denscombe (2001), der in Auswertung einer 1997/98 in East Midlands in England durchgeführten qualitativen Befragung von 15/16-jährigen SchülerInnen – nunmehr aus Sicht der Jugendlichen – drei in die gleiche Richtung weisende Momente betont:

Zunächst die Tatsache, dass viele dieser Jugendlichen mehreren Freundschafts-Kreisen („a fluidity of peer groups“) angehören, so dass sie einem eventuellen ‚Druck‘ relativ leicht ausweichen können, zumal ein solcher Druck – den sie wohl vom gelegentlichen Lästern („a normal ‚cajoling to join in‘“) oder auch vom Wunsch ‚dazu zu gehören‘ (als *lifestyle choice*) unterschieden – nicht zu ihrem Verständnis von ‚Freundschaft‘ passte:

„There was a feeling amongst the young people that any unwelcome pressure was incompatible with the notion of friendship and was, therefore, neither acceptable nor legitimate“ (19).

Sodann erwies sich das ‚Rauchen‘, nach dem das Projekt fahndete, gegenüber anderen Freundes- und Gruppen-Eigenschaften keineswegs als so gewichtig, wie dies in der Peergruppen-These von den Erwachsenen immer wieder angenommen (und gepredigt) wird: „Rauchen war etwas, was sie *machten*, nicht etwas, was sie als Person waren“[269]:

Smoking (...) was seen as just one of a range of activities which might influence decisions about who to hang around with and who to treat as friends; and the implication of this is that health professionals, and health promotion in general, tend to attribute more significance to smoking than the young people themselves do“ (25 eÜ.).

Auf eben dieser Unterscheidung zwischen einem – aus Sicht der Jugendlichen – eher alltäglichen Tun und einem – aus Sicht der Erwachsenen zugeschriebenen >Master-Status< (‚RaucherIn‘) beruht der Grundgedanke des kriminologischen >*Labeling*<-Ansatzes, nach dem erst diese Zuschreibung das Problem bzw. die Problem-Peergroup schafft, und zwar vor allem dann, wenn diese Zuschreibung von den Jugendlichen selber übernommen wird. Wir kommen hierauf am Beispiel der ingroup-outgroup-Dynamik in der nächsten These zurück.

Einmal mehr zeigt uns diese gesamte – für das Präventions-Denken – so zentrale Peergruppen-Diskussion, in welchem Ausmaß unser Denken Clichee-haft durch bestimmte Denk-Schablonen präformiert wird. Zunächst ist es die >Peergruppe<, die das Opfer den Armen der Eltern entreißt, dann ist es die Droge, die dort den >Masterstatus< verleihen soll und schließlich gelten uns undifferenziert alle gleichaltrigen Sozial-Kontakte als riskant, während wir die braven Haustöchter loben.

1.4 Selbst wenn wir uns zusammen mit den soeben referierten Forschungsbefunden von diesen Schablonen lösen, verharren wir noch immer all zu leicht in derselben Dimension – Verführer und/oder Verführter, um so die folgenden drei für eine alternative Art der ‚Prävention' relevanten Aspekte gründlich zu verfehlen:

Drogenkonsum ist zunächst *Freizeit-Konsum*, also Bestandteil eines für Jugendliche heute insgesamt ungemein wichtigen Aktivitätsfeldes, eines jugendkulturellen Umfeldes, das vom Pausenhof über den Party-Keller, vom Badewochen-Ende, Fußball- und Disko-Besuch bis hin zum Rave und Love-Parade reicht; eines jugendkulturellen Umfeldes, zu dem heute Zigaretten, Alkohol, Party-Drogen ebenso dazu gehören, wie Musik und Style. Und eben diese ‚jugendkulturellen Bezüge', in die man sich hinein begibt, um Spaß zu haben, bieten dann das Umfeld, in dem ‚man und frau sich finden'.

In seinen drei spannenden qualitativen Interviews mit drei jungerwachsenen Ostberlinern der ‚ersten Drogen-Generation' kann Hayner (2001;175 f.) diesen über die engere Peergruppe hinausgreifenden *jugendkulturellen* Einfluss sehr schön herausarbeiten:

> „Die Befragten hatten zu den drogenkompetenten Jugendlichen anfangs keinen engen persönlichen Kontakt, vielmehr lernten sie diese dadurch kennen, dass sie begannen, sich in bis dahin unbekannten *jugendkulturellen* Bezügen zu bewegen. Ihre Annäherung an die Drogenthematik ist also bedingt durch ihre zunehmende Einbindung in jugendkulturelle Bezüge und der damit einhergehenden zunehmenden Ablösung von ihren bisherigen Bezügen. So berichten alle Befragten, dass sie in ihren bisherigen Gleichaltrigengruppen zu den ersten KonsumentInnen illegalisierter Drogen gehörten und dass in diesen Bezügen solche Drogen zunächst pauschal abgelehnt wurden".

Für eine zureichende Drogen-Erziehung noch wichtiger ist, dass diese Jugendlichen *nur hier* ein *zureichendes Drogen-Wissen* erwerben konnten, das ihnen zudem zumindest vor den akuten Drogen-Gefahren Schutz bot, so sehr dabei auch längerfristigen Risiken außer Ansatz bleiben:

> „Für drogenunerfahrene Jugendliche bildet der Kontakt zu Drogen konsumierenden Jugendlichen oft die einzige Möglichkeit, sich alternativ zur einseitig negativen

öffentlichen Thematisierung von verbotenen Drogen zu informieren. In diesem Kontakt werden die Jugendlichen mit einer gegensätzlichen ‚Wahrheit', den positiven Erfahrungen der CannabiskonsumentInnen, konfrontiert" (155):

„Jos Gleichaltrigenbezüge bieten ihm einen Schutz vor Gefahren eines illegalisierten Drogengebrauchs. Durch Gespräche mit anderen Jugendlichen erfuhr Jo von Risiken bestimmter Drogen und von Möglichkeiten für einen risikominimierenden Umgang mit Drogen. Jo nutzt diesen Schutz durch horizontale Kommunikation: Er sammelt Informationen zu einzelnen Drogen, bevor er diese konsumiert. Diese Vorbereitung auf den jeweiligen Konsum, also den Erwerb fundierter Einstellungen, macht er dafür verantwortlich, dass er bisher keine stark negativen Drogenwirkungen verspürt hat" (173).

Dies birgt „tendenziell die Gefahr, langfristige Risiken des Drogengebrauchs, die über Akutwirkungen einzelner Drogen hinausgehen, auszublenden. Dies deutet sich auch darin an, dass Gespräche über persönliche Probleme, die Einzelne mit ihrem Umgang mit Drogen haben, anscheinend nicht stattfinden (...). Es werden bezüglich einzelner Drogen auch Bewertungen weitergegeben, die als problematisch eingestuft werden müssen" (174).

Damit bestätigt Hayner den früheren Befund von Parker et al. (1998;129), die in ihrer englischen Follow-up-Studie[270]

nicht nur das Fehlen jeglicher Peer-pressure feststellten, sondern als Gründe für den Einstieg „availability, curiosity and the presence of peers and friendship networks who could provide the encouragement, reassurance and know-how" angeben. Die aber vor allem für die ‚Fortgeschrittenen' festhalten, dass die negativen Seiten der Drogen und – bis zu einem gewissen Grad – auch deren Gefahren gesehen und in einer Kosten-Nutzen-Rechnung einkalkuliert werden, die je nach Droge recht unterschiedlich ausfällt: „Most young people are drugwise and (...) differentiate between the range of drugs readily available on the youth market in terms of their effect, both positive and negative" (149).

Und schließlich betonten diese Jugendlichen fast übereinstimmend ihre *individuelle Autonomie* – die wir ihnen nehmen, wenn wir sie als unmündig behandeln – also ihre eigene Entscheidung, das Rauchen zu probieren, in bestimmten Situationen und Gruppierungen Zigaretten zu rauchen oder aber auch ‚nein' zu sagen oder die Gruppe – ggf. situativ und zeitweise – zu verlassen:

„Time and again, the young people were at pains to argue that they were free agents and that no-one forced them to do things they did not want to do" (Denscombe 2001;18);

eine Grundhaltung, die in einem wechselseitigen Respekt wurzelt:

„*Moderator* (der Focus-Gruppen-Diskussion): It's interesting that you're bringing up the idea of respect in relation to peer pressure – the importance of respecting yourself … *Tracy*: … and other people and other people's decisions. If they want to try something you've got to respect that they want to do it because it's their life.

Debbie: … It's none of your business – you shouldn't try and affect the way people think. You can have an opinion on it, and you can voice your opinion, so long as you respect people, that's OK" (23).

2. Wie finden wir Risiko-Gruppen

Im praktischen Präventionsdenken übernimmt die Peergruppe eine zentrale Prädiktor-Funktion:

„as a source of influence and support for drug-taking behaviors (Lit). The centrality of peers to adolescent drug use is based largely on the consistent finding that adolescents and their friends have similar drug-using behaviors. That is, adolescents who use drugs are friends with other adolescents who use drugs and those who do not use drugs are friends with other non-users" (Ennet/Bauman 2000;49).

Dieser Einfluss wird dann – mehr oder weniger deutlich – als Druck d.h. als ‚pressure' oder Verführung, interpretiert, weshalb der Kern gegenwärtiger Drogen-Prävention darin besteht, den Jugendlichen die Kompetenz zu vermitteln, ‚Nein' gegenüber solchem Druck zu sagen.

Doch lassen uns die soeben aufgeführten empirischen Befunde, die zudem nahe liegen, wenn man unverstellt auf die Welt dieser Jugendlichen schauen kann, an dieser professionellen Weisheit zweifeln:

„It has often been assumed that the influence of small groups is crucial with assumptions of coercion of non-smokers by smokers, an assumption which is problematic and perhaps more characteristic of media depictions and health education programmes than of the social interactions between smoker and non-smoker adolescent" (Abel et al. 2002;326).

Wie kommt es zu einem solchen, die Wirklichkeit verzerrenden Denkmuster, worin gründet es, wie legitimiert man es?

Drei sich wechselseitig abstützende Momente fließen hier zusammen, von denen wir die beiden ersten bereits näher untersucht haben: Die allgemeine Defizit-Perspektive, die grundsätzlich nur die negativen Seiten, Risiken und Gefahren, Verführung und Druck wahrnehmen kann, und die den ‚bösen' Jugendlichen die Täterschaft, den Braven dagegen die Opferrolle zusprechen muss. Eine Sichtweise, die sich sodann im eigenen professionellen Anspruch gut verankern lässt. Geht es doch darum, solche Defizite auszuräumen bzw. sie vorbeugend zu verhindern, um damit den gleichgerichteten Erwartungen seiner erwachsenen Kunden zu entsprechen. Eine Sichtweise, die also schon aus existentiellen Gründen die Möglichkeit, mit dem eigenen Tun das Problem zu vergrößern bzw. ‚iatrogen' dem Patienten zu schaden, aus der Diskussion ausschließen muss.

Das dritte Moment, dem ich mich jetzt zuwenden will, folgt – auf diesem doppelten Hintergrund – einer sehr vereinfachten >je – desto<-Vorstellung, in der ein einmal angenommener Zusammenhang – etwa zwischen Drogenfreunden und Drogen-Konsum – umso schlimmer, umso umfassender gerät, je mehr Drogenfreunde in einer Peergruppe auftreten.

Dieses Vorstellungs-Modell findet empirisch forschungsmäßig sein legitimierendes Gegenstück in der gradlinig ansteigenden *Korrelation* zwischen zwei Variablen; je größer deren Korrelations-Maß, das Pearson-r zum Beispiel, umso eindeutiger bestätigt sich diese Ausgangs-Hypothese. Und tatsächlich finden wir immer wieder, dass dieser Zusammenhang zwischen Drogen-Freunden und Drogen-Konsum nahezu alle anderen Korrelations-Beziehungen zwischen diesem Konsum und seinen vorangegangenen anderen ‚Risiko-Faktoren' übertreffen, wenn nicht gar ausblenden kann.

Im Folgenden gehe ich zunächst kurz auf die mit diesem Korrelations-Denken verbundenen Schwierigkeiten ein, um sodann auch an Hand eigener Erhebungen unseres BISDRO-Instituts mit Hilfe einer anderen, etwas weniger geläufigen statistischen Technik eine alternative Art der Aufteilung solcher Risiko-Gruppen vor zu schlagen. Eine Aufteilung, die zunächst durch einige eher spärliche analoge andere Forschungsbefunde gestützt werden soll, und die im darauf folgenden dritten Abschnitt eher unerwartet von allgemeineren Befunden der Jugendsoziologie bestätigt wird.

2.1 Üblicherweise gehen unsere Präventionsbemühungen – eindimensional – von einer >Risiko<-Stufenleiter aus, an deren einem Ende sich um die drogenfreien, abstinenten Jugendlichen alle positiven Eigenschaften sammeln, während sich am anderen Ende um eine *Peer-Gruppe* stark ‚Suchtgefährdeter' alle in These 2.3 angeführten Negativ-Merkmale scharen. Das Gros der Drogen- und Präventions-*Forschung*, die eben derselben Logik folgt, unterstreicht dies durch ihre Methode der „je-desto-*Korrelation*": „Je mehr Freunde Drogen nehmen, desto höher fällt der eigene Drogenkonsum aus".

Bei der üblichen Risikofaktoren-Suche übersehen wir jedoch – im Rahmen unserer Defizit-Perspektive – nicht nur das höchst unterschiedliche Funktionieren einer Clique, sondern verfehlen zugleich auch *methodisch* das breite Spektrum der sich hinter solchen statistischen Zusammenhängen verbergenden jugendlichen Peergruppen-Realität.

Wir gehen nicht nur davon aus, dass diese korrelativen *Zusammenhänge* zwischen einem ‚Risiko-Faktor' und seinen ‚bösen Folgen' relativ *linear* im Sinne eines „je-desto" verlaufen, um sie dann für praktische (und häufig auch für Forschungs)-Zwecke an jeweils beliebigen Punkten (etwa innerhalb einer Depressions-Skala oder bei bestimmten Häufigkeiten abweichenden Verhaltens) zwei-, drei- oder vierzuteilen. Sondern wir unterstellen zumeist auch, dass diese Zusammenhänge relativ *universal* zumindest für alle Teilnehmer der Studie – wenn nicht gar, bei zumeist relativ dürftiger Repräsentativität[271] – für alle ‚Jugendlichen' gelten.

Dies traf lange Zeit etwa für die Nicht-Beachtung von Geschlechts-Unterschieden zu, gilt aber auch in gleicher Weise für soziale Schicht-, Bildungs, Alters- und kulturelle wie teilkulturelle Unterschiede bis hinunter auf die Ebene unterschiedlicher Schulklassen und Peergruppen. So übernehmen Drogen für unterschiedliche Jugendgruppen ganz unterschiedliche *Funktionen*. Mädchen nutzen Drogen vielleicht eher, um ihre Unabhängigkeit von der Familie zu demonstrieren, während Jungen auf diese Weise ihre Gruppen-Zugehörigkeit unterstreichen; Immigranten haben möglicherweise andere Drogenvorstellungen als Einheimische[272]; Abstinente halten Cannabis für weitaus gefährlicher als Neugierige oder ‚erfahrene' Konsumenten.

Und ganz in dieser Weise übernehmen auch die diversen ‚Prädiktoren' bw. ‚Risikofaktoren' in allen diesen Zusammenhängen jeweils neue und anders wirkende Funktionen – man nehme nur die ‚Religiosität' in den USA oder in türkischen Familien im Verhältnis zur deutschen Durchschnittsfamilie[273] oder den Einfluss (wie auch schon das unterschiedliche Item-Verständnis in den entsprechenden Skalen) von Depression oder der Bedeutung delinquenter Peers für Jungen und Mädchen.

Wir nutzen solche ‚korrelativ' entdeckte Risiko-Faktoren sodann fast automatisch auf einer *zeitlich gestreckten Entwicklungs-Dimension* entweder nach vorne in die Zukunft hin als ‚Prädiktor', also als Prognosefaktor, mit dem man ‚vorbeugend-präventiv' Sucht, Süchtigkeit, süchtige Personen, süchtige Persönlichkeit verhindern und auslesen kann, oder aber rückwärts in die Vergangenheit gewendet als ätiologischen Grund gegenwärtig ‚abweichenden' Verhaltens, den man, rechtzeitig erkannt, möglichst früh ebenso vorbeugend ausräumen, eindämmen, entgegnen, behandeln und bekämpfen will – in der materiellen oder sozialen Umwelt etwa der Schule oder Peergruppe aber auch wieder in der Person, in der Persönlichkeit individueller Jugendlicher mit depressiven oder aber ‚rebellischen' sowie ‚sensation-seeking' Eigenschaften.

In dem Moment, in dem wir solche Risiko-Faktoren *praktisch wenden* – also notwendigerweise das gedachte Kontinuum im eben genannten Sinne in die ‚Braven', ‚Nicht-so-Braven' und ‚Gefährdeten' stückeln – wird man auf der einen Seite ‚positiv' angeblich ‚Gefährdete' auslesen, die tatsächlich nicht ‚gefährdet' sind, und auf der anderen Seite ‚negativ' real ‚Gefährdete' übersehen, weil sie nicht genügend ‚Gefährdungspunkte' aufweisen; was im ersten Fall eine ‚unnötige' Stigmatisierung bedeutet, im anderen Fall zumindest mögliche Hilfen ausschließen wird[274].

Mit Recht weist deshalb Derzon (2000;112 f.), der auf dieses Problem aufmerksam macht, darauf hin, dass schon wegen dieser Problematik ein *struktureller* Community-Ansatz sehr viel sinnvoller sei, als ein stärker auf das Individuum bezogenes Vorgehen, zumal ein großer Teil solcher Faktoren ohnehin „sociological in nature“ seien:

> „This approach allows communities to target resources to schools and other social institutions that can address the needs of entire groups, perhaps more efficiently than attempting to address the needs of specific individuals who may not be correctly identified“.

Stattdessen tun wir zumeist ‚prognostisch-prophylaktisch‘ das eine, obwohl wir um die *Stigmatisierungsgefahren* für den Einzelnen, für bestimmte Peergruppen und Familien wie für soziale Schichten und kulturelle Gruppierungen – wie früher etwa die ‚Zigeuner‘ oder aktueller die Ausländer bzw. ‚Asylanten‘ – wissen. Und wir lassen vor allem das andere, nämlich ‚positiv‘ gegenüber solchen ‚Gefährdungslagen‘ zu reagieren, etwa in der sozialen Umwelt i. w. S. – worauf ja die relativ selteneren ‚real‘ strukturellen Projekte zielen.

Vor allem aber verhindert dies, dass wir Abschied nehmen von einer nach hinten gewendeten ‚ätiologischen‘ Sicht, die uns – wie üblicherweise in den beliebten Anamnesen – vielleicht nachträglich erklären kann, warum es so gekommen ist, die aber nur selten ‚wieder gut machen kann‘ was einmal geschehen ist; anstatt wirksamer, besser und weniger stigmatisierend vom ‚hier und heute‘ aus *nach vorne* zu schauen, und Wege aus dem nun mal eingetretenem Dilemma heraus aufzuzeigen und durch konkrete Angebote gangbar zu machen.

2.2 Am Beispiel *unserer Untersuchung* bei 15-Jährigen in einer niedersächsischen Kleinstadt[275] wie aber auch unserer Europa-Studie mit 14/15-Jährigen der gleichen Klassenstufe[276], die ich im Folgeband „Wer raucht, der stiehlt“ auswerte, lässt sich das bisher Gesagte – in einer insgesamt unerwarteten Richtung – weiter verdeutlichen.

Zunächst zeigte sich auch hier die übliche *Korrelation* des ‚birds of a feather flock together‘, weswegen an einem Ende der Korrelation nicht-Drogen-konsumierende Jugendliche entsprechend abstinente FreundInnen hatten und am anderen Ende sich die Jugendlichen fanden, die jeweils – zunehmend mehr – zusammen mit ihren Freunden Drogen konsumierten: Je höher der Konsum, desto mehr Freunde konsumierten; ein Ergebnis, das zwar nicht netzwerkartig nach Cliquen fragte, das jedoch den auch von Ennet/Bauman herausgearbeiten beiden entgegengesetzten Cliquen entspricht.

Schon in diesem Stadium entstanden jedoch die logischerweise bei jeder dieser Korrelationen auftauchenden *drei* weiteren, nicht in das geläufige Schema hineinpassenden *Gruppierungen*; nämlich zwei – je nach (relativ beliebigem) ‚Schnittpunkt' verschieden große Extremgruppierungen, die entweder keine/wenig Drogen konsumierten, jedoch Freunde hatten, die den Drogen ‚verfallen' waren, einerseits und andererseits Jugendliche, die stärker (vorwiegend legale) Drogen nahmen, aber überwiegend ‚abstinente' Freunde hatten. Und schließlich drittens eine relativ breite Mittelgruppierung, die selber entweder ‚abstinent' war oder – gemäßigt – Drogen konsumierte und zugleich Freunde beiderlei Art, also mit und ohne Drogen, angab; eine Gruppierung, die etwa den von Ennet/Bauman herausgearbeiteten dazwischenstehenden *‚Liaisons'* mit sozialen Beziehungen ‚zwischen' den Cliquen entsprechen, die Zugang haben

> „to a potentially larger array of behavioral standards and sources of information about behavior than clique members and are less likely to resemble a single friendship group. The greater diversity within their friendships could reflect a greater range of behaviors acceptable to them and their peers" (2000;50); eine mittlere ‚Normal'-Gruppierung, die auch bei Denscombes 15-Jährigen eher dominierte.

Diese bei jeder Korrelation notwendigerweise auftretenden *drei Gruppierungen* werden üblicherweise zu Gunsten der das Schema der ‚verführerischen peergroup' bestätigenden ‚Drogen-Clique' nicht nur in der Darstellung vernachlässigt, sondern mehr oder weniger ‚automatisch' übersehen, da sie ja nicht in das gesuchte >Pearson-r< (bzw. jedes andere Korrelations-Maß) hineinpassen. Obwohl doch eben diese drei Gruppen theoretisch wie präventions-praktisch unsere besondere Aufmerksamkeit wecken müssten, um zu erfahren, wie, warum und wann es hier die ‚Braven' schaffen, nicht durch die ‚Bösen' verführt zu werden bzw. umgekehrt, warum diese sich von jenen nicht abhalten ließen, was also deren jeweilige ‚Resilienz' eigentlich ausgemacht hat.

2.3 In einer anschließenden *Cluster-Analyse*, die mit statistischen Mitteln die Jugendlichen mit Hilfe von vier Skalen zur Intensität des Drogen-Konsums, des Medikamenten-Konsums, der Geselligkeit und der Depression in vier etwa gleichgroße Gruppen teilen sollte[277], stießen wir sodann zunächst auf eine breitere Mittelgruppierung, die etwa der in der Korrelations-Analyse auftretenden mittleren Normal-Gruppe entsprach, und die in allen zusätzlich untersuchten Dimensionen – Drogenkonsum, soziale Kontakte, Elternbeziehung, Depressivität, Freizeitbeschäftigung und schulische Leistung – mittlere Werte aufwies, also gleichsam *die* Jugendkultur vertrat.

Dieser ‚Normal-Gruppierung' standen nun drei höchst unterschiedliche Teilgruppen gegenüber, von denen zunächst zwei einander ganz entgegengesetzte Gruppierungen unsere besondere präventive Aufmerksamkeit erregen könnten.

Unter denjenigen SchülerInnen, die *stärker Drogen konsumierten* – bis hin zum mehrmaligen Cannabis-Konsum – trafen wir auf zwei verschiedene Cluster von Jugendlichen. Jugendliche in einer dieser beiden Gruppierungen waren sozial hoch integriert, schauten relativ wenig fern und wiesen bei Sport und geplanten Freizeitaktivitäten die höchsten Werte auf; sie schwänzten zwar häufiger die Schule, doch erreichten sie insgesamt gute schulische Leistungen.

Die andere Gruppe entsprach dagegen weitaus eher unserem oben skizzierten Negativbild: Zwar waren auch sie sozial gut verankert, doch mit familiärem Ärger, depressiven Zügen und schulischen Problemen belastet.

Wir stoßen also auf zwei Cluster-Gruppen, die wir *nicht* an Hand ihres höheren *Drogenkonsums*, sondern *nur* durch ihre allgemeineren Hintergrunds-Probleme unterscheiden können. Derselbe Drogen-Konsum besitzt für beide Gruppierungen offensichtlich eine völlig unterschiedliche Funktion.

Ein ganz entsprechendes Ergebnis erhielten Hüsler u. a. (2001;40 f. kursiv S.Q.) bei ihrer Evaluation der Schweizer supra-f- Präventionsprogramme für ‚*gefährdete Jugendliche*', für die eine Cluster-Analyse drei unterschiedliche ‚Risikoprofile' ergab:

> Jugendliche mit niedrigem Risiko „haben folgendes Muster: Sie sind nicht depressiv, nicht ängstlich, haben eine gute Beziehung zu den Eltern und kein erhöhtes delinquentes Verhalten. Jugendliche mit mittlerem Risiko haben depressive und ängstliche Züge, eine beeinträchtigte Beziehung zu den Eltern und ein etwas erhöhtes delinquentes Verhalten. Jugendliche mit einem hohen Risko sind manifest depressiv und ängstlich. Sie haben eine schwierige Beziehung zu den Eltern und vor allem eine ausgeprägte suizidale Tendenz".
>
> Um sodann ganz in unserem Sinne fortzufahren: „Dabei ist wichtig festzuhalten, dass sich die drei Gruppen hinsichtlich der Einweisungsgründe (gesundheitliche, schulische, berufliche) nicht unterscheiden. Sie zeigen auch *keine Unterschiede im Substanzkonsum* (Alkohol, Zigaretten, Cannabis)".
>
> Entsprechend zeigte sich bei den ‚Effekten der Interventionen', dass sich bei der ersten Gruppe „negative und positive Effekte die Waage halten" während man „bei Jugendlichen mit einem mittleren bis hohen Risiko deutliche positive Veränderungen" feststellen konnte. „Es kann ein globaler Trend zur Abnahme delinquenten Verhaltens festgestellt werden, unabhängig von der Gruppenzugehörigkeit. Eine eher gegenläufige Tendenz zeigt sich jedoch im *Substanzkonsum*: Ein Gruppenvergleich zwischen Interventions- und Vergleichsgruppe lässt die zuvor erwähnten positiven Effekte deutlich schrumpfen".

Selbst Moffit (1993;691 f., kursiv S.Q.) gelangte von seiner (uns ferner liegenden) eher psychiatrisch-neuropsychologischen Ausgangsbasis aus in einer theoretisch und methodisch interessanten Analyse zu einer analogen Unterscheidung

> zwischen einerseits einer relativ kleinen Gruppe mit früh auffälligem >*life-course-persistent*< antisocial behavior (with mild neuropsychological impairment, poor self-control, pathological interpersonal relationships, weak connections to other people, and a lifelong antisocial personality configuration), die bis in den psychopathologischen Bereich hineinreiche, und andererseits einer in der Jugend überaus häufigen Verhaltensweise eines >*adolescence-limited*< antisocial behavior, das gleichsam ein normales Durchgangsstadium kennzeichne: „Its prevalence is so great that it is normative rather than abnormal", ohne dass sich diese Gruppierungen anhand ihres *aktuellen Drogenkonsums* scheiden ließen[278].

Schließlich konnten Williams/Parker (2001;410) – gleichsam in Verlängerung unserer ‚aktiven Drogen-Gruppe' – jüngst in Fortführung ihrer oben genannten englischen Follow-up-Studie[279] nachweisen, dass die 18 – 22jährigen Befragten ihren erstaunlich konstanten legalen wie illegalen Drogengebrauch der letzten 4 Jahre überlegt und bewusst in ihr Alltags-Arbeitsleben ‚lifestyle'-mäßig eingebaut haben:

> „The study provides a moving picture of a conforming, educated and employed cohort of new adults but still engaged in transitions to full independence.(...) Alcohol, tobacco and cannabis are their most favoured multi-purpose, mixable substances with stimulants like ecstasy and cocaine being utilised sparingly by a minority. These drugs of choice are best understood in the context of the emergent young adult lifestyles most of the sample are negotiating. They favour drugs which are easely available, accomodated within their social networks and which fit into the work hard – play hard seven day cycle (...). There are signs of more strategic and moderate substance use in respect of not getting totally drunk or intoxicated even at weekends in response to the requirements of the working week".
>
> Egginton et al. (2002;125) ergänzen dies für die 18-jährige Teilgruppe von männlichen wie weiblichen ‚heavy drinkers': „The ‚going-out' subsample in this cohort who drank heavily/used drugs have displayed few psychosocial risk markers. Most share the protective factors of being in education, employment or training and coming from conventional families. Practically significant ‚risks' in the going-out group were situational and consequential, being related to their propensity to prioritise going out at weekends to get intoxicated as part of their ‚time out'".

In seinem Kommentar zu diesen Ergebnissen unterstreicht Kaplan (2001;419) – unter Hinweis auf die analogen Befunde von Shedler/Block – dass diese Gruppe, im Gegensatz zur üblichen Präventions-Sicht,

„seems well adjusted to the difficult conditions posed by our runaway world (im Sinne von Beck und Giddens). Their drug use appears to be an issue of reasoned choice and personal responsibility, an integral part of their stress reduction coping strategies".

2.4 Aus Präventions-Sicht noch wichtiger sind unsere Befunde für eine vierte Cluster-Gruppierung, die man bisher eher als Vorbild betrachtet: Die Gruppierung der *Braven,* die keinerlei oder nur sehr wenig Drogen probiert hatten.

Sie fühlte sich ebenfalls depressiv, hatte familiäre Probleme, war zwar gut in der Schule, doch sehr schwach in ihren Freizeit-Aktivitäten, sie sah viel fern und bezeichnete sich insbesondere in ihren allgemeinen sozialen Kontakten als gehemmter.

Während die anderen gleichaltrigen Gruppen nicht nur viele Freunde hatten, über ihre Probleme reden konnten, schon mal verliebt waren und schon eher mit einer Freundin bzw. einem Freund geschlafen hatten, waren diese Braven relativ isoliert, recht wenig verliebt und ohne sexuelle Erfahrungen.

Verallgemeinert man etwa den Befund von Zinnecker u. a. (2002;113) dass deren 16–18-Jährige bis zum 15-Lebensjahr sich zu 81 % ‚zum ersten Mal verliebt' hatten, dann muss man wohl auf dieser für diese Altersgruppe so relevanten Ebene der Kontaktaufnahme zum jeweils anderen Geschlecht zumindest auf einen ‚Entwicklungs-Rückstand' schließen[280].

Wir begegnen hier also – auf einer etwas breiteren Drogen-Ebene – den oben genannten ‚Sozial-Isolierten' RaucherInnen von Ennet/Bauman und können zugleich die an sich bekannten und soeben schon erwähnten, doch freilich nur selten ernsthaft wahrgenommenen[281] Ergebnisse von Shedler/Block (1990;625) bestätigen, die als Fazit ihrer US-amerikanischen Langzeituntersuchung für die 18-Jährigen hinsichtlich des Konsums illegaler Drogen festhalten:

„When psychological findings are considered as a set it is difficult to escape the inference that experimenters are the psychologically healthiest subjects, healthier than either abstainers or frequent users".[282]

Ganz in diesem Sinne[283] stießen jüngst Lösel/Bliesener (2003;175) in ihrer interessanten follow-up Untersuchung bei zunächst 1.163 bayerischen 14-jährigen SchülerInnen – von denen nach 20 Monaten eine kleinere Kohorte ausgiebig ‚qualitativ' nachgetestet wurde – auf ein paralleles Ergebnis im Vergleich zwischen den ausgesprochenen ‚Bullying-Schülern' und deren ‚Opfern':

„Die Aggressionsopfer hatten ebenfalls (wie die aggressiv, delinquenten Jugendlichen) Aufmerksamkeits- und Identitätsprobleme, zeigten mehr vermeidendes Coping, waren unbeliebter und sozial etwas weniger kompetent. Sie zeigten zudem deutliche internalisierende Probleme wie Angst, Depressivität, Rückzug und psychosomatische Beschwerden".

Dieses an sich plausible Ergebnis, das bereits oben (These 1.1) als ‚Paradox des Kompetenz-Ansatzes' auffiel, wird in unserem Zusammenhang vor allem deshalb interessant, weil beide Extrem-Gruppen (mit jeweils etwa 5 %) sich entsprechend deutlich auch auf der Ebene des Substanz-Gebrauchs – Rauchen, Alkohol, harte Drogen, Medikamente – unterschieden.

> Im Gegensatz zu den ‚Viktimisierten' korrelierte dieser Substanz-Gebrauch hoch mit dem Schul-Bullying, Delinquenz und Dissozialität (77) und fiel auch bei einer Gruppe als ‚kompetent' angesehener SchülerInnen relativ hoch aus (95).
>
> Ein Resultat, das sich im follow up bewährte: „(...) bestätigt sich einerseits der Einfluss von Ängstlichkeit und Rückzugsorientierung. Darüber hinaus liefert der Substanzengebrauch, obwohl als letzte Variable in die Regression aufgenommen, einen substantiellen Beitrag (...) konsumieren die Viktimisierten (...) wenig Substanzen. Dies ist ein weiterer Hinweis darauf, dass sie relativ ‚brav' sind" (138).

Diese Schwierigkeit, aus unserer gewohnten Wahrnehmungsschiene – Abstinenz als positives Präventionsziel – heraus zu springen, kann auch das folgende kleine Beispiel belegen: Fischer/Röhr (1999) stellten bei ihrer Analyse der protektiven Faktoren, die bei Abstinenten eine Rolle spielen könnten u. a. fest, dass die Abstinenten nach eigenen Angaben über eine *geringere soziale Kompetenz* verfügen, ohne dies jedoch weiter zu kommentieren, was Kolip in ihrer Einführung zu der Bemerkung veranlasst (1999;20):

> „Der Befund, dass Abstinente nach eigenen Angaben über eine geringere soziale Kompetenz verfügen, wirft allerdings die Frage nach den Zielen jugendspezifischer Suchtprävention auf. In einer Gesellschaft, in der kontrollierter Alkoholkonsum nicht nur legitimiert, sondern geradezu erwünscht ist und Alkoholabstinenz als normabweichend wahrgenommen wird, sind Abstinente möglicherweise nicht die geeignete Gruppe zur Bestimmung von Präventionszielen."

Insofern läge es tatsächlich nahe, künftig bei Evaluationen „nicht nur die erwünschten, sondern auch die unerwünschten Nebenfolgen (...) zu berücksichtigen und in die Auswertung aufzunehmen. Ein erwünschter Nebeneffekt kann z. B. sein, wenn eine Gruppe im Anschluss an das Projekt allein weiterarbeitet; ein unerwünschter Effekt kann darin bestehen, dass ein im Projekt gewonnenes Selbstvertrauen zu einer Entfremdung vom sonstigen Freundeskreis führt" (Franzkowiak u. a. 1998;92).

2.5 Natürlich können wir solche Befunde ganz unterschiedlich bewerten; die ‚brave Haustochter' und den ‚erfolgreichen Streber' loben, die anderen dagegen als ‚Herumtreiber' und ‚Mädchenverführer' schelten. Doch sollte uns hier die – übrigens in der Shell-Studie 2000 bestätigte[284] – Warnung von Matthias Wais (2002; 25 f.) von der ‚Dortmunder Beratungsstelle für Kinder, Jugendliche und Erwachsene' Anlass bieten, über solche Erziehungsbilder nachzudenken:

> „Die für drogengefährdete junge Menschen so typische Naivität angesichts normaler Probleme und Konflikte entsteht durch die übermäßig beschützende Erziehung, die sie erfahren haben. Sie ist nicht erst Folge des Drogenkonsums, sondern deren Ausgangspunkt, wenngleich die Droge die Problemflucht sicher noch verstärkt. (...) Typischerweise stammt die Mehrzahl der Drogengefährdeten aus sogenannten intakten Familien, und, wie man so sagt, aus gutem Hause. Kinder aus einem Milieu des täglichen Lebenskampfes (...) haben eine geringere Wahrscheinlichkeit, sich von Drogen in Versuchung führen zu lassen".

Und natürlich gibt es auch hier unter den Abstinenten erfolgreiche Jugendliche, die ihren Weg gehen werden, eben so wie bei den stärker Gefährdeten viele aus ihrer Misere herauswachsen können.

3. „Unsere Jugend heute": Befunde der Jugendsoziologie

Interessanterweise kann die neuere *jugendsoziologische* Forschung, wie sie insbesondere in den letzten beiden Shell Jugendstudien[285] und der dazwischen liegenden Siegener Jugendstudie der Gruppe um Zinnecker vorgelegt wurden, diese aus unserer Drogenforschung entwickelte, in der gegenwärtigen Präventions-Logik jedoch geflissentlich übersehene Differenzierung recht eindrucksvoll belegen.

> Die beiden repräsentativen Befragungen der Shell-Jugendstudien[286] interviewten 1999 mit einem zusätzlich spezifischen Interesse an der Situation ausländischer Jugendlicher zunächst 4.546 deutsche und 648 ausländische Jugendliche im Alter von 15–24 Jahren, und im Jahr 2002 wiederum 2.515 12 bis 25-jährige Jugendliche unter einem stärker polit-bezogenen Aspekt. Zwar wirkt sich die – schon oben beklagte – weite ‚jugendliche' Altersspanne immer dann recht hinderlich aus, wenn die Vielfalt der erhobenen Variablen ohne Altersdifferenzierung ausgewertet werden muss, was sich insbesondere bei der hier interessierenden Adressaten-Gruppe drogenpräventiv zu erreichender SchülerInnen – etwa im Verhältnis zu den älteren berufstätigen oder studierenden Jugendlichen – bemerkbar machte.

Gleichwohl lassen sich drei für unsere Fragestellungen relevante Dimensionen sehr deutlich herausheben: Die Frage nach der subjektiven Wertvorstellung dieser

Jugendlichen, die nach der Relevanz ihrer sozialen Einbindung und die der gravierenden Einflüsse sozialer Ungleichheit.

3.1 Jugendliche „orientieren sich an konkreten und praktischen Problemen, die für sie mit persönlichen Chancen verbunden sind. Dafür zeigen sie heute wieder in erhöhtem Maße persönliche *Leistungsbereitschaft* (>Aufsteigen statt aussteigen<)" beginnt die ‚Zusammenfassung' der 14. Jugendstudie (II;17; kursiv S.Q.). Sie „reagieren auf die neue gesellschaftliche Agenda nicht mit ‚Protest' oder mit einer ‚Null-bock-Einstellung', wie es früher in Teilen der Jugend der Fall war. Sie erhöhen vielmehr ihre Leistungsanstrengungen und betreiben ein aktives ‚Umweltmonitoring'. Das heißt, sie überprüfen ihre soziale Umwelt aufmerksam auf Chancen und Risiken, wobei sie Chancen ergreifen und Risiken minimieren wollen" (II;19). Sie sind

> „relativ zuversichtlich und überzeugt von der eigenen Leistungsfähigkeit, versuchen (…) mehrheitlich, aktiv ihre Lebensperspektive vorzubereiten. Sie sind insgesamt weder verängstigt noch leichtsinnig unbekümmert, sondern entschlossen, die Herausforderungen (die sie ‚realistisch' vor sich sehen) zu meistern" stellte schon die vorangegangene Studie (I;13) in ihren ‚Hauptergebnissen' fest.

Dabei gelingt es ihnen, die ‚modernen' Werte der Kreativität, Toleranz und Genussfreude mit den überkommenen Werten von Leistung und Sicherheit zu verbinden:

> „Junge Leute entwickeln somit ein neues, unbefangenes Verhältnis zu den so genannten deutschen Sekundärtugenden, allerdings haben sie diese ‚altbürgerlichen' Werte von ihrem ‚Staub' befreit". (II;20). So „fällt es vielen Jugendlichen heute nicht schwer, Wertorientierungen, die eher den herkömmlichen Bestand der Werte ausmachen, mit modernen Orientierungen eng zu *verknüpfen*, während Erwachsene hier *deutlichere Grenzlinien* ziehen" (II;158, kursiv S.Q.).
>
> Eine Entwicklung, die besonders deutlich in den *höheren Bildungsschichten* zu beobachten ist: Die „Hauptschüler suchen eher das existenzsichernde Moment (…); Abiturienten ist eher an sinnvollen Inhalten, an Spaß und Selbstverwirklichung gelegen" (I;15).

Dies führt uns nicht nur zum weiter unten angesprochenen dritten Moment der Auswirkungen ‚sozialer Benachteiligung', sondern bestätigt zunächst das Phänomen der oben herausgearbeiteten *positiven Drogengruppe*, die Leistung und (kontrollierten Drogen)-Spaß miteinander vereinen konnte, zumal wir annehmen dürfen, dass sich – angesichts der ebenfalls sehr weiten Verbreitung des Drogen-Konsums – beide Kreise weithin überschneiden. Zugleich wäre aber von hier aus auch die unterschiedliche Funktion des Drogen-Konsums für die *beiden* angenommenen unterschiedlichen Drogen-Gruppen – etwa auf der Ebene der Schularten – recht plausibel in einen jeweils breiteren gesellschaftlichen ‚Wertungs-Horizont' einzubauen, derart, dass den ‚Gewinnern' der Spaß, den ‚Verlierern' dagegen der Frust zufallen soll.

Die ‚deutlicheren Grenzlinien der Erwachsenen' verweisen auf das Thema des *Generationen-Konflikts*, das ich in der dritten These ansprach, und das nun in beiden Jugendstudien eine für das Präventions-Anliegen interessante Wendung nimmt: Die Jugendlichen scheinen sich heute recht gut mit ihren *Eltern* verstehen:

> „Fast 90 % der Jugendlichen geben an, dass sie mit ihren Eltern gut klar kommen, auch wenn es ab und an einmal Meinungsverschiedenheiten gibt. Knapp 70 % – und damit deutlich mehr als in früheren Shell Jugendstudien – würden oder wollen ihre Kinder genau so oder wenigstens ungefähr so erziehen, wie sie selber von ihren Eltern erzogen worden sind" (II;18).
>
> Eine Feststellung, die auch die vorangegangene Studie – leicht differenzierend – bestätigt: „Sie erleben mehrheitlich ihre Eltern als Partner (...). Ihre Verselbständigung geschieht nicht im Konflikt, sondern geradezu in Absprache mit den Eltern (...). Trotzdem haben wir hiervon abweichende, in manchen Aspekten auch problematische Verhältnisse gefunden bei der Unterschicht und bei manchen Gruppen unter den Ausländern, besonders bei den muslimischen Mädchen" (I;14,59).

Doch zeigt zunächst ein Blick auf die >Tafel der Wertorientierungen – Wichtigkeit für die Lebensgestaltung<, dass die gleichwohl bestehenden *Wertkonflikte* heute weniger protestierend ausgetragen, denn von den einen ‚ertragen' und von den anderen ‚gelebt' werden. Die sehr eindrucksvoll geratene Übersicht >50 Jahre Shell Jugendstudie< verweist darauf, dass sich dieser >Generationen-Konflikt< schon relativ früh „zumindest in den Tabellenbänden der Jugendforschung sich plötzlich und unverhofft in Luft auflöste" (2002;61), dass sich gleichwohl auch in jüngster Zeit

> „die kulturelle Kluft zwischen Jung und Alt über die Jahre hinweg vertieft hat, besonders in der Freizeit (...) in der Jung und Alt doch oft ein wenig in zwei verschiedenen Welten leben. Die Mütter können mit ihren Söhnen zwar besser reden als früher. Die Söhne sind hilfsbereit und nett. Kaum noch gibt es Stoff für Zoff. Und trotzdem haben es die Mütter heute schwer. Sie können nicht begreifen, warum ihr Junge mit einer Hose herumläuft, die an den Hüften gerade noch hält und die im Schritt bis in die Kniekehlen hängt. Der nette Junge zuckt aber nur freundlich, ja fast nachsichtig lächelnd die Achseln. Für ihn ist alles klar: Er trägt eben gerne Baggy-Pants – das ist sein Stil".

So gelten für die 12–25-Jährigen „Freundschaft, Partnerschaft" nahezu uneingeschränkt als wichtig, was dann auch noch für „Familienleben, Eigenverantwortung, viele Kontakte und Kreativität" zutrifft, während auf dem unteren Ende dieser Skala „Gottesglauben, Geschichtsstolz, Politikengagement, Althergebrachtes und insbesondere Konformität" als eher unwichtig rangieren (II;143).

Während so in den Elternhäusern die ‚Verhandlungshaushalte' zunehmen, in denen Kinder partnerschaftlich wahrgenommen werden (I;210), erleiden im politischen Bereich ‚ideologisch' orientierte Institutionen zum Teil ‚erdrutschartige Vertrauensverluste' (I;16), was insbesondere für die „Bundesregierung, Kirche, Unternehmensverbände und vor allem für Parteien" zutrifft (II;105); ein Vorgang, der im politischen Bereich die ‚Ideologie', die ‚Predigt', die unglaubwürdige ‚Programmatik' trifft, nicht dagegen die ‚handelnden' Gruppierungen der „Gerichte, Polizei, Menschenrechts- und Umweltschutz-Gruppen", die allesamt bis hin zur Bundeswehr vor allem bei den westdeutschen Jugendlichen Vertrauen genießen.

> „Das Ausmaß der erlebten Distanz zur Politik hängt davon ab, inwieweit die Jugendlichen glauben, mit ihrer Zukunft zurechtzukommen (und kaum mit Sozialisationseinflüssen). Je belasteter ihnen ihre Zukunft erscheint, desto mehr lehnen sie den Politikbetrieb ab" formuliert die 13. Jugendstudie (I;17 f.), um dann ganz im Sinne der hier vertretenen Thesen fortzufahren: „Konzepte der politischen Bildung, die auf das ‚Einüben' von Demokratie abstellen, müssen deshalb eher wirkungslos bleiben. Entscheidend ist vielmehr, den Jugendlichen Ressourcen und Unterstützung zu bieten, ihre Zukunft zu meistern".

Ein Jahrzehnt früher formulierten bereits Ferchhoff/Dewe (1991;195) unter Bezug auf Schnädelbach (1987) diesen Befund:

> „Die neuen Epikureer sind freilich nicht unpolitisch, egoistisch, privatistisch und amoralisch, wie manche älter gewordene Aktivisten der 68er Bewegung uns weismachen wollen, sie sind freilich nur skeptisch gegenüber den konventionellen Vorstellungen von vergreisten Politikformen und oft genug politischer Korruptionsmoral (...) Sie wehren sich gegen populistische Verdummung genauso wie gegen zwar gut gemeinte, schließlich aber doch lebenskontrollierende administrative und pädagogisierende Allmachtsphantasien und Eingriffe".

Die zwischen diesen beiden Shell-Studien angesiedelte Studie des Siegener Zentrum für Kindheits-, Jugend- und Biographieforschung aus dem Jahre 2001, die in einem komplexen Design ca. 8.000 Jugendliche zwischen 10 und 18 Jahren in Nordrhein-Westfalen befragte (Zinnecker u. a. 2002), kann dieses Ergebnis fast wörtlich bestätigen:

> „Knapp drei Viertel aller Kinder und Jugendlichen würden ihre eigenen Kinder später (ungefähr) so erziehen wie sie von ihren Eltern erzogen worden sind" (Gymnasiasten mehr als Hauptschüler); „Noch nie seit den 1970er-Jahren war die Übernahme des

elterlichen Erziehungsstils bei einer Jugendgeneration so ausgeprägt wie heute" (37 f.). Doch: „Trotzdem leben die Jugendlichen auch heute in einer gewissen Distanz zur Generation der Erwachsenen. Sie begehren mehrheitlich zwar nicht auf. Wenn man sie danach fragt, wird aber doch deutlich, dass viele von ihnen sich von Erwachsenen diskriminiert fühlen; dass viele die sozialen Kompetenzen der Erwachsenen im Umgang mit den Jüngeren nicht allzu hoch einschätzen; dass viele doch lieber auf die eigene Generation vertrauen":

Eine Aussage, die sie mit der folgenden Tabelle untermauern können:

720 13–18-Jährige in Nordrhein-Westfalen 2001	**stimmt genau, vielleicht**
Die wenigsten Erwachsenen verstehen die Probleme von Jugendlichen wirklich	70 %
Die Erwachsenengeneration verbaut durch ihre Politik heute unsere Zukunft	63 %
Ich halte nicht viel von den Erfahrungen der Erwachsenen. Ich verlasse mich lieber auf mich selbst	60 %
Bei gleichaltrigen Freunden und Freundinnen lerne und erfahre ich mehr als bei Erwachsenen	59 %

Die letzten beiden Sätze weisen darauf hin, „dass eine deutliche Mehrheit von Jugendlichen den Anspruch der älteren ‚pädagogischen' Generation auf das Lehr- und Unterrichtungs-Monopol nicht mehr akzeptiert" (147). Dieses Misstrauen gilt insbesondere gegenüber allen, die etwas ‚verkaufen' wollen, „sei es eine politische, eine Handels- oder eine Medien-Ware" (57).

Bezieht man diese Befunde auf die These des ‚Generationen-Konfliktes', dann ergibt sich zunächst, dass – gemessen mit einer Skala >Erlebter Gegensatz der Generationen< – „die aktuellen gegensätzlichen Generationsinteressen noch gar nicht zu allen Jugendlichen vorgedrungen sind und allenfalls von den Höhergebildeten überhaupt wahrgenommen werden" (I;155)[287].

Und zum anderen könnte man dann daraus schließen, dass wir diesen in These 3 angesprochenen Generationen-Konflikt weniger als ‚aktiven Protest' der Jugendlichen, sondern eher als Ausdruck einer frustrierten „gesellschaftlichen Erwartung" hinsichtlich der „Anerkennung gesellschaftlicher Regeln, soziokultureller Normen und Werte als Zeichen der bewussten Einfügung in die Gesellschaft" (2003;21), wenn nicht gar als ‚präventives' Unterdrücken projizierter Besorgnisse seitens der Erwachsenen interpretieren müssen.

3.2 Als wichtigsten Wert nannten die 12–25-jährigen Jugendlichen ‚Freundschaft und Partnerschaft' und dementsprechend waren 70 % in Cliquen eingebunden, deren Höhepunkt bei den 15–21-Jährigen lag (II;80). Diese *soziale Einbindung* – in der Beziehung zur Clique, Partnerschaft und Familie – korreliert hoch mit ihrer positiv/negativen Zukunftserwartung:

> „So haben diejenigen Jugendlichen, die sich sozial nicht sicher eingebunden fühlen und angeben, sie seien in der Gleichaltrigengruppe >nicht so beliebt<, deutlich häufiger eine ungünstigere persönliche Zukunftserwartung als diejenigen, die sich als >beliebt< einstufen. Auch Jugendliche, die anderen Menschen weniger vertrauen, tendieren überdurchschnittlich häufig dazu, ihre persönliche, aber auch die gesellschaftliche Zukunft eher schwarzzusehen“ (II;89).

Eine solche ungünstige soziale Integration findet man insbesondere auch bei einer Gruppe von >Unauffälligen<, „passiven Mitläufern und Mitmachern, (…) die versuchen, im Strom des Mainstreams mitzuschwimmen“ (II;168 f.), während umgekehrt *sozial integrierte* Jugendliche deutlich zu den Werten >Autonomie, Menschlichkeit und Modernität< tendierten (I;125).

> In ihrer Freizeit sind sie als ‚Heavy user‘ von Handys[288], Computer und Internet – entgegen manchem öffentlichen Bild – „wesentlich stärker in soziale Strukturen eingebunden als die Technikabstinenten“, so, „dass ihre ‚Soziabilität‘ nicht unter, sondern im Gegenteil über dem Durchschnitt liegt: Sie leben häufiger in Partnerschaften oder haben einen festen Freund/feste Freundin, sie besitzen zu wesentlich häufigerem Anteil >wirkliche Freundinnen<, es existieren für sie wesentlich häufiger Vertrauenspersonen, mit denen sie >über alles sprechen< können, sie sind häufiger Mitglieder in Vereinen/Organisationen“ und sie sind „eine sehr zukunftsorientierte und selbstbewusste Gruppe“ (I;213 f.), während diejenigen, die >düster in die Zukunft schauen< sehr viel eher das Fernsehen bevorzugen (II;34 f.).

Diese überraschende Parallele zu unserer Einschätzung der oben herausgearbeiteten, eher sozial isolierten *Abstinenten-Gruppierung* erhält in der 13. Jugendstudie (die ebenfalls nicht ausdrücklich nach Drogen fragte) aus dem Jahr 1999/2000 eine noch weiterführende Bestätigung dadurch, dass die Autoren immer wieder auf deren negative Sozialisationserfahrung mit einer *>ängstlichen Besorgtheit der Eltern<* verweisen können.

> In der dafür entwickelten 4-Item-Skala dominieren neben der >Sorge um die Entwicklung des Kindes< einmal die elterliche „Angst, dass ich in schlechte Kreise kommen könnte“ und zum anderen die „Angst, ich könnte mit Haschisch anfangen“:
>
> „Man könnte an den Vater eines Fünfjährigen denken, der seit einer Sendung im Fernsehen über Drogensucht befürchtet, sein Kind könnte als Jugendlicher dem Rauschgift verfallen, und deshalb seine Erziehung seitdem vor allem auf diese Gefahr hin ausrichtet“ (I;80).

Diese gehemmteren Jugendlichen stehen der modernen Informations- und Kommunikationstechnik nicht nahe; „was die soziale Vernetzung angeht, so sind die Unterschiede nicht groß, aber durchgängig: Sowohl zu Vater, Mutter und Verwandten, wie auch zu Freunden, Freundinnen, Freundesgruppe und Mitschülern haben sie etwas weniger intensive Beziehungen. Die Frage nach Gesprächspartnern für Sorgen und Nöte bestätigt das". „Sie neigen beim Zeiterleben zu Ausweichbewegungen (Gegenwartsorientierung, wenig Leistungsorientierung) und auch zu Rückwärtsgewandheit, sie sind eher pessimistisch" (I;81 f.).

3.3 „Ängstliche Besorgtheit ist tendenziell ein *Unterschichtphänomen* (...). Jugendliche mit Hauptschulniveau haben durchgehend die höchsten, die mit Oberschulniveau die niedrigsten Werte", und zwar über die Altersgruppen hinweg in etwa gleich (I;81, kursiv S.Q.). Beide Studien unterstreichen diese in der gegenwärtigen Gesellschaft gerne ausgeblendete ‚Verlierer-Position' (I;49), in der das „Bildungsniveau (...) nach wie vor in hohem Maße ‚vererbt' wird" (II;17):

> „Die Ergebnisse zeigen, dass vor allem der Faktor soziale Ungleichheit auf alle Lebensbereiche der Jugendlichen Einfluss hat" (II;53), „Bildungsverlierer, die sowohl materiell, statusbezogen wie auch im Hinblick auf ihre soziale Eingebundenheit wenige Chancen haben eine zufriedenstellende Position in der Gesellschaft zu erlangen. Sie tragen ein hohes Risiko, zu Verweigerern zu werden und jegliche politische Partizipation zu negieren. Unter Nichtwählern und politisch Desinteressierten sind Jugendliche mit Bildungsrisiko überrepräsentiert" (II;71).

In ihrem Interview bringt die 16-jährige Gymnasiastin Lea aus Bremen dies auf den Punkt:

> „Dass wirklich von der 5. Klasse an Leute in Stufen selektiert werden, wo der ganze spätere Lebensweg von abhängig ist. (...) Das sind so Sachen in der Gesellschaft, die ich total krank finde. Wenn man sich das mal wirklich vor Augen führt, dass da Leute eingeteilt werden als Kinder noch. Oder überhaupt eingeteilt werden in Leistungsstarke, Schlaue, Gute, Gebildete, Intelligente, Willige und die anderen sind dumm und können nichts und haben Pech gehabt. Das sollte allein jeden überzeugen, dass diese Gesellschaft nicht die einzig wahre sein kann" (II;320).

Ein sehr eindeutiges, sozial erschütterndes Fazit, das beim Schreiben dieser Zeilen nach den PISA-Befunden sowohl im jüngsten OECD-Bericht wie in der IGLU-Studie über den international vergleichbar kläglichen Stand unseres Bildungswesen[289] noch einmal unterstrichen wird.

Ein Fazit, an dem die gegenwärtige Drogen-Prävention gleich dreifach schweigend vorübergeht:

1. Zunächst durch ihren Blick auf die *individuellen*, allenfalls Peergruppen- und Familien-bezogenen Risiko- und Resilienz-Faktoren, zumal gerade die rezente Variante der individuellen ‚Resilienz' – als erfolgreicher Widerstand gegen schlechte Umweltbedingungen – diese Bedingungen besonders gut aus der Wahrnehmung (und unserem schlechten Gewissen: „Du siehst doch, man kann es trotzdem schaffen") ausschließen kann.
2. Sodann durch ihren *mittelschicht*-orientierten Zuschnitt auf die Braven und bildungsmäßig besser Erreichbaren, die die Fälle (früh) Konsumierender, die schwierigen Hauptschüler und die Ausländer möglichst außen vor lassen will und schließlich
3. durch ihre ‚syndromale' *Gleichsetzung* von Drogen-Abusus und Verhaltens- bzw. Bildungs-Störung, die diese Jugendlichen erfolgreich doppelt ausschließt und stigmatisiert, so, wie wir dies schon lange aus dem benachbarten Kriminalitäts-Dispositiv kennen, in dem zunächst die ‚dangerous classes' und dann die ‚soziale underclass' nicht nur arm war, sondern zugleich auch als gefährlich und kriminell galt, um so sowohl die Angst-Abwehr der Braven zu schüren, wie auch die ‚große Kriminalität' der eigenen Klasse zuzudecken.

4. Drei unerwünschte Konsequenzen

Wenn eine Strategie in ihren Prämissen von einer Wirklichkeit ausgeht, die der von ihren Adressaten gelebten Realität nicht entspricht, wenn sie also ‚falschen' Prämissen folgt, dann liegt es nahe, dass sie nicht nur scheitert, sondern auch zu unerwünschten Konsequenzen führt.

Mit drei Beispielen solch unerwünschter Konsequenzen der traditionellen Risiko-Gruppen Sicht möchte ich auf einen ersten Satz von Negativ-Folgen verweisen, der in der üblichen Darstellung der Erfolge der Sucht-Prävention übersehen wird. Einen zweiten Satz solcher Probleme werde ich in der folgenden These untersuchen.

Solche unerwünschte Konsequenzen können sich zunächst daraus ergeben, dass man eine *falsche Präventions-Strategie* wählt, mit der man im Rahmen des eigentlich angestrebten Präventions-Zieles die ‚Abstinenten' kaum erreicht, die ‚Konsumenten' dagegen in ihrem Verhalten unterstützt. Ich wähle als Beispiel hierfür die bundesweite Sport-Initiative >Kinder stark machen<.

Eine erheblich weiterreichende Konsequenz ergibt sich aus dem Paradox, dass man mit der gegenwärtigen Präventions-Strategie gegen diejenigen vorgeht, auf die unsere Gesellschaft heute ihre besonderen Hoffnungen setzt. Und zwar nicht, ‚obwohl' sie Drogen konsumieren, sondern weil sie auch auf diesem Feld *experimentierfreudig* sind.

Und umgekehrt schädigt die Sucht-Prävention heute diejenigen *Braven*, die sie eigentlich schützen will, indem sie diese Gruppe in doppelt falscher Weise ‚impfen' möchte; gegen Formen eines Drogen-Konsums, den sie langsam in der schützenden Peergruppe lernen könnten, und gegen die so notwendigen sozialen Bezüge die gerade diese Braven brauchen, um ihren sozialen ‚Entwicklungs-Aufgaben' gerecht zu werden.

4.1 Wie sehr solche Befunde unser übliches Selbstverständnis berühren, wird besonders bei der beliebten Alternative des *Sports* deutlich, die ja auch der bundesweiten Aktion >Kinder stark machen< zu Grunde liegt:

> „Entire prevention programs have been constructed to channel young people's energies toward sports activity in the belief that this will lower the prevalence of drug use. Such programs are justified by a desire to keep them busy (idle hands…), a trust that they will develop a desire to remain ‚clean' (healthy body, healthy mind) and the effect of mixing with people of good character (avoiding the ‚bad crowd' syndrome)",

beginnt Munros Editorial im International Journal of Drug Policy (2000;199), um am australischen Beispiel zu zeigen, wie eng Sport und Alkoholkonsum miteinander verbunden sind als „an Australian sporting culture that encourages excessive use of alcohol"; eine Verbindung, die Nelson/Wechsler (2003) in einer amerikanischen Hochschul-Alkohol-Studie von 1999 bestätigen konnten: „Im Gegensatz zu ihren sportlich nicht interessierten Kommilitonen (…) waren Sportfans eher Rauschtrinker als Abstinenzler" resümiert die Zeitschrift >Alkoholforschung< (Herbst 2003;7).

Das Problem des hier – nicht nur in Australien – notwendigen Perspektiv-Wechsels zeigt sich recht schön in der heftigen Reaktion von Marti und Lehmann (2000) auf die Genfer Studie von Déglon, der bei 378 Teilnehmern an einem Genfer Drogenprogramm in seiner Auswertung zweier sportbiographischer Fragen zum Schluss gekommen sein soll,

> „dass hohes leistungssportliches Engagement – selbst während kurzer Zeit nur – eine signifikante spätere Drogengefährdung mit sich bringe", wohingegen (nach Marti/Lehmann) doch wohl anzunehmen sei: „Als zusammenfassendes Fazit imponiert, dass *Sport* in welcher Ausprägung auch immer – sicher nicht als ‚neuer Risikofaktor' für Drogenabhängigkeit bezeichnet werden kann", wenn man auch nicht „das bestehende Potenzial des Sports für die Suchtprävention unkritisch hochjubeln" solle (S. 29,34).

In diesem Rahmen möchte die Bundeszentrale für gesundheitliche Aufklärung >*Kinder stark machen*< (2001a;11), indem sie Sportvereinen nahe legt, suchtvorbeugend

> „die schwerwiegenden Defizite in der Persönlichkeitsentwicklung des Kindes und späteren Jugendlichen“ wie „u. a. fehlendes Grundvertrauen, fehlendes Selbstvertrauen, fehlendes Selbstbewusstsein, fehlende Konfliktfähigkeit, fehlende Zuversicht, fehlende Sicherheit, fehlender Halt“ durch „Sport und Spiel“ zu beheben.

Man übersieht dabei, dass die vorbildhaft besonders aktive Sportjugend – insbesondere bei den Mädchen – ebenso viel Drogen konsumiert, wie solche ‚defizitären‘ Jugendlichen, und dass man die ebenso gefährdeten ‚Abstinenten‘ kaum in Sportvereinen finden wird; sind die einen doch eher sozial isoliert, während bei den anderen

> „beim Sporttreiben im Vordergrund meist ein (oft nicht weiter definierbarer) ‚Spaß‘-Aspekt steht, der oft auch mit ‚Geselligkeit‘ übersetzt wird: man lernt Leute kennen, schließt Freundschaften. Spaß hängt auch mit Erfolgreichsein zusammen, Misserfolge vermindern den Spaß“ wie Winter (1998; 231) in seiner Jungen-Studie von den befragten Jungen erfuhr.

Ein Ergebnis, das Fuhs (1996;143 f.) in der Analyse des Freizeitverhaltens 10–15-Jähriger wie folgt unterstreicht:

> „Sportlich sein ist heute für Kinder und junge Jugendliche ein wichtiger Wert. Dabei ist nicht nur von Bedeutung, dass sich Jungen und Mädchen, die von anderen anerkannt werden wollen, für Sport interessieren (...). Sportlich sein ist vielmehr eine umfassende Lebensart, die von der Kleidung (vor allem Schuhe), der Gestaltung des Zimmers (Sportler/innenposter) bis zur Vereinsmitgliedschaft und zu regelmäßigen eigenen Sportaktivitäten reicht“, wobei neben der ‚Fitness-Mentalität‘ vor allem auch wichtig ist, „beim Sport ‚Freunde zu treffen‘. (...) Der Sportverein, die Sporthallen und -plätze sind also zu wichtigen Orten für die sozialen Kontakte dieser Altersgruppe geworden.“

In ihrer *Evaluation* der im Rahmen von >Kinder stark machen< angebotenen Seminare für Übungsleiter betonen Brinkhoff/Gomolinsky (2003) eben diese Ambivalenz der Sport-Alternative:

> Auf der einen Seite unterstreichen sie die „gesundheitsförderliche Bedeutung (...) eines zufrieden stellenden Engagements in einem Sportverein für Jugendliche“, denn: „Soziale Interaktion birgt deutliche suchtpräventive Möglichkeiten in einem Setting, das geprägt ist von gesundheitsförderlichen Aktivitäten und Einstellungen und in dem Drogenkonsum nicht zum Alltagsverhalten gehört“, zumal Sport „als attraktiver Anlass und Inhalt gemeinsamer Aktivitäten von Gleichaltrigen einen hohen Stellenwert“ einnimmt (18,34).
>
> So „bekommt diese heile Welt des Sports“ auf der anderen Seite doch „immer mehr Risse. Obwohl weiterhin unbestritten ist, dass mit der sportlichen Betätigung

eine positive Beeinflussung bestimmter physischer, psychischer und psychosozialer Parameter (Lit) einhergehen kann, rücken in den letzten Jahren immer stärker die negativen Effekte des Sporttreibens in den Mittelpunkt des Forschungsinteresses. Die direkten gesundheitlichen Risiken des Breitensports (...) werden nunmehr ebenso diskutiert, wie über den tatsächlichen volkswirtschaftlichen Nutzen des Breiten- und Gesundheitssports oder den Alkohol- und Nikotinkonsum in Vereinsmannschaften geforscht wird.

Zudem wird mittlerweile auch verstärkt kritisch erörtert, dass Trinkfestigkeit in den Tausenden von Fußballvereinen zu den ‚deutschen Tugenden' gehört (...). In der Entwicklung des Rausch- und Trinkverhaltens unterscheiden sich die Sportvereinsmitglieder nicht von den vereinsdistanzierten Jugendlichen. In manchen Sportarten kann sogar ein gegenteiliger Effekt nachgewiesen werden. Die Wissenschaftler fanden heraus, dass nirgendwo so viel geraucht und getrunken wird wie im Vereinsfußball und -handball" (27).[290]

Hinzukommt ein zusätzlich doppeltes Handicap, das vor allem – ganz im oben genannten Sinne – die ‚weniger gefährdete, positive' Gruppe begünstigt, diejenigen, denen man ‚präventiv' eigentlich helfen könnte, dagegen einmal mehr benachteiligt:

In solchen Funktionen sammeln sich – zumindest bei den befragten Übungsleitern, die an den ‚suchtpräventiv' ausgerichteten Seminaren beteiligt waren – verstärkt Frauen, hauptamtliche Funktionäre, Angehörige höherer sozialer Schichten, die selber weithin ‚abstinent' leben und besonders leistungs-orientiert sind, was nur einen Teil der Jugendlichen ansprechen wird. Und zwar offensichtlich diejenigen Jugendlichen, die selber ‚leistungs-orientiert' sind, also weniger die Mädchen und, wie in der abschließenden Zusammenfassung vorsichtig angedeutet wird – weil „die demographischen Merkmale der Übungsleiter die Merkmale der Endadressaten spiegeln" –

weniger diejenigen „Jugendlichen aus niedrigen sozialen Schichten (...) die besonderen Belastungen unterworfen (sind) und darum der besonderen Unterstützung bedürfen. Eine verstärkte Ausrichtung auf benachteiligte Bevölkerungsgruppen, etwa durch Fokussieren auf Stadtteile mit besonderem Erneuerungsbedarf, wäre hier dringend erforderlich" (113).

4.2 Für eine andere Art der Prävention sollte man deshalb nicht nur von diesem scheinbar so nahe liegendem eindimensionalen Kontinuum von Abstinenz hin zum Drogenkonsum abgehen, sondern stattdessen – und zwar durchaus kritisch – stärker unseren Anspruch an die Jugend, ‚dem Neuen gegenüber aufgeschlossen zu sein' ins Kalkül ziehen: Wir verlangen doch von unseren Jugendlichen *Risikofreude*, Neugierde, Aktivität – also eben die Eigenschaften, die wir am besten bei der erstgenannten Drogengruppe antrafen: „Jugend ist somit eine Lebensphase sozialer und geistiger Experimente, der sozialen Emanzipation aus traditionsbestimmten Beschränkungen der Selbstverwirklichung" zitiert Kristina Reiss (2003;23) Hornstein (1988) in ihrer Analyse postmoderner Lebensstile Jugendlicher.

Eine Aussage, die Alkemeyer (2002;43) im Hinblick auf die gegenwärtig postraditionalen Jugend-Kulturen als gesellschaftlich erforderlich und funktional weiter konkretisiert:

> „Ob die Praktiken des Aufs-Spiel-Setzens des Körpers, der Verflüssigung verfestigter Routinen und der Aufführungen von Anti-Disziplin (...) tatsächlich ‚rebellisch' und gegenkulturell sind, ist zweifelhaft. Sie scheinen vielmehr genau jenen Imperativen zu Risikobereitschaft und Flexibilität zu entsprechen, die in ‚post-traditionalen' (neoliberalen) Gesellschaften an die Subjekte gestellt werden. Modelle der Moderation und der Modulation ersetzen in diesen Gesellschaften die Mechanismen der Zurichtung und der Disziplinierung; fixe Normalitätsvorgaben werden durch einen ‚flexiblen Normalismus' ersetzt und ergänzt".

Konkreter beschreibt dies die Siegener Forschungsgruppe um Zinnecker (et al. 2002;20) schon in ihrem Buchtitel als „null zoff & voll busy" für die im Jahr 2001 befragte Generation der Jugendlichen zwischen 12 und 18 Jahren:

> „Sie ist auch eine Generation der Gelegenheitsjäger. Die ihr angehören, wissen um eine Besonderheit der Moderne. Sie entfesselt immer wieder neue Möglichkeiten, kennt keinen Stillstand. Auf diese Möglichkeitsräume wartet die jüngste Generation. (...) Es kommt darauf an, zur rechten Zeit am rechten Ort zur Stelle zu sein und zuzugreifen. In diesem Sinn ist die jüngste Generation eine Generation von ‚Schnäppchen-Jägern' in einer unübersichtlich dynamischen Moderne. Wir finden sie überall dort, wo sich Neues ankündigt: aktuelle Moden und Trends in der Bekleidungs- und Musikindustrie, überraschende Spiel- und Kommunikationsgeräte, neue Trendsportarten und dazu gehörende Sportgeräte, Erfindung noch nie gesehener Sende-Formate (...). Sie sind zudem sicher, dass sie besser als die vorangegangenen, mittlerweile unbeweglich gewordenen Generationen für die künftige Jagd nach Gelegenheiten gerüstet sind. Sich zu entspannen, hier und dort zu experimentieren, alles einmal anzufassen, auszuprobieren und wieder fallen zu lassen – das erscheint ihnen insgesamt die bessere Vorbereitung auf die Gelegenheits-Jagd".

Von einem eher entgegengesetzten Ausgangspunkt begegnet Bussmann (2003) diesem Erfolgsrezept[291] in seiner „Kriminologie des Managements", wenn er auf das damit verbundene gesellschaftspolitische Dilemma hinweist, dass bei der Besetzung von Leitungspositionen in der Wirtschaft ein Managertyp gesucht wird,

> „der kreativ und entscheidungsfreudig ist sowie auch eine gewisse Risikobereitschaft aufweist. Die Kriterien für Management Recruitment und Development legen gerade keinen Wert auf Konformität (zumindest im business) sondern häufig dominiert der

> *Erfolgstyp*. In der kriminologischen Forschung werden Wirtschaftsstraftäter insofern nicht überraschend als *Risk Seeker* oder als sehr entscheidungsfreudige, stark karriere-, erfolgs- und publicityorientierte bzw. extrovertierte Persönlichkeiten bezeichnet. Alles Persönlichkeitsmerkmale, die sowohl für das legale als auch illegale ‚Bussiness' von Vorteil sind" (S. 7 im Manuskript).

Auf diese Weise wiederholt sich heute auf dem Feld der Drogenpolitik, – freilich nunmehr mit dem Blick nach ‚oben' – Willis' (1982) These vom ‚Spaß am Widerstand', sofern dieser seinerzeit zeigen konnte, wie englische Arbeiterjugendliche ganz ungewollt durch ihr aktuell aufsässiges Schulverhalten ihre eigene künftige Erwachsenen-Position vorherbestimmen; eine eigenaktive ‚Selbst-Selektion', die Karl Schumann mit seinen Mitarbeitern (Dietz u. a.1997) in der über mehrere Jahre laufenden Bremer Längsschnitt-Studie auch für unsere Zeit noch immer als wesentliche Komponente der Sozialisation von männlichen und weiblichen Arbeiterjugendlichen, die ohne Mittlere Reife die Schule verließen, herausarbeiten konnte.

Und eben hier – im unterschiedlichen Blick ‚nach oben' oder ‚nach unten' – verbirgt sich auch eine gewisse Voreingenommenheit sowohl derjenigen, die solche Forderungen vertreten, wie aber auch derjenigen, die ihnen zu entsprechen versuchen. So wies etwa schon Helsper (1991a;29) im Rückgriff auf Zinnecker auf

> „unterschiedliche kulturelle oder gesellschaftlich-ökonomische Modernisierungs- und Rationalisierungspfade" hin, die sich für „die Jugendkonzepte der Oberschichten etwa, mit der Vorstellung eines experimentellen Freiraumes, einer vielseitigen Entfaltung persönlicher Fähigkeiten (...) als Konzepte fortschreitender kultureller Modernisierung lesen" lassen. „Demgegenüber erscheint etwa in den mittleren Kapitalfraktionen Jugend stärker als ‚Mittel zum Zweck' (...) im Sinne von Bildungs- und Ausbildungskarriere (...) eine Übertragung ökonomischer Rationalität auf die Jugendphase".

Man kann diesen – gesellschaftlich funktional gesehen – ambivalent ‚positiven' Aspekt solcher Drogen-Experimente noch genereller fassen, wenn man diese Art des Drogen-Konsums Jugendlicher als Teilbereich eines allgemein devianten Verhaltens Jugendlicher begreift – als Bestandteil des mehrfach angesprochenen, umfassenderen *‚Jessor-Syndroms'*. Dann zeigt sich nämlich zweierlei, zum einen die konflikthafte Definition dieses devianten Verhaltens, die wir soeben unter dem Aspekt des ‚Generationen-Konflikts' behandelt haben, und zum anderen die damit zugleich gegebene gesellschaftliche Notwendigkeit ständig innovative Antworten auf neue Herausforderungen zu finden:

> „Jugendphase ist immer auch die Phase der Sozialisation in die Normenwelt der bestehenden Gesellschaft. Das innovative Potential der Jugend wird diese Normen virtuell verändern und sie wird dabei aus der Sicht der älteren Generationen abweichend handeln. Devianz ist konstitutiv für Jugend, nicht bloß wegen des Ausprobie-

> rens der Grenzen von vorgefundenen Normen, auch wegen der Aufgabe jeder neuen Generation, sozialen Wandel zu initiieren" (Dietz u. a. 1997;20); wobei es im Prinzip gleichgültig ist, mit welcher ,devianten' Verhaltensweise das Begehen solch neuartig innovativer Wege erlernt wird.

Bewerten wir dieses Phänomen noch etwas ,positiver' mit der letzten Shell Jugendstudie (2002) (2002;14,86), die „die Rolle der Jugendlichen als Trendsetter eines individuellen Wertkonzeptes" charakterisierte, einer Jugend,

> – „die in der öffentlichen Diskussion als ,Zukunft der Gesellschaft' betrachtet wird. Ihre Haltungen und Einstellungen werden oft als richtungsweisend für zukünftige Tendenzen und Veränderungen angesehen" –

dann könnte dies, ernst genommen, wohl weniger für die ,brav, konservativen Abstinenten' sondern doch wohl eher für die u. a. auch mit Drogen experimentierenden und gleichwohl ,leistungsstarken' Jugendlichen zutreffen; zumal es offensichtlich – der Studie nach (S. 158) – „vielen Jugendlichen heute nicht schwer fällt, Wertorientierungen, die eher den herkömmlichen Bestand der Werte ausmachen mit modernen Orientierungen eng zu verknüpfen, während Erwachsene hier deutlicher Grenzlinien ziehen".

Man kann also auch diesen Trendsetter-Aspekt je nach eigenem Standpunkt höchst unterschiedlich bewerten, als ,Produkt' einer degenerierten Kultur, als negativen Vorreiter einer zunehmend dem schieren Konsum verfallenden Gesellschaft oder positiv als Garant einer künftigen zugleich genussfreudigen wie leistungsstarken Konsum-Kultur. Diese Ambivalenz, der wir in diesem Werte-Bereich immer wieder begegnen, zeigte sich sehr schön in den eben erwähnten Ergebnissen von Williams/Parker (2001) zum Drogen-Lifestyle ihrer Postadoleszenten.

Ergebnisse, die Reneau et al. (2000;320 f.) in ihrer auch methodisch interessanten Internet-Fragebogen-Studie[292] im Jahr 1997 ,international' bestätigen konnten. Dort erbrachten die Antworten von 906 sozial gut integrierten, legale wie illegale Drogen konsumierende Personen im Alter von 13–71 Jahren in einem (in den USA national standardisierten) General-Well-Being Fragebogen im Vergleich zur Standard-Bevölkerung keinen Zusammenhang zwischen diesem Konsum und ihrem allgemeinen ,Wohlbefinden':

> „This suggests that drug use, both licit and illicit, tells us less about an individual's general mental well-being than knowledge of their demographic and lifestyle factors".

Man kann solche Befunde einer Integration legaler wie illegaler Drogen in unsere Kultur sogar mit Erik van Ree (2002;352) aus soziologischer Perspektive als notwendigen Bestandteil gegenwärtiger *westlicher Gesellschafts-Entwicklung* interpretieren. Sei es, weil sie in eine Phase des Elias'schen Zivilisationsprozesses hineinpassen, der nach einer ‚kontrollierten De-Kontrolle der Gefühle' verlangt, sei es, weil solche Drogen prototypisch die zentralen Werte einer Konsum-Kultur repräsentieren:

> „Drug-taking has become a significant phenomenon of modern Western culture. Firstly, the direction of the ‚civilising process' has during the 20th century been for a part reversed, with less ‚refined' forms of behaviour on the way up. (...) The increased drug use is part of this ambivalent phenomenon of ‚controlled de-control'. Secondly, the attractiveness of drugs expresses general preferences of the consumer society for the ‚wasteful' and the ‚dream-like'; qualities which drugs epitomise in the most pronounced way".

Wiederum erscheinen dann Jugendliche als *Trendsetter* einer solchen Entwicklung aus der einen Sicht als dem Konsum *verfallen*, aus einer anderen Sicht als wohl *angepasst*, und aus der Sicht der Shell-Studie dann sogar als *positiver* Trendsetter, der uns auf eine weniger verklemmte, ‚dekontrolliert-kontrolliert' experimentierfreudige Zukunft hoffen lässt; drei Möglichkeiten, die uns vielleicht auch den Stellenwert der ‚depressiveren' Drogen-Gruppe, der angepasst-Braven und der aktiven Drogen-Gruppe besser verstehen lässt.

4.3 Auf der anderen Seite wissen wir sowohl aus der *Gesundheitsforschung* wie auch aus der Forschung zur Genese autoritärer Persönlichkeiten, dass *soziale Isolation*, die wir verstärkt bei der zuletzt genannten Gruppe der Braven fanden, sowohl ernstliche Gesundheitsschäden birgt, die insgesamt sogar höher ausfallen können als die Gefahren des intensiven Rauchens, wie auch – ich sage das bewusst überspitzt – die künftigen kleinen Eichmänner produziert: „Sittsamkeit nach außen, doch darunter Zwang, Wahn und Terror"[293].

Die Bedeutung eines solchen *sozialen Kapitals*[294] für den eigenen Gesundheitsstatus wird zunächst von Uhl (1998;205 f., kursiv S.Q.) angesprochen, der eine

> „*U-förmige relationship*[295] between a variety of personal problems (severe physical, neurological, psychological and social problems) and substance use" bei beiden äußeren Extremgruppen als plausiblen Versuch interpretiert „that some vulnerable persons who perceived in time that substance use could constitute a major risk for them decided to stay away from substances totally – as kind of self protection mechanism – while those who do not stay away from substances end up with severe problems", was bei Jugendlichen die beiden Extrem-Pole vielleicht allzu sehr akzentuiert.

Auf empirischer Ebene ist dieser Effekt, nahe liegender Weise, vorwiegend im Alkoholbereich und für Erwachsene untersucht worden, doch lässt er sich zwanglos ebenso auf andere Drogen wie auch auf Jugendliche übertragen, zumal gerade dort in der Peergruppe der soziale Kontakt prägend wirkt. So berichtet das österreichische Handbuch Alkohol (2001) als einen zentralen Befund einer landesweiten Umfrage:

> „Die primär Abstinenten definieren sich öfter als pessimistische, wenig unternehmungslustige, passive, wenig humorvoll und wenig gesellige Menschen, die zwar generell nicht glücklich und mit ihrem Leben nicht zufrieden sind, sich aber trotzdem nicht frustriert geben, da sie sich eigentlich nie mehr vom Leben erwartet haben. Jegliche Genussorientierung ist ihnen fremd" (141), „Personen mit mittlerem Alkoholkonsum stellen die dem Leben gegenüber am positivsten eingestellte, dynamischste und in jeder Beziehung erfolgreichste Teilgruppe dar" (142).

Auch Rodgers u. a. (2000) bestätigen dies für 2.396 Probanden im Alter von 18 bis 59 Jahren in Australien: Im Vergleich zwischen Alkohol-Abstinenten, mäßigem und schädlichem Alkoholkonsum erhielten sie einen U-förmigen Zusammenhang zwischen negativem Affekt (Ängste und Depressionen) und Alkoholkonsum:

> Bei Abstinenzlern und Konsumenten mit schädlichem Niveau war die soziale Unterstützung geringer als bei mäßigen Konsumenten. In Bezug auf Persönlichkeitsmerkmale waren Abstinenzler am stärksten introvertiert und am wenigsten vergnügungsorientiert und wiesen auch weniger Tatkraft auf als mäßige Konsumenten.

Insofern kann dann die Zeitschrift Alkoholforschung (Herbst 2001, S. 13) mit Recht ganz allgemein festhalten:

> „Abstinenzler wurden bisher bei der Alkoholforschung vernachlässigt. Neuere Studien haben jedoch gezeigt, dass Abstinenzler doppelt so häufig eine schlechte Gesundheit aufweisen als leichte oder mäßige Alkoholkonsumenten"[296].

5. *Ein anderes Fazit*

In dieser vierten These untersuchte ich die Frage, inwieweit die gelebte Wirklichkeit der heutigen Jugend sich von derjenigen unterscheidet, die dem Vorgehen der Sucht-Prävention zu Grunde liegt, inwieweit also dieses Dispositiv seine ‚Umgebung', seinen strategischen Adressatenkreis zutreffend wahrnehmen kann und wie eine solche Vorstellung – auch methodisch – entsteht und abgesichert wird. Erste unerwünschte Folgen dieser ‚Fehlwahrnehmung' habe ich angesprochen.

Für die *Praxis* der Sucht-Prävention lässt sich dieser Befund aus den drei vorausgegangenen Thesen auch folgendermaßen zusammenfassen: Eine >Sucht<-Prävention, die – notwendiger Weise – von einer Defizit-Perspektive ausgehen muss, tendiert dazu, sowohl die kulturelle Bedeutung des Drogenkonsums wie die soziale Bedeutung der Peergruppen-Beziehungen falsch zu interpretieren.

Diese Art der Prävention kann weder die positiven Funktionen des Drogen-Konsums, deren Genuss-Komponente, um deretwillen die Droge konsumiert wird, wahrnehmen, noch ihre Ansprechpartner – die Jugendlichen, die mit Drogen experimentieren oder experimentieren wollen – als mündige Partner begreifen.

Ihr Versuch, diese ihre Erwachsenen-Sicht kulturell durch Expertise und Illegalisierung abzusichern, stößt, unglaubwürdig geworden, auf den offenen oder latenten Widerstand der Jugendlichen, während ihr zielführendes Peergruppen-Modell die jugendliche Realität sowohl der ‚Braven' wie der erfolgorientierten Drogen-KonsumentInnen und ihrer stärker gefährdeten MitschülerInnen verfehlen muss.

Sie könnte damit, sofern sie insoweit Erfolg hätte, die erste Erfolgs-orientierte Gruppe entmutigen, die eher problematischen Drogen-KonsumentInnen dagegen dann im Stich lassen, so lange sie sich ‚primär' auf die ‚Braven' konzentriert, die bisher noch keine Drogen genommen haben. Dadurch werden die Braven – bei einem erfolgreichen Einsatz der Sucht-Prävention – doppelt gefährdet, weil sie, der Peergruppe entfremdet, sowohl sozial isoliert wie unzureichend auf ihren erwartbaren, künftigen Drogen-Konsum vorbereitet werden, sofern sie nicht brav das erwachsene Vorbild legaler Drogen-KonsumentInnen übernehmen.

Diese Art des Scheitern lässt sich weder durch methodische Verfeinerung (Lehrer-Training u. ä.) und Intensivierung (Stundenzahl, Booster-Sessions) noch durch eine Ausweitung – etwa auf kommunaler Ebene – beheben, solange dieses ‚more of the same' letztlich doch nur den im eigentlichen Ansatz liegenden Fehler vertiefen wird.

Die eigentliche Tragik dieser Prävention liegt also weniger im Scheitern dieser an sich positiv gemeinten Bemühungen (z. B. im eigentlichen ‚Kompetenz-Training'), sondern darin, dass diese Art der Drogen/Sucht-Prävention ihre Adressaten – sicher ungewollt – *erheblich gefährdet* und damit das Übel, das sie bekämpfen will – den ‚Abusus der Droge' – nicht unwesentlich mit vorantreibt.

Dies geschieht auf ganz unterschiedliche Weise; am sichtbarsten dann, wenn die Botschaft dieser Prävention konkret zum Beziehungs-Abbruch oder zur schulischen Reaktion führt. Aber auch dann, wenn sie Ängste und Sorgen schürt und die Braven am Ende der Karenz-Zeit (‚Aufschieben', nicht ‚Verhinderung' heißt heute die Botschaft) umso rascher und unvorbereiteter dem Drogen-Konsum anheim gibt. Und vor allem dann, wenn ihre Botschaft von den Braven, den Eltern und Lehrern wirklich ernst genommen wird.

These 5

Die Suchtprävention gefährdet die jugendliche Identitäts-Arbeit zwischen Ablösung und Peergruppen-Beziehung.

In der bisherigen Analyse stand das Dispositiv der Sucht-Prävention im Vordergrund, und zwar sowohl in der Art seines inneren Funktionierens wie in seinen Außenbezügen. Als solche Außenbezüge habe ich etwa seine Legitimations-Versuche angesprochen und zuletzt untersucht, worin seine gesellschaftlichen Funktionen im Rahmen des Konfliktes zwischen den Generationen liegen und wie es sein angezieltes Aufgabenfeld, die ‚gefährdete Jugend' wahrnimmt. Im Vordergrund dieser Analysen stand dabei, systemisch gesprochen, die *Struktur* dieser Beziehungen sowie die *Strategien*, die zum Erreichen der ‚systemischen Ziele' eingesetzt werden.

In diesen Zusammenhängen habe ich immer wieder die zentrale Bedeutung *kultureller* Definitionen, Bewertungen, Theorien betont – etwa bei der legitimierenden Neubewertung des Präventions-Zieles, bei der Konstruktion einer als real aufgefassten >Sucht<, aber auch als effizientes Kampfmittel in der Auseinandersetzung der Generationen. In der zuletzt besprochenen vierten These untersuchte ich schließlich eine besondere Art dieses ‚Kultur-Konfliktes', in der sich zwei verschiedene kulturelle Deutungen desselben Phänomens ‚Jugend' gegenüberstehen, deren ‚professionelle' Definition die ‚gelebte Realität' dieser Jugendlichen nur unzureichend, wenn nicht gar ‚falsch' wahrnehmen kann.

Dieser Gegensatz ist – radikal konstruktivistisch gesprochen – im Prinzip ‚gleichrangig', ohne dass man entscheiden könnte, welche Definition ‚realiter' richtig oder falsch ist. Doch drängen sich in unserem ‚praktischen' Zusammenhang zwei relativierende Momente auf, die beide die Frage der >Definitions-Macht< betreffen, wie sie uns bereits bei der Untersuchung des Generationen-Konflikts bzw. allgemeiner bei der Frage nach einer Drogen-Politik als Kampfmittel begegnete.

Dies betrifft einmal den *strategischen* Wert solcher kultureller Definitionen, also die Frage danach, welche der beiden einander entgegen gesetzten Definitionen jugendlicher ‚Wirklichkeit' sich in dieser dispositiven Auseinandersetzung – innerhalb wie vor allem auch nach außen – *hegemonial* durchsetzen kann.

Und zum anderen erfasst dieses Macht-Moment weitergehend dann auch die Frage, wie und wieweit solche kulturellen Sichtweisen mitsamt ihren darauf bezogenen Handlungen dieses Realitäts-Substrat *umgestalten* können. Ob also das Dispositiv der Sucht-Prävention mit einer solchen ‚nicht-angepassten' (Glaser) bzw.

nicht durchsetzbaren Definition ihre offiziell gesetzten engeren Ziele *praktisch* trotzdem erreichen oder aber verfehlen wird. Und in wie weit es dieser Sichtweise gelingen kann, die des Gegenüber – also die der ‚gelebten Jugend' – zu verdrängen, um damit deren ‚Realität' dann doch noch ‚passend' so *umzugestalten*, dass sie diese ihre Ziele nunmehr gleichwohl ‚adäquat' umsetzen kann.

Während man auf der ersten Macht-Ebene der *Definitions-Setzung* also etwa danach fragen wird, wie man die erreichten Misserfolge so umdefiniert, dass sie doch noch als Erfolg gewertet werden, oder welche ‚primären' Gruppierungen man als Erfolgs-Adressat auswählt, wird man auf der zweiten Ebene überlegen, wie solche Definitions-Strategien die ‚gelebte' Selbst-Definition der Jugendlichen *realiter* berühren. Inwiefern es also gelingt, diese der eigenen professionellen Definition (folgsam oder protestiertend) anzupassen bzw. – umgekehrt – worin deren ‚Resilienz' gegenüber solchen Umdefinitionen beruhe.

Man kann diese Fragen – ganz unabhängig von irgendwelchen radikal-konstruktivistischen Bedenken – *keineswegs eindeutig* beantworten. So liegt es von den berichteten jugendsoziologischen Befunden aus gesehen nahe, anzunehmen, dass zumindest ein größerer Teil der Jugendlichen solche Definitions-Versuche gelassen abwehrt oder übersieht, während ein anderer, braver Teil der Jugendlichen solchen Definitionen folgen wird. Aus einer gesellschaftspolitischen Perspektive heraus wird man eher dazu neigen, die Sichtweise der Sucht-Prävention im Vergleich zu den beiden zentralen gesellschaftlichen Anforderungen an die ‚heutige Jugend' – Innovation und soziale Emanzipation (Gesundheit) – als verfehlt, wenn nicht gar als kontraproduktiv zu kritisieren. Und unter dem Aspekt einer strategisch erfolgreich gestaltenden Definition könnte man sowohl die Alkohol-freundliche Sport-Prävention wie vor allem, allgemeiner, das bei vielen Mädchen und bei anderen relativ brav Angepassten erreichte Erwachsenen-nahe Raucher-Verhalten entweder als manifesten Misserfolg oder aber als latent funktional angestrebte Zielerreichung bewerten.

Schließlich wäre auch zu fragen, was denn die Sucht-Prävention in höchst unterschiedlichem Maße bei den drei in der letzten These herausgearbeiteten ‚Problemgruppen' in deren Köpfen und in deren Verhaltens-Realität tatsächlich bewirkt; ein Thema, das dann mitten in diese fünfte These hineinführt.

Während ich bisher vor allem die erste Ebene der Definitions-Macht, die der Legitimation und dispositiven Verankerung besprochen habe, möchte ich mich jetzt der zweiten Ebene dieser ‚kulturellen Macht'-Strategie zuwenden. Nämlich fragen, wie – und ggf. wie weit und wo – solche kulturellen Definitionen sich in den jugendlichen Köpfen so einnisten können, dass sie entsprechend diesen vorgegebenen Handlungslinien ‚denken und handeln' werden. Sei es als Abstinente mit entsprechender ‚Sucht-Angst', sei es dagegen protestierend oder sei es im Glauben,

‚abhängig' zu sein. Alle drei Handlungsoptionen verwenden dabei dasselbe – fremd – vorgegebene kulturelle Schema, wenn auch in unterschiedlicher Weise.

Der ‚Ort', an dem diese ‚Prägung' geschieht, ist die Entwicklung jugendlicher Identität; die Prozesse, in denen diese Prägung festgeschrieben wird, ergeben sich aus der komplexen Dynamik der Ablösung aus dem Elternhaus und der Einbindung in unterschiedliche, einander entgegengesetzte Peergruppen-Beziehungen. Das Gewicht dieser Prägung für das jugendliche Selbstverständnis ruht in der Funktion des Drogen-Konsums (neben anderen jugendlichen Symbolwerten) im jugendlichen Kontext, der seinerseits im gegenwärtigen gesellschaftlichen Umfeld einer ‚Postmoderne' eine besondere Bedeutung erhält.

Die bisherige Analyse folgte eher einem strukturell-systemischen Gesichtswinkel. In den folgenden beiden Thesen möchte ich dagegen dieses Funktionieren kultureller Macht an Hand von zwei Beispielen – der *Identitäts-Entwicklung* und der *Karriere-Bildung* – im Rahmen einer *dynamisch interaktiven Entwicklung* untersuchen.

Die Frage der ‚konkreteren' *Karriere*-Bildung verschiebe ich auf die sechste These. In dieser fünften These behandle ich – mittels der Konzepte der >Ablösung< und der Beziehungen zwischen den Peergruppen – das zwischen diesen drei Parteien entstehende generellere *dynamische Dreieck.* Ich werde also untersuchen, wie sich Erwachsene und Jugendliche voneinander lösen, während zugleich unterschiedliche Jugendgruppen gegenseitig um Akzeptanz und Anerkennung ringen.

In dieser dramatisch dynamischen Auseinandersetzung entwickelt sich eine spezifisch jugendliche *‚Identität',* deren – jeweils individuell verarbeiteter – ‚Inhalt' weithin *kulturell* vorgegeben ist. Sofern die Botschaft der Sucht-Prävention es erreicht, sich in diesem Zusammenhang in solchen kulturellen Vorgaben festzusetzen, wird sie einen nicht unwesentlichen Bestandteil dieser Identitäts-Arbeit beeinflussen.

Ich gehe zunächst etwas allgemeiner auf das Identitäts-Konzept ein, um dann die Identitäts-stiftende Rolle des Drogen-Konsums und die damit verbundene Problematik einer Identitäts-Arbeit in heutiger Zeit anzusprechen. Wir werden dabei noch einmal auf die in der letzten These angesprochenen drei ‚Problemgruppen' der ‚erfolgreichen' und der ‚problematischen' Drogen-Konsumenten sowie der abstinent ‚Braven' stoßen. Abschließend soll dies wieder auf die Funktionen der gegenwärtigen Sucht-Prävention zurück führen.

Es wird also zunächst darum gehen aufzuzeigen, wie wir diese ‚Identität' in unserem Zusammenhang verstehen können, wobei ich allgemein und vorläufig unter einer >*Identität*< die real gewordene, inkorporierte, also im und auf dem Körper verankerte Antwort auf die Frage „Wer bin ich eigentlich", wer bin ich als handelndes Subjekt in meiner sozialen Umwelt, worin unterscheide ich mich von den anderen, was sind meine guten und schlechten Seiten, was hält ‚mich' zusammen? verstehen will. Diese Identität ist das Produkt einer – andauernden – *Identitätsarbeit*, in der eine Person in ihrer sozialen Umwelt jeweils zu sich selber findet bzw. zu finden versucht. Eine soziale Umwelt, die für Jugendliche zunächst durch ihr Verhältnis zu den Erwachsenen, zu den Eltern geprägt ist; die dann immer mehr durch das Peergruppen-Geschehen bestimmt wird; und der schließlich die jeweilige ‚kulturelle' Umwelt diejenigen Stichworte liefert, in der sich diese Beziehungen mitsamt den darin verwickelten Identitäten wiederfinden können. Eine kulturelle Umwelt aus Mode- und Präventions-Industrie, die sowohl den jeweiligen >Style<[297], die aktuelle Mode wie auch die gängigen Klischees, Theorien und Perspektiven als Interpretations-Schemata zur Verfügung stellt.

1. Das ‚dynamische Dreieck': Ablösung und Peergruppen-Beziehungen

Der Common sense tendiert dazu, diese Dynamik als >Ablösung< aus dem Elternhaus und als >Peergruppen-Beziehung< im Hinblick auf die unsichere Position des noch unreif unmündigen Jugendlichen zu definieren – etwa als jugendspezifische Aufgabe, die jeweils eigene Identität zu entwickeln (Hurrelmann 2000). Eine Aufgabe, die jedoch keineswegs nur jugendspezifisch ist, die uns vielmehr lebenslang begleiten wird – Eltern-Identität, Berufs-Identität, Arbeitslosen-Identität und Rentner-Identität:

> „Identität ist Identitätsfindung nicht Identitätsprodukt. (...) Identität als Prozess ist prinzipiell unabschließbar, diese Vorstellung passt gut zu einer veränderten Einstellung zur persönlichen Entwicklung, die uns allen wahrscheinlich selbstverständlich ist; Entwicklung ist ein lebenslanger Prozess, und jeder Altersstufe stellen sich spezifische Entwicklungsaufgaben" (Küchenhoff 2002;190 f.).

Bei dieser Aufgabe der Identitätsfindung, so heißt es dann, können und müssen wir, die mündigen Erwachsenen, diesen Jugendlichen in deren ureigensten Interesse behilflich sein. Sehr deutlich formuliert Bonnie („Tobacco and Public Health Policy: A Youth-centered Approach") diese Grundeinstellung in ihrem Schlusssatz:

> „Paternalistic features of tobacco control rest most securely on a platform of reducing initiation among children and adolescents who *lack sufficient maturity* to make rational judgements in their own long-term interests" (in Slovic 2001;300; kursiv S.Q.).

Vielleicht zeigt sich gerade in diesem Spannungsfeld zwischen Ablösung und Autonomie-Streben, zwischen Familie und Peergruppe der oben in These 3 angesprochene Generationen-Konflikt in seiner ambivalent besetzten intimsten Gestalt, nämlich in unserer Sorge um die heranwachsenden Kinder, wie in unserer Sorge, sie an die ‚anderen' zu verlieren und damit unsere bisher einzigartige Macht-Stellung aufzugeben; so wie einst (?) Väter gegenüber Freiern ihrer Töchter. Das gilt auf der privaten Ebene für die betroffenen Eltern; auf der pädagogischen Ebene schlugen wir uns um das Für und Wider einer antiautoritären Erziehung; auf politischer Ebene beziehen zumindest die ‚Konservativen' eine eindeutige Position. Und auf wissenschaftlicher Ebene erhalten sie alle Schützenhilfe dann, wenn etwa Bray et al. (2003;553, kursiv S.Q.) das Ausmaß der >Individuation< als Schlüsselfaktor eines unerwünschten jugendlichen Alkohol-Konsums ausmachen können:

> „Individuation is best considered a domain, with several related processes (...) The *development* of autonomy, identity formation, and intimacy are part of the individuation process and are related to family interactions and parenting behaviors that *support* its development (lit).
>
> On the positive side, individuation includes the ability to operate in an autonomous and self-directed manner without being controlled or impaired by significant others or feeling *undue responsibility* for them. Individuation reflects one's ability to have close, intimate relationships with *family members* while maintaining autonomy. Intergenerational individuation describes this process between an individual and his or her parents and reflects the integration of an individual developmental process.
>
> Separation and detachment are another aspect of the individuation process. *Separation* is characterized by emotional reactivity, unhealthy detachment, and a tendency to be more susceptible to contextual influences, such as *friends and peers*". Das sind so die braven Töchter und Söhne, wie wir sie gerne hätten.

Tatsächlich stoßen wir jedoch auf ein höchst komplexes Interaktionsgeflecht wechselseitiger Auseinandersetzung und Abhängigkeit, für das ich in einem ersten Schritt die beiden ‚dynamischen' Komponenten der Ablösung und der einander entgegengesetzten ingroup-outgroup-Beziehung erläutern will.

1.1 Die *Ablösung* lässt sich zunächst vertikal als Ringen zwischen der Kultur der Erwachsenen und derjenigen der nachwachsenden Generation der Jugendlichen verstehen, in der die Jugendlichen

> „in Auseinandersetzung mit der soziokulturellen Umwelt herausfinden, wer man ist oder sein möchte, was man erreichen will und welche Dinge wirklich wichtig sind", eine „zentrale Entwicklungsaufgabe", bei der die „wesentlichen Schritte auf dem Weg aus der Kindheit in die Jugendphase" den „Aufbau eines Wertesystems, die Auseinandersetzung mit den in der Umgebung herrschenden Wertorientierungen, die Entwicklung eigener Sichtweisen auf sich selbst und die Umwelt" verlangen, wobei „die Loslösung von elterlichen Positionen als ein wechselseitiger Prozess verstanden werden kann, der von der elterlichen Bereitschaft beeinflusst wird, dem Kind oder

> Jugendlichen eigene – auch diskrepante – Sichtweisen zuzugestehen oder deren Entwicklung im Diskurs sogar zu fördern",

wie Brake (1996;67) noch immer nahe am paternalistischen Entwicklungs-Modell diesen Prozess formuliert. Zwar betont er den ‚wechselseitigen Loslösungs-Prozess', doch drängt sich auch bei ihm die geläufige Sicht in zweifacher Weise nach vorn.

Zunächst grenzt er diese *Phase* noch immer als jugendspezifische Aufgabe nach unten gegenüber der Kindheit wie nach oben gegenüber dem Erwachsen-Sein hin ab. Während ich davon ausgehe, dass bereits ‚Kinder' im Rahmen einer ‚Kinder-Kultur' sehr wohl ein eigenes Wertesystem und eigenständige Sichtweisen auf sich selber und ihre Umgebung besitzen, und auf der anderen Seite auch ‚Erwachsene' heute weit über die Postadoleszenz-Phase hinaus beide Komponenten in Auseinandersetzung mit ihrer eigenen ‚elterlichen Leitkultur' fortwährend anpassen, revidieren und neu ordnen müssen. Anstatt im ‚Jahrhundert des Kindes' erstaunt die Vorverlagerung ‚jugendlicher' Verhaltensweisen („werden immer jünger") zu beklagen, sollten wir stärker den *gleitenden Übergang* vom frühen ‚Trotzalter' bis hin zur Auseinandersetzung mit starrköpfigen Eltern, die sich weigern, ins Pflegeheim abgeschoben zu werden, als Ausgangspunkt wählen.

Hinzukommt, dass ein solcher ‚wechselseitiger Prozess' auch für die andere Seite, für Eltern und Erwachsene eine entscheidende ‚Lern-Phase' umschreibt. Insofern böte dann die adoleszente Ablösungsphase eine eigene *‚erwachsene Entwicklungsaufgabe'*, in der auch die Eltern nicht nur lernen müssen, ihren Jugendlichen neue Spielräume zu eröffnen, sondern auch selber ihre ‚Werteorientierung, ihre Sichtweise auf sich selbst und die Umwelt', auf diese neue ‚kinderlose' Zeit hin einzustellen; eine Problematik, die man bisher eher bei denjenigen Hausfrauen entdeckte, denen die Kinder abhanden kamen, die heute aber zunehmend auch arbeitslose Väter treffen mag, deren Töchter und Söhne ihr beim Jobben verdientes Geld in Mode, Disko und Drogen umsetzen. Eine Problematik, die dann, wenn sie als solche anerkannt wird, nicht nur deren Situation erleichtern würde, sondern die dann auch das gesamte Verständnis dieser Wechselseitigkeit ‚gleichberechtigt' einfärben könnte:

> „Das Besondere des Übergangs vom Status der ‚Familie mit Schulkindern' zur Phase der ‚Familie mit Jugendlichen' (Lit) wird allgemein darin gesehen, dass sich die Interaktionsstile in der Familie stark wandeln und sich insbesondere das Familienklima während der Transition vom erst- zum zweitgenannten Status massiv verändert (Lit). So weist Kreppner (1996 S. 89) darauf hin, dass nicht das Spannungsverhältnis von Verbundenheit mit und Ablösung von den Eltern den ausschlaggebenden – potenziell belastenden – Aspekt dieser Transition darstelle, sondern die Art und Weise, wie diese Entwicklungsaufgabe innerfamilial gelöst werde" (Reinders 2003;82).

In diesem längerfristigen Prozess „sozialer Verselbständigung" distanzieren sich die Heranwachsenden früher oder später – ‚gelassen selbstverständlich' oder mehr oder weniger offensichtlich protestierend

> „von der Welt der Erwachsenen, insbesondere der Eltern. Heranwachsende entwickeln eigene Standpunkte, ihre Lebenswelten entwickeln sich zunehmend in eine andere Richtung als diejenigen ihrer Eltern. Beim Aufbau eines solchen Kontrastbildes zur Welt der Erwachsenen tritt vor allem der ‚kämpferische Aspekt der aktiven und konfliktreichen Auseinandersetzung' (...) in den Vordergrund. Der damit einhergehende zunehmende Selbstbestimmungsanspruch wird von den Eltern häufig als Autoritätsverlust bzw. Minderung des elterlichen Einflusses wahrgenommen" (Kötter u. a. 1996;116).

Drogen-Konsum und erste Kontakte zum jeweils anderen Geschlecht – häufig in der Peergruppe und im Disko-Besuch direkt miteinander gekoppelt – übernehmen in diesem Prozess als neue und von den Erwachsenen besonders kritisch beäugte Erfahrungen einen zentralen *Symbolwert* auch für den ‚Statusübergang zwischen Kindheit und Jugendphase' auf dem Weg zum erwachsen Werden ein, weshalb die genannten Autoren (101 f.) in ihrer empirischen Untersuchung als besonders geeignete *biographische Fixpunkte* (in denen man „irgendwann im Leben etwas zum ersten Mal tut") eben diese beiden Dimensionen an den Anfang ihrer Analyse stellen – neben der selbständigen Entscheidung über die persönliche Erscheinung, die Wahl von FreundInnen und AnsprechpartnerInnen bei Problemen:

> „Wir gehen davon aus, dass der Statusübergang von der Kindheit in die Jugendphase von einer Zunahme des Rauchens und des Alkoholkonsums begleitet ist, und diese Verhaltensweisen für die Heranwachsenden als Merkmale von Erwachsensein gelten. Der Einstieg in die Geschlechterrolle als weiterer zentraler Bereich der praktischen Verselbständigung ist ein sehr komplexer Prozess, der vom ersten Diskobesuch bis zu ersten sexuellen Kontakten mit dem anderen Geschlecht reicht".

Gleichwohl bleiben weite kulturelle Wert-Bereiche gemeinsame Basis, werden ‚sozial vererbt', was insbesondere für das kulturelle und soziale Kapital (im Sinne Bourdieus) zutrifft; manche Anteile verändern sich rasch entgegengesetzt; und keineswegs selten beeinflussen sich beide Ablösungspartner wechselseitig – in der Ablehnung wie im sich Einrichten in einer sich schnell verändernden ‚postmaterialen' gesellschaftlichen Umwelt.

So können etwa Kappeler/Barsch (1999;227) dieses Ringen bei ehemals ostdeutschen Jugendlichen in ihrer empirischen Analyse des *Einstellungswandels* gegenüber Drogen nach der ‚Wende' höchst eindrücklich belegen:

Während noch 1990 angesichts fehlender Verfügbarkeit illegalisierter Drogen Erwachsene, Eltern wie Lehrer, und Jugendliche in ‚Drogenfragen' nahezu 100-prozentig übereinstimmten, verändern die Jugendlichen von Befragung zu Befragung mit wachsender ‚Drogenerfahrung' im jugendkulturellen Umkreis ihre Einstellung gegenüber ‚ihren' jugendspezifischen Drogen – d. h. zu dieser Zeit: Cannabis – während sie ihre Bewertung der ‚härteren' Drogen weiterhin beibehalten:

„In der ersten Zeit nach der Wende wurden zunächst illegalisierte Drogen noch nicht auf unterschiedliche Weise im Rahmen horizontaler und vertikaler Kommunikation thematisiert. Erst im Lauf der Zeit bildet sich im Rahmen horizontaler Kommunikation unter Jugendlichen ein faszinativ-positiver Thematisierungsmodus heraus, der den auf Warnung und Abschreckung zielenden Gesprächsintentionen Erwachsener entgegensteht".

Auf der anderen Seite können solche Veränderungen dann, wenn zwischen den Generationen *Einigkeit* in der Bewertung bestimmter Verhaltensweisen besteht, auch relativ rasch von den Jugendlichen übernommen werden. Besonders eindrucksvoll wird eine solche gemeinsam getragene Entwicklung etwa in der KFN-Untersuchung zum Gewalt-Verhalten Jugendlicher (Wilmers u.a 2002), die im Vergleich zwischen ihren beiden Erhebungen in den Jahren 1998 und 2000 einen deutlichen Rückgang der ‚Jugendgewaltdelinquenz' festgestellt hat:

„Offenkundig hat sich also innerhalb der zwei Jahre zwischen den beiden Erhebungswellen sowohl das Meinungsklima als auch die erzieherische Praxis in Familie, Schule und Öffentlichkeit dahingehend verändert, dass Gewalt als Mittel der Auseinandersetzung bei Konflikten stärker geächtet wird und diese Veränderung hat zu einem Rückgang der Jugendgewaltdelinquenz geführt, während sich im Bereich der sozialen Lagen der Jugendlichen im gleichen Zeitraum kaum substanzielle Veränderungen ereignet haben, die einen solchen Rückgang der Gewaltdelinquenz erklären könnten" (170).

In diesem Ringen variieren – innerhalb recht enger Grenzen – nicht nur die Jugendlichen die Welt der Erwachsenen, wobei sie zumeist je nach Gruppe, Gruppen-Stil und Gruppen-Interessen recht unterschiedliche kulturelle ‚Bruchstücke aus der Kultur der Erwachsenen übernehmen, variieren und neu zusammensetzen (>bricolage<), sondern diese Welt kann (und wird) auch von den Jugendlichen lernen („Die Mode wird immer jünger"). Lenzen (1991;45,48) spricht etwa davon,

dass „Jugendlichkeit, wenn nicht Kindlichkeit zum Signum einer ganzen Kultur geworden" sei; von einem „Verschwinden des Erwachsenenstatus"; einem seit längerem zu beobachtenden ‚Jugendkult', der versuche, „alles zu vermeiden, was die Tatsache des zu erwartenden eigenen Todes ins Bewusstseins heben könnte".

In seiner anthroposophisch ausgerichteten Sicht formuliert Wais (2002;32) diesen anderen Blickwinkel überzeugend dahin gehend

> „dass im Kind als einem Mitglied der nachfolgenden Generation mehr stecken kann, Gereifteres an Idealen, Talenten und Ideen als in den Vertretern der vorangehenden Generation. Wir müssen damit rechnen – auch wenn es sich eher selten bewahrheitet – dass unsere Kinder im Kern besser gerüstet sind, unkonventionellere Ideen haben und vor allem unvoreingenommener und innerlich freier sind, als wir Erwachsenen, wenn es darum geht, die Fragen und Probleme der heutigen Zeit weiterzubewegen. Nur, wenn wir damit rechnen, kann dies auch zur Erscheinung kommen".

Trockener formulieren dies die Autoren der 14. Shell Jugendstudie (2002;14) in ihrem Vorwort: „Die vorliegende Studie (...) bestätigt die Rolle der Jugendlichen als Trendsetter eines individuellen Wertkonzeptes und zeichnet ein facettenreiches Bild ihrer Lebensvorstellungen, das auf eine interessante Neuorientierung hinweist"[298].

1.2. Unmittelbar in diese wechselseitige Ablösung hineinverwoben vollzieht sich auf der zweiten jugendlichen Ebene eine bisher nur selten begriffene *doppelte ingroup-outgroup Dynamik*, die durch das üblich einseitige Konzept der >Peergruppen-Beziehung< weithin verdeckt wird.

Zunächst wirkt hier *in* der Gruppe die häufig behauptete, doch unter Drogenaspekten nur selten näher untersuchte *interne Dynamik* des ‚birds of a feather flock together'; eine prozesshaft interaktiv verlaufende Dynamik, die sich natürlich nicht auf die simple Alternative des „wer verführt wen" beschränken lässt. In scheinbar paradoxer Verkehrung wird hier – bei übrigens weithin egalitärem Anspruch – die eigene individuelle Identität durch Anpassung an jeweils vorgegebene, aber auch mitentwickelte und weiter vorangetriebene (‚kulturelle') Gruppenstandards gesucht.

Als Leitidee gilt der ‚Geschmack', das was jeweils ‚in' ist:

> „Geschmack ist nicht nur die Grundlage individueller Ästhetisierungsprozesse, sondern auch das Bindeglied für Gruppenidentitäten. Nur den FreundInnen trauen Jugendliche (angeblich seit ihrem zehnten Lebensjahr) einen ‚ähnlich guten Geschmack' zu, was das modische Outfit betrifft: ‚Ich gehe am liebsten mit meiner besten Freundin einkaufen, weil sie den gleichen Geschmack hat und es immer lustig mit ihr ist'. Über gemeinsame Stilensembles wird eine Homologie der Gruppe hergestellt" meint Gaugele (2003;35) in Auswertung einer Kölner Konsumstudie.
>
> Und Carlitscheck/Stürtz (2003; 90) zitieren Emil aus der 7. Gesamtschulklasse als Beispiel für „das Verschmelzen zwischen eigenem Geschmack und dem anderer":
>
> „Oder würdest du sagen, du wählst deine Klamotten nach deinem eigenen Geschmack aus?
> E: *Nach meinem eigenen Geschmack.*

Und dein Geschmack, wie ist er? Hast du einen ganz speziellen? Oder hast du eher den Geschmack, den auch die anderen Jungen in deiner Klasse haben?
E: *Eigentlich auch den, den die anderen haben".*

1.3. Sehr viel bedeutsamer ist jedoch, dass sich diese Peer-Dynamik auch zwischen den unterschiedlichen Peergruppen und Cliquen entfaltet. Auch hier geht es keineswegs immer um festgefügt einander gegenüberstehende Gruppen, sondern eher um ‚Lager', um Projektionen, in denen entscheidend darum gerungen wird, was jeweils ‚in' ist, in der Schulklasse, im Schultyp, im Ortsteil, Altersgruppe, bei Jungen oder Mädchen, im Migrantenstatus etc.[299].

In wechselseitiger Konkurrenz und häufig unterdrückter wechselseitiger Bewunderung[300] stilisieren so die einzelnen Gruppen ihre jeweiligen Gruppenstandards – bis hin zum Versuch, sich eben dadurch von der Masse der Braven ganz allgemein abzuheben: „Für diese Schüler kann das Rauchen eher ein Mittel sein, um sich von der Masse (crowd) abzuheben als der Versuch sich konform zu verhalten" (Unger et al. 2001; 563 eÜ.):

„Das ist irgendwie cool, man grenzt sich von den Spießern ab!",

wie „der 14-jährige Marcel, der sich vor einem halben Jahr tätowieren ließ", seine Tätowierung begründet (Hertrampf u. a. 2003;119 f.).

Während so die einen ihre Drogen nehmen, weil die anderen – und nicht sie selber (!) – diese Drogen für gefährlich halten, werden die anderen angesichts der ‚präventiven Konter-Reaktionen' auf solchen Drogenkonsum immer stärker in ihrer ängstlichen, ‚brav und folgsamen' Haltung bestärkt. Beide Gruppen folgen dabei allgemein kulturell vorgegebenen Leitlinien, mit denen sie sich selber wie aber auch die ‚Gegen-Folie' der ‚anderen' Gruppe wahrnehmen, um so auf dieser Leitebene dann zumeist eindimensional entgegen gesetzte Pole zu besetzen: So werden die ‚Braven' immer braver und die ‚Schlimmen' immer schlimmer, wobei die Einen den Reiz des Bösen und die Anderen den Lohn der guten Schulnote verdrängen.

Dieses – präventionsbedingte – Auseinandertriften der Braven und der Schlimmen wird durch deren unterschiedliche Aufnahme der im Präventions-Projekt jeweils angebotenen Inhalte ständig weiter verstärkt. Eine Evaluation des nordenglischen >NE Choices< – auf das ich in These 10 noch einmal eingehen werde – kann dies mit den recht unterschiedlichen Reaktionen der 13/14-Jährigen auf das den Kern des Projekts bildende Drama überzeugend belegen (Stead et al. 2001;157,165).

In diesem Drama erhält ein 15-Jähriger von seinem älteren Bruder einen Joint, den er an sein ‚would-be girlfriend' weiterreicht; im weiteren Verlauf stiehlt er der Mutter Geld; der Bruder wird deshalb aus dem Haus geworfen, der Junge „misses football practice and the chance of a trip to Germany".

Die Jugendlichen wurden entsprechend ihrer Absicht künftig Drogen zu nehmen (was hoch mit eigener Drogenerfahrung korreliert) in 3 Gruppen aufgeteilt – definitly not (N = 435); possibly (434) und definitly yes (156) - und nach ihrem Eindruck befragt.

Während die dritte Gruppe, wie erwartet, sehr viel häufiger angab, so jemanden zu kennen (12 % - 28 % - 56 %) erklärten die ‚Braven' sehr viel häufiger, etwas über Drogen gelernt zu haben (84 % - 67 % - 59 %) und gelernt zu haben, wie man mit schwierigen Situationen umgeht (72 % - 60 % - 45 %); sie meinten, dass das Stück realistische Konsequenzen des Drogenkonsums gezeigt habe (90 % - 80 % - 64 %) und nahmen an, „it will make people less likely to take drugs" (64 % - 42 % - 30 %).

Beide Gruppierungen erfahren so die ersten Schritte einer wechselseitig emotional besetzten *intoleranten* Einstellung, die wir heute etwa in der Auseinandersetzung zwischen Nichtrauchern und Rauchern erleben, und die später unsere elterlichen Drogen-Ängste ebenso untermauern wird, wie das gute Gewissen nicht nur von Präventions-Arbeitern, sondern in derselben Weise auch das ihrer repressiver eingestellten Kollegen.

In diesem komplex gestalteten gruppendynamischen Dreiecks-Prozess fehlt den ‚Isolierten' die sichernde Geborgenheit dieser doppelten Gruppen-Dynamik; der ‚Aktivitäts-orientierten Drogengruppe' dagegen gelingt ein zukunftsträchtiger ‚eigener Weg'.

1.4. So übernehmen auch die *‚Braven'* ihre Rolle in diesem ‚Identitäts-Spiel'. Die partielle Blindheit der gegenwärtigen Drogen-Prävention, die die >Peergroup< fast immer nur als aktive ‚Verführergruppe' passiver ‚Novizen' wahrnimmt, äußert sich hier in dreifacher Weise: Sie übersieht nicht nur die positive Bedeutung sozialer Peer-Bezüge und vernachlässigt das soeben besprochene ‚dialektische ingroup-outgroup-Verhältnis' zwischen beiden Gruppierungen, sondern darf auch nicht realisieren, dass es häufig die *brave Gruppe* ist, die ihre Abweichler in die Arme der ‚bösen Peergruppe' treibt – sofern man das nicht als ‚Kollateral-Schaden' einer an sich erwünschten, tatsächlich jedoch fehlschlagenden Kontroll-Strategie dieser Braven verdrängen will.

Auf diese dritte Form der Blindheit machen Lloyd/Lucas (1998) in ihrer Sussex-Studie aufmerksam, in der sie u. a. mit unterschiedlichen Gruppen miteinander befreundeter 13–15-jähriger Mädchen (7. bis 9. Jahrgang) – Nichtraucherinnen, Gelegenheits-Raucherinnen und eine Gruppe ständige Raucherinnen – fokussierte Gruppen-Diskussionen durchführten[301].

> Die Nichtraucherinnen-Gruppen betrachteten die Raucherinnen als aggressiv und >predatory<, d. h. als aktiv neue Mitglieder rekrutierend, während sie sich selber als >vernünftig< (sensible) und brav sahen. Vor allem aber wurde Rauchen als ‚ansteckend' begriffen: „Smoking was seen as analogous to a highly contagious social disease that challenged loyalty to friends and group identity" (147). Unter dieser Prämisse wurden Gruppenmitglieder, die zu rauchen begannen, aus der Gruppe ausgestoßen (ostracism), wie dies eines der Mädchen erschreckend deutlich formulierte:
>
> „And it ruined a friendship I wouldn't really mind, because I know that smoking is bad and that, but losing your friend, you can always get another friend, so losing a friendship isn't as bad as cigarettes" (148).

Insofern betonen die Autorinnen zu Recht, dass die *Konformitäts-Forderung* (hinsichtlich des Rauchens), die die Never-smoking-group der Raucher-Gruppe zuschrieb, in eben demselben Maße auch für sie selber zutraf (149). Da unter diesen Mädchen Rauchen oder Nichtrauchen als primärer Faktor der Gruppen-Identität dieser Freundschaftsgruppen galt, liegt es nahe, dass sie diese Ablehnung (rejection) als Konsequenz eines nicht akzeptablen Verhaltens in der Gruppe erklärten:

> „behaviour that was not part of the social identity of the group and thus could not be tolerated:
>
> >No, they try and hang round with us but we don't really like them<" (153).

Doch, erinnern wir uns an die etwas weiter oben angeführten Berichte der etwas älteren 15–16-Jährigen bei Denscombe (2001;24 f.):

> „Smoking was not generally regarded as having some special, unique status in terms of group pressures. It was seen as just one of a range of activities which might influence decisions about who to hang around with and who to treat: (…) Razwan, then, is not a smoker who happens to be a friend. He is a friend who happens to be a smoker"[302].

Zum ‚Menetekel' wird also der Drogen-Konsum erst dann, wenn die Prävention dieses Merkmal – zwangsläufig (!) – zum Master-Status erhebt.

Ein solcher durch Prävention geförderter ‚gruppendynamischer' Einfluss zeigt sich etwa dann, wenn im >Be Smart-Don't Start<-Programm, das ja in den am Wettbewerb beteiligten Schulklassen auf einem solchen Gruppen-Druck aufbaut, das ‚Klassenziel' wegen einiger ‚Spielverderber' (mindestens 10 % der Klasse) nicht erreicht wird. Die Gruppendynamik, die sich nunmehr zwischen den Gruppen entwickelt, kann vom – engagierten – (Klassen)Lehrer höchst unterschiedlich ‚genutzt' werden. Auf der einen Seite kann er dann, wenn er sich zu sehr mit dem Wettbewerb identifiziert, das Gegeneinander weiter vorantreiben; auf der anderen

Seite könnte er – bei genügend Interesse und Ressourcen – eben diesen Konflikt nutzen, um das in der vorletzten These 9 angesprochene Ziel wechselseitigen Verstehens voranzubringen, wofür ihm in neuerer Zeit auf der begleitenden CD auch entsprechende gruppendynamische Hilfestellungen etwa beim ‚Problem-Lösen' angeboten werden.

1.5 In diesem Sinne wird also diese Identitäts-Phase dynamisch – zunächst noch nicht inhaltlich – durch zwei Prozesse gesteuert: vertikal durch den der Ablösung, horizontal durch den der Peergruppen-Beziehung. Zwei Prozesse, denen Reinders (2003) in einer ebenso informativen wie kritischen Sekundär-Analyse theoretischer Überlegungen zum Verhältnis zwischen ‚Jugend' und ‚Erwachsenen' zwei zumeist unverbunden nebeneinander herlaufende Theorie-Stränge einer >Transition< und eines >Moratorium< zuordnet.

> Die noch immer dominierende Sicht, die diese Jugend als Übergangsphase hin zum Erwachsenen-Status begreift, also als *Transition*, in der bestimmte von den Erwachsenen vorgegebene Entwicklungsaufgaben zu lösen seien; und die schon in der Jugendbewegung zu Beginn des 20. Jhd. (Spranger) gründende, lange Zeit vergessene Sicht, die diese Phase als eigenständiges, gegenwartsbezogenes *Moratorium* sieht, in dem „der soziale Bezugspunkt die Gleichaltrigen sind, mit denen gemeinsam eine generationale Selbst-attribution ausgehandelt und vorgenommen wird" (114).

Unter der Prämisse, dass Jugendliche als „Akteure ihrer eigenen Entwicklung im Nahraum generationaler Aushandlungsprozesse" (58) die jeweilige Gewichtung beider kultureller Aufgaben – in einem ressourcenmäßig vorgegebenen Rahmen – eigenständig lösen, entwirft er ein Vierfelder-Schema einer „Typologie jugendlicher Entwicklungswege im Zusammenspiel von Transition und Moratorium" (61).

Diese auf theoretischer Ebene entworfene Typologie entspricht weithin den in der letzten These herausgestellten ‚Cluster-Gruppierungen': Er unterscheidet dabei die ‚Integrierenden', die sich in beiden ‚Kulturen' bewegen können, während die ‚Assimilierenden' ohne Peer-Bezug als ‚brave Streber' direkt der Eltern-Kultur nachstreben. Die ‚Segregierten' leben verstärkt in der Peer-culture und den ‚Marginalisierten' bleiben beide Welten verschlossen, wobei für beide die ‚erwachsene Zukunft unsicher ist'.

Der eigentlich ‚dynamische' Aspekt, der bei solchen Vierfelder-Schemata leicht verloren geht, ergibt sich jedoch erst dann, wenn man die dabei ablaufenden *wechselseitigen* Prozesse im Auge behält; und zwar sowohl bei der beiderseitigen Aufgabe der Ablösung, wie auch zwischen den unterschiedlichen Jugend-Gruppierungen, wie schließlich auch in den jeweiligen ‚strategischen' Bündnissen, die in diesem Dreieck möglich werden, wenn etwa manche Brave im Schutz der Eltern von deren

‚kulturellen Erbe' profitieren oder andere ihr jugendliche Bravour benutzen, um erwachsene Aufmerksamkeit zu wecken.

2. *Was heißt >Identität<*[303]

Die gegenwärtige *Jugendsoziologie* folgt noch weithin dem überkommenen, psychoanalytisch ausgerichteten Modell Eriksons, für den – sehr vereinfacht gesagt – eine der Aufgaben der Jugendphase darin bestand, „eine eigene Identität zu entwickeln", die dann bis ans Lebensende mehr oder weniger konstant bzw. in vorgeschriebener Bahn fortgeführt werde (Lenzen 1991; Krappmann 1997; Haußer 1997). In geradezu vorbildlicher Weise definiert dies die 14. Shell Jugendstudie 2002 in ihrer Einleitung:

> „Die Persönlichkeitsentwicklung ist dann *gelungen*, wenn in der ständigen Auseinandersetzung eines Menschen mit den inneren und den äußeren Anforderungen Subjektivität behauptet und *Identität etabliert* werden kann" (Hurrelmann u. a. 2002;32, kursiv S.Q.).

Ein Vorhaben, das Zygmunt Bauman (2003;100 f.) – vielleicht ebenso einseitig überzogen – gründlich bezweifelt:

> „Immer wenn wir dieses Wort in den Mund nehmen, schwingt in unserem Hinterkopf die Vorstellung von Konsistenz, Logik und Harmonie mit: jener Eigenschaften also, die unserem Leben zu unserer Verzweiflung so dringend abgehen. Die Suche nach Identität gleicht einem fortlaufenden Kampf, einem Versuch, das Flüchtige und Flüssige zu formen, den Fluss zu bändigen, das Formlose zu formen. Wir kämpfen, um diese ärgerliche Flüchtigkeit zu leugnen oder sie zumindest mit der dünnen Schicht der Form zu überdecken; wir wenden unsere Augen von den Dingen, die wir nicht ertragen können, ab. Identitäten sind jedoch bestenfalls wie Stücke erkalteter Lava, die sich im feurigen Strom bilden, um dann wieder von ihm mitgerissen zu werden. Also versuchen wir es aufs neue – und hängen die einzelnen festen Stücke zusammen, hoffen, dass sie passen und die Verbindung stabil bleibt (...) Identitäten sind stabil und fix nur im Schein des Blitzlichts, das sie für einen kurzen Moment von außen erhellt".

„Identität wird nicht in einer bestimmten Entwicklungsstufe erworben, sondern ist ein Prozessgeschehen (...) Entwicklung endet damit nicht, wie in früheren psychoanalytischen Entwicklungsvorstellungen angenommen, in einer stabilen Charakterformation, sondern Identitätsentwicklung ist ein lebenslanger dialektischer Prozess" (Bohleber 1997;112).

Wir möchten deshalb – im Anschluss an die Überlegungen von Keupp (2002) und insofern vielleicht zwischen den beiden Extremen angesiedelt – diese Identität eher als eine aus permanenten Interaktionen herauswachsende, dynamisch veränderliche *‚Patchwork-Identität'* oder auch als ‚Bastelexistenz' im Sinne von Hitzler (1994) verstehen, um damit auch „die Aufmerksamkeit auf die aktive und oft sehr kreative Eigenleistung der Subjekte bei der Arbeit an ihrer Identität" zu richten (Keupp u. a. 2002;10).

2.1. In dieser prozesshaft verlaufenden Entwicklung verarbeitet eine jeweils schon vorhandene ‚Identität' in unzähligen alltäglichen wie aber auch besonders hervorgehobenen *Interaktionen* (an deren Erfolge oder Beschämungen man sich „Zeit seines Lebens" erinnert) zwischen einem Ich und seiner sozialen Umwelt diejenigen *(sozio)-kulturellen* Vorgaben, die ‚als relevant' gelten, um in dieser Umwelt zu überleben.

In diesen Interaktionen sind die subjektive Identitäts-Seite wie aber auch ihr soziokultureller Umwelt-Part jeweils dreifach beteiligt.

1. Die *Identität* dient einerseits als geronnenes Produkt solcher vorangegangener Interaktionen, als Ausgangspunkt, als Folie und vorgegebene Basis für die weiteren ‚Identitäts-Schritte'. Sie wählt damit bereits die für sie relevanten Interaktions-Beziehungen (etwa in der gesuchten Peergruppe) wie auch die je angestrebten ‚kulturellen' Symbole, Vorstellungen, Aufgaben und Ziele als bedeutsam aus – bestimmte Drogen etwa oder Sport- bzw. Schulerfolge.
2. Die in solchen Interaktionen aufgenommenen Inhalte muss sie sodann in die vorhandene Identitäts-Struktur integrieren und diese ggf. entsprechend neu strukturieren, umgewichten und neu justieren – z. B. in der Verarbeitung stigmatisierender Interaktionserfahrungen.
3. Auf der anderen Seite wird durch die jeweilige *Kultur* zunächst *generell* die Gewichtigkeit und Form einer gesellschaftlich erwarteten Identität festgelegt, wie dies etwa Geertz (1991) auf einer sehr allgemeinen Ebene im Vergleich zwischen javanischer, marokkanischer und westlicher Identität demonstrieren konnte. Diese Kultur bzw. Teilkultur liefert sodann auch sowohl das *‚Material'*, also den Anstoß für die Identitäts-Arbeit, wie aber auch das *Medium*, in dem sich die Interaktionspartner allein verständigen können – man denke etwa an die Interaktion zwischen einem Mittelschicht-Pädagogen und einem Hauptschüler im Rahmen einer Drogen- oder Gewalt-Prävention.

2.2. Identität ist also stets dreifach *‚brüchig'*. (1) Zunächst ist sie niemals ‚fest', sondern immer nur vorläufig, da sie dynamisch ‚innen' und ‚außen' in wechselnden Situationen und Zeiten als Einheit *ausbalancieren* muss und will (Krappmann 1997), wobei sie jeweils auf vorangegangenen Identitäten aufbaut und andererseits sich an künftigen Aufgaben, Vorgaben und Möglichkeiten orientiert, also künftige *Identitäts-Entwürfe*, ‚optionale Selbste‘ als Motivator und Anreiz für künftiges Verhalten entwirft (Straus/Höfer 1997;282 f.). (2) Sie bündelt ihre Interaktionserfahrungen in *‚Teil-Identitäten‘* – etwa derjenigen des schlechten Schülers, guten Sportlers und gestressten Sohnes – die, bei allem Bestreben, sich als ‚Einheit‘, als ‚kohärent‘ zu verstehen, immer nur zu einem mehr oder weniger integrierten Konglomerat, eben einer >Patchwork-Identität< zusammengefügt werden. (3) Und sie ist zum dritten, weil sie aktiv höchst unterschiedliche Erfahrungen aus ihrer soziokulturellen Umwelt verarbeitet, immer nur ein mehr oder weniger *‚abweichendes‘*, subjektiv ausgewähltes und neu konstruiertes Abbild dieser Umwelt, weswegen Bourdieus ‚habitus‘-Modell so seine Tücken hat.

2.3. *Prozessual* gesehen, übernimmt diese ‚Identität‘ sowohl intern zwischen solchen Teilidentitäten, wie auch in jeder Interaktion – ebenso wie dessen Interaktionspartner – eine *aktiv* und *selektiv* ausbalancierende und gestaltende Rolle. Und zwar einmal, um intern ‚den Haushalt in Ordnung zu bringen‘, also zeitliche Kontinuität wie Kohärenz zwischen den Teil-Identitäten herzustellen, und um aus der externen Umwelt möglichst nur solche Inhalte ‚wahrzunehmen‘ und aufzunehmen, die in diesen Haushalt hineinpassen.

Und zum anderen wird sie diese äußere Situation möglichst im Rahmen der eigenen Identitäts-Struktur auch *aktiv umgestalten*, sei es, dass sie diese Situation entsprechend neu interpretiert, ‚dekonstruiert‘ und ‚rekonstruiert‘ oder sei es, dass sie diese Situation selber aktiv real mit gestaltet – ohne dass wir heute, im Zeitalter eines ‚sozialen Konstruktivismus‘ diese beiden Formen strikt auseinander halten könnten.

Auf der einen Seite versucht so

> „der Identitätssuchende (...) zusätzliche Informationen und Erfahrungen, aber auch Enttäuschungen und Verletzungen zu integrieren und sich gegen Stigmatisierungen und Stereotypisierungen zu wehren. Nicht Inhalte machen diese Identität aus, sondern bestimmt wird sie durch die Art, das Verschiedenartige, Widersprüchliche und Sich-Verändernde wahrzunehmen, es mit Sinn zu füllen und zusammenzuhalten“ (Krappmann 1997;81).

Und auf der anderen Seite sind „Identitätsprojekte immer mit sozialen Netzwerken verknüpft. Einerseits entstehen sie in solchen Netzwerken, andererseits verändern sie diese“ (Keupp u. a. 2002;186). Während der eine Prozess etwa durch das Tagebuch-Schreiben oder häufiger noch durch stets sich neu anpassende Autobiographie-Erzählungen vertreten wird, beweist sich der andere etwa im aktiven Aufsuchen und Mit-Gestalten einer Peer-Gruppe oder – zumeist später – bei der Partner- und

Berufswahl, mit der man sich in neue soziale Bezugsverhältnisse mit neuartigen Identitätsanforderungen und -möglichkeiten hinein begibt.

Solche Aktivitäten ‚ergeben' sich zumeist, ohne dass sie jedes Mal bewusst rational geplant und gesteuert werden müssen. Wenn auch bestimmte Identitäts-Symbole – wie Musik, Kleidung, Drogen und Körper-Management – höchst eigen-aktiv umgesetzt und realisiert werden, so folgen sie doch inhaltlich einem (generationsmäßig nahezu unverständlich unterschiedlichem) Geschmack, der, wie Bourdieu[304] präzise darlegt, weithin teilkulturell vorgegeben, marktmäßig manipuliert, doch seinerseits wiederum eigenaktiv ‚bricoliert' d. h. ausgewählt und variiert wird.

Diese Aktivitäten sind in hohem Maße *emotional* gesteuert, sie leben aus der Anerkennung und Ablehnung, wie sie in den (realen und imaginierten) Interaktionen erfahren werden. Sie erleben sich selber als Teil eines Ich- bzw. Identitätsgefühls (als I im Sinne von G.H. Mead), das seinerseits schon früh als ‚Kerngefühl in der vorsprachlichen Mutter-Kind-Beziehung begründet' wird (Bohleber 1997;109), und das sich selbst als die individuelle Entwicklung überdauernde Einheit versteht oder verstehen will. Ein Vorhaben, dessen Schwierigkeiten sich bei Erwachsenen zeigt, sich – ohne die übliche retrospektive Neuinterpretation („bei mir damals …") – mit dem eigenen früheren Jugendstadium zu identifizieren; weshalb es ja den meisten Erwachsenen so schwer fällt, von dort aus Zugang zum derzeit aktuellen Stand ihrer betreuten Jugendlichen zu finden.

2.4 Drei miteinander verbundene *Grundbedingungen* bestimmen den äußeren Rahmen solcher Identitäts-Entwicklung.

(1) Unabdingbar sind zunächst Art und Ausmaß der *Sozialbeziehung*, sofern denn Identität sich in und aus sozialen Interaktionen heraus entfaltet: „Wie das Ich sich selber sieht, das ist das Produkt kollektiver Vorstellungen (collective imagination)" (Shweder 1982 eÜ.). Insofern ist Identität (als ‚soziales Selbst', als ‚me' im Sinne von G.H. Mead) immer Niederschlag sowohl von realen sozialen Interaktionen – vom ‚interaktiven >mirroring< in der Mutter-Kind-Dyade (Bohleber 1997;108)[305] über die Peer-Gruppe bis hin zum Senioren-Club, wie auch von imaginierten Interaktionen – vom ‚to take the role of the other' im vorweggenommenen Antwortverhalten über den vorgestellten ‚Freund Harry', Rollenmodelle, Chatroom-Partner bis hin zum ‚generalisierten Anderen' Mead'scher Prägung:

> „Identitätsarbeit braucht soziale Netzwerke, da diese materielle, emotionale und soziale Ressourcen zur Verfügung stellen, Optionen für Identitätsentwürfe und -projekte eröffnen und die Komplexität der sozialen Welt durch die Vermittlung von Relevanzstrukturen reduzieren.(…) Soziale Netzwerke werden so gestaltet, dass die

> Identitätsprojekte einer Person darin Einbindung, Anerkennung und Unterstützung finden. Gelingt das nicht, kommt es zu prekären Passungen, entweder muss der soziale Kontext verändert oder das Identitätsprojekt aufgegeben werden. Unter den Bedingungen gesellschaftlicher Pluralität ist es möglich, einen sozialen Kontext zu verlassen, aber es ist unmöglich den Kontext des Sozialen zu verlassen" (Keupp u. a. 2002;169 f.).

Eine soziale Grundbedingung, die u. a. auch dafür spricht, die oben als ‚sozial isoliert' angesprochenen ‚Braven' als besonders gefährdet anzusehen.

(2) Die zweite Grundbedingung ergibt sich aus *Art und Stabilität* dieser soziokulturellen Umwelt zusammen mit den damit vorgegebenen und zu bewältigenden Entfaltungsmöglichkeiten. Je eintöniger und beschränkter dieser Rahmen ausfällt, desto stabiler und einfarbiger wird der – stets doch individuell variierbare – Spielraum für die Identitäts-Gestalt sein. Dies gilt ebenso für ‚einfache' Kulturen mit geringem Rollen-Angebot, für manche Hauptschul-Umgebung, wie aber auch für die von Erikson vorausgesetzte stabile, weiße, männlich dominierte Mittelschichtgesellschaft der amerikanischen Nachkriegsjahre, oder auf der anderen Seite auch auf einer mehr individualisierten Ebene für langjährige Partnerschaften, Hospitalisierung und vorgeprägte Sucht-Karrieren. Und umgekehrt, je bunter, vielfältiger, ‚postmoderner' diese Umwelt ausfällt, umso eher wird sich eine entsprechende ‚patchwork-Identität' entfalten.

(3) Die dritte Grundbedingung fasst dies unter dem *Ressourcen-Aspekt* zusammen. Hierher gehören sowohl die psychischen Ressourcen, wie das Aushalten von Ambivalenz und *Ambiguitätstoleranz*, das heißt „Ertragen uneindeutiger, unstrukturierter Situationen" (Bilden 1997;244). Ambiguitäten, wie sie heute bei Jugendlichen etwa zwischen den – gleichzeitigen – Zuschreibungen als ‚sucht-gefährdet', ‚guter Kumpel' und ‚gesuchtem Fußballer' entstehen oder die mit unterschiedlichen Identitätsentwürfen als ‚erfolgreich berufstätig', ‚familienorientiert' und ‚autonom' die Identitäts-Situation vieler Schülerinnen prägen.

Und hierher gehören auch das *soziale und kulturelle Kapital*, finanzielle Möglichkeiten und Machtverhältnisse (Ahbe 1997), wie sie sehr deutlich die unterschiedliche Ausgangslage von GymnasiastInnen und HauptschülerInnen bedingen; und zwar sowohl beim expertenhaften Definieren und Definiert-Werden und dem dazugehörigen unterstützenden wie abweichenden Reagieren, wie aber auch in der Gegenmacht scheinbarer Ohnmacht durch List und Anpassung, durch Protest und Nichtbeachtung. Solche Ressourcen stecken die möglichen Spielräume ab, in denen Identität sich entfalten, verkümmern, variieren und integrieren kann.

3. Die identitätsstiftende Rolle der Droge

Im Rahmen dieser Gruppen-Dynamik übernehmen nun die *Drogen* als gesamtkulturell verankertes Identitäts-Symbol mit breiter Variationsmöglichkeit und nahezu beliebig konstruierbarer Bedeutung – neben Musik, Kleidung und >Körpersprache< (Haarschnitt, Tatoo, Piercing sowie Schlankheitsideal, body-building etc.) – eine zentrale *modische Signalfunktion,* die wiederum weit über das jeweilige Drogen-Thema hinausreicht. Sie passen sich in einen *Style* ein, der heute im „Umgang mit Mode, Körper und Konsumgütern (…) mittlerweile zum Modell einer Identitätsbildung auf ästhetischer Ebene geworden ist" (Gaugele/Reiss 2003a;9 mit weiteren Lit.); eine Identitäts-Arbeit, die – mangels anderer Kapitalien – in besonderem Maße mit ihrem >Körper-Kapital< wuchern muss (vgl. Zinnecker 2001;105 ff.).

Die Art und Weise, wie ‚Identität' mit Hilfe dieser Signalfunktion der Droge im Zusammenspiel des ‚dynamischen Dreiecks' entworfen wird, möchte ich zunächst an Hand von drei Beispielen – dem Raucher-Bild junger EngländerInnen, der Funktion des ‚normalen Cannabis-Konsums' und den Vorstellungen einer geschlechtsspezifischen Prävention – verdeutlichen, um anschließend auf das wachsende Gewicht einzugehen, das dieser Signalfunktion in einer (eher) post-traditionalen Zeit zukommt, der die traditionellen Ankerpunkte einer Identität zunehmend abhanden kommen.

3.1 Das Rauchen einer *Zigarette* verbindet (in mannigfacher Variation) bei Jugendlichen – in anderer Weise als das eingeschliffen stereotypisierte Rauchverhalten Erwachsener – eine ganze Reihe von Funktionen[306]. Neben den direkten Wirkungen, die man dem Nikotin zuschreibt – Entspannung oder Stress-Reduzierung etwa – und ihrer Funktion als Lückenfüller

> „One important satisfying function of cigarettes for young people is in the use and construction of time. Smoking has been referred to as a way to fill spare time, to pass time, to prevent boredom and to punctuate the day or other activities" (Lloyd/Lucas 1998;31)[307]

dominieren die folgenden *drei Signalfunktionen*: Zunächst sind Zigaretten Bestandteil eines sozialen Geschehens im Kreise Gleichgesinnter, erfüllen dort Kontakt-Funktionen, symbolisieren Zusammengehörigkeit und gemeinsam verbrachte freie Zeit – in der ‚Pause', beim gemütlichen Zusammensein, in der heftig gepafften Disko-Runde. Sodann dienen sie als Zeichen einer ‚Reife', des Gehens mit der Zeit, der Emanzipation, dem Nachweis, Stress und Verantwortung bewältigen zu müssen, wie dies etwa Karin Steinmann (2001;35) auch noch bei der ‚rauchenden Frau heute' finden kann:

„Das Attribut des Rauchens, des starken Rauchens, beziehungsweise des Kettenrauchens, dient als ein Merkmal dafür, dass sich diese Frauen in auffälliger Weise in Charakter und Verhalten über die vorherrschenden Rollenerwartungen hinwegsetzen. Eigenwillig, unkonventionell, stark, mutig, handfest, zupackend, lebensklug und gewitzt, politisch aktiv, nüchtern, aufrichtig, souverän, unabhängig, leidenschaftlich, genießerisch – dies ist das Bild, dass die Gesellschaft von einer modernen Frau hat. (...) ‚nur' Hausfrauen und Mütter rauchen hingegen weniger"[308].

Und zum Dritten bietet das Rauchen im Verhältnis zum möglichen Gewinn ein ertragbar geringes Risiko und zwar ganz ähnlich wie die verwandten ‚Jessor'-Risiken des Ladendiebstahls und des Schwarzfahrens: sehr seltenes Erwischtwerden; oder der Tätowierung und des Piercen: Schmerz und Ärger mit den Eltern; oder auch der ersten Annäherung an das andere Geschlecht: Blamage und Verlust.

Eine *Risiko-Balance*, deren Risiko-Anteil man selber, zumindest nach den ersten erfolgreichen Versuchen, als relativ gering beurteilt, während die anderen ihn erheblich höher einschätzen und solchen Versuchen damit Mutproben-Charakter zuweisen. Das relativ geringe Risiko bestätigt sich, wenn auch andere Erwachsene und insbesondere die Eltern rauchen, während die Mutprobe durch die schwarz umrandete Warnung auf der Zigarettenpackung bekräftigt wird: „Tauchen schadet der Schwangerschaft"[309].

Diese Funktionen schlagen sich auch in den *handlungsrelevanten Bildern* nieder, mit denen Jugendliche sich und andere als Raucher bzw. Nichtraucher wahrnehmen. Deren Vorstellungen über RaucherInnen, und zwar als Fremdbild sowie als Selbst- und als ideales Selbstbild, untersuchten Lloyd und Lucas (1998; 125)[310]

nachdem ihre erste qualitative Focus-Gruppen-Runde gezeigt hatte: „The creation of an image is a central component in adolescent development and identity formation. Within the process of identity construction, cigarettes are a tool with which teenagers may create and manage such images. Adolescents hold many and varied images of smoking in relation to themselves and to other people. These images are often contradictory and internally inconsistent".

Sie überprüften dies – bei NichtraucherInnen, gelegentlichen RaucherInnen und regelmäßigen RaucherInnen – mit Hilfe der folgenden drei Skalen: (1) *Positive Identität* (mit Items zur positiven und negativen Selbstbewertung, wie happy, popular, healthy, clever, make up own mind versus dull, thick, follow others etc.; (2) *fun loving* (liked partying, opposite sex, cool) und (3) *conforming-nonconforming* (cared about the environment, rule breaker) (131).

Zunächst zeigte sich, dass alle drei Gruppierungen simultan sowohl positive wie negative Bilder ihr Eigen nannten. Der Skalenvergleich – bei dem die Mädchen erwartungsgemäß insgesamt als ‚konformer' eingestuft wurden – ergab hinsichtlich des *Selbstbildes*, dass sich, wie ebenfalls zu erwarten, die Rauchergruppen, (bei geringem Unterschied auf der ersten ,Identitäts-Skala') von den Nicht-Rauchern deutlich auf den beiden anderen Skalen als stärker ,fun-loving' und ,nonconforming' unterschieden und so auch im *Fremdbild* wahrgenommen wurden:

> Zwar wurde die ,smoker-identity' (auf der 1. Skala) insgesamt und vor allem von den NichtraucherInnen ziemlich negativ eingeschätzt, doch „by contrast, there was evidence that smokers are perceived as being more fun loving and less conforming. These are characteristics that have appeal to many adolescents. Nonconformity is probably linked to a search for self-identity and differentiation from parents, while being fun loving seems closely related to sexual development" (141 f.).

Der entscheidende Punkt ergab sich jedoch auf der Ebene des *Ideal-Selbst* („Wie möchtest Du am Ende des Schuljahres sein?"), da *alle* Beteiligten – also einschließlich der NichtraucherInnen – zwar insgesamt gesünder, glücklicher und populärer sein wollten (Skala 1), doch bei den beiden anderen Skalen „beschrieben die Abstinenten ihr Ideal-Selbst als mehr Spaß liebend (as more fun loving) als sie sich gegenwärtig wahrnahmen" und „alle SchülerInnen wünschten sich, weniger konform zu sein, als in ihren eigenen Angaben" (135 eÜ.).

Nimmt man hinzu, dass diejenigen Nicht-RaucherInnen und gelegentlichen RaucherInnen, die zu Beginn des jeweiligen Schuljahres auf der fun-loving-Skala höhere Werte angaben, an dessen Ende dann auch realiter eher in der höheren Rauchergruppe zu finden waren (134 f.), wird der von den beiden Autoren immer wieder betonte *ambivalente Charakter* dieses Rauchens innerhalb der unterschiedlichen Gruppen und damit sein besonderer Anreiz für die anstehende ,Identitäts-Arbeit' deutlich. Nämlich auf der einen Seite ,brav' die möglichen Verführungen abzulehnen und auf der anderen Seite doch – zumindest im Fremdbild hinsichtlich der Identitäts-Skala – nicht ganz so glücklich mit der eigenen Raucherrolle zu sein:

> „*Never smokers* viewed" in den focus-Gruppen-Interviews mit Mädchen aus der 7. und 9. Klasse in Sussex „their status as sensible and considered regular smokers to be stupid. Membership in their groups was threatened by smoking uptake though they claimed that an individual had the right to choose. Smokers were believed to have a more exciting life but were seen as predatory and willing to resort to underhanded tactics to recruit new members to their groups. *Regular smokers* reported feeling misunderstood by their non-smoking peers. They were hesitant in admitting that social pressure and a desire to appropriate a ,hard' identity had influenced their decision to smoke. They felt that they had ,slipped' into regular smoking" (157).

3.2 Ähnliche Symbolfunktionen wird man sowohl beim *Alkohol* wie aber auch bei den selteneren *Partydrogen* finden. Während – bei sonst entsprechender Funktion – beim familiär vertrauteren Alkohol sich die ,Risiko-Bilanz' eher zum

Besäufnis, zum ‚binge-Trinken' hin verschiebt, bei dem sich dann der ‚wahre Kerl' zeige, der mit oder ohne Wagen (nicht) nach Hause findet, eignet sich die sehr viel seltenere Partydroge Ecstasy derzeit bei ‚älteren Jugendlichen' noch am besten als Signum einer bestimmten Jugend-Rave/Love-Parade-culture. Selbst Art und Ausmaß des *Medikamenten*-Konsums symbolisiert – Geschlechts-spezifisch Stil-bildend – etwa mit der ‚verfrühten Pille' mütterliche Besorgnis und Zutritt zu erwachseneren Verhaltens-Domänen bzw. stilisiert mit der gehäuften Verwendung ‚psychosomatisch' wirkender Medikamente den Stress-Zustand einander widersprechender Erwartungen an die aktuelle wie künftige weibliche ‚Doppel-Rolle' (Butt-Behrmann 2004).

Das *Cannabis* vertritt hier heute eher eine Zwischen-Position, die Hammersley et al. (2001) auf dem Hintergrund von Jenkins Modell ‚sozialer Identität' näher untersuchen. Wenn man davon ausgeht, dass der – auch nur gelegentliche – Cannabis-Konsum heute bei Jugendlichen schon eher (statistisch) normal ist, die Grenzen einzelner jugendlicher Teilkulturen überspringt und langsam auch – wie etwa Parker et al. (1998) nachweisen – die jugendliche Altersgrenze überschreitet, dann kann er eigentlich, so meinen diese Autoren zu Recht, nicht mehr unter den Konzepten des ‚Risiko', der ‚Sucht' oder ‚Devianz' eingeordnet werden:

> „So, having rejected *addiction, deviance,* and *risk-taking* as explanatory models of contemporary cannabis use.(…), cannabis must be used because it is reinforcing – i. e. enjoyable – in some sense" und „because it can be socially functional to use cannabis in certain ways, and to describe oneself and others in terms which highlight, or draw on, that use" (Hammersley et al. 2001;136 f.).

Da dieser Konsum gleichwohl offiziell verboten ist und vielfach noch bei Eltern und Institutionen zu stigmatisierenden Reaktionen führt, verkörpert er in besonderem Maße die schon beim Nikotin-Konsum angesprochene *Risiko-Balance*, die ein sorgfältiges ‚situations-angepasstes Risiko-Management' mit entsprechend aktivierten ‚Teil-Identitäten' – etwa nach innen als Party-Gast und nach außen als Oberschüler – verlangt: „Die meisten Konsumenten mögen zugleich, abhängig vom jeweiligen social setting, Cannabis-Konsumenten ‚sein' oder ‚nicht sein' (both ‚be' and ‚not be')" (140 eÜ.).

In dem oben skizzierten ‚dynamischen Dreieck' zwischen ingroup-outgroup und erwachsener Welt diene das Cannabis – je nach Gruppierung in unterschiedlichem Maße – dazu, einen ‚konventionell-unkonventionellen Stil zu demonstrieren' (139)[311] – in dem das Cannabis selber als wenig riskant empfunden werde, das verbleibende moderate Stigma-Risiko dagegen ebenso den Genuss verstärke wie auch die autonome Stellung verdeutliche. Eine Verhandlungs-Aufgabe (*negotiation*), in der man sich nach außen sowohl gegenüber den ‚Braven' wie aber auch gegenüber den Poly-drug-Konsumenten abgrenzen, und sich zugleich gegenüber möglicher Stigmatisierung und *Kategorisierung* schützen müsse:

> „The notion of categorisation emphasises that processes of identification are always two-way processes, at least. Actors identify themselves internally, by significant others. Social identification is the outcome of both processes in dialectic interaction. External categorisations may be internalised, they may be resisted, they may be partly incorporated, or there may simply be congruence between internal identification and external categorisation. Signification, negotiation and categorisation are likely to combine in different ways to produce a range of possible constructions of identity" (142 f.).

3.3 Diese Identitäts-Funktion des Drogen-Konsums gilt in besonderem Maße auch für die Herausbildung der jeweiligen *Gender-Identität.* Ich habe dies soeben bereits für die bisher wenig untersuchte Funktion des Pharma-Konsums angesprochen. Doch gilt dies angesichts der engen Zusammenhänge zwischen der ‚fun-loving'-Funktion dieser Drogen, der zunehmend wichtigeren Party-Szenerie und der von den Jugendlichen mehr oder weniger freudig übernommenen ‚Entwicklungsaufgabe', zu sich und zu dem anderen zu finden, in ganz besonderem Maße für alle diejenigen Drogen, vor denen unsere Prävention sie bewahren will.

Helfferich (1999;35) fasst dieses Zusammenspiel innerhalb und zwischen den Gruppen mit Hilfe solcher Symbole in ihrer Analyse der Herausbildung von Geschlechter-Stilen treffend wie folgt:

> „Auf der Ebene der Individuen und der Interaktion wird im sozialen Feld zwischen und unter beiden Geschlechtern nicht nur Identität, sondern Geschlechtsidentität ‚hergestellt', Geschlechterverhältnisse werden inszeniert (...) auch unter Zuhilfenahme von bedeutsamen Substanzkonsum (...). Soziale Gruppen bilden nicht nur Konsum-/Drogenstile heraus, sondern vor allem auch Geschlechterstile. Beide Stile hängen miteinander zusammen: So etablieren die alkoholaffinen Subkulturen ein streng hierarchisches und die Kifferszenen ein egalitäres Geschlechterverhältnis, die Techno-Szene gibt sich postmoderner Auflösung der Geschlechtergegensätze hin. Drogen- wie Geschlechterstile bieten oder versprechen ‚Lösungen' für die Aufgabe des sexuellen Heranwachsens".

In ihrem Forschungsbericht zur ‚geschlechts*bezogenen* Suchtprävention' präzisiert sie zusammen mit Franzkowiak u. a. (1998 kursiv jeweils S.Q.) – insbesondere für Mädchen – die in diesem Zusammenhang relevanten Gesichts-Punkte: auf Sinn ausgerichtete Eigenaktivität gegenüber außengelenktem Sucht- bzw. Gruppendruck; lebenslange Identitäts-Arbeit; Interaktion in und zwischen den Gruppen sowie die Symbolfunktion des Drogen-Konsums.

Gegenüber früheren feministischen Sozialisationsansätzen, wie sie der geschlechts-*spezifischen* Suchtprävention für Mädchen in ihrer klassischen Form (90) zu Grunde lagen, betonen sie dabei zunächst „stärker die aktiven Eigenanteile der Mädchen. Das Verhalten wird weniger als gesellschaftlich erzwungen oder erlernt betrachtet (...), sondern als sinnhaftes Handeln im Zusammenhang mit den zu bewältigenden Entwicklungsanforderungen." Dabei wird nicht eine „Anpassung an die Geschlechts*rollen*erwartungen als Kriterium gelingender Entwicklung gesehen. Zentral ist eher die, in kritischem Verhältnis zu dieser Anpassung stehende, Entwicklung einer positiven Geschlechts*identität*, eines positiven Verhältnisses zum Körper und einer eigenständigen weiblichen Sexualität" (31), die ihrerseits recht unterschiedlich ausfallen kann.

> Diese „Identitätsbildung findet in situationsspezifischen *Interaktions*prozessen statt, die reflexiv verarbeitet und in die eigene Biographie eingebettet werden" (43), wobei ‚in den geschlechtsabhängigen Verläufen von Pubertät und Adoleszenz Mädchen und Jungen ihre Geschlechtsidentität in Interaktionsprozessen *zwischen* den Geschlechtern erfahren, in deren Vordergrund die Sexualisierung der sozialen Beziehungen, des Körpers und der eigenen Person stehen'.

Ein solcher „Erklärungsansatz, der die Herstellung der Identität in den *Interaktionen* der Geschlechter betont, kann über die ‚Besonderheit des Weiblichen (bzw. des Männlichen)' hinaus die *wechselseitige Beeinflussung* und das Zusammenspiel der männlichen und weiblichen Entwicklungsverläufe, -probleme und -bewältigungsformen aufarbeiten. Die Praktiken der Bewältigung auf Seiten der Jungen wirken als Aufgaben und Vorgaben, mit denen sich die Mädchen auseinandersetzen müssen, und umgekehrt" (48)[312].

Eine vor allem für Mädchen besonders schwierige ‚Querschnittsaufgabe', die, verbunden mit einer Ablösung aus dem Elternhaus, kollektiv in der Peergruppe mit Hilfe von *Initiations-Riten* bewältigt wird:

> „Die in den Initiationen verbal und nonverbal vermittelten Inhalte konstituieren gerade die nach Geschlecht unterschiedlichen Gefährdungskulturen. Die Formen des Umgangs mit dem eigenen Körper und in diesem Zusammenhang auch mit Suchtmitteln, werden in diesen Einweisungen und Ritualen weitergegeben. Diese Riten sind umso wirkungsvoller, als sie die Funktion haben, Ängste und Konflikte im Zusammenhang mit der Statuspassage zu mindern. Die Herausbildung der Gefährdungskulturen ist untrennbar damit verbunden, dass durch diese Initiation die soziale Geschlechterhierarchie von den Mädchen und Jungen hergestellt wird" (51).

Dies geschieht in der Gruppe der Gleichaltrigen, die als *„strukturierter Erfahrungsraum* für die sozialen Begegnungen der Geschlechter" fungiert, und zwar in sozial und geschichtlich unterschiedlichen Subkulturen mit unterschiedlichen gruppenspezifischen Drogenstilen (52).

> Dabei „kann sich in dem Substanzkonsum eine gewichtige Entwicklungsproblematik mit einem drohenden Scheitern abzeichnen. Zum anderen gibt es einen Bereich der spielerischen, ‚phantasierenden *und* auseinandersetzenden Bewältigung von Realität' (...), bei der in einem Probehandeln Inszenierungen ausprobiert werden. (...) In beiden Fällen ist (...) das Konsumverhalten in seiner *Sinnhaftigkeit* – bezogen auf die Bewältigung der zentralen Entwicklungsaufgabe – zu betrachten" (55).

3.4 In der >*postmodernen*< Dynamik zwischen Ablösung, Peergruppenzugehörigkeit, Teil- und Subkultur treten heute vermehrt *marktförmig* vermittelbare ‚Attribute' – Mode, Drogen, Musik – an die Stelle ehemals fester gefügter institutioneller Aufgliederung. In einem solchen ‚Spiel' verfließen traditionelle Grenzen – etwa die zwischen den Geschlechtern, zwischen den Berufen, im multi-kulturellen und multinationalen Miteinander, was dann zugleich entsprechende ‚konservierende' Gegenreaktionen provoziert, Auflösungsängste und ‚Regionalkulturen'.

Während ehedem solche Attribute – Kleidung, Sprache, Flaggen und Wappen, aber auch Trinkstile und Drogensitten – eher äußeres Anzeichen institutionell deutlich voneinander geschiedener Gemeinschaften repräsentierten, kehrt sich heute dieses Verhältnis um. In all ihrer Instabilität – und deshalb nur mit vermehrter Anstrengung aufrechtzuerhalten – übernehmen diese jederzeit veränderbaren Attribute heute die Funktion tradiert normierter Institutionen.

Solche ‚posttraditionale Gemeinschaften', ‚Szenen' und ‚Stämme' – wie wir sie etwa in der rave-culture vorfinden – bilden sich

> „nicht, wie traditionelle Gemeinschaften (Verein, Ehe u. ä.) über *institutionelle Rahmungen* (feste Orte, vorgegebene Zeiten, explizite Regeln) sondern über theatralisch dargestellte *performative Praktiken* in Verbindung mit *Attributen*, die für die jeweilige Kultur symptomatisch sind" (Alkemeyer 2002;24 f.).

Solche ‚Attribute' sind dann u. a. auch Drogen. Wenn dies so ist, dann ändert sich auch

> „die *Weise des Zugangs*. Zugehörigkeit wird dann nicht über formelle Beitrittserklärungen erworben, sondern über einen *doppelten sozialen Selektionsprozess*, der ohne explizite, schriftliche Regelungen auskommt: In der einen Richtung wählen die Akteure für sich eine bestimmte Gemeinschaft aus, weil deren Merkmale zu den eigenen Interessen, Dispositionen und Wünschen zu passen scheinen und präsentieren die gruppenspezifischen Attribute demonstrativ vor denen, die bereits ‚drinnen' sind. Umgekehrt werden sie von diesen, sofern die präsentierten Merkmale für gut

> und zum Gruppengeschmack passend befunden werden, hineingewählt und können dann durch ihr Handeln beweisen, ob diese Wahl ‚berechtigt‘ war (...). Jedoch ist diese Wahl keineswegs (...) völlig ‚kontingent‘ (...) und damit unabhängig von sozialstrukturellen Vorgaben, sondern bestimmt durch Habitus und Geschmack im Sinne Pierre Bourdieus“ (S. 25).

Und, so muss man nach dem oben Gesagten hinzufügen, solche Wahlen hängen auch ab vom jeweiligen ‚Gegenüber‘, von dem man sich abheben, distanzieren will; solche „feinen Unterschiede“ sind so heute mehr denn je eines der wesentlichen Distanzierungsmittel, mit denen man den je eigenen Status unterstreichen, ‚soziales Kapital‘ (im Sinne Bourdieus) gewinnen kann.

Eine solche posttraditionale Gemeinschaft ist auf der einen Seite, für deren jeweilige Mitglieder, keineswegs beliebig austauschbar:

> „Vielmehr weist die aus Zeichen, Lebensstilelementen, Gesten, Körperinszenierungen und Konsumpraktiken gebildete Oberflächenebene expressiven Verhaltens auf mit ihr verbundene Einstellungen, Haltungen, Affekte, Motive, Bewertungen und Erkenntnisweisen der Welt hin, die sich im Lebenslauf tief in die Personen eingraben“ können (Alkemeyer 2002;28).

Auf der anderen Seite kann sich jedoch – von ihren ‚kulturellen Inhalten‘ her gesehen – eine solche ‚modische‘ Funktion *relativ rasch verändern*, wie wir dies oben schon für das Verhältnis Eltern-Jugendliche in den neuen Bundesländern angedeutet haben und wie wir es in größerem Maßstab auch aus der neueren Geschichte der jeweils perhorreszierten und verbotenen Drogen kennen (Stadler 2000). Markenartikel, Mode- und Plattenläden, Diskos, Raves und Trendsetter (etwa in der Musikszene), Medien, die ihrer eigenen Medien-Logik folgen (Neuigkeit, Normverstoß, Publikumsgeschmack) und, ganz allgemein, Märkte (im Dealen ebenso wie bei der Pharma-, soft-drink- und Tabakwerbung) stabilisieren und verbreiten solche Entwicklungen und treiben sie voran[313]:

> „Marken sind mehr als nur das ‚Swoosh‘ auf dem Schuh oder die drei Streifen auf der Hose. Marken haben für Jugendliche besonderen Wert und beeinflussen sie bewusst und unbewusst. Einerseits ist nicht abzustreiten, dass Jugendliche in ihrem Kaufverhalten einen homogenen Geschmack zeigen und dabei ‚ihre Marke‘ offensichtlich ein ausschlaggebender Faktor ist. Andererseits weicht ihre Selbstwahrnehmung diametral von der Fremdwahrnehmung ab. Sie projizieren markenbewusstes Verhalten auf andere oder auf ihre Vergangenheit, selten jedoch aktuell auf sich selbst“ (Boecker 2003;64 f.).

Insofern lässt sich auch „das Aufgreifen des Konsums bestimmter psychoaktiver Substanzen durch Bevölkerungsgruppen einer Gesellschaft als *soziale Diffusion* einer Innovation in ein Sozialgefüge“ (Barsch 1996;93 f.) verstehen, die uns dann etwa fragen lässt, warum sich – ohne Marken-Werbung, doch nicht nur durch ‚Mund-Propaganda – Ecstasy so rasant verbreiten konnte, während das Crack ‚bei uns' kaum Fuß fasste, warum hatten mehr Bremer SchülerInnen Cannabis-Erfahrung als ihre Mitschüler im benachbarten holländischen Groningen mit seinen Koffieshops, warum drang das Nikotin so vehement in die Reihen junger Mädchen ein und weshalb gab es in der DDR bei erhöhtem Alkoholkonsum keine illegale Drogen? Geradezu dramatisch belegt wird dieser Prozess sozialer Diffusion eben dort durch die atemberaubend rasche Anpassung des Konsums illegaler Drogen der ostdeutschen Konsumenten an die westdeutschen Verhältnisse zwischen 1993 und 1997, in der die Lebenszeit-Prävalenz im Osten von 6 % auf 18 % und im Westen von 21 % auf 24 % stieg, um im Jahr 2001 dann mit 24 % und 28 % fast einen Gleichstand zu erreichen (Bundeszentrale 2001;56)[314].

Doch wiederum gilt, dass sich auch hier

> „zwischen Angebot und Nachfrage interaktive Beziehungen entwickeln: Auf der einen Seite existieren die Angebote nur in einem bereits gegliederten und gedeuteten Zustand (durch ihre Materialität, ihren ästhetischen Stil, die sie kommentierenden Geschichten und Texte usw.); auf der anderen Seite werden sie allein von solchen Personen angenommen, die positiv auf sie reagieren, weil sie einen sozialen Geschmack für sie entwickelt haben. Sie werden dann innerhalb der Definitions- und Deutungsrahmen, die durch die gruppeneigenen Strukturen (…) abgesteckt sind, mit Phantasien, Gefühlen, Wünschen und einer Semantik aufgeladen, die eine Gruppe für verbindlich erklärt. Sie besitzen also ihre Bedeutung und ihren Wert *für* die Gruppe nicht von sich aus, sondern werden erst in der sozialen Praxis, in den Interaktionen der Akteure, symbolisch aufgeladen und affektiv besetzt", um so „einer der labilsten Währungen im sozialen Haushalt, den Emotionen, eine sichere Existenz zu verleihen, indem sie die Individuen in ‚Gemeinden der Gefühle' (…) zusammenführen" (Alkemeyer 2002;31).

4. Identität heute

Wenn man von diesen theoretischen Überlegungen aus im Hinblick auf unsere Fragestellung noch einmal die oben angeschnittene Frage aufgreift, wie unter den *gegenwärtigen gesellschaftlichen Bedingungen* Jugendliche Identität ‚gewährleisten' können, dann muss man vom wachsenden Gewicht informeller sozialer Beziehungen ausgehen und die besonderen Risiken drohender Stigmatisierung betonen.

Diese von Keupp und seinen Mitarbeitern in ihrem vierjährigen Forschungsprojekt >Identitätsstudie mit jungen Erwachsenen in West- und Ostdeutschland< bei *HauptschülerInnen* näher untersuchte Situation bestätigte zunächst die Vielfalt und Brüchigkeit gegenwärtiger Identitäts-Konzepte. Dabei versuchen heute, nach dem Wegfall der klassischen Identitäts-Vorgaben, nationale, regionale und genderspezifische Identitäts-Politiken (Rommelspacher 1997;257 ff.) mitsamt den dazu passenden Fundamentalismen und Sekten-Angeboten (Helsper 1997) das entstandene Loch aufzufüllen, während der Markt die entsprechenden äußeren Identitäts-Symbole liefert. Zugleich erhöhen die zunehmend wichtiger werdenden, institutionell nicht abgesicherten sozialen Beziehungen etwa in Peergruppen, Freundschaften und Partnerschaften sowohl die Gefährdung des Ausschlusses wie das Risiko übersteigerter Erwartungen.

Auch die in These 6 näher anzusprechenden *,abweichenden Identitäten'* können von hier aus besser als Ergebnis solcher sozialer ,Dreiecks'-Interaktionen zwischen erlittener, wenn auch provozierter Stigmatisierung i. w. S. sowie als Suche und sich Einrichten in ähnlichen Interaktions-Gruppierungen verstanden werden. Dabei werden die vorgegebenen kulturellen Muster und Verhaltenshülsen in eine häufig bereits ,vorgeschädigte' Identität (frühe ,conduct-disorder') eingebaut, um sie entweder möglichst positiv (resilient) umzudeuten oder sich ihnen ,depressiv' hinzugeben; und zwar jeweils mit dem Ziel, ein neues inneres und äußeres Gleichgewicht zu finden, weswegen auch diese Art ,abweichender Identität', je nach den oben genannten drei Bedingungen ebenso brüchig, vorläufig, wie aber auch festgefahren und hoffnungslos ausfallen kann.

4.1 Für *Jugendliche* besteht *heute* die Aufgabe darin, in ihre Identität, die sie bereits in bestimmter Weise aus ihrer Kindheit mitgebracht (und nicht erst jetzt ab ovo neu zu entwickeln) haben, diese neuen Erfahrungen einer zunehmend eigenständigen, doch ständig reglementierten und in die Zukunft hin sehr offenen Jugendphase zu integrieren, um mit den Chancen und Anforderungen dieser aktuellen Phase gekonnt umgehen zu können.

Und zwar in einer Zeit, die dieses Vorhaben – gegenüber früheren Zeiten, in denen noch die jetzt Erwachsenen leben konnten – in eine dreifache Schwierigkeit einbettet. Zunächst sind es die *Erwachsenen* in ihrer scheinbar sicheren (beruflich fixierten) ,Identität', die den Jugendlichen die Aufgabe einer ,klassischen' Identitäts-Bildung zumuten, um ihnen dann deren heute sinnvolle Identitäts-Form als ,Misslingen', als zunehmende ,Diffusion' anzulasten, ohne den Jugendlichen lebbare Modelle oder gar dafür notwendige Ressourcen anzubieten.

Diese Jugendlichen wachsen sodann in eine für frühere Zeiten fast unvorstellbar *offene Zukunft* hinein, in der viele der traditionellen äußeren Identitäts-Anker wie Arbeit und Beruf der Arbeitslosigkeit und Jobflexibilität weichen, lebenslange heterosexuell und familiär orientierte Partnerschaft durch Lebensabschnittbeziehungen, Patchwork-Familie und Queer-Politik aufgelöst werden. Und in der die ehedem übersichtliche und zeitlich ,besser absehbare' Normal-Karriere durch ungemein lange, zum Teil stressige und höchst unsinnige Ausbildungszeiten und postadoleszente Abhängigkeit einerseits und rentengestützte Seniorenherrlichkeiten andererseits ersetzt wird.

In eine Postmoderne, die auf dem Hintergrund eines zunehmend unverdeckten Generationen-Konfliktes das Ausmaß möglicher jugendlicher Abweichung weitaus intensiver als früher *kontrolliert,* indem sie diese sowohl ‚präventiv' ins Vorfeld ausweitet wie auch sehr viel verdeckter als früher (Prügel), und deshalb weniger angreifbar, expertenhaft professionell bearbeitet.

Drei Bedingungen – unwahrhaftige Erwartung, weniger stabile kulturelle Außenbeziehungen und verstärkte indirekte Kontrolle – auf die heute die jugendliche Identitätsbildung reagieren muss und wird. Dafür wird und muss sie heute schon relativ früh sich ihr für die Identitätsbildung und ihr Selbst-Vergewissern so notwendiges *‚interaktives Gegenüber'* eigenständig erarbeiten, auswählen und ‚passend' zurecht modeln, in der Freundschaft, Clique und Peergruppe, die heute mehr denn je in der Schule die fehlenden Geschwister und schwindende Nachbarschaft ersetzen müssen: Angesichts einer wachsenden „Erosion der Integrationsmacht sozialer Großgruppen" müssen heute „kleinere soziale Netzwerke (…) zunehmend Funktionen (übernehmen), insbesondere bei der Gewichtung und konkreten Ausformung identitätsrelevanter Perspektiven" (Straus/Höfer (1997;279). Krappmann (1997;90) unterstreicht dieses schon früh einsetzende Ringen in seiner „Beobachtung der Kooperation und der Konfliktaustragung unter Kindern in Klassenzimmern und auf Schulhöfen":

> „Diese Heranwachsenden ringen in ihren Interaktionen und Beziehungen miteinander darum, als Personen, die sich in ihren Eigenarten und Anliegen verstehen, respektiert zu werden. Das vollzieht sich in vielen kritischen Situationen, in denen es Streit und Verletzungen gibt, aber auch vergnügliches und befriedigendes Einvernehmen".

4.2 Für diese Identitäts-Arbeit stehen Jugendlichen prinzipiell *drei Wege* offen, die wir auch bei den in These 4 erarbeiteten drei Gruppierungen fanden und die Reinder (2003) mit seinen theoretischen Überlegungen bestätigt:

Zunächst (1) die konservierende, doch eigentlich nicht mehr in die Zeit passende *brave Anpassung* an die vorgegebene Welt der Erwachsenen, eine Strategie der Übernahme von Traditionen (>Foreclosure<), die gleichwohl „in Zeiten sozialer und insbesondere wirtschaftlicher Unsicherheit" ebenso funktional sein kann, wie (2) die des Offenhaltens der eigenen Identität (>Kulturell adaptive Diffusion<) oder (3) das immer wieder Neu-Infragestellen bereits getroffener Festlegungen (>Moratorium<), wie Keupp u. a. (2002;118) in Weiterentwicklung eines Ansatzes von Marcia aus ihrer Untersuchung schließen.

So fanden sie auf der einen Seite, dass sich die Leipziger Jugendlichen „bei der Identitätsarbeit nicht expansiv, sondern eher defensiv" zeigten, „sie richteten sich weniger auf Experimente oder Innovationen aus, sondern eher auf die Konstruktion beziehungsweise Simulation verschiedener Normalitätsstereotypen" (Ahbe 1997;209); ein Befund, der sehr an die parallele Bremer Studie erinnert, in der die ‚erfolglosen' Hauptschülerinnen versuchten, sich in traditionellen (und höchst brüchigen) Familien-Projekten wieder zu finden (Dietz u. a.1997).

Ganz allgemein scheint dieser ‚brave Weg' heute wieder das ‚Werte-Bild' Jugendlicher stärker als früher einzufärben:

„Die Mentalität der Jugend hat sich insgesamt von einer gesellschaftskritischen Gruppe in Richtung der gesellschaftlichen Mitte verschoben"; „Gefragt nach den wichtigsten gesellschaftlichen Zukunftsaufgaben nennen Jugendliche – genau wie auch die Gesamtbevölkerung – nicht zuerst die Ökologie, sondern die Bereiche Arbeitsmarkt, Kinder und Familie sowie Bildung" wie die jüngste Shell Jugendstudie (2002;19,24) zusammenfassend bei den befragten 12–25-Jährigen festgestellt haben will.

Auf der anderen Seite wirkt der zweite Weg der *‚kulturell adaptiven Diffusion',* also die Ausbildung lockerer, noch nicht festgelegter Identitäts-Formen „dort, wo die gesellschaftlichen Bedingungen Unverbindlichkeit und Indifferenz nahe legen", als vernünftige Identitäts-Strategie „sich nicht festzulegen, Chancen zwar zu ergreifen, aber mögliche andere Optionen dabei nicht aus dem Blickfeld zu verlieren" (Kraus/ Mitzscherlich 1997;160). Eine – noch als Ziel angesehene – „durch Kohärenz und Kontinuität" geprägte Identitätsform im Sinne Eriksons könnte dagegen unter den heutigen Verhältnissen prekär ausfallen (Ahbe 1997;208). Die ganze Ambivalenz, die wir, die Erwachsenen mit unserer scheinbar festgefügten Identität, gegenüber solchen Identitätsformen hegen, zeigt sich etwa in der Charakterisierung der ‚ersten Jugendgeneration des neuen Jahrhunderts': „In den Identitäts-Entwürfen lavieren, taktieren und ‚schwimmen' sie teilweise erheblich" (Zinnecker u. a. 2002;12).

Solche eher zukunftsträchtige, eigenständige Identitätsmuster erleben wir möglicherweise bei der oben herausgearbeiten ‚positiven Drogen-Gruppe', während auf der anderen Seite die ‚gefährdete Drogengruppe' dahin tendiert, sich in der im Präventions-Diskurs vorgegebenen Rolle der Abweichung einzurichten, worauf ich in These 6 näher eingehe.

Drei ‚Idealtypen', die in der Realität freilich immer wieder ‚patchworkartig' integriert werden: Etwa als aktiver Sportler, der gleichwohl am Wochenende Cannabis raucht oder gelegentlich betrunken über die Stränge schlägt; als brave Hauptschülerin, die ebenso wie ihre Mutter ausgiebig raucht und Tabletten nimmt und als Schulschwänzer, der gleichwohl seiner ‚Gang' Disziplin beibringt.

5. *Die Rolle der Sucht-Prävention*

Einen wesentlichen *Inhalt* für die Entfaltung dieses dynamischen Dreiecks und der sich darin entwickelnden jugendlichen Identität liefert heute auch die Sucht-Prävention, die gleichermaßen auf dem von der offiziellen Drogen-Politik propagierten Schreckens-Bild, den zukunfts-besorgten Eltern-Interessen und den ‚postmodernen' Identitäts-Bemühungen der Jugendlichen aufbauen kann. Sie bietet diesem Dreieck damit gewichtige inhaltliche Leitlinien und erfüllt gesellschaftlich bedeutsame Funktionen, die wir eigentlich ‚demokratisch' vermeiden wollen.

5.1 In diesem Sinne liefert die *gegenwärtige Drogen-Prävention* zunächst das ‚Ansteckungs-Modell', die ‚Abhängigkeits- und Verführungs-Furcht', und – mit der Ablehnung eines experimentellen und kontrollierten Konsums – die Unmöglichkeit einer zwischen dem ‚entweder-oder' sich einrichtenden Gelegenheits-Rauchergruppe oder gar einer ‚toleranten Mittelgruppe', wie wir sie oben in der vorangegangenen These als ‚Normal-Gruppe' clustermäßig aussondern konnten. Sie entwirft die Dimension, auf der sich diese Gruppierungen einrichten können, und zwar umso besser, je intensiver die Präventions-Botschaft auf der Dichotomie von Abstinenz versus Abhängigkeit insistiert.

Insbesondere dann, wenn sie, wie immer wieder empfohlen, durch Massenmedien verbreitet wird („Keine Macht den Drogen")[315] stellt sie – besten Gewissens (!) – dem eben genannten dynamischen Dreieck zwischen Erwachsenen-Kultur und einander entgegengesetzten Peer-Gruppen die jeweiligen – mehr oder weniger verbindlich wirkenden – kulturellen *Leitlinien* bereit; Leitlinien, denen man folgen, die man variieren oder gegen die man protestieren kann.

Leitlinien, die höchst unterschiedlich von den einzelnen SchülerInnen-Gruppen aufgenommen werden, indem sie die Braven in ihrer ‚Ablehnungs-Kompetenz' bzw. ‚Drogen-Distanz' bestärken, die Konsumierenden dagegen eher als ‚unbelehrbar' sich selber überlassen (vgl. Leppin u. a. 1999). Dabei wird diese Art der Drogenprävention die Gruppendynamik paradoxerweise umso intensiver beeinflussen, je ‚erfolgreicher' sie eingesetzt wird. Da es nicht gelingt, tatsächlich alle SchülerInnen längerfristig auf diese Weise zu erreichen, weil man mit dieser Art der Prävention stets nur eine Gruppe überzeugen, die andere dagegen enttäuschen wird, bestätigt man beide Gruppierungen (und auch das Verhältnis zu uns, den Erwachsenen) umso mehr in ihrer Wechselbeziehung ‚gegeneinander', je engagierter man sie (‚missionarisch') – überzeugt von der eigenen ‚good-intention' – beeinflussen und je verdeckter (‚manipulatorisch') man dabei mit ‚modernen Werbetechniken' vorgehen wird.

Diese Gratwanderung zwischen einer Drogen-Erziehung und einer Sorgebesetzten Sucht-Indoktrination wird immer dann einseitig kippen, wenn man diesem

‚pädagogischen Vorgehen' durch das jeweilige *Handeln* – Vorbild, Noten, Verbote und drohender Schulausschluss[316] – entsprechenden zusätzlichen ‚*Realitäts*'-Charakter verleiht. Wir bestätigen damit die gesamte Gruppendynamik und produzieren so gleichsam in einem Atemzug sowohl die Gruppe der braven ‚Nesthocker' und ‚Streber' wie aber auch die der bösen Raucherinnen und trinkfesten Jungen bis hin zu denen, die Gefallen an illegalen Drogen finden.

Und an eben dieser Stelle zeigt sich noch einmal die Schwierigkeit, aus unseren ‚normalen' Denkschemata heraus zu springen. So sehr wir nämlich – zumindest als sozialpädagogisch Interessierte – bereit sind, solche realen ‚Stigmatisierungs'-Handlungen, insbesondere etwa auf der Ebene staatlicher Justiz (Polizeiliches Eingreifen[317], richterlicher Verurteilung) abzulehnen, wenn nicht gar zu verurteilen, so wenig gerät es in den Sinn, dass die übliche Präventions-Botschaft – auf einer zweiten übergeordneten, indirekter und damit insgesamt viel effizienter wirkenden Dimension – eben dieselbe Stigmatisierung verbreitet, vorbereitet und legitimiert.

5.2 Ganz ungewollt schafft und verstärkt dieses Sucht-präventive Vorgehen damit auch auf der personalen Identitätsebene vier *für unsere Gesellschaft noch immer grundlegende Wahrnehmungs-Dimensionen*, von denen die eine das Ethos der Selbstkontrolle anzielt, während die drei anderen die soziale Struktur unseres Zusammenlebens vorzeichnen.

So konkretisiert sich im Gegeneinander der ‚Braven' und der ‚Schlimmen' zunächst auf einer alltäglichen Ebene die bereits oben in These 2.2 näher analysierte gesellschaftlich höchst zentrale Drogen/Sucht-Funktion, durch die der Wert der *Selbst-Kontrolle* symbolisiert und festgeschrieben werden soll. Und zwar in einer zweifach unerwünschten Richtung. Wenn nämlich Drogen-Konsum als Aussetzen dieser Kontrolle und Sucht als ‚Kontroll-Verlust' gelehrt und begriffen werden, dann geht es bei dieser ‚Selbstkontrolle' nicht so sehr um die ‚reife' Kontrolle, die frei darüber entscheiden kann, wann, wie, in welchen Maßen, Zusammenhängen und Situationen sie oder er etwas unternimmt, die also ‚spielerisch' und angemessen in dem ihr möglichen Handlungsraum agieren, sondern sehr viel mehr um die bedingungslose, gebietende, zwanghafte Kontrolle eines rigiden Über-Ichs, das nunmehr die internalisierten äußeren Gebote und Verbote aus sich heraus von selber realisiert. Eine Selbst-Kontrolle nach dem Bild der Askese, die selbst noch die alternative Vorstellung eines ‚kontrollierten' Drogen-Konsums dominieren kann.

Und zum anderen können sich in diesem Rahmen die Abstinenten als die *wahren, kontrolliert handelnden Bürger* begreifen, während die Konsumenten, die deshalb fast als süchtig gelten, als negatives Gegenbild dienen. Wobei, paradoxer Weise, beide Gruppen gemeinsam ein eventuelles schulisches Versagen mit eben diesem Kontroll-Verlust durch eine ‚Nikotin- oder gar ‚Cannabis-, Ecstasy-

Abhängigkeit' erklären können, um damit den symbolisierten ,Selbstkontroll-Wert' noch einmal zu bestätigen:

> „Drugs are seen as dangerous because of loss of control, but, inverting this, the addiction myth may also serve to define what ,being in control' consists of" (Hammersley/ Reid 2002;24).

Einen interessanten ,postmodernistischen' Dreh erhält diese Funktions-Zuweisung dann, wenn man umgekehrt den gegen die ,Sucht' eingesetzten Inhalt rezenter ,Lebenskompetenz-Programme' ernst nimmt, nämlich wahrhaft ,kompetent' und flexibel mit allen Widrigkeiten des Lebens umgehen zu können. Drogenprävention erzöge dann, so argumentiert etwa Schneider (2002;36), eben den Persönlichkeits-Typus, den diese postmoderne Welt benötige:

> „Der Mensch muss in unserer ,positiven', individualisierten und pluralistischen Konsum-, Spaß-, Leistungs- und Risikogesellschaft möglichst ,gesund' und ,effektiv' funktionieren (...) autonom und konfliktfähig Belastungen verarbeiten, mit positivem Selbstwertgefühl im Internet surfen und kreativ die Einschaltquoten erhöhen".

Eine Funktion, die Meyer (o. J.;81 kursiv S.Q.) von den Jungdemokraten/Jungen Linken als postmoderne Form der ,Normierung' festmachen will, die – dem allgemeinen gouvernmentalen Kontroll-Stil angepasst – als Teil einer Sozialdisziplinierung einen neuen ,Sozialcharakter' einer Meta-Normalität' heranbilden möchte:

> „Es ist dieser (Sozialcharakter) als Antwort zu verstehen auf sich wandelnde Anforderungen der Vergesellschaftung: Nicht mehr so sehr Standhaftigkeit ist gefragt, sondern Flexibilität. Die fragmentierte Welt sozialräumlich monofunktional hergerichteter Parzellen braucht eine Art Meta-Normalität, die sich jeweils angemessen zu verhalten weiß und den Schutz ihrer selbst eigenverantwortlich handhabt. Die innovativen Programme der Suchtprävention *wollen* diesen Sozialcharakter fördern" – wie er am Beispiel etwa des Alf-Programmes nachzuweisen versucht.

So interessant solche eher systemkritischen Analysen sind, so bleibt doch dreierlei zu fragen: Gelingt denn dieses ,Wollen'? Vertritt nicht gerade die ,positive Drogen-Gruppe' eben diesen postmodernen Typus? Und – angesichts der immanenten Ambivalenz eines solchen ,Flexibilitäts-Programms – wer garantiert, dass ,der Schuss nicht nach hinten losgeht' (etwa im ,nein' gegen die vermittelten Inhalte) oder – noch liberaler – dass diese Art der Selbstreflexivität sogar von den ,Betroffenen' erwünscht wird/werden könnte/sollte?

Sodann bestätigt diese Art der Prävention – Hand in Hand mit einer ähnlich ausgerichteten benachbarten Jugendkriminologie – das dominierende *Stereotyp einer zugleich unreif-unmündigen wie auch bedrohlichen Jugend-Phase*, deren abweichende Konsumenten-Gruppe nicht nur den Pfad unschuldiger Kindheit verlassen hat, sondern die zugleich die noch ‚Braven', die doch zeigen, was sich eigentlich gehört, verführen wollen, um derart unsere Erwachsenen-Position in Frage zu stellen. Weshalb man vordringlich diese Braven – primär-präventiv – schützen müsse, während man die anderen sekundär dem Therapie-Straf-Apparat überlassen könne[318].

Vor allem aber schafft diese in den Gruppierungen der ‚Braven' und ‚Schlimmen' verkörperte Dichotomie von Abstinenz und Sucht in ihrer eindeutigen Schwarz-Weiß-Malerei, zusammen mit ihrer Gleichstellung von Usus und Abusus, mit ihrer Aufteilung in legale und illegale Drogen (die zumeist ja noch sehr viel schrecklicher sein sollen als etwa der Alkohol oder die Medikamente) ein *hidden curriculum*, das wir zumindest offiziell in unserer Gesellschaft verurteilen, so sehr doch viele noch immer (und zu bestimmten Zeiten auch immer mehr wieder) deren Folgen praktizieren: Nämlich die *Unterscheidung zwischen uns und den anderen*[319], und zwar nicht in der ‚gesunden Weise', die den Anderen als gleichwertig begreift, sondern stets so, dass die eine Seite die ‚Besseren', die andere dagegen die der ‚natürlich' Bösen vertritt; also die ‚gefährlichen' Fremden, die ‚kriminellen' Ausländer und Asylanten etwa oder diejenige zwischen uns und den ‚Schwarz-Afrikanern' bzw. zwischen uns und den Angehörigen der under-class oder, trotz aller Gleichheits-Argumentation: patriarchal zwischen uns Männern und den – eben doch weniger wertigen – Frauen bzw. zwangsheterosexuell zwischen uns und den Homosexuellen und Lesben (wie jüngst wieder Kardinal Ratzinger[320]), zwischen anständigen Familien und ‚Alleinerziehenden' und, last but not least zwischen uns Erwachsenen und den noch unmündigen Jugendlichen. Wer, so möchte man mit Wolfgang Bialas (1997;44) fragen, „bedarf solcher Projektionsfiguren des Anderen, Fremden, um eigene Ängste und Unsicherheiten abzubauen?".

Wir erleben hier noch einmal im Kleinen – zwischen den Gruppen – was der Kriminologe Lorenz Böllinger (2000;37) für unsere Gesellschaft insgesamt beschreibt:

> „Das Strafverfolgungssystem trägt grundsätzlich nicht zu einem gesellschaftlichen Verstehens-, Verarbeitungs- und Vertrauensbildungsprozess bei. Es fördert – neben der direkten Schädigung der Betroffenen – gesellschaftliche Abwehr durch Spaltung und Ausgrenzung mittels vereinfachender und verzerrender Realitätswahrnehmung".

Ich komme auf die darin angesprochene zentrale Funktion einer alternativen Drogenerziehung in meiner These 9 noch einmal zurück.

6. *Die Denkblockade der Wissenschaft*

Ein wesentliches Produkt der Dynamik des bisher geschilderten ‚gruppendynamischen Dreiecks' zwischen Erwachsenen und den einander entgegengesetzten Peer-Gruppen einerseits und den ‚kategorisierenden kulturellen Vorgaben' durch Prävention, Markt und Medien andererseits ließ sich unter dem Aspekt der *Identitäts-Bildung* zusammenfassen. Ein Konzept, das, ebenso wie das der ‚Droge', der ‚Sucht' und des ‚Risikos' bis in seinen Kern hinein *normativ*, also als ‚gelingend' bzw. als ‚misslungen', als wünschenswert anzustrebendes Ziel begriffen wird, und das damit ebenso, wie diese drei anderen Konzepte der üblichen Präventions-Logik Sinn und Richtung gibt.

Zunächst weist es dem Jugendlichen den Status des Unfertigen zu, weil dieser erst noch unsere erwachsene Form der ‚stabilen' Identität zu erringen habe. Dabei geht man davon aus, dass die Droge, der Drogen-Konsum die Ausbildung einer solchen Identität gefährde, sofern der Jugendliche dadurch ‚auf die schiefe Bahn gerate'. Und schließlich übersieht diese Logik die Rolle und Bedeutung dieses Drogen-Konsums für die weitere Entwicklung dieser jugendlichen Identität, sei es, dass sie die Negativ-Folgen der gegenwärtigen Drogen/Sucht-Prävention verdrängt, sei es, dass sie durch die Art ihrer Defizit-Orientierung der Identitäts-Arbeit vieler Jugendlicher ‚den Boden unter den Füßen wegziehen' will:

> „It is likely that participation in some social events requires a willingness to tolerate explicit – even if not wholly public – cannabis use. Indeed, given that a least a third of them are users, most social events of young people must involve some cannabis use. Gigs, festivals and parties are only the most obvious occasions. This is more than problematic for a prevention strategy that aims to prevent *all* drug use. Young people simply cannot take a zero tolerance stance to cannabis use, without depriving themselves of many social activities in which they would otherwise wish to participate" (Hammersley et al. 2001;147).

Was man auch so formulieren könnte: Jugendlichen den totalen Verzicht auf Drogen nahe zu legen, gleicht dem Versuch, ihnen Mozart statt Britney Spears zu empfehlen.

6.1 *Verallgemeinern* wir diese Befunde ein wenig in wissens-soziologischer Hinsicht, dann belegt uns zunächst die hier nur sehr vorläufig angerissene ‚Ablösungs-Debatte', wie tief bis in die ‚Grundfesten' unseres Denkens hinein *unsere Erwachsenen-Sicht* – selbstverständlich, natürlich und gerechtfertigt – das Verstehen, die Analyse und die Bewertung jugendlichen Verhaltens prägt, obwohl wir doch alle diese Jugendphase selber durchlaufen, selber als Teil unserer ‚Identität' erfahren haben und solche ‚eigenen' Erfahrungen sonst gerne als Plausibilitäts-Anker eingesetzt werden.

Die wechselseitigen Beziehungen in diesem dynamischen Dreieck verlangen dagegen einen *dialektischen* Zugang, der beide Seiten als ‚gleichberechtigt' und in ihrer wechselseitigen Abhängigkeit voneinander analysiert. Dies gilt zunächst für das Generationen-Verhältnis:

> „Dieses Mit- und Gegeneinander der Generationen ist durch Spannungsverhältnisse gekennzeichnet, die nach der einen oder anderen Seite hin ‚aufgelöst' werden können. Sie ist bestimmt von Integrationszielen (*Prävention* dient in diesem Zusammenhang und der entsprechenden Funktion dazu, Abweichung vorbeugend zu verhindern; wobei gesellschaftliche Norm die nicht weiter problematisierte Richtschnur ist); *Emanzipation* auf der anderen Seite soll bestimmt sein als Bestreben der nachwachsenden Generation auf Selbstbestimmung, als Recht auf eigenes Leben, auf eine nach eigenen Ideen gestaltete Zukunft. Dieses Spannungsverhältnis zwischen Integration und Emanzipation ist zugleich Ausdruck der Doppelseitigkeit der Jugendrolle: sie hat einerseits für Kontinuität und Fortsetzung des Bestehenden zu sorgen, soll insofern den Überlebensinteressen der Erwachsenengesellschaft dienen und dem, was ihr wichtig ist. Andererseits ist Jugend immer auch (...) Träger des Neuen, eigener und neuer, von denen der Erwachsenengesellschaft abweichender Ansprüche" (Hornstein 2001;36).

Deutlich wird diese Dialektik auch, wenn man der üblichen Identitäts-Sicht ein Modell einer wechselseitig gruppenbezogenen *Identitäts-Entwicklung* gegenüberstellt, sofern diese als ‚soziale Identität' stets auch in die Entfaltung solcher Gruppen-Identitäten eingebunden ist; Gruppen-Identitäten, die ihrerseits – im vorliegenden Fall ‚abweichender', defizitär ausgerichteter Zuschreibung – dreifach bestimmt sind:

(1) durch die gruppen-interne Identitäts-Arbeit der Gruppenmitglieder untereinander; (2) durch die jeweilige Abgrenzung gegenüber der ‚Gegengruppe', die sich ihrerseits jeweils aus der Sicht der anderen Gruppe nährt, und (3) durch die *soziale Kategorisierung*, wie sie durch die Drogen-Prävention i. w. S. vorgegeben wird, und auf die sich beide Gruppierungen beziehen, um dementsprechend entweder ‚brav' oder aber ‚abweichend' zu reagieren, was seinerseits deren Bild in den Augen aller Beteiligten noch einmal bestätigt und verfestigt[321].

6.2 Die Diskrepanz zwischen der üblichen Peergruppen-Sicht und der real ablaufenden Gruppen-Dynamik lässt uns noch einmal Zeuge davon werden, wie wirksam unser *dispositives Denken* gestaltet wird: Und zwar zunächst in der oben bereits angesprochenen, scheinbar selbstverständlichen, einseitig psychologisierenden Suche nach der *risk-personality*, nach dem ‚sensation seeking' der Drogen konsumierenden Jugendlichen, während doch deren Verhalten – im Rahmen komplex kultureller Vorgaben – stets nur im Bezug zu den Einstellungen der ‚Gegengruppe' voll verständlich wird (Quensel 2001). Und sodann, noch weitaus erstaunlicher, das Phänomen der partiellen Blindheit gegenüber der Wucht *gruppendynamischer* Prozesse, auf die wir nicht nur bei der Prävention, sondern ganz generell in der Schulpädagogik treffen, obwohl doch hier die Schulklasse in ihrem Verhältnis zum Lehrer *die* gruppendynamische Beziehung par excellence repräsentiert.

Hier spiegelt sich eine ganz allgemeine wissenschaftliche Entwicklung der letzten Jahrzehnte wider, die auf der einen Seite zu Lasten einer mittlerweile mehr und mehr in Vergessenheit geratenen Sozialpsychologie den großen makro-soziologistischen Wurf der ‚Gesellschafts-Kritik' belohnt, und die auf der anderen Seite sich im psychologischen Individualismus bzw. in ‚Methoden-reinen' quantitativen Häufigkeitsauszählungen verliert. Eine Schere, die zwar dem gegenwärtigen Trend zur Verherrlichung des Individuums entsprechen mag, die jedoch den jeweiligen (Schmalspur)-Experten immer mehr von der zu Grunde liegenden Realität, und insbesondere von derjenigen der hier in Frage stehenden Jugendlichen abschneidet, um auf diese Weise noch einmal der jeweils hegemonialen (bzw. erwachsenen) Wirklichkeits-Konstruktion das Siegel wissenschaftlicher Wahrheit zu verleihen.

These 6

Die Sucht-Prävention verdeckt die realen Probleme, die an sich Aufgabe einer strukturellen Prävention sein müssten.

> „Wir sind im Begriff, eine ganze Generation um ihre Zukunft zu betrügen, dachte er. Junge Menschen, die eine Schule besuchen, in der die Lehrer auf verlorenem Posten stehen, mit zu großen Klassen und schrumpfenden Mitteln. Junge Menschen, die nie auch nur eine Chance bekommen, einer sinnvollen Arbeit nach zu gehen. Die nicht nur nicht gebraucht werden, sondern sich als direkt unwillkommen fühlen. In ihrem eigenem Land."
>
> (H. Mankell: Die Brandmauer. DTV 2003;451)

Es entspräche wohl einem neumodisch neoliberal-ökonomischen Denken, solche unzulänglichen und möglicherweise schädlichen Präventionsbemühungen völlig einzustellen, den Nikotin-Konsum Jugendlicher in das Betäubungsmittelgesetz einzufügen und die anderen als unverbesserlich ihrer Sucht zu überlassen. Eben so, wie seinerzeit das >nothing works< in perverser Koalition zwischen berechtigter Kritik und klammen Finanzministern das Ende unserer Resozialisierungs-Bemühungen bei Gefangenen einleitete[322]. Doch würde man damit kaum eines der ‚realen' Probleme lösen, auf die sich auch die Sucht-Prävention berufen kann.

Wir geraten damit an eines der zentralen Probleme gegenwärtiger Sozialarbeit. Auf der einen Seite muss sie solche ‚realen Probleme' als Existenz-Basis ihrer Arbeit betonen, im Wissen darum, dass die damit verbundene Defizit-Orientierung stigmatisierend schaden oder normierend kontrollieren kann. Und auf der anderen Seite wird sie zu deren Lösung angesichts der Schwierigkeiten ‚strukturell' orientierter Prävention stets doch wieder auf die leichter zugänglichen individuellen Risiko-Personen zurückgreifen und damit eben deren Risiken weiter verfestigen.

Auch in dieser sechsten These folge ich der zu Beginn der vorangegangenen These angesprochenen Frage, wie sich eine – hegemonial auftretende – kulturelle Definitions-Macht im dynamisch interaktiven Miteinander und Gegeneinander auswirken kann; welche ernsthaften Folgen also dieser Defizit-orientierte Deutungs-Horizont mit sich führt. Ein Denk-Rahmen, der von einem *allgemeineren* Drogen-Dispositiv entwickelt wird; ein Dispositiv, in dem auch die >Sucht<-Prävention eingebettet ist, von dem her sie ihre Legitimation bezieht und das sie zunehmend an vorderster Front (bei Kindern und Jugendlichen) mit vorantreibt.

Während ich in der vorangegangenen These aufzeigte, wie die Sucht-Prävention mit ihrem Defizit-Ansatz ihr kulturelles Schema – rahmengebend – in den Köpfen vor allem der Jugendlichen und ihrer unmittelbaren Umgebung verankern kann, werde ich jetzt dessen besser sichtbare Auswirkung auf die Ausbildung und Verfestigung sogenannter >Sucht<-Karrieren darlegen.

Auf der von der Prävention mit-produzierten *Basis* eines breiten, hegemonialen, d. h. nicht weiter hinterfragbaren, Sucht-orientierten Common sense entfalten sich hier in entsprechend eingefärbten langwierigen Interaktions-Prozessen eben diejenigen ‚*realen* Drogen-Probleme', die dann – im Feed-back – wiederum das Anliegen einer ‚Sucht-Prävention' legitimieren können.

Während die Prävention – um einen botanischen Vergleich zu wählen – gleichsam das breit im Boden wurzelnde Pilz-Myzel liefert, erntet die eigentliche Sucht-Therapie deren gut sichtbaren giftigen Fruchtkörper, den Pilzhut, dessen ‚Wurzelgeflecht' die Prävention wiederum zu verhindern sucht.

Dies gilt insbesondere dann, um im Bild zu bleiben, wenn der Boden entsprechend vorbereitet ist. Wenn also solche kulturellen Leitlinien in einem sozialen Milieu wirksam werden, das, mangels ausreichender Ressourcen, weder solche Probleme kompetent bewältigen noch die damit verbundenen Stigmatisierungsgefahren erfolgreich abwehren kann.

So sehr beide Phänomene – Prävention und Sucht-Therapie – derart aufeinander bezogen bleiben, so kann uns doch die in dieser sechsten These angesprochene ‚reale Problematik' eine erste *Kontrastfolie* zur schulischen Sucht-Prävention liefern. Und zwar sowohl zu deren personalisiert individualisierten Bild einer Sucht-Persönlichkeit wie aber auch durch eine auf solche ‚realen Probleme' bezogene >strukturelle Prävention<.

Im Folgenden streife ich kurz die Art dieser Probleme, um dann etwas gründlicher auf deren ‚Genese' und Entwicklung einzugehen, die sich besonders verheerend in den von der Drogenprävention leicht übersehenen ‚marginalisierten' Randbereichen dieser Gesellschaft auswirken. Eine Dimension, für die eigentlich eine ‚strukturell' ausgerichtete Prävention zuständig wäre, die, bei uns zumindest, unter der an sich unnötigen ‚Sucht'-Prämisse leidet, während diese sich in einigen einschlägigen Schweizer Projekten letztlich als unnötig erwies. Abschließend soll der Ansatz einer kritisch orientierten ‚Strukturellen Prävention' der Deutschen Aidshilfe und der von Herriger vertretene Empowerment-Ansatz den Blick für eine realistischere Alternative öffnen, der wir in den verbleibenden vier Thesen vom Anliegen her einige Schritte folgen können.

1. Drogen-Probleme: Entwicklung und kulturell vorgeformte Karriere

Mit einem neoliberalen Ansatz würden wir kaum eines derjenigen Probleme lösen, die uns heute im Umfeld der Drogenprävention beschäftigen: das frühe intensive Rauchen etwa, die Pharma-Gläubigkeit oder ein unvernünftiger Umgang mit Alkohol und Partydrogen auf der Ebene der Drogen. Dies trifft nicht nur dann zu, wenn man ernst nähme, was McGee u. a. (2000;500) in ihrer rezenten neuseeländischen Longitudinal-Studie gefunden haben wollen:

> „There was no evidence that cannabis use in adolescence was associated with an increased risk of later mental health problems. By contrast, both cigarette smoking and alcohol use in adolescence independently increased the risk of later mental disorder".

Aber auch und vor allem bleiben die damit zusammenhängenden *realen Probleme* ungelöst. Und zwar auf der einen Seite die Probleme der Vereinsamung, der verbreiteten Schulangst, Elternprobleme, Nullbock-Reaktion, Aggressivität und depressive Versagenserlebnisse[323] – wie wir sie etwa bei manchen der >isoliert Abstinenten< und bei einer Teilgruppe der intensiveren Drogen-Konsumenten fanden, und die in der Shellstudie 2002 immer wieder vor allem in den zumeist von den ‚unteren sozialen Schichten' besuchten Hauptschulen und bei arbeitslosen Jugendlichen nachzuweisen waren.

Und auf der anderen Seite sollten uns die häufig dahinterliegenden und heute allzu gerne verdrängten ‚eigentlichen' Probleme auch weiterhin beunruhigen[324]. Solche Problemlagen finden wir ebenso in der sozialen Marginalisierung im schulischen und familiären Hintergrund wie im finanziellen und soziostrukturellem Umfeld, die besonders gehäuft in manchen Hauptschulen in sogenannten sozialschwachen Stadtvierteln zusammenlaufen[325].

1.1 Solche Probleme können sich – auf individueller Ebene – einander ergänzen, ersetzen und gegenseitig hochschaukeln. Sie sind letztlich dreifach bedingt:

Zunächst wurzeln sie – *realiter* – nicht nur in manchen direkten gesundheitlichen Gefährdungen, wie etwa beim Rauchen, sondern vor allem auch in der – kulturell verstärkten – *Ambivalenz* dieser Aktivitäten, die Spaß bereiten, doch zugleich auch nicht unerhebliche Risiken bergen, und die eben deshalb sogar zusätzlichen Spaß bereiten können. Diese Risiken liegen inhärent in der Aktivität selber, wie etwa beim Bungee-Springen[326]; sie ergeben sich aber auch durch unsere Verbote mitsamt den davon ausgelösten Reaktionen der Strafe und Stigmatisierung. Auf derartige ambivalente Spaß-Risiken stoßen wir etwa im alkoholisierten Verkehr, beim beginnenden Gewohnheits-Rauchen, bei der kleinen Delinquenz – vom

Schwarzfahren über den Ladendiebstahl bis hin zum Fahren ohne Führerschein – über das Schulschwänzen bis hin zum riskierten Sex ohne Kondom.

> „Alltagsflips aus der alltäglichen Ordnung" wie Zinnecker (2001;87 f.) das nennt, „an denen sich laut eigener Aussage zwischen fünfzig und achtzig Prozent der Jüngeren beteiligen (...) So richtig rumalbern und überhaupt nichts mehr ernst nehmen – Musik irrsinnig laut hören – mit anderen die Nacht bis zum Morgen durchmachen – immer auf der Suche sein nach Abenteuer, Spannung, Action – zwischendurch mal ‚blau' machen in der Schule oder bei der Arbeit – mit einem Fahrzeug wie verrückt durch die Gegend kurven – ganz verrückte Sachen anziehen, Spaß daran haben, mal schwarzzufahren".

In dieser ‚Spaß'-Funktion treffen wir viel eher auf die – subkulturell verankerte und jeweils näher spezifizierte – gemeinsame Wurzel dieses so oft wiedergefundenen >Devianz-Syndroms< aus Delinquenz, Drogen, Schwänzen und frühem Sex, als in deren defizitären Persönlichkeit, so sehr dies auch unserem erwachsenen Wertehorizont widersprechen mag.

1.2 Sodann konkretisieren sich solche Probleme im Rahmen kulturell vorgegebener *Interpretations-Hülsen* mitsamt ihren Bewertungsmaßstäben und Verhaltensvorschriften, in ‚narrativen Konstruktionen, die im breiten kulturellen Gebrauch einen Set von ‚ready made'-Verständlichkeiten oder Identitätshülsen anbieten' (Keupp u. a. 2002;104), in denen sich auch ‚beschädigte' oder ‚abweichende Identitäten' wiederfinden können. Da dieser Aspekt, den wir bereits oben als eines der Probleme des Sucht-Konzepts angesprochen haben, immer wieder Verständnisschwierigkeiten bereitet, sei er etwas intensiver besprochen.

Eine dieser Interpretations-Hülsen ist etwa die ‚Sucht' oder besser: eine der vielen ‚Süchte' – Alkoholsucht, Essstörung, Spielsucht etc.; andere Hülsen bieten die psychiatrisch-psychologisch definierten ‚Störungen', die ‚schädlichen Neigungen' des Jugendgerichtsgesetzes, die Rückfall-Karriere, die Figur des Schulschwänzers oder des ‚sittlich verwahrlosten' Mädchens. Andere, (in den Augen der Erwachsenen) positivere Hülsen wären etwa die der braven Haustochter, des Strebers, des Workoholic und alle sonstigen Formen, mit denen wir frühere Beschwernisse ‚sublimieren'.

Solche im Dispositiv entwickelte und tradierte Hülsen dienen uns in Form von zumeist früh erworbenen Alltagstheorien, Bildern, Stereotypien im Alltag dazu, an sich relativ diffus erlebte Phänomene – Versagenserlebnisse, Hänseleien, Klebenbleiben an bestimmten Verhaltensweisen etc. – zu ‚verarbeiten', sie also in eine sich selber und anderen mitteilbare Form zu gießen und unser Verhalten dementsprechend (d. h. den an diese Hülsen gestellten Erwartungen entsprechend) auszurichten; ein Vorgang, der direkt vergleichbar ist mit der Erleichterung, die wir dann erfahren, wenn ein Arzt unsere diffusen Schmerzgefühle im Bauch konkret als Blinddarmentzündung hinweg-diagnostiziert.

Wenn wir diesen Sucht-Mechanismus ein Stück weit zeitlich in das Reich der oben angesprochenen Multikausalität zurück verfolgen, können wir ihn – vor allem gehäuft im Bereich der in These 4 benannten beiden ‚Gefährdetengruppen' – gleichsam im Modell eines *Doppelkegels*, einer Art ‚Eieruhr' fassen. In ihr mag dann der obere Kegel die Vielzahl ‚suchtprophylaktisch' bedeutsamer Ursachen repräsentieren, die ihrerseits vom schmalen Hals des Individuums zu einer der entsprechend vielfältigen Verhaltens-Hülsen des unteren Kegels *verarbeitet* werden – mitsamt seinem immer wieder auffindbaren Syndrom untereinander austauschbarer und kombinierbarer, äquivalent unerwünschter Verhaltensweisen. Und zwar derart, dass wir kaum jemals zureichend bestimmte dieser Verhaltensweisen ganz spezifischen Ursachen des oberen Kegels zuordnen könnten. Vielmehr kann jede dieser Ursachen – z. B. der noch immer lebhaft diskutierte frühe sexuelle Missbrauch – zu höchst verschieden definierten Verhaltensstilen verarbeitet werden, wie aber auch umgekehrt eine bunte Vielfalt dieser multikausalen Ursachen in ein und demselben Verhaltensstil enden kann:

> „There is not a direct relationship between a specific risk factor and a specific psychological or behavioural disorder. Problematic drug use by adolescents, for example, can be influenced by different risk factors, whilst the same risk factors can also lead to other emotional and psychiatric disorders or behavioural problems" meint dementsprechend das Handbook Prevention (1998; 61).

Ein dem aktiven Individuum ‚prinzipiell' offenstehender Spielraum, der freilich seinerseits doppelt umgrenzt ist. Einerseits kann auch dieser Zusammenhang selber – ebenso wie das jeweilige kulturelle Angebot der Verhaltens-Hülsen oder die jeweilige Konstruktion relevanter Ursachen (man denke nur an die heute aussterbende Rolle der Unehelichkeit oder moderner: an die angeblich kausale Bedeutung nicht-intakter patchwork-families) – kulturell sich ändernden Vorgaben folgen, wie etwa der noch immer geltenden Behauptung, Mädchen würden eher introvertiert, Jungen dagegen extrovertiert reagieren (Helfferich 1999;28). Andererseits erweitert sich dieser Spielraum aber auch umgekehrt dadurch, dass das Individuum aus solchen (von uns Erwachsenen als) negativ bewerteten Verhaltenshülsen herausspringt, sei es, dass es sie ‚sublimiert', besondere Anstrengungen unternimmt, um wieder Schritt zu halten oder abstinent zu leben, sei es, dass es ‚protestierend' gerade den entgegengesetzten Weg wählt, also eben gerade deswegen nicht raucht, weil seine Eltern rauchen oder – entgegen der Erwartung – als Kinder „schwer trinkender Eltern zumeist (most frequently) selber eher moderat trinken" (Peele 1989;66,279 eÜ.).

Entscheidend ist also zweierlei, und das führt direkt zum Präventionsthema zurück: Auf der einen Seite setzen wir mit unserer Sucht-Interpretations-Hülse eine naheliegend akzeptable Möglichkeit, diffus erlebte Schwierigkeiten ‚sinnvoll' zu verarbeiten. Und auf der anderen Seite werden uns noch so viele Sucht-Bedingungen mit immer neuen Kausal-Faktoren weder eine zureichende Prognose künftigen Verhaltens noch die so gesuchte theoretische Basis einer zureichenden Prävention liefern.

1.3 Solche in bestimmte Verhaltenshülsen gegossene ‚realen Probleme' der zunächst genannten Art werden schließlich drittens vollends realisiert als Produkt eines *in der Zeit verlaufenden* Prozesses, in dem sich solche Aktionen und die darauf folgenden Reaktionen gegenseitig hochschaukeln, bis es im Rahmen einer *selffulfilling prophecy* zu eben dem bösen Endergebnis kommen kann (nicht: muss !), das wir „immer schon vorausgesehen haben". Das gilt insbesondere für solche gefährdete Jugendliche, die nicht oder nur wenig auf hilfreiche Ressourcen materieller, familiärer und bildungsmäßiger Art zurückgreifen können, während die entgegengesetzte ‚positive' Gruppe drogenkonsumierender Jugendlicher aus These 4 sich auch unabhängig von solchen Ressourcen sehr viel eher ‚zur Wehr setzen' kann.

Hier, auf dieser ‚klinischen' Ebene fortgeschrittener ‚Drogen-Entwicklung' können speziellere *Theorie-Ansätze* unser Verständnis fördern. Wie etwa Kaplan's ‚integrative Self-Derogation-Theory', deren Kern in der sich hoch schaukelnden Unfähigkeit besteht „entsprechend konventionellen Standards erfolgreich zu sein", was dann zu negativen „Einstellungen sich selber gegenüber (self-attitudes) und zu einer Disposition für deviante Akte führe", die ihrerseits ein positiveres Selbstgefühl schaffen. (1996;349,362 f. eÜ.). Sofern solche Theorien nicht sofort wieder auf den normalen Konsum zurückgeblendet werden – wie dies ja üblicherweise, und so auch bei Kaplan, geschieht – können sie, wie etwa in der dieser Theorie nahestehenden >Cultural-Identity Theorie< von Anderson, die sich ausdrücklich nur auf solche Spät-Zustände bezieht, durchaus fruchtbar sein.

So verweist Anderson (1998;240 f.) in 12 gut formulierten Hypothesen zunächst auf die doppelte ‚Marginalisation' auf persönlicher Ebene durch den Einfluss der ‚Risk-Faktoren' wie auf allgemeiner Ressourcen-Ebene (ökonomische und educational opportunity), die zu einem negativen Selbstbild (ego identity discomfort und felt loss of control over one's identity) und dann kompensatorisch zur Identifikation mit einer Drogen-Subkultur führen kann.

Diese Drogen-Subkultur werde ihrerseits direkt und indirekt durch die popular culture beeinflusst: „*Economic opportunity, educational opportunity,* and *popular culture* explain the number and nature of drug subcultural groups (…) *Identification with a drug subcultural group*, (...) provides the individual with an important opportunity to resolve his or her socially defined ego identity problems (...) reduces young people's *ego identity discomfort*" (247,253).

1.4 Im Verlauf solcher Karrieren[327] liegt es nahe, dass sich die Betroffenen auf der ihnen jeweils noch zugänglichen (immer schmaler werdenden) Ebene derart *einrichten*, dass ihr Selbstbild, ihre Identität in diese neue soziale Situation ‚hineinpasst'; eine ‚Überlebens-Strategie', die immer dann sinnvoll scheint, wenn sich diese Situation kaum noch ändern lässt und man einen Rest an Selbstachtung erhalten bzw. Depressionen vermeiden will[328].

Das gilt häufig schon für HauptschülerInnen, denen der weitere gesellschaftliche Aufstieg verwehrt ist, während in der von Hoffnung getragenen Real-Schule dieser Ausweg noch ferner liegt. Ein solches Sich-Einrichten findet man bei Immigranten-Kindern und insbesondere – wie Dietz u. a. (1997) zeigen konnten – bei Haupt- und SonderschülerInnen, denen man mit entsprechenden cooling-out-Techniken diesen Weg erleichtert. Besonders ausgeprägt gilt diese ‚Anpassung' etwa für jugendliche Strafgefangene, deren äußeres Verhalten häufig tiefreichende Depression und Hoffnungslosigkeit maskiert, oder für sogenannte ‚Junkies', die ihre Szene-Identität nur ungern im medizinischen Methadonprogramm aufgeben wollen.

Überzeugend kann dies Zurhold (2004;218 f.) in ihrer Hamburger Studie zur Möglichkeit gesellschaftlicher Integration minderjähriger ‚Drogenprostituierter' für einige der vielfach durch Gewalterfahrungen, Schulversagen und Fremdunterbringung traumatisierten Interviewpartnerinnen herausarbeiten:

> So „sind bei einigen Mädchen und Frauen die Desintegrationsprozesse bereits soweit vorangeschritten, dass die Straße zum Zu Hause und alleiniger Lebensmittelpunkt geworden ist. Da keinerlei andere soziale Bezugspunkte mehr verfügbar sind, stellt das Drogen- und Prostitutionsmilieu das einzige noch vorhandene Bezugsnetz für soziale Kontakte und die eigene Identität dar. Das Leben im Milieu aufzugeben, würde gleichbedeutend sein mit Einsamkeit und dem Verlust von Identität, so dass diese Drogenprostituierten mit einer Veränderung ihres Lebens überfordert sind und nur wenig erstrebenswerte Zukunftsperspektiven für sich sehen:
>
> (Melanie, 16 J.): „Ja erst mal weniger Crack. Aufhören kann ich nicht, irgendwie ist Hauptbahnhof mein zu Hause. Wenn ich 2–3 Tage nicht hier bin, ich vermiss die Leute und nicht die Steine oder so, aber die Leute, die fehlen mir einfach".
>
> Der Lebensalltag als Drogenkonsumentin und Prostituierte wird zwar keineswegs als befriedigend erlebt, bedeutet zugleich aber Kompetenzen zum Überleben unter schwierigsten Bedingungen erworben zu haben, die in regulären Lebensverhältnissen nie erlernt worden wären und als eine wichtige Ressource angesehen werden".

Dieses ‚funktionale' Sich-Einrichten birgt für jede Prävention, Behandlung, Therapie auf der einen Seite die große Chance, konkret mit diesen ‚Kompetenzen' zu arbeiten und vor allem durch eine Veränderung dieser ‚Umwelt', durch Ausbildung etwa *mitsamt* dem dazugehörigen Angebot neuer Chancen solche ‚Rückzug-Bastionen' zu öffnen. Auf der anderen Seite jedoch ergibt sich daraus die im üblichen Therapie-Ansatz zumeist sehr viel näher liegende Gefahr, selbst diese Rückzugs-Basis zu zerstören; und zwar insbesondere dann, wenn im Fortschreiten solcher Karrieren, die überhaupt noch möglichen ‚besseren' Alternativen bei zunehmenden Alter und abnehmender Ausbildung immer stärker schwinden.

1.5 Auch solche zeitlichen Prozessverläufe sind, wie wir in These 3 näher ausführten, vielfach *kulturell vorgegeben*, etwa als Alkoholiker-Karriere, als psychiatrisch definierbare ‚psychische Störung' oder als ‚systemisch' familiärer Sündenbock-Prozess. Cohen/Taylor (1977) schildern in ihrem Buch >Ausbruchversuche< diese ‚kulturelle Verfangenheit' sowohl der Braven wie aber auch derjenigen, die versuchen, aus solchen vorgeschriebenen Rollen auszubrechen, nur, um wiederum in andere ebenso fest umreißbare ‚abweichende' Rollen hineinzugleiten.

Kulturelle Vorgaben, die sich nicht allein auf die symbolisch-ideelle Ebene beschränken, sondern die ganz unmittelbar unsere Wahrnehmung lenken, um sich dann auch in entsprechenden Handlungen zu realisieren – bei den Betroffenen, bei den reagierenden Experten wie bei uns, dem Publikum. Das von Zurhold (2004) beschriebene Schicksal junger Drogenprostituierter liefert hierfür ein klassisches Beispiel: Die kulturellen Folien käuflicher Liebe und verdrängt pädophiler Wünsche, die dazu passenden Freier, die leicht zugängliche ‚alternative' Geldquelle und unsere Sicht der verwahrlosten, schwer psychisch gestörten, unzugänglichen drogenabhängigen Minderjährigen.

1.6 Dabei treiben dann *>positive Feed-back-Prozesse<* wechselseitiger Reaktionen und Konterreaktionen auf derart vorgezeichneten Bahnen das Geschehen – für die Akteure scheinbar nahezu unkontrollierbar – weiter voran. Diese (im Rahmen des kriminologischen Labeling-Ansatzes) intensiver untersuchten Prozesse können schon relativ früh in der Eltern-Kind-Beziehung einsetzen; sie intensivieren sich im Peergruppen-Geschehen und gewinnen als ‚Stigmatisierung' insbesondere dann an Fahrt, wenn offizielle Instanzen auf derselben Linie in das Geschehen eingreifen. Moffit (1993) beschreibt aus seiner psychologisch-psychiatrischen Sicht heraus recht überzeugend solche früh – etwa zwischen ‚schwierigem' Kind und ‚überforderter' Mutter – einsetzenden Prozesse, die bei stetig schwindenden subjektiven und objektiven Ressourcen dann auch in einen dauerhaften, ‚comorbiden' psychopathologischen Bereich einmünden können. Und Lloyd/Lucas (1998;8) können für diese früheren Stadien auf eine Arbeit von Stice and Barrera (1995) verweisen, die – unter dem Aspekt der Risiko- und protektiven Faktoren – den wechselseitigen Einfluss zwischen dem Verhalten der Eltern und Jugendlichen untersuchten:

> „If adolescent problem behaviour raises parental tolerance of such behaviour, this will result in decreased attempts at parental control. In addition, if parents reject adolescents who engage in problem behaviours, the decreased quality of their relationship with their children is likely to result in further deviant behaviour, and so on".

So kann etwa die Warnung der Eltern vor dem ‚süchtigen Abgleiten' dann, wenn sie ernst genommen wird, nunmehr als Entschuldigung dafür dienen, nichts mehr selber unternehmen zu können; und so liegt es unmittelbar nahe, dass offizielle Reaktionen von Ausschluss, Strafe oder Therapie eben solche späte Stadien einer ‚Drogenkarriere' festschreiben und das damit verbundene Junkie-Elend vorantreiben werden.

2. Wenn die soziokulturellen und ökonomischen Ressourcen fehlen

Solche Problemverläufe liegen insbesondere dann nahe, wenn zureichende soziale, kulturelle und ökonomische *Ressourcen* fehlen. Wir stoßen hier auf eine für jede Art der ‚Prävention' zentrale Problematik, die man früher unter den Konzepten der ‚Arbeiter-Klasse' und ‚Lazarus-Schicht' bzw. der ‚sozial unteren Schicht', später dann als *soziale Lage* oder ‚soziales Milieu' und neuerdings wieder als ‚underclass' bzw. ‚sozial Benachteiligte' oder ‚Marginalisierte' zu fassen sucht, weil hier gehäuft solche ‚abweichenden Verhaltensweisen' – jugendliche Gewalt, Delinquenz, Drogenkonsum – auftreten sollen.

Eine Problematik, bei deren Bewältigung wir kaum jemals zureichend zwischen Hilfe und Kontrolle, zwischen Empowerment und Stigmatisierung unterscheiden können. Eine soziale Problematik, die wir gerne – und zumeist recht erfolgreich aus unserer auf das Individuum ausgerichteten Präventions-Perspektive verdrängen. So meinen etwa Künzel-Böhmer u. a. (1993;10,26) in ihrer Expertise für das BZgA unter Bezugnahme auf ein unveröffentlichtes Manuskript von Hanel (1991):

> „Die Eltern von Abhängigen kommen aus allen sozialen Schichten, die Verteilung entspricht dabei in etwa der des Bundesdurchschnitts. Das heißt, über 50 % der Eltern stammen aus der breiten Mittelschicht. In Bezug auf die Abhängigen selbst zeigt sich, dass verglichen mit dem Bundesdurchschnitt kaum Unterschiede in der Schulbildung vorliegen. Lediglich der Anteil der Abiturienten/-innen ist deutlich geringer".

Andere dagegen richten sich auf dem entgegengesetzten Ende derselben Dimension ein, um kritisch nun das ‚Übel' des Drogenkonsums nahezu allein in den sozialen Bedingungen zu suchen, was in seiner Einseitigkeit weder dem Konsum noch gar den davon Betroffenen bekommen kann:

> „A major focus of a sociopharmacology of drugs should be to study what kinds of socially derived pressures are associated with what kinds of substance use (...) Individualistic theories of drug use have been used to stigmatise and even demonise individual drug users as being weak or criminal. The sociopharmacological approach, by way of contrast, suggests that if anyone or anything should be demonised, it should be the social order, not the individual use (...). To the extent that drug use is the result of social contradictions or occupational necessity, laws that punish users and dealers are at best mistaken efforts based on misdiagnosis of the roots of the problem" (Friedman 2002;343,345).

Sucht man zwischen diesen Extrempositionen für unsere Präventions-Fragestellung einen eigenen Standpunkt, dann wäre zunächst zweierlei zu bedenken. Ganz ohne Zweifel treffen wir in unserer Gesellschaft – heute deutlicher noch als in den glücklicheren Zeiten einer Vollbeschäftigung – auf ein sozioökonomisches ‚Problem-Kontinuum', das von den sozial benachteiligten Hauptschulen mit einer häufig überproportionalen Ausländerquote zunächst bis hin zu der wachsenden Zahl von ‚Dauerschwänzern' reicht, die üblicherweise weder in der Prävention noch in der Forschung erfasst werden, und denen man heute mit ‚elektronischer Fußfessel' begegnen möchte[329]. Deren Ausmaß wird deutlich, wenn wir neben die Zahl der Sonderschüler, die in den alten Bundesländern 4,2 % aller Schüler und in den neuen Bundesländern zwischen 5 und 7 % ausmachen, die zusätzlichen Zahlen derjenigen stellen, die eine Hauptschule ohne Abschluss verlassen (8,5 % und in den neuen Bundesländern zwischen 9 und 14 %), ganz abgesehen davon, dass diese Zahlen bei den nicht-deutschen SchülerInnen um weitere Prozentpunkte steigen[330].

Eine Dimension wachsender >sozialer Ausschließung<, deren anderes Ende man bei den oben angesprochenen Straßenkindern bzw. minderjährigen Prostituierten findet, und die zunehmend auch bei uns ganze Stadtteile erfassen kann. Sozio-ökonomische Bedingungen eines komplex sich aufschaukelnden Ausschließungs-Prozesses, die wir nicht einfach als ‚Armut' fassen können, so sehr die übergroße Zahl ‚armer Kinder' ein Reservoir, eine Ausgangsbasis für anschließende ‚Exklusions'-Reaktionen bietet[331].

Recht eindrucksvoll belegt die von Eisenbach-Stangl u. a. (2003;9 ff. eÜ.) vorgelegte Expertenbefragung zum Umgang Jugendlicher mit Alkohol in Wien, dass – bei insgesamt eher geringeren *Alkoholproblemen* – bestimmte Untergruppen zwar nicht problematischer trinken als andere, doch „unter solchen schlechten Lebensbedingungen leben, die ein zureichendes Risiko-Management behindern (sofern es mit dem Alkohol-Konsum verbunden ist) und die eine Entwicklung von (Alkohol-bezogenen) Problemen aller Art fördern".

Dies reicht vom stärker sichtbaren Alkohol-Konsum der Lehrlinge und Berufsschüler über Jugendliche aus >multi-problem< Familien mit häufigen Missbrauchs- und Misshandlungserfahrungen und schweren Schul- und Ausbildungs-Problemen bis hinein in Promiskuität und Prostitution, wobei viele mit diffuser Angst, Langeweile und Gefühlen der Sinnlosigkeit reagieren:

> „This part mostly consists of youth who do not meet enough challenges and who do not have enough money to participate in (youth) events and in accepted (and costly) leisure time activities.
>
> To summarize: Severe alcohol related problems of youth are closely related to other severe psycho-social problems and to deprivation. The youth developing severe alcohol problems are vulnerable because of reduced social and psychical resources. The less resources youth have the more probably they develop psycho-social problems of all kinds, inclusive alcohol related ones. But also: the less resources youth have, the more probably they are stigmatised and excluded because of their drinking. Beside the direct consequences of alcohol consumption these youth have to manage the negative social reactions toward their drinking. But youth themselves contribute to the formation of alcohol related problems inclusive stigmatisation and exclusion: Risky alcohol consumption serves to express and act out the conflicts with the older generations, though in a much more hidden way than drug consumption".

Und selbst hier in solchen Problem-Situationen sind also die Jugendlichen nicht nur Getriebene; sie bleiben *Akteure* (die unsere Hilfe und Ressourcen brauchen); sei es, dass sie sich in diesem Zustand ‚einrichten', sei es, dass sie nur noch so mit uns kommunizieren können oder wollen, oder sei es, wie MacDonald/Marsh (2002;36) in ihrer qualitativen Interviewstudie mit Jugendlichen aus einer extremen Armutsregion Englands zeigen können, dass sie selbst dann auf einen unmäßigen Drogenkonsum (als eine unter vielen anderen Reaktionen) verzichten:

> „Illicit drug use is often listed as one of the multiple social pathologies said to typify the socially excluded underclass. Yet our study showed that young people who reside in a place that faces all the objective conditions of social exclusion *in extremis* can possess markedly different orientations to illicit drug use (i. e., abstinence, recreational drug use and problematic drug use)".

3. Ansatzpunkte für eine strukturelle Prävention

Obwohl ich also im Rahmen meiner schulbezogenen Präventions-Fragestellung nicht ausführlicher auf diese (nicht direkt Drogen-verbundenen) Probleme eingehen kann, so sei doch auf zwei Ansatzpunkte für eine strukturelle Prävention hingewiesen, deren stets auch notwendig politisch-kritische Ausrichtung ich abschließend am Beispiel der analogen HIV-Prävention verdeutlichen werde. Dies betrifft einerseits die Notwendigkeit, im schulischen Bereich stärker die dort direkt ansprechbare Seite eines >kulturellen Kapitals< zu berücksichtigen, und andererseits die Forderung, diese Bemühungen insgesamt in eine >strukturelle Prävention< einzubetten, ohne dafür auf die Drogen-Sucht-Legitimation zurückzugreifen.

3.1 Zunächst gilt ganz allgemein, dass solche Unterschiede sich sowohl materiell – als finanzielle und soziale Beziehungs-Ressourcen (‚materielles' und ‚soziales Kapital' im Sinne von Bourdieu) – wie vor allem aber auch *kulturell* niederschlagen. Und zwar hier in doppelter Weise, einmal als Ressource (‚kulturelles Kapital': „Gymnasiasten lügen besser") und zum anderen als ‚teil-kulturell' unterschiedlicher Verhaltensstil, entsprechend der in These 3 näher erläuterten Weise: So mag der Alkohol-Konsum einschließlich des Betrunkenseins in den verschiedenen ‚sozialen Milieus' einen ganz unterschiedlichen Stellenwert besitzen, oder so konnte der Konsum illegalisierter Drogen sich bei den Jugendlichen relativ rasch ‚von oben nach unten' verlagern, wie dies etwa beim Heroin der Fall gewesen sein soll.

Art und Ausmaß dieser drei Kapital-Arten (die untereinander nicht unabhängig sind und die ‚wechselseitig eingetauscht' werden können) können sich nun ihrerseits höchst unterschiedlich auf die Art wie auch auf das Ausmaß einer ‚Drogen-Gefährdung' auswirken. So könnte sich etwa der in die jeweilige ‚Eltern-Kultur' (mitsamt deren Konsum- und Reaktions-Normen) hineinpassende Drogenkonsum als weniger riskant erweisen als der davon abweichende Konsum, wofür etwa die unterschiedlichen Raucher-, Alkohol-, Pharmaka- und Cannabis-Häufigkeiten in den verschiedenen Schularten sprechen. Und so könnte sich dieselbe ‚Gefährdung' ganz unterschiedlich auswirken, wenn etwa der Zugang zu den unterschiedlichen Ressourcen – durchgehend oder je nach Ressource (etwa als positiver familiärer Halt bei manchen Migranten-Kulturen) – marginal ist oder wenn – gleichsam umgekehrt – der ‚Fall von oben', etwa bei einer Relegation aus dem Gymnasium, besondere Anpassungs-Probleme schafft.

Derartige Unterschiede im *kulturellen Kapital* müssen auch im Rahmen *schulischer* Prävention sehr viel stärker als bisher berücksichtigt werden – zumal wenn man bedenkt, dass sich hier die drei Kapital-Arten auch wechselseitig ergänzen und vertreten können. Dies trifft vor allem auch deshalb zu, weil die Schule in zweifacher Hinsicht eine Art Schleusenfunktion besitzt. Einerseits zeigt sich immer wieder, dass die jeweilige Schul- bzw. Schulklassen-‚Kultur' diejenige der ursprünglichen ‚Eltern-Kultur' recht gut verdrängen kann, wenn auch bei uns in Deutschland, wie die PISA-Studie einmal mehr nachweisen konnte, die Schularten noch immer überwiegend dem sozialen Schicht-Modell zugeordnet werden können und wenn auch SchülerInnen selbst innerhalb derselben Klasse Freundschaften und Freizeitaktivitäten weithin schichtorientiert wählen[332].

Zum anderen gerät in den derzeitig unruhigen Zeiten das durch Bildung zu erwerbende ‚kulturelle Kapital' mehr denn je zum entscheidenden künftigen ‚sozialen Schicht-Merkmal'. Erschreckend deutlich zeigt sich das einmal mehr in der letzten Shell Jugendstudie (2002), die in ihrer Zusammenfassung davon spricht,

> „dass das Bildungsniveau in Deutschland nach wie vor in hohem Maße ‚vererbt' wird. Während drei Viertel der Schülerinnen und Schüler, deren Väter das Abitur besitzen, ebenfalls das Abitur oder eine fachgebundene Hochschulreife anstreben, gilt dies mit einem Viertel nur für eine Minderheit der Schülerinnen und Schüler aus Familien mit Volksschul- oder einfachen Hauptschulabschluss" (17 f.)[333].

Als konkrete Folge ergibt sich daraus: „Das Schichtgefälle auf dem Bildungssektor ist also nach wie vor hoch. Die günstigen Bedingungen und Zukunftsoptionen kumulieren auf Seiten der oberen Schichten, während die unteren Schichten in zunehmendem Maße zu den Verlierern des Systems werden. Das manifestiert sich auch in dem hohen Anteil von 16 % der jugendlichen Erwerbstätigen und dem ebenso großen Anteil der in Ausbildung befindlichen jungen Menschen, die das Abitur erworben haben, das als Formalkriterium immer mehr Gewicht bei der Zuteilungsentscheidung von Ausbildungsplätzen bekommt" (Linssen u. a. 2002;65 f.).

Insofern muss – und könnte – schulische ‚Sucht-Prävention' weitaus stärker als bisher zunächst die unterschiedlichen ‚sozialen Milieu'-spezifischen kulturellen Möglichkeiten und Bedürfnisse ihrer SchülerInnen berücksichtigen. Vor allem aber müsste eine solche Prävention die für viele – engagierte – LehrerInnen kaum zu leistende *reale* Präventionsarbeit mit ‚alkoholisierten Vätern', ‚gedopten Schülern' und ‚Dauerschwänzern'[334] mit in ihr Kalkül aufnehmen. Ein Kalkül, das weniger ‚aufklärende Hochglanzbroschüren' verlangt, sondern integrierte Gesamtschulen, Ganztagsschulen, kleine Schulklassen und zweifach besetzte Klassenlehrer-Positionen. Erste Schritte hierzu wären etwa der Einbau einer sinnvollen sozialpädagogischen Hilfe (und sei es auch nur für die Beaufsichtigung und Hilfestellung bei vorübergehend aus der Klasse verwiesenen Störern, ‚Schläfern' und Schwänzern), aber auch eine einheitliche Schulkleidung[335], von Eltern betriebene Cafeterien, Arbeitsgemeinschaften etc.[336]

3.2 Eine *strukturelle Prävention,* eine ‚Verhältnis-Prävention' wie auch eine auf das Ziel der ‚harm reduction' ausgerichtete Prävention findet auf diesem Feld fehlender Ressourcen ihre eigentliche ‚Freiraum-schaffende' Aufgabe, die nicht in der Droge, wenig in der Persönlichkeit, sondern vor allem im lebensfeindlichen Milieu solcher Jugendlichen wie in unseren ausschließenden Reaktionen anzusetzen hätte:

„Die Politikentwicklung im Bereich der Suchtprävention (sic) muss demnach dadurch gekennzeichnet sein, dass Investitionen z. B. für Arbeit oder Bildung vorgehalten werden, die die gesundheitliche Chancengleichheit und Lebensqualität erhöhen und damit einen positiven Einfluss auf individuelle Konsumformen nehmen" fasst dementsprechend Bettina Schmidt (2000;363) die Diskussion in dem von ihr mitherausgegebenen Handbuch zur präventiven Sucht- und Drogenpolitik zusammen.

Eine Forderung, die nicht nur angesichts einer erhöhten ‚Drogengefährdung' im legalen wie illegalen Bereich bei Armut und Arbeitslosigkeit gerade auch für Jugendliche etwa im Sonder-, Haupt- und Berufsschulbereich insbesondere im Übergang von der Schule in die weitere Ausbildung (Dietz u. a. 1997)[337], und hier dann noch einmal zusätzlich belastend für Kinder aus Migrationsfamilien[338], höchst berechtigt ist, die jedoch weder des Drogen- noch des ‚Sucht'-Hinweises bedürfte[339].

Eindrucksvoll belegt wird die wachsende Problematik dieses bei uns noch immer zunehmenden Marginalisierungsmilieus durch Tossmanns kleine Umfrage zu den ‚Tätigkeitsfeldern und Anforderungsprofilen der schulischen Suchtprävention' in Berlin:

Die dort tätigen ‚Kontaktlehrer' berichteten, dass sie 1995/96 ‚häufig bzw. sehr häufig konfrontiert waren': zu fast 50 % mit Problemen wegen des Konsums von Zigaretten, (Alkohol zu 12,1 %, illegale Drogen 9,9 %), doch zu 37,2 % wegen einer Lehrstellenproblematik, zu 20,7 % wegen Integrationsproblemen ausländischer Schüler und zu 19,7 % wegen materieller Notlagen einerseits sowie zu 52,2 % wegen Familienproblemen, und zu 23,2 % wegen Lehrer-Schüler-Konflikten" (Tossmann 2001;116)[340].

3.3 An dieser Stelle setzten dann auch manche der *kommunalen* ‚Präventionsbemühungen' an, wie etwa der Wettbewerb um „Vorbildliche Strategien kommunaler Suchtprävention" (Bundeswettbewerb 2002), der nach erfolgreichem Start im Jahre 2002 mit seinen Schwerpunkten im Kindes- und Jugendalter, in Schule, Sport und Freizeit nunmehr im Abstand von 2 Jahren fortgesetzt werden soll; auch das Städtebauprogramm ‚Soziale Stadt', für das in den ersten vier Jahren 766,92 Millionen Euro bereitgestellt wurden, zählt der Drogen- und Suchtbericht (2003;44 f.) als Teil seiner ‚Suchtpräventions'-Bemühungen.

Doch scheint es erhebliche Probleme zu bereiten, hier wirklich ‚strukturell' zu arbeiten. So beklagen Stöver/Kolte (2003), dass in diesem *Bundeswettbewerb* kaum ein Projekt sich intensiver mit den Sozialen Brennpunkten befasste.

Tatsächlich erschöpft sich das eine der beiden mit dem Sonderpreis der Krankenkassen für „modellhafte Projekte der Suchtprävention in sozialen Brennpunkten"[341] ausgezeichnete Projekt des Landkreises Karlsruhe >Wegschauen ist keine Lösung< weithin darin, „durch gezielte Maßnahmen (...) dem Elternhaus, Schulen und Vereinen, also

> denjenigen, die Erziehungsverantwortung tragen, die Einhaltung der Jugendschutzvorschriften näher“ zu bringen und die „Verfügbarkeit von Suchtmitteln für Kinder und Jugendliche, z. B. im Rahmen von Ortsfesten“ zu erschweren (Bundeswettbewerb 2002;14), was u. a. durch „Plakatierung an Bus- und Straßenbahnhaltestellen durch Werbeträger; großflächige Aufschriften auf Straßenbahnwagen der Linien S 4 und S 2; Verteilung kleiner DIN-A3-Plakate mit den zentralen Auszügen aus dem Jugendschutzgesetz; Elternseminarangebote und standardisierte Elternabende zur Information und Aktivierung der Eltern und Lehrer“ (114) erreicht werden soll.

Und auch die weiteren von Stöver/Kolte angeführten Beispiele, wie etwa der zweite Preisträger des von den Krankenkassen ausgesetzten Sonderpreises, der >Gesundheitsbrennpunkt Bremen West< oder das >Netzwerk Gesundheit im Bremer Westen< und die >Stadtteilfarm Bremen Huchting< bzw. das Hamburger Projekt >Lass' 1000 Steine rollen. Musik statt Drogen< betreiben zwar die Vernetzung diverser Einrichtungen, leisten sinnvolle Aufklärungsarbeit und organisieren Freizeit-Angebote, doch können sie weder die so dringend notwendigen, individuelle Ressourcen verstärkenden Angebote (schulischer, bildungsmäßiger oder ausbildungsmäßiger Art) gewährleisten noch gar an die tieferliegenden eigentlichen sozio-ökonomischen (Stadtteil-)Strukturen herangehen.

Die 220 zu diesem Bundeswettbewerb eingereichten Projekte aus 193 Kommunen wetteifern dagegen mit ‚Vernetzungs‘-Vorhaben[342], die doch zumeist dann, wenn eine wirklich vorwärtstreibende Kraft fehlt, mangels Verfügungsmasse (finanzieller und entscheidungsbefugter Machtmittel) in Arbeitsstunden-intensiven Koordinierungsrunden enden; mit ‚schriftlichen Fixierungen der Ziele kommunaler Suchtprävention und ihrer konzeptionellen Umsetzung“ (als „wesentliche Voraussetzung für erfolgreiche Intervention“) (S. 17), mit Hochglanzbroschüren zur Aufklärung, zumeist recht spärlichen Evaluations-Vorhaben (55) und – noch am erfreulichsten – mit einer Fülle von Einzelaktivitäten im Rahmen der ‚Lebenskompetenzförderung‘[343] gerichtet auf die Stärkung ‚protektiver Faktoren‘ (81 % bzw. sogar 91 % der Beiträge; S. 49 f.), wie sie insbesondere etwa seit langem in Nürnberg (S. 81 ff.) entwickelt werden.

Einmal mehr wird damit deutlich, wie hinderlich die ausdrückliche (Wettbewerbs)-Forderung nach einem direkten ‚suchtpräventiven‘ Konnex dafür sein kann „die gesundheitsförderliche Gestaltung der Lebenswelt von Kindern und Jugendlichen in zentralen Lebensbereichen (z. B. Wohnung und Wohnumfeld, Schule, Freizeit)“ als Ziel einer „langfristig und ganzheitlich angelegten wirksamen Suchtprävention“ (Merkblatt für die Wettbewerbsausschreibung, S. 129) tatsächlich zu erreichen. Weshalb es stattdessen immer einfacher ist, einen der möglichen Aktivitäts-Schwerpunkte, nämlich den Ausbau „kommunaler Infrastruktur“, zu definieren als „Personen und Institutionen, deren Vernetzung die Umsetzung suchtpräventiver Maßnahmen unterstützt“ (Merkblatt, S. 131).

Das hier noch bestehende Defizit fixiert Baum (2001;136), wenn er im Rahmen einer allgemeinen Kritik kommunaler sozialräumlicher Prävention schreibt:

> „Will struktureller Kinder- und Jugendschutz als eine Querschnittsaufgabe präventiv wirken, bedarf es einer Einmischungsstrategie, die es ermöglicht, die jeweils Verantwortlichen in der Stadtplanung, in der Arbeitsmarkt- und Wirtschaftspolitik, in der Gewerbeansiedlung, in der Wohnbaupolitik, in der Bildungspolitik (Stadt als Schulträger) aufmerksam zu machen auf die Bedingungen und vor allem die Folgen, die sie jeweils produzieren und die für Kinder und Jugendliche gefährdend sein können".

3.4 Gerade bei solchen an sich höchst wünschenswerten ‚sekundär', ‚strukturell' oder auch nur ‚setting-orientiert' (Meili 2001;7) ausgerichteten Projekten zeigt sich noch einmal das hinderliche *Dilemma* einer ‚Sucht'-Prävention, insofern diese einerseits Perspektive, Einstellung und Stigmatisierungs-Risiko mit sich trägt und damit zugleich längerfristig das allgemeine Sucht-Dispositiv stärkt und bestätigt und andererseits aber auch ganz hilfreich bei der Durchsetzung an sich notwendiger ‚struktureller' Hilfestellungen wirken kann, und zwar nicht nur in finanzieller Hinsicht:

> „Diese Themen (Drogen, Gewalt, Sucht S.Q.) können als Hintergrund, als immer mitlaufende Motivation bei der mühsamen Strukturarbeit gesehen werden. Da der Veränderungswille in der Regel durch konkrete Probleme und den damit verbundenen gesellschaftlichen Druck genährt wird, ist es wichtig, dass diese Probleme im Blickfeld bleiben; sie dürfen nur nicht ins Zentrum des Interesses rücken. In diesem Sinn können die Themen in einem solchen Projekt auch pragmatisch genutzt werden: zur Motivation der Beteiligten, zur Legitimation gegenüber den Auftraggebenden, aber durchaus auch zur Erschließung von ideeller und finanzieller Unterstützung von außen. Wichtig ist dabei jedoch, dass die Erwartungen nicht zu hoch gesteckt werden"

überlegt Hafen (1999;5) bei der Einführung in das Schweizer Projekt *Schulteam*, dessen Vorläufer noch direkter als *„Früherfassung"* lief. Und in dessen Verlauf dann „Drogenmissbrauch oder Faustschläge auf dem Pausenhof (...) oft nur Aufhänger für andere Themen" waren: „die Zusammenarbeit im Lehrkörper, das Schulhausklima, der Kontakt zu den Behörden" (E. Müller 1999;13).

Dieselbe problematische Ambivalenz zwischen ‚pragmatisch sinnvoller Sucht-Begründung' und ‚Manipulations-Verdacht' im Sucht-Dispositiv-Spiel färbt auch die beiden folgenden Schweizer Präventions-Programme. So wollte etwa das *fil rouge*-Programm der Suchtprävention in Kinder- und Jugendheimen, das von 1998–2001 lief, ein ‚Empowerment der Heime' durch Arbeit an deren Organisationsstruktur erreichen:

„Um die Wirksamkeit der präventiven Maßnahmen zu erhöhen, werden diese nicht direkt an die zu erreichende Zielgruppe (z. B. Jugendliche) gerichtet, sondern an soziale Systeme, welche einen wichtigen Teil der Lebenswelt der Jugendlichen ausmachen".

Dabei zeigt sich dann, „dass die Suchtthematik, welche zu Beginn in der Projektbezeichnung (...) unterstrichen wurde, ein Thema neben anderen ist und in der Prävention die Unterscheidung von Sucht, Gewalt und anderen gesellschaftlich unerwünschten Verhaltensweisen oder Zuständen generell an Bedeutung verliert."

„Ein Umstand, der auch bei anderen längerfristig konzipierten Präventionsprojekten immer wieder beobachtet wird: Das eigentliche Thema oder der ‚Aufhänger' des Projektes – hier der ‚Drogen-Missbrauch' – verliert in der Regel relativ schnell an Bedeutung und wird ersetzt durch andere Probleme. Diese ‚Zwischenprobleme' wie ‚unklare Kommunikationsstrukturen', ‚mangelnde Transparenz von Entscheidungen', nicht eindeutig definierte und/oder durchgesetzte Regeln' etc. sind es, die im Rahmen des Projektes bearbeitet werden und den Entwicklungsprozess der Organisation prägen" (Geschwind/Hafen 2001;68 f.).

Auch das rezentere Schweizer Suchtpräventions-Forschungsprogramm für gefährdete Jugendliche *supra-f* dessen Focus in einer längerfristig angelegten ambulanten Wiedereingliederung im Rahmen ‚sekundärer' Prävention liegt, kann dies bestätigen. Unter der Programmleitung des Bundesamtes für Gesundheit eröffnete es seit 1999 – zunächst für 4 Jahre in 12 Gemeinden kleineren Gruppen von 11- bis maximal 20-Jährigen jeweils für 6 bis maximal 12 Monate – die Möglichkeit einer Beratung, strukturierter Freizeitangebote und Hilfen bei der Eingliederung in Schule bzw. Beruf. Die Gewalt- Drogen- und Suchtthematik konnte dabei weitgehend in den Hintergrund treten (Hüsler u. a. 2001)[344].

4. *AIDS-Hilfe und Empowerment-Ansatz liefern ein Modell*

4.1 Ein Blick auf das benachbarte Feld der *HIV/Aids-Prävention*, wie sie von der Deutschen AIDS-Hilfe (DAH) vorangetrieben wurde, kann uns – bei einer vielfach ähnlichen Ausgangssituation – über das bisher Gesagte hinaus, in eine alternative Präventions-Dimension versetzen, die einmal mehr die Einseitigkeit gegenwärtig noch dominierender Drogen/Sucht-Prävention unterstreicht.[345]

Auch bei Aids handelt es sich zunächst – wenn auch weitaus dramatischer – wie beim Rauchertod und Sucht-Gefahr um ein Körper und Seele im höchsten Maße gefährdendes, ‚krankhaft' verlaufendes Phänomen, dessen greifbarer Virus und medizinisch-medikamentöse Behandlung zusammen mit der epidemieartigen Verbreitung und Gefährdung ganzer Nationen (z. B. in Afrika) ein *passendes Modell* für eine jede Drogen/Sucht-Prävention liefern könnte. Und zwar umso mehr, weil auch Aids in einer zumeist ‚Lust'-betonten Ausgangs-Situation wurzelt und erst später aus der (illegalisierten) ‚Schmuddel-Ecke' der Homosexualität, Prostitution und Junkie-Szene auf die (legale) Ebene der Bluter und angesteckten Ehefrauen übergreifen konnte.

Insofern hätte es nahegelegen, auch die Aids-Prävention nach dem Vorbild der stigmatisierenden Suchtprävention mit Hilfe horrend übersteigerter Gefahren-Propaganda (1988 sagte man für 1998 3.276.800 an Aids Erkrankte voraus S. 57) schon in der Schule angsterregend und Abstinenz-orientiert (kein vorehelicher Sex) in die Sexualkunde einzubauen und die ‚Uneinsichtigen' am anderen Ende unter seuchenpolizeilicher Prämisse entsprechend den Vorschlägen von Gauweiler und dem ‚Bayerischen Maßnahme-Katalog' vom 25.2.1987 (S. 58) zwangsweise zu testen, zu ahnden und ‚einzulagern'.

Zwei *Unterschiede* zwischen Aids- und Sucht-Modell eröffneten demgegenüber einen anderen, akzeptierenden Weg. Zunächst verlaufen ‚Lust' und ‚grausame Folge', wenn auch zeitlich erheblich verzögert, insgesamt deutlicher im Erwachsenen-Alter als bei den Jugendlichen, die als unmündig und zugleich weniger Definitions-mächtig gelten. Vor allem aber übernahm die Hauptgruppe der Betroffenen, die *Schwulen*, mit ihrem vergleichsweise reichhaltigerem kulturellen und sozialen Kapital im Rahmen der AIDS-Hilfe selber das ‚Heft in die Hand'. Um (bei uns) auf der Basis einer breiten Schwulenbewegung – und mit Hilfe einsichtiger Ärzte und PolitikerInnen (Rita Süssmuth von der CDU etwa) – nicht nur Angst-Propaganda und kontrollpolitische Bemühungen abzubauen, sondern sowohl das gesellschaftliche Bild der Homosexualität und Prostitution im Sinne von Antidiskriminierung und Gleichbehandlung umzuwerten, wie auch solidarisch der ebenso betroffenen, doch weniger artikulationsfähigen Junkie-Szene dabei zu helfen, akzeptierende Ansätze mit Methadon-Substitution, Spritzenvergabe und Druckräumen durchzusetzen. Mit dem Erfolg, dass heute bei uns die Aids-Risiken real so eingedämmt werden konnten, dass die AIDS-Hilfe angesichts der daraus folgenden, entdramatisierenden ‚Normalisierung' um ihren institutionellen Bestand fürchten muss[346].

Als führende Präventions-Perspektive entwickelte die AIDS-Hilfe unter Berufung auf das salutogenetische ‚Lebensweisen'-Konzept der Ottawa-Charta der WHO von 1986 (S. 40,62) ihr Modell einer *strukturellen Prävention*, die zunächst konkret die Grenzen zwischen Primär-, Sekundär- und Tertiär-Prävention aufhob und praktisch relevante soziostrukturelle Veränderungen und Angebote einschließlich der dazu erforderlichen finanziellen und organisatorischen Mittel einforderte und realisierte.

Den Kern dieses ‚Gegenmodells' bilden die folgenden *vier zentralen Prämissen*: Balance von Lust und Risiko, Selbsthilfe als Ausgangspunkt, das Emanzipationsziel und die kämpferische Auseinandersetzung mit einer ‚falschen' Politik.

(1) Als zentralen Ausgangspunkt für ihre alternative Präventions-Arbeit bejahte die DAH von Anfang an den *Lust- und Rausch*-Charakter sexueller Handlungen, um so die „Gesundheitsarbeit um den Faktor ‚Lust' zu erweitern":

> „Emanzipatorische Verwirklichung sexueller Bedürfnisse und rauschbezogene Selbstbestimmung verstehen wir als Teil von Gesundheit im Sinne der Ottawa-Charta" hieß es 1993 in einem DAH-Memorandum (Ketterer 1998;46), was schon 1990 vom (schwulen) Vorstand der DAH für die konkrete Präventionsarbeit in den Satz gefasst wurde: „Auf der Basis des Lebensweisenkonzepts bedeutet die strukturelle Prävention einen Ansatz zu einer kritischen Gesundheitsbewegung, die lustfördernd, suchtakzeptierend und parteilich sein kann" (Aretz 1998;62).
>
> Erst auf dieser Basis lässt sich „ein positives Verhältnis zur eigenen Lebensführung und zum eigenen Körper gewinnen, um den Sinn gesundheitsfördernden Verhaltens einzusehen und diese Einsicht zeitstabil bei der Verhütung wie bei der Behandlung von AIDS umzusetzen" um so „die einzelnen dazu zu motivieren, auf der Basis der Wertschätzung des eigenen wie des anderen Lebens die Balance zwischen sinnlichen und gesundheitlichen Bedürfnissen, zwischen kurzfristigem und dauerhaftem Wohlbefinden in einem individuell verträglichen Gleichgewicht zu halten", ergänzt dies die DAH in ihren Arbeitsschwerpunkten für das Jahr 1998 (Ketterer 1998;53).

(2) Das zweite Moment dieser Arbeit ergibt sich aus ihren Anfängen als ‚*Selbsthilfe-*Bewegung', in der die Wahrung der Betroffenen-Perspektive selbstverständlich ist, als „Einheit von Gesundheitsförderung und Selbsthilfe", die sich in gleicher Weise als – fruchtbare – Spannung zwischen ursprünglich politischer Bewegung und institutionalisiertem Hilfesystem (34), wie aber auch zwischen den ‚egoistischen' Interessen einzelner Gruppierungen und professionalisierter Hilfe niederschlägt:

> „Nicht jedes von ‚Betroffenen' formulierte Bedürfnis begründet schon einen für die AIDS-Hilfe relevanten Bedarf, nicht Wunsch ist ihr Befehl, wenn er der eigenen Prioritätensetzung oder gar den fachlichen Kriterien zuwiderläuft. Diese müssen ihrerseits beweglich sein, denn es geht auf allen Ebenen der Prävention nicht um eindeutige Gebote, sondern um die Einübung in gespannte Verhältnisse, das Erreichen einer jeweils stimmigen Balance" (Etgeton 1998;77).

(3) Unter dem Motto „*Emanzipation* ist Prävention" versteht man hier „Emanzipation als Bedingung für eine dauerhaft erfolgreiche Prävention". Entsprechend dem heute in der Drogenprävention führenden ‚Kompetenz-Ansatz', doch ohne deren ‚wohlgemeinte' „Just-say-no" Komponente, lautet hier

> „das Kriterium emanzipativer Gesundheitsförderung *positiv* die Selbstheilungs- und Selbsthilfepotentiale, soweit wie irgend möglich zu wecken, zu unterstützen und zu erhalten. Umgekehrt schließt die emanzipative Orientierung *negativ* aus, dass präven-

tive Maßnahmen zur Ausgrenzung, Entmündigung, Verunglimpfung und Verletzung derer beitragen, die von AIDS betroffen (...) sind" (Etgeton 1998;74).

Eine Zielsetzung, die zugleich solidarisch versucht „Gesundheitsförderung auf der Basis von Selbstorganisation gerade dort zu betreiben, wo dieser Form besondere Widerstände entgegenstehen, nämlich bei gesellschaftlich unterprivilegierten und kulturell ausgegrenzten Gruppen. Dieser Versuch kann nur gelingen, wenn dahinter keine rein professionelle Hinwendung, sondern die glaubwürdige Organisation der Interessen aller dieser Gruppen steht, und zwar gerade jener Interessen, die diese Gruppen in besondere Nähe zum AIDS-Geschehen rücken" (Etgeton 1998;77).

(4) Damit schließt sich der Ring einer solchen ‚strukturellen' Prävention, die mit den gegebenen gesellschaftlichen Verhältnissen *kritisch* umgeht, die ‚politisch' gegen die Diskriminierung, gegen Illegalisierung und für die Gleichbehandlung unterschiedlicher Lebensweisen kämpft, und die dies auch praktisch auf unterschiedlicher Ebene – kommunal, regional und national – umzusetzen sucht, als Entkriminalisierung der Homosexualität und Gleichbehandlung der Prostitution, durch Spritzenvergabe-Projekte und Substitution, die sich beide aus höchst ‚gefährdeten' Einzelaktionen heraus entwickeln konnten. Vielleicht zeigt sich gerade hier in besonderem Maße die Diskrepanz zwischen einer solchen AIDS-Prävention und einer ‚strukturellen Drogen-Prävention', die im Rahmen einer ‚normativen' Verstärkung die jeweils gültigen staatlichen Normen hochhält, sich durch Illegalisierung mancher Drogen von einer zureichenden Aufklärung abhalten lässt, und die von den ‚subkulturellen' (und im Alltag relevanten) Normen der von ihr betreuten Jugendlichen (über deren ‚Nicht-Existenz' sie ja ‚normativ' aufklären möchte) gar nichts halten will.

3.2 Auf einer allgemeineren Ebene der Sozialen Arbeit entwickelt das relativ neue[347] Konzept des *Empowerment* dieselben Grundprinzipien, und zwar für eben diejenigen ‚realen' Problemsituationen, die wir in dieser 6. These ansprachen; Grundprinzipien, die sich dort unter erheblich schwereren Bedingungen als sinnvoll und erfolgversprechend erwiesen, weswegen wir ihnen in den ‚normalen' Fällen einer Drogen-Erziehung umso eher folgen können[348]. Grundprinzipien, die freilich auch dort immer wieder lediglich „als ein modisches Fortschrittsetikett" verstanden werden, „das auf die Verpackungen altvertrauter und schon angestaubter Handlungskonzepte und Praxisrezepturen aufgeklebt" werden kann (8).

Ich entnehme aus der höchst lesenswerten Einführung von Herriger (1997) fünf für eine Drogenerziehung besonders tragfähige Grundsätze:

1. „Grundlage allen Empowerment-Handelns ist die Anerkennung der Gleichberechtigung von Professional und Klient, die Konstruktion einer symmetrischen Arbeitsbeziehung also, die auf Formen einer ‚wohlmeinenden' paternalistischen Bevormundung verzichtet, die Verantwortung für den Arbeitskontrakt gleichverteilt und sich auf einen Beziehungsmodus der partnerschaftlichen Verständigung einlässt" (209). Eine ‚kooperative Arbeitsallianz', die angesichts des zumeist besseren Drogenwissens der Jugendlichen relativ nahe liegt.
2. „Eine programmatische Absage an den Defizit-Blickwinkel, der bis heute das Klientenbild der traditionellen psychosozialen Arbeit einfärbt" (8); stattdessen „Vertrauen in die Stärken der Menschen, in produktiver Weise die Belastungen und Zumutungen der alltäglichen Lebenswirklichkeit zu verarbeiten". Das heißt: Keine „schmerzvolle Reise zurück in die Vergangenheit biographischer Beschädigungen, sondern eine mutmachende, in die Zukunft hinein offene Suche nach Vermögen und Gestaltungskraft" (81). Eine Basis, die nicht nach individuellen ‚Risiko-Faktoren' sucht, sondern die – ohne Angst vor künftiger Sucht – ‚Kompetenzen' stärken will.
3. „Anerkennung des Eigen-Sinns und der Autonomie der Lebenspraxis der Klienten" (77) bzw. „Verzicht auf entmündigende Expertenurteile über die Definition von Lebensproblemen, Problemlösungen und wünschenswerten Lebenszukünften" (79). Eine Forderung, die geradewegs zum unten besprochenen Konzept der ‚Drogenmündigkeit' hinführt.
4. Gegenüber dem „Versuch, die Person psychisch aufzurüsten und ihre Seele gegen die Gefährdungen erneuter Hilflosigkeitserfahrungen auszupolstern", Betonung der Bedeutung ‚sozialer Netzwerke' die ein ‚kollektives Kapital' (178) zur Verfügung stellen, das soziale Bedürfnisse befriedigen und psychosoziale Immunität verleihen kann, Identität und Selbstwerterleben bestätigt und Orientierung sowie Mittel zur Stressbewältigung liefert (134 ff.). Also statt eines ‚just say no' Unterstützung der Peergruppen-Prozesse.
5. Chancen zur Partizipation und aktiven Beteiligung bis hin zum kritisch ‚politischen Empowerment'; also „Erwerb einer ‚partizipatorischen Kompetenz (Lit), d. h. eines Bündels von handlungsleitenden Wissensbeständen, Motivationen und Strategien der sozialen Einmischung und der Aufbau von Solidargemeinschaften und die Einforderung von Teilhabe und Mitverantwortung auf der Bühne der (lokal-) politischen Öffentlichkeit" (186). Eine Dimension also, die von der ‚interaktiven' Beteiligung der SchülerInnen und dem Erlernen ‚toleranter Solidarität' untereinander über die diversen Formen schulinterner Mitsprache bis hinein in ein kritisches Verstehen gegenwärtiger Drogen-Politik reichen muss.

These 7

Drogen-Erziehung setzt Vertrauen zwischen den Beteiligten voraus. Vertrauen erwächst aus richtiger Information.

In den vorausgegangenen Thesen habe ich das Funktionieren und die Funktion der gegenwärtigen Sucht-Prävention untersucht. Zuletzt bin ich auf die Entwicklung ‚realer' Probleme eingegangen, denen – aus präventiver Sicht – mit einer (weithin fehlenden) auch politisch gefärbten >strukturellen Prävention< zu begegnen wäre. Eine ‚Verhältnis'-Prävention die weder ‚sucht'-bezogen zu begründen wäre, noch – kombiniert – die Erfolge der gängigen ‚Verhaltens'-Prävention verbessern könnte.

Damit verfolgte ich ein dreifaches Ziel. Zunächst bot diese Art der Prävention eine *Kontrast-Folie*, die verdeutlichen kann, was die Sucht-Prävention mit ihrer personalisierten, auf den (möglichen) Konsumenten zugeschnittenen, Sichtweise ausblendet, und was stattdessen auf dem Feld sozialer Chancen-Vermittlung an sich zu tun wäre.

Sodann ermöglicht dieser Zugang eine alternative *Erklärung* für solche Phänomene, die als legitimierender Ankergrund einer ‚Sucht'-Perspektive angeführt werden – im Sinne des „Du kannst doch nicht leugnen, dass es höchst problematische und bedauernswerte Endzustände einer ‚Sucht-Karriere' gibt". Eine solche alternative Erklärung betont sozio-strukturelle Momente etwa der fehlenden Ressourcen, wie aber auch stigmatisierende Folgen eines ‚hilfreichen' Eingreifens

An dieser Entwicklung *beteiligt* sich schließlich auch eine Sucht-Prävention – nolens volens – in dreifacher Weise: Sie hilft dabei, den allgemeinen ‚Sucht'- Horizont aufzuspannen. Sie unterstreicht durch ihre Scheidung zwischen den ‚primär' Braven und den ‚sekundären', mehr oder weniger fortgeschrittenen Probierern und Experimentierern nicht nur die Kluft zwischen Abstinenz und Sucht, sondern auch die besondere Größe des ‚Risikos'. Ein Risiko, dem sie selber zwar im Vorfeld, doch nicht mehr beim ‚eigentlichen' Problem (das dem Therapeuten zu überlassen sei) gewachsen sein will. Und sie setzt dadurch die immer weiter nach vorne verlagerte ‚Einstiegs'-Pforte für solche ‚Karrieren'; weniger durch das eigene stigmatisierende Eingreifen, sondern vor allem durch das Bereitstellen entsprechender Eingriffs-‚Kompetenzen' im näheren Umfeld besorgter Erwachsener, Eltern, Kindergärtnerinnen, GrundschullehrerInnen, Erziehungsberater und Lehrer-Kollegien.

In den folgenden drei Thesen entwickle ich eine zweite ‚positivere' Art der Kontrastfolie, mit Ansätzen dafür, warum und wie man auf andere Weise mit Jugendlichen über Drogen reden könnte.

Auch hier verfolge ich ein dreifaches Ziel. Zunächst sammle ich Hinweise dafür, was man denn praktisch berücksichtigen müsste. Hinweise, die man einer allgemeinen ‚Pädagogik' entnehmen kann, die in interaktiver Praxis zusammen mit den Jugendlichen weiter zu entwickeln wären, und auf die ich in meiner zehnten These abschließend näher eingehen werde.

Auf dieser Hintergrundsfolie lassen sich einige derjenigen Probleme der Sucht-Prävention etwas eindeutiger hervorheben, die ich bisher noch nicht so deutlich angesprochen habe – etwa die Frage einer angepassten Sprache oder die Unfähigkeit, den Genuss-Aspekt der Drogen wahrzunehmen, und vor allem die damit vermittelte Botschaft der Intoleranz.

Vor allem aber möchte ich in den drei folgenden Thesen den Gegensatz analysieren zwischen einer defizitären, am ‚unmündigen' Jugendlichen ausgerichteten ‚Sucht-Philosophie' einerseits und einer am ‚Partner' interessierten Jugendarbeit andererseits. Eine Kluft, durch die sich die im Vorwort angesprochene Profession einer Sucht-Prävention von derjenigen einer emanzipatorischen Jugendarbeit grundlegend unterscheidet. Eine Kluft, die vielfach dann verschüttet wird, wenn sich auch die Jugendarbeit – finanziellen Nöten und hegemonialen Denkhemmungen folgend – von der künftigen *Problemseite* leiten lässt, anstatt auf die zukunftsorientierten *Entwicklungs-Chancen* ihrer ‚Klientel' zu setzen. Eine Kluft, die heute nur in Ausnahmefällen von der anderen Seite her – systemisch oder in echtem Alltags-Kontakt mit solchen Jugendlichen – überschritten wird.

Beide ‚Alternativen' – der Ansatz einer strukturellen Prävention wie das Konzept einer Drogenerziehung – böten auch dem überkommenen Präventions-Dispositiv eine entsprechend alternative Existenz-Grundlage; ebenso, wie seinerzeit der zunächst verteufelte Substitutions-Ansatz mit Methadon die Drogen-Therapeuten in ihrer finanziell misslichen Lage entlasten konnte[349].

Und beide Beispiele belegen einmal mehr, wie sehr bestimmte vorgängige Berufs-Perspektiven bis hinein in die jeweilige Interessen-Lage vordringen können und diese – letztlich auch zum eigenen Schaden – einseitig ausrichten sowie alternative Handlungsmöglichkeiten ausblenden können. Und zwar so lange, bis die äußere materielle Lage eine Neuorientierung auch der Berufs-Perspektive erzwingt. Ein Prozess, der lange dauern kann, insbesondere dann, wenn es gelingt die eigene (Sucht)-Perspektive als allgemeingültig hegemoniales Denkmuster in der Gesellschaft zu verankern.

In meiner siebenten These möchte ich in zwei größeren, eng miteinander verbundenen Schritten auf die *Vertrauens-Basis* einer solchen Alternative eingehen. Eine

Basis, die eine auf *gegenseitigem* Misstrauen aufbauende Sucht-Prävention – „Wie erkenne ich, dass mein Kind Drogen nimmt“ bzw. „Denen glaube ich nichts mehr“ – immer dann verfehlt, wenn sie sich dem Informationsbedürfnis der Jugendlichen verweigert; sei es weil sie keine Informationen liefern will, sei es, dass sie nur deren ‚negative Hälfte‘ anbietet, oder sei es dadurch, dass sie diese in vielfacher Weise verzerrt und manipulativ ihren minderjährigen Braven und nicht ganz so Braven zu vermitteln sucht.

Vertrauen kann jedoch nur entstehen, wenn man den Partner als solchen anerkennt, wenn die Beziehung empathisch, ehrlich und offen gestaltet wird und wenn man sich auf den anderen, auf sein Wissen wie seine Reaktion verlassen kann. Diese für jeden Lernprozess notwendige Voraussetzung gilt verstärkt für alle mehr oder weniger ‚tabu-besetzten‘ Themen, durch die sich unterschiedliche Teilkulturen voneinander abheben bzw. die Identität ihrer Mitglieder festlegen. Und sie gelten umso mehr, je stärker diese Beziehung ganz allgemein wie im bisher erfahrenen Verlauf von Misstrauen, Falschinformation und ‚gutgemeinter‘ Manipulation begleitet war.

Ich werde deshalb zunächst kurz auf die allgemeine Basis eines solchen Vertrauens eingehen, die nur dann entstehen kann, wenn beide Seiten sich ernsthaft darum bemühen, auch wirklich ‚verstanden‘ zu werden, eine Bedingung, die heute noch höchst schwierig zu realisieren ist. Ein solches Vertrauen kann sich – insbesondere im Schüler-Lehrer-Verhältnis – nur bilden und bewähren, wenn man sich auf die darin vermittelten Informationen verlassen kann; mit deren Art, Umfang und Voraussetzungen beschäftigt sich der zweite Teil dieser These.

1. Was heißt Vertrauen?

Diese Vertrauensbasis setzt zunächst voraus, dass wir den ‚anderen‘, dem wir in der Interaktion ‚entgegentreten‘, als *Interaktions-Partner* verstehen und akzeptieren, sie oder ihn also als *>Alliierten<*, als Verbündeten wahrnehmen, wie Cervone/Cushman (2002) dies treffend umschreiben, mit denen man gemeinsam ein Vorhaben durchführen, ein Ziel ansteuern und bewältigen will. Dabei geht es nicht so sehr darum, formal Gleichheit – etwa in den Redebeiträgen oder Sitzordnungen – herzustellen oder aber dem anderen dabei zu helfen ‚auf die richtigen Sprünge zu kommen‘ bzw. zum gerichteten Frage-Antwort-Spiel aufzufordern und präparierte peer-led-Programme zu supervisionieren. Es geht auch nicht darum, nun ‚kumpelhaft‘ Gleichberechtigung zu predigen, neugierig in die Privat-Sphäre des Anderen einzudringen oder gemeinsam über die Schlechtigkeit der Welt zu weinen.

Eine Interaktion zwischen Erwachsenen und Jugendlichen, zwischen SchülerInnen und PädagogInnen muss vielmehr immer zweierlei im Auge behalten. Einerseits die *Subjekt-Position* des Anderen und andererseits den *eigenen pädagogischen Auftrag*. Dieser ‚Andere' ist immer schon – zumindest seit dem Kindergartenalter, doch höchstwahrscheinlich, wie stressgeplagte Eltern mir zustimmen werden, von allem Anfang an – eine eigenständige Person mit einem eigenen Wollen, eigenen Wünschen, Vorstellungen die uns mit einer eigenständigen komplexen Identität gegenübertritt. Eine ‚Person' also, die zudem in vielen Bereichen eigene Erfahrungen erwerben konnte und musste, von denen aus sie ihre Handlungen, ihr Umfeld und ihre Interaktionspartner wahrnimmt, bewertet und zu beeinflussen sucht; Erfahrungen guter und schlechter Art – Erfolge, Misserfolge, und ständige (zum Teil sogar als notwendig anerkannte) Manipulationen, Ermahnungen bis hin zum Ausflippen des erwachsenen Interaktionspartners.

Aber auch immer wieder Erfahrungen, die diesen gegenüberstehenden Interaktions-Partnern weithin fehlen, weil sie sich *individuell* als nunmehr Erwachsene wie aber auch *generationsmäßig* zusammen mit den anderen Erwachsenen in einer anderen ‚Zeit-Glocke' bewegen: Wie setzt man sich *heute* in einer Kindergarten-Gruppe gegen die Gleichaltrigen und die Erzieherin durch, was heißt es heute in der Orientierungsstufe zu versagen, und wie geht man – als Junge wie als Mädchen – heute mit den neuen gender-Bildern um. ‚Andersartige' Erfahrungen, denen wir, die inzwischen Erwachsenen, in gleicher Weise in einem Mode- oder Musik-Quiz wie im Verstehen der Szene-Sprachen und vor allem im Umgang mit den ‚postmodernen' Kommunikations-Systemen kaum noch gewachsen sind. Und umgekehrt gibt es auch – höchst berechtigte – negativ besetzte ‚Erfahrungen' mit verständnislosen und manipulierenden Erwachsenen, sowie mit dem noch immer weit ausladenden Unsinn eines schulischen Curriculums, dessen Inhalte man kurzfristig für die Benotung lernt, das jedoch selbst bei gutem Erfolg nur geringe Garantien für das weitere Fortkommen bietet.

Auf der anderen Seite besteht unser *‚pädagogischer Auftrag'*, für den wir – als Angestellte *für* oder besser *der* Kinder und Jugendlichen – bezahlt werden, darin, diesen Jugendlichen in solchen Interaktionen *das* zu vermitteln, was sie für ihre weitere Entwicklung brauchen *und* brauchen sollten. Worin sich eine doppelte Dialektik verbirgt: Nämlich zunächst diejenige zwischen dem jugendlich-subjektiven „Das brauche ich, möchte ich wissen" und dem erwachsen-subjektiven „Das solltest du brauchen und wissen". Und sodann die Erwartung des Jugendlichen vom Gegenüber: „Bring mir was Ordentliches bei" einerseits und seinem sehr realen Schweinehund andererseits, der sich, so wie bei uns allen, dagegen wehrt, etwas Neues zu lernen, das den gewohnten Horizont (nicht nur der uns so fremden Play-Station-Spiele) übersteigt.

Eine solche *Balance* zwischen ‚alliierter Nähe' und ‚pädagogischer Distanz' stellt nicht nur die Grundlage eines vertrauensvollen Miteinanders, sondern bietet zugleich – unabhängig vom konkreten Inhalt – das Fundament eines so notwendigen ‚Kompetenz-Trainings', das man heute in gleicher Weise bei zwei verschiedenen

SchülerInnen-Gruppen entweder durch eine *unglaubwürdige* ,Sucht-Prävention' oder aber durch deren *gläubige* Hinnahme im selben Moment wieder untergräbt.

Hier läge – übrigens für beide Interaktions-Partner – die Chance einer (häufig ersten) Erfahrung *,ernst genommen'* zu werden; eine Erfahrung, die dann die weitere Entwicklung tragen könnte:

> „Resilience studies have long shown that successful youth development depends on relationships and opportunities to *participate*" beginnen Cervone/Cushman (2002;84, kursiv S.Q.) ihren Forschungsbericht über 40 qualitative Interviews mit amerikanischen high school students über deren Lehrererfahrungen. „They want teachers to act like adults, confident and authoritative (...) ,you have to let them know that you're not one of their peers'" (91). Doch „if a teacher believes in students' value and ability, students are willing to try, and try again" (93).

Unter dem bezeichnenden Titel „Nobody ever asked us that before" machen sie uns auf die Schwierigkeiten einer solchen Haltung aufmerksam (97):

> „It is tempting to think that if you just pay attention to students' voices, you will hear what you already know. Secretly, adults – outside schools as well as in – generally believe that they know best. Just as tempting is to take at face value the quick responses students often give when asked for input. As we know but to often forget, some students feed back what they think adult listeners want to hear, some feel ill-qualified to render an opinion, and some fear reprisal for speaking what they believe is true. Hardest of all, some students, even when encouraged, keep their feelings under close wrap.
>
> If we are to make student voices matter, to take seriously the notion of student-teacher partnerships, we must do several things. First, we must make time and room for them in our daily lessons, ceding the floor and agenda to matters of importance to them. Second, as we draw out student voices, we must listen respectfully and hard, including probing silences to uncover what goes unsaid. Finally, we must make the translations: turning students' ideas and experiences into new understandings that generate new practice. We must make the unspoken bargain struck by students and teachers an explicit partnership in which both parties acknowledge a common stake. We must accept as a given, not just pay lip service to, the idea of students as allies. Despite an adolescent culture that often suggests otherwise, students already recognize the symbiotic nature of education. If only from self-interest, they want their teachers to succeed. ,We *want* to learn' one student reminded us".

Als Fazit seiner oben (These 4.1) erwähnten qualitativen Interviewstudie mit drei jungerwachsenen Ostberlinern formuliert Hayner (2001;197 f.) dementsprechend die folgenden fünf „Prinzipien, die Erwachsene beachten müssen, wenn sie mit drogenkonsumierenden Jugendlichen über deren Drogengebrauch ins Gespräch kommen wollen:

1. *Akzeptanz*: Illegalisierter Drogenkonsum ist fester Bestandteil des Lebensstils vieler Jugendlicher (..). Dies muss akzeptiert werden. Auf Abstinenzforderungen ist zu verzichten, da sich die Jugendlichen ansonsten mit ihren Bedürfnissen nicht wahrgenommen fühlen
2. *Sanktionsfreiheit*: Jugendliche reden nur über ihren Umgang mit Drogen, wenn ihnen daraus keine Nachteile entstehen
3. *Kompetenz*: Jugendlichen ist wichtig, dass ihre GesprächspartnerInnen drogenkompetent sind. Drogenkompetenz ist m. E. nicht mit Drogenerfahrungen gleichzusetzen (...). Es geht vielmehr darum, dass sie die gesellschaftlich vermittelte pauschale Bewertung illegalisierter Drogen hinterfragen und positive Aspekte des Drogenkonsums zulassen können, ohne die Risiken der jeweiligen Konsumweisen zu vernachlässigen (...). Dabei ist zu beachten, dass viele Jugendliche DrogenexpertInnen sind, die positive und negative Drogenwirkungen kennen
4. *Auseinandersetzungsbereitschaft*: Erwachsene müssen signalisieren, dass sie für eine offene Auseinandersetzung zur Drogenthematik bereit sind. Dazu gehört dass sie den Drogengebrauch Jugendlicher nicht ignorieren oder vorschnell verurteilen. Vielmehr geht es darum, eine offene, gleichberechtigte Kommunikation zu befördern, in der die Jugendlichen alle für sie relevanten Inhalte bezüglich der Drogenthematik einbringen können
5. *Anerkennung individueller Unterschiedlichkeit*: Der Drogengebrauch Jugendlicher ist in individuell unterschiedliche Bedingungsgefüge eingebettet, die Jugendlichen verfolgen mit ihm subjektiv vernünftige Ziele".

2. Dies gilt auch für die Sekundär-Prävention

Das, was wir soeben sagten, gilt allgemein, betrifft die Basis einer jeglichen ‚schul'-pädagogischen Arbeit, also, übersetzt, die traditionelle ‚Primär-Prävention' für alle SchülerInnen. Noch schwieriger wird es, wenn man sich in das zumeist (deshalb) ausgeklammerte *sekundär-präventive* Feld hineinbewegt, denn auch hier muss die Interaktions-Seite der Erwachsenen, der Lehrer, eben denselben Prinzipien folgen, und zwar zunächst ganz unabhängig davon, ob man das Verhalten solcher inzwischen ‚auffälliger' Jugendlicher als ‚eigentlich ganz normal' ansieht, ob man es als ‚psychisch gestört' diagnostiziert oder ob man es auf die ‚schlechten, marginalisierten Ausgangsbedingungen' zurückführen möchte.

Auch und gerade diese Jugendlichen, die stören, auffällig und ‚gefährdet'[350] sind oder die sich ‚sozial abweichend' verhalten, also mit Drogen experimentieren oder schon regelmäßiger Drogen nehmen, sind eigenständige Personen mit eigenen Wünschen, Hoffnungen, Erwartungen und einem – häufig versteckten, verdrängten und manchmal recht lästig umgesetzten – Streben nach Anerkennung, die man auf der anderen Interaktionsseite zunächst akzeptieren und nicht nur ‚behandeln' muss. Gerade diese Jugendlichen brauchen – neben aller schulischen Unterstützung bei ihren Lernschwierigkeiten – unseren „Loving support, Respect und Compassion" mit der Botschaft „You matter." (Benard 2000;27)[351].

Dies setzt voraus, dass man diese Jugendlichen von Anfang an nicht ‚defizitär' definiert, oder sie, wie so oft in der gegenwärtigen Prävention, ideell oder auch real ins ‚defizitäre Lager' abdrängt und besten Gewissens solche ‚Defizite' durch ‚Behandlung' oder Rausschmiss auszumerzen versucht. Vertrauen kann nur entstehen, wenn man auf ihre ‚positiven Seiten' setzt, ihre jeweiligen Fähigkeiten unterstützt und wenn man selbst bei ihrem ‚störenden' Verhalten primär deren ‚positive' Funktion für den Jugendlichen (und, wie wir oben in These 4.3 angedeutet haben, auch für die Gesellschaft) versteht:

> „Starting with student's strengths – instead of their problems and deficiencies – enlists their intrinsic motivation, their positive momentum, and keeps them in a hopeful frame-of-mind to learn and to work on any concerns (…) how (in the case of gang leaders) they have leadership abilities – even if they are negative ones now, and how even their resistance is a strength that can be used in a positive way" (28).

Dies bedeutet auch, dass man die hinter solchem Verhalten liegenden Wünsche nach Aufmerksamkeit, Zuwendung, Selbstbestätigung wahrnimmt und in sinnvoller Weise entgegenkommt: „Man darf deren Verhalten nicht persönlich nehmen. Man muss verstehen, dass, ganz gleich wie negativ ihr Verhalten auch ausfällt, sie oder er das Beste geben, was ihnen möglich ist oder wie sie oder er die Welt verstehen". Vor allem aber verlangt dies einen tiefen Glauben „an die eingeborenen Fähigkeiten dieser SchülerInnen zum Widerstand gegen die widrigen äußeren Umstände und zur eigenständigen Korrektur ihres Verhalten:

> eine innere eigene Überzeugung, mit der man „especially assist those overwhelmed youth who have been labeled or oppressed by their families, schools, and/or communities in transforming their personal life narratives from damaged victim to resilient survivor" indem man ihnen etwa zeigt „how their own conditioned thinking – the environmental messages they have internalized that they are not good enough, smart enough, thin enough, and so on – blocks access to their innate resilience". (27 f. eÜ.).

Gelingt es, auf diese Weise einen ‚echten Kontakt' zu den Jugendlichen herzustellen, dann sind sie, wie Brown (2001;105) im Rahmen eines Forschungsprojektes[352] erfahren konnte, auch bereit, über ihre Gefühle Drogen gegenüber und über ihre Drogen-Erfahrungen zu sprechen und Geschichten zu erzählen.

> Diese Geschichten „also indicated young people's unfulfilled needs to discuss their perceptions about drugs. When young people believe that adults are listening to them

> regarding their affective issues – needs, fears, curiosities about drug use, abuse or misuse – rapport is built".

3. *Wie werden Drogen-Informationen vermittelt*

3.1 Vertrauen erwächst daraus, dass tatsächlich *Wissen* vermittelt wird, ein Wissen, an dem die Jugendlichen erkennen können, wie ernst sie genommen werden:

> „the overarching drug education goal is the development of young people's interests and strengths through 1) deepening educator/youth connections and 2) developing honest, accurate and complete drug information with students" (Brown 2001;104).

Demgegenüber verbreitet man noch immer auf der einen, eher als antiquiert angesehenen Seite im Präventionsalltag – weniger in der fortgeschrittenen Präventionsliteratur – überwiegend einseitige, wenn nicht gar *manipulierte oder falsche* Informationen. Damit verstärkt sie die Ängstlichkeit der ‚Braven' und vergrätzt die besser wissenden ‚Bösen':

> „While we fail to inform (die Gefährdeten). we at the same time alarm the most alarmist and misinform everybody" fasst Peele (1989;244) einen der vier von ihm herausgearbeiteten Hauptgründe für das Versagen gegenwärtiger Informations-Politik.

Doch müssen es keineswegs immer solche ausgesprochen manipulierten, falschen oder propagandistisch überzogenen Informationen sein, um das Vertrauen der SchülerInnen in die Kompetenz der Präventions-Sender zu untergraben. Hierfür reicht es völlig aus, sich darauf zu beschränken, nur die – berechtigt – *negativen* Seiten zu unterstreichen, die – ebenso berechtigten – positiven Seiten zu unterschlagen, oder die jeweilige *Kontext*-Gebundenheit (vom Einfluss des set und setting über den ‚kulturell' üblichen Wein zum Mittagessen bis hin zur ‚Punktnüchternheit') zu verschweigen. Vor allem aber misslingt der Versuch, den SchülerInnen die übliche *Gleichsetzung von Usus und Abusus* weiszumachen, wissen sie doch aus eigener Erfahrung, durch Freunde oder am Beispiel ihrer Eltern und Verwandten nur zu gut zwischen diesen beiden Konsum-Formen zumindest bei den legalen Drogen, zunehmend aber auch bei den sog. Partydrogen zu unterscheiden. Eindrucksvoll belegen dies die Zitate aus den von D'Emidio-Caston/Brown (1998;108) durchgeführten Focus-Interviews:

> „R: I have a friend in high school and she used to do alcohol and she quit. She used to do drugs, but she quit. It's very easy to quit! If you put your mind to it.
> R: Some people it's easy for, some people it ain't.
> I: So you don't think that everybody that tries it has a problem?
> R: Right. No."

Vor allem dann, wenn die SchülerInnen das Verhalten ihrer Eltern mit solchen einfachen ,Just-say-no' Botschaften vergleichen, können sie in Konflikte geraten:

> „When there is a mismatch between home and school, the student is forced to resolve the dissonance she or he experiences by making sense of the two worlds. In effect, the students are being asked to make the choices between two authorities, both of whom lose credibility in the students' eyes in too many cases. Often, the dissonance results in undermining the student's trust in adults in general". (109).

Das mag ja gelegentlich – im Sinne eines Kompetenz-Trainings – ganz sinnvoll sein. Doch, und darin liegt die Quintessenz der beiden Autoren, dies wird durch die ,Erfolgreichen' sehr viel besser verkraftet, als durch die ohnehin ,schulisch Belasteten'[353]:

> Die einen sehen sich „as members of the school community. They perceive that the reason behind the inconsistent message is good will and ,caring' for their well-being. The unfortunate antithesis of this is true for those who are already on the periphery of the school community. For the students who have ,low commitment for school' the loss of credible adult authority pushes them further toward the periphery" (112).

Hinzufügen möchte man als dritte Gruppe diejenige der oben erwähnten >Braven<, die (zumindest vorläufig) gläubig und eher ängstlich solche einseitigen Botschaften in ihren ,Wissensbestand' integrieren, um dann später, nach den ersten gegenteiligen, positiven Erfahrungen keineswegs selten ins Gegenteil zu kippen.

Julian Cohen (2002;14) vergleicht im folgenden Schema diese beiden Ansätze einer zureichenden Information gegenüber der üblichen Propaganda in einer Art und Weise, die wir voll für unsere Vorschläge übernehmen können:

	Education	**Propaganda**
Knowledge/ Information	• Accurate • Balanced • Up to date • Benefits & risks • Honest	• Selective • Exaggerate risks • Extreme presented as norms • Ignore benefits • ,prophylactic lies'
Attitudes/ Values	• explorable/debatable a range of views • challenge stereotypes • think for yourself – decide what you think • about drugs	• no debate • perpetuate stereotypes • think what we tell you to think • against drugs
Skills	• develop a range of relevant skills • make your own, informed decisions	• refusal skills • do what we tell you to do

Auf der anderen fortschrittlicheren Seite verzichtet die moderne Sucht-Prävention – in Reaktion auf solche Negativ-Erfahrungen zugunsten der Vermittlung drogenunspezifischer >Lebenskompetenz< – weithin überhaupt auf *drogenspezifische Information*:

> „Informationen sollen sich auf die Beschreibung der Substanzen, auf kurzfristige für die jeweilige Altersgruppe erlebbare Konsequenzen sowie auf den Umfang des Konsums in der Bevölkerung beschränken (...) grundsätzlich überwiegt der substanzunspezifische Anteil deutlich" postulierte das IFT in der Zusammenfassung seiner Expertise-Vorschläge (Künzel-Böhmer u. a. 1994; 9).
>
> Um dies dann in der ‚Fortschreibung' dieser Expertise zusammenfassend wie folgt zu konkretisieren: „Die Programme zur drogenspezifischen ‚Informationsvermittlung' zielen hauptsächlich auf Wissensvermittlung und Erziehung. Sie führen zu Wissenserweiterung, zum Teil zu Einstellungs-, aber nicht zu Verhaltensänderungen. Besonders kritisch zu bemerken ist, dass diese Interventionsmaßnahmen bei Konsumenten/innen im Sinne eines Boomerangeffekts zu Erhöhung des Konsums führen können".

Eine noch immer höchst unerwünschte Folge, die van der Stel im Handbook Prevention (1998;43 eÜ.) als Beispiel einer unerwartet negativen Folge von Prävention mit den Worten festmachen will „Drogen-Prävention in Schulen und Colleges kann kontraproduktiv wirken und ungewollt als eine Art der Konsumberatung dienen"; obwohl es doch eben genau darauf ankäme – wie bei allen anderen ‚riskanten' Konsum-Produkten auch. Weshalb Schneider (2000;157) sein Präventions-Kapitel mit „sachgerechte Substanzaufklärung als Verbraucherberatung" überschreibt.

Nils Pörksen (2000;301) geißelt diese unglaubwürdige Art der Prävention zu recht:

> „Aktuell leidet die Drogenprävention vor allem darunter, dass sie einerseits ausschließlich als individualisierte Verhaltensprävention konzipiert ist" – worauf wir uns in diesem Beitrag beschränken – „und andererseits ihre Glaubwürdigkeit vor allem bei der Hauptzielgruppe, den Jugendlichen, zunehmend verliert, da im Rahmen klassischer Präventionsmaßnahmen das Risiko verschiedener Drogen unsachgemäß bewertet wird und damit für Jugendliche nicht nachzuvollziehen ist. Obwohl Glaubwürdigkeit die wichtigste Voraussetzung und Rahmenbedingung für Prävention ist, ersetzen gegenwärtig gesellschaftspolitische und ideologische Begründungen sachliche Informationen, ehrliche Aufklärung und plausible Politikstrategien".

Während umgekehrt Gresko/Rosenvinge (1999;122) hieraus voreilig den falschen Schluss ziehen:

> „Auch die dem Krankheitsvermeidungsmodell zugrunde liegende Prämisse, dass ein Wissenszuwachs die Einstellung verändert und eine veränderte Einstellung wiederum

> zu einer Verhaltensänderung führt – auch als KAP-Modell bekannt (**k**nowledge-**a**ttitude-**p**ractice) – ist problematisch. Trotz der geringen empirischen Belege für die Annahme, dass Einstellungen das Verhalten verändern können, ist das KAP-Modell nach wie vor das weltweit häufigste Modell für die Gesundheitserziehung".

Verständlich ist dies nur, solange solches ‚Wissen' allein auf die *negativen* Seiten der Drogen hin ausgerichtet ist, weswegen dann tatsächlich solch eine Art >kognitiver< Prävention stets ganz gut abfragbar, aber weithin wirkungslos, wenn nicht gar kontraproduktiv bleiben muss.

3.2 Wenn man stattdessen zu angeblich besser wirksamen, weil weniger durchschaubaren, affektiv wirkenden und an die Werbepsychologie angelehnten Techniken greift, liegt der Verdacht nahe, doch nur von den Erwachsenen in eben dieser Form *manipuliert* zu werden – weshalb etwa ‚betont jugendgerechte Plakate als Anbiederung verstanden werden' (Denis u. a. 1994;43) – woran nicht nur die angsterregende Abschreckungs-Prävention scheiterte. Sarkastisch zeichnet Schneider (2002;36) diesen Präventionstrend:

> „Präventive Zugriffsweisen sind durch moderne, trendige Jugendmarketingstrategien, durch didaktische Methodenanwendungen mit entsprechenden zielgruppennahen Flyern und Info-Cards zu Gebrauchsrisiken und Mischkonsum, jugendgestylten Internetzugängen und Onlineberatungen unterlegt mit chilliger Musik, Videoinstallationen, Handkoffern, Anleitungsmodulen, mediatisierten Präsentationsweisen und durch hochqualifiziertes Fachperson institutionell abgesichert. Sie verdichten sich zu unterhaltsamen Multi-Media-Shows".

Die hier noch nicht einmal in den Anfängen geleistete Aufgabe einer zureichenden Wissensvermittlung wird – im Rückgriff auf die zweifelsohne sehr viel weiter fortgeschrittene Sexualaufklärung – deutlich, wenn wir deren offizielle Unterrichtsmaterialien mit der seit Jahrzehnten erfolgreich verkauften[354] kommerziellen Jugendzeitschrift >Bravo< vergleichen[355]. Beide Ansätze werden von Erwachsenen, zum großen Teil sogar von Experten produziert; in beiden Ansätzen wird heute eine Fülle offen angesprochener und zutreffend beantworteter Informationen vermittelt; beide Ansätze gehen auf Ängste und Gefährdungen ein und erreichen die Jugendlichen ‚präventiv' schon vor oder mit dem Einsetzen der Pubertät. Die Unterschiede ihrer Wirkung ergeben sich – neben der Verpackung (Musik-Szene etc.) – vor allem aus der entgegengesetzten Ausgangslage. Während die ‚Sexualaufklärung' im schulischen Kontext – trotz aller fortschrittlichen Bemühungen – ein Anliegen der Erwachsenen (einschließlich vieler noch immer besorgter Eltern) bleibt, muss >Bravo< vom Anliegen ihrer jugendlichen Käufer ausgehen, um weiter existieren zu können.

4. Das Problem der ‚angemessenen Sprache‘

Wir gelangen damit zu dem zentralen und immer wieder angesprochenen Problem einer jeden ‚präventiven‘ Aufklärung – negativer wie auch positiver Art – eine der jeweiligen ‚Zielgruppe‘ *angemessene Sprache* zu finden; sei dies der Sprung in den ‚jugendlichen‘ oder gar ‚subkulturellen‘ Jargon, der dann leicht als ‚Anbiedern‘ verstanden wird, oder sei dies die höchst unterschiedliche Aufnahmebereitschaft der SchülerInnen unterschiedlicher Schularten, wie dies etwa die Organisatoren des Projekts >Be Smart-Don’t Start< zu Recht betonen (Wiborg u. a. 2002).

Wichtiger noch als derartige eher ‚technisch‘ (etwa durch Beteiligung der SchülerInnen an der Entwicklung solcher Instrumente) zu lösende Sprachprobleme sind die damit immer verbundenen eher indirekten – und häufig allen Beteiligten gar nicht bewussten – *Bewertungs*-Probleme, die sich nicht nur in den (oben in These 3 angesprochenen) Generations-Unterschieden, sondern vor allem auch in analogen kulturellen Bewertungs- und Auffassungs-Unterschieden zwischen den sozialen Schichten und ‚Milieus‘ zeigen, so dass Hauptschüler gleich in doppelter Weise – als Jugendliche und den sozial unteren bzw. gar marginalisierten Schichten Angehörige – den mittelschicht-orientierten erwachsenen Präventions-Bemühungen ‚verständnislos‘ gegenüberstehen.

Noch einen Schritt schwieriger wird es dann, wenn sich solche unterschiedliche Ausgangspunkte unversehens in die *Gesamtanlage des Präventions-Projektes* einschleichen, was leider auch für die große Menge der an sich (ohne die dort noch immer so beliebte ‚Negativ-Information‘) sinnvoll erscheinenden Lebens-Kompetenz-Projekte zutrifft. Drei kritische Momente gilt es dabei zu beachten. Zunächst sind viele dieser Projekte ‚liebevoll‘ auf eine ‚sinnvolle‘ Freizeitgestaltung ausgerichtet, weshalb sie denn auch eher die ‚lieben‘ kids erfassen, die anderen dagegen aus dem Freizeitheim ausschließen und sich selbst oder dem zumeist überlasteten ‚streetwork‘ überlassen. Andere, seltenere, auf freiwillige Teilnahme angewiesene, doch höchst sinnvolle Projekte – etwa gemeinsam einen Sportplatz herzurichten (wie im ‚Gesundheitstreffpunkt Bremen West‘) oder ‚gefährdete‘ Jugendliche in die Arbeit des Sportvereins einzubeziehen (wie in manchen Fan-Projekten) erreichen häufig nur die ‚aktiven‘ Jugendlichen etwa unserer ‚positiven‘ Drogengruppe – und zwar insbesondere dann, wenn sie sich auf deren ‚Meinungsführer‘ stützen (Gesch 1999;200), während die anderen ‚sich selber‘ aus allen Aktivitäten herausziehen[356].

Besonders problematisch wirkt schließlich der gerne als ‚Anreiz‘ verwendete *Wettbewerb*, die Ausstellung, die Preise und die Prämien, bei denen es entscheidend darauf ankommt, *wie* dieser Anreiz jeweils ausgestaltet wird: Bevorzugt er diejenigen, die sich ohnehin besser ausdrücken können, unterstreicht er die ,Defizit-Perspektive'. Oder fördert er Solidarität, Vertrauen in die eigene Gestaltungsfähigkeit und Lust am Wetteifern. Wie schmal dieser Grat sein kann, zeigt das gruppendynamisch auf Wettbewerb aufgebaute >Be Smart-Don't Start< Projekt, und zwar sowohl bei der Gestaltung der beiden Münchener Veranstaltungen im Jahre 2002, bei denen die „Professionalität und das Engagement der Klassen" beeindruckten (Drogen- und Suchtbericht (2003); 22), wie aber auch im eigentlichen Wettbewerb, der ja im Kern um ein ,Negativum', nämlich das Unterlassen des Rauchens, herum organisiert war (statt etwa, horribile dictu, positiv darum zu wetteifern, wie man am besten ,Drogen genießen kann' oder wie man solidarisch einander helfen kann, mit solchen Drogen ,vernünftig' umzugehen). Und der vor allem denjenigen Klassen, die wegen ,überhöhter' Prozente auch nur gelegentlich rauchender SchülerInnen von Anfang an vom Wettbewerb ausgeschlossen waren, den verdächtigen Status einer notwendigen ,sekundären' Prävention zuweisen musste.

Alle drei – sicherlich nicht intendierten – Hindernisse (,sinnvoll'; ,aktiv' und ,Professionalität') bestärken einen Trend, sich eher mit den ,braven', leichter zu behandelnden Jugendlichen zu befassen, als mit den schwierigen, die da ,schon rauchen' (und die man deshalb mit dem >Be Smart-Don't Start< Programm nicht mehr erreichen kann und will):

> „Untersuchungen zeigen, dass präventive Maßnahmen bessere Ergebnisse haben, wenn sie bei noch nicht konsumierenden Kindern und Jugendlichen durchgeführt werden. Die Ergebnisse werden konsistent schlechter, wenn die angesprochenen Personen bereits mit Substanzen experimentieren bzw. einen regelmäßigen Konsum begonnen haben", weswegen hier „keine Primärprävention mehr angebracht" ist. „Bei Konsumenten sind andere, meistens viel intensivere (therapeutische) Maßnahmen notwendig, damit sie ihren Konsum einschränken oder einstellen" hält die >Expertise< unter Bezug u. a. auf eine Untersuchung von Ellickson/Bell (1990) fest (Künzel-Böhmer u.a 1993;104,73 f.).

Ein Trend, der die oben erwähnte Einseitigkeit kommunal-struktureller Präventionsansätze, denen es nicht gelingt, in die sozialen Brennpunkte hineinzugelangen, ergänzt, und der wesentlichen Aufgaben einer Jugendarbeit oder gar einer Jugendhilfe zuwider läuft. Hier verfestigt und verstärkt sich eine soziale Kluft, die manche ,neoliberal' als überwunden oder ,selbstverschuldet' ansehen möchten, und die fast das gesamte gegenwärtige Präventions-Unternehmen moralisch desavouieren könnte. Und zwar insbesondre dann, wenn wir noch einmal auf die verhängnisvolle Koalition und Wesensverwandtschaft der ,vier Säulen' bundesrepublikanischer Drogenpolitik zurückschauen, denen es vor allem um die >demand-reduction< geht – um Abstinenz, zeitliche Verzögerung und allenfalls um Schadensminimierung:

> „In the eyes of the drug warrior, drug education, prevention and treatment are the same thing (demand reduction), just different methods for *different* people“ und zwar „drug education and prevention are effectively (strategically) >treatment< for the good kids. And that leaves treatment being >treatment< for the *bad kids*. Where are the positive strategic aspirations for these young people, who also want to fulfil their potential in society? There aren't any. In effect they >don't deserve them<. The best we are asked to do is minimise the damage they do to themselves and everyone else and treat it as a criminal justice and health issue“ (Kathy Evans 2002;19 kursiv S.Q.).

5. Zur Rolle des Drogenwissens

Gegenüber der heute noch verbreiteten Sorge, *drogenspezifische Inhalte* in die ‚Drogen-Prävention einzubauen, unterstreichen die österreichischen Leitlinien (Uhl/Springer 2002) vor dem Hintergrund einer noch immer dominierenden Ausrichtung auf die „Förderung von Lebenskompetenz“ (S. 67)

> die „Forderung nach inhaltlich ausgewogener Information über illegale Drogen. Der aktuellen Situation der ‚Straßenaufklärung‘ durch drogenerfahrene Gleichaltrige sollte ein kompetentes Informationsangebot entgegengestellt werden, das eine Versachlichung der Einstellung ermöglicht. Informationsvermittlung innerhalb der Primärprävention bietet die Möglichkeit, irreal ängstliche und/oder überzogene Erwartungen vom Drogeneffekt durch reale Gefahrenbewertungen zu ersetzen“ (S. 44).

Dieses Wissen muss allerdings dem Erfahrungshorizont der Jugendlichen entsprechen und ‚praxisrelevant‘ sein. Ein solches *Wissen* – wie man etwa die Droge optimal und verantwortungsvoll genießt und besondere Risiken meidet – wird vor allem von denjenigen Jugendlichen gewünscht, die dazu tendieren, Drogen zu nehmen[357]:

Dieses Wissen kann auch neue und die eigenen Erfahrungen relativierende Informationen enthalten, sofern die weiteren Voraussetzungen stimmen. Auch insofern ist den ‚Leitlinien‘ zuzustimmen:

> „Die Haltung ‚Nicht schon wieder das Thema Drogen!‘ entsteht in der Regel dadurch, dass sich die in Schulen und Medien angebotene Sachinformation oft als inadäquat erweist, weil der Informationsstand vieler LehrerInnen und JournalistInnen gering und veraltet ist. Kompetent vermittelte Information wird meist mit viel Interesse und Aufmerksamkeit aufgenommen“
>
> Mehr noch: Es ist „ein demokratisches Grundprinzip, dass BürgerInnen (also auch SchülerInnen S.Q.) bei für sie relevanten Fragen korrekt und umfassend informiert werden und nicht systematisch manipuliert werden. Bestrebungen diese gezielt unvollständig und/oder falsch zu informieren, weil man vermeint, dass das in deren

Interesse sei, ist sowohl ethisch als auch demokratiepolitisch nicht zu vertreten" (Uhl/Springer 2002;45 f.).

Auf diese Weise ernst genommen können dann die SchülerInnen beginnen, solches Wissen mit ihrem Erfahrungs- und Hörensagen-Wissen zu vergleichen, um *eigenverantwortlich* eine eigene Entscheidung zu treffen, denn:

„In each case, the student uses his or her own personal experience or a significant other's experience with a substance to make a connection with the information he or she has received in school (…) not only link their personal experience to what they have learned in school but also to contrast it (…). By linking and contrasting the two experiences, they construct their own understanding of the effect of using drugs, alcohol, and tobacco" (D'Emidio-Caston/Brown 1998;105 f.).

Wie im Bereich einer sich über längere Zeit erstreckenden Sexualaufklärung eignen sich Jugendliche auch auf dem benachbarten Drogenfeld schrittweise unter Verwertung aller möglichen Quellen *eigenständig aktiv* ihr Drogenwissen an. Auf diese „Aneignung als autonome Kompetenz" verweist Winter (2001; 269 ff.) mit besonderem Nachdruck: Vom Elternhaus (Rauchen, Alkohol), über die Geschwister („da habe ich meinen Bruder gefragt"), über ein „Mithören, Zuhören, Aufschnappen, Fragen, Nachfragen, sich Erkundigen bis hin zum ‚Rumstöbern', Suchen, Aktiv sein" sammelt man Erfahrungen, die durch Informationen aus den Medien, Werbung[358] und Warnhinweisen („Rauchen schadet Ihrer Gesundheit") ergänzt werden. Dieses Potpourri wird durch eigene gute und schlechte Erfahrungen in der ‚Realität' verankert, sei es, dass man sie selber gemacht hat, in der Familie mit erlebt oder dass man sie aus der vertrauten Clique bezieht. Dieser stets schon vorhandene Erfahrungsschatz mit allen seinen richtigen und falschen Informationen bildet den stabilen Hintergrund, vor dem sich das ‚Präventions'-Wissen zu bewähren hat.

Dieses Wissen muss deshalb auch eine *autoritative*, objektivierbare Basis haben, ohne dabei die bisherigen Erwachsenen-Mythen und -Mahnungen zu wiederholen, wie sie vielfach noch immer gegenwärtiger Prävention zu Grunde liegen[359]. Die Eve-and-Rave-Materialien bieten hier ein nachahmenswertes Beispiel[360].

Auch das erwachsene ‚Vorbild' kann Vertrauen wecken, vor allem dann, wenn die Bereitschaft besteht, aus den Erfahrungen der Schüler zu lernen. Dies gilt gerade auch dann, wenn man eigene Schwächen zugibt – etwa bei der Schwierigkeit, das Rauchen einzustellen. Gerald Koller (2001;59) fasst dies in seiner Gegenüberstellung zwischen dem dominierenden platonischen zum sokratischen Ansatz:

„Jugendliche sind als Mitmenschen zu achten, die in ihren Lebenswelten Kompetenz besitzen. Eine Präventionsarbeit mit ihnen kann sich also nur über den Austausch und die interessierte Anteilnahme von Erwachsenen an Jugendkulturen gestalten. Das

Interesse von Jugendlichen an Lebensmodellen von Erwachsenen richtet sich nicht auf besserwisserische Moralappelle, sondern konkret gelebte Vorbilder. Erwachsene werden nach ihrer Authentizität beurteilt, wie sie ihr Leben gestalten, mit Problemen, aber auch mit Genuss umgehen, und diese als Ressourcen nützen können. Strahlen Erwachsene eine solche Authentizität aus, dann ist durchaus ein alltagspädagogischer Peer-Effekt gegeben". Dagegen hat sich heute das platonische Modell – ein Weiser unterrichtet die weniger Weisen – „durchgesetzt: Heute haben wir Lehrer, die angeblich mehr Lebenskompetenzen haben als ihre Schüler, Politiker, die angeblich verantwortlicher für unser soziales Umfeld sind als wir selbst".

Aus dem sokratischen Prinzip – ‚gehen wir gemeinsam suchen' – ergibt sich dagegen: „Wenn Suchtprävention ‚Provokation zur Begegnung' sein soll, muss sie sich diesem Anspruch stellen: Nicht ideale Gesundheitsbilder zu entwerfen, sondern die Begegnung mit realen Lebenskonzepten suchen".

6. *Zur Aufklärung der Erwachsenen*

Eine solche ‚Prävention' muss sodann relativ frei vom Druck der *Eltern* sein bzw. sogar zunächst primär diese Eltern und andere Erwachsene im Blick haben; die Erfahrungen mit Klasseneltern-Abenden mögen dies belegen:

> „Progress in implementing effective prevention programs may require an educational effort aimed at adults concerning the realities of youthful drug use and of mounting effective prevention initiatives" beenden Paglia/Room (1999;42) ihre inhaltreiche Literatur-Übersicht.

Und Kappeler/Barsch (1999;358) unterstreichen im selben Jahr diese an sich naheliegende, doch kaum jemals ernsthaft erwogene Notwendigkeit:

> „Die längst überfällige ‚präventive Wende' muss bei den erziehenden Erwachsenen und bei den Drogenpolitikerinnen ansetzen. Sie beginnt mit einer kostenaufwendigen und umfassend zu organisierenden Erwachsenenbildung auf der Basis der Anerkennung des Drogenkonsums als einer kulturellen Tatsache".[361]

Dies gilt umso mehr dann, wenn und weil Drogen-Konsum wie Drogen-Abstinenz der Jugendlichen durch deren Elternbeziehung näher bestimmt wird – und zwar ebenso durch Protest oder Vernachlässigung wie auch in Nachahmung[362] und allzu großer Abhängigkeit. Prävention wird dann allzu rasch als verlängerter Eltern-Arm begriffen, was Donnermeyer (2000 eÜ.) mit seiner Befragung amerikanischer Eltern, deren Kinder am D.A.R.E-Programm teilgenommen haben, recht drastisch begründen kann. Obwohl, wie wir oben ausgeführt haben, dieses Programm keine brauchbaren Evaluationsergebnisse aufweisen kann, was die

Eltern aus den Medien („Mehrere negative nationale news stories über D.A.R.E. wurden gedruckt und über das Radio verbreitet“) erfahren konnten, bewerteten die Eltern die Arbeit der D.A.R.E-(Polizei)officers sehr positiv und zwei Drittel waren überzeugt (agreed strongly), dass die Inhalte der Lektionen mit ihren familiären Werten (family's values) übereinstimmten. Eine ‚Erwachsenen-Koalition‘, mit der die Eltern das – angesichts der Erfolglosigkeit dieses Präventions-Programmes – analoge Versagen ihrer (wertmäßig übereinstimmenden) Bemühungen auf die offiziellen Staats-Agenten übertragen und damit die durch Protest, Vernachlässigung, Nachahmung oder Abhängigkeit geprägte Beziehung zu ihren Kindern um eine weitere Spiraldrehung voranbringen.

Vielleicht ist es an dieser Stelle nicht überflüssig, noch einmal darauf hinzuweisen, wie sehr auch ein solcher ‚eltern-orientierter‘ Präventions-Schwerpunkt je nach Präventions-Perspektive missverstanden werden kann: Während nämlich die traditionelle Sicht mit Hilfe der so notwendigen ‚Elternarbeit‘ den ‚Risiko-Faktor‘ unzureichender oder fehlerhafter elterlicher Erziehung beeinflussen möchte, (ein ebenso notwendiges, häufig jedoch auf die Mahnung zur besseren Aufsicht beschränktes und zumeist vergebliches Vorhaben) geht es hier zunächst einmal darum, drogenspezifische Elternängste vor allem auch gut (und übergut) erziehender Eltern zu entdramatisieren.

Und, last but not least sollte eine solche Wissensvermittlung möglichst *angstfrei und offen* verlaufen können. Dies ist heute bei den illegalisierten Drogen[363] noch nahezu unmöglich[364]; aber auch manch legaler DrogenGenuss ist tabu-besetzt, insbesondere dann, wenn der Konsument allzu sehr über die Stränge schlägt[365].

Von da aus liegt es tatsächlich immer noch nahe, eine Prävention im Umgang mit legalen Drogen und beim Pharma-Gebrauch einsetzen zu lassen, zumal beide heute bei Jugendlichen wohl auch die höheren Risiken repräsentieren. Doch nicht, um diese als ‚Einstiegs-Drogen‘ für die schlimmen illegalisierten Drogen zu verwenden, sondern um die hier gültigen Prämissen einer Drogen-Erziehung auch auf den illegalisierten Bereich zu übertragen.

These 8

Das Nah-Ziel einer Drogenerziehung besteht darin, die >Drogenmündigkeit< der Jugendlichen zu fördern.

Nachdem ich in der siebenten These die jedem ‚pädagogischen‘ Handeln zu Grunde liegende *Basis* eines wechselseitigen Vertrauens angesprochen habe, eines Vertrauens, das sich auch praktisch im Informations-Austausch bewähren muss, möchte ich in den folgenden beiden Thesen überlegen, welche spezielleren *Ziele* eine solche Drogen-Erziehung anstreben sollte. Ich unterscheide dabei das *Nahziel*[366] einer Drogenmündigkeit von dem *Fernziel* einer wechselseitigen Toleranz. Während die Drogenmündigkeit es dem Jugendlichen ermöglichen soll, ‚gekonnt‘ mit Drogen umgehen zu können, bietet die diskursive Auseinandersetzung über deren Vor- und Nachteile ein emotional einprägsames Vehikel, sich in der demokratischen Grundtugend einer begründbaren Toleranz ein zu üben.

Beide Ziele kollidieren mit den Basis-Annahmen einer Sucht-Prävention – >Unmündige Jugendliche, Abstinenz und Ablehnung der jeweils ‚anderen‘ Gruppe<. Sie unterstreichen zugleich damit auch deren konservativ patriarchalen Herrschaftsanspruch, den ich in der dritten These als Generationen-Konflikt näher untersucht habe. Ein Konflikt, der, um es zugespitzt zu formulieren, auf der einen Seite mit einer Angst erzeugenden Expertise – Sucht – arbeitet, und der auf der anderen Seite die auf wechselseitiger Intoleranz aufbauende Strategie des ‚divide et impera‘ einsetzt.

Wenn auch das Dispositiv der Suchtprävention insgesamt nur einen kleinen Strang in diesem Foucault'schen Machtnetz stellt, so greift es gleichwohl ‚möglichst früh‘ in eine emotional affektiv hochbesetzte Schwachstelle ein – der Angst vor Sucht und Selbst-Verlust – die uns heute neben Gewalt-, Kriminalitäts- und Terror-Ängsten ‚regierbar‘ werden lässt. Insofern bietet das Elend der Sucht-Prävention nur ein Beispiel für das Wirken solcher Dispositive. Ebenso, wie aber auch umgekehrt eine auf Drogenmündigkeit und Toleranz ausgerichtete Drogen-Erziehung als Beispiel dafür dienen kann, wie ‚Regierte‘ sich zu mitverantwortlichen Bürgern emanzipieren können.

Im Folgenden werde ich deshalb zunächst vier der fünf Grundprinzipien einer solchen Drogenerziehung erläutern, um sodann in einem zweiten Schritt konkretere Hinweise dafür anzubieten, wie und auf welche Weise man dabei vorgehen könnte.

1. Voraussetzungen einer Erziehung zur Drogenmündigkeit

Unter dem Stichwort der *Drogenmündigkeit* möchte ich von fünf für eine demokratische Gesellschaft konstitutiven Voraussetzungen ausgehen, die jede für sich und alle zusammen eine grundsätzlich andere Art der Drogen-Erziehung erzwingen. Diese Voraussetzungen ergeben sich aus der Akzeptanz der Normalität des Drogen-Konsums, der Rechtsposition des freien Bürgers, dem Prinzip des eigenverantwortlichen Handelns, der Freiheit zum Genuss und aus der Basistugend einer Toleranz, auf die ich gesondert in der nächsten These eingehen werde. Fünf Prinzipien, die nicht nur für Erwachsene Gültigkeit beanspruchen, sondern die auch uneingeschränkt für ‚Jungerwachsene' oder ‚Postadoleszente' gelten und die – in sicherlich zu diskutierenden Grenzen – auch auf alle diejenigen zutreffen, denen wir heute mit unseren suchtpräventiven Ansätzen eher Schaden denn Nutzen zumuten.

1.1 Der Konsum von Drogen ist in unserer Gesellschaft heute ebenso *normal* wie der Besitz von Fernsehapparaten, Handys oder Modeklamotten und normaler noch als die (schwindende) Religiosität oder das (abnehmende) Vertrauen in Autoritäten und Politiker:

> „Among youth, as among adults, substances are often used as items of consumption in much the same way as clothes and music are used" (Paglia/Room 1999;10).

Dies gilt für alle von Jugendlichen konsumierten Drogen, vom Coffein über die Pharmaka und legalen Drogen bis hinein in das sich wandelnde Feld der illegalisierten Party-Drogen.

Drogenkonsum ist also zunächst *statistisch* gesehen normal, sofern die Mehrheit zumindest eine dieser Drogen wenn nicht gar ‚polytoxikoman' mehrere davon konsumiert. Dies gilt auch, wie wir oben (These 1) gesehen haben, für Jugendliche bis hinein in die beginnende Pubertät – und zwar ganz unabhängig davon, ob man dies für gut hält oder nicht. ‚Abweichend', d. h. nicht-normal wäre insofern dann sowohl der exzessive Gebrauch, wie auch die völlige Abstinenz; zwei Bereiche, die, wie ich in These 4 gezeigt habe, zudem beide in entsprechender Weise Probleme bereiten:

> „Adolescence is a period of experimentation, exploration and curiosity. In this society, drug use has become one aspect of this natural process to the extent that a teenager is deviant (from a normative perspective) if he or she has not tried alcohol, cigarettes, or marijuana by the completion of high school" schrieben Newcomb/Bentler schon 1989 (246).

Wenn das so ist, dann muss eine Drogenerziehung – nolens volens – von eben dieser Normalität ausgehen und sich sowohl um diese ‚Normalität' wie aber auch um die beiden nicht-normalen Gruppierungen kümmern, anstatt lediglich bei den ohnehin allzu ‚Braven' deren Konsum um ein bis zwei Jahre ‚präventiv' aufzuschieben.

Geht man angesichts dieses Dilemmas über zur *moralischen* Normalität, weil man, wie vielfach bei anderen ‚Normalitäten' – Verkehrsverstöße, Korruption oder Becks ‚Global-Risiken' – einen solchen Drogenkonsum nicht akzeptieren will, stößt man auf die in These 3 analysierten *kulturellen* Bewertungen, die je nach Region, Kulturkreis oder eigener geschichtlicher Erfahrung wie aber auch *intergenerativ* zwischen den verschiedenen Generationen höchst unterschiedlich ausfallen. Ihre einseitige Verallgemeinerung und legislative Festschreibung als ‚illegal' verstößt dann jedoch gegen das demokratische Toleranz-Prinzip, sofern es uns nicht gelingt, solche Festlegungen ‚sachlogisch' zu begründen.

Eine solche Sachlogik kann sich aus den realen Risiken für Dritte ergeben, etwa als Forderung nach Punktnüchternheit – Straßenverkehr, Arbeitsplatz, Schwangerschaft, kombiniert mit Medikamenten. Sie könnte aber auch für den Konsumenten selber in einem jeweils *konsensuell* näher zu definierenden ‚Abusus' der Drogen wurzeln – von der Dauer-Trunkenheit über den Pharma-Schaden bis hin zum Lungenkrebs.

Will man hier reagieren – und allein hier sind ‚präventive' Bemühungen gerechtfertigt – sind zwei Prinzipien zu beachten. Nämlich zunächst die Nähe eines belegten *Zusammenhanges* zwischen dem ‚normalen' Konsum (Usus) und solchen ‚Schäden', die bei einer Gleichsetzung von Usus und Abusus jedenfalls nicht gegeben ist; und sodann das Prinzip *adäquater Reaktion*, nach dem der mögliche Nutzen gegenüber einem wahrscheinlichen Schaden abzuwägen ist. Eine Abwägung, die hinsichtlich der Negativ-Wirkung repressiv-strafender Eingriffe geläufig ist, die aber ebenso für die fast immer vernachlässigten Folgen einer ‚Sucht-Prophylaxe' – Stigmatisierung, Isolation der Braven, Verunsicherung der Erwachsenen und Verbreitung des Sucht-Mythos – gelten. Prinzipien, die – auch aus praktischen Gründen – noch einmal sowohl gegen die realitätsferne ‚Abstinenz'-Prophylaxe wie auch gegen eine so weit abgelegene ‚Sucht'-Prophylaxe sprechen, während harm-reduction-Ansätze hier eine Begründung finden können:

> „Abstinence-oriented prevention programs for youthful marijuana, tobacco or alcohol use (…) have goals which are very distant from the social realities they try to influence" Paglia/Room (1999;35).

1.2 Eine solche Neubewertung der ‚Normalität' des Drogen-Konsums muss durch eine zweite *juristische* Wende ergänzt werden, die das *Recht* des mündig >freien

Bürgers< (Art. 2 GrundGesetz) gegenüber der ‚fürsorglichen' Entmündigung betont, und zwar auch für Kinder und Jugendliche vor ihrem 18. Lebensjahr:

> „Students are citizens and potential future consumers, and with respect to these roles it is appropriate to provide them with biological and social science information about tobacco, alcohol and drug use and problems (including for prescription drugs), and to encourage discussions of the intellectual, practical and ethical issues these problems raise" (Paglia/Room 1999;40).

Kathy Evans, Acting Head of Social Policy, The Childrens Society (2002;20) formuliert diese Forderung ausdrücklich als *Recht des Kindes:*

> „This requires a clear conceptual shift to a children's rights approach, rather than a ‚what works' agenda. The aim of drug education should not be demand reduction at all – it should be part of a child's right to education, part of the comprehensive process of enabling them to learn about the world around them, and to analyse, understand and act within that world. Drug education, like all education, is a right, not an initiative.
>
> Children are the free citizens and voters of tomorrow, and they have rights as children now. What they need from our schools and our communities is not only help, advice and information on how they might behave, but to be encouraged to think about their part in a democratic society and to study the ‚subject' of drugs from sociological, historical, economic, geographical and political perspectives, without reference to their own or their friends' behaviour".

Dies gilt sowohl für diejenigen, die, noch brav, heute zumeist als brauchbare Empfänger geläufiger Präventions-Bemühungen gelten, wie aber auch für diejenigen, die wir dann doch lieber der >sekundären Prävention< überlassen möchten:

> „A children's right approach must advocate for young people who develop drug problems to be entitled to the same outcomes and aspirations as other young people",

Doch ist der Weg von den durch die UN-Kinderrechtskonvention gewährten Kinderrechten, die 1992 auch in Deutschland ratifiziert wurde[367], bis hin zur vollen Durchsetzung noch steinig, wie zumindest die von Zinnecker u. a. (2002;91) befragten 10–18-Jährigen in Nordrhein-Westfalen meinten:

> „Am häufigsten, so urteilen die Kinder und Jugendlichen, werden das Recht auf gewaltfreie Erziehung (48 %), auf Gleichheit (37 %) und auf freie Meinungsäußerung (37 %) verletzt. Dabei nimmt der Anteil derer, die diese Rechte missachtet sehen, durchweg mit dem Alter zu. Auffällig ist dies insbesondere bei Verstößen gegen das Recht auf gewaltfreie Erziehung".

Denselben Wandel der Perspektive spricht Sebastian Scheerer (2002) für das benachbarte (!) Feld der eigentlichen *‚Drogenarbeit'* an, wenn er in vorsichtiger Kritik am zu engen Harm-reduction- bzw. Akzeptanz-Denken

> „die Politik der Schadensminimierung durch eine Politik der Menschenrechte für die Drogenkonsumenten" ergänzen und letztlich ersetzen will (120), so dass sich eine „kritische Drogenarbeit auf zwei Ziele richten" müsste: „einerseits auf Krisenintervention – für Menschen, die mit ihrem Drogenkonsum nicht zurechtkommen – andererseits auf die Verteidigung der Bürgerrechte der Drogenkonsumenten" (123), weil „scheinbar triviale Handlungen wie das Trinken von Milch, das Rauchen von Zigaretten und das Bungee-Springen in einer offenen Gesellschaft zu den fundamentalen Rechten gehören und nicht nach Belieben vom Staat erlaubt oder verboten werden können; und zwar sogar dann, wenn die Ausübung einer solchen Handlung – wie im Falle des Zigaretten-Rauchens – für diejenigen, die derlei tun, mit hoher Wahrscheinlichkeit schädliche Folgen hat.
>
> Wenn eine Gesellschaft frei sein will, wird sie in solchen Fällen vom Staat wohl intensive Aufklärung und insofern einen *sanften Paternalismus* fordern, wird ihm aber andererseits kaum eine generelle und strafrechtlich durchgesetzte Totalentmündigung der Bürger hinsichtlich ihres Genussmittelverhaltens in der Freizeit zugestehen" (118).

Eine These, die der Jurist Steinkamm (1997) für das *Rauchen* bestätigt:

> Die „Rechtslage lässt sich dahin zusammenfassen, (...) dass die Freiheit zum Rauchen nach herrschender Meinung Bestandteil der freien Entfaltung der Persönlichkeit im Sinne des Art 2 unseres Grundgesetzes ist. (...) Selbst wenn man berücksichtigt, dass das Aktivrauchen zu gesundheitlichen Schäden führen kann, fällt Art.2 GG nicht aus. Denn das Freiheitsrecht dieser Bestimmung – wie auch das grundrechtliche Freiheitssystem insgesamt – erlaubt dem Bürger auch freiheitliche Betätigungen, die für ihn persönlich schädliche Folgen auslösen können. Es gibt mit anderen Worten prinzipiell keinen Grundrechtsschutz gegen sich selbst".

Wahre Worte, die freilich offen lassen, inwiefern dieser ‚sanfte Paternalismus' bei unseren ‚unmündigen' Kindern und Jugendlichen zur Vermeidung solcher ‚künftig wahrscheinlich schädlichen Folgen' eingreifen darf.

1.3 Die dritte Grundlage betrifft unser Menschenbild, also die Frage, ob wir den Jugendlichen als Opfer, getrieben von der Droge, schlechten Eltern und bösen Peergruppen, oder als *eigenverantwortlich handelndes Subjekt* verstehen wollen. Wir alle gehen *für uns* davon aus, dass wir eigenständig selber entscheiden, wofür und wie wir handeln; wir nehmen dabei üblicherweise auch an, dass dies in gleichem Maße auch für unseren Partner, unser Gegenüber zutrifft. Ein eigenverantwortliches Verhalten, das wir tagtäglich praktizieren, um bestimmte Konsequenzen zu erreichen, während wir andere Konsequenzen ausblenden oder nicht überblicken können. Dies gilt in gleicher Weise für Erwachsene, und, wie wir oben (These 3.1. und 4.1) an Hand von Kinderkultur und Peergruppe ausgeführt haben, ebenso für Kinder und Jugendliche im ‚präventions-fähigem' Alter[368].

In diesem Sinne betonten die von Snow et al. (2003;13) zur Alkohol-Politik des College-Campus befragten jungen australischen College-Studenten (die gerade das ‚erlaubte Trinkalter' von 18 Jahren erreicht hatten) fast empört

> „both self-regulation and choice as important in relation to their alcohol consumption at on-campus social functions (...) a strong view was expressed that students' alcohol consumption is a matter of their own choice, not a matter which should be subject to external policing via campus-based policy-making".
>
> Um dies dann auch damit zu erklären, dass diese Ansicht bis zu einem gewissen Grad „may reflect a general societal move away from collectivism towards individualism, and the ensuing belief that one's health (and that of one's peers) is a matter of individual, rather than societal concern, for which institutions consequently have little responsibility. This perspective is however, difficult to reconcile with social models of health, and settings approaches to health promotion which have been encouraged over the last decade (Lit)".

Ein solches Handeln fällt keineswegs stets allein *rational* planend aus, wie dies so gerne bei allen Abarten der >rational choice< Theorie[369] angenommen wird

> als „result of such a cost-benefit analysis. It is a quantitative outcome derived from the product of an individual's personal estimates of the desirability and perceived likelihood of all of the possible consequences of engaging in a particular behavior" (Kuther (2002;36)[370].

Vielmehr ist unser Handeln stets, gleich ob auf anerkannte wie aber auch auf drogen-konsumierende Ziele ausgerichtet, ein *bunter Mix* von ratio und Emotion, aus Planung, Gewohnheit und Routine, aus Erwartung und Bewertung, weswegen ein ‚Risiko' von den einen gefürchtet, von den anderen gesucht und von den Dritten gar nicht wahrgenommen oder verdrängt wird. Weder ist das übliche ‚rationale' Alltagsverhalten – das „auf ein rationales, begründendes und zusammenhängendes Denken für ein erfolgreiches Funktionieren angewiesen ist" – stets vollständig rational, noch das als irrational angesehene Drogenverhalten stets ausschließlich ‚irrational':

> „While agreeing that life requires rational thinking most of the time they argue it does not require it all of the time. Humans engage in many leisure, recreational or other enjoyable activities mostly for the purpose of pleasure",

wie – in einer vielleicht sehr amerikanischen Weise – Nicholson et al. (2002;1209 eÜ.) in ihrem Versuch argumentieren, einen Freizeit-Drogenkonsum als ‚normal‘ zu charakterisieren, um dann entsprechend ‚funktional‘ zu schließen:

> „Indeed the occasional recreational experience and/or temporary loss of rationality quite possibly helps us become more efficient and effective when we do need to function rationally“.

Dementsprechend ist dann sowohl das Probier- und Experimentier-Handeln der Jugendlichen auch im Umgang mit Partydrogen in deren Augen wie vielfach in deren Situation durchaus ‚rational‘, d. h. sowohl überlegt, bewusst geplant wie aber auch gewollt und sinnvoll. Und so können Williams/Parker (2001) zeigen, wie Jungerwachsene ihren Drogenkonsum kontrolliert in ihren Lebensstil eines >work hard – play hard seven day cycle< einbauen. ‚Rational‘ handeln dann auch – in einer dem üblichen Präventions-Denken sicher fremden Weise, diejenigen,

> „die gerade durch den Konsum von Rauschmitteln zu physischem, psychischem und sozialen Wohlbefinden (Gesundheit) finden. So gesehen erscheint die große Zahl konsumierter Alltagsdrogen und Rauschmittel eben nicht nur als ein Ausdruck von und eine Voraussetzung für Krankheit, sondern auch als eine alltägliche Strategie innerhalb der jeweiligen spezifischen Lebensweise, Gesundheit herzustellen bzw. zu sichern“ (Nöcker 1990;192 f.).

Selbst noch viele Formen des süchtigen Verhaltens, mit dem Betroffene immer wieder versuchen, sich ‚kommunikativ‘ verständlich zu machen, besitzen ihre ‚Rationalität‘, mit der sich systemisch-therapeutisch arbeiten lässt (Klein 2001;133).

Eine solche Auffassung mag vielen als ‚riskant‘ erscheinen; riskiert sie doch möglicherweise das künftige Schicksal derjenigen, deren ‚Wohl‘ uns am Herzen liegt. Man kann und muss deshalb auch im Rahmen einer >Erziehung zur Drogenmündigkeit< diskutieren, wieweit denn unsere ‚paternalistische Rolle‘ bei den unterschiedlichen Altersgruppen reichen darf und soll.

Brisant wird diese Diskussion, wenn wir an die Spannweite des Jugend-Konzepts denken; wenn wir also auf der einen Seite die eher postadoleszenten Ecstasy-Konsumenten mitsamt den von Williams/Parker beschriebenen drogenkonsumierenden Jungerwachsenen im Auge haben; wenn wir dazwischen, wie üblich, die relativ früh ‚in die Arbeitslosigkeit‘ entlassenen HauptschülerInnen aus den Augen verlieren (Krüger 1991), und wenn wir auf der anderen Seite durch Vorverlagerung präventiver Bemühungen ins angeblich ‚unmündige‘ Grundschulalter auf eine solche Erziehung zur Drogenmündigkeit glauben verzichten zu können und zu müssen.

Eben gerade deswegen ist jedoch eine solche Diskussion, die sowohl das eigenständige Recht dieser ‚Kinder‘ wie auch das ihrer ‚älteren Schwestern und Brüder‘ zu Wort kommen lässt, ebenso notwendig wie zulässig, solange man ‚ehrlich‘ bleibt (im Sinne der vorangegangenen These), und solange man Kinder und Jugendliche als ‚eigenständig handelnde Subjekte‘ begreift.

Riskant wird diese Grundhaltung dann, wenn sie ‚unsolidarisch‘ in ‚repressive Toleranz‘ umschlägt im Sinne eines „dann sind sie eben selber schuld“ bzw. eines „da können wir nicht mehr helfen“, wie wir dies heute beim Ausschluss derjenigen SchülerInnen, die wir der ‚sekundären Prävention‘ überlassen wollen, wiederfinden oder in der These 6 für die ‚marginalisierten‘ Bereiche ansprachen.

Riskant wird aber auch der entgegengesetzte Zugang der ‚überbehüteten Kindheit‘, wie er in den protektiven Faktoren einer ‚besseren Überwachung durch die Familie‘ bzw. einer ‚positiven Einstellung zu Eltern und Erwachsenen‘ so überzeugend gefasst wird. Wir geraten auch hier einmal mehr auf eine Gratwanderung, vor der uns die gegenwärtige Suchtprävention zu ihrem eigenen Schaden ‚konservativ‘ bewahren will.

1.4 Nehmen wir diese drei Voraussetzungen der ‚Normalität‘, des Rechts auf eigene Entfaltung wie des eigenverantwortlichen Verhaltens ernst, dann muss man auch – vielleicht heute mehr denn je – anerkennen, dass das Leben nicht nur aus Mühsal besteht, sondern auch ‚genießen‘ will. Wir betonen dann mit Manfred Kappeler (2001;283) die ganz andere Seite des Drogenkonsums, den *Genuss*, der uns – in der Drogenprävention, nicht beim eigenen Genießen – so fremd erscheint, und den doch alle, die solche Drogen nehmen, suchen, so sehr sie ihn auch gelegentlich verfehlen:

> „Ich will einen anderen Zugang versuchen, indem ich vom Genussaspekt ausgehe, der anthropologisch, in der Geschichte und in der Gegenwart, in welcher kulturhistorischen Ausformung auch immer, den Ausgangspunkt der Praxis des Menschen mit psychoaktiven Substanzen bildet und erst von da aus nach den Risiken fragen. Gegen die in Theorie und Praxis der Sozialen Arbeit dominante Diskriminierung des Genießens, der Lust und des Rauscherlebens will ich versuchen, den Rausch als eine Qualität sinnlichen Erlebens, als eine positive Möglichkeit existenzieller Erfahrungen zu verstehen und sichtbar zu machen. In einer unübersehbaren Fülle von literarischen und biografischen Zeugnissen wird der Rausch als eine besondere, herausgehobene Gefühlsqualität deutlich“.

Vielleicht interpretiert Kappeler hier im Sinne der anfangs skizzierten polaren Gegenposition diesen ‚Genuss‘-Aspekt zu schnell aus dem Sichtwinkel des ‚Rauschs‘ heraus[371]. So sehr der Rausch eben zu diesen ‚positiven Seiten‘ – möglicherweise als deren Pol – dazugehört, so gewichtig sind aber auch die profaneren, alltäglicheren Seiten des Genießens, die Entspannung, oder einfach der gute Geschmack der Droge, die leichtere Leichtigkeit des Seins und die wachsende Empathie, eben der Schwips, die gelöstere Gedankenwelt und das gemeinsame Lachen im Freundeskreis, auf der Party oder auf der love-parade: Ein großer Fehler gegenwärtiger Präventionsbemühungen ist, resümieren Paglia/Room (1999; 37) aus kanadischer Sicht ihre sehr ausgewogene Übersicht über die rezenten Präventionsansätze

> „a lack of recognition of the ‚fun' side of drug use. From the perspective of youth themselves, the primary reason the majority of them – and the majority of adults, for that matter – take drugs is because they enjoy the experience (Lit). The youth prevention literature, on the other hand, often assumes that drugs are used mainly to assuage the troubles in one's life".

2. *Ansätze zu einer Erziehung zur Drogenmündigkeit*

Es geht also, wie wir das ein wenig altväterlich in unseren langjährigen gemeinsamen Vorlesungen nannten, um Drogenerziehung (Marzahn 1994;20). Und das *Nahziel einer solchen Drogenerziehung* sollte – entsprechend einer gelungenen Sexualerziehung – darin bestehen, zu lernen, wie man mit Drogen möglichst optimal umgehen kann[372]. Ich plädiere so mit Gundula Barsch (2002;45) für das Ziel einer D*rogenmündigkeit*, das sie wie folgt umschreibt:

> „Drogenmündigkeit ist (…) ein sehr komplexes Handeln, in das u. a. Fähigkeiten und Motivationen für Risikomanagement, Kritikfähigkeit, Genussfähigkeit, Drogenwissen eingehen und die Basis dafür schaffen, dass Menschen in den vielfältigsten Alltagssituationen in Bezug auf Drogen autonom und kundig handeln".

2.1 Im Zentrum einer solchen Drogenerziehung steht die Frage, ob und welche Droge man wann konsumieren kann und möchte. Wie man auf der einen Seite ihre ‚positiven' Seiten – Genuss, Entspannung, neue Erfahrungen, Heilung u. a. m. – wirksam erreichen kann. Während man zugleich auf der anderen Seite den Kater oder die depressive Erschöpfung nicht als ‚natürliche Strafe" erfährt, sondern als dazu gehörige „wichtige selbstregulierende Funktion, die den Konsumenten davor warnt, dass es momentan reichlich genug gewesen war" (Walton 2001;266 eÜ.). Um schließlich auch zu lernen, auf welche Weise die damit verbundenen Gefahren – Überdosierung, Gewöhnung, Gefährdung Dritter – zu vermeiden sind.

Modelle hierfür bieten etwa einerseits der Alkohol in seiner Spannweite vom Sylvestertrunk über das Freizeitbier bis hin zur Trunkenheit und Verkehrsunfall[373] und andererseits der (häufig allzu vorschnell) angeratene Gebrauch von Kopfschmerz- oder Beruhigungsmitteln. Während wir den Umgang mit Alkohol eher durch eigene Erfahrung, Vorbild und Alltags-Kultur erlernen, soll uns im Umgang mit Medikamenten die fachliche Beratung helfen: „Über Risiken und Nebenwirkungen fragen sie ihren Arzt oder den Apotheker"[374]:

„There was evidence that young people can learn the ‚skills' of sensible drinking through trial and (sometimes dreadful) error:

>Yeah, I ken now, but not when I first started. I was drinking too much and I was just totally over the top. I want to be able to control what I am drinking and sensibly< (Scottish boy, 15)
>You must do this (find out your limits). Try to. You do it because if you're going to drink it is essential. It is part of growing up< (Scottish girl, 14)
>It was my brother, he helped me to understand alcohol and drink and all the rest of it. He taught me all about it and showed me what it can do to you and how it could ruin you, and I didn't really want that and well, I got carried over the top and that, but I learned not to let that happen by being more careful< (Scottish boy, 15)" (Kloep et al. 2001;287 f.).

Doch ganz so einfach scheint es wiederum nicht: Zwar formuliert der Gesetzgeber im ‚Aktionsplan Alkohol' (1997):

„Selbstkontrollierter und verantwortungsbewusster Umgang mit Alkohol soll im Alltag gelernt und praktiziert werden". Und dementsprechend lesen wir auch im Beschluss der Kultusministerkonferenz vom 3. 7. 1990 zur ‚Sucht und Drogenprävention in der Schule': „Besonders zielt schulische Suchtvorbeugung auf (...) selbstkontrollierten Umgang mit legalen Suchtmitteln (z. B. Alkohol, Tabakerzeugnisse) mit dem Ziel weitgehender Abstinenz"[375].

Doch dann geht man in concreto wieder entsprechend der negativistischen Gesamtperspektive vom ‚Missbrauch und der Abhängigkeit vom Alkohol als erstrangigem Schlüsselproblem' aus, weswegen etwa im Sozialkundeunterricht „in erster Linie Kenntnisse über Zusammenhänge der ‚Alkoholproblematik' aus sozialwissenschaftlicher Perspektive" besprochen werden sollten (Richter 2001;125,127). Weshalb Keitsch (2001;162) in seiner Präventions-gerichteten Analyse einschlägiger Chemie-Lehrbücher dann auch monieren kann, dass die Autoren bei der Darstellung der physiologischen Wirkung des Alkohol „von einem ‚Stadium *wohliger* Enthemmtheit' sprechen, zeugt von fehlender Sensibilität in Bezug auf Suchtprävention".

Die damit angesprochene Ambivalenz im Umgang mit den erwünschten und unerwünschten Eigenschaften einer Droge gehört zu ihrem inneren Kern:

> „Der Umgang mit Drogen ist, wie kaum ein anderes Handeln von Ambivalenzen bestimmt, die (...) diesem Handeln inhärent sind. Diese genuine Ambivalenz gilt es (...) vorbehaltlos anzuerkennen" (Kappeler 2003;25).

Dies gilt auch für Cannabis, Ecstasy und Magic Mushrooms, deren Konsum allesamt ‚selbstkontrolliert und verantwortungsbewußt erlernt und praktiziert werden' kann. Auch Nikotin lebt in dieser Ambivalenz zwischen genussvoller Freizeit-Zigarette einerseits und eingeschliffenem Dauerrauchen mitsamt dessen körperlichen Risiken andererseits. Selbst Opiate besaßen in anderen Kulturen und zu anderen historischen Zeiten ihren anerkannten Freizeitwert und dienen heute recht problemlos als optimales Schmerzmittel.

2.2 Eine solche ‚Drogenerziehung' sollte neben einer ‚Drogenkunde' und dem ‚Risikomanagement' vor allem die ‚Genussfähigkeit' und die ‚Kritikfähigkeit' fördern (Barsch 2001;272 f.).

Dabei bereitet uns heute gerade die an sich zentrale Forderung der *Genussfähigkeit* erhebliche Probleme. Zunächst wirkt sie vor dem Hintergrund gegenwärtigen Präventions-Denkens als nunmehr *konkrete* Forderung noch irrealer als die abstrakte Forderung, auch den ‚Genuss' in die Prävention einzubeziehen, wie dies zu Beginn der These 2 schon am Beispiel der österreichischen Leitlinien (Uhl/Springer 2002;55, 61 f.) fest zu stellen war. Sodann riskiert ein solcher Ansatz – zumindest bei den illegalisierten Drogen nicht nur bei Eltern und Schulleitern – die dazu vorgesehene strafrechtliche Reaktion auf die ‚Verherrlichung der Droge'. Und schließlich passt eine solche Genussfähigkeit kaum in eine Konsum-Gesellschaft, die weithin das ‚Genießen' verlernt hat. Drei Gründe, die Ansätze zu einer Genuss- und Kritik-Pädagogik als noch dringlicher erscheinen lassen, zumal sie weit über das engere Drogen-Feld einschließlich ihrer substanzlosen Begleiterscheinungen – bei den ‚Süchten' des Spielens, Fernseh-Schauens oder Arbeitens – hinausführen kann und muss.

Lässt man sich dementsprechend auf eine Genuss-Diskussion ein, steht man vor der weiteren Schwierigkeit, dass uns – in unserer Arbeits-Konsum-Gesellschaft – offensichtlich das geeignete Vokabular fehlt. Ebenso wie bei den Konzepten ‚Rausch' und ‚Sucht', aber auch bei den Begriffen der ‚Identität' oder ‚Kultur' geraten wir allzu schnell in eine relativ hochgestochene Dimension des ‚wahren Genießens', das „nur im Wechsel von Askese und erstrebter Bedürfnisbefriedigung zu erzielen ist" und das „die Fähigkeit zum Maßhalten" voraussetzt, wie Nöcker (1990;202) unter Bezug auf Lutz (1983) hervorhebt. Wir bewegen uns dann auf unserer erwachsenen kulturellen Hochebene, die den jugendlichen ‚Spaß' ebenso wenig erfassen kann, wie die laute stroboskopische Ecstasy-Nacht eines richtigen Raves.

Nöcker (203 ff.), einer der wenigen, die sich überhaupt in unserem Kontext mit diesem Genuss-Thema befassen[376], versteht mit Lutz unter Genuss „ein sinnliches Verhalten, (…) bei dem ich mich auf ein lustvolles Erleben einlasse und mir dessen bewusst bin“. Als Bedingung hierfür verweist er zunächst auf das ‚Zeit haben und nehmen‘, von der Einstimmung bis hin zum ‚chill out‘; sodann benennt er die ‚Angstfreiheit‘, die übrigens weniger aus der Illegalität, denn aus den ‚Horror-Warnungen‘, die heute noch immer die illegalen Drogen begleiten, stammt. Als weitere Kriterien gelten die ‚Erfahrungsbildung‘ – man muss den Umgang lernen und die ‚Selbstbeschränkung‘ als „Begrenzung der Quantität um der Qualität willen“. Kurz, das Genießen verlangt ein Wissen, Erfahrung und eine Umgebung, d. h. ein ‚set und setting‘, das erst als solches der Substanz Droge diese ‚genießerische Farbe‘ verleihen kann[377].

Auf pädagogischer Ebene dürfte dieser Genuss-Aspekt, der unserer Schule doch so fremd ist – „Genuss steht im schulischen Curriculum nicht auf dem Stundenplan“ zitiert Nöcker (S. 199) den Erziehungswissenschaftler Stubenrauch – noch am leichtesten im Rahmen unserer Alkohol-Kultur anzusprechen sein, auch wenn es hier im schulischen Bereich eher weniger Gelegenheiten zum ‚praktischen‘ Einüben gibt. Auch bei den sogenannten Party-Drogen müsste man darüber sprechen können, selbst wenn wir in der schulischen ‚Koch-AG‘ keine Space-cakes backen dürften. Und beim Nikotin?

So problematisch diese Forderung nach ‚Genussfähigkeit‘ also auf den ersten Blick auch scheinen mag, so hat man es doch im Nachbarfeld der ‚Sexualkunde‘ geschafft, differenzierter auch die schönen Seite der Liebe anzusprechen. Man müsste nur auf das – ohnehin vorhandene und gehandelte – *Wissen der Jugendlichen* selber eingehen, Vergleiche zu anderen Konsum-Situationen ziehen und allgemeiner über ‚Genuss‘, ‚Spaß‘, ‚Freude‘ diskutieren – aber eben unter Einschluss und nicht, wie heute, als Gegensatz zum Drogen-Konsum. Neben den – selbstberichteten oder gesammelten – Beispielen aus der Jugendkultur könnte man auf die entsprechende ‚schöne Literatur‘, Filme und Songs zurückgreifen – eben so, wie heute zur belehrenden Abschreckung. Und man sollte natürlich auf (gemeinsamen?) Elternabenden mit den Eltern über deren – nicht immer ganz gelungenen – eigenen Genuss-Erfahrungen sprechen.

Häufig wird es dabei um relativ einfache Fragen einer ‚gemeinen‘ Drogenkultur (Marzahn 1994) gehen – etwa darum weshalb man in Italien Wein zum Essen trinkt, wie man Genuss durch Maß und partielle Abstinenz verstärkt, wie man dem Sturz-Trunk durch ein ‚gepflegtes‘ Bier entgeht. Doch auch die Frage, wie und wann man genussvoll eine Zigarette raucht, statt sie hastig in stressiger Situation weg zu paffen, kann dazu verleiten, es einmal mit dem ‚kontrollierten Rauchen‘ zu versuchen. Und ebenso bieten die unterschiedlichen Erfahrungen damit, wann ein Joint es gebracht hat, oder wie man wirklich gut mit einer Pille umgeht – Erfahrungen über die Jugendliche ganz gut berichten können – gute

Ansätze, mit allen Jugendlichen darüber zu sprechen, ohne Angst zu haben, dass *deswegen* die Novizen sich gleich an diese Drogen anhängen werden. Dies gilt insbesondere dann, wenn der Schulhof oder die Exkursion hierzu einen konkreten Anlass liefern, der heute zumeist eher ‚übersehen', wenn nicht gar ‚präventiv' ausradiert wird.

In ihrem gut informierenden Überblick über den harm-reduction-Ansatz im Alkohol-Bereich propagieren Marlatt/Witkiewitz (2002;870,872) dementsprechend eine >alcohol skills education< und formulieren im Hinblick auf die weitverbreiteten Alkohol-Präventions-Programme amerikanischer Colleges (die – bei erheblich höherem ‚erlaubten Trink-Alter' von zumeist sogar 21 Jahren – im Alter etwa mit unserer Oberstufe übereinstimmen):

> „Many college prevention and awareness programs have specifically focused on providing information about the negative effects of alcohol and the benefits of abstention (lit). These programs rarely provide education about moderate drinking, nor do they provide the necessary cognitive and behavioral skills for students to make educated decisions regarding their alcohol use.
>
> There is an inherent misconception that discussing alcohol without an emphasis on nondrinking, will cause students to drink more. This is analogous to schools not providing education about earthquake-safety because of a fear that discussing earthquakes will cause them to happen. In reality, colleges should focus on providing education and instruction on ‚drinking-safety'".

2.3 Eine solche Ausrichtung wird sodann auch den Weg zur *Kritikfähigkeit* öffnen und als Ergänzung notwendig machen. Zunächst ginge es darum, zu lernen, wie, wann, wo, wer, wie oft, wie intensiv man ‚genussvoll' konsumieren kann, wie man dies in Relation zu anderen Genüssen bewertet und wie es insgesamt sowohl zum eigenen Lebensstil wie vor allem auch zum engeren Umfeld von Freunden, Familie und Schulklasse passt:

> „Die jeweils gelebten Drogenkonsumformen stehen (...) in wechselseitiger Beziehung zu anderen Orientierungen, Interpretationen, biographisch geprägten Gewohnheiten, Rollen und Zukunftsentwürfen und können nur als Bestandteil eines komplexen Lebensstils verstanden werden. Zu einem mündigen Drogenkonsum gehört folglich, diesen auf die eigenen komplexen Lebensbezüge und auf die sozialen Bezugsgruppen beziehen zu können" (Barsch 2001;273).

Man kann sodann mit einer solchen Diskussion auch die Augen dafür öffnen, ob der heute gelebte Drogen-Konsum – etwa das Dauerrauchen, der regelmäßige Schmerzmittel-Konsum oder der tagtägliche Joint – in diese Zielvorstellungen hineinpasst, wie man ‚besser genießt' und wann Abstinenz zwanghaft oder ängstlich entgleist.

Eine solche Kritikfähigkeit umfasst auch die Kompetenz, das eigene Verhalten kritisch bewerten und umstellen zu können, wie aber auch in sinnvoller Weise mit dem Konsum-Verhalten bei den ‚anderen‘ – Freunden, Bekannten, Eltern – kritisch umzugehen. Zu einer solchen kritischen Fähigkeit gehört schließlich auch die Möglichkeit, sich mit den Botschaften der Werbung wie mit den Auswirkungen der gegenwärtigen Drogen-Politik begründet kritisch auseinander zu setzen.

Alle diese Aspekte von Genuss und Kritik sind immer schon ohnehin Bestandteil der ‚Jugendkultur‘. Sie auszublenden, führt zur ‚platonischen Blindheit‘. Sie zu verleugnen, lässt die Prävention nicht nur ins Leere laufen, sondern beraubt sie ihrer wichtigsten Möglichkeit ‚pädagogisch‘ wirksam zu werden.

3. Drogenspezifische Information und Drogen-Regeln

Heute wird man sich im schulischen Bereich – entsprechend unserer noch üblichen Schul-Kultur – wohl eher auf die ‚informative‘ Aufgabe beschränken. In diesem Rahmen muss eine solche Drogenerziehung *drogenspezifische Informationen* anbieten, und zwar über deren Wirkung, kulturellen Gebrauch und deren Risiken wie aber auch zu ihrer historischen Einbettung also zur „Geschichte der Drogen-Gesetze, Drogen-Politik und Drogen-Einstellungen zusammen mit der Geschichte dieser Drogen selber“ wie Brown (2001;106 eÜ.) die heute fast vergessenen Consumer-reports von Brecher (1973) zitiert. Dazu gehört auch die Art, wie man diese Drogen gewinnt, wie sie zubereitet werden und wie man sie genießt. So war es für uns immer wieder eindrucksvoll mit zu erleben, wie der Kellermeister des Bremer Ratskeller Studenten eine erste Einführung in diese Art der Weinkultur gab, vor allem dann, wenn man eigentlich nicht auf die schönen Rezepte des Hanfkochbuchs verweisen durfte.

Solche Informationen umfassen schließlich auch das *Wissen* darum, „wie viele Biere oder drinks innerhalb eines bestimmten Zeitraums die Promille-Grenzen erreichen lassen“ oder über die „Mythen und Möglichkeiten den Alkohol-Spiegel zu senken“ bzw. „ die vielen möglicherweise riskanten Interaktionen zwischen Alkohol und ganz gewöhnlichen Medikamenten wie Tranquilizer, Antihistamine, Aspirin oder Acetaminophen“ (Beck 1998;37 eÜ.). Ein Wissen, mit dem die Jugendlichen dann sogar ihren Eltern helfen könnten. Dazu gehören dann auch Techniken des ‚chill-out‘ und safer use vom „Wein auf Bier, das rat’ ich Dir“, bis zum „Trink nicht alles durcheinander“:

> „If precautionary measures are taken before, during or immediately after a drinking spree: lining the stomach with lactic fat by drinking whole milk beforehand, using alcohol as an accompaniment to food, drinking plenty of water before sleeping, and taking a pre-emptive analgesic either before retiring or even – in the case of those

> who suffer particularly from the congeners in red wine – which have a more powerful narcotic effect on the brain cells – before embarking on the first glass" gegen den ,purgatorial hangover' (Walton 2001;225).

Das reicht bis hin zur berechtigten Forderung nach ,Punktnüchternheit' (im Straßenverkehr, am Arbeitsplatz, während der Schwangerschaft und im Zusammenhang mit Medikamenteneinnahme)[378]. Ein Beispiel für solche safer-use Regeln, die als solche freilich noch immer nur ,negativ' formuliert werden können, fand Baumgarten (2001;151) im Biologiebuch 3 von Cornelsen für den *Alkohol*:

> „Die Autoren widmen der Thematik ,Partydrinks ohne Promille' sogar eine ganze Seite, wobei ein unterlegter Kasten Ratschläge für das Konsumverhalten von Alkohol und alkoholfreien Getränken gibt: ,Du musst keinen Alkohol trinken! Wenn du aber Alkohol trinkst, achte auf folgendes: – Lösche deinen Durst mit alkoholfreien Getränken. – Trinke wenig Alkohol, so dass du immer einen klaren Kopf behältst. Trinke nicht jeden Tag. – Trinke nicht tagsüber und nicht auf leeren Magen.– Alkohol ist kein Helfer in Problemsituationen. – Man sollte keinen Alkohol trinken, wenn man traurig ist oder sich allein fühlt. – Achte auf die Getränkepreise in Jugend- und Vereinslokalen. Das billigste Getränk sollte alkoholfrei sein. Das kannst Du dem Wirt auch vorschlagen".

Für den *Cannabis-Konsum* bietet Schneider (2002a;22 f.) eine Reihe brauchbarer Regeln, die weithin auch für andere Drogen gelten: „Die Empfehlungen sollten Beschreibungen der jeweiligen Cannabissorten, der Anbaugebiete, der spezifischen Wirkungsweisen, des Wirkstoffgehaltes (THC-Gehalt), der Anwendungsmöglichkeiten enthalten:

- Versuche, möglichst nicht tagsüber zu konsumieren, sondern nur in der Freizeit
- Konsumiere nur, wenn Du ,gut drauf' bist, da Cannabisprodukte die jeweiligen Stimmungen verstärken
- Konsumiere maßvoll
- Konsumiere nicht jeden Tag, mache Pausen, suche bewusst Gebrauchs-Gelegenheiten aus und belohne Dich nach besonderen Ereignissen selbst
- Schaffe eine angenehme Atmosphäre und konsumiere mit Freunden
- Wechsele häufig die Sorten, um festzustellen, welche Sorte die für Dich angenehmste Wirkung hat
- Stelle das Kiffen nicht in den Mittelpunkt, andere Dinge sind wichtiger
- Wechsele auch die Gebrauchsformen (Tee, Gebäck, Purpfeife, Bongs, Kawum etc.), nur Joints mit viel Tabak sind auf Dauer wegen der Schadstoffe (z. B. Teer) gesundheitsschädigend. Bedenke aber bei Tee und Gebäck vorsichtig zu dosieren. Space Cakes (Haschkuchen) essen ist riskant, da meist die Do-

sis nicht bekannt ist. Also: vorsichtig antesten und nichts nachlegen, da die Wirkung erst nach ca. anderthalb Stunden einsetzt
- Lasse den Rauch nicht zu lange in der Lunge, inhaliere nicht zu intensiv. Es ist nämlich ein Vorurteil, dass man nur so ‚stoned‘ wird
- Gebrauche Cannabisprodukte möglichst nicht mit Alkohol oder anderen psychoaktiven Substanzen. Dies kann zu unerwünschten Nebenwirkungen führen. Verschiedene Drogen können sich in ihrer Wirkung verstärken
- Achte jederzeit auf die Dosierung. Beim Erstkonsum reichen 0,2gr Haschisch oder Marihuana aus
- Sei Dir darüber im Klaren, dass es auch gestrecktes Haschisch im Handel gibt (Streckmittel: Henna, bestimmte Öle, Baumharze, Sand etc.). Langes Nachglühen beim Bröseln weist auf Streckmittel hin
- Besorge Dir Dein Dope nur bei guten Bekannten oder im Coffee-Shop. Minimiere das Risiko eines Strafverfahrens, indem Du nur geringe Mengen besitzt
- Nach dem Kiffen – Hände weg vom Steuer[379]
- Bei Unwohlsein und zum Runterkommen: Trinke Vitamin C-haltige Fruchtsäfte, Zuckerwasser oder Cola und kühle Kopf, Nacken und Unterarme. Wenn Du Dich ängstlich, gestresst oder beunruhigt fühlst, begib Dich in einen ruhigen Raum und bitte einen Freund/eine Freundin bei Dir zu bleiben
- Ein täglicher, intensiv-exzessiver Gebrauch birgt die Gefahr einer psychischen Abhängigkeitsentwicklung in sich.“

Für *Ecstasy* formulierte Schroers (1996)[380] ganz entsprechend:

„Ecstasy ist eine ‚Gelegenheitsdroge‘, nimm’ sie also in großen Intervallen (im Abstand von einigen Monaten) und zu besonderen Anlässen (z. B. zu Partys, für eine gute Unterhaltung) ein. Bei einem Gebrauch in kurzen Abständen verschwindet das sonst wahrgenommene Wohlgefühl nach der Einnahme von Ecstasy.

- Konsumiere Ecstasy nur in einer für dich angenehmen Atmosphäre und plane nichts Wichtiges für den nächsten Tag.
- Im Ruhezustand wirkt Ecstasy intensiver als beim Tanzen, das solltest Du bei der Dosierung von Ecstasy beachten.
- Nimm’ immer erst ein Viertel oder die Hälfte einer Tablette ein (antesten!), so kannst Du Dich in einem gewissen Maß zugleich vor einer Überdosis und vor unerwarteten Substanzen schützen. Zudem optimiert die stückweise Einnahme die Drogenwirkung.
- Es kann sein, dass sich die aktiven Substanzen erst nach einer gewissen Zeit freisetzen. Wenn Du also keine Wirkung verspürst oder das Ecstasy sich nicht als stark genug erweist, nehme keine zweite Dosis ein, zu viel Ecstasy

ist gefährlich. Unmittelbar nach dem Gebrauch der Droge solltest Du nicht zu viel essen, sonst wird die Wirkung der Droge gemindert.

- Bei dem Ecstasy-Gebrauch auf Raves solltest Du darauf achten, viel Wasser oder sonstige alkoholfreie Getränke zu Dir zu nehmen, um den Flüssigkeitsverlust, der in Kombination mit exzessivem Tanzen entsteht, auszugleichen – ansonsten besteht die Gefahr eines Hitzschlags, der tödlich verlaufen kann. Mache öfter Tanzpausen und begebe Dich für einige Zeit in einen Chill-out-Raum, oder suche einen anderen kühleren Ort auf.
- Die Einnahme von Vitaminen und Mineralien (z. B. in Form wasserlöslicher Brausetabletten) kann entsprechende Verluste ausgleichen.
- Nach dem Ausklingen der Wirkung solltest Du für genügend Schlaf sorgen, viel Ruhe ist für die Regeneration nach dem Ecstasy-Rausch notwendig".

Eine solche Information bietet handfeste Konsum-Tipps, baut übertriebene *Ängste und Sorgen* ab und entlarvt Mythen, Werbung und überzogene Erwartungen, die in gleicher Weise heute Jugendliche wie Erwachsene umtreiben[381]:

> „Nun ist es nicht unbegründet anzunehmen, dass je nach Gruppe Regeln, Wissen und Einstellungen weitergegeben werden, die keineswegs Anlass zur Beruhigung geben können. Ähnlich wie zu Zeiten, als die Sexualaufklärung noch durch die Freunde auf der Straße oder die Nachbarskinder geschah, dürfte diese Art ‚Aufklärung' auf schlechtem Boden gedeihen und neben dem sprichwörtlich ‚dummen Zeug' ungerechtfertigte Ängste und Leichtsinnigkeit, gefährliche Normen und Fehleinschätzungen produzieren" (Nöcker 1990;195), was, wie gesagt, für Jugendliche wie für Erwachsene gilt.

Eine solche Information weist aber auch auf die vielfachen Risiken hin, die wir in These 6 angesprochen haben; auf die übertriebene Reaktion überängstlicher Eltern, auf den Unsinn vieler gesponserter medialer Aussagen und die stigmatisierenden Folgen repressiver Eingriffe; eine Aufklärung, die freilich eher an die Erwachsenen zu richten wäre, denn als Warnung an die Jugendlichen im Sinne eines zwar sehr berechtigten, aber doch eher doppelmoraligen „lass dich nicht erwischen".

4. Ehemalige und Peer-support

Insofern sollte man auch gegenüber der heute als aufgeschlossen geltenden und weithin auch sinnvollen Einbeziehung der *Konsumenten* eine gewisse Vorsicht walten lassen; dies trifft zunächst auf die Information durch *„Ehemalige"*[382] zu, die nicht nur häufig als Konvertierte die Realität überziehen, sondern die zugleich als wandelnder abschreckender Beleg für die drohende Suchtgefahr dienen – obwohl sie doch eigentlich zeigen könnten, dass man auch wieder aus dieser ‚Sucht' herauskommen kann. Im Rahmen einer Erziehung zur ‚Drogenmündigkeit' läge es da dann doch näher, die Jugendlichen mit einem Ex-Raucher oder einer ‚kontrollierten Drogen-Konsumentin' diskutieren zu lassen, wenn man nicht gleich auf peer-leader aus der Party-Szene oder auf etwas ältere Kneipen-Freunde zurückgreifen will.

Doch haben auch solche Ansätze des *peer-support*, die heute ja immer noch ‚Abstinenz-' bzw. ‚Sucht'-orientiert arbeiten sollten, ihre zwei Seiten: So berichten Ehlert/Heidermann (2001) *positiv* von einer schülerbezogenen Multiplikatorenarbeit am Beispiel des „Peer to Peer Projekts Lübeck".

> Dieses Projekt bot seit 1997 Schüler/innen ab dem 8. Jahrgang die Möglichkeit, an ihren Schulen suchtpräventiv tätig zu werden: „Die hierfür ausgebildeten Jugendlichen haben nicht die Aufgabe, ihre Schulen drogenfrei zu machen, sondern ihre Mitschüler/innen zur Auseinandersetzung mit dem Thema „Gesellschaft, Sucht und Drogen" anzuregen. Der Ansatz nutzt die Erkenntnis, „dass Jugendliche Fachleute in ihrer Lebenswelt sind und damit multiplikatorisch in ihren Bezugsgruppen und -systemen wirken können." (S. 313)[383].

Ein solcher Einsatz Gleichaltriger – der im Bereich der Junkie-Szene recht erfolgreich sein soll (Stöver 2002) – gründet im Präventions-Bereich in der Hoffnung, dass Jugendliche wegen ihrer Peer-Orientierung eher auf Gleichaltrige, denn auf Erwachsene hören[384], denn

> „Gleichaltrige wirken glaubwürdiger" (Aktionsplan Drogen und Sucht;27), preist man diesen Weg an (etwa bei Künzel-Böhmer u. a. 1993;106). „The grapevine exists anyway so why not make actual positive use of it" zitiert Frankham (1998; 180) in seiner kritischen Übersicht einen dieser Befürworter.

Diese Erwartung stößt jedoch auf eine ganze Reihe von *Schwierigkeiten* (vgl. Frankham 1998). Zunächst sind natürlich auch bei diesen Jugendlichen „Mythen, Verklärungen, ‚Ideologien', unbegründbare Behauptungen und Falschinformationen (…) genauso vorhanden wie in anderen kommunikativen und sozialen Zusammenhängen" (Stöver 2002;379). Weshalb dann – bei entsprechender Schulung – sich in solchen Projekten nur allzu leicht die traditionelle Sicht begleitender Erwachsener oder ‚besonders braver' und speziell für solche Aufgaben ‚trainierter' SchülerInnen einschleichen kann:

> „Peer leaders require extensive training, close supervision, and classroom support by teacher or staff" (Tobler 2000;269).

Eine ‚Koalition', die vor allem von den nicht ganz so ‚Braven', die man damit eigentlich erreichen will, durchschaut und dann sogar eher als ‚Manipulation' empfunden wird, und die den peer-leader in erhebliche Schwierigkeiten bringen kann, wenn er versucht, das – während des eigenen Trainings – Erlernte unter das ‚Volk' zu bringen. Zumal dieser Ansatz dazu tendiert, die Vielfalt der oben in These 4 angesprochenen Gruppierungen Jugendlicher – natürlich erfolglos – in einem einheitlichen ‚just say no'-Topf zu verrühren, worauf Denscombe (2001;29) hinweist:

> „Peer groups, it seems, are becoming more fragmented and transitory. Using peers to influence others will be a precarious exercise because tobacco, alcohol and other drugs will have a special meaning for the various groups involved. Expecting ‚townies' to influence ‚goths', ‚preppies' to influence ‚jocks', about the value of not smoking might be liable to mixed messages. In any case, by the age of 15–16 years there is every likelihood that the young people will see through the ploy and, on present evidence, resent the idea that people near their own age might be used to persuade them, influence them, in any way other than a way they *want* to go";

Weshalb ein Jugendlicher in der von Frankham (1998;189) zitierten Studie von Walker formulierte:

> „They're a bunch of wimps, why should I follow them?".

Angesichts dieser Schwierigkeiten ist es kaum verwunderlich, wenn in den einschlägigen empirischen Untersuchungen – weniger dagegen in sogenannten Expertisen – kaum jemals nennenswert positive Ergebnisse berichtet werden[385].

So meinte Erhard (1999) in ihrer vergleichenden Untersuchung aus Israel – bei leichtem Vorteil für die peer-led Schulklassen gegenüber den vergleichbaren adult-led Präventionsvorhaben

> angesichts des erheblichen zusätzlichen Aufwandes und der hohen „burn-out rate among counselors due to the enormous investment of energy requested to successfully carry out the program" (297) und angesichts der nicht erreichten „more closeness and intimacy as a result of peer facilitation, particularly in the small discussion groups" (303) in ihrem Abstrakt: „the differences found do not enable us to state with certainty that this model is preferable for primary prevention purposes" (295).
>
> Noch eindeutiger waren die Ergebnisse in einer gut kontrollierten follow-up-Studie in Australien, in der 16-jährige paarweise Gruppen von 12-jährigen in 10–16 45-Minuten Sitzungen (wovon zwei Sitzungen Alkohol und Tabak-Konsum u. a. mit dem üblichen ‚just say no'-Rollenspiel gewidmet waren) bei der Entwicklung ihrer social and personal skills unterstützten: „In conclusion, the peer support programme failed to show any positive influence on adolescents' knowledge, attitudes and use of alcohol and tobacco" (Webster et al. 2002;9,7)[386].

Das entscheidende Problem dieses Ansatzes besteht also darin, dass diese peer-leader als Sprachrohr – bzw. als ‚Dekoration‘ (O'Donoghue et al. 2002;20) – benutzt werden. Während Jugendliche dann, wenn man sie *partizipatorisch* im Rahmen einer ‚Drogenmündigkeit‘ in die Drogenerziehung einbezieht – und nicht als ‚besonderen peer-leader‘ hofiert – sehr wohl erheblich zu diesem ‚alternativen‘ Ziel beitragen können. So, wie denn auch heute die als unerwünscht geltende ‚peer-group-Sozialisation‘ unter ‚praktischem Aspekt‘ sicher sehr viel erfolgreicher verläuft als die offizielle Drogen-Sozialisation durch Erwachsene oder deren jugendliche Gehilfen:

> „The question is, does peer education genuinely put young people in control of both the content and processes of learning or are young people being ‚facilitated‘ only to ape the adults who are really still in charge?“ schließt Jo Frankham (1998;191) seine kritische Analyse dieser „increasingly popular strategy amongst providers of personal and health education in the UK“ (S. 179)[387].

5. *Harm-reduction oder Angst vor Abhängigkeit?*

Vor allem aber hat eine solche Drogenerziehung keine Angst davor, über Aspekte der *Harm-reduction* mit *allen* Jugendlichen zu sprechen. Wenn Püschl/Schlömer (2002;128 f.) dagegen fordern

> „Safer-use Aufklärungen sollten sich allerdings nicht an die Jugendlichen wenden, die die jeweils angesprochenen Drogen weder konsumieren noch gebrauchen wollen. Das könnte diese Zielgruppe ja zum Konsum animieren und sich damit kontraproduktiv für Suchtprävention auswirken“,

dann behandelt man Jugendliche, die (demnächst) sogar politisch wählen können, wie Kinder, denen die besorgte Mutter verbietet, mit Zündhölzern zu spielen, anstatt ihnen zu zeigen, wie man mit einem heruntergefallenen Streichholz umgeht; ein Streichholz, das, um im Bilde zu bleiben, sowohl einem selbst wie aber auch dem Freund oder Klassenkameraden herunterfallen kann.

Eine etwas andere, weitaus sinnvollere Sicht gegenwärtig möglicher, doch sehr selten wirklich realisierter Information vertritt dagegen Stürmer (2001) vom Nürnberger *Party-Projekt ‚Enterprise‘*,

> „Dieser Bereich verdeutlicht, dass Drogenwirkungen und entsprechend Risiken nicht ausschließlich von der konsumierten Substanz abhängig sind, sondern (…) die Dosierung und Häufigkeit der Einnahme, das set & setting und die Konsumform eine ausschlaggebende Rolle spielen. Eingearbeitet werden Riskreduction-Strategien, Hinweise zur Gefährlichkeit des multiplen Drogengebrauchs und Mischkonsums“.

> Um sodann zu einer Kritik der zur Zeit üblichen Informationsveranstaltungen für Jugendliche überzugehen: „Grundsätzlich lässt sich in sehr vielen Veranstaltungen feststellen, dass der Wissensstand zum Thema ‚illegale Drogen' sehr begrenzt ist und von antiquierten Klischees oder Halbwissen dominiert wird – insbesondere auf Seiten der Multiplikatoren (...) Jahrelang galt es als nicht mehr zeitgemäß und methodisch unbrauchbar, in Präventionsveranstaltungen die verschiedenen Substanzen ausführlich zu thematisieren.
>
> Es bleibt nur wenig Zeit, Prävention sollte (...) über die Substanzen, ihren Gebrauch, ihre Verwendung und ihre Risiken reden, sonst tun es andere. Z. B. die Presse im jährlichen Turnus" (S. 122–125).

5.2 Zu einer solchen Art der Aufklärung gehört es sodann auch, möglichst konkret zu zeigen, wie man mit der Sorge, *abhängig* zu sein, umgehen kann, ohne sich gleich einer ‚Beratungsstelle' oder einem ‚Vertrauenslehrer' öffnen zu müssen. So mag es dann auch sinnvoll sein, zwischen Abstinenz und Probierkonsum sowie dem Genussvollen Trinken und gelegentlichem Drogen-Konsum einerseits und harm reduction oder Therapie andererseits zu lernen, wie man *kontrolliert* mit dieser Sorge, süchtig zu werden, umgehen kann. Dies wird man mit Gorman (1996;193) vom Center of Alcoholic Studies noch eher für den Alkohol zulassen wollen, als für Nikotin:

> „The primary prevention of smoking is (...) almost invariably concerned with preventing use in any form, and in this sense it is similar to the primary prevention of illicit drug use. In contrast, it may be difficult to convince young people that alcohol is to be completed avoided".

Was freilich die – gelegentlich wie aber auch die häufiger – Zigaretten und Cannabis konsumierenden Jugendlichen etwas anders sehen; Jugendliche, die wir zudem durch unsere gegenwärtige ‚no-tolerance'-Prävention eher marginalisieren (Hamilton et al. 2000; 420), anstatt ihnen entsprechende Hilfestellungen anzubieten:

> „Despite interest in harm reduction strategies to combat tobacco addiction, little is known about the application of this approach to the primary or secondary prevention of tobacco use in adolescents".

Ein schönes Beispiel, wie man deren Sorge begegnen könnte, findet man bei Kolte/ Schmidt-Semisch (2004; 16) für das ‚kontrollierte Rauchen', das ja z. Z. das aktuelle Hauptproblem drogen-konsumierender SchülerInnen bildet[388]:

„Konkrete Schritte auf dem Weg zum Kontrollierten Rauchen

Austausch und Information zum Rauchen organisieren (z. B. mit Freunden und Bekannten reden, Bücher und Artikel lesen, Vorträge anhören)
Selbstbeobachtung, Registrieren und Protokollieren der Zigarettenanzahl, d. h. Automatismen durchbrechen (z. B. mit. Registrierblock, Tageskarten, Rauchtagebuch)
Rauchverhalten analysieren und bewerten: *Auf welche Zigaretten wollen/können Sie verzichten?* Auf Zigaretten bei der Arbeit, vor dem Fernseher in Gegenwart von Kindern, beim Auto fahren.,beim Spaziergang?
Rauchverhalten verändern: Realistische Ziele setzen (Rauchplan aufstellen). Regeln aufstellen – Welche Regeln könnten Sie sich vorstellen?
Mögliche Regeln könnten sein: Bewusster und aufmerksamer rauchen, Nicht mehr auf der Straße rauchen. Rauchen in bestimmten Situationen unterlassen. Nur noch in Geselligkeit rauchen. Rauchen von anderen Tätigkeiten entkoppeln. Angebotene Zigaretten lehne ich ab. Nicht mehr im Bett rauchen. Zigaretten nur noch halb rauchen. Nicht mehr in der Wohnung rauchen.
Ersatz- bzw. Alternativverhalten wählen, erproben und umsetzen. Evt. Selbsthilfegruppe (auf-) suchen
Dynamische Zielanpassung: Neues Rauchverhalten stabilisieren, Selbstbestärkung, Selbstlob, Erwerb von Kompetenzen zur Bewältigung von Belastungen ohne Zigaretten Gewinnorientierung Integration sozialer Unterstützung, Regelverletzungen nicht überbewerten.“

Gerade diese letzte Regel „Regelverletzungen nicht überbewerten“ scheint mir aus mehrfachem Grund die wohl wichtigste ‚Regel‘. Stattdessen müssen wir lernen, auch beim ‚kontrolliertem‘ Drogen-Konsum diesen ‚Kontroll-Aspekt‘ einer nunmehr von außen nach innen verlagerten Kontrolle nicht allzu zwanghaft entarten zu lassen. Es geht vielmehr darum, sich und die einem offen stehenden Möglichkeiten auszutesten, mit solchen auch selbstgesetzten Regeln eher ‚spielerisch‘ umzugehen im Sinne eines „Jetzt probiere ich das mal“. Wie anfangs im Vorwort betont, neigen wir immer noch dazu, einen solchen ‚Regelbruch‘ ebenso wie den ‚Rückfall‘ (weil wir nun doch wieder eine Zigarette zu viel geraucht haben) ‚negativ‘ als Versagen zu bewerten, anstatt uns dieses ‚Spielen‘ zu gestatten.

Zu einer solchen Drogenerziehung gehört schließlich auch das Erlernen selbstverantwortlicher – und nicht auferlegter oder angstgefärbter – *Abstinenz*, von den Freuden des Fastens über die Wechselwirkung zwischen Genuss und Pausieren und der Möglichkeit der Abstinenz-Pause als Selbsttest bis hin zum Risiko der Isolation mitsamt dem breiten Spektrum möglicher Alternativen – von der Meditation über den Freizeit-Sport bis hin zum exzessiven, doch drogenfreien Dauer-Rave dessen Wonnen der damals 50-jährige Hermann Hesse schon 1927 beschrieb:

„Ein Erlebnis, das mir in fünfzig Jahren unbekannt geblieben war, obwohl jeder Backfisch und Student es kennt, wurde mir in dieser Ballnacht zuteil; das Erlebnis des Festes, der Rausch der Festgemeinschaft, das Geheimnis vom Untergang der Person in der Menge, von der Unio mystica der Freude (...) Das Zeitgefühl war mir verlorengegangen. Ich weiß nicht, wie viel Stunden oder Augenblicke dies Rauschglück dauerte". (1982; 183,185).

These 9

Als Fernziel fördert Drogenerziehung gegenseitiges Verständnis, Toleranz und Solidarität.

„Wir leben davon, dass wir uns gegenseitig in unserer Begrenztheit verstehen und in Krisensituationen unterstützen.“[389]

Drogenpolitik – und damit auch die darin eingebettete Drogen- und Sucht-Prävention – war immer schon ein überzeugendes Mittel, sich von den ‚Anderen‘ abzugrenzen, den eigenen moralischen Status zu überhöhen, den der Anderen dagegen abzuwerten, und Herrschaft (‚Krieg den Drogen‘) wie Profession (‚Expertise‘) gegenüber den Unterworfenen, Untertanen wie Klienten, abzusichern. Dies galt, wie ich in These 3.2 näher ausgeführt habe, ebenso für die im vorletzten Jahrhundert wurzelnde Abstinenzbewegung, wie für den bei uns in den 70er Jahren einsetzenden Kampf gegen die illegalisierten Drogen der Jugendlichen und für die seit den 90er Jahren rasant an Bedeutung gewinnende Auseinandersetzung zwischen ‚passiv‘ geschädigten Nicht-Rauchern und deren Nikotin-süchtigem Gegenüber.

Ein Kampf- und Macht-Instrument, dessen frühe Parallele man im mittelalterlichen Modell des Zölibat-Gebots für die katholische Elite wiederfinden kann, das dann über die spät-viktorianische Anforderung an eine ‚züchtige Sexualität‘ bis in die letzten Zuckungen homosexueller Priesterschaft hinein reicht. Ein Herrschaftsmittel in eigentümlicher Doppelgestalt. Es betont den eigenen ‚asketischen‘ Status gegenüber dem Laien, dem Plebs, den Usern und Süchtigen und verlangt doch nach legitimen Alternativen auch innerhalb des eigenen Standes – Marien-Gläubigkeit versus sündige Eva, legale versus illegalisierte Drogen. Und es dient zugleich auch dazu, intern die innere Hierarchie abzusichern – so war die Inquisition zunächst ein Mittel der internen kirchlichen Reinigung – und extern sich die ‚kleinen Machtverhältnisse‘ zu erhalten; patriarchal von Männern gegenüber Frauen; professionell von Experten gegenüber Klienten und intergenerativ zwischen den Generationen den prekären Status der Erwachsenen gegenüber den Jugendlichen sowie der Eltern gegenüber ihren unmündigen Kindern.

Der zentrale Mechanismus dieser moralischen Aufteilung der Welt ist die selbstherrliche *Intoleranz* gegenüber dem als schlecht, als sündhaft, als gesellschaftlich schädlich definierten Verhalten. *Toleranz* dagegen signalisiert ein Verwischen dieser Grenzen, ein Dulden und Verstehen des Anderen, ein ‚Sich gemein machen‘, wenn nicht gar das heimlich revolutionäre Bündnis mit einer befürchteten

Gegenmacht. Und zwar insbesondere dann, wenn sich eine solche Toleranz weder als Almosen-spendendes Mitleid noch als ‚repressive Toleranz' des ‚Lass sie doch verrecken' interpretieren lässt, sondern als *solidarisches* Bündnis mit denen, die ihren eigenen Weg gehen wollen, aber (noch) nicht können. Eine solche Kollusion warf man schon den Verteidigern der Hexen vor oder den späteren ‚Sympathisanten' der sog. RAF-Terroristen; sie gilt auch heute noch gegenüber denjenigen, die für eine Legalisierung illegalisierter Drogen streiten.

Die seit mehr als 200 Jahren geltenden grundlegenden demokratischen Tugenden der Toleranz und Solidarität scheinen heute, in einer Ägide postmoderner Individualisierung, auf den ersten Blick hin obsolet, doch zeigt uns Baumann (2003;209) in seiner Analyse der >flüchtigen Moderne<, dass nur eine *aktive Toleranz* in der wir auch das Verhalten der je anderen verstehen lernen, heute mehr denn je *Basis einer demokratischen Gesellschaft* sein kann. Und zwar in einer neuen

> „Einheit, die davon ausgeht, dass eine zivilisierte Gesellschaft durch und durch pluralistisch ist, dass das Leben in einer solchen Gesellschaft auf Aushandlung und Anerkennung der ‚von Natur aus unterschiedlichen' Interessen beruht, und dass es ‚normalerweise' besser ist, unterschiedliche Interessen zu versöhnen, als sie dauerhaft zu unterdrücken. Das heißt, dass der Pluralismus der modernen zivilisierten Gesellschaft nicht einfach eine ‚nackte Tatsache' ist, die man zwar ablehnen, aber nicht abschaffen kann, sondern dass er als glücklicher Umstand angesehen werden sollte, der den menschlichen Horizont erweitert, die Lebenschancen des einzelnen vermehrt und damit mehr Vorteile bietet als alle Alternativen zusammengenommen".
>
> Jedoch entsteht diese „Fähigkeit zu einem Leben, das mit Unterschieden umzugehen, sie möglicherweise zu genießen und davon zu profitieren weiß (…) nicht von selbst. Diese Fähigkeit ist eine Kunst, die, wie alle Künste, Übung und Training erfordert. Die Unfähigkeit, sich der Vielfalt der Menschen und der Vieldeutigkeit jedweder Klassifikation auszusetzen, wächst hingegen von selbst. Je wirkungsvoller das Streben nach Homogenität und die Neigung, Differenzen auszumerzen, sind, desto schwieriger wird es, sich in Gegenwart von Fremden wohl und zu Hause zu fühlen; je bedrohlicher die Differenzen erscheinen, desto größer die Angst, die sie erzeugen" (126 f.).

Helga Bilden (1997;248,228) kann diese Forderung aus der Perspektive individueller *Identitäts-Bildung* überzeugend ergänzen:

> „In einer Phase gesellschaftlicher Umbrüche, radikalisierter Individualisierungsprozesse und globaler Völkerwanderungen, die jede Industriegesellschaft zur multikulturellen Gesellschaft machen, können individuell und kollektiv die Ängste und das Sicherheitsbedürfnis, die Suche nach Eindeutigkeit und Einheitlichkeit dominieren, können Aus- und Abgrenzungsprozesse als Selbstschutzmechanismen die Oberhand

> gewinnen. Doch wenn wir überleben wollen, müssen wir mit Unbestimmtheit, Offenheit, mit Vielfalt und Widersprüchen in der Realität und in uns selbst leben lernen".
>
> Das heißt „Die eigene innere Vielfalt akzeptieren und eine Vielzahl von Formen des Individuum-Seins zu akzeptieren (…) ist eine Voraussetzung, um mit Pluralität in der Gesellschaft leben zu können, ohne rigide unterordnen und ausgrenzen zu müssen. Innere Pluralität brauche ich, um mit unterschiedlichen Sinnsystemen umgehen zu können. Wenn ich in mir mehrere Wahrheiten und Lebensformen existieren lasse – wenigsten als mögliche Selbste, dann kann ich auch leichter andere Menschen auf andere Weise leben und die Welt interpretieren lassen. Andere Menschen kann ich in ihrer Differenz (und prinzipiellen Gleichrangigkeit) wahrnehmen, wenn ich anerkenne, dass Menschen je nach ihrer Lebensgeschichte, ihrer Herkunft, den sozialen Kontexten, in denen sie aufwachsen und leben, notwendig unterschiedliche Individualitätsformen ausbilden".

Die Bereitschaft zu einer solchen Toleranz ist, wie beide Shell Jugendstudien ergaben, bei Jugendlichen relativ hoch, insbesondere jedoch bei Gymnasiasten und Studierenden (2002;125), sowie bei denjenigen – qualitativ befragten – Jugendlichen, die sich aktiv politisch im Internet bewegen; hier korrespondieren „die Abneigungen gegen ideologische Festlegungen mit der hohen Wertschätzung der Toleranz. So wird auf die Frage, was funktionieren muss, damit Menschen in der Gesellschaft miteinander leben können, meist zuallererst die Toleranz angeführt".

> In der „Community der Diskussionsforen (…) stoßen so unterschiedliche Meinungen aufeinander, dass Toleranz quasi ein Muss ist, wenn ein Dialog entstehen oder aufrechterhalten werden soll" (2002;240).

Vor allem aber sind es die Mädchen und jungen Frauen, die auf dieser Wertedimension >Menschlichkeit – Toleranz und Hilfsbereitschaft<[390] dominieren: „Die Dimension Menschlichkeit kann man wohl eine >Frauen-Dimension< nennen" (Shell Jugendstudie (2000);107). Dies mag angesichts dessen, dass Frauen „als das gemeinhin sozial kompetentere oder zumindest als das eher sozial integrative Geschlecht gelten" nicht allzu sehr überraschen, doch böte dies einen ausgezeichneten Ansatzpunkt für eine Drogenerziehung, die solche genderspezifischen Komponenten nutzen möchte.

Selbst wenn man solchen Überlegungen zustimmen möchte, scheint der Bezug zur schulischen Sucht-Prävention zunächst noch relativ fern, der Weg von der französischen Revolution bis hin zum hufeisenförmig gestalteten Klassenraum der 11- bis 12-Jährigen zu weit her geholt. Doch ‚lernen' Kinder, Jugendliche und Erwachsene, sofern sie denn noch lernen können, immer im Doppelpack: In der konkret – und offen gleichberechtigt – erfahrenen Auseinandersetzung mit den Anderen einerseits und – kritisch (?) – am größeren gesellschaftlichen Vorbild andererseits; also in der wahrhaft interaktiven Auseinandersetzung mit den sogenannten ‚sucht-präventiven' Inhalten ebenso, wie im vorgestellten – und jeweils höchst subjektiv erlebten und interpretierten – Bild allgemein gesellschaftlicher Drogen-Politik.

Eine heute noch immer höchst intolerante Drogenpolitik, gegenüber deren Ausgrenzungs- und Stigmatisierungsfolgen das sicher unverdächtige Handbook Prevention (1998;32 f.) der Pompidou-Gruppe in seiner ‚Glimpse into the future' die vielversprechende Utopie einer künftig möglichen ‚toleranten' Politik entwirft:

> „Consequences of tolerant policy:
> We can predict that a tolerant or liberal alcohol and drugs policy will advertently, or inadvertently, bring about the following:
> a) the numbers of consumers will increase;
> b) the consumption per head of the population has a tendency to increase (this was the case with cannabis) whilst the average amount consumed by the individual user has a tendency to decrease: the persistant addicts become a minority within the users' group;
> c) eventually most users learn to use the substance in a controlled way;
> d) the relationship between the user and social disintegration becomes less self-evident;
> e) the necessity to seek help (from addiction care institutions) eventually decreases".

Die Möglichkeit für dieses soziale Fernziel einer ‚Erziehung' zur solidarischen Toleranz wurzelt in der besonderen *kulturellen* Funktion dieser Drogen. Ebenso, wie Drogen nur aus ihrer kulturellen Eingebundenheit und – insbesondere bei Jugendlichen – aus deren gruppenbezogenen (‚subkulturellen') Dynamik heraus zu verstehen sind, kann und muss man umgekehrt über das Vehikel einer zureichenden Drogenerziehung auch die Bedeutung und das Funktionieren dieser kulturell-gruppendynamischen Bezüge erlernen; und zwar ebenso emotional einsichtig wie einprägsam verallgemeinerbar und daher weit über den Bereich des schieren Drogenkonsums hinaus.

In diesem Rahmen hätten dann auch viele der auf *Kompetenz und Life-skills* ausgerichteten Programme[391] ihren eigenen Stellenwert, sofern sie nicht mehr am Defizit-Modell orientiert wären und am kurzfristigen Erfolg der Verhinderung oder Verzögerung eines (zumeist eher gelegentlichen) Drogen-Konsums gemessen würden.

Die in einer positiv gewendeten ‚Drogen-Erziehung' liegende Chance der *Toleranz* bietet so eine kognitiv, sozial-integrativ und kulturalistisch-tolerant ausgerichtete Möglichkeit, die schwierige pädagogische Aufgabe, ‚fürs Leben zu erziehen' sinnvoll zu lösen, um damit einer der zentralen Forderungen unserer gegenwärtigen ‚postmodernen' Gesellschaft zu entsprechen.

1. Die Perspektive des ‚Anderen', Toleranz und Solidarität

1.1 *Kognitiv* geht es darum, dass Kinder/Jugendliche – wie übrigens genau so auch Erwachsene – immer nur dann ‚lernen' können, also das gewohnte Denkgebäude erweitern oder gar verändern können, wenn sie andere Perspektiven erfahren *und* wenn sie zuvor gelernt haben, sich auf solche Perspektiven – mehr oder weniger spielerisch – einzulassen.

Krappmann/Oswald (1995;155) verweisen anlässlich ihrer Grundschüler-Untersuchung in diesem Zusammenhang auf Piaget's >*Dezentrierung*<,

> „die er als entscheidend für die kognitive Entwicklung ansah. Das Kind, das zunächst seiner richtigen oder falschen Auffassung von einem Problem ganz sicher ist, muss die Möglichkeit erwerben, seine Problemsicht mit der anderer zu konfrontieren, um sich der Besonderheit seiner Perspektive bewusst zu werden und sie mit anderen vergleichen und koordinieren zu können. Nur so kann es sich die Erfahrungen und Argumente anderer zu nutze machen. Smedslunds (1966) hat, angelehnt an Piagets Vorstellung einer Genese der Intelligenz in sozialer Interaktion, vermutet, dass diese Dezentrierung des Denkens besonders in sozialen Prozessen gefördert wird, in denen das Kind mit seiner Auffassung auf die anderer Personen trifft".

Als Ergebnis ihres Vergleichs zwischen Lehrer-initiierter und eigeninitiierter Gruppenarbeit halten sie fest:

> „Folgt man Piaget, dann werden die grundlegenden kognitiven Potentiale eines Kindes nicht so sehr durch übermitteltes Wissen, sondern durch die Konfrontation verschiedener Sichtweisen gefördert, in der die Besonderheiten und Einschränkungen der eigenen Perspektive deutlich werden. Daher sollte die Schule viel Gelegenheit geben, Wissen in der Auseinandersetzung mit unterschiedlichen Sichtweisen zu erwerben".
>
> Um ganz im Sinne unserer 7. These fortzufahren: „Dies fordert eine Form sozialer Interaktion unter den Kindern, aber sicher auch zwischen Lehrenden und Lernenden, die möglichst frei von Besserwisserei und Angeberei, von Abwertung und Ausstechen ist, um einander wichtige Anstöße zur Fortentwicklung des problemlösenden Denkens zu vermitteln" (156).

Ein Versuch, der übrigens schon bei Grundschul-Kindern – im Vergleich zur üblichen Präventions-Logik – erstaunlich gut beobachtete Begründungen ‚evoziert'.

1.2 Diese Toleranzforderung beeinflusst sodann auch das in These 5 angesprochene *gruppendynamische Dreieck*, also das Verhältnis zur Erwachsenen-Kultur wie zur Aufgabe, weiter in diese Kultur hineinzuwachsen einerseits und andererseits für die Einsicht in das sich wechselseitig aufschaukelnde Gruppen-Geschehen zwischen den ‚Braven' und den ‚Bösen'.

Ein solches ‚Verstehen' kann nämlich ebenso die Abstinenz als selbst gewählten Weg verdeutlichen, wie umgekehrt den Versuch, einmal gesetzte Grenzen mit den ihnen eigenen Risiken zu überschreiten. Insoweit bemerkt die >Stellungnahme der Drogen- und Suchtkommission< (2002 S. 7) sehr lebensnah:

> „Die Kompetenz, einen verantwortlichen Umgang mit psychoaktiven Substanzen zu erlernen, kann allerdings durchaus auch kurze Phasen des Missbrauchs einschließen. Möglicherweise müssen z. B. manche Jugendliche hin und wieder die aversiven Folgen eines Alkoholrausches erleben, um im Normalfall kontrolliert mit Alkohol umgehen zu können".

Dieses Verstehen wird aber auch die Problem-Fälle der Isoliert-Ängstlichen wie die der extrem über die Stränge schlagenden Klassenkameraden artikulieren; so, wie dies etwa in manchen Schulen heute schon in der wöchentlichen Klassenrat-Stunde geschieht. Einen brauchbaren *Vorschlag*, wie man in der Schulklasse bei solchen Problem-Lösungen vorgehen könnte, findet man etwa auf der Begleit-CD des >Be-Smart-Don't Start< Programms:

> „Beim Problemlösen werden folgende Schritte durchgeführt:
> 1. Problemanalyse
> 2. Generierung unterschiedlicher Lösungen
> 3. Abwägen der positiven und negativen Konsequenzen der Lösungen
> 4. Entscheidung für eine Lösung
> 5. Anwenden dieser Lösung im Alltag und Bewertung, ggf. Entscheidung für eine andere Lösung
> Anleitung:
> 1. Die Lehrkraft erklärt den Schüler/innen die Technik und den Sinn des Problemlösetrainings.
> 2. Zunächst wird ein Problem festgelegt, das in der Gruppe gelöst werden soll.
> 3. In einem zweiten Schritt erfolgt eine genaue Beschreibung des Problems: Was sind wichtige Aspekte des Problems, z. B. wo tritt das Problem auf, wann tritt es auf u. s. w.
> 4. Jetzt werden Lösungsvorschläge gesammelt (Brainstorming). Alle Schüler/innen sollen sagen, was mögliche Lösungen wären, auch ganz verrückte Lösungen dürfen genannt werden. Es ist besonders wichtig, den Schüler/innen verständlich zu machen, dass in dieser Phase keine Bewertung der Ideen vorgenommen wird, denn das bremst die Kreativität der Schüler/innen. Daher darf auch keine Zustimmung oder Kritik zu dem Gesagten der einzelnen Schüler/innen geäußert werden, denn dadurch könnten sich andere Gruppenmitglieder angegriffen fühlen, und sie fangen an, ihre Idee zu verteidigen und lassen sich dadurch u. U. davon abhalten, sich neue Ideen auszudenken.
> 5. Alle geäußerten Vorschläge werden von einem Protokollführer aufgeschrieben und anschließend auf ihre Vor- und Nachteile und ihre Umsetzbarkeit hin untersucht.

6. Die Schüler/innen wählen die Ideen aus, die ihnen besonders vernünftig und realisierbar erscheinen und überlegen, wie diese im Alltag umgesetzt werden können.
7. In einer weiteren Stunde kann diskutiert werden, ob die Umsetzung der Lösungen im Alltag funktioniert hat und welche Schwierigkeiten aufgetreten sind. Gegebenenfalls kann eine neue Lösung ausprobiert werden.
8. Die Schüler/innen können diese Technik auch allein anwenden, wenn sie Probleme haben.
Die Lehrkraft sollte bei Problemen im Klassenverband immer wieder auf diese Technik zurückkommen, so dass die Schüler/innen lernen, dass diese sinnvoll bei unterschiedlichen Problemen einzusetzen ist.“[392]

1.3 Auf diese Weise mag es auch gelingen, die gerade bei Jugendlichen noch ausgeprägte, freilich oft verschüttete, emotionale *Solidarität* – die ja jeder Peer-Gruppenbeziehung zugrunde liegt – auch im Bereich der ‚Problemfälle‘ (Isolation wie Übermaß bzw. einschleifende Gewöhnung) wirksam werden zu lassen; und zwar ebenso informell und unterstützend, statt konkurrierend autoritätshörig wie beim Schummeln und Abschreiben der Hausaufgaben:

> „Opportunities to help others, to give one’s gift back to the community is sine qua non a powerful prevention and education tool (lit). Creating helping opportunities within the classroom on an informal basis is essential to institutionalizing an ethic of caring. Research and practitioner anecdotes have identified some programmatic approaches that are particularly effective in producing positive developmental outcomes. These include peer tutoring, peer helping, cooperative learning, community service, service learning, and cross-age mentoring (lit)“ (Benard 2000;31).

Genau an diesem Punkt zeigt sich die Perversion einer Prävention, die ‚primär‘ die ‚Braven‘ von den ‚sekundär‘ zu behandelnden ‚Bösen‘ schützen und trennen will. Berücksichtigt man nämlich, dass sich Jugendliche, wenn sie Probleme haben, zunächst an ihre Freunde wenden, dann brauchen gerade diese ‚Braven‘, die ja ohnehin Probleme haben, Ansprechpartner für ihre Probleme zu finden, das notwendige Hilfe-Wissen – etwa auch aus dem Bereich des safer use – das man ihnen heute vorenthalten will:

> „Given that students in the study said that they would turn to a friend for advice in preference to other agencies, there is a need for a universal policy of information-giving rather than one directed only at those who regularly use drugs.“ (Aveyard 1999;247).

Damit einher geht eine zweite sehr grundlegende Funktion wechselseitiger Hilfe, die insbesondere G.H. Mead schon in den 30er Jahren des letzten Jahrhunderts herausgearbeitet hat, nämlich die besondere Bedeutung eines Verstehens, das sich in die Rolle des anderen hineinversetzen kann. Dieses ‚take the role of the other' als Grundvorausetzung einer jeden gelingenden Interaktion und damit des Aufbaus eines eigenen Selbst, das uns heute ‚neoliberal' in individualisierter Konkurrenz und Überbetonung des Ego der neuen ‚Unternehmer ihrer selbst' abhanden kommt, lässt sich gerade am Beispiel solcher ‚devianter' Verhaltensweisen – auf beiden Seiten, für die Braven wie für die Devianten – erfahren und einüben; und zwar sowohl im Akzeptieren wie in der Auseinandersetzung mit solchen Verhaltensweisen, die man für sich selber ablehnen will.

Recht eindrucksvoll wird diese Funktion der ‚Empathie' in der oben erwähnten Studie des KFN (Wilmers u. a. 2002) belegt, in der die Autoren zeigen können, dass diese ‚Empathie[393] „nicht nur für (personale) Gewaltdelikte", sondern ganz allgemein ‚delinquenzreduzierend' wirken kann (126).

2. *Den Umgang mit anderen kulturellen Bedeutungen lernen*

Sofern der Gebrauch von Drogen zugleich auch immer als symbolischer Ausweis eigener kultureller Zugehörigkeit, eigener Identitäts-Suche und mehr oder weniger bewusster Abgrenzung vom Fremden, Anderen dient, bietet die Drogenerziehung schließlich ein für viele Schüler unmittelbar einsichtiges Vehikel, um – ganz allgemein – die Bedeutung und den Stellenwert solcher *kultureller Eingebundenheiten* in ihren Chancen und Abhängigkeiten verstehen zu lernen: Welche Bedeutung besitzen etwa Drogen im Leben Erwachsener oder bei Ravern, wie wirken sie in unterschiedlich gestalteten kulturellen und sozialen settings, warum benutzen unsere jeweiligen ‚Migranten' – ich denke dabei auch an meine bayerischen Freunde – dieselben Drogen so unterschiedlich und welche unterschiedlichen Funktionen übernehmen sie bei Mädchen und Jungen.

So fanden etwa Wilmers u. a. (2002;111,115 f.) im Jahr 2000 in ihrer sehr umfangreichen 4-Städte-Untersuchung bei SchülerInnen des 9. Jahrgangs mit einem durchschnittlichen Alter von 15,2 Jahren die folgenden eindeutig nur national-, regional- und gender-kulturell erklärbaren *Unterschiede im Alkoholkonsum*:

> Die einheimisch-deutschen SchülerInnen konsumierten zu 32 % ‚häufig' (mindestens monatlich) Alkohol, während ihre ‚eingebürgerten' bzw. ‚ausländischen' türkischen SchulkameradInnen mit 15,1 % bzw. 12,6 % weniger als die Hälfte tranken; und innerhalb der einheimisch-Deutschen tranken die SchülerInnen aus dem bayerischen München zu 10,4 % wöchentlich oder täglich Alkohol, während es deren MitschülerInnen in Hannover und Hamburg gerade mal auf 4,7 % bzw. 5,1 % brachten, wobei dann die beiden Geschlechter sich insgesamt beim ‚regelmäßigen' Alkohol- und Nikotinkonsum noch einmal so voneinander unterscheiden ließen, dass die Jungen bei Bier und Wein mit 8,4 % die Mädchen mit ihren 3,5 % deklassierten, während die Mädchen,

wie schon so oft festgestellt, mit 34,1 % ‚regelmäßigem' Nikotin-Konsum die Jungen (31,9 %) knapp in den Schatten stellen konnten.

Freilich könnte man sich Ärger einhandeln, wollte man diese innerdeutschen Unterschiede nach Art der Gruppe um Chen (2002;813) erklären, die in ihrer oben (These 1.4) analysierten kalifornischen Untersuchung die erheblichen Unterschiede beim Zigarettenrauchen bzw. bei deren angeblichen >gateway< Funktion für einen späteren Alkoholkonsum zwischen den untersuchten elf ethnischen SchülerInnen-Gruppen neben ‚kulturellen' Überlegungen erwägen, ob man nicht doch auch auf biologische oder genetische Unterschiede zurückgreifen sollte:

> „The evidence on the rewarding paths in the brain for addictive substances established a biological base for the gateway effect of cigarette smoking on alcohol use".

Hier, in solchen ‚kulturellen' Differenzen bietet sich uns ein rechter ‚Königsweg' für eine andere Art der Drogenerziehung. Ein Weg, der vor allem bei Jugendlichen deshalb so nahe liegt, weil sie in ihrer Peergruppen-Dynamik eben auf diese Weise im interaktiv verlaufenden, wechselseitig aufeinander bezogenen wie auch voneinander abgrenzenden Handeln sich ihr Selbstverständnis, ihren eigenen Stil, ihre Identität erarbeiten, wie wir dies oben in These 5.3 etwa am Beispiel des Forschungsberichts von Franzkowiak u. a. (1998) näher erläutern konnten.

Erst eine solche ‚erweiterte Drogenerziehung' bietet auf der einen Seite eine zureichende Alternative zur gegenwärtigen Drogenprävention: Sie bettet die scheinbar schiere Substanzwirkung der Droge wie deren höchst individuell angelegten Konsum einsichtig ein in ihren größeren kulturellen Zusammenhang und legt damit, anstelle von Angst und Konkurrenz eine Grundlage für Toleranz, gegenseitiges Verständnis und wechselseitige Hilfestellung, die heute mehr denn je benötigt werden.

3. Die Drogen-Erziehung löst das Problem der ‚einen Schul-Klasse'

Schließlich löst uns ein solcher auf Toleranz ausgerichteter Zugang auch das ‚vertrackte Problem', den *unterschiedlichen* Bedürfnissen, Erwartungen und Fähigkeiten aller Jugendlichen, die in einer Schulklasse versammelt sind, gerecht zu werden, anstatt über alle die einheitliche Soße einer Sucht-Prophylaxe auszugießen.

Petermann (1999;213 f.) erklärt damit übrigens noch die mangelhaften Präventions-Ergebnisse, ohne freilich eine zureichende Lösungsmöglichkeit anzuzeigen:

> „Dem Wunsch nach generellen Effekten der präventiven Arbeit stehen viele Hindernisse entgegen. Das uns am wesentlichsten erscheinende sei kurz genannt. Schulische

> Suchtprävention richtet sich überwiegend an den Klassenverband, also an eine völlig unausgelesene Gruppe von Schülerinnen und Schülern bezüglich ontogenetischer Entwicklung, familiärer Einbindung, motivationaler Merkmale und unterschiedlichem Nutzerverhalten. Es befinden sich in den Versuchsklassen Abstinente, ProbiererInnen, aber auch gewohnheitsmäßige NutzerInnen der einzelnen psychotropen Substanzen. Die Aufnahme suchtpräventiver Inhalte ist somit höchst differentiell, sie hängt entscheidend von der Ausprägung und Qualität der genannten Variablen bei der einzelnen Schülerin, dem einzelnen Schüler ab".

Das mag im Rahmen der üblichen unmündig-defizitären Perspektive auch stimmen. Doch, ob seine Folgerung die Lösung bringt?: „Für NutzerInnen sind definitionsgemäß die therapeutischen Konzepte die Mittel der Wahl".

Warum eigentlich sollten Jungen nicht erfahren, wie Mädchen mit Pharmaka umgehen, warum kann man mit Nichtrauchern nicht über die Freuden und Probleme von Rauchern sprechen und mit allen zusammen die Risiken aller Drogen am Beispiel des jeweilig notwendigen safer-use erörtern?

Die ganz zu Beginn für die schulische Prävention verworfene Unterscheidung zwischen einer primären und einer sekundären Prävention findet hier ihren Grund:

Während die konservativ defizit-orientierte Prävention die ‚Braven' auf Kosten der Probierer und Konsumenten bis hin zum ‚Risiko unterlassener Hilfeleistung' nicht gefährden will, betrachtet eine auf Mündigkeit ausgerichtete Drogenerziehung die ‚ganze Klasse' als Lerngruppe, die gemeinsam ein ‚ambivalent' besetztes Erfahrungsfeld bearbeitet. Ebenso, wie man heute – in bewusster Abkehr von früheren Ansätzen – auch schon mit SchülerInnen der fünften Klasse sehr vernünftig das für diese Altersgruppe sehr ähnlich ambivalent besetzte Erfahrungsfeld der Sexualität ohne Angst vor dadurch ausgelöster verfrühter Schwangerschaft behandeln kann.

These 10

Einzelheiten einer Drogenerziehung sind in der Schule von allen Beteiligten gemeinsam zu erarbeiten.

In meiner abschließenden zehnten These werde ich – zugleich als ‚praktisches Fazit der bisherigen Analyse – vier konkrete Momente einer solchen Drogenerziehung ansprechen, deren Einzelheiten jeweils von allen Beteiligten gemeinsam weiter zu entwickeln wären.

Dies gilt zunächst für die wohl wichtigste Komponente des ‚schulischen Umfeldes, das den Hintergrund für eine solche Erziehung zur (Drogen)-Mündigkeit bereitstellt. Konkrete Beispiele sogenannter >system-wide<-Ansätze, die auch das weitere familiäre Umfeld mit einbeziehen wollen, belegen die Schwierigkeiten einer Prävention, deren Ziel die ‚Sucht-Vermeidung' ist; doch dürften auch die hier vertretenen Überlegungen zu einer auch am Genuss orientierten ‚Drogenmündigkeit' auf erhebliche Widerstände stoßen, weshalb bei solchen Ansätzen die ‚Erwachsenen-Bildung' bedcutsamer sein dürfte, als die einer ‚Jugend-Erziehung'. Fragen der innerschulischen Umsetzung eines solchen Programms können sich an ‚Kompetenz' Projekten und ‚interaktiven' Ansätzen anlehnen, ohne deren ‚just-say-no'-Einseitigkeit zu folgen.

Schließlich können einige Drogen-relevante Inhalte einer solchen Drogen-Erziehung noch einmal deutlich machen, wie sehr sich die gegenwärtige Sucht-Prävention mit ihrer Defizit-Perspektive in zweifacher Weise selber ‚ein Bein stellt'.

Auf der einen Seite verhindert ihre einseitig auf die *negativen Schattenseiten* des Drogen-Konsums ausgerichtete Botschaft den Zugang zu diesen Jugendlichen. Zwar können die ‚Braven' dadurch vorübergehend abgeschreckt werden, während die große Mittelgruppe solche Lern-Aufgaben im jugendlichen Peer-Alltag rasch wieder vergessen wird und die nicht-ganz-so-Braven ‚Drogen-Erfahrenen' in ihrer Ablehnung gegenüber solchen wenig vertrauenswürdigen Informationen weiter bestätigt werden.

Und auf der anderen Seite verschüttet der besorgte Blick dieser Sucht-Prävention auf diese *noch Unmündigen mit prekärer Identität* nicht nur deren Bereitschaft, sich auf solche Botschaften einzulassen, vor allem dann, wenn sie deren manipulativ-erzieherische Einfärbung wahrnehmen. Sondern zugleich korrumpiert man damit selbst und gerade bei den besser überlegten Programmen deren ‚interaktiven' Kern wie deren positiv emanzipatorisches Interesse – setzen beide doch an sich die

Anerkennung des ‚Anderen' als ernst zu nehmenden Partner mit eigener Identität, eigenem Wissen und eigenständiger Lebensorientierung voraus.

1. Das Umfeld der Schule als wichtigste Komponente

1.1 Ausgangspunkt einer jeden Überlegung zur Ausgestaltung einer solchen Drogen-Erziehung ist die Frage, wie man sie in eine veränderte Schulumgebung[394] einbauen kann. Eine Frage, die heute umso bedeutsamer wird, je mehr sich faktisch die Schule zum „Ersatz für das verlorene Straßenterrain" (Zinnecker 2001;190), also zur zentralen *sekundären Sozialisations-Instanz* entwickelt, als Ort, an dem sich ein beträchtlicher Teil des oben angesprochenen gruppendynamischen Dreiecks entfaltet; in Freundschaften, Cliquen und einander entgegengesetzten Peergruppen auf der gemeinsamen Schulklassen-Ebene, wie aber auch im Verhältnis zu geschätzten und (teilweise sehr zu recht[395]) gefürchteten Lehrern.

Mitsamt deren zielgerichteter Reaktion bzw. ziellosen Resignation[396] gegenüber einer Schüler-Welt, die Zinnecker (2001;249 ff.) in Anlehnung an Goffman und Willis' Arbeiterjugendliche als >Hinterbühne aus dem Unterleben der Schüler< gegenüber der >Vorderbühne< offizieller Schulzwecke beschreibt. Ein Umfeld, dessen Sozialisationsfunktion Büchner/Krüger (1996;201) wie folgt herausarbeiten:

> „Die Schule ist in den vergangenen Jahrzehnten zur zentralen Bezugsgröße im Leben von nahezu allen Kindern und jungen Jugendlichen geworden. Zum einen gehen immer mehr Heranwachsende immer länger zur Schule. Zum anderen ist die Schule heute mehr als nur *Lernort* (wie sie es schon immer gewesen ist); vielmehr gewinnt sie vor allem als *Lebensort* mehr und mehr an Bedeutung. So ist die Gleichaltrigengruppe in der Schule – nicht zuletzt auch als Folge der sinkenden Geschwisterzahlen – zu einer wichtigen Sozialisationsinstanz geworden.
>
> Zum Beispiel ist der Schule (neben Familienwohnung, Straße und Nachbarschaft) auch als Gleichaltrigen-Treff und Ausgangsbasis für außerschulische soziale Kontakte eine wichtige Brückenfunktion zwischen den verinselten Lebenswelten der Kinder zugewachsen (...), zumal viele Kinderfreundschaften im Schulalter oftmals auch Schulfreundschaften sind.
>
> Gemeinsam mit den in diesem Zusammenhang wichtigen außerschulischen Einrichtungen für Kinder und junge Jugendliche (...) besitzt die Schule damit faktisch und potentiell eine wichtige *Sozialisationsfunktion*, die inzwischen weit über das Lern- und Unterrichtsgeschehen (...) hinausreicht und mittlerweile sogar die bewusste oder unbewusste Ergänzung oder Kompensation von Sozialisationsdefiziten in anderen Lebenszusammenhängen einschließt.
>
> Wie Untersuchungen gezeigt haben, unterhalten nichtdeutsche Jugendliche überwiegend in der eigenen Ethnie Freundschaftsbeziehungen und Sozialkontakte, doch wird die ethnische Gruppe offenbar im Bereich der Schule überwunden. Die von

den nichtdeutschen Jugendlichen berichtete Integration in die Klassengemeinschaft weist auf eine gelungene Sozialintegration in die deutsche Gleichaltrigengruppe hin".

Umgekehrt wirkt sich diese Vermischung von Lernort und Lebensort dann recht problematisch aus, wenn die SchülerInnen deren Lerninhalte als irrelevant erleben:

> „Da Jugendliche einen nicht unerheblichen Teil ihres Alltags in der oder für die Schule tätig sind, verbringen sie diese Zeit damit, etwas zu lernen, was sie eigentlich gar nicht lernen wollen, was auch nicht interessiert und von dem sie auch nicht wissen, warum sie es lernen. Die Lerninhalte und Lernprozesse werden sekundär (…), denn wichtig ist nur das, was dabei herauskommt, das Abschlusszertifikat als Eingangsvoraussetzung in das Erwerbsleben".
>
> „Eine Situation, die im Falle des Schulversagens in der Interaktion zwischen Lehrern und Schülern „durch die Erwartungshaltungen und Fehlregulierungen der Lehrkräfte einerseits und Selbstattribuierungen und Misserfolgserwartungen der Betroffenen andererseits verfestigt und verstärkt werden, so dass damit ein Schulversagen der Betroffenen nach und nach (…) in die Wege geleitet wird" interpretiert Mansel (1996;102,106) das Ergebnis einer Untersuchung bei Jugendlichen der Sekundarstufe 1 in Nordrhein-Westfalen aus den Jahren 1986–1991.

Die Untersuchung des KFN (Wilmers u.a 2002) bietet hierfür eine Fülle an Material, und zwar sowohl zum Zusammenhang mit schulischer ‚Gewalt', die vom Schul- und Klassenklima abhängt und in einzelnen Schulklassen, vom Lehrer- wie Mitschüler-Verhalten vorangetrieben, regelrecht ‚Gewalt-Kulturen' fördern kann:

> „Es erscheint plausibel, dass die schlechten Beziehungen der Schüler untereinander wie auch die geringe Schulattraktivität und ein ungünstigeres Lehrer-Schüler Klima auf der Klassenebene mit einer erhöhten Gewaltbereitschaft einhergehen" (148). Das gilt aber vor allem auch beim *dauerhaften Schwänzen* (287 ff.), das Lehrer keineswegs selten erleichtert und hilflos dulden, obwohl es seinerseits den gesamten Teufelskreis weiter vorantreiben kann:
>
> „Es vermindert an Bildung anknüpfende Entwicklungschancen und ist zudem Anknüpfungspunkt für Stigmatisierungsprozesse. Langfristig verschlechtern sich daher auch wegen des Schulschwänzens die Optionen und soziale Partizipationschancen dieser Jugendlichen, mit der Konsequenz, dass es zu einer beträchtlichen Erhöhung des Risikos persistent delinquenter Entwicklungen kommt" (289).

1.2 Eine besondere Rolle in diesem Geschehen übernimmt der – heute freilich kaum dazu animierte und sicherlich überlastete – *Lehrer*. Es wirkt fast tragisch, wenn man dem Fazit, das Zinnecker aus seiner teilnehmenden Beobachtung zog, die Forderung von Benard gegenüberstellt. Zinnecker (2001; 153 f.) beklagt die Unfähigkeit der Lehrer,

> „sich auf die Mehrperspektivität und die vielen Weltversionen forschend einzulassen, die im Schulzimmer Tag für Tag zusammenkommen (…) Das ist wahrlich nicht die stärkste Seite der Lehrerprofession oder der Wissenschaft von der Pädagogik. Man könnte, überpointierend sogar behaupten: Wenn es eine Berufsgruppe oder eine Fachdisziplin gibt, die für eine solche Aufgabe denkbar schlecht gerüstet ist, so trifft das auf die Pädagogik zu (…) Zugunsten einheitlicher pädagogischer Situationsdefinitionen müssen die subjektiven und pluralen Lebenswelten, in denen die Kinder – und natürlich auch die LehrerInnen – leben, aus dem pädagogischen Diskurs weggeklammert und als mehr oder weniger bedeutungslose Privatangelegenheiten bagatellisiert werden".

Benard (2000;26,32) unterstreicht dagegen dessen häufig verkannte Modell-Funktion:

> „A common finding in resilience research is the power of a teacher – often unbeknownst to him or her – to tip the scale from risk to resilience. Werner and Smith (1989) found that, ‚Among the most frequently encountered positive role models in the lives of the children (…) outside of the family circle, was a favorite teacher. For the resilient youngsters a special teacher was not just an instructor for academic skills, but also a confidant and positive model for personal identification'.
>
> It is clearly what we model that makes the final difference. Social learning theorists tell us that most of our learning comes from the modeling around us. If we are caring and respectful; if we help our students discover and use their strengths, and if we give them ongoing responsibilities as active decision makers, our students will learn empathy, respect, the wise use of power, self-control and responsibility".

Pianta et al. (2002;97) bestätigen aus eigener Forschungserfahrungen Benards Ausführungen, um sodann näher auf die Möglichkeiten eines für solche Interaktionen förderlichen Schulklimas als ‚caring community' einzugehen, die beiden, Lehrern wie Schülern, die Möglichkeit öffnet

> that „the child feels supported and the teacher feels effective, despite the child's problem behavior or lack of skills", zumal eine „teacher-student negativity is more strongly predictive of child outcomes for children with problem behavior, thus demonstrating that the value of relationships may be even more important for vulnerable children".

1.3 Angesichts des gegenwärtigen Zustands in den meisten Schulen und angesichts einer höchst unzureichend sozialpädagogisch ausgerichteten Ausbildung unserer Lehrer läge es nahe, zunächst den Lehrern selber die notwendigen zeitlichen, technischen wie aber auch anerkennungs- und bildungsmäßigen Voraussetzungen zu bieten; doch sollten wir aus der Erfahrung mit der zumeist (!) relativ traurigen

Rolle der ‚Vertrauenslehrer'[397] und der fehlenden Inanspruchnahme angebotener Supervision etwa im ALF-Projekt (Kröger/Reese 2000;211) hierauf nur ausnahmsweise (bei besonders engagierten LehrerInnen und in exemplarischen Schulen) unsere Hoffnung setzen[398].

Man möchte deshalb verstärkt *Sozialarbeit in die Schule* integrieren. Und zwar so, dass sie auch hier weniger die übliche Einzelfall-Arbeit, sondern, entgegen dieser noch immer vorherrschenden Tendenz, *strukturell* im Sinne einer Gemeinwesenarbeit das gesamte Schul-Umfeld positiv beeinflusst. Eine leider doch wohl recht utopische Forderung, wie auch Hanetseder (2000;19) feststellen musste:

> „Eine grundsätzliche Entscheidung ist, an wen sich die Soziale Arbeit richtet: An *einzelne* Personen/Gruppen: SchülerInnen, Eltern, Lehrkräfte, Hauswart, weitere Personen oder an das *System* Schule als Ganzes: Teams, Klassen, Elternrat, weitere Gruppierungen. Ich stellte fest: Die grosse Mehrheit der Projekte setzt bei den Einzelnen (Personen und Gruppen) an".

Die Durchführung solcher gemeinsamer Vorhaben zwischen Schule und Sozialpädagogik stößt auf erhebliche Widerstände, nicht nur wegen des unterschiedlichen Professionalisierungs-Grades der beiden beteiligten Professionen, sondern vor allem auch wegen ihrer historisch gewachsenen, höchst unterschiedlichen Funktionen, die der Schule als Bildungs-Institution die formale Ausbildung und Auslese und der Sozialen Arbeit die Funktion der sozialen Integration und des Reparatur-Betriebes zuweist (Fatke 2000). So dass es kaum verwunderlich ist, wenn wir bei uns in Deutschland bisher kaum auf erfolgreiche Projekte[399] zurückgreifen können, während man in der Schweiz beginnt, sich aufeinander einzuspielen[400].

Ein interessantes und offen seine Probleme diskutierendes Beispiel bieten die Schweizer Projekte >*Schulteam*<, mitsamt ihren Vorgänger-Projekten >*Früherfassung*< (Sucht-Magazin Nr.6 1999:3–29), die über einen längeren Zeitraum hinweg die schwierige und langwierige Aufgabe einer schulischen Organisationsentwicklung zum Ziel hatten, während „die gemeinhin mit dem Begriff ‚Prävention' in Verbindung gebrachten Themen wie Sucht und Gewalt nicht die primären Inhalte des Projektes sind".

Stattdessen erwiesen sich als relevant die „Verbesserung der Kooperation und des Klimas im Lehrkörper; Erarbeitung von klaren Kommunikationswegen; Verbesserung der Vernetzung innerhalb der Schule und gegen aussen; Formulierung von klaren Regeln und deren gemeinsame Vertretung; Wahrnehmung der Kinder als ganze Menschen; Beachtung der Prinzipien der Nachhaltigkeit und Verankerung" (Hafen 1999; 7,9).

2. ‚*System-wide change*' *Programme als Ansatzpunkt ?*

2.1 Ganz allgemein unterschieden Tobler und Mitautoren (2000) in ihrer Meta-Analyse vorwiegend US-amerikanischer Präventionsprojekte zwei verschiedene Formen schulbezogener *>system-wide< change-programs*: Einerseits werden die üblichen schulbezogenen Präventions-Programme, durch „community, media or family involvement" unterstützt, wofür ansatzweise bei uns etwa das Projekt >Sign< als Beispiel dienen kann, und wofür in den USA das – vorwiegend auf den Alkohol-Konsum 12- bis 14-Jähriger ausgerichtete – Projekt >Northland< in Minnesota herangezogen wird:

> „Project Northland followed sixth graders up through the eighth grade with an (...) Interactive program that incorporated extensive peer-leadership. Parents were encouraged to participate in the program through homework assignments, by attending family fun nights and ‚The Awesome Autumn Party' (attended by 1.700 people), through curricula booklets mailed to students' homes, and through numerous News Notes. Parents also were encouraged to get to know their children's friends, be role models, and set up family guidelines concerning alcohol use. Community-wide task forces were formed and a number of alcohol-related ordinances and resolutions enacted. Linkages between businesses and schools were formed to combat under-age drinking" (318 mit Hinweis auf Perry u. a. 1996).

Ein wenig scheint das Projekt *>Sign<*[401] diesen Weg gehen zu wollen, das in Nordwestdeutschland, inzwischen 117 Schulen mit 800 Lehrer/innen und 22.500 Schüler/innen aller Schulformen erreichen soll. Im Mittelpunkt des ebenso auf ‚Sucht' wie ‚Mobbing' und ‚Gewalt' ausgerichteten Programms steht die Förderung von allgemeinen Lebenskompetenzen und die Stärkung und Wertschätzung der Persönlichkeit des Einzelnen. Dafür werden über vier Jahre hinweg ab der 7. Klasse in verschiedenen ineinandergreifenden Projektbausteinen Jugendliche und Eltern betreut und zwar in Zusammenarbeit zwischen Schulen, Beratungsstellen, Theaterpädagog/innen und Institutionen. Interessant scheint dabei eben dieses Zusammenspiel, während die Inhalte freilich insgesamt eher konventionell gehalten sind.

Die andere Art dieser ‚system-wide'-Programme entspricht eher der hier bevorzugten Richtung, die Veränderungen in der *Schulumgebung selber* anstreben möchte:

> „Either by implementing changes in teacher practices to create a more caring school environment, or by incorporating specially constructed programs into the school curricula to engage students. These programs aim to either directly change the school environment and/or to actively engage the youth in the learning process. They do not concentrate on ‚fixing' the youth; rather they target the school environment. Although many of these school programs have components that address individual competence,

> their major focus is to alter the school climate away from ‚business as usual'. These systemic reform initiatives foster the development of school attachment, which has been shown to reduce alienation not only from the school but also from the dominant values of the larger society“ (Tobler et al.2000;318 f. mit Hinweisen auf O'Donnell u. a. 1995 und Battistich u. a. 1996).

Das von O'Donnell u. a. (1995) evaluierte **S**eattle **S**ocial **D**evelopment **P**roject (*SSDP*) für Kinder aus der unteren Einkommensschicht, das von der ersten bis zur sechsten Klasse lief,

> verknüpfte innerschulisch mit dafür besonders ausgebildeten LehrerInnen Ansätze eines ‚proaktiven Classroom-managements' (insbesondere um Unruhe im Klassenzimmer zu vermeiden, mit Lob arbeiten etc.), interaktive Lehrmethodik und kooperatives Lernen in kleinen Gruppen mit Lektionen für ‚cognitive and social skills' in der 1. und 6. Klasse und einem spezifischen, doch wenig erfolgreichen Eltern-Training („How to help your child succeed in school“). Während sich im schulischen Bereich – geschlechtsspezifisch – Unterschiede feststellen ließen, brachte das Projekt im Drogenbereich lediglich bei den Mädchen relativ geringe Erfolge im Hinblick auf das Rauchen (5 % Signifikanz), während sich bei den Jungen keine Unterschiede zur Kontrollgruppe finden ließen.

2.2 So sehr die Autoren (Tobler et al. 2000) diese beiden Spielarten auch loben und mehr Mittel vor allem auch für die erste, recht aufwendige Projektform fordern, so relativ gering bleiben deren ‚Drogen-spezifische' Erfolge, solange man sich weiterhin auf der tradierten ‚Prohibitions-Ebene' bewegt. Evaluiert man nämlich solche ‚kombinierten' Programme fachgerecht (d. h. mit Kontrollgruppen und längeren Follow-up-Perioden, in denen die letztlich angestrebte Konsum- oder gar ‚Sucht-Minderung' überprüft wird), dann erhält man – solange sie ‚Defizit'-orientiert ausgerichtet sind – dieselben miserablen Ergebnisse, wie sie für die entsprechend weit verbreiteten Bemühungen des D.A.R.E.-Programms oder (nach unserer obigen kritischen Analyse) des >Be Smart-Dont-Start< Programms zutreffen. Das ist eigentlich auch kaum verwunderlich, wenn man die oben bei der Analyse des D.A.R.E-Programms kritisierte Übereinstimmung der Eltern[402] mit solchen Defizit-orientierten, bestenfalls ‚paternalistischen' Programm-Inhalten und deren Verarbeitung durch die angesprochenen Jugendlichen berücksichtigt.

Besonders deutlich wird dieser Defizit-orientierte ‚Abschreckungs-Ansatz' im sehr gut vorbereiteten und überzeugend evaluierten, nordenglischen *>NE-Choices<*-Projekt – ‚eines der größten Drogen-Präventions Initiativen des englischen Home Office, das mit einer dreijährigen komplex sozial ausgerichteten Intervention (multi-component social influences intervention) von 1997–1999 arbeitete (Stead et al. 2001[403] eÜ.).

Es baute wesentlich auf dem oben in These 5.1 (S. 198) skizzierten Drama auf, das von drei Schauspielern vor 13–16 Jahre alten SchülerInnen aufgeführt wurde. Eltern-Abende und ein für Schüler offenes ‚Freitags-Forum', die beide nicht gut besucht waren, und eine – ebenso unzureichende – Aufarbeitung des Dramas im Unterricht, Materialien für Lehrer und Schulleiter, Informations-Broschüren für die Eltern und Medienaktiviäten ergänzten das recht aufwendig inszenierte Programm.

Die Ziele des Programms waren: „Den allgemeinen Drogen-Konsum zu reduzieren, den Drogen-Beginn zu verschieben, die Häufigkeit des Drogenkonsums bei denjenigen, die schon Drogen konsumieren und den kombinierten Drogenkonsum, einschließlich Drogen und Alkohol, zu reduzieren".

Das eindeutige *Ergebnis* formuliert die Website der Regierung[404] mit wenigen Worten: „ Obwohl die Jugendlichen das Programm glaubwürdig und interessant fanden, führte die Intervention zu keinerlei Veränderung im Drogengebrauch (the intervention was not associated with any changes in drug taking behaviour.")

Auch die – vergleichsweise methodisch besonders gut angelegte – ‚Binnen'-Evaluation[405] des holländischen Programms >*Healthy School and Drugs*<, an dem zwischen 64–73 % der holländischen secondary schools jeweils über drei Jahre hinweg teilnehmen, erbrachte insgesamt nur höchst ‚dünne' Erfolge.

> In diesem ‚multi-component, school-based prevention'-Programm ist die erste Voraussetzung, die Einrichtung eines Koordinations-Kommittees, das besteht aus dem „school staff (teachers, managers, and directors), a health official (from the health education department of the municipal health service) and a parents' representative", das alle Aktivitäten „on substance use prevention at school coordinates and draws up a working plan each year".
>
> In jeweils drei Lektionen werden jährlich – nacheinander folgend – Tabak, Alkohol und Cannabis zunächst mit (nicht nur abschreckenden) basic informations about the substance, und sodann mit „lessons containing skills training in making choices, refusal skills and increasing self-esteem" mit vielen Arbeitsmaterialien für Lehrer und Schüler behandelt.
>
> Als dritte und vierte Komponente wird eine „formulation of school regulations on drug use, for example on the use of alcohol and tobacco at school and school parties" sowie ein „system of *early detection* of students with drug problems, and support and counselling for these students" durch dafür ausgebildete Lehrer und Counsellors in Zusammenarbeit mit den health officials entwickelt.
>
> Schließlich werden auch die Eltern mit Material für Elternabende, Broschuren und newsletters an dieser ‚drug abuse prevention at school' beteiligt (Cuijpers et al. 2002;70 kursiv S.Q.).

Dieses Projekt erbrachte, wie oben bereits erwähnt, neben einigen Misserfolgen vor allem im Cannabis-Bereich, während einer ein-, zwei- und dreijährigen Follow-up-Periode (bei insgesamt 1.405 SchülerInnen, die zu Beginn 12,4 Jahre alt waren) einige signifikante Erfolge im Alkohol- und Nikotin-Bereich. Doch hätte man die – hier erforderliche – schärfere Bonferroni-Korrektur eingesetzt, wäre das so aufwendig angestrebte Ergebnis weitaus dürftiger ausgefallen:

> Von 25 überprüften Konsequenzen erwiesen sich nur drei als hoch-signifikant (p<.001), und zwar zwei davon bei der Frage, ob überhaupt Alkohol konsumiert wurde, und eine im dritten Follow-up-Jahr bei der Frage nach der Anzahl der Drinks pro Gelegenheit. Auch die drei weiteren (auf der Ebene p<.01) noch interessanten signifikanten Ergebnisse stammen aus diesem Bereich, während der Anteil der wöchentlichen Alkohol-Trinker sich weithin nicht signifikant veränderte[406]. Beim Zigaretten-Konsum dagegen müssen wir uns unter 9 überprüften Zusammen-hängen (Gebrauch, täglicher Gebrauch und Anzahl der Zigaretten pro Woche in jeweils 3 Mess-Zeitpunkten) mit lediglich drei minimalen nicht-zufälligen Ergebnissen von p<.05 bzw. p<.1 zufrieden geben (S. 69, Table 2).

3. *Was wäre bei einer Umsetzung zu beachten?*

3.1 Probleme bereitet es dann auch, solche Präventions- bzw. Drogenerziehungsprojekte konkreter *curricular* in das schulische Angebot einzubauen: Etwa im Rahmen einer übergreifenden Gesellschaftskunde oder in einer noch weithin fehlenden Life-skills- bzw. Gesundheits-Erziehung[407], wenn nicht gar als >allgemeine Förderung von Lebenskompetenzen<[408] kombiniert mit Ansätzen der Streitschlichtung, Gewaltprävention und Sexualerziehung[409] oder als integrierter Bestandteil eines generelleren >youth development approaches<.

Noch einmal zeigt sich hier freilich, wie sehr sich die jeweils führende Perspektive bis hinein in den Sprachgebrauch erstreckt. So sinnvoll es nämlich ist, die Drogen-Erziehung in den Rahmen einer *salutogenetischen* Gesundheitsförderung der Ottawa-Charta (1986) der WHO[410] einzufügen, so problematisch können solche Life-skills sich dann auswirken, wenn sie lediglich als weiteres Mittel gegenwärtiger just-say-no-Prävention verstanden werden, ganz abgesehen davon, dass solche Trainings-Effekte in ‚real life' nur schwierig auf andere Situationen übertragbar sind, solange die äußere Situation dieselbe bleibt.

Wir erinnern uns: „Die Evaluation von 7 kommerziell angebotenen ‚Social skills' Programmen durch DuPaul und Eckert (1994) ergab, dass selbst ausdrückliche Bemühungen, die Erfolge zu generalisieren (that even explicit attempts to foster generalisation) nur gemischte Erfolge brachten. Sie schlossen mit der Feststellung, dass eine Veränderung der natürlichen Umgebung die besten Dauer-Effekte brachte (alteration of the natural environment led to the most significant maintenance effects)" wie Morgan (1998a;110 eÜ.) in seiner kritischen Analyse dieser auf Botvin zurückgehenden life-skills-Ansätze bemerkte[411].

Gorman (1996,1998;141 eÜ.) zeigte uns darüber hinaus zunächst, wie die in jüngster Zeit so favorisierten unterschiedlichen Spielarten der >social influence<-Programme, nämlich das >resistance skills training< (*RST*), das >social skills training< (SST) und das >life skills training< (LST) nicht nur minimale Erfolge aufweisen, sondern völlig deren „möglicherweise schädlichen Auswirkungen speziell auf die besonders Gefährdeten (among those most at risk)" außer Acht lassen.

Insofern überzeugt die Warnung von Brown/Kreft (1998; 11, kursiv S.Q.)

> „If, for example the ‚Just Say No' message is not a realistic one, if no-use methods do not work, nor do their substrates that teach so-called social and life skills, we have to investigate what needs to be changed (...). A *youth development* approach is more successful than an authoritarian approach, by protecting adolescents from harm, including substance abuse".

3.2 Auch die Art der *Didaktik* folgt dieser ‚*interaktiven*' Methode, die Inhalte gemeinsam zu erarbeiten: Wie kann man durch gegenseitige Erfahrung im gruppendynamischen Kontext lernen, wobei der Lehrer zugleich Supervisor, Informant aber häufig auch selber Lernender sein muss. Kappeler (2001;289) fasst diesen Wechselbezug wie folgt:

> „Neue Sichtweisen können entstehen, wenn die Erziehenden mit den eigenen Optionen des Genießens und des Rausches ehrlicher gegen sich selbst und offener gegenüber den Jugendlichen umgehen, ihre Drogenängste als ihr Problem begreifen und das Drogenwissen von jugendlichen GebraucherInnen als bedeutsam anerkennen. Auf dieser Grundlage erst ist eine gleichberechtigte Kommunikation über Risiken des Drogenkonsums möglich, die auf Dämonisierung und Mystifizierung gleichermaßen verzichten kann.
>
> In Sachen Genuss mit Drogen und drogeninduzierten Rauscherlebens sind in unserer Gesellschaft, bezogen auf illegalisierte Stoffe, als Folge der Illegalisierung, die meisten Menschen, unabhängig vom Alter, Geschlecht und sozialer Stellung, Analphabeten, zumindest aber Lernende. Wie jede Alphabetisierung, in der immer auch die Älteren von den Jüngeren lernen, könnte auch eine Alphabetisierung des genussvollen Gebrauchs psychoaktiver Substanzen zwischen den Generationen als gemeinsames, partnerschaftliches Lernen verstanden werden, in das alle Beteiligten in unterschiedlicher Weise ihre unterschiedlichen Erfahrungen zur Diskussion stellen könnten".

Erst in solchen ‚offenen' Diskussionen im Rahmen einer Schulklasse oder dort in kleineren Gruppen, kann sich die Eigenständigkeit aller SchülerInnen entfalten – sofern der Lehrer hierfür ‚ein Auge' hat. Hier können sie nicht nur formal, sondern – vor allem in solchen ‚kritischen' Bereichen, denen das klassische Lehrer-

Schüler-Arrangement hilflos gegenübersteht – auch inhaltlich lernen, Argumente auszutauschen, neue Informationen aufzunehmen, sie zu bewerten und kritisch zu überprüfen:

> „When asked by researchers, young people continually say they want safe places for honest and open reflection and dialog around issues salient to them, especially those related to sexuality, drug use and abuse, and family communication (lit). Teachers can give youth the opportunity to give voice to their realities – to discuss their experiences, beliefs, attitudes, and feelings – and encourage them to critically question societal messages, especially those from the advertising media as well as their own conditioned thinking“ (Benard 2000;29).

Ein solcher Ansatz kann offensichtlich sogar auch besser die engeren Ziele einer >Drogen-Prävention< erreichen als das noch zumeist übliche frontale Lehren:

> In solchen „interactive programs the lessons are less structured and the focus is not on didactic presentations but on discussion, role-playing, and interaction between students. Non-interactive programs are structured, they focus on oral presentations by the teacher, and do not stimulate interaction between students (…) the conclusion that interactive programs focussing on the development of interpersonal skills are superior to other programs is the best summary of research results available to date“ fasst Cuijpers (2002; 100) seine Übersicht zusammen.

Er kann sich dabei u. a. auf die anfangs zitierte Meta-Analyse von Tobler/Stratton (1997) und vor allem zentral auf deren dritte Meta-Analyse (Tobler et al. 2000) berufen, die für die übliche *non-interaktive* Prävention praktisch keine Effekte hinsichtlich eines späteren Drogengebrauchs (mit sehr variierenden Follow-up-Perioden) feststellen konnten, während *interaktiv* ausgerichtete Programme, wenn sie in einem kleineren, übersichtlichen Rahmen ablaufen[412], einen etwas besseren Erfolg zeitigten:

> „It comes as no surprise that the Interactive Programs which are based on peer-to-peer exchanges are more effective“ (111), wobei dieses ‚more' allerdings den Erfolgseffekt nur von 1 % auf 9,5 % steigern kann: „Replacing the present (non-interactive) programs would increase the effectiveness of school-based programs by 8,5 %“ (117).

Und wiederum muss man darauf aufmerksam machen, dass solche sehr beherzigenswerte und für den gesamten Schulbetrieb wünschenswerte Maximen problematisch werden, wenn sie – im Rahmen gegenwärtiger Prävention – nur ‚didaktisch' eingebaut werden. Rosenbaum (1998; 200) erinnert uns mit einem Hinweis auf Brown daran, dass eine solche >peer-education< nur dann einen Sinn haben kann, wenn ihr Ziel nicht schon von vorneherein top-down festgelegt ist:

„When young people recognize that they are being taught to follow directions, rather than to make decisions, they feel betrayed and resentful … Thus drug education is not really education at all, but indoctrination which frustrates student and many teachers alike“.

So selbstverständlich diese Forderung für das gesamte Schulsystem an sich gelten sollte, so selten wird sie realisiert, wie bei uns die Diskussion um die Folgen der PISA-Studie demonstriert und was eine Berliner Studie ‚zum Bild schulischer Suchtprävention bei Lehrerinnen und Lehrern‘ sehr einprägsam unterstreicht:

„So wird dem informierenden Bereich eindeutig der Vorrang vor der Darstellung und Diskussion von Ursachen und Aspekten des positiven Erlebens (z. B. Genuss, Bewusstseinserweiterung, soziale Anerkennung) gegeben, jedoch finden sich auch kritische Stimmen zu einer ausschließlich kognitiven Herangehensweise.:

>Als ich den Schülern erzählt habe, wie ich früher Parties erlebt habe, seitdem herrscht ein sehr gutes Verhältnis in der Klasse, auch über ihre eigenen zu sprechen<.

Einer solchen Gesprächsführung stehen jedoch laut Befragten mehrere Hindernisse im Wege, denn es bedürfe sowohl eines zeitlichen Spielraumes als auch einer offenen Atmosphäre, die der normale Fachunterricht häufig nicht zu bieten vermöge“ (Weber 2001;208).

2.3 Schließlich, last but not least, kommt es entscheidend darauf an, welche *aktive Rolle* die SchülerInnen selber in ihrer Schule, in ihrer Klasse übernehmen können. Und zwar nicht als besonders ausgebildete ‚Peergruppen-Führer‘, sondern als ‚normale‘ Mitglieder einer Klasse oder Schule. Hier können sie eben das realiter und einsichtig lernen, was ihnen im nur gespielten ‚Lebenskompetenz-Training‘ des ‚Just-say-no‘ beigebracht werden soll:

„Creating opportunities for student participation and contribution is a natural result of working from a resilience- and strengths-based perspective. By having the opportunity to be heard in a physically and psychologically safe and structured environment, youth develop attitudes and competencies characteristic of healthy development and successful learning: social competence, problem-solving, and a sense of self and future“.

Dies umfasst Verantwortlichkeiten im Klassen-Alltag, Konflikt-Schlichtung, offene Problem-Diskussion und „inviting students to help create classroom rules, curriculum, and school policies“ (Benard 2000;29).

Ein solcher didaktisch-interaktiver Ansatz funktioniert freilich nur dann, wenn beide Seiten, Schüler wie Lehrer, diese neue Art ‚partizipativer' Teilnahme *lernen* können:

> „Adults need to adapt to youth participation as much as (if not more than) youth do. This requires ongoing training and development of adults in how best to support youth and fulfil their roles as adult allies" ebenso, wie auch Jugendliche „may need experiences that alter their frames about what is possible for young people" schließen O'Donoghue et al. (2002;22 f.) ihre Übersicht über die üblichen Partizipations-Mythen.

4. *Fünf wichtige drogenspezifische Inhalte einer Drogenerziehung*

Ihrem *Inhalt* nach kann sich diese Drogenerziehung einerseits an das Modell schulischer Verkehrserziehung anlehnen, die bei uns schon früh beim Fahrrad-Kursus beginnt. Andererseits kann sie sicher aus der sehr viel weiter vorangeschrittenen und inzwischen auch weithin etablierten Sexualpädagogik lernen, bei der es im ähnlich heiklen, Tabu-besetzten Feld heute „viel stärker um die Anerkennung und Stärkung von Kompetenz geht als um einen problemorientierten Ansatz. Es ist wichtig, hier am Gelingenden anzusetzen und die Möglichkeiten des Gelingens zu erweitern" (Winter 1998;364).

Neben der unbedingt erforderlichen und bisher weithin sträflich vernachlässigten spezifischen Drogen-Information, die auch auf aktuelle Fragen der Schüler antworten kann, wofür man auch das *Internet*[413] nutzen sollte, sind es fünf *allgemeinere Bereiche*, die in jeder Drogenerziehung anzusprechen sind:

(1) Jeder Schüler sollte die Bedeutung von *set und setting* kennen, also das Wechselspiel zwischen der tatsächlichen und erwarteten Drogenwirkung einerseits mit der jeweiligen individuellen Stimmung, dem Gruppen-Kontext und der Konsum-Situation andererseits.

(2) Hierzu gehört der gewichtige Einfluss *informeller Regeln,* in denen die Art der Droge und des Konsums, deren Häufigkeit, Intensität, deren Genuss-Funktion und deren Risiken näher ausgestaltet werden. Diese Regeln folgen häufig mehr oder weniger unbewusst allgemeineren kulturellen Vorbildern oder Gruppenstandards; sie können aber auch *bewusst* selber entwickelt oder neu gestaltet werden.

Sie reichen von der Art, wie man welche Marke raucht über die Regeln „nie alleine", „nur am Wochenende" oder „abends vor dem Schlafengehen" bis hinein in das Antesten der Droge bzw. in die Anforderungen einer >Punkt-Nüchternheit<: „Niemals beim Autofahren". Solche Regeln können aber auch *Mythen* enthalten, Ängste wecken und Risiken verstärken: „Nach drei Schuss bist Du abhängig" oder „beim Joint musst du besonders tief einatmen“ bzw. „beim Kampf-Trinken hört nur ein Feigling auf“.

(3) Um die Bedeutung und Wertigkeit solcher Regeln erkennen zu können, ist es wichtig, zwischen *,schlechten und guten' Informationen* unterscheiden zu lernen[414]. So zeigt auf der einen Seite etwa das Beispiel der Zigarettenwerbung, wie früh man bereits vor dem ersten Rauch-Alter mit falschen Informationen beeinflusst wird, wie sie weithin unbewußt verarbeitet werden und welchen Interessen sie folgen:

> „Much of the industry's conduct appears to have been designed to generate positive affect in young smokers and then to maintain those impressions throughout their lives“.[415]

Auf der anderen Seite müssen die Jugendlichen – möglichst zusammen mit ihren Lehrern – *Kriterien* entwickeln, an Hand deren sie die *Glaubwürdigkeit* sowohl der offiziellen Informationen wie aber auch die aus ihrer Peer-Gruppe beurteilen können. Wiederum bieten hier Medikamente und legale Drogen die besten Ansätze, da beide Seiten hier sowohl eigene Erfahrungen wie Erfahrungen aus ihrer unmittelbaren Umwelt – Freunde, Eltern – einbringen können; Erfahrungen, die sich häufig recht geradlinig auch auf die üblichen Party-Drogen übertragen lassen.

(4) Ein besonderes Anliegen, das nach unseren Umfragen insbesondere die deutschen Schüler betrifft, ergibt sich aus den unheilvoll legitimierenden Nebenfolgen der *Sucht- und Abhängigkeits-Propaganda*. So richtig es ist, den Jugendlichen die Risiken eines unüberlegten Gewohnheits-Konsums nahe zu bringen – insbesondere bei Zigaretten und Medikamenten, aber auch bei den sog. Party-Drogen, so deutlich muss man die jederzeit bestehende Chance unterstreichen, mit diesem *Konsum aufhören* zu können.

Und zwar bis hinein in die Technik kontrollierten Konsums oder einer auch praktisch geübten partielle Abstinenz etwa im Rahmen eines (Anti-)Raucher-Wettbewerbs: Spielerisch ausprobieren, ob man es einfach einmal vier Wochen lassen kann, ohne naheliegende ‚Misserfolge‘ als endgültige Bestätigung einer Abhängigkeit anzusehen oder von vorneherein einen endgültigen ‚Abstinenz-Beschluss‘ fassen zu müssen[416].

Solche Hinweise fallen freilich ‚Suchttherapeuten‘ schwer, gilt für sie doch diese Technik einer Fasten-ähnlichen zeitweisen ‚Drogenpause‘ als eines der Symptome der Drogen(Alkohol)Abhängigkeit, ebenso wie dann auch andere, kulturell gesetzte ‚Fasten‘-Zeiten als Symptom einer manifesten Bulimie zu werten wären. Eine Annahme, die aus Sicht der Therapeuten, die im Zweifel ja nur solche ‚Süchtige‘ erleben, ebenso sinnvoll ist, wie die Behauptung ‚Cannabis sei eine Einstiegsdroge‘, da die meisten kompulsiven Heroin-Konsumenten vor dem Heroin Cannabis konsumiert hatten; eine Behauptung die freilich noch ein letztes

Mal zeigt, wie riskant es sein kann, ‚präventive Bemühungen bei Normalen' aus solch einer pathologisierenden Suchttherapeuten-Perspektive heraus zu konzipieren.

(5) Schließlich gehört zu dieser Drogenerziehung die Vermittlung von *Hilfe-Techniken* – für sich selber aber vor allem auch für den anderen (!) – in den zumeist ja eher kleineren Drogennotfällen; eine Aufgabe, die im Rahmen von Erste-Hilfe-Kursen gut zu leisten wäre: Wie reagiert man etwa bei >Horror-Erfahrungen<, bei Rave-Erschöpfung, im Umgang mit Trunkenheit oder bei unerwarteten Drogen-Wirkungen. Wo erhält man Hilfe, welche beruhigende Maßnahmen kann man treffen, wie erreiche ich die *anonyme Telephonberatung* (Happel 2002) oder wann rufe ich den Notarzt, wie rufe ich ein Disko-Taxi oder verabrede mich mit einem >Designated Driver<[417] und verhindere die Alkohol-Fahrt und was mache ich, wenn ich Angst habe ‚abhängig' zu sein:

> „If the message is based on and integrated with what happens in real life, where some students are confronted with drugs on a daily basis, the message should be ‚If you have a substance abuse problem (as about 10 % of the American population has), you can do something about it. You can always stop (here is how you can do that) or you can always find someone to help you (and here is where these people are)'".(Brown/ Kreft 1998;12).

Doch vergessen wir nicht, wo die besonders hohen Risiken drohen: Was mache ich, wenn Erwachsene, Eltern oder Lehrer mit überzogenen Ängsten und Sanktionen reagieren und welche *Rechte* habe ich, wenn die Polizei eingreift[418] oder man mir den Führerschein entziehen will[419].

Nachwort

Zum Funktionieren des Präventions-Dispositivs

„In human society“, Mr. Ringold taught us,
„thinking’s the greatest transgression of all.“
„Cri-ti-cal think-ing,“ Mr. Ringold said,
using his knuckles to rap out each of
the syllables on his desktop,
„– there is the ultimate subversion.“

(Philip Roth: I Married a Communist. Vintage 1999 S. 2)

Am Anfang stand der Ärger darüber, dass nun auch noch die Köpfe der Kinder mit den üblichen Drogenmythen vollgestopft werden[420], und zwar mit der doppelt unerwünschten Folge, dass gleichwohl der Drogenkonsum Jugendlicher – davon ganz unberührt – ständig weiter wuchs, und dass auf der anderen Seite sich – eben dadurch – der übliche, defizitär ausgerichtete Drogen-Blick immer tiefer im gesellschaftlichen Bewusstsein einnisten durfte.

Wie kam es dazu, fragte ich mich, dass unsere ‚neue‘ Drogenpolitik der 60er/70er Jahre sich innerhalb von 20 Jahren bis in die Klassenzimmer unserer Jüngsten vordrängen konnte; eine Drogen-Politik, die mit demselben Schlachtruf von >Sucht<, >Abhängigkeit< und >Drogen-Verelendung< von Anfang an sich das Drogen-Problem schuf, das sie eigentlich bekämpfen wollte.

Mein Versuch, dieses emotionale Staunen ‚wissenschaftlich‘ zu verarbeiten, führte mich – auf dem Weg vom Vortrag zu diesem Buch – in drei ineinander verschachtelte und aufeinander aufbauende ‚Theorie-Felder‘, die gemeinsam die Entwicklung und Konstitution des Präventions-Dispositivs zum Lehrstück für eine ganze Reihe analoger Unternehmen professioneller Dienstleistungen geraten ließen.

Dies gilt zunächst für die weithin ‚alltags-theoretisch‘ argumentierende Praxis, die sodann eigentlich auf einer breiteren, sozialwissenschaftlich orientierten ‚theoretischen‘ Fundierung aufbauen müsste. Zusammengenommen bilden sie zum Dritten ein Dispositiv, in dem wir nunmehr unter ‚wissenssoziologischem‘ Blickwinkel immer wieder sowohl die Rolle und Funktion unserer Argumente, Theorien und Perspektiven wie aber auch das Gewicht und den Einfluss unserer Interessen, Wertvorstellungen und Handlungs-Strategien – in ihrem stetigem Feedback auf Inhalt und Funktion des Dispositivs – kennen lernen und hinterfragen mussten. Um auf diese Weise die Strukturierung solcher Gedanken-Gefängnisse aufzudecken, durch die wir über unsere Köpfe unterworfen werden.

1. Die Praxis

Die gegenwärtige Drogenprävention – zumindest bei uns in Europa – arbeitet heute noch fast durchweg ausschließlich *Praxis*-bezogen. Sie entwickelt sich – in zahlreichen Versuchen, manchen Irrtümern und gerne geglaubten Erfolgen – eher handwerkelnd in einer kaum übersehbaren Vielfalt kleinerer alltagsnaher Projekte, die inzwischen freilich gelegentlich auch erhebliche Ressourcen mobilisieren können.

Typisch für diesen Entwicklungsstand ist eine Vielzahl von Flyern, Prospekten, kleineren Aufsätzen sowie das fast völlige Fehlen einschlägiger wissenschaftlicher Literatur etwa auf der Ebene eigenständiger Forschung oder wissenschaftlicher Buch-Publikation[421]. Auf dieser Ebene argumentiert man – bestenfalls – mit angeblich bewährten Modellen möglichst aus den USA, versammelt sich in bunt zusammengestellten Kongress-Readern und erschöpft sich in ‚evaluierender' Auftragsforschung der zumeist eigenen Präventions-Anstrengungen. Man beginnt, sich in Rezeptbuch-artigen Handbüchern eine etwas allgemeiner verbindliche Basis zu schaffen und sich im Internet sowie im europäischen Kontext miteinander zu ‚vernetzen'.

Alle diese Aktivitäten wurzeln in einem breiten ‚alltags-theoretischem' Fundament eines ‚Jedermann-Wissens', in dem die ‚Jugend' als mehr oder weniger unmündig, ‚Drogen' als Sucht-produzierend und ‚Professionelle' als Experten gelten; in einem gesellschaftlichen Wissen, das Praktiker und Eltern, Medien und Politiker weithin gemeinsam verwalten; ein Wissen, das häufig als ‚herabgesunkenes Kulturgut' die Ergebnisse früherer Diskurse bewahrt, etwa das der ‚Identitäts-Bildung' oder das der ‚früh gestörten Sozialisation'[422].

Man argumentiert mit emotional bewegenden Fallbeispielen, optisch eindrucksvollen Schemata, passend zubereiteten Daten und ständig wachsenden Problem-Häufigkeiten, in denen, mehr oder weniger assoziativ und emotional eingefärbt, das Übel mitsamt seinen multiplen Zusammenhängen und möglicherweise angreifbaren Schwachstellen festgemacht werden kann. Auf Schlagworte komprimierte ‚Theorien' – ‚Sucht-Theorien'[423], Lern-und Sozialisations-Theorien, Stress-Theorien oder 16 unterschiedliche „Theorien zur Einstellungs- und Verhaltensänderung (Medienwirkung)" mit „diversen Varianten" (Künzel-Böhmer u. a. 1993;40–43) – sowie zitierende Hinweise auf regierungsfreundliche Expertisen, offizielle Verlautbarungen und internationale agreements liefern zusätzliche Legitimationshilfen.

Diese Art des Vorgehens ist, wie die Erfahrung lehrt, erfolgreich. Seine Vorteile liegen auf der Hand: Man befindet sich im Einklang mit dem alltäglichen

Allgemeinwissen, kann auf den damit verbundenen Sorgen und Hoffnungen, Ängsten und Heilserwartungen aufbauen und von dort her ein Instrumentarium entwickeln, das, selber überlebensfähig, da finanziert, dabei helfen soll, Probleme zu bewältigen.

Man erhält damit sogar gewisse Spielräume, Neues auszuprobieren und Überholtes auszusortieren, stets mit dem Versprechen, als Experte an einer ständig sich verändernden ‚vordersten Front' mitzuarbeiten, solange diese nur in den alltagstheoretisch vorgeprägten Erwartungs-Horizont hineinpasst, was am besten mit inkrementalen Schritten des ‚more of the same' zu leisten ist.

In diesem Sinne lässt sich etwa das Voranschreiten von der ‚klassischen' (und noch immer virulenten) Abschreckungs-Strategie zum damit gepaarten Kompetenz-Training des >just say no< oder die Entwicklung von der schul-orientierten zur ‚umfassend kommunalen' Prävention als Fortschritt verkaufen, der ‚Irrtümer' eingesteht, um nunmehr, selbstkritisch legitimiert, dasselbe auf einer kostenintensiveren ‚höheren Ebene' erneut anzubieten.

Um dies jedoch nochmals zu unterstreichen: Dieses Vorgehen ist notwendig, weil auf andere Weise heute neue praktische Wege weder ausprobiert noch gar umfassender umzusetzen sind. Insofern zeigt sich auch in dieser Arbeit – im Verhältnis des Umfangs der kritischen zu dem der alternativ aufbauenden Thesen – dass es immer einfacher (und angesichts der Übermacht gegenteiliger Ansicht auch notwendig) ist, die gegenwärtige Praxis zu kritisieren, als ‚theoretisch' – ohne zureichend praktische Beispiele an der Hand zu haben – praktisch handhabbare Alternativen zu entwickeln; Alternativen, die selber ihrerseits – unter anderer Perspektive (!) – ganz analog ‚praktisch' zu erproben, zu begründen und durchzusetzen sind:

> „Wenn im Verlauf der Arbeit oftmals Methoden, Erkenntnis- und Handlungswege eher postuliert als angewandt werden, ist das nicht so sehr (…) der praktischen Faulheit des Autors zuzuschreiben, sondern der Tatsache, dass sich die Methoden erst in der Praxis aktualisieren" begründet Meyer (o. J.3 f.) seine theoretisch gut durchdachte Kritik gegenwärtiger Suchtprävention.

Solche Alternativen sind damit – auf dieser praktischen Ebene – eben denselben Gefahren ausgesetzt, denen auch die gegenwärtige Drogen-Arbeits-Praxis unterlag. Eine Praxis, die zunächst auf Beratung, Release und Therapie setzte, um dann in Zwangstherapien, öden Methadonprogrammen und überfüllten Gefängnissen zu enden, oder die – in unserem engeren Zusammenhang – Jugendliche vor dem Abgleiten in dieses drogenpolitisch selbst verursachte Drogenproblem bewahren wollte, um dann heute dazu überzugehen, Grundschulkinder davor zu warnen, sich allzu sehr auf ihren (Peergruppen)-Freundeskreis zu verlassen bzw. ‚alleinerziehenden' Müttern ihr individuelles Versagen vorzuhalten.

2. *Die Wissenschaft*

Auch auf der zweiten, sogenannten *,wissenschaftlichen'* Theorie-Ebene geraten wir rasch auf dünnes Eis. Dies gilt nicht nur auf der Seite der nach ,theoretischer Hilfe suchenden' Praktiker, sondern ebenso umgekehrt für ein praktisch umsetzbares theoretisches Angebot aus dem Kreis der Wissenschaft. Während die einen – nicht nur unter legitimatorischem Druck – in der Theorie eine über den Alltag hinausgreifende Begründung für ihr Tun suchen, wollen die anderen (also diejenigen, die ,wissenschaftlich' argumentieren), sofern sie denn zureichend selbstkritisch arbeiten, kaum jemals praktisch Brauchbares liefern, zumal dies zumeist nur allzu rasch die Unbrauchbarkeit oder Beschränktheit ihrer Labor- und Schreibtisch-Überlegungen offenbaren würde:

> „Je weniger sich ein ,Gedanke dem Alltagsdenken annähert, desto mehr entspricht er den Kriterien der Humanität. Je weniger er sich an praktischen Zielen rechtfertigt, je wertloser er im Supermarkt oder an der Börse ist, desto höher ist sein humanisierender Rang" paraphrasiert Bauman (2003;54) ,Adornos spitze Feder'.

Eine nicht nur bei den Adepten der Frankfurter Schule häufig auftretende, verständliche Einstellung, die zugleich erlaubt, sich von den praktischen Konsequenzen der eigenen Kritik (mitsamt der darin enthaltenen Möglichkeit zu deren Falsifizierung) freizuhalten, die eigene Theorie ,rein' zu entwickeln und die Schwierigkeiten einer ,verunreinigten' Praxis zu vermeiden. Doch findet diese, dem naturwissenschaftlichen Modell nacheifernde Theoriekonstruktion im sozialwissenschaftlichen Feld bestenfalls nur ,die halbe Wahrheit', und zwar aus drei Gründen:

Weil dieses Feld stets nur konstruiert auftritt, als praktisch-tätig umgesetzte Theorie bzw. als (alltags)theoretisch gelenktes Praxis-Produkt. Weshalb ,Kritik', so sie denn öffentlich wird, immer schon zum Teil der Praxis gerät, ebenso wie diese (mitsamt ihrer Alltagstheorie) die Kritik mit-konstituiert – weswegen diese ja so häufig, wenn auch polar entgegengesetzt, eben auf derselben Dimension verharrt. Es ist schon schwierig, sich auf diesem Feld die eigenen Hände in Unschuld zu waschen.

Sodann sind alle diese ,sozialen' Phänomene von Anfang an ,unrein', d.h. in sich selber ambivalent konstituiert. Als Spielball vieler Konstrukteure sind sie kompromittierte Kompromiss-Produkte, die strategisch, von unterschiedlichen Interessen besetzt, in verschiedene Richtungen vorangetrieben werden, und deren ,reine' Verwirklichung immer wieder totalitär entarten kann. ,Königswege' sind Wege von (Philosophen)-Königen, die ihren Untertanen selten zum (beabsichtigten) Wohl geraten[424]

Schließlich werden alle diese sozialen Phänomene dispositiv gemanagt, also nicht nur geplant, begründet und kritisiert, sondern auch apparativ mit good intentions and best interests realisiert, verhindert oder vorangetrieben. Drei Gründe, weswegen auch alle diese ‚unreinen' Variablen sozialer ‚Realität' als ‚zweite Hälfte der Wahrheit' zum wesentlichen Bestandteil postmodern-theoretisierender Arbeit hinzu zu zählen sind.

In diesem Kontext greifen Praktiker dann – fast notgedrungen – auf solche Theorien zurück, die möglichst handlungsnah entwicklungspsychologische Denk-Modelle bereithalten oder die medizinisch-psychiatrisch-psychoanalytisch möglichst alltagsnah plausibel erklären, warum bestimmte ‚riskierte' Individuen später einmal ‚süchtig' werden, während uns ‚Normalen' dieses Schicksal erspart bleibt.

Dazu passt dann auf der anderen Seite der *soziologistische* Bezug auf umfassendere soziologische Deutungen ‚postmoderner' Entwicklungs-Tendenzen, die uns – bei ständig wachsender Individualisierung, zunehmenden ‚Lebens- und Entscheidungs-Risiken' und unkontrollierbarem Werteverfall – zur allgemeinen Sucht-Gesellschaft entarten lässt. Ohne näher auf die einschlägigen Analysen der dafür immer wieder zitierten Gewährsleute eingehen zu müssen, kann man derart die jeweils führende emotional-moralisch gefärbte Präventions-Einstellung legitimatorisch überhöhen und absichern.

Theoretische Ansätze, die zwischen diesen beiden – individualistisch bzw. soziologistisch ausgerichteten – Extremen im konkreten sozialen Umfeld ansetzen wollen, besitzen demgegenüber nur geringe Überlebens-Chancen. Dies gilt in gleicher Weise etwa für sozial-pädagogische Erklärungen, die über rein didaktisch-pädagogische Handreichungen hinausreichen, wie für sozialpsychologische Ansätze, die etwa auf symbolisch-interaktive Zuschreibungs- und Erwartungsprozesse zurückgreifen, oder die das gruppendynamische Geschehen zwischen verschiedenen Gruppierungen in den Vordergrund ihrer Analysen stellen.

Dies gilt jedoch vor allem – in unserer heutigen ‚neoliberalen' Wende wieder – für den weiten Theorie-Bereich, der sich, real und nicht nur ‚gesellschaftskritisch', mit marginalisierten Gruppen, sozialer Deklassierung und sozialer Verelendung befasst. Das nette Gerede über ‚unterschiedliche soziale Milieus' verdeckt diesen Graben ebenso, wie die politische Behandlung der PISA-Ergebnisse und der mehr als schleichende Abbau sozialpädagogischer Ausbildungsplätze im universitären Bereich.

Praktiker und Theoretiker arbeiten dabei Hand in Hand. Und zwar auf *theoretischer* wie auf methodischer Ebene. So wie man zunächst in der ‚großen Theorie' am Schreibtisch praxisfern über die Schlechtigkeit der Welt raisonieren kann, was dann der Praxis als eindrucksvoller Hintergrund ihrer Verbesserungs-Bemühungen dient, so verführt umgekehrt eine empirisch ausgerichtete ‚middle-range-theory' dazu, sich möglichst methodisch exakt auf relativ isolierte (korrelierende) Wechsel-Beziehungen zu stürzen, Taktiken der ‚Immunisierung' einzusetzen, und Theorien ‚induktiv' durch bestätigende Befunde zu ‚verifizieren', anstatt sie vergleichend zu überprüfen oder gar zu falsifizieren[425]. Taktiken, die im ‚publish or perish' wissenschaftliches Renommee in gleichgesinnten wissenschaftlichen Zeitschriften versprechen, ohne doch jemals deren dadurch mehrfach vorgeprägten ‚konservativen' Rahmen (methodische ‚Standards'; stereotypisierter Artikelaufbau, Peer-Review[426]) sprengen zu dürfen.

Und auf *methodischer* Ebene garantieren ausgefeiltes Design, quantitative Fragebögen und weithin unverständliche statistische Analyse – häufig kochbuchartig eingesetzt – die offenbare Gültigkeit der eigenen Ergebnisse, die Wissenschaft und Praxis kaum jemals auf ihre zugrunde liegenden Annahmen hinterfragen wollen. Das Schicksal *qualitativer* Forschungsansätze ist hier lehrreich, denn

> „to me, at least, qualitative research and *intervention* look like a natural pair, whereas qualitative research and *policy* are usually at odds, probably because politics usually consists of mythic discourse serving political-symbolic functions. Such discourse does not like to have its reference – usually distorted – challenged, except when that discourse collapses" faßt Agar (2002;254, kursiv S.Q.) seine einschlägigen Erfahrungen zusammen.

Kombiniert man die Ergebnisse solcher ‚theories' mit solchen empirischen Befunden – gleich ob statistisch multifaktoriell oder durch Auszählen positiver und negativer Beziehungen in sog. Meta-Analysen[427],– wird man rasch dasjenige Niveau erreichen, in dem die Praxis überall relativ beliebig und möglichst ‚mehrdimensional' eingreifen kann, um die Auswirkung solcher negativer oder ‚resilienter' Faktoren zu bekämpfen oder zu unterstützen.

Angesichts der Komplexität solcher Zusammenhänge im realen sozialen Leben, eine Komplexität, die sich ‚methodisch' nahezu beliebig steigern lässt (indem man etwa die untersuchten Zusammenhänge immer weiter aufdröselt und differenziert), liegt es ebenso nahe, ‚theoretisch' auf eine Erklärung solcher Zusammenhänge (zugunsten von komplizierten statistischen Analyse-Gebäuden) zu verzichten, und ‚praktisch' die Köpfe von Kindern zu bearbeiten, statt in die Komplexität gestörter Familienverhältnisse oder lebensfeindlicher Milieus einzudringen.

Dieses so verständlich kollusive Zusamenwirken zwischen Theorie und Praxis geschieht und verdeckt, was ohnehin jedermann weiß, dass nämlich miserable soziale Bedingungen – gleich welcher Art – in naheliegender Weise recht häufig zu entsprechend miserablen (sozialen) Folgen führen können.

Das entscheidende ‚theoretische' Hindernis für ein solches Präventions-Unternehmen besteht jedoch darin, dass es sich nicht *kritisch reflexiv* auf die eigenen Grundannahmen einlassen darf, würde es sich doch damit die im allgemeinen Alltagsverständnis wurzelnde Existenzbasis entziehen.

Die Fragen danach, was denn eigentlich ‚Sucht' sei, wie heute ‚Jugend' sich selber versteht, und welche Rolle man als ‚Experte' spielt, wie sich Jugend- und Erwachsenen-Kultur aufeinander beziehen und warum die Verbreitung des gegenwärtigen ‚Präventions-Wissens' das gesellschaftliche Alltags-Wissen und damit die zu ‚bekämpfende Drogen-Problematik' eher bestärkt, schließen sich so von vorneherein aus dem geläufigen Diskurs aus; sie bleiben ‚Querdenkern' überlassen, die man deswegen ohnehin nicht allzu ernst nehmen will.

3. Das Dispositiv

Von einer solchen kritischen Sicht aus ist es nur noch ein kleiner, aber doch grundsätzlicher Schritt hin in eine *‚wissenssoziologisch'* orientierte Analyse, in der das ganze Präventions-Unternehmen als solches in den Blick gerät.

Solche ‚Dispositive', sagten wir, bestehen aus dem Ineinander von Apparaturen und Diskursen, aus Organisationen, Finanzierungen und Wissens-Kulturen, die etwa dem Ineinander der beiden zuvor geschilderten Phänomene der Praxis und (Alltags-)-Theorie des Präventionsunternehmens entsprechen. In diesem Dispositiv übernehmen ‚Theorien' eine systemerhaltende Funktion.

Dabei kann die geschilderte Übereinstimmung zwischen Dispositiv und dessen allgemeiner Umwelt zunächst vor allem dann stabilisierend wirken, wenn die ‚Leistungen' des Dispositivs den in der Umwelt vorhandenen (und vom Dispositiv vorangetriebenen) Erwartungen entsprechen. Bei einem längerfristigem Versagen dagegen kann ein solches Dispositiv ‚funktionslos' oder alleine auf Selbsterhaltung ausgerichtet werden und – sehr selten – etwa aus übermäßigen Kostengründen oder angesichts einer effizienter arbeitenden Konkurrenz umgebaut oder gar aufgelöst werden. Die generelle Überlebensfähigkeit solcher relativ theorielosen, im Alltagswissen verankerten Dispositive mag etwa die vierhundertjährige Geschichte des – von Anfang an dysfunktionalen, wenn auch ursprünglich von good intentions geleiteteten – Strafvollzugs-Dispositivs belegen.

Solche Dispositive sind in zweifacher Weise *strategisch* organisiert. *Innerhalb* des Dispositivs ringen die unterschiedlichsten Interessengruppen mit wechselndem Geschick – apparativ wie ‚ideologisch' (mit Hilfe von Beziehungen und finanziellen Ressourcen wie auch von ‚Theorie', Wissen, und wissenschaftlicher culture) – darum, möglichst dominante Positionen zu besetzen, gleichsam das ‚Eigentum' an dem darin aufgehobenen sozialen Problem zu erwerben (Gusfield 1989) und andere Gruppierungen auszuschließen:

> „Es geht darum (…) den Diskurs und selbst den um Wahrheit geführten Diskurs als Ensemble rhetorischer Verfahren zu untersuchen, bei denen es darum geht, zu gewinnen, Ereignisse, Entscheidungen, Kämpfe, Siege zu produzieren" (Foucault 2003;138).

Dies reicht von der internationalen UN-Ebene über das Gerangel darüber, wer denn in den von der Bundesregierung geplanten ‚Drogen- und Suchtrat' aufgenommen werden soll/möchte (Aktionsplan Drogen und Sucht;67,81 ff.)[428] bis hinunter zur die Forschungsgelder verwaltenden ReferentInnenposition der Ministerien, und wiederum von der direkten Konkurrenz verschiedener Präventions-Institute etwa um die Vergabe von Forschungsmitteln bis hinauf zum Gegeneinander verschiedener Professionen im Verlauf der Präventionsgeschichte – etwa von der anfänglichen Polizei-getragenen Horror-Prävention über das spezialisiertere D.A.R.E.-Modell bis hin zum österreichischen Versuch, eine eigene Präventions-Profession zu kreieren.

Zugleich muss dieses Dispositiv jedoch auch *nach außen hin* – etwa im Verhältnis zu den Medien, zu Politikern und Finanzgebern, wie aber auch zum interessierten und betroffenen Publikum der Eltern, Lehrer und Schulleiter – ein möglichst einheitliches Bild präsentieren, indem man wiederum *strategisch* steuernd bei geeigneten Stellen interveniert, >Keine Macht den Drogen< lanciert, sich ‚professionell' – also qua Aus- und Fortbildung mit einem effizienten ‚Spezial-Wissen' ausgestattet – nach außen hin abschottet, Kritik diffamiert und die eigenen ‚Erfolge' propagandistisch umsetzt. Eine Strategie, die dann besonders effektiv ist, wenn sie schon früh über die Schule im gesellschaftlichen Bewusstsein die Notwendigkeit einer ‚Sucht-Prävention' verankern kann.

Eine solche, nach außen zu richtende Strategie verlangt eine gewisse *Einheitlichkeit*, die trotz aller internen Differenzen das Dispositiv im gemeinsamen Kampf gegen dasselbe Übel zusammenschließt. Man erreicht dies *apparativ* in unzähligen Koordinationsrunden, gemeinsamen Ausschüssen, übergreifenden Kongressen und gut ausbalancierten Finanzierungsplänen, in denen alle ‚vier Säulen' der Drogenarbeit möglichst gleichmäßig bedacht werden sollten. Weitaus bedeutsamer ist jedoch auf *ideeller* Ebene der gemeinsame *Problem-Entwurf*, der als Leitmotiv das gesamte Dispositiv einheitlich einfärben kann. Für das Präventions-Unternehmen übernimmt die oben in These 2 herausgearbeitete ‚Sucht'- Perspektive bzw., allgemeiner gefasst, die Defizit-Perspektive diese einigende Funktion.

Zwei Charakteristika sind solchen führenden Problem-Entwürfen eigen: Auf der einen Seite durchdringen sie das gesamte ‚kulturelle' Feld dieser Dispositive. Sie bieten damit zunächst den *wahrnehmungsbildenden Hintergrund* für das gesamte Ensemble der im Diskurs eingesetzten Ideen, Denkmuster und Begrifflichkeiten. Sie selegieren die jeweils gültigen ‚Theorien', Hypothesen und Interpretationen vorfindlicher Phänomene – in der Diagnose, Evaluation und bei den Forschungsergebnissen; sie fixieren die für das Dispositiv zulässigen Begriffe und Konzepte und legen deren inhaltliche Ausrichtung fest – >Sucht< statt >Genuss<, >Missbrauch<, >Risiko-Faktoren<, >Elternarbeit<; sie wählen die Bilder aus, die ihr Leitmotiv plastisch verkörpern – das Raucherbein oder das Junkie-Stereotyp – und sie bieten denjenigen interpretativen Kontext, in dem Argumente, Beispiele und Begründungen eine jeweils eindeutige Beleg-Funktion erhalten, die ihnen in anderem Kontext nicht zukommen würde; so dient etwa die Anzahl sog. >Drogentoter< einmal dazu, das Übel des Problems zu unterstreichen, während ihr ‚Rückgang' den Erfolg von Substitutions-Programmen propagiert, und so wandelte sich der Stellenwert der Gleichsetzung von legalen und illegalisierten Drogen, die einst dazu diente, die Rede über diese ‚Drogen' zu entdramatisieren, flugs dahin, nun auch bei den legalen Drogen deren (dadurch entsprechend eingefärbte) Sucht-Gefahr – einträglich – zu bekämpfen. Und so kann – im ironischen Übergang zur ebenso einträglichen anderen Seite dieses Dispositivs – die Tabak-Industrie Botvins übertriebene Reklame für seine schmalen LST-Erfolge dazu verwenden, die eigenen Interessen durch ein großzügiges Sponsern dieser als ineffektiv erkannten schulbezogenen Präventionsprogramme wirksam zu vernebeln.

Solche leitmotivische Problem-Entwürfe färben nicht nur das ‚ideelle Feld' einheitlich ein, sondern lenken ebenso die dazugehörigen *kulturellen Praktiken* und Handlungsmuster, mit denen man dieses Übel, dieses Problem ‚bekämpfen', ihm ‚vorbeugen' und vor ihm ‚warnen' will. Diese, stets die ‚richtige Richtung' weisende Funktion verspielt so selbst bei den rezenteren ‚Kompetenz-Strategien' deren an sich mögliches ‚emanzipatives' Potential durch ihre Einbindung in solche Sucht-präventive ‚Leitmotive'; sie kontaminiert notwendigerweise das an sich so sinnvolle ‚strukturelle' Vorgehen durch ihre individuellen wie (das allgemeine Sucht-Denken fördernden) generalisierenden Stigmatisierungseffekte und fördert damit – nolens volens – das zu ‚bekämpfende' Problem zusammen mit dessen marktmäßigen Quellen und dessen ausgeblendeten ‚gesellschaftlichen' Ursachen.

Die zweite Charakteristik solcher leitmotivischer Problem-Entwürfe ergibt sich aus ihrem explosiven *Gemisch aus rationalen und emotional-evaluativen Komponenten*. Ihrem äußeren Anspruch nach hüllen sie sich in das Gewand *rationaler* ‚Theorie', die, wenn auch noch so vielfältig und bunt wie etwa im Strauß der ‚Sucht-Theorien', Objektivität, Wertneutralität und ‚Wahrheit' verspricht. Ein Anspruch, der sich, wie bei so vielen Legitimationsfiguren, auf einen richtigen Kern stützen kann, denn solche Forderungen sichern – stets mehr oder weniger gut erreichbar – die Basis einer methodisch sauberen, wissenschaftlichen Arbeit.

Im Rahmen konkreter Dispositive, in denen Praktiker wie die ihnen konzeptionell nahestehenden Wissenschaftler als professionelle Interessenten strategisch – zumindest auch – um ihr Überleben kämpfen, drängt sich dagegen der jeder ideellen Komponente (Theorie, Konzepte, Argumente) eigene *irrationale*', d.h. wertende und emotionale Anteil in den Vordergrund. Und zwar vor allem dann, wenn es darum geht, ein ,Übel' aus der Welt zu schaffen, solange dieses ,Übel' im sozialen Umfeld der ,Nutzer' des Dispositivs als dessen zentrales Merkmal gilt.

Da und soweit der leitmotivische Problem-Entwurf bereits als solcher unentwirrbar sowohl rationale wie auch solche ,irrationalen' Momente vereinigt, wird dies dann auch das gesamte restliche, durch ihn eingefärbte ,kulturelle' Feld des Dispositivs entsprechend verunreinigen. Und zwar – das ist dabei der entscheidende Punkt – in einer doppelt verdeckten Weise. Auf der einen Seite kann diese *emotional-wertende* ,Verunreinigung' angesichts der eigenen hohen wissenschaftlichen Standards häufig gar nicht mehr bemerkt werden. Das trifft insbesondere für die entfernter liegenden Verästelungen dieses Dispositivs zu – etwa für die Art der Item-Auswahl einer Skala oder für die konkrete empirisch-statistische Analyse eines als passend oder aber als unpassend angesehenen Forschungsergebnisses. Und so legitimiert man auf der anderen Seite mit der Betonung der *,rationalen'* Komponente das eigene Vorgehen als Wert- und Interessen-frei, was zumindest gegenüber dem ,simplen', d. h. ,unwissenschaftlichen' Alltagsverständnis insbesondere ,unmündiger' Jugendlicher den eigenen Experten-Status und damit zugleich auch denjenigen seiner Nutzer weiter absichern kann.

4. Die Moral von der Geschicht'

Ein eindrucksvolles Beispiel für diesen – ganz unreflektiert (?) – eingesetzten strategischen Mechanismus bietet etwa das Editorial, in dem G. Edwards (2002) als Editor-in-Chief des international renommierten Journals >Addiction< die *Rezension* der oben (These 2.2) als Beispiel einer gelungenen Sekundär-Analyse besprochenen >Critique of Nicotine Addiction< von Frenk/Dar (2000) ablehnt, indem er sie als von der Tabak-Industrie finanziertes Produkt entlarvt, weil diese Autoren in ihrer Danksagung nicht angegeben hatten, dass sie „einige Jahre zuvor für eine Anwaltsfirma gegen Bezahlung einige der im Buch zusammengefassten Literatur gelesen und evaluiert" hatten und weil sie nunmehr nicht bereit waren, im Rahmen eines von Edwards gestarteten 11-Punkte Fragen-Katalogs u. a. auf die Frage nach der Höhe dieser Einnahmen zu antworten.

In diesem Konflikt fordert Edwards, selber einer der ,Päpste' der durch dieses Buch angegriffenen addiction-Forschung[429], zusammen mit seinen internationalen Regional-Herausgebern T. Babor, W. Hall und R. West – mit gutem Recht insbes. auch angesichts vielfacher wissenschaftlicher Korruption durch die Nikotin-Industrie (als legitimatorischem Kern)[430] – im Interesse wissenschaftlicher Wahrheit: „Wissenschaftliche Bücher sollten ein unverstellter Spiegel wissenschaftlicher Wahrheit sein, sonst wären sie ohne Wert" (eÜ.) – dass Autoren stets anzugeben hätten, ob sie jemals früher „support in terms of grants, fees, travel support or hospitality" erhalten haben.

Auf die Antwort der beiden Autoren, dass sie in ihrer sekundär-analytisch auswertenden Arbeit nicht auf eigene, möglicherweise derart verfälschende Forschung zurückgegriffen hätten und ihre Argumente auch jederzeit wissenschaftlich nachprüfbar seien, reagiert Edwards mit einem vom eigenen wissenschaftlichen Standpunkt aus höchst eigenartigem Argument:

> Dieses Argument sei „flawed, as it is vulnerable to the risk that an author's favoured viewpoint may gain credence by setting *impossible high standards* of proof for hypotheses that an author wishes to reject" (2002;3 kursiv S.Q.).

Darf man wirklich solche Standards nur eben gerade so hoch ansetzen, dass die wünschenswerten (Evaluations)Ergebnisse noch gerettet werden?

Hier gilt, was Gorman (1998;119) ganz allgemein – unter Berufung auf Sowell's >The vision of the anointed: Self-congratulation as a basis for social policy< (1995) – zur Irrelevanz kritischer Befunde schreibt und zwar unabhängig davon, ob dies für praktisch denkende Politiker oder politisch denkende Wissenschaftler zutrifft:

> „Programs can be proven to have ‚worked' because the standards by which they are judged can be continuously lowered. Questions are raised about those who dispute claims of effectiveness regarding the chosen policies: The issue becomes not whether the stated goals and objectives of programs are being met, but the commitment and motives of critics. The burden of proof is placed on them to demonstrate the detrimental effects of policies and programs, whereas advocates are free to make lavish claims of success and value to society",

Auf ein analoges deutsches Beispiel machte mich Bettina Paul aufmerksam: Das – sicher unverdächtige – bayerische gemeinnützige Peutinger-Collegium lud 1997 unter der Schirmherrschaft von G. Merkel, Staatssekretär im Bayerischen Staatsministeriums für Arbeit, Sozialordnung, Familie, Frauen und Gesundheit zur Frage des *Passiv-Rauchens* einschlägig bekannte Wissenschaftler aus ‚unterschiedlichen Lagern' zu einem Expertengespräch ein. Während zwei Kritiker, Überla und Nilsson, zusagten,

> „lehnte Prof. Dr. F.J. Wiebel, der Vorsitzende des Ärztlichen Arbeitskreises Rauchen und Gesundheit e. V. (ÄARG) und Repräsentant der Beratungskommission der Deutschen Gesellschaft Pharmakologie und Toxikologie (DGPT), die sich zum Thema Passivrauchen ebenfalls geäußert hat, eine Teilnahme mit der Begründung ab, die vom Peutinger-Collegium geplante wissenschaftliche Diskussion störe die gerade laufende Vorbereitung zur Beratung des Nichtraucherschutzgesetzes im Deutschen Bundestag.
>
> Das Peutinger-Collegium", so fährt deren Präsident Treutlein (1998) fort, „das dieser Argumentation nicht folgen konnte, fand die Absage von Prof. Wiebel umso

> unverständlicher, als er sich die Chance entgehen ließ, seine der Laienpresse vielfältig mitgeteilte Meinung über die Gesundheitsschädlichkeit des Passivrauchens wissenschaftlich zu untermauern“ – was ihm wohl auch angesichts der sorgfältigen Re-Analysen der beiden Kritiker schwer gefallen wäre[431].
>
> „Verschwiegen werden sollte auch nicht, dass Prof. Wiebel, unterstützt von Gleichgesinnten, im Deutschen Ärzteblatt, in dem über das Expertengespräch kurz berichtet worden war, behauptete, das Peutinger-Collegium habe >ungeniert zwei wissenschaftliche Exponenten der Tabakindustrie die ‚Kontroverse‘ anfachen lassen<“.

Weshalb man hier, wie im zuvor genannten Falle des Editorials in >Addiction< wohl sagen darf: „Wer sich (…) einer wissenschaftlichen Diskussion entzieht, hat das Recht verwirkt, Kollegen zu verdächtigen, Wissenschaft interessengebunden zu vertreten.“

Beide Momente dieser rational-irrationalen Mischung, die im Problem-Entwurf beginnen und sich von dort aus bis hin in die letzte Verästelung des Dispositivs hinein auswirken, besitzen ihrerseits wiederum ein Janus-Gesicht. Während auf der einen Seite wissenschaftliche Standards, exakte Methodik, wissenschaftsethische Forderungen Nachprüfbarkeit und korrektes Zitieren die notwendige (wertende!) Basis für ‚Fortschritt und Kritik‘ bereitstellen, liefern sie auf der anderen Seite strategisch mächtige Waffen, um unliebsame Ergebnisse auszuschließen und gar nicht erst zur Kenntnis (zur Rezension) zu nehmen.

Und wiederum gewährt uns umgekehrt die scheinbar so unwissenschaftlich *‚emotionale‘* Komponente dieser Mischung die so notwendige Basis, ohne die das Dispositiv – und damit das gesamte in ihm versammelte praktische und theoretische Wissen – gar nicht überleben könnte.

Und zwar in dreifacher Weise: Zunächst sind da die naheliegenden *Interessen* der Beteiligten, persönliche Interessen, Eitelkeiten, professionelle Identitäts-Wünsche und die Vielfalt finanzieller Notwendigkeiten für das eigene Überleben wie aber auch für dasjenige der jeweiligen Organisation, Profession und Institution. Interessen, die keineswegs nur von der Pharma- oder Nikotin-Industrie gesponsert werden, ebenso wie diese umgekehrt sich gerne auf ganz ‚wertneutrale‘ Expertisen stützen, die ihnen in den Kram passen, gleich ob dies den Autoren gefällt oder nicht, denn sonst hätte man sie zuvor als unliebsam erachtete Folgerung wohl unterdrücken müssen.

Damit zusammen hängt ein zweites ‚hegemoniales‘ und Definitions-mächtiges Moment, das in Edwards recht arrogant wirkendem Editorial eines ‚elder statesman‘ gegenüber jungen ‚Wissenschafts-Spunden‘ deutlich wird, das aber stärker und allgemeiner noch als Kluft zwischen ‚Experten‘ und Laien, zwischen besser wissenden Erwachsenen und unmündigen Jugendlichen, zwischen Eliten und Abhängigen klafft. Ein Moment, das im Rahmen des hier untersuchten Präventions-Dispositivs so leicht ‚besserwisserisch‘ die Ansichten, Meinungen, Culture der

Jugendlichen – zum eigenen Schaden übrigens – gar nicht erst zur Kenntnis nimmt (und bei den illegalisierten Drogen auch gar nicht zur Kenntnis nehmen dürfte).

Wiederum ist es die fast unauflösbare Ambivalenz dieser Drogen-‚Problematik', die hier eindeutige Lösungen notwendigerweise verhindert; denn ganz ohne Zweifel gibt es entsprechende Wissens-Differenzen, den professionell oder wissenschaftlich geschulten Blick, die längere Erfahrung der einen Seite. Doch was nützt dies, wenn sie sich von der ‚Wirklichkeit' der anderen Seite immer weiter entfernt, wenn sie diese ‚emotional-wertend' verfehlt und wenn es ihr nicht gelingt, in eben dieser rational-irrationalen Mischung selber das gemeinsame ‚sokratische' Gespräch mit den Jugendlichen zu beginnen.

Womit wir zuletzt zum kritischsten Punkt unserer eigenen emotionalen Beteiligung an diesem Dispositiv kommen, zu unserer *Sorge um das Wohl dieser Jugendlichen*. Ein moralisch-ethisch wahrlich hoch angesetztes Motiv, das als solches auch dann gültig bleibt, wenn es sich unentrinnbar mit ‚niedrigeren' eigenen Überlebens-Interessen paart, so sehr es auch immer wieder als Instrument zur Unmündigkeit und als Konsequenz fehlenden Vertrauens missbraucht wird.

Solange es gelingt, diese ‚Sorge' nicht nur als (berechtigt) legitimierenden Kern einzusetzen, solange es uns immer wieder gelingt, reflexiv die eigenen Beschränkungen mitzudenken sowie den (gleichberechtigten) Kontakt zu den davon betroffenen Jugendlichen zu halten und solange wir um des ‚künftigen (suchtfreien) Wohls nicht permanent das sehr viel aktuellere Wohl dieser ‚Jugendlichen' vergessen, solange wird man unter dieser Prämisse kaum allzu viel falsch machen können.

Doch befürchte ich, dass heute, in einer Zeit, in der auf der einen Seite die informell wirkenden traditionellen Kontroll- und Sozialisations-Institutionen sich ‚postmodern' aufzulösen beginnen, und in der auf der anderen Seite die formellen ‚direkten' Kontrollreaktionen immer mehr in Verruf geraten (so sehr auch der überkommene ‚Gefängnis-Archipel' metastasiert) – sich derartige mehrfach gestufte Dispositive mit ihrer rational-irrationalen Mischung aus good intentions und best interests (für die das untersuchte Präventions-Dispositiv ja letztlich nur als aktuelles Beispiel stand) im Namen einer liberal besorgten >Gouvernmentality[432]< weiter an Bedeutung gewinnen werden.

Was bleibt, ist das Wissen darum, dass sich unser Wissen niemals völlig ‚Standpunktfrei', ohne Engagement und Emotion (Ärger, s. o.), wertfrei und neutral entfalten kann, dass selbst und gerade die Behauptung, selber wertfrei und neutral zu handeln, strategisch eine Position, einen Standpunkt besetzen will, der im herrschenden Dispositiv gründet und dieses verstärkt:

> „Man hat hier keine Wahl zwischen einer >neutralen< und einer >engagierten< Art, Soziologie zu betreiben. Eine Soziologie, die sich nicht einlässt, ist unmöglich. Es

> wäre ein sinnloses Unterfangen, wollte man in der Vielzahl der heute praktizierten Soziologien, die das gesamte Feld von libertären bis hin zu kommunitaristischen Orientierungen abdecken, versuchen, eine neutrale Position einzunehmen. Soziologen mögen die Effekte ihrer eigenen Arbeit auf die >Weltsicht< verleugnen oder vergessen, ebenso wie die Wirkungen dieser >Sicht< auf individuelles oder kollektives Handeln, aber damit verwirken sie die Möglichkeit verantwortlicher Entscheidungen, vor denen jeder Mensch täglich steht. Es ist die Aufgabe des Soziologen, dafür zu sorgen, dass Entscheidungen wahrhaft frei sind und es für alle Zeit in zunehmenden Maße bleiben" schließt Zygmunt Bauman (2003;252) sein >Nachwort< zum Verfassen soziologischer Texte.

Eine, nein *die* Möglichkeit, gleichwohl ‚Wissenschaft' zu betreiben, ist die – methodisch genaue, ‚wissenschaftliche' – *Kritik*, das kritische Gespräch, die kritische Analyse der Argumente, der Methoden und der berichteten Befunde:

> „Modern philosophy of science considers plurality of views and competition among research programs an essential attribute of the scientific enterprise", auch und gerade dann, wenn sie dem ‚common sense' und dem ‚politisch korrektem' consensus widersprechen,

antworten Dar und Frenk (2002;221) unter Bezug auf Imre Lakatos in einem eigenen ‚Editorial', ohne dabei Edwards zu nennen.

Literatur

Abel, Gillian; Plumridge, Libby; Graham, Patrick (2002): Peers, Networks or Relationships: strategies for understanding social dynamics as determinants of smoking behaviour. In: Drugs: education, prevention and policy. 9;4: 325–338

Abt, Urs (1996): Suchtprävention – Voraussetzungen für eine neue und mutige Drogenpolitik. In: Wegehaupt/Wieland (1996): 111–129

Adlhofer, F.: (2000): Tabak. In: Uchtenhagen, Ambros, Zigelgänzberger (Hgsb): Suchtmedizin. Konzepte, Strategien, therapeutisches Management. München: Urban & Fischer: 39–62

Agar, Michael (2002): How the drug field turned my beard grey. Commentary. In: Int. Journ. of Drug Policy 13: 249–258

Ahbe, Thomas (1997): Ressourcen – Tranformation – Identität. In: Keupp/Höfer (1997): 207–226

Akers, Ronald (1991): Addiction: The Troublesome Concept. In: The Journal of Drug Issues. 21;4: 777–793

Aktionsplan Drogen und Sucht (2003): zu bestellen unter info@bmgs.bund.de

Alkemeyer, Thomas (2002): „Keeping together in time". Über bewegte Gemeinschaften, Lust und Rausch in modernen Gesellschaften. In: Uhlig/Thiele (2002): 23–51

Anderson, Tammy (1998): A cultural-identity theory of drug abuse. In: Sociology of Crime, Law, and Deviance 1:233–262

Anderson, Tammy (1998a): Drug Identity Change Processes, Race, and Gender. I. Explanations of Drug Misuse and a New Identity-Based Model. In: Substance Use & Misuse 2263–2279

Aretz, Bernd (1998): Zur Vorgeschichte des Konzepts „strukturelle Prävention" In: Strukturelle Prävention (1998): 57–64

Aveard, H. (1999): Illicit drug use: information-giving strategies requested by students in higher education. In: Health Education Journal 58:239–248

Barsch, Gundula (1996): Die Mythen zu ‚Drogenwellen'. In: Wider besseres Wissen (1996): 93–101

Barsch, Gundula (2001): Risikoprävention oder Drogenmündigkeit oder beides? In: Akzept (Hg): Gesellschaft mit Drogen – Akzeptanz im Wandel. Dokumentationsband zum 6. internationalen Drogenkongress 5.–7. Oktober 2000 in Berlin Berlin: VWB-Verlag 263–277

Barsch, Gundula (2002): „Zielsetzungen in der Prävention". In: Stellungnahme der Drogen- und Suchtkommission zur Verbesserung der Suchtprävention. Die Drogen- und Suchtkommission beim Bundesministerium für Gesundheit. Anhang I: 41–53

Barth, Jürgen (2000): Evaluation von Suchtprävention. In Schmidt/Hurrelmann (2000): 67–107

Barth, Jürgen; Bengel, Jürgen (1998): Prävention durch Angst? Stand der Furchtappellforschung. Bundeszentrale für gesundheitliche Aufklärung, Forschung und Praxis der Gesundheitsförderung Bd.4

Battistich, V.; Schaps, E.; Watson, M., Solomon D. (1996): Prevention effects of the Child Development Project; Early findings from an ongoing multisite demonstration trial. In: Journal of Adolescent Research 11;1:12–35

Baum, Detlev (2001): Der soziale Raum als Risiko und Gefahrenquelle – Sozialräumliche Aspekte eines präventiv verstandenen strukturellen Kinder- und Jugendschutzes. In: Freund/Lindner (2001): 121–138

Bauman, Karl, E.; Ennett, Susan, T. (1996): On the importance of peer influence for adolescent drug use: commonly neglected considerations. In: Addictions 91:185–198

Bauman, Zygmunt (2003): Flüchtige Moderne. Frankfurt: Suhrkamp

Baumann, Rolf (2001): Sucht und Drogenprävention in Bayern. In: Kammerer/Rumrich (2001): 16–23

Baumeister, R.; Smart, L.; Boden, J. (1996): Relation of threatened egotism to violence and aggression; The dark side of high self-esteem. In: Psycholog. Review 103: 5–33

Baumeister, Sebastian (2001): Strategien und Einflussnahme der Werbung auf den Alkoholkonsum Jugendlicher. In: Tossman/Weber (2001): 84–102

Baumgarten, Stephanie (2001): Das Thema ‚Alkohol' als Gegenstand des Biologieunterrichts. In: Tossman/Weber (2001): 142–156

Beauchesne, Line (2000): Schadensbegrenzende Raucherpolitik in Kanada. In Schmidt/Hurrelmann (2000): 151–160

Beck, Jerome (1998): 100 Years of „Just say no" versus „Just say know". Reevaluating Drug Educations Goals for the Coming Century. In: Evaluation Review 22;1:15–45

Bell, Ralph (1988): Using the concept of risk to plan drug use interventions programs. In: J Drug Education 18;2:135–142

Benard, Bonnie (2000): From Risk to Resiliency: What Schools Can Do. In: Hansen et al. (2000): 23–36

Berliner Drogenkonferenz (2003): „The Berlin Drug Conference – Die Berliner Drogenkonferenz". Konferenz der Friedrich-Ebert-Stiftung/Forum Berlin 14. und 15. Oktober 2002 in Berlin. Dokumentation. Friedrich-Ebert-Stiftung Forum Berlin (Hiroshimastr. 1; 10785 Berlin

Bialas, Wolfgang (1997): Kommunitarismus und neue Kommunikationsweise. Versuch einer Kontextualisierung neuerer philosophischer Diskussionen um das Identitätsproblem. In: Keupp/Höfer (1997): 40–65

Bilden, Helga (1997): Das Individuum – ein dynamisches System vielfältiger Teil-Selbste. Zur Pluralität in Individuum und Gesellschaft. In: Keupp/Höfer (1997): 227–250

Blätter, A. (1995): Die Funktionen des Drogengebrauchs und ihre kulturspezifische Nutzung. In: Curare 2:279–291

Bloor, Michael et al (1999): A controlled evaluation of an intensive, peer-led, schools-based, anti-smoking programme. In Health Education Journal 58:17–25

Blomqvist, Jan (1996): Paths to Recovery from Substance Misuse: Change of Lifestyle and the Role of Treatment. In: Substance Use & Misuse 31:1807–1852

BMBF-Förderschwerpunkt (2002): „Forschungsverbünde für die Suchtforschung". In: Sucht 191–223.

Boecker, Maike (2003): Labeling Youth: Alle Macht den Marken. In: Gaugele/Reiss (2003): 53–66

Boers, Klaus; Reinecke, Jost; Motzke, Katharina; Wittenberg, Jochen (2002): Wertorientierungen, Freizeitstile und Jugenddelinquenz. In: Neue Kriminalpolitik 14;4:141–146

Bohleber, Werner (1997): Zur Bedeutung der neueren Säuglingsforschung für die psychoanalytische Theorie der Identität. In: Keupp/Höfer (1997): 93–119

Boikat, Ricarda (1996): Von Sucht und Rausch: Aspekte und Sichtweisen. ‚Sucht' als Erklärungsmodell im Spannungsfeld des universelleren ‚Rausch'-Phänomens. Diplomarbeit im Studiengang Psychologie. Universität Bremen

Boikat, Ricarda (1997): Rausch, Ekstase, Sucht – ein Bestandteil menschlicher Existenz? In: Akzept (Hrsg): Drogenvisionen. Berlin: VWB-Verlag

Bois-Reymond, Manuela; Büchner, Peter; Krüger, Heinz-Hermann; Ecarius, Jutta; Fuhs, Burkhard (1994): Kinderleben. Modernisierung von Kindheit im interkulturellen Vergleich. Opladen: Leske und Budrich

Boller, Urs (1995): Tüchtige und Süchtige. Grundlegendes zu Sucht und Drogen. Zürich. Theologischer Verlag

Böllinger, Lorenz (2000): Rechtliche Rahmenbedingungen einer präventiven Sucht- und Drogenpolitik. In: Schmidt/Hurrelmann (2000): 25–40

Böllinger, Lorenz (2002): Lust und Last – Zur sozialen Kontrolle von Ekstase. In: Uhlig/Thiele (2002): 53–71

Böllinger, Lorenz; Quensel, Stephan (2002): Drugs and Driving; Dangerous Youth or Anxious Adults? In: Journal of Drug Issues 32;1:553–566

Böllinger, Lorenz; Stöver, Heino (2002): Drogenpraxis, Drogenrecht, Drogenpolitik. Handbuch für Drogenbenutzer, Eltern, Drogenberater, Ärzte und Juristen. Frankfurt: Fachhochschulverlag

Borchers-Tempel, Susanne; Kolte, Birgitta (2002): Cannabis Comsumption in Amsterdam, Bremen and San Francisco: A Three-City Comparison of Long-term Cannabis Consumption. In: Journal of Drug Issues. 32:395–412

Bornhäuser, Annette; Pötschke-Langer, Martina (2003): Passivrauchende Kinder in Deutschland – Frühe Schädigungen für ein ganzes Leben. Deutsches Krebsforschungszentrum (Hg) Heidelberg (email: who-cc@dkfz.de)

Botvin, Gilbert (2000): Preventing Adolescent Drug Abuse Through Life Skills Training: Theory, Evidence of Effectiveness, and Implementation Issues. In: Hansen et al. (2000):141–153

Botvin, Gilbert (2000a): Preventing drug abuse in schools: Social and competence enhancement approaches targeting individual-level etiologic factors. In: Addictive Behaviors. 25;6:887–897

Botvin, G.; Baker, L.; Dusenbury, E; Botvin, E.; Diaz, T. (1995): Long-term follow-up of a randomized drug abuse prevention trial in a white middle class population. In: Journ. of the American Medical Association 273:1106–1112

Botvin, G. et al. (2000): Preventing illicit drug use in adolescents: Long-term follow-up data from a randomized control trial of a school population. In: Addictive Behaviors 25;5:769–774

Bourdieu, Pierre (1982): Die feinen Unterschiede. Kritik der gesellschaftlichen Urteilskraft. Frankfurt: Suhrkamp

Bourdieu, Pierre (1983): Ökonomisches Kapital, kulturelles Kapital, soziales Kapital. In: Soziale Welt, Sonderband 2:183–198

Brake, Anna (1996): Wertorientierungen und (Zukunfts-) Perspektiven von Kindern und jungen Jugendlichen. Über Selbstbilder und Weltsichten in Ost- und Westdeutschland. In: Büchner u. a. (1996): 67–98

Bray, James; Adams, Gerald; Getz, Greg; McQueen, Amy (2003): Individuation, Peers, and Adolescent Alcohol Use: A Latent Growth Analysis. In: Journal of Consulting and Clinical Psychology. 71;3: 53–564

Breitsameter, Josef; Reiners-Kröncke, Werner (1997): Arbeitssucht – ein umstrittenes Phänomen. Ursachen – Formen – Folgen – Hilfen. Sank Augustin: Asgard-Verlag

Breslau, Naomi; Peterson, Edward (1996): Smoking Cessation in Young Adults: Age at Initiation of Cigarette Smoking and Other Suspected Influences. In: American J. of Public Health. 86;2:214–220

Brettschneider, W.; Kleine, D. (2001): Jugendarbeit im Sportverein. Ministerium für Städtebau, und Wohnen, Kultur und Sport des Landes NRW.

Brinkhoff, Klaus-Peter; Gomolinsky, Uwe (2003): Suchtprävention im Kinder- und Jugendsport. Theoretische Einordnung und Evaluation der Qualifizierungsinitiative ‚Kinder stark machen'. Forschung und Praxis der Gesundheitsförderung Band 21. Köln: BZgA,

Bröckling, Ulrich (2002): Die Macht der Vorbeugung. 16 Thesen zur Prävention. In: Widersprüche 22;4:39–52

Broekman, Antje (2000): Präventive Sucht- und Drogenpolitik für von Armut betroffene Kinder und Jugendliche. In: Schmidt/Hurrelmann (2000): 193–223.

Brown, Joel (2001): Youth, Drugs and Resilience Education. In: J. Drug Education. 31;1:83–122

Brown, J.H.; D'Emilio-Caston, M. (1995): On becoming at-risk through drug education: How symbolic policies and their practices affect students. In: Evaluation Review 19:451–92

Brown, Joel; Kreft, Ita (1998): Introduction to the special issue: Zero effects of drug prevention programs: Issues and solutions. In Evaluation Review 22:3–14

Brown, Joel; Horowitz, Jordan (1993): Deviance and Deviants. Why Adolescent Substance Use Prevention Programs Do Not Work. In: Evaluation Review 17:529–555

Bruns, Georg (2002): Sehnsucht nach dem leichten Sein – Rausch als Transzendenzerlebnis. In: Uhlig/Thiele (2002): 73–98

Brüning, Sandra (2002): Online-Drogenberatung. In: Böllinger/Stöver (2002): 363–373

Büchner, Peter; Fuhs, Burkhard (1994): Kinderkulturelle Praxis: Kindliche Handlungskontexte und Aktivitätsprofile im außerschulischen Lebensalltag. In: Bois-Reymond u. a. (1994): 63–135

Büchner, Peter; Fuhs, Burkhard; Krüger, Heinz Hermann (1996): Vom Teddybär zum ersten Kuß. Wege aus der Kindheit in Ost- und Westdeutschland. Opladen: Leske + Budrich

Büchner, Peter; Krüger, Heinz-Hermann (1996): Schule als Lebensort von Kindern und Jugendlichen. Zur Wechselwirkung von Schule und außerschulischer Lebenswelt. In: Büchner u. a.(1996): 201–224

Bühringer, Gerhard (2000): Von der Suchtkrankheit zur substanzbedingten Störung. In: Deutsche Hauptstelle gegen die Suchtgefahren (Hg): Individuelle Hilfen für Suchtkranke (2000): 49–69 Freiburg: Lambertus

Bühringer, Gerhard (2001): Die Notwendigkeit von präventiven Programmen in Schulen. In: Kammerer/Rumrich (2001): 24–32

Bühringer, Gerhard; Künzel, Jutta (1998): Evaluating preventive intervention in Europe. In: EMCDDA (1998): 15–30
Bundesjugendkuratorium (2000): Gegen den irrationalen Umgang der Gesellschaft mit der nachwachsenden Generation. In: Neue Praxis 3:303–307
Bundeskriminalamt (Hg.) (2004): Kriminalprävention. Sammlung ausländischer Präventionsprojekte/-programme 2003. Neuwied: Luchterhand.
Bundeswettbewerb (2002): „Vorbildliche Strategien kommunaler Suchtprävention". Dokumentation. Difu. Deutsches Institut für Urbanistik Berlin (www.kommunale-suchtpräevention.de)
Bundeszentrale für gesundheitliche Aufklärung (2001): Die Drogenaffinität Jugendlicher in der Bundesrepublik Deutschland 2001. Eine Wiederholungsbefragung. Endbericht. Köln: BZgA
Bundeszentrale für gesundheitliche Aufklärung (Hrsg) (2001a): Kinder stark machen. Gemeinsam gegen Sucht. Möglichkeiten und Chancen der Kinder- und Jugendarbeit im Sportverein. Ein Handbuch für die Betreuerpraxis. Köln: BZgA
Busch, Thomas; Scholz, Berndt (2003): Neuere Forschung zum § 105 JGG: Die Bonner Delphi-Studie – Ein Zwischenbericht. Manuskript für die Monatsschrift für Kriminologie
Bussmann, Kai-D. (2003): Business Ethics und Wirtschaftsstrafrecht. Zu einer Kriminologie des Managements. In: Monatschrift für Kriminologie (im Druck)
Butt-Behrmann, Andrea (2004): Neue Weiblichkeitsbilder und ein problematischer Arzneimittelkonsum bei adoleszenten Mädchen. Dissertation Dr. phil Bremen
Cannabis 2002 Report. Technical Report of the International Scientific Conference, Brussels, Belgium, Ministry of Public Health of Belgium
Carlitscheck, Almut; Stürtz, Tinka (2003): XXS trifft XXL In: Gaugele/Reiss (2003): 81–92
Caudill B.; Harding W.; Moore B. (2001): DWI prevention: profiles of drinkers who use designated drivers. In: Addictive Behaviors 26:155–166
Cervone, Barbara; Cushman, Kathleen (2002): Moving youth participation into the classroom: Students as allies. In: New Directions for Youth Development 96: 83–99
Chen Xinguang et al (2002): Prior cigarette smoking initiation predicting current alcohol use: Evidence for a gateway drug effect among California adolescents from eleven ethnic groups. In: Addictive Behaviors 27:799–817
Chou, Patricia; Pickering, Roger (1992): Early onset of drinking as a risk factor for lifetime alcohol-related problems. In: British Journal of Addiction 87:1199–1204
Christo, George (1998): A Review of Reasons for Using or Not Using Drugs: commonalities between sociological and clinical perspectives. In: Drugs: education, prevention and policy 5;1:59–72
Clayton, Richard; Cattarello, Anne; Johnstone, Bryan (1996): The Effectiveness of Drug Abuse Resistance Education (Project DARE): 5-Year Follow-Up Results. In: Preventive Medicine 25:307–318
Clayton, Richard; Scutchfield, Douglas; Wyatt, Stephen (2000): Hutchinson Smoking Prevention Project: a New Gold Standard in Prevention Science Requires New Transdisciplinary Thinking. In: Journal of the National Cancer Institute 92;24:1964–1965

Clifford, Patrick; Edmundson, Elizabeth; Koch, William; Dodd, Barbara (1991): Drug Use and Life Satisfaction Among College Students. In: The International Journal of Addiction 26;1:45–93

Cohen, Julian (2002): Just say – ‚oh no, not again‘. In: Druglink july/august:13–14

Cohen, Stan; Taylor, Laurie (1977): Ausbruchsversuche. Identität und Widerstand in der modernen Lebenswelt. Frankfurt: Suhrkamp

Conrad, Karen; Flay, Brian; Hill, David (1992): Why children start smoking cigarettes; predictors of onset. In: British Journal of Addiction 87:1711–1724

COST A6 (1998): Evaluation research in regard to primary prevention of drug abuse. Ed. By Alfred Springer and Alfred Uhl. Luxembourg: European Commission Social Science

Cousto, Hans (2002): broschüren im netz. Drogeninformationen im Internet. In: Hanf! Das Magazin. 12:24–26

Cremer-Schäfer, Helga (2003): Fürsorge und Kritik. In: Menzel, B.; Ratzke, K. (Hrsg): Grenzenlose Konstruktivität? Opladen: Leske + Budrich:177–190

Cuijpers, Pim (2002): Prevention of Cannabis Use and Misuse. In: Cannabis 2002 Report, Ministry of Public Health of Belgium: 97–108

Cuijpers, Pim (2002a): Peer-led and adult-led school drug prevention: A meta-analytic comparison. In: Journal Drug Education, 32;2:107–119

Cuijpers, Pim (2002b): Effective ingredients of school-based drug prevention programs. A systematic review. In: Addictive Behaviors 27: 1009–1023

Cuijpers, Pim; Jonkers, Ruud; de Weerdt, Inge; de Jong, Anco (2002): The effects of drug abuse prevention at school: the ‚Healthy School and Drugs‘ project. In: Addiction 97:67–73

Cuijpers, Pim (2003): Three Decades of Drug Prevention Research. In: Drugs: education, prevention and policy 10;1:7–20

Dangschat, Jens (1996): Du hast keine Chance, also nutze sie! Arme Kinder und Jugendliche in benachteiligten Stadtteilen. In: Mansel/Klocke (1996): 152–173

Dar, Reuven; Frenk, Hanan (2002): Nicotine Addiction: Fact or Theory? – Editorial. In: Addiction Research. 10;3:219–224

Davies, John Booth (2002): The myth of addiction: an application of the psychological theory of attribution to illicit drug use. Harwood: Academic Publications

Dawes, Michael et al (2000): Review. Developmental sources of variation in liability to adolescent substance use disorders. In: Drug an Alcohol Dependence 61:3–14

Decorte, Tom (2000): The Taming of Cocaine: Cocaine Use in European and American Cities. Brüssel: VUB Univ.Press

Dede, Klaus (1994): Temperenz und Abstinenz. Der Alkoholismus in der Epoche des deutschen Nationalismus. Eine Fallstudie. Dissertation Dr.phil. Bremen

Degkwitz, Peter (2002a): Drogenkonsum/-abhängigkeit als Lebensstil und/oder Krankheit. In: Böllinger/Stöver (2002): 20–38

Degkwitz, Peter (2002b): Theorien und Modelle der Entstehung und des Verlaufs von Drogenabhängigkeit. In: Böllinger/Stöver (2002): 45–66

Demel, Ralf (2002): Internet-Addiction: Ein Literaturüberblick. In: Sucht: 29–46

D'Emidio-Caston, Marianne; Brown, Joel (1998): The Other Side of the Story. Student Narratives on the California Drug, Alcohol, and Tobacco Education Programs. In: Evaluation Review 22:95–117

Denis, André; Heynen, Susanne; Kröger, Christoph (1994): Fortschreibung der Expertise zur Primärprävention des Substanzgebrauchs. Köln: BZgA

Denscombe, Martyn (2001): Peer Group Pressure, Young People and Smoking: new developments and policy implications. In: Drugs: education, prevention and policy 8;1:7–32

Der Tabakepidemie Einhalt gebieten (2003): Regierungen und wirtschaftliche Aspekte der Tabakkontrolle. Eine Veröffentlichung der Weltbank. Deutsches Krebsforschungszentrum (E-mail who-cc@dkfz.de)

Derzon, James (2000): A Synthesis of Research on Predictors of Youth Alcohol, Tobacco, and Marijuana Use. In: Hansen (2000): 105–114

Devereux, Georges (1982): Normal und Anormal. Frankfurt: Suhrkamp

Diclemente, Carlo (1986): Self-efficacy and the Addictive Behaviors. In: Journal of Social and Clinical Psychology. 4;3:302–315

Dietz, G.; Matt, E.; Schumann, K.; Seus, L. (1997): „Lehre tut viel …". Berufsbildung, Lebensplanung und Delinquenz bei Arbeiterjugendlichen. Münster: Votum

Dols, M.; v.d.Hout, M.; Kindt, M.; Willems, B. (2002): The urge to smoke depends on the expectation of smoking. In: Addiction 97:87–93

Donnermeyer, Joseph (2000): Parent' perceptions of a school-based prevention education program. In: J. Drug Education 30;3:325–342

Donovan, John (1996): Problem-Behavior Theory and the Explanation of Adolescent Marijuana Use. In: Journal of Drug Issues 26;2:379–404

Donovan, J.; Jessor, R. (1985): Structure of Problem Behavior in Adolescence and Young Adulthood. In: Journal of Consulting and Clinical Psychology 53;6:890–904

Dorn, N.; Thompson, A. (1976): An Exercise in Choosing Educational Goals. In: International Journal of Health Education 19:260–269

Drogen- und Suchtbericht (2003) der Bundesregierung. (www.bmgs.bund.de)

Drogen- und Suchtbericht (2004) der Bundesregierung. (www.bmgs.bund.de)

Drogen- und Suchtkommission beim Bundesministerium für Gesundheit. 2002 (Bundesministerium für Gesundheit[433]

DuPaul, G.J.; Eckert, T.L. (1994): The effect of social skills curricula; Now you see them, now you don't. School Psychology Quarterly 9:113–132

Durlak, Joseph; Wells, Anne (1997): Primary Prevention Mental Health Programs for Children and Adolescents: A Meta-analytic Review. In: American J. of Community Psychology 25;2:115–152

Edwards, Griffith (1997): Alkohol und Gemeinwohl. Strategien zur Reduzierung des schädlichen Gebrauchs in der Bevölkerung. Oxfort. Herausgegeben: Kuratorium der DHS.

Edwards, Griffith; Strang, J.; Jaffe, J. (eds) (1993): Drugs, Alcohol and Tobacco: Strengthening the Science and Policy Connection. Oxford: Univ.Press

Edwards, Griffith; Babor, Thomas; Hall Wayne; West, Robert (2002): Another mirror shattered? Tobacco industry involvement suspected in a book which claims that nicotine is not addictive. In: Addiction 97:1–5

Eisen, Marvin; Zellman Gail; Massett, Holly; Murray, David (2002): Evaluating the Lions-Quest „Skills for Adolescence" drug education program. First-year behavior outcomes. In: Addicitive Behaviors 27:619–632

Eisen, Marvin; Zellmann, Gail; Murray, David (2003): Evaluating the Lions-Quest „Skills for Adolescence" drug education program. Second-year behavior outcomes. In: Addictive Behaviors 28:883–897

Eisenbach-Stangl, Irmgard; Rosenqvist, Pia (eds) (1998): Diversity in Unity. Studies of Alcoholics Anonymous in Eight Societes. Helsinki: NAD Publ. No.33

Eisenbach-Stangl, Irmgard; Hager, Isabella; Reidl, Christine (2003): Youth and Alcohol in Vienna. An explorative Study. Manuskript. Wien. Ludwig Boltzmann-Institut für Suchtforschung

Egginton, Roy; Parker, Howard (2002): From one-off triers to regular users: measuring the regularity of drug taking in a cohort of English adolescents (1996–1999) In: Addiction Research & Theory 10;1:97–114

Egginton, Roy; Williams, Lisa; Parker, Howard (2002): Going out drinking; the centrality of heavy alcohol use in English adolescents' leisure time and poly-substance-taking repertoires. In: Journal of Substance Use 7:125–135

Ehlert/Heidermann (2001): Peer-Support in der schulischen Suchtprävention. In: akzept (Hrsg.): Gesellschaft mit Drogen – Akzeptanz im Wandel. Berlin: 313–322

Elias, Norbert; Scotson, J. (1965): The Established and the Outsiders. London

EMCDDA (1998): Evaluating Drug Prevention in the European Union. Scientific Monograph Series No 2 Lissabon

Engels, Rutger; Knibbe, Ronald; Drop, Maria; de Haan, Ypie (1997): Homogeneity of Cigarette Smoking Within Peer Groups: Influence or Selection? In: Health Education & Behavior 24;6:801–811

Ennet, Susan; Bauman, Karl (2000): Adolescent Social Networks: Friendship Cliques, Social Isolates, and Drug Use Risk. In: Hansen (2000): 47–58

Ennet, Susan; Tobler, Nancy; Ringwalt, Christopher; Flewelling, Robert (1994): How effective is drug abuse resistance education? A meta-analysis of project DARE outcome evaluations. In: Am. J. of Public Health 84;9:1394–1401

EREV – GVS – BAG EJSA (2003): Jugendhilfe und Drogenhilfe: Gemeinsam handeln. Ein Leitfaden für die Kooperation beider Hilfesysteme (EREV tel. 0511 3908810)

Erhard, Rachel (1999): Peer-led and adult-led programs – student perceptions. In: J. Drug Education 29;4:295–308

Erikson, Erik (1959): Identität und Lebenszyklus. (1973) Frankfurt: Suhrkamp

Etgeton, Stefan (1998): Strukturelle Prävention als Konzept *kritischer* Gesundheitsförderung. In: Strukturelle Prävention (1998): 71–80

Europäische Beobachtungstelle für Drogen und Drogensucht (2004): Jahresbericht 2003: Stand der Drogenproblematik in der Europäischen Union und in Norwegen Luxemburg (www-bmgs.bund.de)

Evans, Kathy (2002): Drug education: teach or treat? In: Drug Link, July/August 18–20

Fahrenkrug, Hermann (1998): Risikokompetenz – eine neue Leitlinie für den Umgang mit ‚riskanten Räuschen'. In: Akzeptanz 2:18–21

Fatke,Reinhard (2000): Schule und Soziale Arbeit – Historische und systematische Aspekte. In: SuchtMagazin 3:313
Fazey, Cindy (2003): The Commission on Narcotic Drugs and the United Nations International Drug Control Programme: politics, policies and prospect for change. In: Int. J. of Drug Policy 14:155–169
Ferchhoff, Wilfried; Dewe, Bernd (1991): Postmoderne Stile in den Jugendkulturen. In: Helsper (1991): 183–200
Ferchhoff, Wilfried; Neubauer, Georg (1996): Jugendkulturelle Stile und Moden zwischen Selbstinszenierung, Stilzwang und (Konsum)Vereinnahmung. In: Mansel/Klocke (1996): 32–52
Fergusson, D.M.; Horwood L.J.; Lloyd, M (1991): Confirmatory factor models of attention deficit and conduct disorder. In J. of Child Psychology and Psychiatry 32:257–274
Fischer, Volkhard; Röhr, Michael (1999): Jugendlicher Alkoholkonsum. Gibt es ein suchtprotektives Persönlichkeitsmuster? In: Kolip (1999): 183–195
Fleck, Jürgen (2001): Gesetzliche Grundlagen gegen die Gefährdung Jugendlicher durch Alkohol. In: Tossman/Weber (2001): 74–83
Foucault, Michel (2003): Die Wahrheit und die juristischen Formen. Frankfurt: Suhrkamp
Frankham, Jo (1998): Peer Education: the unauthorised version. In: British Educational Research Journal 24;2:179–193
Franzkowiak, Peter (1999): Risikokompetenz und ‚Regeln für Räusche': Was kann die Suchtprävention von der akzeptierenden Drogenarbeit lernen? In: Stöver (1999): 57–73.
Franzkowiak, Peter (2002): Primary Drug Prevention: Developments in Germany since the 1970s. In: Journal of Drug Issues 32;2:491–502
Franzkowiak, Peter; Helfferich, Cornelia; Weise, Eva (1998): Geschlechtsbezogene Suchtprävention. Praxisansätze, Theorieentwicklung, Definitionen. Forschung und Praxis der Gesundheitsförderung, Bd.2. Köln: BZgA
Franzkowiak, Peter; Schlömer, Hermann (2003): Entwicklung der Suchtprävention in Deutschland: Konzepte und Praxis. In: Suchttherapie 4:175–182
Frehsee, Detlev (2001): Korrumpierung der Jugendarbeit durch Kriminalprävention? In: Freund/Lindner (2001): 51–96
Freitag, Marcus; Hurrelmann, Klaus (2001): Der Alkoholkonsum von Kindern und Jugendlichen in Deutschland – eine empirische Bestandsaufnahme. In: Tossman/ Weber (2001): 55–73
Frenk, Hanan; Reuven, Dar (2000): A Critique of Nicotine Addiction. Dordrecht: Kluwer
Freund, Thomas; Lindner, Werner (Hrsg) (2001): Prävention. Zur kritischen Bewertung von Präventionsansätzen in der Jugendarbeit. Opladen: Leske + Budrich
Friedman, Jonathan (1994): Cultural Identity and Global Process. London: Sage
Friedman, Samuel (2002): Sociopharmacology of drug use; initial thoughts. In: International Journal of Drug Policy 13:34–347
Fröhlich, Gerhard (1994): Kapital, Habitus, Feld, Symbol. Grundbegriffe der Kulturtheorie bei Pierre Bourdieu. In: Mörth/Fröhlich (1994): 31–54
Fuchs, Marek; Lamnek, Siegfried; Luedtke, Jens (1996): Schule und Gewalt. Realität und Wahrnehmung eines sozialen Problems. Opladen: Leske + Budrich

Fuhs, Burkhard (1996): Das außerschulische Kinderleben in Ost- und Westdeutschland. Vom kindlichen Spielen zur jugendlichen Freizeitgestaltung. In: Büchner u. a. (1996): 129–158

Gaßmann, Raphael (2000): Präventive Sucht- und Drogenpolitik für Migrantinnen und Migranten. In: Schmidt/Hurrelmann (2000): 225–242

Gaugele, Elke (2003): „Ich misch das so". Jugendmode: ein Sampling von Gender, Individualität und Differenz. In Gaugele/Reiss (2003): 34–49

Gaugele, Elke; Reiss, Kristina (hg) (2003): Jugend, Mode, Geschlecht. Die Inszenierung des Körpers in der Konsumkultur. Frankfurt: Campus

Gaugele, Elke; Reiss, Kristina (2003a): S-HE Mades: Korporealitäten zwischen Homogenisierung und kultureller Differenz. In: Gaugele/Reiss (2003): 9–15

Geertz, C. (1987): Dichte Bechreibung. Beiträge zum Verstehen kultureller Systeme Frankfurt: Suhrkamp

Georg, Werner (1996): Zwischen sozialer Strukturierung und Entwurzelung. Determinanten der Jugendbiographie. In: Mansel/Klocke (1996): 17–31

Gesch, Manfred (1999): Primärprävention – Neue Ideen und Entwicklungen am Beispiel suchtpräventiver Arbeit in Nordrhein-Westfalen. Grundpositionen zum Präventionsbegriff sowie zum Risikoverhalten von Kindern und Jugendlichen. In: Akzept (Hrsg): The Times They Are A-Changin'. Berlin: VWB-Verlag (1999): 189–206

Gilbert, Hazel; Warburton, David (2000): Craving: a problematic concept in smoking research. In: Addiction Research 8;4:381–397

Glaeske, Gerd (2000): Pharmakologische Versorgung und präventive Drogenpolitik. In: Schmidt/Hurrelmann (2000): 111–128

Glöckner, Heidemarie (2001): Suchtprävention durch Sexualerziehung in der Grundschule: In: Kammerer/Rumrich (2001): 73–82

Görgen, W.; Hartmann, R.; Oliva, H. (2003): „Frühintervention bei erstauffälligen Drogenkonsumenten – FreD" Ergebnisse der wissenschaftlichen Begleitung (www.bmgs.bund.de)

Goldberg, J.H.; Halpern-Felsher, B.; Millstein, S.G. (2002): Beyond invulnerability: The importance of benefits in adolescents's decision to drink alcohol In: Health Psychology 21:477–484

Golub, Andrew; Johnson, Bruce (2002): The misuse of the ‚Gateway Theory' in the US policy on drug abuse control: A secondary analysis of the muddled deduction. In: International Journal of Drug Policy 13:5–19

Goodstadt M.S. (1980): Drug education – A turn on or a turn off? In: J. of Drug Education 10:89–99

Gorman, Dennis (1996): Do school-based social skills training programs prevent alcohol use among young people? In: Addiction Research 4;2:191–210

Gorman, Dennis (1996a): Etiological theories and the primary prevention of drug use. Journal of Drug Issues 26;2:505–520

Gorman, Dennis (1998): The irrelevance of evidence in the development of school-based Drug prevention policy, 1986–1996. In: Evaluation Review 22:118–146

Gorman, Dennis (2002): The „science“ of drug and alcohol prevention: the case of the randomized trial of the Life Skills Training program. In: International Journal of Drug Policy 13:21–26

Grant, Bridget; Dawson, Deborah (1997): Age at Onset of Alcohol Use and its Association with DSM-IV Alcohol Abuse and Dependence: Results from the National Longitudinal Alcohol Epidemiologic Survey. In: Journal of Substance Abuse 9:103–110

Greiving, Ingrid (2003): Entwicklung zeitgemäßer Eltern-Selbsthilfe (www.bmgs.bund.de)

Gresko, Runi; Rosenvinge, Jan (1999): Die Prävention von Eßstörungen im Jugendalter. Erfahrungen aus Norwegen. In: Kolip (1999): 120–133

Groenemeyer, Axel (2001): Risikosoziologie und gesundheitsbezogenes Risikoverhalten – Zwischen ‚Empowerment‘ und ‚Lifestyle Correctness‘. In Raithel (2001): 31–57

Gross, Werner (2003): Sucht ohne Drogen. Arbeiten, Spielen, Essen, Lieben. Überarbeitete Neuausgabe. Frankfurt: Fischer

Grünewald, Meike; Küpper, Sonja (2003): Pocket-Monster und das Gendering. In: Gaugele/ Reiss (2003): 135–150

Gschwind, Kurt; Hafen, Martin (2001): Der Faden soll weiter gesponnen werden. In: SuchtMagazin 3:68 f.

Guallar-Castillon, P. et al. (2001): Consumption of Alcoholic Beverages and Subjective Health in Spain. In: Journ. of Epidemiology and Community Health 55:648–652

Gusfield, Joseph (1963): Symbolic crusade: Status politics and the American temperance movement. Urbana, Univ. of Illinois Press

Gusfield, Joseph (1989): Constructing the Ownership of Social Problems: Fun and Profit in the Welfare State. In: Social Problems 16,5:43–441

Hafen, Martin (1999): Könnte >Schulteam< zum Leitbild für Präventionsarbeit werden?. In: SuchtMagazin 6:3–11

Hafen, Martin (2001): Präventionsgeschichte – Teil 2: die Karriere des Suchtbegriffs und die Entstehungsphase der ‚modernen‘ Prävention. In: Sucht-Magazin H3:56–60

Hagan, John; McCarthy, Bill (1997): Mean Streets. Youth Crime and Homelessness. Cambridge: Univ. Press

Hall, S.; Hobson D.; Lowe, D.; Willis, P. (eds) (1980): Culture, Media and Language. London, Hutchinson

Hamilton, Greg; Cross, Donna; Resnicow, Ken (2000): Occasional cigarette smokers: cue for harm reduction smoking education. In: Addiction Research 8;5:419–437

Hammersley, Richard; Jenkins, Richard; Reid, Marie (2001): Cannabis use and social identity. In: Addiction Research & Theory 9;2:133–150

Hammersley, Richard; Reid, Marie (2002): Why the pervasive addiction myth is still believed. In: Addiction Research & Theory 10;1:7–30

Hanak, Catherine; Tecco, Juan; Verbanck, Paul; Pelc, Isy (2002): Cannabis, Mental Health and Dependence. In Cannabis 2002 Report, Ministry of Public Health of Belgium: 63–77

Handbook Prevention (1998): Alcohol, Drugs and Tobacco. How to make the everyday life of a prevention worker easier. Van der Stel, Jaap (ed); Pompidou Group; Council of Europe

Handbuch Alkohol – Österreich: Zahlen, Daten, Fakten, Trends (2001): 2. überarbeitete und ergänzte Auflage. Wien: Bundesministerium für Soziale Sicherheit und Generationen

Hanetseder, Christa (2000): Modelle Sozialer Arbeit in der Schule – ein Überblick. In: SuchtMagazin 3:15–20

Hanewinkel, Reiner; Asshauer, Martin (2003): „Fit und stark fürs Leben“ – Universelle Prävention des Rauchens durch Vermittlung psychosozialer Kompetenzen. In: Suchttherapie 4;197–199

Hanewinkel, Reiner; Pohl, Johannes (2001): Auswirkungen eines totalen Werbeverbots für Tabakprodukte – Ein Diskussionsbeitrag. In: Sucht 104–113

Hanewinkel, Reiner; Wiborg, Gudrun (2002): Primär- und Sekundärprävention des Rauchens im Jugendalter: Effekte der Kampagne >Be Smart – Don't Start< In: Das Gesundheitswesen 64:492–498

Hanewinkel, Reiner; Wiborg, Gudrun (2003): Dissemination der Nichtraucherkampagne >Be Smart – Don't Start< in den Jahren 1997 bis 2003 in Deutschland. In: Das Gesundheitswesen 65:250–254

Hanewinkel, Reiner; Wiborg Gudrun (2003a): Effektivität verhaltenspräventiver Interventionen zur Suchtvorbeugung. In: Suchttherapie 4:183–191

Hahn, André; Jerusalem, Matthias (2001): Internetsucht: Jugendliche gefangen im Netz. In: Raithel (2001): 279–294

Hanna, E.; Yi, H.; Dufour, M., Whitmore, C. (2001): The relationship of early-onset regular smoking to alcohol use, depression, illicit drug use, and other risky behaviors during early adolescence. In: Journal of Substance Abuse 13:265–282

Hansen, William (1992): School-based substance abuse prevention: a review of the state of the art in curriculum, 1980 – 1990. In: Health Education Research 7;3:403–430

Hansen, William; Giles, Steven; Fearnow-Kenney, Melodie (eds) (2000): Improving Prevention Effectiveness. Tanglewood Research

Happel, Hans-Volker (2002): Telefonische Drogenberatung. In: Böllinger/Stöver (2002): 363–377

Harding, Wayne; Caudill, Barry; Moore, Brent (2001): Do Companions of designated drivers drink excessively? In: Journal of Substance Abuse 13:505–514

Hartnoll, Richard (1998): Epidemiology, prevention and evaluation. In: EMCDDA (1998): 99–109

Haußer, Karl (1997): Identitätsentwicklung – vom Phasenuniversalismus zur Erfahrungsverarbeitung. In: Keupp/Höfer (1997): 120–134

Hawkins, David; Graham, John; Maguine, Eugene; Abbott, Robert; Hill,Karl; Catalano, Richard (1997): Exploring the Effects of Age of Alcohol Use Initiation and Psychosocial Risk Factors on Subsequent Alcohol Misuse. In: Journal of Studies on Alcohol 58;3:280–290

Hayner, Ekkehard (2001): Akzeptanzorientierte Suchtprävention. Eine qualitative Studie über die Kommunikation Ostberliner Jugendlicher zu illegalisierten Drogen. Berlin: VWB-Verlag

Helfferich, Cornelia (1999): Geschlechtsspezifische Aspekte von Problemverhalten: Überlegungen zu einer angemessenen theoretischen Konzeption. In: Kolip (1999): 27–40

Helfferich, Cornelia (2001): Jugendliches Risikoverhalten aus geschlechtsspezifischer Sicht. In: Raithel (2001): 331–347

Helsper, Werner (Hsgb) (1991): Jugend zwischen Moderne und Postmoderne. Opladen: Leske + Budrich
Helsper, Werner (1991a): Jugend im Diskurs von Moderne und Postmoderne. In Helsper (1991): 11–38
Helsper, Werner (1997): Das „postmoderne Selbst" – ein neuer Subjekt- und Jugend-Mythos? Reflexionen anhand religiöser jugendlicher Orientierungen. In: Keupp/Höfer (1997): 174–206
Henkel,Dieter (2000): Alkohol- und Tabakprävention für Arbeitslose, Arme und Obdachlose. In: Schmidt/Hurrelmann (2000): 163–192
Herriger, Norbert (1997): Empowerment in der Sozialen Arbeit. Eine Einführung. Stuttgart: Kohlhammer
Herriger, Norbert (2001): Prävention und Empowerment. Brückenschläge für die pädagogische Arbeit mit Jugendlichen. In: Freund/Lindner (2001): 97–111
Hertrampf, Ruth; Söthe, Anke; Stieber, Susanne (2003): Körpergrenzen und Körperzeichen: Tattoo und Piercing. In: Gaugele/Reiss (2003): 113–122
Herwig-Lempp, Johannes (1994): Von der Sucht zur Selbstbestimmung. Drogenkonsumenten als Subjekte. Dortmund: Borgmann
Hesse, Hermann (1982): Der Steppenwolf. Frankfurt: Suhrkamp
Hitzler, Ronald (1994): Sinnbasteln. Zur subjektiven Aneignung von Lebensstilen. In: Mörth/Fröhlich (1994): 75–92
Holterhoff-Schulte, Ingeborg (2001): Ganzheitliche Suchtprävention in Familie und Kindergarten. In: Tossman/Weber (2001): 219–234
Holterhoff-Schulte, Ingeborg (2003): Junge Männer im Straßenverkehr – Voll im Griff! – Ein Projekt zur Prävention alkoholbedingter Unfälle. In: Suchttherapie 4:200–202
Hornstein, Walter (2001): Was soll Jugendarbeit? Zwischen Prävention und Emanzipation. Ein Beitrag zur Aufgabenbestimmung der Jugendarbeit im Zeitalter der ‚radikalisierten Moderne'. In: Freund/Lindner (2001): 15–50
Hugh, Mike (2001): „Balancing public health and criminal justice interventions. Response. In: International Journal of Drug Policy 12:429–433
Hughes, John (1995): Applying harm reduction to smoking. In: Tobacco Control 4 (suppl 2) S. 33–38
Hüllinghorst, Rolf (2000): Präventive Sucht- und Drogenpolitik in der Bundesrepublik Deutschland. In: Schmidt/Hurrelmann (2000): 267–281
Hunt, Neil (2001): Reasoning and restricted choices within recreational repertoires. In: International Journal of Drug Policy 12: 425–428
Hurrelmann, Klaus (2000): Plädoyer für eine neue Sucht- und Drogenpolitik für Jugendliche. In: BINAD-INFO 17 (BINAD Hörsterplatz 4;48147 Münster) 32–41
Hurrelmann, Klaus (2002): Einführung in die Sozialisationstheorie. 8. A. Weinheim: Beltz
Hurrelmann, Klaus; Linssen, Ruth; Albert, Mathias; Quellenber, Holger (2002): Eine Generation von Egotaktikern? Ergebnisse der bisherigen Jugendforschung. In: Shell Jugendstudie (2002):31–51
Hüsler, Gerhard; Michaud, André; Rehm, Jürgen (2001): Zwei Jahre supra-f – eine vorläufige Bilanz mit positiven Trends. In: Sucht-Magazin 6:38–41
Huxley, Aldous (1976): Island. Pantherbooks

James, William; Kim, Grace; Armijo, Eduardo (2000): The Influence of Ethnic Identity on Drug Use Among Ethnic Minority Adolescents. In: J. Drug Education 30;3:265–280

Janson, Harald (1999): Longitudinal Patterns of Tobacco Smoking from Childhood to Middle Age. In: Addictive Behaviors 24;2:239–249

Jasch, Michael (2003): Kommunale Kriminalprävention in der Krise. Manuskript für die Monatsschrift für Kriminologie.

Jehle, Bernhard (2001): Lebenskompetenz im Unterricht erwerben. In: Kammerer/Rumrich (2001): 132–139

Jenkins, R. (1996): Social Identity. London: Routledge

Jessor, Richard (1987): Problem-behavior theory, psychosocial development, and adolescent problem drinking. In: British Journal of Addiction 82;4:331–342

Jessor, Richard (2001): Problem-Behavior Theory. In: Raithel (2001): 61–78

Jessor, Richard; Jessor, Shirley (1977): Problem behavior and psychosocial development: A longitudinal study of youth. New York: Academic Press

Jessor, Richard; Turbin, Mark; Costa, Frances (1999): Protektive Einflußfaktoren auf jugendliches Gesundheitsverhalten. In: Kolip (1999): 41–69

Jöhr, Bruno; Lanz, Thomas (2001): Suchtpräventives Leitbild einer Schule. In: Kammerer/Rumrich (2001): 142–156

Kalke, Jens; Raschke, Peter (2003): Selbsterfahrungsübungen als Methode der Suchtprävention – den Umgang mit Sucht und Genussmitteln lernen? In: Suchttherapie 4;191–196

Kalke, Jens u. a. (2004): Handbuch für die Suchtprävention. Programme, Projekte und Maßnahmen aus Deutschland, Österreich und der Schweiz. Freiburg: Lambertus (im Druck)

Kammerer, Bernd; Rumrich, Renate (Hrsg) (2001): … und es gibt sie doch! Suchtprävention an Schulen. Konzepte, Modelle und Projekte. Nürnberg: emwe-Verlag

Kaplan, Charles (2001): Emergent young adult lifestyles and drug use patterns in a runaway world. In: Int. J. of Drug Policy 12;415–420

Kaplan, Howard (1996): Empirical Validation of the Applicability of an Integrative Theory of Deviant Behavior to the Study of Drug Use. In: Journal of Drug Issues 26;2:345–377

Kappeler, Manfred (1996): Drogenkultur und Recht – Ideologiekritik am Beispiel des Betäubungsmittelgesetzes. In: Wegehaupt/Wieland (1996): 94–105

Kappeler, Manfred (2001): Leitideen und Strategien im Umgang mit Genuß und Risiken. In: Akzept (Hg): Gesellschaft mit Drogen – Akzeptanz im Wandel« Dokumentationsband zum 6. internationalen Drogenkongress 5.–7. Oktober 2000 in Berlin. Berlin: VWB-Verlag 279–290

Kappeler, Manfred (2002): Von der gehobenen Stimmung bis zur Ekstase – Aspekte eines genussvollen Umgang mit psychoaktiven Substanzen. Vortrag an der Fachhochschule Merseburg am 4.6.2002

Kappeler, Manfred (2003): Die kulturelle Integration psychoaktiver Substanzen aus deutscher Sicht. In: Berliner Drogenkonferenz 2003:25–31

Kappeler, Manfred; Barsch, Gundula u. a. (1999): Jugendliche und Drogen. Ergebnisse einer Längsschnittuntersuchung in Ost-Berlin nach der Maueröffnung. Opladen: Leske + Budrich

Kardorff, Ernst von (1995): Prävention: wissenschaftliche und politische Desiderate. In: Diskurs 1:6–14

Karstedt, Susanne (2001): Was können wir wissen, was sollen wir tun? Evaluation von Präventionsmaßnahmen im Bereich der Jugendkriminalität. In: Freund/Lindner (2001):163–185

Kawachi, Ichiro; Kennedy, Bruce; Glass, Roberta (1999): Social Capital and Self-Rated Health. A Contextual Analysis. Am. J. of Public Health 1187–1193

Keene, J.; Raynor, P. (1993): Addiction as a ‚Soul Sickness‘: the Influence of Client and Therapist Beliefs. In: Addiction Research 1:77–87

Keitsch, Markus (2001): ‚Alkohol‘ als Gegenstand des Chemieunterrichts. In: Tossman/ Weber (2001): 157–171

Kellermann, Bert (2002): Modellsucht Nikotinabhängigkeit – Jeder, der ein Suchtmittel konsumiert, kann süchtig werden. In: Sucht 47–49

Kellog, Scott (1993): Identity and Recovery. In: Psychotherapy 30:235–244

Kemper, Wolf (2001): Kokain in der Musik. Münster: LIT Verlag

Kersch, Brigitte (1998): ‚Tabakdistanz‘ – ein Evaluationskriterium unterrichtlicher Suchtpräventionsmaßnahmen bei 13- bis 16jährigen Schülerinnen und Schülern. Ergebnisse einer Leipziger Längsschnittstudie. In: Sucht 15–24

Ketterer, Armin (1998): Strukturelle Prävention im theoretischen Kontext und als Spiegel der Zeit: Vorbilder, Einflüsse, Abgrenzungen, Merkmale. In: Strukturelle Prävention (1998): 39–55

Keupp, Heiner u. a. (2002): Identitätskonstruktionen. Das Patchwork der Identitäten in der Spätmoderne 2.A. Reinbek: Rowohlt

Keupp, Heiner; Höfer, Renate (Hg) (1997): Identitätsarbeit heute. Klassische und aktuelle Perspektiven der Identitätsforschung. Frankfurt: Suhrkamp.

Kim Ju-Ill (2003): Drogenkonsum von Jugendlichen und suchtpräventive Arbeit. Akzeptierende Drogenerziehung als Alternative. Frankfurt: IKO – Verlag für Interkulturelle Kommunikation

King, Adrian (2002): Measure for Measure. In: Drug Link, july/august: 15–17

Klein, Rudolf (2002): Berauschte Sehnsucht. Zur ambulanten systemischen Therapie süchtigen Trinkens. Heidelberg: Carl-Auer-Systeme Verlag.

Klingemann, H.; Sobell, L.; Barker, J. u. a. (2000): Promoting Self-Change from Problem Substance Use: Practical Implications for Policy, Prevention and Treatment. Dordrecht: Kluwer

Klocke, Andreas; Hurrelmann, Klaus (1996): Psychosoziales Wohlbefinden und Gesundheit der Jugendlichen nichtdeutscher Nationalität. In: Mansel/Klocke (1996): 193–208

Kloep, M; Hendry; L.; Ingebrigtsen, J.; Espnes, G. (2001): Young people in ‚drinking‘ societies? Norwegian, Scottish and Swedish adolescents’ perceptions of alcohol use. In: Health Education Research 16:279–291

Koerkel, Joachim (2002): Controlled Drinking as a Treatment Goal in Germany. In: Journal of Drug Issues: 32;2:667–688.

Koerkel, Joachim (2002a): Kontrolliertes Trinken: Eine Übersicht. In: Suchttherapie 2: 87 ff.

Kötters, Catrin; Krüger, Hein-Hermann; Brake, Anna (1996): Wege aus der Kindheit. Verselbständigungsschritte ins Jugendalter. In: Büchner u. a. (1996):99–128

Kolip, Petra (Hrsg) (1999): Programme gegen Sucht. Internationale Ansätze zur Suchtprävention im Jugendalter. Weinheim: Juventa

Kolip, Petra (1999a): Gesundheitliches Risikoverhalten im Jugendalter: Epidemiologische Befunde und Ansätze zur Prävention. In: Kolip (1999): 7–24

Koller, Gerald (2001): Genuss Kultur – und was es in der Prävention sonst noch braucht. In: Kammerer/Rumrich (2001): 58–60

Kolte, Birgitta; Schmidt-Semisch, Henning (2002): Controlled Smoking: Implications for Research on Tobacco Use. In: Journal of Drug Issues 32; 2:647–666

Kolte, Birgitta; Schmidt-Semisch, Henning (2003): Kontrolliertes Rauchen: Autonomie und Risikominderung. In: Jan-Hendrik Heudtlass/Heino Stöver (Hg.): Risiko mindern beim Drogengebrauch 2003 Frankfurt: Fachhochschulverlag

Kolte, Birgitta; Schmidt-Semisch, Henning (2003a): Vom Tabakgenuss zur Nikotinsucht – und zurück. Ein Plädoyer wider den therapeutisch induzierten Fatalismus. In: Legnaro/Schmieder (2003): 5–24

Komro, Kelli; Toomey, Traci (2002): Strategies to Prevent Underage Drinking. In: Alcohol Research and Health 26;1:5–14

Koppenhöfer, Eva (2000): Frauen und Zigaretten. Über das Ambivalente am Rauchen und seine Ausprägungen in weiblichen Lebenszusammenhängen. Herboldheim

Koppenhöfer, Eva (2003): Über die Ambivalenz des Rauchens bei Frauen. In: Legnaro/Schmieder (2003): 53–78

Korf, Dirk (2002): Dutch coffee shops and trends in cannabis use. In: Addictive Behaviors 27:851–866

Kortemeyer-Beck, Karoline (2001): Evaluation suchtpräventiver Veranstaltungen mit Jugendlichen. Bremen: Institut für Suchtprävention (tel 0421 5977699)

Kozlowski, Lynn; Henningfield, Jack; Brigham, Janet (2001): Cigarettes, Nicotine, & Health. A Biobehavioral Approach. London: Sage Publications

Krappmann, Lothar (1997): Die Identitätsproblematik nach Erikson aus einer interaktionistischen Sicht. In: Keupp/Höfer (1997): 66–92

Krappmann, Lothar; Oswald, Hans (1995): Alltag der Schulkinder. Beobachtungen und Analysen von Interaktionen und Sozialbeziehungen. Weinheim: Juventa

Krasmann, Susanne (2003): Die Kriminalität der Gesellschaft. Zur Gouvernementalität der Gegenwart.Konstanz: UVK-Verlag

Kraus, Ludwig; Augustin, Rita (2001): Repräsentativerhebung zum Gebrauch psychoaktiver Substanzen bei Erwachsenen in Deutschland 2000. In: Sucht 47.Jg. Sonderheft 1

Kraus, L.; Augustin, R.; Bloomfield K.; Reese, A. (2001): Der Einfluss regionaler Unterschiede im Trinkstil auf riskanten Konsum, exzessives Trinken, Missbrauch und Abhängigkeit. In: Gesundheitswesen 63:775–782

Kraus, Ludwig; Heppekausen,Kathrin; Barrera, Andrea; Orth, Boris (2004): Die Europäische Schülerstudie zu Alkohol und anderen Drogen (ESPAD): Befragung von Schülerinnen und Schülern der 9. und 10. Klasse in Bayern, Berlin, Brandenburg, Hessen, Mecklenburg-Vorpommern und Thüringen München: IFT-Berichte 141 (www.dbdd.de)

Kraus, Wolfgang; Mitzscherlich, Beate (1997): Abschied vom Großprojekt. Normative Grundlagen der empirischen Identitätsforschung in der Tradition von James E. Marcia und die Notwendigkeit ihrer Reformulierung. In: Keupp/Höfer (1997): 149–173

Krause Arnulf (2002): Die Geschichte der Germanen, Frankfurt: Campus
Kröger, Christoph (1998): Evaluation: definitions and concepts. In: EMCCDA 1998:61–66
Kröger, Christoph; Heppekausen, Kathrin; Kraus, Ludwig (2002): Epidemiologie des Tabakkonsums und die Situation der Raucherentwöhnung in Deutschland. In: Z. Med. Psychol. 11:149–155
Kröger, Christoph; Reese, Anneke (2000): Schulische Suchtprävention nach dem Lebenskompetenzkonzept – Ergebnisse einer vierjährigen Interventionsstudie. In: Sucht 46;3:209–217
Krüger, Heinz-Hermann (1996): Wege aus der Kindheit in Ost- und Westdeutschland: Bilanz und Perspektiven. In Büchner u. a. (1996): 225–235
Krüger, Helga (1991): Subjektbildung in der Adoleszenz und die Bedeutung von Arbeit. In: Helsper (1991): 147–162
Küchenhoff, Joachim (2002): Die Sucht und der Andere – Identität und Intersubjektivität in der Sucht. In: Uhlig/Thiele (2002): 183–196
Künzel-Böhmer, Jutta; Bühringer, Gerhard; Janik-Konecny, Theresa (1993): Expertise zur Primärprävention des Substanzmissbrauchs. Band 20 Schriftenreihe des Bundesministeriums für Gesundheit. Baden-Baden: Nomos
Kuipers Han (1998): Measuring outcomes: methodology, theory and mediating variables. In: EMCDDA (1998): 73–80
Kuther, Tara (2002): Rational decision perspectives on alcohol consumption by youth. Revising the theory of planned behavior. In: Addictive Behaviors 27:35–47
Legnaro, Aldo; Schmieder, Arnold (Hg) (2003): Rauchzeichen. Zum modernen Tabakkonsum. Jahrbuch Suchtforschung Bd. 3. Frankfurt: Lit.Verlag
Leitlinien der Deutschen Gesellschaft für Kinder- und Jugendpsychiatrie und -psychotherapie (2003): www.uni-duesseldorf.de/WWW/AWMF
Lenzen, Dieter (1991): Moderne Jugendforschung und postmoderne Jugend: Was leistet noch das Identitätskonzept? In: Helsper (1991): 41–56
Leppin, Anja (1994): Bedingungen des Gesundheitsverhaltens und persönliche Ressourcen. Weinheim: Juventa
Leppin, Anja; Pieper, Elke; Szirmark, Zsofia; Freitag, Marcus; Hurrelmann, Klaus (1999): Prävention auf den zweiten und dritten Blick: Differentielle Effekte eines kompetenzorientierten Suchtpräventionsprogramms. In: Kolip (1999): 215–234
Lettieri, D.J.; Welz, R. (Hrsg) (1983): Drogenabhängigkeit – Ursachen und Verlaufsformen. Ein Handbuch. Weinheim: Beltz
Levine, Harry (1978): The discovery of addiction: Changing conceptions of habitual drunkenness in America. In: Journal of Studies on Alcohol 39:143–174
Levine, Harry (2003): Global drug prohibition: its uses and crises. In: International Journal of Drug Policy 14:145–153
Levine, Murray (2000): Prevention and Progress. Book Review Essay. In: The Journal of Primary Prevention 21;2:159–168
Lindenmeyer, Johannes (2001): Kontrolliertes Trinken – Vier Schlussfolgerungen. In: Sucht 262–264

Lindner, Werner; Freund, Thomas (2001): Der Prävention vorbeugen? Zur Reflexion und kritischen Bewertung von Präventionsaktivitäten in der Sozialpädagogik. In: Freund/ Lindner (2001): 69–96

Linssen, Ruth; Leven, Ingo; Hurrelmann, Klaus (2002): Wachsende Ungleichheit der Zukunftschancen? Familie, Schule und Freizeit als jugendliche Lebenswelten. In: Shell Jugendstudie (2002): 53–90

Lloyd, Barbara; Lucas, Kevin (1998): Smoking in Adolescence: Images and Identities. London: Routledge

Lösel, Friedrich; Bliesner, Thomas (2003): Aggression und Delinquenz unter Jugendlichen. Untersuchungen von kognitiven und sozialen Bedingungen. Neuwied: Luchterhand

Lubeck, Sally (1995): Mothers at Risk. In: Swadener/Lubeck (1995): 50–75

Luik, John (1996): ‚I Can't Help Myself': Addiction as Ideology. In: Human Psychopharmacology 11:21–32

MacAndrew, C.; Edgerton, R. (1969): Drunken comportment: A social explanation. Chicago: Aldine

MacDonald, Robert; Marsh, Jane (2002): Crossing the Rubicon: youth transitions, poverty, drugs and social exclusion. In: The International Journal of Drug Policy 13:7–38

Mäder, Felix (2000): Zorn und Zärtlichkeit. Eine Ideengeschichte der Suchtprävention. Lausanne

Mäkelä, Klaus u. a. (1996): Alcoholics Anonymous as a Mutual-Help Movement. A Study in Eight Societes. Univ. of Wisconsin Press

Maiwald, E.; Reese, A. (2000): Effektivität suchtpräventiver Lebenskompetenzprogramme – Ergebnisse deutscher Evaluationsstudien. In: Sucht Aktuell 7:8–12

Mansel, Jürgen; Klocke, Andreas (Hg) (1996): Die Jugend von heute. Selbstanspruch, Stigma und Wirklichkeit. Weinheim: Juventa

Mansel, Jürgen (1996a): Leistungsarbeit in der Schule. „Null-Bock" oder „Bock" auf interessante Tätigkeiten. In: Mansel/Klocke (1996): 88–106

Mansel, Jürgen (1996b): Jugendliche Gewalttäter oder „... zählt auch, wenn ich meinem kleinen Bruder Spielsachen wegnehme?". In: Mansel/Klocke (1996): 129–151

Marlatt, Alan; Witkiewitz, Katie (2002): Harm reduction approaches to alcohol use: Health promotion, prevention, and treatment. In: Addictive Behaviors 27:867–886

Marquardt, Ralf; Merkle, Thorsten (2003): Marlboro-Mann, nicht HB-Männchen: über Distinktion und Werbebotschaften. In: Legnaro/Schmieder (2003): 25–52

Marti, Bernhard; Lehmann, Anton (2000): Intensives Sporttreiben: Prävention oder Provokation von Suchtkankheiten. In: SuchtMagazin 4:29–34

Marzahn, Christian (1994): Plädoyer für eine gemeine Drogenkultur. In: Marzahn, Christian: Bene Tibi – Über Genuß und Geist. Bremen: edition temmen

Masse, Louise; Tremblay, Richard (1997): Behavior of Boys in Kindergarden and the Onset of Substance Use During Adolescence. In: Archives of General Psychiatry 54:62–68

McArdle, P. et al. (2000): International Variations in Youth Drug use: The Effect of Individual Behaviours, Peer and Family Influences, and Geographical Location. In: European Addiction Research 6:163–169.

McGee, Rob; Williams, Sheila; Poulton, Richie; Moffitt, Terrie (2000): A longitudinal study of cannabis use and mental health from adolescence to early adulthood. In: Addiction 95:491–503.

McIntosh, James; MacDonald, Fiona; McKeganey, Neil (2003): The Initial Use of Drugs in a Sample of Pre-teenage Schoolchildren; the role of choice, pressure and influence. In: Drugs: education, prevention and policy. 10;2:147–158

Mead, George Herbert (1934): Geist, Identität und Gesellschaft. (1973) Frankfurt: Suhrkamp

Meili, Bernhard (2001): 10 Jahre Suchtprävention: Eine Bilanz und ein Ausblick. In: SuchtMagazin 2:3–14.

Meili, Bernhard (2003): Supra-f – ein Schweizer Forschungsprogramm zur sekundären Suchtprävention. In: Suchttherapie 4: 211–213

Meyer, Stefan (o. J. 2000?): Zur normierenden Funktion von Suchtprävention. Schriftenreihe des BAK Drogen Bd 1 (ggf. über www.archido.de einzusehen/Kopie zu bestellen)

Midford, R.; Munro, G.; McBride, N.; Snow, P.; Ladzinski, U. (2002): Principles that underpin effective school-based drug education. In: J. Drug Education 32;4:363–386

Miller, Patrick; Plant, Martin (2003): The family, peer influences and substance use: findings from a study of UK teenagers. In: Journal of Substance Use 8:19–26

Miller, Todd; Volk, Robert (2002): Family Relationships and Adolescent Cigarette Smoking; Results from a National Longitudinal Survey. In: The Journal of Drug Issues 945–972

Modarresi, Shahpar; Newman, Dianna; Abolafia, Mitchel (2001): Academic evaluators versus practitioners: alternative experiences of professionalism. In: Evaluation and Program Planning 24:1–11

Mörth, Ingo; Fröhlich, Gerhard (Hg) (1994): Das symbolische Kapital der Lebensstile. Zur Kultursoziologie der Moderne nach Bourdieu. Frankfurt: Campus.

Moffit, Terrie (1993): Adolescence-Limited and Life-Course-Persistent Antisocial Behavior: A Developmental Taxonomy. In: Psychological Review 100:674–701.

Moolchan E.; Radzius A.; Epstein, D. et al. (2002): The Fagerstrom Test for Nicotine Dependence and the Diagnostic Interview Schedule. Do they diagnose the same smokers? In: Addictive Behaviors 27:101–113

Moon, Dreama; Jackson, Kristina; Hecht, Michael (2000): Family risk and resiliency factors, substance use, and the drug resistance process in adolescence: In J. Drug Education 30;4:373–398

Morgan, Mark (1998): Instruments and measurements in evaluation studies. In: EMCDDA (1998): 81–88

Morgan, Mark (1998a): Evaluations of Substance Use Prevention Programmes: Implications for Illicit Drugs. In: COST A6 (1998): 91–134

Morgan, Mark; Grube, Joel (1991): Closeness and peer group influence. In: British Journal of Social Psychology 30:159–169

Moskowitz, Joel (1989): The Primary Prevention of Alcohol Problems: A Critical review of the Research Literature. In: Journal of Studies on Alcohol 50;1:54–88

Moskowitz, Joel (1993): Why Reports of Outcome Evaluation Are Often Biased or Uninterpretable. Examples From Evaluations of Drug Abuse Prevention Programs. In: Evaluation and Program Planning 16:1–9

Müller, Emanuel (1999): Projekt Schulteam – 3 Jahre Präventionsarbeit an Deutschschweizer Schulen. In: SuchtMagazin 6:13–17

Müller, Melissa (1997): Die kleinen Könige der Warenwelt. Kinder im Visier der Werbung. Frankfurt: Campus

Munro, Geoffrey (2000): Challenging the culture of sport and alcohol. In: Int. J. of Drug policy 11:199–202

Musher-Eizenman, Dara; Holub, Shayla; Arnett, Mitzi (2003): Attitude and peer influences on adolescent substance use: the moderating effect of age, sex, and substance. In. J.Drug Education 33;1:1–23

Nelson,T.F.; Wechsler, H. (2003): Alcohol and collegiate sports fans. In: Addictive Behaviors 28:1–11

Nersnaes, Line (1998): Mia's Diary: An Alcohol and Drug Primary Prevention Programme for the Nordic Countries. In: COST A6 (1998): 77–90

Newcomb, Michael; Bentler, Peter (1989): Substance Use and Abuse Among Children and Teenagers. In: American Psychologist, February:242–248

Newcomb, M.D.; Felix-Ortiz, M. (1992): Multiple Protective and Risk Factors for Drug Use and Abuse: Cross-Sectional and Prospective Findings. In Journal of Personality and Social Psychology 63;2:280–296

Newcomb, Michael; Scheier, Lawrence; Bentler, Peter (1993): Effects of Adolescent Drug Use on Adult Mental Health: A Prospective Study of a Community Sample. In: Experimental and Clinical Psychopharmacology 1;1–4:215–241

Nicholson, Thomas; Duncan, David; White, John (2002): Is recreational drug use normal? In: Journal of Substance use 7: 116–123

Niebaum, Imke (2001): Leitlinien einer schulischen Suchtprävention. Hohengehren: Schneider Verlag

Nilsson, Robert (1997): Die Toxikologie des ‚Passivrauchens' (ETS). www.peutinger.de

Noack, Karl-Adolf; Weber, Norbert (2001): Didaktische Reflexionen zur Alkoholprävention. In: Tossman/Weber (2001): 14–43

Nöcker, Guido (1990): Von der Drogen- zur Suchtprävention. Bestandsaufnahme, Kritik und Perspektiven. Düsseldorf: MAGS (Ministerium für Arbeit, Gesundheit)

Nunner-Winkler, Gertrud (1991): Ende des Individuums oder autonomes Subjekt? In: Helsper (1991): 113–129

O'Donnell, J. et al (1995): Preventing school failure, drug use, and delinquency among low-income children: Long-term intervention in elementary schools. In: American Journal of Orthopsychiatry 65;1:87–100

O'Donoghue, Jennifer; Kirshner, Benjamin; McLaughlin, Milbrey (2002): Introduction; Moving youth participation forward. In: New directions for youth development 96:15–25

Paglia, Angela; Room, Robin (1999): Preventing Substance Use Problems Among Youth: A Literature Review and Recommendations. In: The Journal of Primary Prevention 20;1:3–50

Palinkas, Lawrence; Atkins, Catherine; Miller, Christopher; Ferreira, Diane (1996): Social Skills Training for Drug Prevention in High-Risk Female Adolescents. In: Preventive Medicine 25:692–701

Parker, H.; Aldridge, J; Measham, F. (1998): Illegal leisure – The normalization of adolescent recreational drug use. London: Routledge
Peele, Stanton (1985): The meaning of addiction. Compulsive experience and its interpretation. Lexington
Peele, Stanton (1989): Diseasing of America. Addiction Treatment Out of Control. Lexington.
Pentz, Mary et al. (1989): A Multicommunity Trial for Primary Prevention of Adolescent Drug Abuse. In: Jama 261;22:3259–3266
Peretti-Watel, Patrick; Legleye Stephanie; Beck, Francois (2002): Cigarettes and Mobil Phones: are they complementary or substitutable products?. In: Drugs: education, prevention and policy 9;4:339–343
Perry C.L. et al (1996): Project Northland. Outcomes of a communitywide alcohol use prevention program during early adolescence. In: American Journal of Public Health 86;7:956–965
Petermann, Harald (1999): Das Soester Programm zur Suchtprävention: Konzept, Akzeptanz und Effektivität. In: Kolip (1999): 199–214
Peters, Helge (2002): Soziale Probleme und Soziale Kontrolle. Wiesbaden
Peterson, A.; Kealey, K.; Mann, S.; Marek, P.; Sarason, I. (2000): Hutchinson Smoking Prevention Project: Long-Term Randomized Trial in School-Based Tobacco Use Prevention – Results on Smoking. In: Journal of the National Cancer Institute 92;24:1979–1991
Petry, Jörg (2001): Trinkkontrolle: Ideengeschichte und aktuelle Debatte. In: Sucht 233–249
Pianta, Robert; Stuhlman, Megan; Hamre, Bridget (2002): How schools can do better: Fostering stronger connections between teachers and students. In: New directions for youth development 93: 91–107
Piper, Douglas; Moberg, Paul; King, Monica (2000): The Healthy for Life Project: Behavioral Outcomes. In: The Journal of Primary Prevention 21;1:47–73
Plant, Martin; Plant, Moira (1997): Risk-Takers. Alcohol, drugs, sex and youth. London: Routledge
Pörksen, Niels (2000): Präventive Sucht- und Drogenpolitik: Ein Blick über den deutschen Tellerrand nach Europa. In: Schmidt/Hurrelmann (2000): 297–303
Prokhorov, A.; de Moor, C.; Hudmon, K.; Hu, S.; Kelder, S.; Gritz, E. (2002): Predicting initiation of smoking in adolescents: Evidence for integrating the stages of change and susceptibility to smoking constructs. In: Addictive Behaviors 27:697–712
Püschl, Monika; Schlömer, Hermann (2002): Suchtprävention 2002: Gesundheitsförderung und Drogenerziehung? In: Böllinger/Stöver (2002): 119–132
Quadrel, Marilyn; Fischhoff, Baruch; Davis,Wendy (1993): Adolescent (In)vulnerability. In: American Psychologist 102–116
Quensel, Stephan (1980): Unsere Einstellung zur Droge. In: Kriminologisches Journal 12;1:1–16
Quensel, Stephan (1982): Drogenelend. Frankfurt: Campus
Quensel, Stephan (1985): Kann ich über Cannabis aufklären? In: Quensel, S.: Mit Drogen leben. Frankfurt: Campus (1985) 61–75
Quensel, Stephan (1992): Akzeptierende Drogenarbeit in der Jugendhilfe. In: Materialien zur Heinmerziehung, 3:1–2

Quensel, Stephan (1998): Wie steht Jugendhilfe dem Thema Drogen gegenüber. In: Wegehaupt/Wieland (1998): 62–73

Quensel, Stephan (1999): „Wer raucht, der stiehlt" oder kann man jugendliches Risikoverhalten messen? In: Kreuzer, Arthur u. a. (Hg) Fühlende und denkende Kriminalwissenschaften. Giessener Kriminalwissenschaftliche Schriften Band 10. Mönchengladbach (auch in: www.bisdro.uni-bremen.de/Publikationen/DDRAM)

Quensel, Stephan (2000): Medikamente brauchen, Cannabis, Rauchen: Die Rolle des Pharmakonsum bei 14-jährigen Schülerinnen und Schülern in Bremen. In: Wiener Ztschrft. f. Suchtforschung 2: 33–44

Quensel, Stephan (2001): „Weil es gefährlich ist": Jugendlicher Drogenkonsum und Delinquenz. Präventive Konsequenzen aus einer Analyse eines jugendlichen ‚Risiko-Raumes'. In: Wiener Zeitschrift für Suchtforschung 3/4: S. 55–71.

Quensel, Stephan (2002): Cannabis, Straßenverkehr und junge Leute – Ein Dispositiv im Generationskonflikt. In: Grotenhermen, Franjo; Karus, Michael (Hg): Cannabis, Straßenverkehr und Arbeitswelt. Berlin: Springer (2002): 117–132

Quensel, Stephan (2002a): Gouvernementalität: Eine einführende Rezension. In: Kriminologisches Journal 34;1:47–58

Quensel, Stephan (2003): Zehn Thesen zu einer anderen Art der Drogenprävention. In: Stay in Touch. 3rd European Conference. Bundesamt für Gesundheit, Fachstelle Gesundheitsförderung und Prävention. CH3003 Bern (tel 41313231176) S. 39–49

Quensel, Stephan et al. (2002): Broken Home or Drug Using Peers: „Significant Relations"? In: Journal of Drug Issues 32;2:467–490

Quensel, Stephan; Butt-Behrmann, Andrea (2002): Drei Prämissen einer verfehlten Drogenprävention: Wen wollen wir erreichen? – Fünfzehnjährige Jugendliche einer Kleinstadt beantworten unsere Fragen. In: www.Bisdro.uni-bremen.de/Publikationen.

Quensel, Stephan; Cohen, Peter (1995): Eine phantasievolle Reise über Möglichkeiten der Enkulturation illegalisierter Drogen. In: Drogen ohne Grenzen. (hrsg. Akzept e. V.) Berlin: VWB-Verlag (1995): 345–348

Raithel, Jürgen (Hrsgb) (2001): Risikoverhaltensweisen Jugendlicher. Formen, Erklärungen und Prävention. Opladen: Leske + Budrich

Raithel, Jürgen (2001a): Risikoverhaltensweisen Jugendlicher – Ein Überblick. In: Raithel (2001): 11–29

Ramaekers, Johannes; Berghaus, Günther; van Laar, Margriet; Drummer, Olaf (2002): Performance Impairment and Risk of Motor Vehicle Crashes after Cannabis Use. In: Cannabis 2002 Report, Ministry of Public Health of Belgium 79–95

Ree, Erik van (2002): Drugs, the democratic civilising process and the consumer society. In: International Journal of Drug Policy 13:349–353

Reese, Anneke; Silbereisen, Rainer (2001): Allgemeine versus spezifische Primärprävention von jugendlichem Risikoverhalten. In: Freund/Lindner (2001): 139–162

Rehm, Jürgen (2003): Ist Suchprävention generell wirtschaftlich? In: Suchttherapie 4:8–11

Reinarman, Craig (1994): The Social Construction of Drug Scares. In: Adler, Patricia; Adler, Per (Ed): Constructions of Deviance: Social Power, Context and Interaction. Belmont California (1994): 92–104

Reinders, Heinz (2003): Jugendtypen. Ansätze zu einer differentiellen Theorie der Adoleszenz. Opladen: Leske + Budrich

Reiss, Kristina (2003): Heute bin ich so, morgen bin ich anders: Postmoderne Lebensstile als Medium jugendlicher Identitätsbildungen. In: Gaugele/Reiss (2003):16–33

Reneau, Jenifer; Nicholson, Thomas; White, John; Duncan, David (2000): The general well-being of recreational drug users: a survey on the WWW. In: International Journal of Drug Policy 11:315–323

Resnicow, Ken; Smith, Matt; Harrison, Lana; Drucker, Ernest (1999): Correlates of occasional cigarette and marijuana use: are teens harm reducing? In: Addictive Behaviors 24;2:251–266

Reuband, Karl Heinz (1995): Drug use and drug policy in Western Europe. Epidemiological findings in a comparative perspective. In: European Addiction Research 1:32–41

Richter, Uwe (2001): Das Thema ‚Alkohol' als Gegenstand des Sozialkundeunterrichts. In: Tossman/Weber (2001): 124–141

Riedel, Brant; Robinson, Leslie; Klesges, Robert; McLain-Allen, Bonnie (2003): Ethnic differences in smoking withdrawal effects among adolescents. In: Addictdive Behaviors 28:129–140

Riemann, Klaus (2001): Zur Evaluation von Projekten in der Suchtprävention. In: Kammerer/Rumrich (2001): 51–57

Rigter, Henk; van Laar, Margriet (2002): Epidemiological Aspects of Cannabis Use. In: Cannabis 2002 Report, Ministry of Public Health of Belgium 19–45

Rittner, Volker (2001): Risikoverhalten im Sport. In: Raithel (2001): 217–236

Rodgers, B; Korten A. et al. (2000): Risk factors for depression and anxiety in abstainers, moderate drinkers and heavy drinkers. In: Addiction 95:1833–1845

Rohrbach, Louise; D'Onofrio, Carol; Backer, Thomas; Montgomery, Susanne (1996): Diffusion of School-Based Substance Abuse Prevention Programs. In American Behavioral Scientist 39;7:919–934

Rosenbaum, Dennis; Flewelling R.; Bailey, S.; Ringwalt, C.; Wilkinson, D. (1994): Cops in the Classroom: A longitudinal Evaluation of Drug Abuse Resistance Education (DARE). In: Journal of Research in Crime and Delinquency 31;1:3–31

Rosenbaum, Marsha (1998): „Just Say Know" to Teenagers and Marijuana. In: Journal of Psychoactive Drugs 30:197–203

Ruch, Willibald; Marvin Zuckermann (2001): Sensation Seeking and Adolescence. In: Raithel (2001): 97–110

Ruff, L.; Volmer, T; Nowak, D; Meyer, A. (2000): The Economic Impact of Smoking in Germany. In: European Respiratory J. 16:385–390

Rumrich, Renate; Fischer, Cordula (2001): Schule ohne Drogen. In: Kammerer/Rumrich (2001): 164–167

Sale, Elizabeth; Sambrano, Soledad; Springer, Fred; Turner, Charles (2003): Risk, Protection, and Substance Use in Adolescents: A Multi-Site Model. In: J. Drug Education 33;1:91–105

Scheerer, Sebastian (1993): Einige Anmerkungen zur Geschichte des Drogenproblems. In: Soziale Probleme 79–98

Scheerer, Sebastian (1995): Sucht. Reinbek: Rororo Spezial

Scheerer, Sebastian (2002): Kritische Kriminologie und Drogenarbeit. In: Anhorn, Roland; Bettinger, Frank (Hg): Kritische Kriminologie und Soziale Arbeit. Weinheim: Juventa (2002): 111–124

Scheerer, Sebastian; Vogt, Irmgard (Hg)(1989): Drogen und Drogenpolitik. Frankfurt: Campus

Schlanstedt, Günter; Schu, Martina (2003): Prävention in der Schule. Ergebnisse der wissenschaftlichen Begleitung von Inside@School, München.Köln (www.bmgs.bund.de)

Schmidt, Bettina; Hurrelmann, Klaus (Hg) (2000): Präventive Sucht- und Drogenpolitik. Ein Handbuch. Opladen: Leske + Budrich

Schmidt, Lucia (2001): Wege aus der Glückspielsucht. Zur organisierten Selbsthilfe in den USA. In: Sucht 4–1

Schmidt-Semisch, Henning (1999): Palais des Drogues oder: Psychedelische Dienstleistungen aller Art. In: Aldo Legnaro; Arnold Schmider (Hg): Suchtwirtschaft. Jahrbuch Sucht Bd.1. Münster:133–142

Schmidt-Semisch, Henning (2002): Alternative Drogenkontrollmodelle. In: Böllinger/ Stöver (2002): 439–450

Schmidt-Semisch, Henning (2002a): Vom Tabakgenuss zur Nikotinsucht. Zum Paradigmawechsel in der Tabakpolitik. In: Wiener Ztschft f. Suchtforschung 25;4:5–32

Schneider, Wolfgang (2000): Drogenmythen. Zur sozialen Konstruktion von ‚Drogenbildern' in Drogenhilfe, Drogenforschung und Drogenpolitik. Berlin: VWB-Verlag

Schneider, Wolfgang (2002): Präventive Zugriffsweisen: Zur Funktionsbestimmung von Suchtprävention im Spannungsfeld gesellschaftlicher Problemkonstruktion. In: Wiener Zeitschrift für Suchtforschung 25;4:33–40

Schneider, Wolfgang (2002a): Suchtprävention in ‚kaufregender' Gesellschaft. Zur Sinnlosigkeit präventiver Zugriffsweisen. Eine kleine Streitschrift. Indro e. V., Münster

Schneider, Wolfgang; Gerlach, Ralf (Hg) (2004): DrogenLeben. Bilanz und Zukunftsvisionen akzeptanzorientierter Drogenhilfe und Drogenpolitik. Berlin: VWB-Verlag

Scholten, Willem (2002): Medicinal Cannabis: A Quick Scan on the Therapeutic Use of Cannabis. In: Cannabis 2002 Report, Ministry of Public Health of Belgium 111–116

Schroers, Artur; Schneider, Wolfgang (1998): Drogengebrauch und Prävention im Party-Setting. Eine sozial-ökologisch orientierte Evaluationsstudie. Berlin: VWB-Verlag

Schubarth, Wilfried (2001): Jugendgewalt als Konjunkturthema in den Medien. In: Neue Kriminalpolitik 3:25–29

Schuller, Klaus; Stöver, Heino (Hg) (1990): Akzeptierende Drogenarbeit: Ein Gegenentwurf zur traditionellen Drogenhilfe. Freiburg: Lambertus.

Schumann, Karl (2004): Sind Arbeitsbiographie und Straffälligkeit miteinander verknüpft? Aufklärungen durch die Lebenslaufforschung. In: Monatsschrift für Kriminologie (im Druck)

Shaw, Victor (2002): Substance use and abuse: a career perspective. In: Addiction Research and Theory 10;6:501–534

Shedler, J.; Block, J. (1990): Adolescent drug use and psychological health. A longitudinal inquiry. In: American Psychologist 45:612–630

Shell Jugendstudie 13. (2000): Jugend 2000, Gesamtkonzeption: Fischer, Arthur; Fritzsche, Yvonne; Fuchs-Heinitz, Werner; Münchmeier, Richard. Band 1. Opladen: Leske + Budrich.

Shell Jugendstudie 14. (2002): Jugend 2002 Zwischen pragmatischem Idealismus und robustem Materialismus. Konzeption und Koordination: Hurrelmann, Klaus; Albert, Mathias. Frankfurt: Fischer.

Shell Jugendstudie, 50 Jahre (2002): Von Fräuleinwundern bis zu neuen Machern. Großegger, Beate; Heinzlmaier, Bernhard: Konzeption, Koordination, Text. Ullstein

Shelley, Howard (1999): Lost in Medicine and Morals: Harm Minimisation Would Benefit from Further Close Scrutinity of the Drug Related Risk Discourse. In Addiction Research 7;1:7–18

Shevalier, Rae (2000): Context Dissonance in Tobacco Education Literature. In: Journal of Drug Issues 30:407–434

Shope, Jean; Bingham; Raymond (2002): Drinking-Driving as a Component of Problem Driving and Problem Behavior in Young Adults. In: Journal of Studies on Alcohol 63;1:24–33

Shweder, R; Bourne, E. (1982): Does the concept of the person vary cross-culturally? In: Marsella, A; White, G. (eds): Cultural Conceptions of Mental Health and Therapy (1082) 97–137

Siegrist, Johannes; Joksimovic, Ljiljana (2001): Soziale Ungleichheit und Gesundheit in Europa – Teilbericht Deutschland. Köln: Bundeszentrale für gesundheitliche Aufklärung

Silbereisen, Rainer (1999): Differenzierung und Perspektiven für Prävention aus entwicklungspsychologischer Sicht. In: Kolip (1999): 70–85

Simon,Roland; Sonntag, Dilek (2004): Cannabisbezogene Störungen:Umfang, Behandlungsbedarf und

Behandlungsangebot in Deutschland. In: www.bmgs.bund.de/Cannabis

Sloboda, Zili (1998): State of the art of prevention research in the United States. In: EMCDDA 1998:31–44

Slovic, Paul (ed) (2001): Smoking. Risk, Perception, & Policy. London: Sage

Snow, Pamela; Wallace, Stephen; Munro, Geoffrey (2001): Drug Education with Special Needs Populations: identifying and understanding the challenges. In: Drugs: education, prevention and policy 8;3:261–273

Snow, Pamela; Wallace, Stephen; Staiger, Petra; Stolz-Grobusch, Bradley (2003): „As long as it doesn't spill over into class“: harms arising from students' alcohol use, and the role of policy in reducing them. In: International Journal of Drug Policy 14:5–16

Soellner, Renate (2000): Abhängig von Haschisch? Cannabiskonsum und psychosoziale Gesundheit. Bern: Huber

Sott, Alexander (2003): Kommunale Gewaltprävention. Eine praxisbezogene Kritik aus sozialpädagogischer Sicht. Sozialpädagogische Diplomarbeit. Universität Bremen

Springer, Alfred (1998): Country Reports: An Overview, Including Some Remarks about Socio-Cultural Determinants of Primary Prevention and its Evaluation. In: COST A6 (1998): 19–64

Springer, Alfred (2000): Ansätze der Primärprävention in Europa – Die aktuelle Situation und kritische Anmerkungen für die zukünftige Orientierung. In: Wiener Ztschrft. f. Suchtforschung 1:19–26

Springer, Alfred (2001): Bemerkungen zu Jörg Petrys „Trinkkontrolle“. In: Sucht 259–261

Stadler, Reto (2000): Prestige, Profit, Probleme. In: SuchtMagazin 4:3–16

Stanton, Warren, McClelland, Marguerite; Elwood, Candace; Ferry, Don; Silva, Phil (1996): Prevalence, reliability and bias of adolescents' reports of smoking and quitting. In: Addictions 91;11:1705–1714

Stead, Martine; Mackintosh Anne; Eadie, Douglas; Hastings, Gerard (2001): Preventing Adolescent Drug Use: the development, design and implementation of the first year of >NE Choices<. In: Drugs: education, prevention and policy 8;2:151–175

Steinkamm, Armin (1997): Freiheit und Verantwortung – dargestellt am Beispiel des Passivrauchens. In: www.peutinger.de

Steinmann, Karin (2001): Tabakprävention im dritten Jahrtausend. In: Sucht-Magazin 2: 33–39

Stellungnahme der Drogen- und Suchtkommission (2002): Zur Verbesserung der Suchtprävention. Die Drogen- und Suchtkommission beim Bundesministerium für Gesundheit

Stenger, Horst (1991): Satan, Selbsterfahrung und Subjekt – zum okkulten Interesse Jugendlicher. In: Helsper (1991): 133–146

Stöver, Heino (Hg.) (1999): Akzeptierende Drogenarbeit. Eine Zwischenbilanz. Freiburg: Lambertus

Stöver, Heino (2002): Peer Support als methodische Strategie des Einbezugs von Betroffenenkompetenz in die Drogenhilfe. In: Böllinger/Stöver (2002): 378–388

Stöver, Heino (2004): Kokain und Crack: Pharmakodynamik, Verbreitung und Hilfsangebote. Freiburg: Lambertus (im Druck)

Stöver, Heino; Kolte, Birgitta (2003): Expertise Drogengebrauch und drogenpräventive Ansätze in benachteiligten städtischen Quartieren. BISDRO, Universität Bremen

Stothard, Blaine (2003): Lies, damned lies and research. Does lifeskills training work?: In. Druglink May/June 17–18

Straus, Florian; Höfer, Renate (1997): Entwicklungslinien alltäglicher Identitätsarbeit. In: Keupp/Höfer (1997): 270–307

Strauß, Bernhard (2001): Die so genannte Sex-Sucht – klinische Aspekte süchtigen sexuellen Verhaltens. In: Sucht: 82–87

Strieder, Christoph (2001): Kontrollierter Gebrauch illegalisierter Drogen Berlin: VWB-Verlag

Strukturelle Prävention (1998): Ansichten zum Konzept der Deutschen AIDS-Hilfe. AIDS-Forum DAH Bd. 23, Berlin

Stürmer, Marco (2001): Enterprise-Partydrugsproject. In: Kammerer/Rumrich (2001): 121–126

Stylianou, Stelios (2002): Control Attitudes toward Drug Use as a Function of Paternalistic and Moralistic Principles. In: The Journal of Drug Issues 120–151

Susser, Mervin (1995): Editorial: The Tribulations of Trials – Intervention in Communities. In: American Journal of Public Health 156–158

Swadener, Beth (1995): Children and Families „at Promise“: Deconstructing the Discourse of Risk. In: Swadener/Lubeck (1995): 17–49

Swadener, Beth; Lubeck, Sally (ed) (1995): Children and Families „at Promise“. Deconstructing the Discourse of Risk. State Univ. of New York Press

Tobler, Nancy; Stratton, Howard (1997): Effectiveness of School-Based Drug Prevention Programs: A Meta-Analysis of the Research. In: The Journal of Primary Prevention 18;1:71–128

Tobler, Nancy (2000): Lessons Learned. In: The Journal of Primary Prevention 20;4:261–274

Tobler, Nancy et al (2000): School-based adolescent drug prevention programs: 1998 Meta-analysis. Journ. of Primary Prevention 20: 275–336

Tossmann, Peter (2001): Tätigkeitsfelder und Anforderungsprofile der schulischen Suchtprävention: In: Tossman/Weber (2001): 103–123

Tossmann, Peter; Weber, Norbert (Hg) (2001): Alkoholprävention in Erziehung und Unterricht. Herbolzheim: Centaurus Verlag

Treutlein, Gerhard (1998): Zwischen Wissenschaft und Fundamentalismus. Forschung über das Passivrauchen. In: www.peutinger.de

Überla, K. (1997): Verursacht Passivrauchen (ETS) Lungenkrebs? In: www.peutinger.de

Uhl, Alfred (1998): Evaluation of Primary Prevention in the Field of Illicit Drugs: Definitions – Concepts – Problems. In: COST-A6 (1998)

Uhl, Alfred; Springer, Alfred (Hb) (2002): Professionelle Suchtprävention in Österreich. Wien, Bundesministerium für soziale Sicherheit und Generationen

Uhlig, Stephan; Thiele, Monika (Hg) (2002): Rausch-Sucht-Lust. Kulturwissenschaftliche Studien an den Grenzen von Kunst und Wissenschaft. Psychosozial-Verlag

Unger, Jennifer; Rohrbach, Louise et al. (2001): Peer influences and susceptibility to smoking among California Adolescents: In: Substance Use and Misuse 551–565

Unger, J.; Ritt-Olson, A.; Teran, L.; Huang, T.; Hoffman, B.; Palmer, P. (2002): Cultural values and substance use in a multiethnic sample of California adolescents. In: Addiction Research & Theory 10;3:257–279

Vakalahi, Halaevalu (2001): Adolescent substance use and family-based risk and protective factors: A literature review. In: Journal Drug Education 31;1:29–46

Vartiainen, Erkki; Saukko, Anna; Paavola, Meri; Vertio, Harri (1996): ‚No Smoking Class' competition in Finland: their value in delaying the onset of smoking in adolescence. In: Health Promotion International 11;3:189–192

Volkmann, Hans-Rüdiger (2002): Wann ist ein Projekt ein kriminalpräventives Projekt? In: Neue Kriminalpolitik 1:14–19

Wagner, Hauke (2002): Pädagogischer Führerschein zur geschlechtsspezifischen Suchtprävention. Ein neuer Ratgeber für Eltern und Pädagogen. Gelnhausen: Wagner

Wais, Mathias (2002): Suchtprävention beginnt im Kindesalter. Stuttgart: Mayer

Walter, Reinhard; Remschmidt, Helmut (2004): Die Vorhersage der Delinquenz im Kindes-, Jugend- und Erwachsenenalter: Ergebnis einer prospektiven Studie. Manuskript für die Monatsschrift für Kriminologie (im Druck)

Walters, Glenn; Gilbert, Alice (2000): Defining addiction: Contrasting views of clients and experts. In: Addiction Research 8;3:211–220

Walton S.(2001): Out of it. London: Hamish Hamilton

Weber, Norbert (2001): Das Bild schulischer Suchtprävention bei Lehrerinnen und Lehrern. Ergebnisse einer Berliner Studie. In Tossman/Weber (2001): 202–218

Webster, Rosemary; Hunter, Michael; Keats, John (2002): Evaluating the effects of a peer support programme on adolescents' knowledge, attitudes and use of alcohol and tobacco. In: Drug and Alcohol Review 21:7–16

Wegehaupt, Hiltrud; Wieland, Norbert (Hg) (1998): In Kontakt bleiben. Kinder, Drogen, Jugendliche, Pädagogen. Münster: Votum

Weil, Andrew; Rosen Winifred (1998) From Chocolate to Morphine: Understanding Mind-Active Drugs. Boston

Weinberg, Naimah; Rahdert, Elizabeth et al. (1998): Adolescent Substance Abuse: A Review of the Past 10 Years. In: J. Am. Acad. Child Adolesc. Psychiatry 37: 252–261

Welte, R.; König, H.; Leidl, R.(2000): The costs of health damage and productivity losses attributable to cigarette smoking in Germany. In: European J. of Public Health 10:31–38

Werner, E.; Smith, R. (1989): Vulnerable But Invincible: A Longitudinal Study of Resilient Children and Youth. New York

Westermann, Bernd (2000): „Sie konnten nicht zusammenkommen, das Wasser war viel zu tief". In: Jellinek, Ch.; Westermann, B.; Bellmann G. (Hg): „Beigebrauch", Offene Grenzen der Substitution. Weinheim: Beltz (2000): 207–218.

Wetzstein, Thomas; Erbeldinger, Patricia; Eckert, Roland (2002): Jugendliche in Cliquen. In: Neue Kriminalpolitik 14; 4:147–151

Wetzstein, Thomas; Würtz, Stefanie (2001): Gruppenzugehörigkeit und das Risikoverhalten Jugendlicher. In: Raithel (2001): 349–363

Wiborg, Gudrun; Hanewinkel, Reiner (2001): Konzeption und Prozessevaluation eines schulischen Nichtraucherwettbewerbs. In: Sucht 47:25–32

Wiborg, Gudrun; Hanewinkel, Reiner (2002): Effectiveness of the „Smoke-Free Class Competition" in Delaying the Onset of Smoking in Adolescence. In: Preventive Medicine 35:241–249

Wiborg, Gudrun; Hanewinkel, Reiner; Kliche, K. (2002): Verhütung des Einstiegs in das Rauchen durch die Kampagne >Be Smart – Don't Start<: Eine Analyse nach Schularten. In: Deutsche Medizinische Wochenschrift 127:430–436

Wider besseres Wissen. Die Scheinheiligkeit der Drogenpolitik (1996). Wissenschaftlicher Beirat des Bundesverbandes für akzeptierende Drogenarbeit (Hg). Bremen: Edition Temmen

Wiessing, Lucas (2001): Lack of reductions in drug use may point to harm reduction. In: International Journal of Drug Policy 12:421–424

Williams, Lisa; Parker, Howard (2001): Alcohol, cannabis, ecstasy and cocaine: drugs of reasoned choice amongst young adult recreational drug users in England. In: Int. J. of Drug Policy 12:397–413

Willis, Paul (1982): Spaß am Widerstand. Gegenkultur in der Arbeiterschule. Syndikat 2.A.(1977)

Wills, Thomas; Vaccaro Donato; McNamara, Grace (1994): Novelty Seeking, Risk Taking, and Related Constructs as Predictors of Adolescent Substance Use: An Application of Cloninger's Theory. In: Journal of Substance Abuse 6:1–20

Wilmers, Nicola u. a. (2002): Jugendliche in Deutschland zur Jahrtausendwende. Gefährlich oder gefährdet? Ergebnisse wiederholter, repräsentativer Dunkelfelduntersuchungen zu Gewalt und Kriminalität im Leben junger Menschen 1998–2000. Baden-Baden: Nomos

Winter, Reinhard (1998): Kompetent, authentisch und normal?: Aufklärungsrelevante Gesundheitsprobleme, Sexualaufklärung und Beratung von Jungen. Köln: Bundeszentrale für gesundheitliche Aufklärung

White, David; Pitts Marian (1998): Educating young people about drugs: a systematic review. In: Addiction 93;10:1475–1487

Wolfson, Mark; Hourigan, Mary (1997): Unintended consequences and professional ethics: criminalization of alcohol and tobacco use by youth and young adults. In: Addiction 92;9:1159–1164

Ziehe, Thomas (1991): Vom vorläufigen Ende der Erregung – Die Normalität kultureller Modernisierungen hat die Jugend-Subkulturen entmächtigt. In: Helsper (1991): 57–72

Zimmer, Lynn; Morgan, John; Bröckers, Mathias (2004): Cannabis Mythen – Cannabis Fakten. Eine Analyse der wissenschaftlichen Diskussion. Solothurn: Nachtschatten Verlag

Zinnecker, Jürgen (2001): Stadtkids. Kinderleben zwischen Straße und Schule. Weinheim: Juventa

Zinnecker, Jürgen; Behnken, Imbke; Maschke, Sabine; Stecher, Ludwig (2002): null zoff & voll busy. Die erste Jugendgeneration des neuen Jahrhunderts. Ein Selbstbild. Opladen: Leske + Budrich

Zoccolillo, Mark (1993): Gender and the development of conduct disorder. In: Development and Psychopathology 5:65–78

Zuckerman, Marvin; Eysenck, Sybil; Eysenck H.J. (1978): Sensation Seeking in England and America: Cross-cultural, Age and Sex Comparisons. In: Journal of Consulting and Clinical Psychology 46;1:139–149

Zurhold, Heike (2004): Entwicklungsverläufe von Mädchen und jungen Frauen in der Drogenprositution. Eine explorative Studie. Diss.Dr.phil. Universität Bremen

Anmerkungen

1 Vgl. zu derselben Situation in den USA: Brown (2001;86 f.)

2 Evangelischer Eziehungsverband,Gesamtverband für Suchtkrankenhilfe im Diakonischen Werk und Bundesarbeitsgemeinschaft Evangelische Jugendsozialarbeit: EREV – GVS – BAG EJSA (2003;31,7)

3 Neben Mitarbeitern aus der Drogen- und Jugend-Sozialarbeit nahmen überwiegend Mitarbeiter aus der Erziehungshilfe teil

4 Man sollte auch hier dem Grundsatz folgen: „Der mögliche Missbrauch einer Sache darf ihren Gebrauch nicht hindern", den Bundespräsident Rau in seiner Lessing-Rede am 22.1.2004 anlässlich des Kopftuch-Streits in Erinnerung rief (Hamburger Abendblatt 23.1.2004 S. 2)

5 Etwa im Sinne von F1x.1 und F1x.5 der Leitlinien der Deutschen Gesellschaft für Kinder- und Jugend- psychiatrie und -psychotherapie: Psychische und Verhaltensstörungen durch psychotrope Substanzen

6 Seit Februar 2004 gibt es eine gemeinsam vom IGFH und FDR eingerichtete website mit Standpunkten, Beispielen, News und Literaturhinweisen: (www.dialog-jugendhilfe-drogenhilfe.de), s. dort auch die >Stellungnahme zum Drogenkonsum Jugendlicher an der Schnittstelle von Jugendhilfe und Suchthilfe des Fachverbands Drogen und Rauschmittel e. V., Hannover

7 www.stayintouch.ch

8 Newcastle (McArdle, Johnson), Dublin (Brinkley, Fitzgerald), Groningen (Blom, Wiegersma, Pos), Rom (Pierolini, Stoeckel), Bremen (BISDRO, Kolte, Michels, Quensel) – finanziert durch die EU; realisiert 1997 mit einem gemeinsamen Fragebogen (McArdle 2000). Auswertungen findet man in www.bisdro. uni-bremen.de/Publikationen/DDRAM

9 vgl. dazu die gesammelte Kritik am Präventions-Paradigma in der gegenwärtigen Jugendarbeit in Freund/Lindner (2001) sowie Kardorff (1995)

10 Richter (2001;126) fasst unter >strukturorientierter< Suchtprävention: „Verbesserung der allgemeinen Lebensbedingungen im Setting; Abbau suchtbegünstigender Strukturen in Schule und Freizeitbereich sowie Kenntnisvermittlung zur Drogengesetzgebung". Vgl. zu diesen Möglichkeiten im Bereich legaler Drogen: Schmidt/Hurrelmann (2000)

11 vgl. Cuijpers (2002;99; 2003). Dort findet man auch eine interessante Übersicht über die verschiedenen Ansätze in Schule, in der Familie und in der community mit jeweils universellen, selektiven und ‚early intervention' Zielen (wiedergegeben auch in Hanewinkel/Wiborg 2003a;184)

12 Bei einem derartig kulturell gefärbten, emotional aufgeladenen und wertbelasteten Drogen-Thema kann eine Übersetzung allzu leicht den ursprünglichen O-Ton und damit den ‚eigentlichen' Inhalt verfehlen, was angesichts grundsätzlicher Einstellungs-Differenzen zwischen der US-amerikanischen und der ‚alt-europäischen' Drogen-Perspektive besonders nahe liegt. Ich belasse die Zitate deshalb zumeist im Original-Ton. Eigene Übersetzungen vermerke ich mit eÜ.

13 die im Einzelfall höchst berechtigt sein kann, etwa bei den Angehörigen sog. Elternkreise, deren Einfluss dann problematisch werden kann, wenn deren Leid dem hegemonialen Sucht-Präventions-Dispositiv die emotionale Basis verleiht. Zur Situation dieser Elternkreise vgl. Greiving (2003)

14 Die Evaluation des Münchener >inside@school<Projekts formuliert entsprechend: „Auch die Erfahrungen im Projekt Inside @ School bestätigen, dass präventive Arbeit sich sinnvollerweise immer weniger als Primär- oder Sekundärprävention definieren kann. Die Entwicklungen unter Jugendlichen und die Erfordernisse der Praxis haben vielmehr sowohl hinsichtlich der Ziel-

gruppe wie der Inhalte und der eingesetzten Methoden zu einer großen Schnittfläche zwischen Primär- und Sekundärprävention geführt“ (Schlanstedt/Schu 2003;131)

15 vgl. zu den verschiedenen Präventions-Stadien und insbesondere zu den unterschiedlichen Ansätzen zwischen einer Primär- und Sekundär-Prävention zu unterscheiden: Uhl 1998;151 ff.

16 sowie in den darauf aufbauenden >Leitlinien der Deutschen Gesellschaft für Kinder- und Jugend-psychiatrie und -psychotherapie: Psychische und Verhaltensstörungen durch psychotrope Substanzen< insbes. für das >Abhängigkeitssyndrom< F1x.2

17 dies gilt umso mehr, wenn man die bis hin zur Personalunion reichende, sehr enge Zusammenarbeit der COST A6-Gruppe mit den parallel laufenden europäischen Projekten der Pompidou Group (Handbook Prevention 1998) und des EMCDDA-Projekts (Evaluation Drug Prevention 1998) dabei im Auge behält (Vorwort von Springer/Uhl in COST A6, 1998;2 f.).

These 1

18 vgl etwa Kortemeyer 2001

19 In einer – für die Rezeption solcher Befunde sehr typischen – Weise gilt Reese/Silbereisen (2001,154 ff.) allein (!) dieser höchst wackelige Befund (den sie dem vorausgegegangenen IFT-Bericht von 1999 von Kröger u. a. entnehmen) als Beleg dafür, dass eine „Kombination aus allgemeiner und spezifischer Suchtprävention (…) auf eine Überlegenheit solcher (kombinierter) primärpräventiven Maßnahmen“ hinweist: „Zumindest für den Bereich der Suchtprävention lässt sich eindeutig (! S.Q.) sagen, dass kombinierte Maßnahmen, die mittels Lebenskompetenztraining die psychosoziale Kompetenz fördern und zusätzlich substanzspezifische Informationen geben, konsumbezogene Werte diskutieren lassen und substanzspezifische Fertigkeiten (‚Nein zu sagen‘ S.Q.) trainieren, sowohl den allgemeinen wie den spezifischen Ansätzen überlegen sind“.

20 vgl etwa Karstedts (2001) allgemeinen Überblick an Hand des Sherman-Reports sowie Europäische Beobachtungsstelle (2004;43 ff.)

21 Auch ihr Hinweis, dass ja doch insgesamt immerhin 3,7 % der jungen Leute „who would use drugs delay their onset of use or are persuaded to never use“ trösted angesichts des zumeist nur kurzen Aufschubs wenig, wobei wir davon absehen, dass selbst die dort als erfolgreich benannten Projekte – wie etwa die Langzeit-Evaluation von Botvin, auf die wir noch eingehen – ihrerseits erhebliche methodische Probleme aufweisen

22 weitere Projekte dieses auch von Tobler als >system-wide< positiv erwähnten Ansatzes sind das weiter unten besprochene >Healthy for Life Project< sowie die in These 10 angesprochenen Projekte >Sign<, >Northland< und >NE-Choices<

23 ich gehe weiter unten (Anm. 66,67) auf diese Befunde ein

24 Ein frühes Beispiel hierfür findet man etwa bei Hansen (1992;403,423) der gerne zitiert, doch wohl selten gelesen wird. So hält seine Meta-Analyse der Programme zwischen 1980 und 1990 im Abstrakt zwar fest, dass „Comprehensive and Social Influence programs are found to be most successful in preventing the onset of substance use“, doch waren auch diese nur in 51 % ‚erfolgreich‘ (gleich welcher Art des Erfolges), während 38 % neutral ausfielen und 11 % negative Ergebnisse hatten

These 1.1

25 Eine ähnliche Einteilung findet man schon bei Hansen (1992)

26 Es läge nahe, diese, auf die US-amerikanischen Verhältnisse bezogene Untersuchung auch einmal auf die parallelen Bemühungen bei uns in der Auseinandersetzung zwischen Temperenzlern

und Abstinenzlern während des 19. und des beginnenden 20 Jahrhunderts zu untersuchen. Vgl. dazu Dede 1994

27 Hansen (1992; 412 f.,427) fand in seiner vergleichenden Analyse, dass 90,2 % der untersuchten Programme in den Jahren 1980–1990 Informationen über die Konsequenzen des Drogengebrauchs vermittelten, wobei diese als solche zwar ineffektiv, doch deren zusätzliche Hilfsfunktion („ancillary benefit that knowledge components provide“) nicht untersucht sei.

28 Mit dem Hinweis auf die Gefahren eines „advertising the hitherto unknown attractions of these ‚forbidden fruits‘ to impressionable young minds“

29 Die Cuijpers (2003;9 f.) ihrerseits in eine nicht-drogenspezifische ‚affective‘ Phase der frühen 70er und 80er mit „broader issues of personal development such as decision making, values clarification and stress management“ und ein darauf folgendes >social influence model< mit der Betonung von „resistance skills, sometimes in combination with broader personal and social skills (including components of stress reduction and decision making)“ unterteilt

30 Vgl. dazu die Beispiele in Kammerer/Rumrich 2001 und insbesondere auch zum zeitlichen Rahmen die Beispiele in Bundeswettbewerb 2002

31 Einen Überblick über die z. Z. in den USA gängigen Programme findet man http://www.nida.nih.gov. Deutschsprachige Projekte findet man in Kalke/Raschke u. a. (2004)

32 DWI: „Driving while intoxicated or impaired by alcohol or drugs“

33 Diese „Information on *normative* student drug use. (…) gives young people an accurate indication as to the extent of drug use in their peer group, which ist typically lower than students expect“ (Midford et al 2002;380), weshalb es auch jüngst wieder Musher et al. (2003;19) als erste Folgerung ihrer sonst nicht allzu tief gehenden, vergleichenden Befragung von 12–15-Jährigen und 18–22-Jährigen empfehlen: „Because perceptions of peer use were strongly and consistently related to own use, this is a necessary focus for prevention programming. One well-known, effective strategy in prevention is to challenge normative beliefs about the use of substances by peers“.

34 In seiner Übersicht bezeichnet Botvin (2000a;888 ff.) deren drei Hauptkomponenten als >psychological inoculation< (Impfung), >normative education< und >resistance skills training<. Deren Evaluation habe, seiner Meinung nach, gezeigt, dass „social influence approaches to be effective. Most of these studies have focused on smoking prevention“ deren „reductions in smoking incidence and/or prevalence between 30 % and 50 %“ betrügen. Wir kommen darauf zurück.

35 vgl. etwa das Schema in Pentz et al. (1989;3261) zum 1984 begonnenen Midwestern Prevention Project (MPP)

36 weitere Beispiele mit einem stärkeren ‚kommunalen Einschlag‘, das deutsche *>Sign-Project<*, das amerikanische *>Northland-Project<*, das holländische *Healthy School and Drugs<* sowie das englische >NE-Choices< spreche ich abschließend in These 10 an

37 Während bei der life-time Zigarettenfrage die Kontrollgruppe – nicht-signifikant, doch unerwartet – weniger häufig rauchte und interessanter Weise bei den drei Alkohol-Fragen (life-time; in den letzten 30 Tagen und binge-Trinken = ‚saufen‘) nur die spanisch sprechenden SchülerInnen Erfolge zeigten, alle anderen SchülerInnen dagegen bei der nicht behandelten Kontrollgruppe (wiederum nicht signifikant, doch unerwartet) besser abschnitten (2002;627 f.)

38 So war der Schritt vom ‚30-Tage Alkohol‘ zur ‚30-Tage-Zigarette‘ in der Kontrollgruppe etwas größer ($p<.05$), nicht dagegen der vom stärker belastenden ‚binge -Trinken‘, und so schritt die Kontrollgruppe zwar etwas häufiger von einem ‚30-Tage-Alkohol‘ und ‚binge-Trinken‘ zum ‚marijuana-lifetime‘ voran, während die in ihrer belastenden Bedeutung ‚dazwischen‘ liegenden ‚30-Tage-Zigaretten‘ nicht zu diesem Ergebnis führten.

39 Nach Bandura: >Self-efficacy< „The feeling that people can control the outcomes in life that matter to them“ (Peele 1989;193). Eine typische Frage lautet etwa: „how easy or hard would it be to say ‚no‘ to marijuana if you are at party with friends/at close friend’s house – no parents

home/hanging out with friends after school – not at someone's house" (Eisen et al. 2003;890). Vgl. insgesamt zu diesem Konzept der >Selbstwirksamkeit< als wichtige Determinante des Gesundheitsverhaltens Leppin (1994;75 ff.). Zu den messtechnischen Problemen s. Diclemente (1986). Barth/Bengel (1998;36) setzen die Termini „Erwartung bzw. Wahrnehmung persönlicher Wirksamkeit oder Kompetenz (synonym hierzu self-efficacy, Selbstwirksamkeitserwartung, Effektivitätserwartung, Selbsteffektivität)" einander gleich.

40 das sind spätere Wiederholungs-Sitzungen

41 damit misst man, inwieweit die Lehrer oder anderen Präventionskräfte das vorgeschriebene Programm auch programm-gerecht durchgeführt haben

42 überwiegend Motivations-bildend (general health; physical fitness etc.), skills for identifying social influences to smoke (Tabak-Industrie); skills for resisting influences to smoke; correct misconceptions about societal norms/promote tobacco free norms; self-efficacy for nonsmoking und in den ersten 4 Klassen: Beteiligung der Familie – mit insgesamt sehr hohem Anteil von discussion activities und hands-on (drama, art) activities) (S. 1982)

43 ob Eltern/Geschwister rauchen; ob durchgehend von der 3. – 10. Klasse im selben Schuldistrikt; wie hoch Schule im Schnitt mit monatlichem Rauchen belasted war: zuvor gemessene base-line des Rauchens der 5. Klasse (S. 1983)

44 >Quest<; >Values and Choices<; >Here's Looking At You<; >2.000< or local developed curricula (S. 53)

45 vgl Quensel 2002 S. 130–132 sowie den keinesweg „nicht ganz ernst gemeinten" Story-Anhang bei Riemann (2001; 56 f.)

46 im wesentlichen Mexican-American und African-American, die schwanger waren oder ‚at risk for drug use'

47 Mit >lit< kennzeichne ich die in Zitaten eingefügten Literatur-Hinweise

48 so auch Baumeister et al. 1996

49 lt. Spiegel (2003 Nr 42, 60,62) stieg nach einer WHO-Studie in Nordrhein-Westfalen der Anteil der 15-jährigen Jungen mit mehrfacher Rauscherfahrung von 1993/94 über 1997/98 bis 2001/02 von 34% auf 36% und 44% (Mädchen von 26% auf 31% bis 34%), ein Phänomen, das mit der Einführung der Alcopops konform gehe, und das nun in der Heimatstadt der Drogenbeauftragten, Lörrach, im dort 2002 eingerichteten Suchtpräventionszentrum ‚Villa Schöpflin' mit einem Zuschuss des Bundesgesundheitsministeriums von 95.000,-- EU näher untersucht werden soll. Eine Analyse der gängigen Alcopops findet man in Stiftung Warentest >Test< (Nr.3 2004:21–25)

50 vgl. zum Rauchen die zusammengestellten Angaben in Bornhäuser/Pötschke-Langer 2003

51 *Prävalenz*: Wie viele Personen haben überhaupt schon einmal konsumiert. *Inzidenz*: Wieviele Personen haben in diesem Zeitraum neu begonnen

52 vgl zuletzt Kraus u. a.(2004)

53 vgl. die Angaben in Egginton et al. (2002) und in Egginton/Parker (2002)

54 vgl. Brown (2001;88 f.) zum generellen US-Trend bis 1999

55 so auch Rosenbaum (1998)

56 Internetseite www.klasse2000.de und Drogen- und Suchtbericht (2003;22)

57 Zur Vielfalt der an diesem Geschäft beteiligten größeren Organisationen auf Bundes- und Landes-Ebene wie zu deren Aufgaben vgl. die Aufzählung der für ihre Expertise angeschriebenen Organisationen in Stöver/Kolte (2003)

58 Die Masse solcher Kinder- und Jugendbezogenen Projekte findet man sehr schön geordnet in der Online Datenbank des Bundeskriminalamtes: http://www.bka.de Auf der Homepage sind sie verlinkt unter: Kriminalprävention/Linksammlung Prävention. Eine Zusammenstellung einiger ausländischer Projekte u. a. zum Themenbereich Drogen/Sucht und Jugendkriminalität aus polizeilicher Sicht enthält: Bundeskriminalamt (2004)

59 Was angesichts der Zahlen und Inhalte, die Jasch (2003) benennt, auch nahe liegt: „Rund 2.000 kommunale Präventionsräte sind seither etabliert worden, in vielen Bundesländern stellen sich Landespräventionsräte den überregionalen Aufgaben und auf nationaler Ebene versucht seit kurzer Zeit das Deutsche Forum für Kriminalprävention die Erfahrungen zusammenzutragen (...). Unter dem Dach der kommunalen Prävention bewegen sich sozialpädagogische und stadtplanerische Projekte ebenso wie Initiativen, die auf eine verstärkte Überwachung öffentlicher Räume und die Verdrängung von missliebigen Gruppen wie Obdachlosen, Drogenkranken und gelangweilten Jugendlichen aus dem Straßenbild abzielen. In Osnabrück gilt schon die Organisation von Wochenmärkten als kriminalpräventive Anstrengung, Stuttgart will „sicher und sauber“ werden, in Bayern und Sachsen patrouillieren Bürger als „Sicherheitswacht“ auf den Straßen und die Stadt Frankfurt am Main schickt Arbeitslose als „Präventionshelfer“ auf die Straße. Und die Rhetorik, mit der kommunale Prävention gerechtfertigt und gelenkt wird, geht gegenwärtig noch weit über diese Maßnahmen hinaus: Auf dem jüngsten Kongreß zur kommunalen Prävention in Baden-Württemberg scheuten sich führende Referenten nicht, sogar die Terroranschläge auf das World Trade Center in New York und die Versendung von Milzbrand-Erregern mit der kommunalen Prävention in Zusammenhang zu bringen“.

60 der als Mitarbeiter des EMCDDA, des sehr konservativ ausgerichteten **E**uropean **M**onitoring **C**entre for **D**rugs and **D**rug **A**ddiction, natürlich darauf verweisen muss dass „the opinons expressed in this paper are personal and do not necessarily reflect EMCDDA policy“

61 vgl. hierzu früh: Schuller/Stöver (1990) und jüngst Schneider/Gerlach (2004)

These 1.2

62 vgl hierzu den Organisationsgrad dieser Evaluation-Industrie in Modarresi/Newman/Abolafia (2001)

63 bei der er nach einem kurzen Blick auf frühere Sammelbewertungen insbesondere auf die drei führenden Programme >ALERT< (Ellickson), >SMART< (Hansen) und >LST< (Botvin) eingeht (Gorman 1998;129 ff.)

64 Auf die besonderen Schwierigkeiten einer derartig längerfristig anzulegenden Evaluation wie aber auch auf überzeugende Möglichkeiten einer praxisnäheren Evaluation praktischer Art verweist Riemann (2001), während die vielfältigen Evaluations-Überlegungen von Uhl/Springer (2002;28 ff.) die Notwendigkeit einer längerfristigen Wirkungsanalyse eher vernebeln.

65 Verlustraten von 25 % gelten etwa dem National Research Council Committee on Drug Abuse Prevention Research als „dubious validity to assess effects even on relatively common behaviors“, während die **F**ood and **D**rug **A**dministration (FDA) fordern: anything lower than 70 % „should be regarded critically“ (Gorman 2002 23 f.)

66 eindrucksvoll dafür ist sowohl die Darstellung der von Botvin unterschiedlich eingesetzten Skalenwerte wie der unterschiedlichen ‚attrition‘-Verlust-Werte bei der Experimental- und Kontroll-Gruppe (vgl. Gorman 1998;137 ff. figure 2 und 3). Vgl. auch die skeptische Stellungnahme von Stothard (2003;18) – an independent consultant in health, specialising in drug education and prevention: „The recent review of LST commissioned by the Effectiveness Interventions of the Scottisk Executive concludes (neben erheblichen methodischen Fehlern) that the impact of the programme on young people’s substance use is ‚relatively modest in scale‘: It notes, as others have, that the requirements of the programme make heavy demands on timetables and other school resources, particularly teachers’ time“, wenn auch der ‚interaktive Ansatz‘ selber höchst sinnvoll sei

67 bei Botvin et al (1995) stellten die 3.597 Probanden, die nach 6 Jahren aufgefunden werden konnten, 60 % der ursprünglichen Kohorte; bei den beiden ‚Experimentalgruppen‘, die das Projekt ‚erfolgreich‘ abgeschlossen hatten, waren es dann nur noch 40 % der ursprünglichen

Kohorte, so dass 60% für diese Analyse ausfielen. Und selbst dann noch mussten die Autoren ihr schmales Ergebnis wie folgt rechtfertigen: „Although the absolute differences between treatment and control groups may appear small, their public health significance is large when viewed from the perspective of potential decreases in mortality (...). Effects of this magnitude could prevent 60.000 to 100.000 tobacco-related deaths each year“ (111)

68 Vgl. Cuijpers (2000b) Meta-Analyse mit insgesamt relativ mageren Ergebnissen

69 s. Rehm 2003;9 mit Literatur. Noch 1993 wurde dieses Programm von der >Expertise< (Künzel-Böhmer u. a. 1993;76) als „interessantes Konzept“ vorgestellt

70 vgl zum Aufbau der etwas älteren Version: Rosenbaum et al. (1994;8 f.)

71 An der Studie nahmen 2.071 SchülerInnen teil, die in der 6. Klasse (11/12 Jahre) vor und nach dem 16-Wochen D.A.R.E.-Programm und dann jährlich bis zur 10. Klasse befragt wurden. Vgl. insbes.die Vergleichskurven Fig. 2–4

72 So etwa bei Kortemeyer (2002); vgl. dagegen die Hinweise auf die Möglichkeit eines >drug knowledge questionaire< aus einer >Just Say Know<-Sicht bei Beck (1998;36 f.)

73 s. hierzu schon früh: Goodstadt's (1980) Problem- und Meta-Analyse

74 Allerdings können in den USA diejenigen, die etwa das Trink-Alter (und Rauch-Alter) noch weiter heraufsetzen wollen, die in den Statistiken nachweisbaren Risiken einer Kriminalisierung derjenigen Jugendlichen, die dagegen verstoßen, noch immer nicht wahrnehmen: „In particular, the question of criminalization of 18–20-year-old drinkers, and tobacco users under the age of 18, has been largely ignored“, dieser „coercive mechanism (...) may not have been part of the framework professionals and other advocates used to think about health policy“ (Wolfson/Hourigan 1997;1159,1162).

75 Vgl. dazu Newcomb (1993), Quensel (1999) sowie in Quensel (2001) den skalaren Einfluss der ‚intention‘ hinsichtlich eines möglichen Cannabis-Konsums. Prokhorov et al (2002;711) bieten dementsprechend für das Rauchen eine ‚Integrierte Skala‘, die eine Verbindung diverser Raucher-Stadien mit der Bereitschaft, das Zigaretten-Angebot durch einen Freund zu akzeptieren (susceptibility) nutzt, um deutlich zwischen zwei verschiedenen (noch)-Nicht-Raucher-Gruppen zu differenzieren.

76 Vgl dazu unten Anmerkung 109

77 weshalb man diese Bonferroni-Korrektur lieber für den Nachweis verwendet, dass zwischen der Experimentiergruppe und der Kontrollgruppe in der Ausgangssitution keine signifikanten Unterschiede bestehen (z. B. Newcomb 1992;283) als für eine Korrektur der am Ende erhaltenen Differenzen zwischen die-sen Gruppen

78 Auch hier wertet man dann gerne signifikante Unterschiede vor Beginn der Evaluation als „numerisch äußerst gering und gehen auf die Größe der Stichproben zurück“ während nach der Intervention die entsprechenden life-time-Rauch-Unterschiede von 35% zu 40% als „statistisch nicht signifikant aber tendenziell bedeutsam“ dargestellt werden (Hanewinkel/Asshauer 2003;198 f.)

79 „the data analysis usually ignores the social units. Although it is most appropriate to analyze the units that were assigned to condition (i. e., the subjects' data is aggregated within social units prior to analysis) or use an hierarchical analysis strategy (lit) this is generally not done because statistical power may be inadequate due to the small number of units. However, analysis of the individual subjects' data may violate an important statistical assumption, that is, indepencence of observations, yielding results that are misleading“ (Moskowitz 1993;4) s. hierzu auch Piper/Moberg/King (2000;57)

80 vgl. zu den Vor- und Nachteilen quantitativer und qualitativer Ansätze in der Drogenforschung; Schneider (2000; 68 ff.,80 ff.)

81 Einen Eindruck vom Werbe-Ausmaß dieser ‚Industrie‘ erhält man unter www.lifeskillstraining.com

These 1.3

82 Dieser Preis wird zweijährlich von der privaten Prof. Dr. Matthias-Gottschaldt-Stiftung zur Förderung der Suchtforschung und Suchttherapie verliehen, auf Vorschlag eines 8-köpfigen Professoren-Kuratoriums, dem Prof. Mann, der auch als Sprecher der BMBF Suchtforschungsverbünde fungiert, vorsitzt.

83 Ich zitiere dabei Wiborg/Hanewinkel (2001):mit I; Hanewinkel/Wiborg (2003): II; Hanewinkel/Wiborg (2002): III; Wiborg/Hanewinkel (2002): IV und Wiborg/Hanewinkel/Kliche (2002): V; jeweils mit Seitenzahl. Für die Überlassung dieser Materialien sowie diverse Auskünfte danke ich Frau Wiborg vom IFT-Nord

84 „Anregungen für Aktionen, die Sie mit Ihrer Klasse zum Thema Nichtrauchen durchführen können. Bei den hier aufgeführten Vorschlägen handelt es sich um Aktionen, die während der letzten fünf Wettbewerbe initiiert wurden: Erstellung von Postern und Collagen zum Thema Nichtrauchen; Gestaltung eines Nichtraucherbuches, in das die Schüler/innen ihre eigenen Gründe für das Nichtrauchen eintragen und in dem Ergebnisse kleiner Befragungen dargestellt werden können; Chemische Versuche zum Rauchen; Analyse von Werbeplakaten: Mit welchen Mitteln versucht die Werbung, die Jugendlichen zum Rauchen zu verführen? Umfragen zum Thema Nichtrauchen innerhalb und außerhalb der Schule. Diese Umfragen können dann ausgewertet und z. B. Prozentsätze rauchender Schüler/innen berechnet werden; Veranstaltung eines Schulbazars, auf dem z. B. Be Smart-Kekse verkauft werden. Eine solche Aktion kann sehr gut zusammen mit anderen Klassen an der Schule durchgeführt werden; Organisation einer Demonstration gegen das Rauchen. Auch diese Aktion kann hervorragend gemeinsam mit anderen Klassen an der Schule bzw. mit Klassen von Schulen, die in der Nähe liegen, veranstaltet werden. Komponieren von Musikstücken zum Thema Be Smart – Don't Start und Nichtrauchen. Schreiben und Einüben kleiner Theaterstücke und Rollenspiele zum Thema Nichtrauchen sowie Drehen von Videos. Schreiben von Geschichten und Gedichten rund um das Thema Nichtrauchen. Herstellung von Be Smart-Gegenständen, z. B. einer Be Smart-Uhr, auf der die Monate des Wettbewerbs abgetragen sind. Gestaltung einer Internetseite zum Thema Nichtrauchen".

85 2,9 % in der Experimentalgruppe und 4,4 % bei der Kontrollgruppe. (IV;243), Auskunft von Frau Wiborg

86 abgesehen von den geringen Ausstiegszahlen, bei denen sich die beiden Gruppen ‚nur numerisch, doch nicht signifikant voneinander unterschieden'

87 Man fühlt sich hier erinnert an die Praxis der Langzeit-Therapie-Evaluation, die nur diejenigen evaluierte, die das gesamte Programm absolviert hatten. Vgl. zu diesem Problem des hohen Anteils nicht voll durchgeführter Programme: Brown (2001; 95 f.)

88 wobei ‚andere Schularten' ausgeschlossen wurden, so dass sich die Vergleichszahl insgesamt auf 1189 zu 488 (Kontrollen) verminderte (V;432)

89 wobei man getrost die bei empirischen Vergleichsstudien nur schwer vermeidbaren, von den Autoren auch einschränkend erwähnten, oben angeführten Probleme der Repräsentativität, des ‚nesting-effects' der Schulklassen-Erfassung und der Ausfalls (attritions)-Rate von 51 % außer Ansatz lassen kann

90 „follow-up measurement should take place at least *one year* after the completion of the first intervention. In the intervening period exposure to other prevention messages must be meticulously recorded". Handbook Prevention (1998; 148, kursiv S.Q,)

91 dabei gefällt positiv – und insofern nicht von dieser Kritik betroffen – dass die Begleit-CD auch erste Ansätze zu einem ‚Kompetenz-Training' enthält, das von ‚Entspannungsübungen' und Hinweisen zur gesunden Ernährung bis hin zu sorgfältig überlegten Ansätzen zum Problemlösen und Rollenspiel reicht.

92 Goodstadt verweist hier auf Dorn/Thompson (1976)

93 So findet man auf der CD z. B.: „Fakten zum Thema Rauchen: Dieser Abschnitt fasst die wichtigsten Informationen zum Tabak bzw. zum Rauchen zusammen und ist primär für Lehrkräfte konzipiert worden. Die Dateien liegen als Word-Dokumente vor: (Geschichte; Medizinische Grundlagen; Epidemiologie des Tabakkonsums in Deutschland; Stadien der Raucherkarriere; Risikofaktoren für den Einstieg)". Und: „Studien und Berichte: Die Drogenaffinitätsstudie der BZgA; Beziehung von Alkoholismus, Drogen- und Tabakkonsum; Tabakabhängigkeit und ihre Behandlung; Gesundheitsrisiken durch Passivrauchen; Tabakzusätze in Zigaretten – warum? Nikotinabhängigkeit und Tabakmanipulationen; Rauchen – Unnötig hohe Risiken; Initiativen der Tabakindustrie; Tabakprävention bei Jugendlichen; Faktenblatt zur Tabakwerbung; Zeit für eine Zigarette? Eine Zigarette verringert dein Leben um elf Minuten. Praktiken der Tabakindustrie"

94 Das ‚Be Smart-Don't Start' Programm wurde zuvor einmal in Finnland evaluiert, doch bemängeln die Autoren die dortige Kontrollgruppen-Zusammenstellung (IV;242). In dieser Studie gab es weitere Unterschiede (Vartiainen et al. 1996): Als Nichtraucher galt auch, wer mit dem Rauchen aufhörte; dafür gab es nicht die 10-Prozentregel; jede Klasse hatte zudem einen Kontakt-Lehrer, der die Gesundheitserziehung hinsichtlich des Rauchens organisierte; und bei einer drop-out-Rate von 2/3 wurden nur die täglichen Raucher als Misserfolg gewertet. Als Ergebnis zeigte sich, dass Teilnehmer, Drop-outs und Kontrollgruppe ein Jahr nach Beendigung sich im Anteil der täglichen RaucherInnen – 16,1 %, 21,2 % und 22,5 % – (mit einem Zuwachs von 10,9 %, 10,4 % und 11,2 %) kaum unterschieden, obwohl die Kontrollgruppe zu Beginn mit 11,3 % diejenigen, die das Programm erfolgreich absolvierten (5,2 % tägliche RaucherInnen) deutlich übertraf. Weitere Evaluationen in ‚Belgien, Wales und den Niederlanden' wurden nach Wissen von Frau Wiborg nicht publiziert

95 In der die Veranstalter das eigene Projekt evaluieren. Vgl. dagegen die externe Evaluation des Münchener >inside@school< Projekts durch die FOGS (Schlanstedt/Schu 2003), die ich leider erst nach Abschluß der Arbeit in die Hände bekam

96 S. dazu die Analyse von Brown (2001;98): „The entanglements between scientists', government and government/public liaisons support the role of interest group politics in drug education", die in den USA bis hin zu Finanzierung solcher (als erfreulich ineffektiv bewerteten ? s. Appendix bei Brown 2001;111 f.) LST-Programme durch Philip Morris reicht. Vgl. http://www.philipmorrisusa.com und dort unter >Youth Smoking Prevention<, die u. a. angibt 100 Organisationen mit etwa 1 Million SchülerInnen insgesamt und darunter, unter Berufung auf Botvin (1995), 450.000 SchülerInnen in LST-Programmen mit zu finanzieren, was freilich im http://www.lifeskillstraining.com, sofern ich das richtig verstehe, empört zurückgewiesen wird.
Eine Finanzierungsart übrigens, die inzwischen auch die Bundesrepublik erreicht hat: „Durch die erfolgreichen Verhandlungen des BMG (Bundesministerium für Gesundheit) mit der Tabakindustrie wurde im März 2002 vertraglich festgelegt, dass die Zigarettenindustrie in den nächsten 5 Jahren insgesamt 11,8 Mio. Euro für Präventionsmaßnahmen zur Förderung des Nichtrauchens von Kindern und Jugendlichen zahlen wird. Die Gelder werden der BZgA (Bundeszentrale für gesundheitliche Aufklärung) zur Verfügung gestellt." (Aktionsplan Drogen und Sucht;76), was die DHS in ihrem >Positionspapier zur Verwendung von Geldern der Tabak-, Alkohol- und Glückspielindustrie< vom Juni 2003 wie folgt kommentiert: „Aus den genannten Gründen betrachtet die Deutsche Hauptstelle für Suchtfragen jegliche Präventionsarbeit unter Beteiligung der Suchtmittelindustrie als besonders subtile Maßnahme der Konsumförderung. Vor diesem Hintergrund lehnt die DHS jede finanzielle Beteiligung der Suchtmittelindustrie an ihrer Arbeit grundsätzlich ab. Im Interesse des Gesundheitsschutzes empfiehlt sie dieses Verhalten ebenso allen in der Suchtprävention und Suchthilfe tätigen Institutionen und Verbänden, insbesondere den Mitgliedsverbänden der DHS, ihren Untergliederungen und Einrichtungen." (www.dhs.de)

These 1.4

97 was ganz ungewollt eine weitere Immunisierungs-Strategie abgibt.

98 übrigens eine aussterbende Spezies, während immer mehr Cannabis-Konsumenten – wie schon immer – irgendwann, lange vor diesem schrecklichen Ende von selber aussteigen oder kontrolliert konsumieren

99 Ich gehe darauf in These 6 näher ein

100 Doch ist auch diese Nikotin-Einstiegsthese schon 100 Jahre alt. Hess u. a. (2004;4) zitieren nach Austin (1978;38) aus der Zeitschrift ‚Century' von 1912: „Morphium folgt auf Alkohol wie Alkohol auf Tabak folgt. Zigaretten, Schnaps, Opium – das ist die übliche und logische Sequenz."

101 so problematisch solche ‚Beginn-Fragen' auch immer sein mögen, bedenkt man etwa den ‚Sylvester-Trunk' oder die frühe ‚Probe-Zigarette'

102 s. Jessor (1987)

103 was durch eine Korrelation mit der ebenfalls gestellten Frage „Have you ever used any alcoholic beverage in your lifetime" zu kontrollieren wäre

104 gemeinsames Auftreten verschiedener diagnostisch definierter Störungen

105 Vgl. dazu allgemein den kritischen Überblick über den Gesamtbereich dieser Prävention (Alkoholpolitik, Verkehrsrecht, safety measures sowie schulbezogene Programme) von Moskowitz (1989) sowie, spezieller, die Analyse von Gorman (1996), der die – fehlende – Wirksamkeit der seinerzeit bekanntesten schulbezogenen social skills-Programme in der Alkohol-Prävention untersucht

106 Alkoholstörung: $p < 0.05$; hard-drug: $p < 0.01$ (S. 918)

107 Man könnte dies als ‚Bereitschaft zum Übergang in die nächste Entwicklungsphase' übersetzen

108 s. etwa Plant/Plant (1997) für England

109 Zwei der heute im ‚Kompetenz-Ansatz' auch wieder als besonders bedeutsam angesehenen vier Variablen, die als Kontrolle gegen solches Problemverhalten dienen sollten, erbrachten keine brauchbar signifikanten Ergebnisse, und zwar: ‚self-esteem' (!) und – umgekehrt gepolt - ‚alienation', das ist „a sense of uncertainty about self, a concern of one's daily roles and activities, and a belief that one is isolated from involvement with others" (Jessor/Jessor 1977;21,59,98). Diese Befunde,die an sich gut in die dort auch vertretene ‚normale' Variante der ‚transition-proneness' gepasst hätten, werden zu Gunsten der ‚problem-Perspektive' im weiteren Verlauf – wie auch nahezu in der gesamten ‚Präventions-Geschichte'- vergessen bzw. ganz am Schluss der Arbeit, als teilweise ‚messmethodisch' verursacht, mit dem kurzen Satz erwähnt: „A theoretical issue is raised by this failure and its resolution is another task for the future" (240); eine Aufgabe, die uns vielleicht manchen Ärger mit dem Kompetenz-Training erspart hätte

110 deren zwei ‚guiding principles' Swisher (1979) wie folgt fasste: „A reasonable goal for drug-abuse prevention should be to educate for responsible decision making regarding the use of all drugs (licit and illicit) for all ages." und „Responsible decisions regarding personal use of drugs should result in fewer negative consequences for the individual" (zitiert in Beck 1998;30)

111 Insofern sind die in der Begleit-CD >Be Smart-Don't Start< angebotenen Hilfsmittel zur Selbstkontrolle für bereits rauchende SchülerInnen ein erster positiver Ansatz, dieses Programm aus seiner Sackgasse herauszuführen

These 1.5

112 Es wäre einer eigenen Untersuchung wert, wie – historisch – solche Überblicksartikel jeweils bei früheren Ansätzen etwa der Horror- oder der Informations-Prävention ausgefallen sind

113 vgl. zu deren neueren Entwicklung: Sucht- und Drogenbericht (2004;140 ff.)

114 Winter (1998) behandelt diese ‚blinden Flecken' in seiner Analyse der Sexualaufklärung von Jungen beispielhaft sowohl in seiner Literaturanalyse wie bei der Darstellung der Ergebnisse seiner Expertengespräche, die er dann den Interviewbefunden befragter Jungen und Jungmänner gegenüberstellt

115 >Stellungnahme der Drogen- und Suchtkommission< (2002;14). Das Risiko einer solchen >Verhältnisprävention< besteht dann eher darin, dass auf diese Weise – wie in der Stellungnahme auch recht naiv angedeutet – das gesamte Instrumentarium gemeindenaher Kriminalprävention eingebracht wird. Zur fraglichen Wirkung solcher Drogen-Präventionsprojekte vgl. auch Brown/Horowitz (1993;545 f.).

116 vgl dazu die überzeugende figure 1 zum Verhältnis zwischen den vom USA Federal Government aus-gegebenen Dollarmillionen und dem reported drug use by 12th Graders 1981–1995 sowie die table 2 zum Verhältnis zwischen den in derselben Zeit vom Department of Education ausgegebenen Dollar-Millionen und denjenigen, die den ‚gelegentlichen Marihuana-Konsum ablehnen' in Gorman (1998;128;130)

117 oder sollte man nicht doch sagen *„wegen"*?

118 ein drogenpolitisches Ergebnis, das wir auch in unserer vergleichenden Analyse des Cannabis-Konsums in San Francisco, Amsterdam und Bremen erhielten (Borcher-Tempel/Kolte 2002)

119 Martha Rosenbaum, Director des Lindesmith Center sieht für das Versagen gegenwärtiger Prävention die folgenden drei Gründe: There are three basic problems with the conventional approach: an abstinence-only-or else posture; the utilization of misinformation and scare tactics to deter students from using marijuana; and top-down, non-interactive teaching methods" (1998;199). Vgl. hierzu die etwas naive Feststellung von Noack/Weber (2001;38): „Das Hauptproblem liegt unseres Erachtens darin, dass diese (Alkoholprävention S.Q.) zwar allerorts gefordert wird, aber von staatlicher Seite nur halbherzig und nicht mit konsequenter Ernsthaftigkeit vertreten wird".

These 2

120 wobei ich hier vom frühen alkoholbedingten Verkehrstod wie auch von den möglichen physischen Spätfolgen etwa des Tabak-Konsums einmal absehe

121 der >Nationale Rauschgiftbekämpfungsplan< von 1990 wurde durch den >Aktionsplan Drogen und Sucht< (2003) abgelöst, da er „nicht mehr den aktuellen Erkenntnissen der Forschungs und Praxis (entspricht). So sind die Maßnahmen beispielsweise nicht auf die Risikogruppen der Kinder aus suchtkranken Familien, der jungen Aussiedler und der Partydrogenszene zugeschnitten. Zudem ist er einseitig auf illegale Drogen ausgerichtet und übersieht damit die gravierenden sozialen und gesundheitlichen Auswirkungen des schädlichen Konsums legaler Suchtstoffe"; tatsächlich neu ist jedoch eigentlich nur „Neue niedrigschwellige Angebote der Überlebenshilfen (z. B. Drogenkonsumräume) sind ebenfalls nicht einbezogen" (S. 19)

122 „Schülergewalt ist im allgemeinen eher ein passageres Phänomen, das überwiegend in bestimmten Altersgruppen (13 bis 15 Jahre; etwas schwächer 16 bis 18 Jahre) auftritt"; „Mit steigendem Opferstatus nimmt auch der Anteil ‚unschuldiger' Opfer ab und die eindeutige Täter-Opfer-Differenzierung verschwimmt" fassten Fuchs u. a. (1996;358,369) auf dem Höhepunkt der Gewalt-Diskussion das Ergebnis ihrer empirischen Untersuchung an allgemeinbildenden und beruflichen Schulen zusammen. Die derzeit vor Gericht verhandelten Exzesse – etwa aus Hildesheim – sollten damit nicht verwechselt werden

123 vgl etwa das interessante niedersächsische Projekt ‚Junge Männer im Straßenverkehr – Voll im Griff" (Holterhoff-Schulte 2003)

124 in seinen Folgen höchst eindrucksvoll beschrieben in David Lodges' >How far can you go?< (Penguin 1981), eine romanhafte Analyse der Folgen des katholischen Verbots von Verhütungsmitteln: „the availability of effective contraception was the thin end of a wedge of modern hedonism that had already turned Protestantism into a parody of itself and was now challenging the Roman Catholic ethos“ (115)

125 zu erhalten in: www.incb.org

126 mit einem jährlichen Budget von etwa 100 Millionen US-Dollar (Aktionsplan Drogen und Sucht;73)

127 Eine zunächst verwirrende, doch blendende Analyse dieser einschlägigen UN-Organisationen mitsamt deren bürokratischen Verhinderungsstrategien und finanziellen Abhängigkeiten findet man in der Insider-Analyse von Fazey (2003)

128 s. auch Springer (1998;39 ff.)

129 Ein >Import<, den bei uns mittlerweile die Bundesrepublik weiter exportiert: „Die Präventionskonzepte der Bundeszentrale für gesundheitliche Aufklärung (werden) immer stärker nachgefragt, auch von den Entwicklungsländern. Hier gibt es mittlerweile eine organisierte Zusammenarbeit, um unsere Präventionskonzepte zu ‚exportieren‘; jedenfalls dorthin, wo dies auch kulturell ins Konzept passt“ weiß die Bundesdrogenbeauftragte auf der Berliner Drogenkonferenz (2003;20)

130 eine ‚praxis‘-bezogene Aussage, die durch die fast völlige Unkenntnis der englisch-sprachigen Publika-tionen – gleich ob kritisch oder nicht – in der sonstigen einschlägigen deutschsprachigen Literatur wirksam unterstrichen wird

131 „In determining the prevention concepts use was made in this handbook of the way in which prevention is approached in the fields of social medicine and mental health care. But this does not stop prevention work being carried out by people working for the police or by teachers“ (Handbook Prevention 1998;15)

132 geschrieben im Frühjahr 2003

133 Schlichte, Leiter der Nachwuchsgruppe Mikropolitik bewaffneter Gruppen an der Humboldt Universität Berlin, bestätigt dies in seinem Schlusssatz: „Man könnte überspitzt sagen: Das Drogenproblem kann für den Staat letztlich genauso nützlich sein wie der Terrorismus“ (in: Berliner Drogenkonferenz 2003;61)

134 Man denke an die strafbewehrten Verbote in Pubs, Restaurants etc. zu rauchen, die seit jüngster Zeit zunächst in Irland, dann seit dem 1.6.04 auch in Norwegen gelten

135 Goode, Erich: Between Politics and Reason: the drug legalization debate New York (1997;36)

136 bzw.: „Abstinenz, unschädlicher Gebrauch, schädlicher, aber nicht-süchtiger Gebrauch, Sucht (...) Der Genussaspekt, der besonders in Zusammenhang mit illegalen Drogen oft negiert wird, wird bei der Klassifikation nicht berücksichtigt“ (Uhl/Springer 2002;16 f.)

These 2.1

137 Ein Aspekt, den insbesondere Frenk/Dar (2001) in ihrer unten näher dargestellten Kritik der Nikotin-Sucht betonen

138 vgl. dazu noch immer gültig die einschlägigen Kapitel in Scheerer/Vogt (1989); zum Cannabis: Quensel (1982), Cannabis 2002, Zimmer u. a. (2004) Simon/Sonntag (2004;18 ff.); zum Nikotin: Hess (1987), Hess u. a. (2004); Adlhofer (2000) und Frenk/Dar (2000) (insbes. zu den ‚immateriellen‘ Forschungsbelegen); zum Ecstasy: Neumeyer/Schmidt-Semisch (1997) einerseits und die Ectasy-Tagung (www.bmgs.bund.de) andererseits sowie dazu meine Buchbesprechung von Thomasius, Rainer (Hsgb): Ecstasy. Eine Studie zu gesundheitlichen und psychosozialen Folgen des Missbrauchs. Stuttgart (2000) in: www.archido. de.Rezensionen (hinsichtlich der dabei auftretenden typischen Forschungs-Bias); und allgemein zu den Problemen empirischer Suchtforschung: Davies (1992)

139 vgl. zur Rolle des Kokain und insbesondere des Crack bei der ‚psychologisierenden' Neudefinition der addiction Akers (1991) und insgesamt zum Crack: Stöver (2004)

140 wozu Rosenbaum bemerkt: „Programs that do not differentiate between marijuana use and abuse are ineffective because they are inconsistent with students' observations and experiences" (1998; 199)

141 vgl. jüngst die Titelgeschichte im Spiegel: „Das Zappelphilipp-Syndrom" (15.7.2002 Nr. 29, insbes. die Seiten 122–131) sowie im Internet www.ritalin-kritik.de

142 vgl. zum Pharmakonsum Jugendlicher: Quensel (2000) und Quensel/Butt-Behrmann (2002); zum Pharma-Konsum allgemein: Glaeske (2000)

143 Bei der Vorstellung des Jahrbuchs Sucht 2003 erklärte der Bremer Experte Glaeske, dass nach ‚zuverlässigen Hochrechnungen' mit 1,5 Millionen Medikamenten-Abhängigen zu rechnen sei, weswegen er u. a. Ärzte kritisierte, die ‚leichtfertig' Arzneimittel über längere Zeiträume verschrieben. Viel zu oft würden Schlafmittel verordnet, wie Noctamid, Rohypnol, Lendormin, Remestan, Radedorm und Mogadan. Beruhigunngsmittel wie Adumbran, Tavor, Normoc, Bromazanil, Faustan und Lexotanil sowie Muskelentspanner wie Musaril ergänzten das Tableau. Hinzu kämen neu entwickelte Medikamente mit ‚hohen Zuwächsen', die mehr und mehr die Rolle der Benzodiazepine als ‚schnelle Problemlöser' einnähmen, z. B. Anti-Depressiva wie die ‚Pille gegen Schüchternheit' oder niedrig dosierte Mittel wie Imap 1,5. Schon eine Einnahme über zwei bis drei Monate führe zur Gewöhnung und zu ‚Absetzerscheinungen'. Regelmäßig würden die Medikamente deshalb weiterverordnet, damit quälende Entzugssymptome wie Unruhe, Aggression oder Schlaflosigkeit nicht aufträten. (Weserkurier, 18.1.03, S. 1)

144 Dieser Befund mag nur denjenigen wundern, der die Macht und Lobby-Arbeit der Pharma-Konzerne übersieht, „eine der mächtigsten Industrien der Welt (...). Deren Lobby ist perfekt organisiert, selbst die US-Regierung steht auf ihrer Seite" untertitelt Der Spiegel (Nr. 14, 2003;84) seinen Bericht „Jäger der Patent-Milliarden", in dem auch die Rolle der Chemie-Gewerkschaften angesprochen wird..

145 ganz direkt kann man dies am Beispiel des Nikotins im Vergleich zwischen der Erstausgabe von Hess (1987) und der gemeinsam mit Kolte und Schmidt-Semisch verfassten Folge-Ausgabe (Hess ua. 2004) verfolgen, die überdies die von der WHO vorangetriebene ‚Sucht-Genese' des Nikotins seit dem Ende der 80er Jahre belegen (67 ff.)

146 So der Spiegel-Titel für seine Titelgeschichte „Die Abschaffung der Gesundheit" (2003 Nr. 32: 116–126), dem ich auch die zitierten Zahlen entnehme

147 Birgitta Kolte bemerkt unter Hinweis auf DHS Jahrbuch Sucht (2003;57) dass diese Zahlen nicht stimmen, was letztlich jedoch unerheblich ist, da solche Angaben fast immer den Leser nicht informieren sondern emotional einstimmen sollen

148 Wer tiefer in diesen für die Jugendlichen in der Bundesrepublik Deutschland geltenden Zahlenwust eindringen will, sei auf Freitag/Hurrelmann (2001) verwiesen.

149 Zu den Problemen solcher ökonomischer Analysen, insbesondere dann, ob und wenn man den ‚Gewinn' für Kranken- und Rentenkassen durch frühzeitiges Versterben berücksichtigen will, vgl. den Bericht der Weltbank („Der Tabakepidemie Einhalt bieten" 2003) mit zahlreichen Literaturverweisen.

150 Kein Wunder angesichts der Macht der Tabak-Konzerne

151 Zur ‚Explosion' der von der WHO jährlich gesteigerten Todes-Zahlen vgl. Schmidt-Semisch (2002a) und Kolte/Schmidt-Semisch (2003a) für das Nikotin; ganz entsprechend analysiert Peele (1989;135 ff.) die beliebig steigerbaren Zahlen für diverse ‚substanzlose Süchte'

152 Vgl. zu einigen der empirischen Grundlagen die Statistiken in Kraus/Augustin (2001) mit einer Rücklaufquote von 45,5 % und einer natürlich mit vielen Fehlern behafteten Hochrechnung auf die 18–59-Jährigen sowie die beiden Jahresstatistiken der ambulanten und stationären Suchtkrankenhilfe für Deutschland in Sucht (47 Jg. Sonderheft 3, 2001), deren Daten in den

jeweiligen Einleitungen korrekterweise mit den notwendigen Vorbehalten versehen werden. Siehe auch unten die Schwierigkeiten, die sich ergeben, wenn man mit den internationalen DSM-IV, ICD-10-Klasssifikationen arbeitet.

153 Zum >Medien-Forschungs-Kreislauf< vgl. Böttger in Schubarth (2001;28). Zusammen mit Olbrich weiß Mann etwa in seiner Kritik am neu aufgewärmten Konzept des kontrollierten Trinkens sehr wohl, wie notwendig solche Kassandrarufe sind: „Angesichts des harten Verteilungskampfes um Ressourcen für Forschung ist es darüber hinaus notwendig, Forschungsergebnisse mediumwirksam aufzubereiten und damit die öffentliche Diskussion zu bereichern und zu beeinflussen". (in Sucht 2001, S. 251)

154 weitere 50 % betrachtet Werner Gross (2003; 80) als ‚Selbstmord mit Messer und Gabel': „Über 50 Prozent aller Todesfälle sind auf ernährungsbedingte Erkrankungen zurückzuführen – das hält die Ärzteschaft für erwiesen".

155 Was dann freilich unter ‚gesundheitsökonomischen' Aspekten bei einer erfolgreichen ‚Suchtforschung' nicht nur zum Niedergang all dieser Einrichtungen führen müßte, sondern zugleich, zynischerweise, Kranken- und Rentenkassen wegen des längeren Überlebens dieser Patienten in noch größere Finanzsorgen hineintreiben würde. Bei solchen >Kostenberechnungen< wäre dann auch den ‚geschätzten Kosten der (Alkohol)Sucht von 46,6 Milliarden Euro bei einer Wertschöpfung aus dem Alkoholkonsum von 29,2 Milliarden oder den – nach Schweizer Vorbild berechneten Kosten der Drogenabhängigkeit – eine halbe Milliarde Schweizer Franken – (Wittkowski in Sucht 2002;137) etwa die Einnahme aus der Zigarettensteuer, die in Deutschland für 2002 auf 13,4 Milliarden Euro geschätzt werden (Spiegel, 4/2003 S. 58), gegenüberzustellen

156 vgl auch Kolte/Schmidt-Semisch (2002)

157 in diesem Sinne argumentierte auch die jüngst – erst einmal – abgewiesene Klage eines 56-jährigen Frührentners gegen Reemtsma (s. Spiegel 45/2003; 60)

158 vgl. Kellermann (2002)

159 s. auch Aktionsplan (2003;24): Reduzierung des Tabakkonsums zur Verringerung der tabakbedingten Krankheiten und Todesfälle als eines der 5 prioritären Gesundheitsziele. vgl. www.gesundheitsziele.de

160 Auch für Benowitz („The Nature of Nicotine Addiction" in: Slovic 2001) gibt es eigentlich nur leichte und schwere addiction: „Among adults the light or occasional smoker (i. e., one who regularly smokes five or fewer cigarettes per day or who does not smoke every day) is in general less (?) addicted than are dayly smokers."(166), zumal das im weiteren von Löwenstein („A Visceral Account of Addiction" In Slovic 2001) näher ausgeführte triebgleiche >craving< (190) nach Befunden der Zwillingsforschung „a moderate *genetic* influence on both initiation and maintenance of cigarette smoking" (181) vermuten lasse

161 vgl. zu dieser medizinischen Wirkungs-Argumentation, die entfernt der beruhigenden – doch durch nichts nachgewiesenen – volkstümlichen Einsicht vergleichbar wäre, dass ein abendliches Glas Rotwein vor dem Herzinfarkt schütze (s. Stern 5/2003 S. 105), die kurze Übersicht mit Literatur von Scholten (2002) sowie die in der Zeitschrift ‚Alkoholforschung' (Sommer 2003;14–17) rezensierten Artikel von Mukamal u. a. (2003): „Männer, die an drei bis vier Tagen pro Woche tranken, erlitten mit 32 % geringerer Wahrscheinlichkeit einen Herzanfall als die, die weniger als einmal pro Woche Alkohol konsumierten"; Goldberg (2003): „Wäre es vernünftig (…) einen formalen Versuch zur Ermittlung der Wirksamkeit von Alkohol durchzuführen, genauso wie man neue Medikamente in klinischen Versuchen testet"?; und Truelsen et al. (2002): „Das Risiko von Demenz war bei moderaten Weintrinkern (…) deutlich geringer als bei den Teilnehmern, die angaben, nie oder nur selten alkoholische Getränke zu sich zu nehmen"

162 In ganz ähnlicher Weise gehen Frenk/Dar (2000) in ihrer sonst vorbildlichen Widerlegung der Nikotin-Sucht-These ganz selbstverständlich davon aus, dass dies bei den ‚harten' Drogen dagegen sehr wohl der Fall wäre.

163 Diese ‚therapie-nahe' Art der Akzeptanz mag im Bereich einer auf die ‚Spätstadien' zugeschnittenen Drogenarbeit noch eher verständlich sein (vgl. dazu schon früh: Schuller/Stöver 1990), doch färbt sie zumindest latent selbst noch so fortschrittliche Präventionsbeiträge wie Püschl/Schlömer's „Suchtprävention 2002".

164 Der Präsident der USA, George Bush Jr., in seiner Rede zur Lage der Nation vor dem Kongress am 20.1.2004: „Nur sexuelle Enthaltsamkeit schützt vor Geschlechtskrankheiten" (Tagesschau ARD 20.1.2004; 20 Uhr)

These 2.2

165 So Freitag/Hurrelmann 2001, 59: „Häufige Rauscherfahrungen sind zugleich ein Indikator für einen gefährlichen Gebrauch von Alkohol (richtig S.Q.), denn schon eine einmalige Überdosierung birgt eine Vielzahl von Gesundheitsrisiken in sich".

166 Bndesverfassungsgericht. vom 9.3. 94 in NJW 1994; 1577 ff.

167 Der angelsächsische Sprachgebrauch kennt – bezeichnender Weise? – den Begriff des >Rausches< nicht: Bedeutet doch >intoxication< eigentlich ein ‚Sich in die Vergiftung hinein begeben' (so wie >inebriety< dasselbe, jedoch verstärkt, wie >ebriety< = Trunkenheit bedeutet); >toxicology< ist die Lehre von den Giften, vergleichbar also unseren polizeilichen >Rauschgift-Vorstellungen<.

168 ein Modell, das zugleich auch plausibel den aktuell sehr viel näher liegende, jedoch latent dahinter verborgenen, lustfeindlichen Neid gegen den ‚hedonistischen Rausch' der Jugend zudecken kann

169 vgl zu den anonymen Alkoholikern Eisenbach-Stangl/Rosenquist (1998); Mäkelä (1996) und, äußerst kritisch: Peele (1989) passim

170 Akers, former President of the American Society of Criminology, kritisiert diesen in den Mitsechziger Jahren erfolgten Übergang vom physischen zum psychischen addiction-Kriterium: „The concept of addiction appears to have been changed mainly so that drugs such as cocaine can be more powerfully condemned and discredited, not because new evidence has shown it to be addictive under the traditional (d. h. physiologischen) concept" (1991;788; Einfügung S.Q.)

171 Fragebogen und Fragen findet man bei Hess u. a.(2004;125 f.)

172 die mit dem Vorgänger-Manual DSM-III-R arbeiteten, das noch das dem FTND entsprechende ‚cigarettes per day' enthielt, diesem also insgesamt noch ähnlicher war; FTND-Abhängigkeit bei dem üblichen cutoff von 6 Punkten (Moolchan 2002;110)

173 So wie man früher formulierte: „Intelligenz ist, was der Intelligenz-Test misst"

174 vgl dazu allgemein als Beispiel für die florierende Ratgeberliteratur mit weiteren Hinweisen: Gross (2003); zur Sexsucht: Strauß (2001); zur Internetsucht: Zusammenstellung bei Hahn/Jerusalem (2001) und Demmel (2002); zur Glückspielsucht s. Heft Nr. 1 des SuchtMagazins (1999); zur Arbeitssucht s. Breitsameter/Reiners-Kröncke (1997)

175 Spiegel (2004, Nr.23: 131): „Suchtforscher haben bei SMS-Schreibern bereits die bekannten Suchtsymptome beobachtet: Besessenheit, Stimmungsschwankungen, Rückzug aus der Gemeinschaft"

176 Gemeint ist der ursprünglich als Entlastung vorgebrachte Hinweis auf die vergleichbaren Risiken der nicht-illegalisierten Drogen, der heute eben gegen diese ‚legalen' Drogen eingesetzt wird.

177 Ein Topos, der schon von Caesar gegenüber den Germanen verwendet wurde: „Ihr Leben bestehe nur aus der Jagd sowie aus Kampfübungen und Krieg. Diese Härte wird durch sexuelle Enthaltsamkeit gesteigert: ‚Vor dem zwanzigsten Lebensjahr mit einer Frau geschlechtlich verkehrt zu haben, ist für sie die größte Schande'" (Krause 2002;76). Vgl. auch >Geil kickt gut; Ein Wissenschaftler klärt, was Profi-Fußballer schwach macht< (Spiegel 37/2003;138)

178 vgl. dazu Boller (1995) aus liberal kirchlich-religiöser Sicht sowie die sehr leicht lesbare Einführung von Scheerer (1995) und die ‚konstruktiven' Überlegungen bei Degkwitz (2000a) und (2000b)

179 so auch Hammersley/Reid (2002;9): „Addiction is an ‚all or nothing' condition that is long lasting, if not permanent. One cannot be slightly addicted, or only addicted for a few hours or days".

180 zur Diskussion vgl. das Heft 4 der Sucht 2001 (232–264) und hierin Petry, der den Terminus ‚kontrolliertes Trinken' durch den des ‚reduzierten Trinkens' ersetzen will, während Springer diese Form in einen ‚safer-use' Ansatz einbauen möchte. Insgesamt ist man skeptisch, da einerseits ‚Suchtmechanismen subkortikal' verankert seien und weil andererseits dieser „Ansatz zumindest in der gegenwärtigen Forschungs- und Gesellschaftssituation prinzipielle Schwächen aufweist, weswegen Abstinenz in der Behandlung von Alkoholabhängigen unverändert als Therapieziel der Wahl anzusehen ist" (Lindenmeyer)

181 s. Kolte/Schmidt-Semisch (2002) für Nikotin; Koerkel (2002; 2002a) für Alkohol und L. Schmidt (2001) zur Glückspielsucht

182 GK Quest Akademie, Seminare 2003/2004 www.gk-quest.de

183 „It would thus appear that the majority of individuals who use drugs can stop their use without treatment intervention. Those individuals eventually seen by clinicians may be a self-selecting population who find abstinence far more difficult to achieve" fasst Christo (1998;69) seinen Überblick über die einschlägige Forschung zusammen. Siehe auch insgesamt den informativen Sammelband von Klingemann u. a. (2001)

184 Hough (2001) von der englischen Criminal Policy Research Unit kommentiert dies in einer durchaus kritischen Bewertung „It provides an empirically grounded view of drug use amongst the 95 % or so of those, who use illicit drugs in a relatively controlled and safe way (…) From a narrowly criminological viewpoint, a troubling feature of the findings is the sheer depth of the chasm between political discourse of ‚drug warriors' and the lived experience of illicit drugs amongst people in their early 20s". Und Hunt (2001;427) erhofft sich aus diesen Befunden, dass diese Drogen-konsumierenden Postadoleszenten später als Eltern insgesamt Drogen-toleranter werden: „This forthcoming generation of parents will also be less tolerant of legislation that criminalized them or their friends (…) nor will they be so tolerant of laws that criminalize their own children for what they have mostly come to perceive as relatively harmless youthful indiscretions occuring as part of their leisure lifestyle en route to adulthood".

185 Vgl. zu dieser von Parker u. a. angestoßenen >normalisation<-Diskussion: MacDonald/Marsh (2002;29 ff.) sowie Wiessing (2001;423), der darauf hinweist, das ja auch die von Jessor angeführten ‚markers' des Erwachsenen-Seins entsprechend hinausgeschoben seien: „the reduction in drug use may not be delayed ‚beyond' the markers, but rather together with the markers".

186 s. dazu Barsch (1996)

187 LG Lübeck NJW 92;1571

188 vgl hierzu die excellente Analyse von Luik (1996) für die Ideologie der Nikotin-Sucht

189 Auch der Nikotin-Addiction Report des Surgeon General – den Frenk/Dar (2001; 35) ihrer Kritik zu Grunde legen – formulierte: „The terms ‚drug addiction' and ‚drug dependence' are scientifically equivalent (…) the term ‚drug dependence' has been increasingly adopted in the scientific and medical literature as a more technical term, whereas the term ‚drug addiction' continues to be used by NIDA and other organizations when it is important to provide information at a more general level" (p. 7)

190 zitiert nach Sucht (2002;201)

191 was schon die ursprüngliche Expertise in ihren >Schlussfolgerungen< eigentlich ohne zureichend ‚positive' Ableitung (sondern eher ex negativo, weil spätere Prävention nicht funktioniert)

betonte: „Präventive Maßnahmen für die Verbesserung des Erziehungsstils der Eltern" sollten „bereits im Kindesalter von 5 bis 7 Jahren eingesetzt werden" (Künzel-Böhmer u. a. 1993;104)

192 nach dem gleichnamigen Roman von Joseph Heller und der 1970 gedrehten Antikriegssatire Catch-22: „Eine auswegslose Lage, die mit Logik nicht zu knacken ist"

193 mit 734 Arbeiten im Literaturverzeichnis

194 und zwar zunächst auf 6 ‚*phänomenologisch-beschreibende* Merkmale einer Abhängigkeit' (Zwang, Kontrollierbarkeit des Verhaltens, Affektbeeinflussung, Konsumintensität, Konsumangemessenheit, Bindung an die Substanz) und drei evaluative ‚*Folgen der Abhängigkeit*' (körperliche, soziale, psychische Folgen; Entzugserscheinungen, Persönlichkeitsverflachung) (101). Nach Ausscheiden der ‚Folgen', da diese weder theoretisch zureichend kausal mit dem beschriebenen Phänomen verbunden noch wertneutral fassbar seien, und der ‚Kontrollierbarkeit', da diese äquivalent zum Zwang sei, bleiben 5 Dimensionen (108)

195 6 SCL-Variablen zur ‚psychischen Befindlichkeit': Zwanghaftigkeit, paranoides Denken, Depressivität, Unsicherheit im Sozialkontakt, Psychotizismus und Ängstlichkeit; sowie 4 Variablen zu den ‚Psychischen Ressourcen': Selbstwert, Selbstwirksamkeit, Gehemmtheit, Leistungsorientierung

196 vgl Krasmann (2003;163 f.)

197 Ein schönes Beispiel hierfür liefert Westermann (2000,213), wenn er scheinbar völlig selbstverständlich und unreflektiert der Arbeit von Boikat (1997) empört vorhält, dass ihr „Forschungsinteresse im Hinblick auf die von mir geführten Interviews (...) insbesondere zum Ziel" hatte, „positive Aspekte von Rauscherleben zu erheben und somit einen Beitrag zur Entmystifizierung zu leisten". Warum eigentlich sollte man nicht auch einmal in diese Richtung schauen?

198 In seiner kleinen Streitschrift beschreibt Schneider diese ‚Entstehung *des* sozialen Problems *Gebrauch illegalisierter Drogen*' mustergültig und überzeugend (2002, S. 15–18)

199 vgl Degkwitz (2002 b) sowie insbesondere Lettieri/Welz (1983)

200 vgl zu diesen Funktionen die ausgezeichnete Analyse von Hammersley/Reid (2002 13 ff.)

201 Eine höchst spannende Analyse dieser Zusammenhänge liefert das ethnographisch orientierte Forschungsprojekt von Keene/Raynor (1993), die in einem dem AA nahestehenden Minnesota Treatment Program den wechselseitigen Einfluss der addiction-theories des Behandlungspersonals und 40 ihrer Klienten untersuchten.

These 2.3

202 dasselbe Phänomen beklagt Winter (1998;40) für den Bereich der Sexualpädagogik: „Altersbezogene Unterschiede bei Jungen und männlichen Jugendlichen werden meist nicht wahrgenommen oder übergangen (z. B. indem von ‚den' Jugendlichen gesprochen wird)."

203 Vgl. dazu die sehr einschlägigen Darlegungen bei Winter (1998)

204 Shell Jugendstudie (2000;290) bei der Frage: „Würdest Du Dich eher als Jugendlicher oder als Erwachsener sehen?" stieg von 1991 bis 1999 bei den befragten 15–25-Jährigen im Osten der Prozentsatz von 67,8 % auf 68,1 % und im Westen von 52,0 %auf 56,5 %

205 Lösel/Bliesener (2003;11) bieten hierfür gleich zu Beginn ihrer Untersuchung zur ‚Gewalt in der Schule' das entsprechend übliche Sammelsurium an Zitat-Stellen sowie ein Übersichtschema zur ‚Kumulation bio-psycho-sozialer Risikofaktoren der Dissozialität", was sie jedoch ausdrücklich nicht ‚kausal' verstehen wollen (80). Sale et al. (2003;99) fassen diese Faktoren in Auswertung einer Interview-Erhebung bei 10.473 Jugendlichen im Alter von 9 bis 18 Jahren aus high-risk communities in einem komplexen Pfad-Modell zusammen, in dem freilich, wie so häufig bei solchen Modellen, die in den Darstellungen verwendeten Pfeile – trotz fehlender Längsschnitt-Analyse – Kausalbeziehungen nahe legen: „Family connectedness and self-control contribute to school connectedness, which relates to school performance, peer substance use,

and ultimately personal substance use"; lauter Variablen, die lediglich den Querschnitt-Interviews der Jugendlichen, also deren subjektiver Bewertung, entnommen wurden.

206 um dann zwei Jahre später (Reese/Silbereisen 2001; 147 f.) mit einer ganzen komplexen Batterie von „Risikofaktoren, Protektivfaktoren, Vulnerabilitätsfaktoren und Kompensationsfaktoren" aufzufahren, die ihrerseits dann nochmals ‚allgemein' für das gesamte Jessor-Syndrom und ‚spezifisch' für dessen einzelne ‚Risikoverhaltensweisen' aufgedröselt werden

207 Protective: Durchschnittliche Schulnote; law abidance (gibt falsches Wechselgeld zurück); Religiosität (glaubt an Bibel); Depression; Selfacceptance (glaubt an sich selber); Beziehung zu Familie/Eltern; angenommene Wahrscheinlichkeit, wegen Drogen bestraft zu werden. Risk: Educational aspiration (angestrebter Schulabschluss); perceived opportunity (Zukunftsaussicht); 16-item-Delinquenz-Skala; Important people/community support (wie beurteilen wichtige Personen den Drogen-Gebrauch); wahrgenommener Drogenkonsum von Eltern, von peers und availability of drugs (284 f.)

208 Moon et al. (2000) fanden dagegen eine *gesonderte* Bedeutung der resilience-Faktoren „positive family relations, low parental permissiveness, and perceived neighborhood safety" gegenüber den Risk-Faktoren „high family stressor events, low religiosity and high parental substance use" bei einer durch sehr hohe Attritionsraten (Ausfälle) belasteten, jugendlichen Gruppe überwiegend mexikanisch-amerikanischer Herkunft

209 auf Antonovsky's ‚Salutogenese' zurückgreifend

210 vgl auch Brown (2001;103 ff.)

211 Vgl. zu diesem >conduct disorder< Konzept: Fergusson et al. (1991) und Zoccolillo (1992).

212 Andresen, einer der Autoren der Thomasius-Studie im Spiegel (2000 Nr. 27 S. 207)

213 Eine kurze Zusammenfassung der Entwicklung findet man in Jessor (2001)

214 Dieses interkulturell sehr stabile Ergebnis (vgl. etwa Plant/Plant 1997), das wir auch in unserer Studie für Deutschland wiederholen konnten (Quensel 1999), kann im Einzelfall – etwa dann, wenn zu viele ‚Delinquenz-Items' einer Skala einzeln in die Faktorenanalyse eingegeben werden – auch zu zwei Faktoren führen (Donovan 1996;396)

215 Dabei übersieht ihr Ansatz, die untersuchten ‚problematischen Verhaltensformen' aus Einstellungen, Werthaltungen und ‚wahrgenommenen' Umwelteinflüssen zu erklären, auch deren kaum analytisch oder gar statistisch auflösbare wechselseitige Abhängigkeit, zumal sie in ein und demselben Fragebogen erhoben wurden. Selbst das in solchen Fällen als Königsweg geltende Follow-up-Design mehrfach einander folgender Erhebungen löst dieses Dilemma eines sich langsam gegenseitig hochschaukelnden Zusammenhangs nicht, so sehr man auch in Kenntnis der einen Seite (Verhalten bzw. Einstellung etc.) – auf der Populations-Ebene – die korrelativen Zusammenhänge für entsprechende Voraussagen der anderen Seite nutzen kann.

216 Die insgesamt zurückhaltende Art der Interpretation zeigt sich auch darin, dass sich diese Autoren auf das aktuelle Verhalten Jugendlicher und Heranwachsender beziehen, ohne selbst deren Voraussetzungen in früheren kindlichen Entwicklungsstörungen zu suchen: „Unlike the emphasis on early childhood of classical psychoanalytic theory, our perspective places primary stress on adolescence. (…) There is no recourse in the framework to psychopathology; problem-behavior theory does not invoke concepts of maladjustment or abnormality or psychiatric disorder (…) What needs emphasis, then, is that the framework is designed to apply to youth in general and to account for problem behavior out of the normal processes and relationships, both personal and social, that organize the daily lives of young people." (Jessor/Jessor 1977;5,40).

217 Derson (2000;107) kann sogar auf ein Archiv von über 3000 Studien mit longitudinalen risk-factor-Daten zurückgreifen

218 Diese Convention – „the most widely ratified treaty in history" (abgesehen von den USA und Somalia (!) nach dem Stand von 2002) „made participation a fundamental right of all young people" (O'Donoghue et al. 2002;15)

219 Vgl. dazu die auch praktisch weiterführenden Websites www.theinnovationcenter.org, www.atthetable.org und www.forumforyouthinvestment.org

220 so, dass Hurrelmann (2002; 161 ff.) einen „autoritativ-partizipativen Erziehungsstil“ als wünschenswert propagiert: „Ein solcher ausgewogener Erziehungsstil ist ‚autoritativ‘, weil er die Autorität der Eltern zurückhaltend und umsichtig einsetzt, und er ist ‚partizipativ‘, weil er auf die Bedürfnisse des Kindes im Sinne einer Mitgestaltung der gemeinsamen Beziehung eingeht“ (162)

221 vgl. die Analyse von Lubeck (1995;54): „If a child does not fare well, emotionally, socially, or academically, it is the family – but the mother specifically – who is implicated. If a child is born out of wedlock, born to a teenage mother, lives in a female-headed household, or is welfare dependent, it is presumed to be the mother's fault“

222 Zum Risiko-Konzept allgemein, wie es vor allem im gouvernmentality-Ansatz vorangetrieben wird: Krasman (2003;198 ff.); in der Jugendforschung s. den Sammelband von Raithel (2001) und dessen Einführung (Raithel 2001a) sowie die Kritik in Groenemeyer (2001)

223 vgl. Rittner (2001) und dort insbes. die Unfallzahlen (S. 228 ff.)

224 zu den relativ seltenen Ausnahmen s. zum Verkehr Shope/Bingham (2002), die das alkoholbedingte Fahren als Teil eines allgemeinen ‚problem-driving‘ und dieses seinerseits als Teil eines allgemeineren ‚Jessor-Syndroms‘ herausarbeiten. Zum Stigma-Risiko, das besonders in der kritischen Kriminologie untersucht wurde, s. Wolfson/Hourigan (1997) die dieses Risiko am Beispiel der Heraufsetzung des Trink-Alters analysieren. Zur Problematik des übermäßigen Pharma-Konsums bei Mädchen s. die Dissertation von Butt-Behrmann (2004)

225 vgl etwa Plant/Plant 1997, besprochen in www.archido.de/Rezensionen

226 „Entscheidungsverhalten bei mangelnder Gewissheit über die Erreichbarkeit des Handlungsziels und möglicher negativer Folgen durch die getroffene Entscheidung“ (DTV Brockhaus Lexikon 1988)

227 vgl. Nicholson et al. (2002): Nach einer Aufzählung einer ganzen Reihe von Motiven bei früheren Autoren wie z. B. Cohen (1971): „People use drugs to ‚feel better‘ or to ‚get high‘. Individuals experiment with drugs out of curiosity or hope that using drugs can make them feel better“ (117) fassen sie zusammen: „it is apparent that the potential reasons for using drugs are just about as diverse as the total range of motivations for all human behaviour. Drugs are not used for unique reasons specific only to drugs, nor are they used predominantly for pathological reasons. They are used by different persons for different reasons and by the same person for different reasons at different times“ (118).

228 Und so konnten Goldberg et al. (2002;482 f.) in ihrer kalifornischen Längsschnittstudie von SchülerInnen der 5., 7. und 9. Klasse herausarbeiten, dass bei einem Vergleich der von den SchülerInnen selbst wahrgenommenen ‚benefits‘ mit den – ihnen an sich bekannten – ‚risks‘ beim moderaten Alkohol-Trinken die ersteren erheblich besser sowohl das Trinken wie aber auch das Rauchen voraussagen konnten: „With increasing experience, adolescent respondents perceived the benefits of alcohol to be more likely and the risks to be less likely. More importantly, the perceived benefits of alcohol were a significant predictor of adolescents' actual drinking and smoking behavior 6 months later, over and above the perceived risks of alcohol, age of the respondent, and level of experience. Furthermore, as an indication of the robust nature of this finding, perceived benefits proved to be a more important predictor of smoking behavior than perceived risks, and respondents' self-generated alcohol-related perceived benefits (im qualitativen Interview) better predicted drinking behavior than did their self-generated perceived risks“.

229 „Sensation seeking is a *trait* defined by the seeking of varied, novel, complex, and intense sensations and experiences, and the willingness to take physical, social, legal and financial risks for the sake of such experience.“ (Ruch/Zuckermann 2001;98 kursiv S.Q.).

230 bzw. besser der Differenz zwischen einem wahrscheinlichen Drogenkonsum und einem wahrscheinlichen Nicht-Konsum, der sog. odds-ratio, (d. h. p/1-p) (Bell 1988;136)

231 Dieser sog. ‚ökologische Fehlschluss' besteht immer dann, wenn man fälschlicherweise von der Ebene der Bevölkerung auf die des Individuums zurückschließt

232 Einen rezenten Versuch, mehrere dieser Ansätze unter dem Dach einer von Cloninger entwickelten Theorie zu vereinen, findet man bei Wills et al. (1994)

233 weshalb es sich stets empfiehlt, hinter der Überschrift/Benennung solcher Skalen genau auf die Formulierung der dafür verwendeten Items/Fragen zu achten, selbst und gerade dann, wenn man glaubt, sich auf die in der Faktorenanalyse gewonnene ‚gemeinsame' Dimension verlassen zu dürfen.

234 Eine kurze Zusammenfassung findet man in Ruch/Zuckerman (2001)

235 Bei solchen Items offenbart sich der mehrfach erwähnte Zirkelschluss ganz direkt: 1. Stufe: Cannabis, Trinken, Sex, Party mache ich gerne; 2. Stufe: Als >sensation-seeking< gilt das, was von der Skala gemessen wird; 3. Stufe: Kids, die hohe Werte auf der Skala aufweisen, nehmen, weil >sensation seeking<, häufiger Cannabis – bis hin zum Jessor-Syndrom. 4. Stufe: damit validiere ich meine Skala

236 Ich beziehe mich im Folgenden auf Ergebnisse aus unserem DDRAM-Projekt (Quensel 2001)

237 auf diese (sub)-kulturell unterschiedliche Bewertung komme ich in der 3. These noch einmal zurück

These 3

238 Weswegen einst die von uns betreuten jugendlichen Strafgefangenen ihre ‚Fürsorger' (wie die Sozialarbeiter hießen) gerne als ‚Für-sich-Sorger' bezeichneten.

239 Allerdings weist Groenemeyer (2001;52) mit Recht darauf hin: „Tatsächlich bezieht sich Gesundheitsförderung keineswegs nur auf ‚weiche' Methoden der Überzeugung, Information oder der gleichsam ‚ziellosen' Stärkung von Selbstbewusstsein und Handlungsfähigkeit, auch wenn die einschlägigen Lehrbücher das nahe legen. Gesundheitsförderung orientiert sich implizit oder explizit an einem Modell von ‚lifestyle correctness', die genauso über direkte Sanktionen und Repression eingefordert wird, wie sie auch auf informelle soziale Kontrollen des Entzugs von Solidarität baut".

240 vgl. zu dieser gesamten Thematik die sehr spannende Analyse von Friedmann (1994)

241 „The observed associations between cultural values and substance use remained significant even after controlling for ethnicity and U.S. native status, as well other demographic covariates. This indicates that adolescents' cultural values and attitudes, rather than their physical ethnicity or integration into the U.S. culture, may be the factor underlying their decisions about substance use". Dieser „considerable overlap in cultural values across ethnic groups" ergäbe sich in einer multikulturellen Gesellschaft immer dann, wenn Jugendliche kulturelle Werte aus unterschiedlichen Quellen bezögen, aus der Familie, von ihren Freunden wie aus den Medien: „Therefore, adolescents may acquire a mix of cultural values from several different cultures".

242 vgl. zu diesen Konzepten ‚Stil', ‚Mode', ‚Jugend(sub)kultur' prägnant Ferchhoff/Neubauer (1996)

243 vgl. zu diesen Vorlieben für Musikstile unter 10–18-Jährigen heute – von den Chansons (0 %) über Deutsche Volkmusik und Schlager (1 %;5 %) bis zu Techno, Popmusik, Charts und Hip-Hop (33 %, 39 %, 43 %,50 %) – Zinnecker et al. (2002;144 f.)

244 s. zum Kokain in der Musik: Kemper (2001) und zur Antwerpener Kokainscene: Decorte (2000)

245 vgl. zum craving die Sekundäranalyse der bisherigen Forschungsergebnisse von Gilbert/Warburton (2000;394), die aus methodischen Gründen (kaum objektiv messbar) wie aber auch aus erheblichen inhaltlichen Gründen (Craving während und nach Beendigung des Rauchens;

positive Erwartung der Raucheffekte, äußere Schlüsselreize, Kontext; etc.) meinen: „Much time and effort have been spent researching ‚craving' in tobacco withdrawal, when all that may be required is to establish the strength of the ‚desire to smoke'", weshalb sie vorschlagen, „that craving is not a suitable term and should not be used for the measurement of subjective desire".

246 Ein Ergebnis, das auch Snow et al. (2003;13 f.) in gleicher Weise für die von ihnen befragten – vergleichsweise jungen – australischen Studenten festhalten: „For a large number of university students drinking, together with what most health professionals would normally construe as ‚harms' are integral parts of that period of a young person's life when they attend university (…). Students themselves reported significant levels of harm exposure, but marked indifference, if not active resistance, to the notion that campus-based policies should be implemented as a means of addressing these harms".

247 Und so ergab die sorgfältige Laborstudie von Dols et al (2002;92), dass etwa das *craving* eines Rauchers sehr viel weniger als üblich angenommen, durch bestimmte rauchbezogene Auslöser – wie Feuerzeug oder Zigarettenschachtel – ausgelöst wird, sondern vor allem durch die Erwartung, demnächst rauchen zu können: „Rather than limiting further the addict's control over behaviour" – etwa durch Sucht- und craving-Theorien – „ it might be more fruitful to increase a sense of control (self-efficacy) by showing that behaviour is not triggered by an uncontrollable urge but to a large extent is the result of personal (self-fulfilling) expectancies".

248 ein rezentes Beispiel hierfür ist der typisch larmoyante mit Bildern von ‚prominenten Ex-Drogenkonsumenten', Spritze und Kokain-line versehene Spiegelbericht eines ‚etablierten Journalisten und chronischen Junkies' („Lass mich die Nacht überleben"; Der Spiegel 28;2003:116–121)

249 Beide Gruppierungen – Eskimo/Indianer versus Chinesen/Japaner – unterscheiden sich deutlich im Trinkverhalten, obwohl sie jeweils dieselbe ‚biologische' Eigenart aufweisen, nämlich dieselbe biochemische Basis eines höheren acetaldehyde levels, wenn sie trinken, der sich im sog. ‚Oriental flush' zeigt, eine erhöhte response rate zu Alkohol, die sich im sichtbaren Rotwerden nach dem Trinken äußert (Peele 1989;64)

250 in These 1.1 (S. 37) besprochen

251 vgl. etwa Anderson (1998a) oder James et al. (2000) mit weiterer Literatur zum Einfluss von gender und race. So zeigte sich auch in unserem Projekt, dass etwa der Einfluss der ‚broken family' auf den Drogen-Konsum zwar in Holland, nicht jedoch in Dublin eine Rolle spielte (Quensel et al. 2002)

252 Zwei Drittel aller 6–13-Jährigen sollen in einem Raucherhaushalt leben. „Insgesamt wachsen somit in Deutschland mindestens sechs Millionen Kinder bis zum Alter von 13 Jahren in Haushalten auf, in denen geraucht wird (…) in zwei von drei mit einem Raucher ist dies der Vater". In einer Studie des Robert-Koch-Instituts von 2002 gaben „ein Viertel aller Eltern an, regelmäßig in Anwesenheit ihrer Kinder zu rauchen. Andere empirische Daten aus Deutschland belegen, dass bis zu einem Drittel aller rauchenden Eltern im Beisein ihrer Kinder keine Einschränkungen im Rauchverhalten vornehmen" (Bornhäuser/Pötschke-Langer 2003;8 f.)

253 >brikoliert<: aus verschiedenen kulturellen Vorlagen eigenständig zusammengefügt; >glokalisiert<: aus der Ambivalenz von globaler und lokaler Kulturangebote heraus eigenständig entwickelt

254 „Repressive Maßnahmen, insbesondere das Strafrecht, bilden eine traditionelle Säule der Drogenpolitik, mit der einerseits das Angebot an Suchtmitteln, andererseits die Nachfrage reduziert werden sollen", wobei man sich nach außen gerne auf die organisierte Kriminalität einerseits und auf die organisierte ‚internationale Ebene' der drei Konventionen andererseits beruft: „Vor allem gewinnt das Strafrecht als wichtiges Instrument für die Bekämpfung des illegalen Drogenhandels auf nationaler und internationaler Ebene an Bedeutung. Das Betäubungsmittel-Strafrecht ist weitgehend von internationalen Abkommen und zunehmend auch vom EU-Recht bestimmt"

lautet die versuchte Legitimation (der selber heftig mit vorangetriebenen Internationalisierung) dieser Art der Repression im Aktionsplan Drogen und Sucht (2003;43)

255 Ein Detail: Das Schulungsprogramm für Polizeibeamte „zur Drogenerkennung im Straßenverkehr und zum Nachweis verkehrsrelevanter Beeinträchtigungen nach dem Konsum von Drogen sollte in spezifizierter Form auch zur Schulung von Beschäftigten im Bereich der Jugendhilfe eingesetzt werden, da sie mit der angesprochenen Zielgruppe dieser Maßnahmen in den Jugendeinrichtungen (Jugendclubs) arbeiten" meint der Aktionsplan (2003;47), der andere präventive Maßnahmen in diesem Bereich – wie etwa ein Drug-checking im Disco-Bereich – beharrlich verschweigt.
Oder, intensiver noch: Ein gutes Viertel (27%) der zumeist jungen Cannabis-Konsumenten in den Suchtberatungs-Stellen – deren Zunahme gerne als Beleg für die entsprechend zunehmende Behandlungs-Bedürftigkeit dieser Klientel gewertet wird – kommt dorthin „durch Vermittlung der Justiz und Behörden", „15% nennen als Ziel die Erfüllung von Auflagen der Straßenverkehrsbehörde und 24% richterliche Auflagen" so dass dann „41% der Klienten" – die von den beteiligten Beratungsstellen eine Diagnose „schädlicher Gebrauch"(F12.1) bzw. „Abhängigkeitssyndrom" (F12.2) von Cannabis als Hauptdiagnose erhalten hatten – „weisen eine relativ niedrige Konsumintensität auf und zeigen kaum Beikonsum und Sekundärfolgen (Simon/Sonntag 2004;68,96,132). Vgl. hierzu das recht interessante >FreD<-Modellprojekt der Bundesregierung (Frühintervention bei erstauffälligen Drogenkonsumenten), in dem von der Polizei jugendliche Drogenkonsumenten direkt an geeignete Drogenberatungsstellen (nicht: Jugendhilfe) verwiesen werden (Görgen u. a.2003)

256 vgl. allgemein: Peters (2002) sowie Cremer-Schäfer (2003) zur ‚Unlösbarkeit' der hier anstehenden Probleme und Sott (2003) zur direkt benachbarten Problematik der Zusammenarbeit zwischen Polizei und Sozialarbeit in der ‚kommunalen Kriminalprävention'.

257 vgl. Dede (1994) sowie sein gesammeltes Material im >Deutschen Archiv für Temperenz und Abstinenzliteratur< in Magdeburg (www.sgw.hs-magdeburg.de/data)

258 Vgl. hierzu die spannende empirische Analyse dieser Machtbalance bei 10–15-Jährigen in Ost- und Westdeutschland (Krüger/Fuhs1996;170 ff.)

259 Einen guten Überblick über diesen höchst komplex miteinander verschachtelten Präventions-Archipel in Deutschland bietet Hüllinghorst (2000)

260 In: Neue Kriminalpolitik (2002, 14,4: 140)

261 dessen Lust-feindliche ‚Rausch'-Bezogenheit wir hinter dem präventiv erwachsenen ‚Sucht'-Etikett verdecken und verdrängen (s. Anm. 163)

These 4

262 Miller/Platt (2003;22 ff.), die 1999 im Rahmen der ESPAD-Studie in Großbritannien 2.641 SchülerInnen im Alter von 15/16 Jahren mit einem Fragebogen durch Lehrer klassenweise befragen ließen

263 In Zinneckers et al. (2002;61) für Nordrhein-Westfalen repräsentativen Jugendstudie aus dem Jahr 2001 waren von den 10–12-Jährigen 52% und bei den 16–18-Jährigen 81% in einer Clique, die sich etwa 4 mal pro Woche trafen, mit einer durchschnittlichen Anzahl von 7 Mitgliedern, die bei den 16–18-Jährigen auf 11 anstieg.

264 Um einen besseren ‚ethnographischen' Eindruck von dieser uns Erwachsenen häufig so fremden wie früh-sexuell gefärbten Welt zu bekommen, empfehle ich das Kapitel „Im Schulbunker wimmelt es von ‚fiesen Hunden' und ‚alten Knackern'. Aus der Welt der Schülersubkultur' von Zinnecker (2001;203 ff.), das zwar die Zeit der 70er Jahre erfasst, doch weithin, wie ich als Vater zu bestätigen weiß, auch heute noch gilt.

265 So rangierte in Zinneckers (et al. 2002;26 f.) Befragung bei den 10–12-Jährigen die ‚Freundesgruppe' in der Wichtigkeit schon vor den nicht-familiären Erwachsenen, während der ‚gute Freund/Freundin' nach den Eltern und Oma/Opa mit den Geschwistern gleichzog; bei den 13–18-Jährigen zählen dann „die erwachsenen BetreuerInnen durchweg zu den weniger wichtigen Personen"; der gute Freund/Freundin kommen in ihrer Gewichtigkeit gleich nach Mutter/ Vater und die ‚Freundesgruppe' zieht jetzt mit Schwester und Oma gleich.

266 Morgan/Grube (1991) unterscheiden etwa in ihrer irischen Follow-up-Untersuchung zwischen dem ‚besten Freund', , guten Freunden' und ‚Gleichaltrigen' einerseits und dem ‚perceived drug use' bzw dem ‚perceived approval of drug use' andererseits, um zu zeigen, dass beim Rauch/ Drogen-Beginn sowohl die guten und der beste Freund eine wichtige Rolle spielt, während beim Weiterrauchen vor allem der ‚beste Freund' dominierte, und dass bei beiden der wahrgenommene Konsum wichtiger war als die erwarteten Zustimmung.

267 in ihrer holländischen Follow-up-Interview-Studie bei 1.063 14-Jährigen, in der sie jeweils für Raucher und Nicht-Raucher (in den letzten 4 Wochen) zunächst deren ‚rauchenden' Peergruppen-Status und später nach drei Jahren (inzwischen also 17-jährig) die Veränderung dieses Gruppen-Status erhoben „by asking youngsters whether their current peer group configuration corresponded to the peer group" der vorausgegangene Erhebung, wobei 55 % angaben, dass die Hälfte oder mehr ihrer peergroup („inner circle of friends") aus neuen Freunden bestanden

268 social network analysis mit Hilfe des Negopy software package

269. „smoking was something they *did* rather than something they were"

270 In 5 Wellen, die 1991 mit 776 14-Jährigen einsetzten und zuletzt 529 18-Jährige mit Fragebögen und einem qualitativen Interview erfassten

271 wegen erheblicher ‚sampling' und Kontrollgruppen-Probleme und zumeist recht großer ‚attritions-', d. h. Verlustraten zwischen den follow-up-Befragungen, die zwar – in den besseren Studien – zumeist erwähnt werden, aber durch Hinweis auf ähnliche Probleme bei analogen Studien zumindestens in den die ‚positiven' Ergebnisse zusammenfassenden Abstrakts gerne bei Seite gelassen werden.

272 so auch Helfferich ‚Ausdifferenzierung in der Prävention' im Anhang 2 der >Stellungnahme< (S. 45–66) und Gaßmann (2000); einige Präventionsprojekte vor allem für jugendliche Aussiedler findet man im Drogen- und Suchtbericht (2003:35–43 bzw 2004;65 ff.)

273 Eine Religiosität, die heute bei deutschen Jugendlichen in West und insbesondere Ost auf den drei Dimensionen eines ‚Glaubens an ein Weiterleben', beim Beten und insbesondere beim Gottesdienstbesuch auf ein historisches Tief gesunken ist (s. Tabelle in: Shell Jugendstudie Nr. 13, 2000;162). Vgl auch die unterschiedlichen Werte bei moslemisch und christlich erzogenen Jugendlichen in Zinnecker et al. (2002;98 f.)

274 auf die Risiken solcher ‚false positives' und ‚false negatives' verweisen auch Lösel/Bliesener (2003;18) in ihrer Untersuchung ‚schulischer Gewalt' hin, glauben aber doch bei einer kleinen Gruppe von Hochgefährdeten ‚Bullying-Jugendlichen' – nicht-stigmatisierend – präventiv eingreifen zu können bzw. zu müssen: „Die große Stabilität der Aggressivität und Delinquenz legt (...) nahe, dass sich ein intensives Problemverhalten im Jugendalter oft nicht von selbst ‚auswächst'" (178)

275 Quensel/Butt-Behrmann (2002)

276 s. Anmerkung 7

277 Eine solche Cluster-Analyse folgt zunächst bestimmten numerischen Vorgaben (z. B. „Bilde vier Gruppen"). Inhaltlich hängt sie von denjenigen Variablen ab, deren Aufteilung man näher überprüfen will. Ihr realer Gehalt lässt sich in einem zweiten Schritt dadurch vertiefen, dass man die Zusammenhänge zwischen den so gebildeten Gruppen und weiteren Variablen (z. B. deren Freizeitaktivitäten) untersucht

278 in ganz derselben Weise unterscheiden auch Walter/Remschmidt (2004) in ihrer Marburger Längsschnitt-Studie (mit 14 Jahren delinquente Vorgeschichte erhoben, mit 18 getestet, mit 40 überprüft) zwischen einer kleinen Gruppe ‚chronischer Täter' und der sehr großen Gruppe vorübergehender Delinquenz, die sich jedoch nicht in ihrer Delinquenz vor dem 14. Lebensjahr unterschieden. Hauptsächliche prognostische Kriterien waren zunächst Lernprobleme und später fehlende berufliche Bildung

279 in der aus einer Gruppe von 700 14-jährigen SchülerInnen 465 Personen 1995 und 1999 als 18- und 22-Jährige erneut – u. a. mit Hilfe von Tiefen-Interviews - befragt wurden,

280 Dementsprechend fanden auch Farrington/West (1990 e.Ü), in ihrer Langzeituntersuchung von 411 Londoner Jungen: „Jungen, die in kriminogenen Umständen lebten und die nicht delinquent wurden, schienen nervös und ‚withdrawn' und hatten keine oder nur wenig Freunde.

281 So erwähnt die >Expertise zur Primärprävention< (Künzel-Böhmer u. a.1993) zwar mehrfach diese Studie, doch betont sie hinsichtlich dieses ‚Experimentierer-Befundes': „Die Ergebnisse (...) sind mit großer Vorsicht zu interpretieren, da u. a. die Stichprobe für die angewandte Methode sehr klein war" (S. 15), während sie deren ‚familien-erziehungs-bezogenen' Ergebnisse mehrfach herausstreicht (46,51)

282 Ein ‚kurvilinearer' Befund, den Clifford et al. (1991;52) in den USA bei etwas älteren StudentInnen (AM = 22,16 Jahre) mit Hilfe einer interessanten >life-satisfaction<-Skala wiederholen konnten: „Small amounts of drug use may actually increase one's self-reported life satisfaction because low to moderate drug usage is often associated with socializing and having fun. Complete abstinence, on the other hand, may be reflexive of a somewhat rigid life-style or a health problem which precludes the use of certain drugs".

283 Ein Befund, der uns anfangs der 70er Jahre ein mehrjähriges ‚soziotherapeutisches' Forschungsprojekt in einer Abteilung einer Jugenstrafanstalt abbrechen ließ, als sich herausstellte, dass unsere ‚Erfolge' zu einer testmäßig erfassbaren stärkeren ‚Neurotisierung' der Jugendlichen führte, ohne dass wir ihnen die entsprechenden Ausstiegs- und Aufstiegschancen bieten konnten.

284 13. Shellstudie – unter 10.2

285 Das sind die 13. und 14. Shell Jugendstudie, im folgenden Abschnitt zitiert als I (2000) und II (2002) jeweils mit Seitenzahl

286 Beide Erhebungen wurden jeweils durch hoch interessante qualitative Interviews ergänzt, auf die wir hier jedoch nicht näher eingehen können

287 vgl zu den hier auf die Gesellschaft zukommenden Probleme die Titelgeschichte des Spiegel (2004 Nr.2:, S. 38 ff.) >Der letzte Deutsche: Auf dem Weg zur Greisenrepublik<

288 und damit – zumindest in Frankreich – auch als RaucherInnen: „For both sexes, mobile phone ownership is one of the strongest predictors of smoking behaviour" und zwar sowohl für das tägliche und mehr noch für das ‚heavy smoking' (>10 per day) (Peretti-Watel et al. 2002;340 f.)

289 Nachrichten vom 16.9.2003

290 vgl. auch Brettschneider/Kleine (2001), die zu demselben Ergebnis gelangen

291 Auf das wir ja oben auch bei den angeführten Untersuchungen von Parker et al.(1998) und Williams/Parker (2001) stießen

292 im Rahmen des WWW. DRUGNET-Survey wurden der Drogenkonsum in 7 Kategorien, demographische Daten (education level, age, marital status, happiness with marital status, ethnicity, employment und lifestyle), frühere Erfahrungen mit der Justiz und policy issues erfragt sowie ein standardisierter General-Well-Being Fragebogen mit den Dimensionen: No health concern, energy level, satisfying life, cheerful/depressed, relaxed/tense und emotions under control beantwortet.

293 wie dies der Spiegel in seinem Artikel >Nobel statt Nabel< (Nr.28;2003;129) unter Bezug auf Adorno als Kennzeichen ‚autoritärer Persönlichkeiten' so überzeugend formuliert.

294 Kawachi et al. (1999

295 in der die hohen Negativwerte an den beiden Enden einer Drogen-Skala auftreten, während die niedrigsten Werte in deren Mitte zu finden sind

296 Vgl. dafür auch Guallar-Castillon u. a. (2001) in ihrer landesweiten Langzeit-Gesundheitsstudie in Spanien, wonach mit zunehmendem ‚normalen' Alkoholkonsum die subjektive Einschätzung der eigenen Gesundheit zunahm, selbst wenn man Geschlecht, Tabakkonsumsowie chronische Erkrankungen wie Diabetes, Asthma, Bronchitis und Bluthochdruck kontrollierte.

These 5

297 Diese >Style<-Vokabel bezieht sich auf dasselbe Phänomen wie die der >Subkultur< bzw. >Teilkultur<, doch betont sie stärker sowohl deren ständige Wandelbarkeit wie die daran beteiligte Aktivität etwa im Sinne der ‚Selbst-Stilisierung', wie sie etwa im oben erwähnten ‚Mix teilkultureller Momente' heute zunehmend bedeutsamer wird

298 Oder global gesehen: „Junge Nationen, das belegen Studien, sind innovativer, dynamischer und damit potenziell auch erfolgreicher als angehende Rentnerrepubliken wie Deutschland" (Spiegel 2; 2004:48)

299 vgl. zu diesen Mechanismen: Elias/Scotson (1965)

300 Zu den hier ablaufenden Prozessen einer >social mimicry< zwischen den Gruppierungen vgl. Moffit (1993; 687)

301 Dabei ergab sich bei den von ihnen untersuchten Mädchen-Gruppen zunächst, dass die ‚Gelegenheits-Raucherinnen' nur ein Durchgangs-Stadium bildeten: „Groups either smoke on a regular basis or do not. The identification of an ‚occasional smoker' group' may only be useful for analytic purposes" (154); ein gewisser Beleg dafür, wie sehr diese Mädchen noch den Präventions-Vorgaben des ‚entweder-oder' folgten

302 weshalb die in der vorigen These angesprochene große Mittelgruppierung unserer eigenen Untersuchung sich aus Gruppen zusammensetzen konnte, in denen ‚Drogen-Konsumenten' unterschiedlicher Intensität mit mehr oder weniger Abstinenten befreundet waren

303 vgl. hierzu insgesamt die gut lesbare, soziologisch ausgerichtete Übersicht bei Jenkins (1996)

304 oder zuvor schon das Birmingham Centre for Contemporary Cultural Studies (Hall et al. 1980)

305 Und zunehmend auch in Vater-Kind-Dyaden möchte man als männlicher Autor aus eigener Erfahrung hinzufügen

306 vgl dazu Hess u. a. (2004;82 ff.,139 f.)

307 weswegen wir früher als Raucher die Zeit in ‚Zigaretten-Längen' maßen

308 vgl. dazu die von Steinmann zitierte Arbeit von Koppenhöfer (2000) sowie Koppenhöfer (2003)

309 bzw. für ‚geplagte Bücherfreunde': „Die S.Fischer Verlage: Lesen gefährdet die Dummheit" (Spiegel 2;2004,S. 126)

310 in ihrer bereits oben angesprochenen qualitativ/quantitativen Befragung 11–17-jähriger SchülerInnen in Sussex und London aus den 90er Jahren,

311 „a *signifier* of any style that is ‚conventionally-unconventionally'"

312 vgl. zu diesen >Praktiken< auch Helfferich (2001)

313 So berichtet der Spiegel (Nr.26 2003;123) unter dem Titel „Verführung durch Film-Fluppen" aus einer USA-Langzeitstudie bei 10–14-Jährigen: „Nicht die Freunde, nicht das Beispiel der Eltern, auch nicht die Reklame. Prägender sind die rauchenden Stars im Kino, die mit Zigaretten Coolness demonstrieren (…) Etwa die Hälfte derjenigen Schüler (die nach 2 Jahren) ihre ersten Zigaretten gepafft hatten, ging demnach auf das Konto der unendlichen Liebesaffäre zwischen Hollywood und der Zigarettenidunstrie".

314 vgl. dazu die eindrucksvolle Abbildung 30: 12-MonatsPrävalenz 18- bis 29-Jähriger für Cannabis 1990–2000 für West- und Ostdeutsche in Kraus/Augustin (2001;63)

315 In diesem Sinne versteht der Aktionsplan (2003;61) als ‚Hauptindikator ihrer Maßnahmen in 2003' die „verbesserte Informationslage über Suchtgefahren in der Bevölkerung

316 vgl. etwa die jüngst ergangene Eilentscheidung des Bayerischen Verwaltungsgerichtshofs (AZ 7 CS 02.776), der im Falle eines 16-jährigen Realschülers, bei dem im Zuge einer Razzia in der Schule 1,6 gr Marihuana sichergestellt wurde, und der zugab, vor Schulbeginn selber geraucht und den Joint einem Mitschüler weitergegeben zu haben, entschied: Der Konsum und die Weitergabe auch einer geringen Menge leichter Drogen rechtfertigt eine Entlassung von der Schule (in: Hanf, das Magazin 09/2002 S. 51). So auch die Entscheidung des OVG Koblenz (Jus 1997, S. 473): „Der Konsum von Haschisch und die Herstellung von Kontakten zwischen Schülern und der Rauschgiftszene im Umfeld einer Schule durch einen Schüler rechtfertigen dessen Ausschluss von der Schule auf Dauer" (in Böllinger/Stöver 2002;552).
Den Abstand zwischen dem ‚liberalen alten' Europa und den USA verdeutlichen die Zahlen bei Brown (2001; 89): 1997 wurden im Rahmen einer zero-tolerance-Politik in den USA 177.500 SchülerInnen von den ‚mainstream schools' entfernt „for the possession, use, or distribution of drugs, alcohol, or tobacco"; 80 % davon wurden für mehr als 5 Tage ausgeschlossen oder von der Schule verwiesen, wovon, einer kalifornischen Untersuchung nach „30 % never returned to school." (100).

317 Im Jahr 2002 bzw. 2003 hat die Polizei 67.135 bzw. 69.417 Kinder, Jugendliche und Heranwachsende bis 21 Jahre wegen eines Cannabis-Delikts als ‚tatverdächtig' ermittelt und behandelt (Polizeiliche Kriminalstatistik 2002;222; 2003;224)

318 In seiner empirisch gestützten Analyse ‚jugendlicher Gewalttäter' fasst Mansel (1996b;151) diesen Mechanismus unter jugendkriminologischer Perspektive: „Kollektiv marginalisiert und diszipliniert werden (…) Jugendliche, die als Gruppe kaum über die Gegenmacht verfügen, um sich gegen derartige Fremdzuschreibungen erfolgreich zur Wehr setzen zu können. Beklagt wird deren Gewaltneigung, auch wenn diese keineswegs als Personmerkmal zu klassifizieren ist, sondern situationsspezifisch variiert und Jugendliche z. B. insbesondere dann Gewalt als ein Mittel der Durchsetzung akzeptieren, wenn es darum geht, Schwachen zu helfen". Um zugleich deren sich selbst bestätigende Folgewirkung festzuhalten: Während die überwiegende Mehrheit dieser ‚gefährdeten' Jugendlichen „im weiteren Verlauf ihrer Entwicklung zu ‚unauffälligen Normalbürgern' werden, [besteht] bei einer mit Nachdruck vollzogenen Etikettierung einzelner Personen oder der Stigmatisierung ganzer Bevölkerungs- bzw. Altersgruppen (…) jedoch die Gefahr, dass dieser Prozess der ‚Normalisierung' verbaut, gestört und/oder unterlaufen wird" – womit dann dem Stereotyp nachträglich der prophezeite Gewalt- bzw. Sucht-Realitäts-Charakter verliehen werden kann.

319 s. zur Funktion diese Foucault'schen ‚Teilungspraktiken': Krasmann (2003;142 f.)

320 ‚Glaubenskampf um die Homo-Ehe' in: Der Spiegel (Nr. 32; 2003)

321 vgl hierzu Jenkins (1996, Kap 9 bis 11)

322 vgl. hierzu Krasmann(2003;57 f.)

These 6

323 In der Umfrage des Zinnecker-Teams (2002;101,107 f.) waren 32 % der 16–18-Jährigen mindestens einmal sitzen geblieben und nur 10 % der 10–18-Jährigen gaben keine psychosomatischen Beschwerden (vom Kopfschmerz über Schlafstörung bis hin zu Übelkeit) an, während die Hälfte der Befragten berichteten, fünf oder mehr solcher gesundheitlichen Probleme häufig oder manchmal zu erleben.

324 So kommentiert Hurrelmann jüngst das Ergebnis einer WHO-Studie bei 160.000 Jugendlichen aus 35 europäischen Ländern, den USA und Kanada, dessen deutschen Part er betreut hat, und in dem die deutschen Jugendlichen ‚Europameister' im Rauchen und Alkohol-Trinken waren:

„Im Unterschied zu anderen Ländern zeige sich hieran aber auch die ‚unklare und unglaubwürdige Tabakpolitik von Bundes- und Landesregierungen (...) Zigarettenrauchen ist ein Indiz für geringe Lebenszufriedenheit, negative gesundheitliche Selbsteinschätzung und geringen Schulerfolg“, weswegen die Suchtprävention Bremen jetzt mit knapp 16 Bremer Schulen plant, in den Schulen ‚Raucherecken zu Spielplätzen um zu funktionieren“. Auch eine Methode, die PISA-Ergebnisse zu verarbeiten (Weserkurier 5.6. 2004, S. 1)

325 vgl. dazu Europäische Beobachtungsstelle (2004;63 ff.) sowie Dangschat (1996;153,156) in seinem einschlägigen Überblick: „In der Armutsforschung ist für die Analyse der Lebensbedingungen von Kindern und Jugendlichen nur wenig Platz (...). Auch in der Jugend- und Sozialisationsforschung wird um die Armut von Kindern und Jugendlichen ein weiter Bogen gemacht (...) kaum Platz für eine Sichtweise auf eine sich zunehmend polarisierende Gesellschaft (...) in der die Abwärtsspirale in Armut, soziale Isolation und Obdachlosigkeit Folge konsequenter Reaktionen auf strukturelle Benachteiligungen im Arbeits- und Wohnungsmarkt, im Bildungs- und sozialen Sicherungssystem ist“.

326 Zur Beliebtheit solcher ‚extreme sports‘ wie Drachen fliegen, Bungee-jumpen, Moto-Cross, Fallschirm springen, Fahren ohne Führerschein, Formel 1, Rennboot fahren bei 10–18-jährigen Mädchen und Jungen allgemein s. Zinnecker et al. (2002;170)

327 Zum ‚Karriere-Modell‘ vgl. Shaw (2002), der dieses weithin formal in seinen möglichen Abläufen vom non-use zur initiation, experimentatiion, casual use, habitual use bis hin zur dependency und Stopppage mitsamt den damit verbundenen Übergängen, Rollen und ‚drogenpolitischen‘ Konsequenzen beschreibt

328 vgl. Dangschat (1996;168 ff.) zur Ambivalenz solcher ‚coping‘-Prozesse, das sind die spezifischen Bewältigungstechniken, mit denen Jugendliche mit solchen defizitären Situationen umgehen

329 So der Brandenburgische Innenminister Schönbohm laut Hamburger Abendblatt (vom 22.10.03 S. 21)

330 Die Zahlen wurden entnommen >Der Spiegel< (2003, Nr.52:40–42) >Ostdeutschland: Abwanderung drückt das Bildungsniveau in den neuen Ländern<. Hinsichtlich der nicht-deutschen SchülerInnen sprach Bsirske in einer Talkschau von 18 % ohne Schulabgang

331 vgl zur ‚Realität‘ solcher ausgeschlossener Straßen-Kids die höchst informative qualitative Analyse obdachloser Kinder aus Vancouver und Toronto von Hagan/McCarthy (1997)

332 vgl. hierzu insgesamt: Bois-Reymond u. a. (1994).

333 Auch die jüngste Erweiterung der internationalen IGLU-Studie (**I**nternationale-**G**rundschul-**L**ese-**U**ntersuchung) in einem 7-Bundesländer-Vergleich bestätigt die Abhängigkeit der Lesefähigkeit vom Bildungsgrad der Eltern (Tagesschau ARD 20.00 28.1.04 und Hamburger Abendblatt vom 29.1.04 S. 2) >Jeder dritte Viertklässler kann nicht lesen<: „Ähnlich wie die Pisa-Studie zeige auch der Grundschulvergleich, dass nirgendwo auf der Welt die soziale Herkunft der Schüler so über Leistungen und Bildungsabschlüsse entscheide wie hierzulande“

334 Wie sie mit Recht bei Diskussion meiner Thesen immer wieder vorgebracht werden

335 ein in Deutschland noch immer kaum realisierbares Unterfangen s. >Der Spiegel< (28/2003, insbes. S. 126;130)

336 vgl. hierzu insgesamt die Titelgeschichte ‚Horrortrip Schule‘ in >Der Spiegel< (Nr.46, 2003:46–68)

337 s. dazu Henkel (2000) und Broekman (2000) und zum generellen Zusammenhang zwischen sozialer Ungleichheit und Gesundheit nicht zuletzt aufgrund unterschiedlich gestalteter Lebensführung auch im Bereich des Konsums vgl. Siegrist/Joksimovic (2001)

338 vgl. Wilmers u. a. (2002;171), die nicht nur auf deren ökonomische und bildungsmäßige Marginalisierung sondern zusätzlich auch auf deren ethnisch-kulturell ‚abweichenden‘ Vorstellungen etwa zur Rolle „Gewaltlegitimierender Männlichkeitsnormen‘ versus größerem Respekt gegenüber allgemeinen Besitzrechten“ (190) und natürlich auch gegenüber Drogenkonsum hinweisen.

339 Genau so wenig übrigens wie den – unzutreffenen – Hinweis, dass ‚Arbeitslosigkeit eine der Kriminalitäts-Ursachen bei Jugendlichen‘ sei (s. Schumann 2004)

340 Auch die Evaluation des Münchener >inside@school<-Projekts fand, dass sich die SchülerInnen weniger wegen eigentlicher Suchtfragen, sondern eher jugendtypischer Probleme wegen das dort mögliche niedrigschwellige Angebot externer Beratung in Anspruch nahmen:„Anlässe für die überwiegend kurzen Interventionen (ein bis zwei Kontakte) waren bei etwa einem Drittel der SchülerInnen ein problematischer Suchtmittelkonsum oder Essstörungen. Häufiger waren die SchülerInnen mit allgemeineren Problemen, z. B.Schwierigkeiten in der Schule, in der Familie oder in Freundschaften auf die Fachkräfte zu gekommen“ (Schlanstedt/Schu 2003;135)

341 Der – vielleicht bezeichnender Weise – in der ursprünglichen Konzeption des BZgA nicht vorgesehen war (Bundeswettbewerb 2002;22), doch sicherlich zentrales Moment solcher strukturell-kommunaler Präventionsprojekte sein müsste

342 Die sich hier ergebende Arbeitsbelastung zeigt sich in der Preisbegründung für den Landkreis Esslingen: „Herausragend ist nicht nur die Anzahl der Einrichtungen, die am Arbeitskreis mitwirken, sondern insbesondere die konsequente Einbindung von Institutionen oder Gruppen, die sich traditionell nicht mit der Suchtprävention befassen (z. B. Ärzte, Apotheker, Dekane, Industrie-, Handels- und Handwerkskammern und Verbände, Gewerkschaften, Ausländer-, Behinderten- oder Frauenbeauftragte und -organisationen, Einrichtungen der Seniorenarbeit, Landfrauenverein u.v.m.)“ Bundeswettbewerb (2002;106)

343 was vielleicht angesichts des ‚Ausschluss-Kriteriums‘ „Liegt ein hinreichender Zusammenhang zwischen einer allgemeinen ‚Stärkung der Lebenskompetenz‘ und der Suchtprävention im engeren Sinne vor?“ (Bundeswettbewerb 2002;33) dann wieder nicht allzu verwunderlich ist

344 s. dazu Meili (2003) sowie das Programm in SuchtMagazin (Nr.1 2000 S. 28 f.) und als Beispiele etwa die beiden Züricher Projekte >Ventil< und >Vert.Igo< (SuchtMagazin Nr. 3; 2001 62 f.) oder das eher gruppendynamisch ausgerichtete >Choice< für 12–17-Jährige (SuchtMagazin Nr.2;2001:44 f.)

345 Die folgenden Ausführungen stützen sich auf den von der Deutschen AIDS-Hilfe herausgegebenen Band XXXIII ‚Strukturelle Prävention‘ 1998, auf den mich Henning Schmidt-Semisch hinwies

346 So erhält lt. Birgitta Kolte die Aidshilfe in Bremen keine finanzielle Unterstützung mehr

347 Zu den historischen Wurzeln aus den 70er Jahren s. Herriger (1997;18 ff.)

348 in ironischer Parallele zur Übertragung des Sucht-Konzepts auf die Drogen-Prävention

These 7

349 Mancher ehemals strikt therapeutisch ausgerichteter Verein legte sich alsbald mit einem Methadon-Programm ein zweites ertragreiches Standbein zu.

350 vgl. Snow et al. (2001) zu dieser in ‚drogen-präventiver‘ Hinsicht bisher wenig untersuchten höchst heterogenen Gruppe ‚lerngestörter‘ Jugendlicher („learning disabilities, attentional disorders, intellectual disability, conduct disorders, sensory deficit, acquired brain injury“ und insbesondere „attention deficit/hyperactivity disorder: ADHD“)

351 Benard’s Ausführungen entsprechen ganz unmittelbar unseren Erfahrungen aus den 60er Jahren während eines 5-jährigen Forschungsprojektes in einer Jugendstrafanstalt

352 D’Emidio-Gaston/Brown (1998)

353 In die sie ihre befragten Focus-Gruppen aufgeteilt hatten

354 So gaben 32 % der von Zinnecker et al. (2002;152 f.) befragten 13–18-Jährigen >Bravo< als nützlichsten ‚Ratgeber aus einer Liste von 13 ganz unterschiedlichen Ratgebern an‘: Vor allem Mädchen (41 %) und jüngere Jugendliche mit 13 Jahren (47 %) glauben an Bravo

355 einen Eindruck in die hier noch anstehende Aufgabe kann der Blick in die an den Kiosken vertriebene Zeitschrift >Hanf!< vermitteln

356 Eine wohl sehr typische Schwierigkeit vor allem die ‚problematischeren' Schulen zu erreichen zeigte sich beim Münchener >inside@school<-Projekt, in dem – neben den internen Schulpsychologen – extern bezahlte Fachkräfte zwar in daran besonders interessierten Gymnasien und (verstärkt in Anspruch genommenen) Realschulen über drei Jahre arbeiten konnten, Hauptschulen dagegen gar nicht in Betracht gezogen (?) oder zumindest im Evaluationsbericht nicht erwähnt werden (Schlanstedt/Schu 2003)

357 s. Quensel (2001) und Aveyard (1999;243): Studierende einer englischen Universität waren vor allem daran interessiert, etwas über „side effects, how the drugs act, long-term implications and help available" zu erfahren, während „a smaller proportion of students expressed interest in aspects such as safer drug use, fines, and other penalties associated with drug use"

358 vgl. Marquardt/Merkle (2003), die (laut Einleitung der Herausgeber) betonen, dass diese Werbung „nicht unabhängig von den sozialen Einbindungen ihrer Rezipienten gesehen werden kann und nie ‚autonom' wirkt, sondern immer nur einen Stimulus unter anderen darstellt, der zudem auf unterschiedliche Rezipienten höchst unterschiedlich wirkt".

359 Ein solcher Mythos sei z.B: die These, dass das Passivrauchen in Deutschland jährlich 400 Lungenkrebs-Fälle verursache. So die Anzeige des BZgA in >Bravo< Nr.22 (2004;17). Vgl. hierzu die Analysen von Überla (1997) aus epidemiologischer Sicht und von Nilsson (1997) aus toxikologischer Sicht sowie zum Hintergrund: Treutlein (1998), auf die ich im Nachwort noch einmal zurückkomme. Vgl. dagegen die Broschüre „Passivrauchende Kinder in Deutschland – frühe Schädigungen für ein ganzes Leben" des Deutschen Krebsforschungszentrums in Heidelberg (www.rauchfrei2004.de)

360 s. www.eve-rave.net sowie www.eve-rave.ch

361 Holterhoff-Schulte (2001;224) möchte diese Art der Aufklärung (unter dem ‚Sucht-Apekt' freilich) mit Recht sogar schon im Kindergarten einsetzen lassen: „Häufig fühlen sich Eltern – auch durch eine entsprechende Berichterstattung in den Medien – dem ‚Drogenproblem' machtlos ausgeliefert und glauben, selbst keine Handlungsmöglichkeit zu haben. Deshalb ist es sehr wichtig, bei ersten Kontakten mit Eltern das Bild zurecht zu rücken und deutlich zu machen, dass Suchtmittel zum Leben dazugehören, dass alle Menschen Suchtmittel gebrauchen – auch sie selbst, dass der Missbrauch legaler Suchtmittel insgesamt sehr viel größer ist als der Missbrauch bestimmter illegaler, harter Drogen und dass die Gefährdung ihrer Kinder in erster Linie für den Missbrauch *legaler* Drogen besteht, dass sie selbst etwas tun können, um diese Gefährdung zu verringern, und zwar durch ihren konkreten Umgang mit dem Kind und nicht zuletzt auch durch ihr Vorbild".

362 Immer wieder findet man (freilich nicht allzu hohe) Korrelationen zwischen rauchenden und trinkenden Eltern einerseits und dem entsprechenden Drogenkonsum der Jugendlichen andererseits

363 zur rechtlichen Situation von Lehrern und Schulleitung s. Rumrich/Fischer (2001)

364 vgl. Quensel (1985). Rosenbaum (1998;198) belegt dies recht eindeutig mit dem Schicksal des Buches von Weil/Rosen (1983): „perhaps the most thorough and informative book for teenagers (…) was hastily removed from drug education curricula shortly after its publication because it stressed the importance of nonabusive relationships with drugs rather than total abstinence".

365 Zur rechtlichen Situation etwa beim Alkohol für unter 16-Jährige vgl. Fleck (2001)

Thesen 8, 9

366 Solche Nahziele einer alternativen, Risiko- und harm-reduction orientierten Drogenerziehung findet man bei Fahrenkrug (1998); Franzkowiak (1999)

367 „Die Bundesregierung vertrat bei der Einführungsdebatte die Auffassung der Forderungskatalog der Kinderrechte sei in Deutschland erfüllt" (Zinnecker et al. 2002;90)
368 vgl. Nunner-Winkler (1991;119 ff.) zu den Dimensionen dieser ‚Autonomie', d. h. „die Möglichkeit, das eigene Handeln durch überlegtes Wollen selbst zu bestimmen (...) weder durch externe (physische Bedingungen, soziale Machtverhältnisse) noch durch interne (Triebe, Über-Ich-Diktat) Zwänge determiniert"
369 Dieselbe Einseitigkeit gilt auch für den ‚cold' cognition Ansatz in Banduras social cognitive learning approach, mit dem die Gruppe der‚social influence' Präventionsansätze begründet wird, womit Clayton et al. (2000) u. a. die Negativ-Erfolge des Hutchinson Smoking Projects erklären
370 In diesem Artikel findet man eine recht gute Zusammenstellung der Decision-theory (SEU), der theory of reasoned action und der theory of planned behavior
371 doch weiß auch Kappeler an anderer Stelle (2003;28) um „die freie Zeit des Feierabends (...) als den Zeitraum für die gehobene Stimmung, die nicht so viel Zeit und Raum benötigt wie der Rausch der großen Feste".
372 vgl. dazu die Zusammenfassung unseres >Sofagesprächs< (Quensel/Cohen 1995)
373 vgl Tossmann/Weber (2001)
374 ein Rat, der freilich einmal mehr zeigt, wie wenig man sich auf solche erwachsene Expertise verlassen kann, bedenkt man die katastrophalen Ergebnisse der Beratung in Apotheken (s. Stiftung Warentest >Test< 3/2004:91–95)
375 entnommen: Noack/Weber (2001;21)
376 und mit ihm Ju-Ill Kim (2003;195)
377 Die Schwierigkeit, hier einen Weg zwischen Abstinenz-Hoffnung und Genussorientierung zu finden belegen die von Kalke/Raschke (2003) gesammelten Beispiele realisierter ‚Selbsterfahrungsübungen', die von ‚initiierter Abstinenz' über das Südtiroler„Wer nicht genießt, wird ungenießbar" bis hin zum österreichischen „Risflecting" reichen
378 vgl. die bayerische Kampagne „Alkohol? Jetzt lieber nicht" (Baumann 2001;22)
379 diese Forderung gilt insbesondere für die Kombination von Cannabis mit Alkohol, und zwar schon bei kleinen Dosen, da sich beide Effekte summieren: „The effects of THC and alcohol on driving performance and the risk of motor vehicle crashes appear to be additive, but the sum can be large and potentially dangerous. Combined use of THC and alcohol produces severe driving impairment and sharply increases the risk of drivers culpability for accidents as compared to drug free drivers, even at low doses" fassen Ramaekers u. a. (2002; 93) das Ergebnis ihres rezenten Überblicks zusammen. Vgl. auch: Quensel (2002) und Böllinger/Quensel (2002)
380 zitiert nach Schneider (2000;160); vgl. dort auch – die im hiesigen Kontext weniger relevanten – Regeln eines kontrollierten Kokain- und Heroin-Konsums (110 ff.)
381 vgl. hierzu den Sammelband „Wider besseres Wissen" (1996) sowie Schneider (2000)
382 S. die positive Bewertung durch die Schüler in Kortemeyer-Beck (2002)
383 weitere Hinweise zum Peer-Support findet man bei Stöver/Kolte (2003)
384 s. hierzu die Hinweise bei Erhard (1999)
385 Eine vergleichende niederländische Meta-Analyse von 12 Projekten, die jeweils sowohl ‚peer-led' wie ‚adult-led' angeboten wurden, bestätigt diese Skepsis, insofern hier die ersteren nur in der direkten ‚post-phase' nach Beendigung des Projektes einen leichten Vorteil bei der Reduzierung des Drogen-Konsums erbrachten, die in den daran anschließenden follow-up-Zeiträumen nicht mehr auftraten:„We would conclude that peer-led programs may be more or less effective than adult-led programs, depending on the contents and target population of the program" (Cuijpers 2002a;119).
386 Dies bestätigen auch die betont kostenträchtigen, doch wenig ergebnisreichen englischen Ergebnisse mit 13-jährigen peer leaders, die von den MitschülerInnen als einflussreich benannt

worden waren, und die einen intensiven zweitägigen Trainingskurs absolviert hatten (Bloor u. a. 1999)

387 In diesem Sinne sprachen sich auch „mehr als zwei Drittel der TeilnehmerInnen" der Österreichischen Leitbildentwicklung „gegen den Einsatz von Ex-Usern in der Suchtprävention aus", und „der gegenwärtig sehr populäre Peergruppenansatz, bei dem Gleichaltrige als KommunikatorInnen eingesetzt werden, wurde von den meisten TeilnehmerInnen grundsätzlich bejaht, man betonte aber, dass der Peergruppenansatz nur unter bestimmten Voraussetzungen zweckmäßig sei" (Uhl/Springer 2002; 66).

388 s. auch Hess u. a. (2004;145 f.)

389 Aus ‚Drogenpolitische Positionen und Forderungen der Diakonie'. Diakonisches Werk EKD In: Evangelische Jugendhilfe 4/2001, S. 234 (entnommen EREV u. a. 2003; 11)

390 Skala Menschlichkeit mit den Items >hilfsbereit gegenüber anderen Menschen<; >mit anderen teilen, etwas abgeben können<; >Menschen, die anders sind akzeptieren<; >jeden Menschen so akzeptieren, wie er ist<; >etwas für die Gesellschaft leisten<; >andere Kulturen kennenlernen< (13. Shell Jugendstudie (2000);99)

These 10

391 Vgl als Beispiel etwa die Übungen bei H.Wagner (2002), die zwar in einen schrecklichen ‚Sucht'-Rahmen eingespannt sind, doch darauf dann keinerlei inhaltlichen Bezug nehmen

392 Ein praktisch überzeugendes Beispiel für einen solchen Ansatz, den man dann auch im Rahmen einer ‚Suchtprävention' finanzieren kann, bietet das gruppendynamische Projekt von Niebaum (2001:242–276), das sowohl neue Kontakte, gegenseitige Wahrnehmung und eigene Erfolgserlebnisse wie aber auch solidarische Hilfestellung und ein Überwinden üblicher gender-Grenzen ermöglicht. Zugleich zeigt diese Arbeit von Niebaum aber auch, wie wenig ein großartiger theoristischer Sucht- und Defizit-Überbau mit solchen praktischen Ansätzen zu tun haben muss

393 deren Skala u. a. festhält „Was um mich herum geschieht, geht mir oft sehr nahe" bzw. „Ich versuche meistens, meine Freunde dadurch besser zu verstehen, dass ich mir vorstelle, wie die Dinge aus ihrer Sicht sind"

394 vgl. dazu Jehle (2001) und Jöhr/Lanz (2001)

395 47 % der von Zinnecker et al. (2002;149) befragten „10- bis 18-Jährigen sagen, dass es bei ihnen Lehrer-Innen gibt, ‚die einen vor der Klasse blamieren'".

396 wie während meiner letzten lay-out-Anstrengungen heute Monitor im 1.Program (3.6.2004) die vorzeitige Rauswurf-Reaktion hoffnungsloser Berufsschüler beschreibt, die monatelang einen ihrer Mitschüler gequält hatten

397 in unserer 5-Städte-Untersuchung gab etwa 1 % der Schüler an, dass sie sich an einen Lehrer wenden würden, wenn sie ‚ein Problem' hätten

398 zu den Schwierigkeiten und Strategien Präventionsprogramme in Schulen durchzusetzen vgl. Rohrbach et al. (1996)

399 Ein interessanter und gut evaluierter Versuch – das Münchener >inside@school<-Projekt, das externe Drogenberater niedrigschwellig für drei Jahre in dazu bereite Gymnasien und Realschulen einbaute, fand ich leider erst nach Abschluß dieser Arbeit. Es zeigt sehr schön Chancen und Probleme eines solchen Zugangs (Schlanstedt/Schu 2003)

400 vgl. dazu die Überlegungen von Fatke und Hanetseder in Nr.3 des SuchtMagazins 2000 zur Schulsozialarbeit, das auch mehrere einschlägige Projekte schildert. S. auch http//www.schulsozialarbeit.ch

401 s. www.sign-project.de

402 These 1.2 und These 7

403 die das Programm gut beschreiben und in seinem Ablauf evaluiert haben

404 www.crimereduction.gov.uk/drugsalcohol42.htm; zuletzt revidiert 11/2003. Der dort erwähnte Report entspricht weithin dem Beitrag von Stead u. a. (2001), der sich auf das 1. Jahr beschränkte.

405 Das Programm wurde vom holländischen Trimbos-Institut, dem auch die nationale Koordination des Programms obliegt, evaluiert

406 lediglich einmal taucht hier im 3. Jahr ein $p<.05$ auf

407 „Prävention muss bei den Kindern anfangen. Die DAK fordert deshalb das Schulfach Gesundheitskunde“ lautet der Titelkopf im Hamburger Abendblatt (3.2.2004 S. 2): „Noch im Frühjahr wird eine Präventionsstiftung der Spitzenverbände der gesetzlichen Krankenkassen (...) mit einem Startbudget von 25 Millionen Euro gegründet werden (...) Aufgabe für die die gesamte Gesellschaft verantwortlich, deshalb nicht aus Beitragsmitteln der Krankenkassen, sondern aus Steuermitteln zu finanzieren (...); schon heute bieten Kassen Präventionskurse an – Anti-Stress-Training, gesunde Ernährung, Sport, Suchtbekämpfung (...) meist die Falschen erreicht (...) deshalb Prävention eigentlich für zumeist sozial Schwache oder Menschen, die wenig Geld haben (...) Bürger ein ganzes Leben lang in Sachen Prävention begleiten“ so Rebscher, Vorstandsmitglied der DAK – in Vorwegnahme des geplanten Präventions-Gesetzes?: „Die staatlichen Finanzmittel zur Förderung präventiver Maßnahmen reichen nicht aus. Deshalb ist ein Konzept für einen ‚Finanzierungspool‘ (Krankenkassen, Bund, Länder, Kommunen etc.) zu prüfen, um präventive Aktivitäten zu fördern und finanzielle Mittel zu bündeln“ kündigt der Aktionsplan (2003;29) an

408 Barsch (2002, 46 f.)

409 vgl. dazu die Beispiele in Kammerer/Rumrich (2001)

410 vgl. Püschl/Schlömer (2002)

411 Eine ausführliche methodisch orientierte Kritik der jüngsten LST-Evaluation findet man bei Brown (2001; 92 ff.)

412 „As the size approaches a few thousand students, the strength of the Interactive approach to prevention dwindles to match the lower level of the Non-interactive approach, while the Non-interactive approach remains indifferent to size“ (Tobler u. a. 2002;315), was u. a. daran liegen mag, dass in solch größeren Programmen „teachers may not be including all parts of a program due to a sense of being uncomfortable with certain components, such as role-plays“ (Tobler 2000;268)

413 Dazu: www.drugcom.de der BZgA sowie www.ausweg.de der Deutschen Hauptstelle für Suchtfragen (DHS) (s. Drogen- und Suchtbericht (2003);28 f.); vgl. auch: Brüning (2002) und Cousto (2002) jeweils mit einschlägigen Internet-Adressen

414 Eine gute Analyse zweier Reklamebeispiele für Alkohol – Jever und Jägermeister – findet man bei Baumeister (2001)

415 So Hanson/Kysar (in Slovic 2001;257). Vgl. dazu die inzwischen realisierte, beabsichtigte Klage der Bundesregierung gegen das Verbot der Tabakwerbung durch die EU, das die Probleme einer solchen Art der Prävention recht gut verdeutlichen kann (s. Der Spiegel Nr.50, 2002 S. 40) sowie den vergleichenden Übersichtsbeitrag von Hanewinkel/Pohl (2001) und die zustimmende Diskussion in Sucht (2001:115–118).

416 Ein schönes Beispiel hierfür ist die Aktion >Rauchfrei 2004<, in der 10.000 Euro zu gewinnen sind, wenn man sich als tägliche RaucherIn erfolgreich verpflichtet, in der Zeit vom 1. bis 29. Mai 2004 nicht zu rauchen (www.rauchfrei2004.de)

417 s. Caudill et al. (2001) zur Praxis des >designated driver<, der sich verpflichtet, bei einer bestimmten Gelegenheit keinen Alkohol zu trinken, um die anderen sicher nach Hause zu fahren und Harding et al. (2001) zu dem (so typisch von harm-reduction-Gegnern erhobenen) Vorwurf, dann würden die anderen umso mehr trinken.

418 etwa bei der Personenkontrolle, vorläufigen Festnahme, Erkennungsdienstlichen Behandlung oder Beschlagnahme: „Es gibt keine harmlosen Aussagen“. vgl. dazu: Hanf!, das Magazin (09/2002,

S. 51): „Wie verhalte ich mich richtig" sowie allgemein www.hanflobby.de mit Hinweisen zur ‚grünen Hilfe', zur Rechtsprechung sowie einige FAQ (häufig gestellte Fragen)

419 Vgl. dazu und insbesondere zur drohenden MPU den Artikel „Zugedröhnt und abgefahren" der ADAC Motorwelt (4/2003:57–61). Als Regeln gibt der ‚Drogen-Führerschein der Grünen' (buero@gruene-jugend.de) an: „Fahre nie unter Drogeneinfluss, denn du gefährdest Dich und andere !!! – Mache prinzipiell nie eine Aussage über deine Konsumgewohnheiten, insbesondere dann, wenn es sich nicht um Cannabis handelt, weil die ‚Pappe' sonst gleich weg ist!!! – Mache nur Angaben zur Person! – Name, Anschrift, Geburtsdatum, zu mehr bist du nicht verpflichtet!!! – Suche dir schnellstmöglich einen Rechtsanwalt, der sich neben dem Strafrecht (möglichst Erfahrung im Drogenstrafrecht) auch im Verwaltungsrecht auskennt!!! – Lasse dir über deinen Anwalt für den Fall dass ein fachärztliches Gutachter oder MPU angeordnet wird, die Führerscheinakte kommen, da diese die Grundlage für eine sinnvolle Vorbereitung ist!!! Stelle im Hinblick auf zu erwartende Drogenscreenings umgehend deinen Konsum ein" (und lasse dir die Haare schneiden, würde ich hinzufügen).

Nachwort

420 gegen die ich nunmehr seit fast einem Viertel Jahrhundert versuche anzugehen (Quensel 1980, 1982)

421 von der gerade erschienenen Dissertation von Ju-Ill Kim (2003) abgesehen

422 vgl. zu diesem ‚berufsbezogenen Alltagswissen in der Sozialen Arbeit' Herriger (1997; 66 ff.)

423 vgl. hierzu die Zusammenstellung in Lettieri et al. (1980)

424 was Popper im ‚Der Zauber Platons' schon 1957 deutlich machte

425 s. Gorman (1996a)

426 s. Dar/Frenk (2002;221)

427 vgl. zu den Problemen solcher Meta-Analysen: Überla (1997)

428 „Über 50 Stellungnahmen von Verbänden sind in den Aktionsplan eingeflossen und haben ihn bereichert" (S. 5)

429 vgl. etwa Edwards (1994, 1997)

430 Manfred Kappeler verwies mich auf: „Sieg der Industrie" in der Frankfurter Rundschau Online vom 30.6.2003 (www.fr-aktuell.de/ressorts/nachrichten_und_politik/dokumentation sowie www.library.ucsf.edu/tobacco/euad)

431 vgl. dagegen Bornhäuser/Pötschke-Langer (2003), die mit vielen Belegstellen die ‚generellen' Risiken des Passivrauchens vor allem bei rauchenden Müttern während der Schwangerschaft und Still-Zeit betonen

432 zur Gouvernmentality vgl. den Literaturbericht Quensel (2002a) sowie Krasmann (2003; 67 ff.)

433 Dieser Bericht wurde inzwischen aus der Website des Bundesministeriums für Gesundheit (bmgs.bund.de) wieder entfernt; ein weiteres Beispiel dafür, wie heute auf schwäbische Weise von der Bundesregierung das herrschende Drogen-Dispositiv weiter fixiert wird. Diese Strategie, die von der Benennung von Sachverständigen und Gutachtern über die Vergabe von Forschungsgeldern bis in die selektive Informationspolitik hineinreicht, gäbe dem >Spiegel< ein wesentlich besseres Recherche-Projekt als dessen jüngst einmal mehr gelungene Versuch mit der „Seuche Cannabis" (2004 Nr.27) dem hegemonialen common-sense zu dienen

Index: Namen und Personen

- Ohne Literaturverzeichnis
- Präventionsprojekte kursiv

12-Step-Gruppen 112
50 Jahre Shell Jugendstudie 29, 220, 248
ÄARG (Ärztlicher Arbeitskreis Rauchen und Gesundheit) 396
Abel et al 233, 237
Abt, Urs 220
Achenbach 73
ADHD 180, 456
Adorno 389, 452
Agar 391
Ahbe 280, 292
Aichhorn 173
Aktionsplan Alkohol 347
Aktionsplan Drogen und Sucht 49, 52, 121, 355, 393, 437, 439, 440, 450
ALF 41, 98, 375
Alkemeyer 257, 287, 288, 289
Anderson 176, 178, 305, 449
Anonyme Alkoholiker 112, 126, 136, 163
Anslinger 46, 216
AOD (Alcohol and Other Drugs) 121
archido (Archiv f. Drogenliteratur) 15, 35, 440, 447
Aretz 318
Aristippos 135
ASAT (Suchtforschungsverbund) 145
ATOD (AOD and Tobacco) 121
AUDADIS (Interview Instrument) 90
Averca (Cannabis Toolbox DHS) 19, 25
Aveyard 367, 457
Babor 395
Bandura 47, 50, 432, 458
Barsch 19, 25, 35, 115, 145, 185, 193, 218, 288, 346, 348, 350, 444, 460
Barth 66, 105
Barth/Bengel 46, 52, 53, 185, 193, 433
Battistich u. a. 377
Bätzing 13
Bauer 18, 19
Baum 315
Bauman 276, 389, 399
Bauman/Ennett 184
Baumann 123, 170, 211, 362, 458
Baumeister et al 55, 433
Baumgarten 352
Be Smart-Don't Start 16, 18, 19, 43, 46, 59, 75, 82, 91, 98, 233, 274, 332, 333, 366, 437, 438
Beauchesne 128
Beck 44, 45, 46, 130, 351, 435, 438
Beck/Giddens 244
Bell, Ralph 190, 448
Benard 173, 180, 327, 367, 374, 381, 382
Benjamin/Bloch 133
Benowitz 175, 442
Berridge/Robinson 154
Best practice portal 19
Bialas 296
Bilden 280, 362

Bischoff 16
BISDRO 33, 238, 430
Blätter 207
Blomqvist 147
BMBF Förderschwerpunkt 102, 115, 125
Bodwich/Hodge 130
Boecker 288
Boers u. a. 219
Bohleber 276, 279
Bois-Reymond 183, 455
Böllert 196
Böllinger 35, 131, 223, 296, 454
Bonferroni 72, 77, 78, 171, 379, 435
Bonnie 266
Botvin 42, 47, 48, 100, 106, 379, 394, 431, 432, 434, 437
Botvin et al 67, 85
Bourdieu 210, 269, 278, 279, 288, 311
Brake 268
Bravo Zeitschrift 331, 332, 456, 457
Bray et al 267
Brecher 351
Breslau et al 137
Breslau/Peterson 92, 93
Brinkhoff/Gomolinsky 255
Brinkley 430
Bröckling 106, 169, 219
Brown 59, 102, 122, 327, 328, 351, 381, 430, 433, 436, 437, 446, 454, 460
Brown/Horowitz 174, 439
Brown/D'Emidio 56, 146, 160
Brown/Kreft 65, 380, 385
Bruns 132
BtMG 109, 115
Büchner/Fuhs 205, 206
Büchner/Krüger 372
Bühler/Kröger 15, 17, 19
Bühringer 38, 43, 145, 171
Bühringer/Janik-Konecny 42
Bühringer/Künzel 70
Bundesjugendkuratorium 182, 197
Bundesverfassungsgericht 132, 219
Bundeswettbewerb kommunale Suchtprävention 313, 314
Busch/Scholz 165
Bussmann 257
Butt-Behrmann 284, 447
BZgA 15, 18, 19, 29, 46, 59, 161, 308, 437, 456, 457, 460
Café Sperrgebiet 213
Carlitscheck/Stürtz 271
Caspers-Merk 110
Catch-22-Paradox 148, 149
CD (conduct disorder) 180
CELAD = Dublin-Group 159
Cervone/Cushman 323, 325
Chassins 92
Chen 369
Chen u. a. 84
Chou/Pickering 89
Christiane F 46, 184
Clayton et al 50, 68, 458
CND (Commission on Narcotic Drugs) 112, 159
Cohen, Julian 329
Cohen/Taylor 307
Community Mental Health Bewegung 174
Conrad et al 91, 98
Cornelsen 352
COST A6 39, 66, 431
CRC (Convention Rights of the Child) 182
Cuijpers 42, 53, 54, 64, 68, 70, 99, 381, 430, 432, 435, 458
Cuijpers et al 42, 54, 378

D.A.R.E. 49, 67, 68, 69, 160, 164, 196, 337, 393, 435
D'Emidio-Caston/Brown 194, 328, 335
DAH (Deutsche AIDS-Hilfe) 316, 318
Dar/Frenk 461
DATE (Drug, Alcohol, Tobacco Education) 146, 160, 165
Davies 141, 149, 151, 152, 440
Dawes et al 177, 179
DBDD (Dtsche Beobachtungsstelle Drogen) 15
DDRAM 448
Déglon 254
Denis u. a. 38, 71, 74, 146, 331
Denscombe 226, 230, 234, 236, 241, 274, 356
Derzon 170, 240
Devereux 201
DFB (Dtscher Fußballbund) 59
DGPT (Dtsche Ges.Pharmakologie u. Toxikologie) 396
DHS (Dtsche Hauptstelle gegen Suchtgefahren) 15, 19, 43, 82, 437, 441, 460
Dickson 217
Dietz u.a. 143, 258, 259, 292, 306, 313
Dionysos 135
Donnermeyer 160, 336
Donovan 177, 178, 209, 446
Donovan/Jessor 88, 176, 179
Dörner 133
Dot.sys (Dokumentation suchtpräventiver Maßnahmen) 15, 19
Douglas 186
Drogen- und Suchtbericht (2002) 143
Drogen- und Suchtbericht (2003) 57, 59, 75, 76, 110, 125, 313, 433, 451, 460
Drogen- und Suchtbericht (2009) 15, 16, 17
Drogen- und Suchtkommission 102, 121, 136, 141, 366, 439
Drogen- und Suchtrat 13, 25, 393
Drogenaffinität 57, 121
Drugcom 16, 17, 25, 460
Drugscouts 17, 25
DSM-III-R 89, 137, 443
DSM-IV 38, 87, 90, 93, 99, 136, 137, 145, 153, 155, 156, 179, 442
Dublin-Group 159
DuPaul/Eckert 379
Duster 217
EBDD (Europäische Beobachtungsstelle) 15, 17, 19, 25
Edwards 395, 396, 397, 399, 461
Egginton et al 243, 433
Egginton/Parker 72, 433
Eisen et al 49, 58, 59, 433
Eisenbach-Stangl 21
Eisenbach-Stangl u. a. 26, 309
Eleusis 135
Elias 131, 260
Ellickson/Bell 333
EMCDDA 15, 71, 73, 170, 431, 434
Engel/Hurrelmann 187
Engels et al 231
Ennet/Bauman 232, 233, 237, 240, 241, 244
Ennett 67
Epicur 135
Erbeldinger 228
EREV (Evangelischer Erziehungsverband) 430, 459
Erhard 356, 458
Erikson 276, 280, 292
Esau/Conradt 24, 26
Etgeton 318, 319
Evans 334, 341

Eysenck 192
Fagerström-Test 137
Fahrenkrug 187, 457
Fatke 375, 459
Fazey 159, 440
FDR 430
Fend 228
Ferchhoff/Dewe 166, 249
fil rouge-Programm 315
Fischer/Röhr 245
FOGS 16, 19, 22, 26, 437
Foucault 33, 157, 338, 393, 454
Foxcroft u. a. 66
Frankham 355, 356, 357
Franzkowiak 61, 457
Franzkowiak u. a. 184, 245, 285, 369
FreD (Frühintervention bei erstauffälligen Drogenkonsumenten) 16, 18, 19, 22, 23, 24, 26, 450
FreD goes net 19, 26
Frehsee 30
Frenk/Dar 136, 149, 152, 153, 155, 395, 440, 442, 444
Freud 133, 223
Friedman 309, 448
Fritzsche 217
Früherfassung 315, 375
FTND = Fagerström-Test 137
Fuchs u. a. 143, 439
Fuhs 205, 255
Gaugele 204, 271
Gaugele/Reiss 281
Gauweiler 317
Geertz 277
Georg 166
Gesch 160, 187, 332
Geschwind/Hafen 316
Glaser 263
Glöckner 139
Glueck 171
Goffman 372
Gofton 188
Goldberg et al 188, 191, 207, 447
Golub/Johnson 86
Goode 117, 440
Goodstadt 80, 435, 437
Görgen 23, 26
Görgen/Hartmann 16, 22, 23, 26
Gorman 65, 67, 73, 85, 358, 380, 396, 434, 438, 439, 461
Gramsci 212
Grant/Dawson 90
Greca 18, 24
Greiving 430
Gresko/Rosenvinge 330
Groenemeyer 186, 196, 447, 448
Gross 130, 138, 174, 442, 443
gruene-hilfe 16, 26
Grünewald/Küpper 205
Gude 13, 26
Gusfield 161, 216, 217, 392
Habermas 40
Hafen 19, 26, 315, 375
Hall 395
HaLT (Hart am Limit) 16, 18, 19, 23, 24, 26
Hamilton et al 60, 61, 79, 358
Hammersley et al 284, 297
Hammersley/Reid 163, 295, 444, 445
Hanak u. a. 141
Handbook Prevention 80, 82, 100, 114, 116, 131, 145, 207, 304, 330, 431, 440
Handbuch Alkohol 261
Hanel 308
Hanetseder 375, 459
Hanewinkel/Röhrle 14, 20, 26
Hanewinkel/Wiborg 69, 430, 436
Hanna et al 88, 90
Happel 385

Hartnoll 170
Haußer 276
Hawkins u. a. 89
Hayner 24, 26, 235, 236, 325
Healthy for Life 48, 49, 51, 431
Healthy School and Drugs 42, 54, 378, 432
Helfferich 285, 304, 451, 453
Helsper 258, 290
Herbst 254, 261
Herriger 29, 301, 319, 456, 461
Hertrampf u. a. 272
Herwig-Lempp 163
Hess u. a. 125, 438, 440, 441, 443, 453, 459
Hesse 359
HFL (Healthy for Life) 48, 49, 51, 431
Hitzler 277
HIV/Aids-Prävention 60, 316
Hoeflmayr 19, 26
Holterhoff-Schulte 146, 439, 457
Hornstein 30, 218, 227, 257, 298
Hughes 61
Hüllinghorst 43, 123, 450
Hurrelmann 84, 266, 447, 454
Hurrelmann u. a. 276
Hüsler u. a. 242, 316
Hutchinson 48, 49, 50, 79, 458
Huxley 140
ICD-10 38, 136, 145, 153, 155, 442
IFT München (Institut f. Therapieforschung) 15, 29, 42
IFT-Nord 29, 75, 76, 91, 142, 146, 436
IGFH (Internat. Ges. f. erzieherische Hilfen) 31, 430
IGLU-Studie 252, 455
Incant 23, 26
INCB (International Control Board)
inside@school 112
Islam 135, 206, 208
Jamieson/Romer 58
Janson 92
Jellinek-Kliniek 114
Jenkin 284, 453, 454
Jessor 85, 95, 142, 166, 167, 172, 174, 177, 178, 179, 190, 191, 209, 258, 282, 438, 444, 446
Jessor/Donovan 88, 176, 179
Jessor/Jessor 166, 178, 438, 446
JGG 109, 181
Just Be Smokefree 142
Kaplan 243, 305
Kappeler 35, 108, 120, 127, 215, 345, 380, 458, 461
Kappeler/Barsch 135, 218, 269, 336
Kardorff 196, 430
Keine Macht den Drogen 70, 293, 393
Keitsch 347
Kellog 147
Ketterer 318
Keupp 131, 276, 289
Keupp u. a. 277, 278, 280, 289, 291, 303
KFN (Kriminolog. Forschungsinstitut Niedersachsen) 54, 270, 368, 373
Kim 218, 458, 461
Kinder stark machen 47, 59, 253, 254, 255
King 43
KJHG (Kinder-Jugend-Hilfe-Gesetz) 181
Kleiber/Soellner 153
Klein 147, 148, 163, 344
Kloep et al 188, 224, 347
Kolip 104, 105, 245
Koller 335
Kolte 35, 441, 456

Kolte/Schmidt-Semisch 125, 358, 441, 442, 444
Komro/Toomey 89, 100
Korf 71, 105
Kötter u. a. 269
Kozlowski u. a. 126
Krappmann 276, 277, 278, 291
Krappmann/Oswald 229, 365
Kraus/Augustin 58, 136, 441, 453
Kraus/Mitzscherlich 292
Kreppner 268
Kröger 71
Kröger/Reese 41, 375
Krüger 183, 344
Küchenhoff 133, 266
Kuhn 91
Kuipers 74
Künzel-Böhmer u. a. 42, 45, 74, 100, 162, 184, 213, 308, 330, 333, 355, 387, 435, 445, 452
Kuther 343
Labeling 234, 307
Lakatos 154, 399
Landgericht Lübeck 145
Lass' 1000 Steine rollen 314
Leitlinien Kinder- u. Jugendpsychiatrie 136, 430, 431
Lenzen 270, 276
Leppin u. a. 293
Levine 87, 113, 115, 208
Lewinsohn et al 91, 93
Life Skills Training (LST) 67, 380
Lindner 430
Lindner/Freund 104, 107
Linssen u. a. 312
Lions-Quest 18, 27, 49, 58
Lloyd/Lucas 179, 273, 281, 282, 307
Lösel/Bliesener 244, 445, 451
LST *(Life Skills Training)* 67, 380
Lubeck 190, 447
Luik 158, 444
Lutz 348, 349
MacAndrew/Edgerton 208
MacDonald/Marsh 310, 444
Maiwald/Reese 42, 43
Makarenkow 173
Mankell 300
Mann 124, 436, 442
Mansel 373, 454
Marburger Liste 165
Marcia 291
Marlatt/Witkiewitz 61, 350
Marti/Lehmann 254
Martinic/Measham 21, 26
Marzahn 346, 349
Masse/Tremblay 146
McArdle 430
McGee u. a. 302
Mcintosh et al 231
Mead 279, 367
Mecamylamin 154
Meili 58, 315, 456
Merkel 396
Meyer 215, 295, 388
Michels 430
Midford et al 101, 432
Mill 221
Miller/Volk 230
Moffit 243, 307, 453
Monitoring the Future Survey 60
Moolchan et al 137
Moore 211
Moreno 232
Morgan 69, 74, 148, 169, 171, 379
Moskowitz 81, 435, 438
MPBI (Multiple Problem Behavior Index) 96
Müller 205
Munro 254
Nationaler Rauschgift-Bekämpfungsplan 108, 132, 439

NE-Choices 377, 431
Nelson/Wechsler 254
Nersnaes 132
Newcomb et al 93
Newcomb/Bentler 339
Newcomb/Felix-Ortiz 172
NHANESIII (Gesundheitsdaten Survey USA) 88
Nicholson et al 216, 344, 447
NIDA 59, 114, 444
Niebaum 162, 174, 459
Nilsson 396, 457
Nixon 112
Noack/Weber 37, 439, 458
Nöcker 344, 348, 349, 354
Northland-Projekt 376, 431, 432
O'Donnell u. a. 377
O'Donoghue et al 357, 383, 446
ODD (oppositional defiant disorder) 180
OECD-Bericht 252
OSAP (Office for Substance Abuse Prevention) 114
Ottawa-Charta 317, 318, 379
Paglia/Room 73, 83, 114, 125, 336, 339, 340, 341, 346
Palinkas et. al 54
PALS 54
Parker et al 188, 236, 284, 444, 452
partypack 20, 26
Party-Projekt ‚Enterprise' 357
Pastille 110
Paul 396
Payne 46
Peele 35, 112, 113, 138, 142, 147, 149, 152, 208, 215, 304, 328, 432, 441, 443, 449
Peer to Peer 355, 381
Perry u. a. 376
Petermann 369
Petermann/Roth 23, 26
Peterson u. a. 50, 51
Petzold u. a. 20, 26
Peutinger-Collegium 396, 397
Piaget 229, 365
Pianta et al 374
Piper et al 51, 435
PISA 252, 311, 382, 390, 455
Pompidou 114, 116, 128, 364, 431
Popp/Tischler 24, 26, 27
Pörksen 219, 330
PrevNet 19, 26
Prognos 13, 16, 19, 23, 26
Püschl/Schlömer 357, 443, 460
Qip (Qualitätssicherung) 19, 27
Quadrel et al 193
Quensel 17, 18, 19, 20, 26, 27, 31, 32, 299, 430, 433, 435, 441, 446, 448, 449, 457, 458, 461
Quest 142
Quit-the-shit 17
rational-choice Theorie 130
Ratzinger 296
Rau 430
Rehm 69, 70, 435
Reinarman 112, 217
Reinders 268, 275, 291
Reiss 204, 257, 281
Reitox 15, 19, 27
Reneau et al 259
Resnicow et al 60, 209
Reuband 215
Richter 347, 430
Riedel et al 207
Riemann 53, 433, 434
Rigter/van Laar 58, 142, 169, 176
Ritalin 121, 140
Rodgers u. a. 261
Romer et al 148
Rommelspacher 290
Rosenbaum 381, 433, 439, 441, 457
Rosenbaum et al 48, 68, 435

Rosenberg-Skala 55
Roth 225, 386
RST *(Resistance Skills Training)* 380
Ruff u. a. 124
SCAD (South Caucasus Antidrug) 17
Scheerer 35, 112, 342, 444
Schlanstedt/Schu 431, 437, 456, 457, 459
Schmidt 123, 313, 444
Schmidt u. a. 20, 27
Schmidt/Hurrelmann 430
Schmidtchen 222
Schmidt-Semisch 35, 112, 126, 441, 456
Schnädelbach 249
Schneider 60, 71, 181, 295, 330, 331, 352, 435, 445, 458
Schötz/Ullrich 13, 27
Schroers 353
Schroers/Schneider 60
Schulteam-Projekt 315, 375
Schumann 456
SCL (Test psychosoziale Gesundheitswerte) 156, 445
SFA (Lions Quest Skills for Adolescence) 49, 50
Shedler/Block 209, 243, 244
Shell Jugendstudie (2000) 201, 217, 246, 363, 445, 451, 459
Shell Jugendstudie (2002) 29, 220, 227, 249, 271, 276, 292, 302, 312
Shell Jugendstudien 166, 204, 246, 248, 249, 363, 452
Shweder 279
Siegel 135
Sign-Projekt 376, 431, 432
Silbereisen 172
Silbereisen/Reese 43
Sloboda 71
Slovic 58, 148, 175, 266, 442, 460
Smedslunds 365
Snow et al 343, 449, 456
Soellner 136, 149, 152, 153, 155
Sokrates 135
Sowell 396
Spode 215
Spranger 275
Springer 64, 73, 104, 105, 113, 136, 440, 444
Springer/Uhl 431
SST (Social Skills Training) 380
Stadler 288
Stanton u. a. 91, 92
Stay-Gold 16, 27
stayintouch 430
Stead et al 272, 377, 460
Steinbach 18, 27
Steinkamm 342
Steinmann 58, 281, 453
Stice/Barrera 308
Stiftung Sehnsucht 15, 27
Sting 16, 27
Stoeckel 430
Stöver 35, 60, 355, 441
Stöver/Kolte 313, 314, 433, 458
Straus/Höfer 278, 291
Strieder 133
Stubenrauch 349
Stürmer 357
Stylianou 221
Sucht Zeitschrift 115
SUD (Substance Use Disorders) 178, 180
Sullivan 229
supra-f-Programm 241, 316
Surgeon General 153, 154, 444
Susser 42
Süssmuth 317
Swadener 190
Team-Projekt 220

Temperenz-Bewegung 135, 215, 216, 431, 450
Thomasius u. a. 20, 26
Tobacco Advisory Group 153,
Tobler 46, 48, 68, 355, 431, 460
Tobler et al 44, 47, 48, 376, 377, 381, 460
Tobler/Stratton 42, 69, 381
Tossmann 313
Tossmann/Weber 20, 458
Treutlein 396, 457
Trimbos Institut 35, 42, 460
Überla 100, 396, 457, 461
Uhl 39, 67, 70, 72, 74, 77, 101, 171, 260, 431
Uhl/Springer 38, 116, 117, 136, 161, 334, 335, 348, 434, 440, 459
UNDCP (UN Internat. Drug Control Programme) 112
UNGASS (UN Generalassembly Special Session) 112
Unger et al 201, 272
UN-Kinderrechts Konvention 182, 341
Vakalahi 176
van der Stel 114, 128, 330
van Ree 131, 259
Vogt 215
Volkmann 59
Vonnegut 106
VWB (Verändertes Wachbewußtsein) 132, 135
Wagner 162, 459
Wais 246, 271
Walker 356
Walters/Gilbert 140
Walton 117, 134, 216, 346, 352
WCTU (Woman's Christian Temperance Union) 44
Weber 131, 382
Webster et al 356
Wegehaupt/Wieland 32
Weil/Rosen 202, 206, 457
Weinberg u. a. 157
Weltbank 124, 441
Welte u. a. 124
Werner/Smith 374
Werse 21, 27
West 395
Wetzstein u. a. 203, 227, 233
Wetzstein/Würtz 231
White/Pitts 41
WHO 115, 125, 153, 155, 159, 317, 379, 433, 441, 454
Wiebel 396, 397
Wiegersma 430
Wiessing 61, 444
Wilhelm-Feuerlein-Preis 75
Williams/Parker 61, 142, 243, 259, 344, 452
Wilmers u. a. 54, 270, 368, 373, 455
Winter 173, 223, 255, 335, 383, 439, 445
Youniss 229
Ziehe 204
Zinnecker 191, 246, 258, 281, 292, 303, 372, 373, 374
Zinnecker u. a. 206, 217, 228, 229, 233, 244, 249, 257, 341, 448, 450, 451, 454, 455, 456, 458, 459
Zuckerman 167, 192
Zurhold 189, 213, 306, 307

MIX
Papier aus verantwortungsvollen Quellen
Paper from responsible sources
FSC® C105338

Printed by Books on Demand, Germany